भारत
का
संविधान

भारत
का
संविधान

THE CONSTITUTION OF INDIA

Preamble.

WE, THE PEOPLE OF INDIA, having solemnly resolved to constitute India into a SOVEREIGN DEMOCRATIC REPUBLIC and to secure to all its citizens:

JUSTICE, social, economic and political;

LIBERTY of thought, expression, belief, faith and worship;

EQUALITY of status and of opportunity;

o promote among them all

TERNITY assuring the dignity of the

of the Nation;

NSTITUENT AS

er, 1949, d

भारत
का
संविधान

भारत
का
संविधान

भारत
का
संविधान

# भारत
# का
# संविधान

# भारत
# का
# संविधान

डॉ. बी.आर. आंबेडकर

प्रभात
प्रकाशन

प्रकाशक • प्रभात प्रकाशन प्रा. लि.
4/19 आसफ अली रोड,
नई दिल्ली-110002

संस्करण • प्रथम, 2024
मूल्य • आठ सौ रुपए
मुद्रक • एसएस जापान आर्ट, दिल्ली

BHARAT KA SAMVIDHAN
*by* Dr. B.R. Ambedkar
₹ 800.00
Published by Prabhat Prakashan Pvt. Ltd., 4/19 Asaf Ali Road, New Delhi-110002
e-mail: prabhatbooks@gmail.com
ISBN 978-93-5562-359-1

# विषय-सूची

## भाग-1



## भाग-2



## भाग-3

## भाग-4



## भाग-4क



## भाग-5

## भाग-6

## भाग-7



## भाग-8



## भाग-9

## भाग-9क



## भाग-10



## भाग-11

## भाग-13



## भाग-14

## भाग-14क



## भाग-15



## भाग-16

## भाग-17



## भाग-18

## भाग-19



## भाग-20



## भाग-21

## भाग-22

सत्यमेव जयते
SATYAMEV JAYATE

# भारत का संविधान

## उद्देशिका

**हम,** भारत के लोग, भारत को एक सम्पूर्ण प्रभुत्व-संपन्न समाजवादी पंथनिरपेक्ष लोकतंत्रात्मक गणराज्य बनाने के लिए तथा उसके समस्त नागरिकों को:

सामाजिक, आर्थिक और राजनैतिक न्याय; विचार, अभिव्यक्ति, विश्वास, धर्म और उपासना की स्वतंत्रता;

प्रतिष्ठा और अवसर की समता प्राप्त करने के लिए, तथा उन सब में व्यक्ति की गरिमा और राष्ट्र की एकता और अखंडता सुनिश्चित करने वाली बंधुता बढ़ाने के लिए दृढ़संकल्प होकर अपनी इस संविधान सभा में आज तारीख 26 नवंबर, 1949 ई. ( मिति मार्गशीर्ष शुक्ल सप्तमी, सम्वत दो हजार छह विक्रमी ) को एतद् द्वारा इस संविधान को अंगीकृत, अधिनियमित और आत्मार्पित करते हैं।

भारत के संविधान पर हस्ताक्षर करते हुए संसद सदस्य

भारत के संविधान की प्रारूप समिति के अध्यक्ष डॉ. बाबा साहब आंबेडकर, एस.एन. मुखर्जी और बेगम एजाज रसूल

21 अप्रैल, 1950 को नई दिल्ली में हिन्दू कोड बिल पर लगाये गए आक्षेपों को गंभीरता से सुनते हुए डॉ. बाबा साहब आंबेडकर

भारतीय संसद में संविधान पर हो रही चर्चा को गंभीरता से सुनते हुए सरदार पटेल और बाबा साहब आंबेडकर

डॉ. बाबा साहब आंबेडकर भारतीय संविधान पर कार्य करते हुए

स्वतंत्र भारत का पहला मंत्रिमंडल—राष्ट्रपति डॉ. राजेन्द्र प्रसाद, डॉ. बी.आर. आंबेडकर , रफी अहमद किदवई, सरदार बलदेव सिंह, मौलाना अबुल कलाम आजाद, जवाहरलाल नेहरू, वल्लभभाई पटेल, जॉन मथाई, जगजीवन राम, राजकुमारी अमृत कौर और एस.पी. मुखर्जी अन्य मन्त्रियों के साथ

भारतीय मंत्रिमंडल में विधि मंत्री डॉ. बाबा साहब आंबेडकर

दिनांक 29 अगस्त, 1947 प्रारूप समिति के सदस्य बैठे हुए बायें से—
एन.माधवराव, सैय्यद सादुल्ला, डॉ. बाबा साहब आंबेडकर, अल्लादी कृष्णा स्वामी अय्यर व सर बेनेगल नरसिंह राव, ( पीछे खड़े हुए ) बायें से एम.एम. मुखर्जी, जुगल किशोर खन्ना और केवल कृष्णन ( कार्यालय कर्मचारी )

दिनांक 26 नवम्बर, 1949 को विधि मंत्री डॉ. बाबा साहब आंबेडकर राष्ट्रपति डॉ. राजेन्द्र प्रसाद को भारत का संविधान सौंपते हुए

15 अगस्त, 1947 को स्वतंत्र भारत के कानून मंत्री पद की राष्ट्रपति डॉ. राजेन्द्र प्रसाद द्वारा शपथ ग्रहण करते हुए डॉ. बाबा साहब आंबेडकर। साथ में प्रधानमंत्री जवाहरलाल नेहरू

भारत के संविधान की प्रतिलिपि पर हस्ताक्षर करते हुए प्रधानमंत्री जवाहरलाल नेहरू

# भाग-1

# संघ और उसका राज्यक्षेत्र

## 1. संघ का नाम और राज्यक्षेत्र-

(1) भारत, अर्थात् इंडिया, राज्यों का संघ होगा।

[1][(2) राज्य और उनके राज्यक्षेत्र वे होंगे जो पहली अनुसूची में विनिर्दिष्ट हैं।]

(3) भारत के राज्यक्षेत्र में- (क) राज्यों के राज्यक्षेत्र

[2][(ख) पहली अनुसूची में विनिर्दिष्ट संघ राज्यक्षेत्र, और]

(ग) ऐसे अन्य राज्यक्षेत्र जो अर्जित किए जाएँ समाविष्ट होंगे।

## 2. नए राज्यों का प्रवेश या स्थापना-

संसद, विधि द्वारा ऐसे निबंधनों और शर्तों पर, जो वह ठीक समझे, संघ में नए राज्यों का प्रवेश या उनकी स्थापना कर सकेगी।

[3]2 क. [सिक्किम का संघ के साथ सहयुक्त किया जाना]- संविधान (छत्तीसवां संशोधन) अधिनियम, 1975 की धारा 5 द्वारा (26-4-1975 से) निरसित।

## 3. नए राज्यों का निर्माण और वर्तमान राज्यों के क्षेत्रों, सीमाओं या नामों में परिवर्तन-

संसद, विधि द्वारा-

(क) किसी राज्य में से उसका राज्यक्षेत्र अलग करके अथवा दो या अधिक राज्यों को या राज्यों के भागों को मिलाकर अथवा किसी राज्यक्षेत्र को किसी राज्य के भाग के साथ मिलाकर नए राज्य का निर्माण कर सकेगी;

(ख) किसी राज्य का क्षेत्र बढ़ा सकेगी;

(ग) किसी राज्य का क्षेत्र घटा सकेगी;

(घ) किसी राज्य की सीमाओं में परिवर्तन कर सकेगी;

(ङ) किसी राज्य के नाम में परिवर्तन कर सकेगी;

[4][परंतु इस प्रयोजन के लिए कोई विधेयक राष्ट्रपति की सिफारिश के बिना और जहाँ विधेयक में अंतर्विष्ट प्रस्थापना का प्रभाव[5]*** राज्यों में से किसी के क्षेत्र, सीमाओं या नाम पर पड़ता है वहाँ जब तक उस राज्य के विधान-मंडल द्वारा उस पर अपने विचार, ऐसी अवधि के भीतर जो निर्देश में विनिर्दिष्ट की जाए या ऐसी अतिरिक्त अवधि के भीतर जो राष्ट्रपति द्वारा अनुज्ञात की जाए, प्रकट किए जाने के लिए वह विधेयक राष्ट्रपति द्वारा उसे निर्देशित नहीं कर दिया गया है और इस प्रकार विनिर्दिष्ट या अनुज्ञात अवधि समाप्त नहीं हो गई है, संसद के किसी सदन में पुर:स्थापित नहीं किया जाएगा।]

[6][**स्पष्टीकरण 1**-इस अनुच्छेद के खंड (क) से खंड (ङ) में, "राज्य" के अंतर्गत संघ राज्यक्षेत्र है, किंतु परंतुक में "राज्य" के अंतर्गत संघ राज्यक्षेत्र नहीं है।

**स्पष्टीकरण 2**-खंड (क) द्वारा संसद को प्रदत्त शक्ति के अंतर्गत किसी राज्य या संघ राज्यक्षेत्र के किसी भाग को किसी अन्य राज्य या संघ राज्यक्षेत्र के साथ मिलाकर नए राज्य या संघ राज्यक्षेत्र का निर्माण करना है।]

## 4. पहली अनुसूची और चौथी अनुसूची के संशोधन तथा अनुपूरक, आनुषंगिक और पारिणामिक विषयों का उपबंध करने के लिए अनुच्छेद 2 और अनुच्छेद 3 के अधीन बनाई गई विधियाँ-

(1) अनुच्छेद 2 या अनुच्छेद 3 में निर्दिष्ट किसी विधि में पहली अनुसूची और चौथी अनुसूची के संशोधन के लिए ऐसे उपबंध अंतर्विष्ट होंगे जो उस विधि के उपबंधों को प्रभावी करने के लिए आवश्यक हों तथा ऐसे अनुपूरक, आनुषंगिक और पारिणामिक उपबंध भी (जिनके अंतर्गत ऐसी विधि से प्रभावित राज्य या राज्यों के संसद में और विधान-मंडल या विधान-मंडलों में प्रतिनिधित्व के बारे में उपबंध है) अंतर्विष्ट हो सकेंगे जिन्हें संसद आवश्यक समझे।

(2) पूर्वोक्त प्रकार की कोई विधि अनुच्छेद 368 के प्रयोजनों के लिए इस संविधान का संशोधन नहीं समझी जाएगी।

## संदर्भ

1. संविधान (सातवां संशोधन) अधिनियम, 1956 की धारा 2 द्वारा खंड (2) के स्थान पर प्रतिस्थापित।
2. संविधान (सातवां संशोधन) अधिनियम, 1956 की धारा 2 द्वारा उपखंड (ख) के स्थान पर प्रतिस्थापित।
3. संविधान (पैंतीसवां संशोधन) अधिनियम, 1974 की धारा 2 द्वारा (1-3-1975 से) अंत:स्थापित।
4. संविधान (पांचवां संशोधन) अधिनियम, 1955 की धारा 2 द्वारा परंतुक के स्थान पर प्रतिस्थापित।
5. 'संविधान (सातवां संशोधन) अधिनियम, 1956 की धारा 29 और अनुसूची द्वारा "पहली अनुसूची के भाग क या भाग ख में विनिर्दिष्ट" शब्दों और अक्षरों का लोप किया गया।
6. संविधान (अठारहवां संशोधन) अधिनियम, 1966 की धारा 2 द्वारा अंत:स्थापित।

# भाग-2

# नागरिकता

**5. संविधान के प्रारंभ पर नागरिकता-**

इस संविधान के प्रारंभ पर प्रत्येक व्यक्ति जिसका भारत के राज्यक्षेत्र में अधिवास है और-

(क) जो भारत के राज्यक्षेत्र में जन्मा था, या

(ख) जिसके माता या पिता में से कोई भारत के राज्यक्षेत्र में जन्मा था, या

(ग) जो ऐसे प्रारंभ से ठीक पहले कम-से-कम पांच वर्ष तक भारत के राज्यक्षेत्र में मामूली तौर से निवासी रहा है, भारत का नागरिक होगा।

**6. पाकिस्तान से भारत को प्रव्रजन करने वाले कुछ व्यक्तियों के नागरिकता के अधिकार-**

अनुच्छेद 5 में किसी बात के होते हुए भी, कोई व्यक्ति जिसने ऐसे राज्यक्षेत्र से जो इस समय पाकिस्तान के अंतर्गत है, भारत के राज्यक्षेत्र को प्रव्रजन किया है, इस संविधान के प्रारंभ पर भारत का नागरिक समझा जाएगा-

(क) यदि वह अथवा उसके माता या पिता में से कोई अथवा उसके पितामह या पितामही या मातामह या मातामही में से कोई (मूल रूप में यथा अधिनियमित) भारत शासन अधिनियम, 1935 में परिभाषित भारत में जन्मा था; और

(ख) (i) जबकि वह व्यक्ति ऐसा है जिसने 19 जुलाई, 1948 से पहले इस प्रकार प्रव्रजन किया है तब यदि वह अपने प्रव्रजन की तारीख से भारत के राज्यक्षेत्र में मामूली तौर से निवासी रहा है; या

(ii) जबकि वह व्यक्ति ऐसा है जिसने 19 जुलाई, 1948 को या उसके पश्चात् इस प्रकार प्रव्रजन किया है तब यदि वह नागरिकता प्राप्ति के लिए भारत डोमिनियन की सरकार द्वारा विहित प्ररूप में और रीति से उसके द्वारा इस संविधान के प्रारंभ से पहले ऐसे अधिकारी को, जिसे उस सरकार ने इस प्रयोजन के लिए नियुक्त किया है, आवेदन किए जाने पर उस अधिकारी द्वारा भारत का नागरिक रजिस्ट्रीकृत कर लिया गया है :

परंतु यदि कोई व्यक्ति अपने आवेदन की तारीख से ठीक पहले कम-से-कम छह मास भारत के राज्यक्षेत्र में निवासी नहीं रहा है तो वह इस प्रकार रजिस्ट्रीकृत नहीं किया जाएगा।

**7. पाकिस्तान को प्रव्रजन करने वाले कुछ व्यक्तियों के नागरिकता के अधिकार-**

अनुच्छेद 5 और अनुच्छेद 6 में किसी बात के होते हुए भी, कोई व्यक्ति जिसने 1 मार्च, 1947 के पश्चात् भारत के राज्यक्षेत्र से ऐसे राज्यक्षेत्र को, जो इस समय पाकिस्तान के अंतर्गत है, प्रव्रजन किया है, भारत का नागरिक नहीं समझा जाएगा :

परंतु इस अनुच्छेद की कोई बात ऐसे व्यक्ति पर लागू नहीं होगी जो ऐसे राज्यक्षेत्र को, जो इस समय पाकिस्तान के अंतर्गत है, प्रव्रजन करने के पश्चात् भारत के राज्यक्षेत्र को ऐसी अनुज्ञा के अधीन लौट आया है जो पुनर्वास के लिए या स्थायी रूप से लौटने के लिए किसी विधि के प्राधिकार द्वारा या उसके अधीन दी गई है और प्रत्येक ऐसे व्यक्ति के बारे में अनुच्छेद 6 के खंड (ख) के प्रयोजनों के लिए यह समझा जाएगा कि उसने भारत के राज्यक्षेत्र को 19 जुलाई, 1948 के पश्चात् प्रव्रजन किया है।

**8. भारत के बाहर रहने वाले भारतीय उद्भव के कुछ व्यक्तियों के नागरिकता के अधिकार-**

अनुच्छेद 5 में किसी बात के होते हुए भी, कोई व्यक्ति जिसके माता या पिता में से कोई अथवा पितामह या पितामही या मातामह या मातामही में से कोई (मूल रूप में यथा अधिनियमित) भारत शासन अधिनियम, 1935 में परिभाषित भारत में जन्मा था और जो इस प्रकार परिभाषित भारत के बाहर किसी देश में मामूली तौर से निवास कर रहा है, भारत का नागरिक समझा जाएगा, यदि वह नागरिकता प्राप्ति के लिए

भारत डोमिनियन की सरकार द्वारा या भारत सरकार द्वारा विहित प्ररूप में और रीति से अपने द्वारा उस देश में, जहाँ वह तत्समय निवास कर रहा है, भारत के राजनयिक या कौंसलीय प्रतिनिधि को इस संविधान के प्रारंभ से पहले या उसके पश्चात् आवेदन किए जाने पर ऐसे राजनयिक या कौंसलीय प्रतिनिधि द्वारा भारत का नागरिक रजिस्ट्रीकृत कर लिया गया है।

## 9. विदेशी राज्य की नागरिकता स्वेच्छा से अर्जित करने वाले व्यक्तियों का नागरिक न होना–

यदि किसी व्यक्ति ने किसी विदेशी राज्य की नागरिकता स्वेच्छा से अर्जित कर ली है तो वह अनुच्छेद 5 के आधार पर भारत का नागरिक नहीं होगा अथवा अनुच्छेद 6 या अनुच्छेद 8 के आधार पर भारत का नागरिक नहीं समझा जाएगा।

## 10. नागरिकता के अधिकारों का बना रहना–

प्रत्येक व्यक्ति, जो इस भाग के पूर्वगामी उपबंधों में से किसी के अधीन भारत का नागरिक है या समझा जाता है, ऐसी विधि के उपबंधों के अधीन रहते हुए, जो संसद द्वारा बनाई जाए, भारत का नागरिक बना रहेगा।

## 11. संसद द्वारा नागरिकता के अधिकार का विधि द्वारा विनियमन किया जाना–

इस भाग के पूर्वगामी उपबंधों की कोई बात नागरिकता के अर्जन और समाप्ति के तथा नागरिकता से संबंधित अन्य सभी विषयों के संबंध में उपबंध करने की संसद की शक्ति का अल्पीकरण नहीं करेगी।

# भाग-3

# मूल अधिकार

## साधारण

### 12. परिभाषा-

इस भाग में, जब तक कि संदर्भ से अन्यथा अपेक्षित न हो "राज्य" के अंतर्गत भारत की सरकार और संसद तथा राज्यों में से प्रत्येक राज्य की सरकार और विधान-मंडल तथा भारत के राज्यक्षेत्र के भीतर या भारत सरकार के नियंत्रण के अधीन सभी स्थानीय और अन्य प्राधिकारी हैं।

### 13. मूल अधिकारों से असंगत या उनका अल्पीकरण करने वाली विधियाँ-

(1) इस संविधान के प्रारंभ से ठीक पहले भारत के राज्यक्षेत्र में प्रवृत्त सभी विधियाँ उस मात्रा तक शून्य होंगी जिस तक वे इस भाग के उपबंधों से असंगत हैं।

(2) राज्य ऐसी कोई विधि नहीं बनाएगा जो इस भाग द्वारा प्रदत्त अधिकारों को छीनती है या न्यून करती है और इस खंड के उल्लंघन में बनाई गई प्रत्येक विधि उल्लंघन की मात्रा तक शून्य होगी।

(3) इस अनुच्छेद में, जब तक कि संदर्भ से अन्यथा अपेक्षित न हो,-

(क) "विधि" के अंतर्गत भारत के राज्यक्षेत्र में विधि का बल रखने वाला कोई अध्यादेश, आदेश, उपविधि, नियम, विनियम, अधिसूचना, रूढ़ि या प्रथा है;

(ख) "प्रवृत्त विधि" के अंतर्गत भारत के राज्यक्षेत्र में किसी विधान-मंडल या अन्य सक्षम प्राधिकारी द्वारा इस संविधान के प्रारंभ से पहले पारित या बनाई गई विधि है जो पहले ही निरसित नहीं कर दी गई है, चाहे ऐसी कोई विधि या उसका कोई भाग उस समय पूर्णतया या विशिष्ट क्षेत्रों में प्रवर्तन में नहीं है।

[1][(4) इस अनुच्छेद की कोई बात अनुच्छेद 368 के अधीन किए गए इस संविधान के किसी संशोधन पर लागू नहीं होगी।]

## समता का अधिकार

### 14. विधि के समक्ष समता-

राज्य, भारत के राज्यक्षेत्र में किसी व्यक्ति को विधि के समक्ष समता से या विधियों के समान संरक्षण से वंचित नहीं करेगा।

### 15. धर्म, मूलवंश, जाति, लिंग या जन्मस्थान के आधार पर विभेद का प्रतिषेध-

(1) राज्य, किसी नागरिक के विरुद्ध केवल धर्म, मूलवंश, जाति, लिंग, जन्मस्थान या इनमें से किसी के आधार पर कोई विभेद नहीं करेगा।

(2) कोई नागरिक केवल धर्म, मूलवंश, जाति, लिंग, जन्मस्थान या इनमें से किसी के आधार पर-

(क) दुकानों, सार्वजनिक भोजनालयों, होटलों और सार्वजनिक मनोरंजन के स्थानों में प्रवेश, या

(ख) पूर्णतः या भागतः राज्य-निधि से पोषित या साधारण जनता के प्रयोग के लिए समर्पित कुओं, तालाबों, स्नानघाटों, सड़कों और सार्वजनिक समागम के स्थानों के उपयोग, के संबंध में किसी भी निर्योग्यता, दायित्व, निर्बन्धन या शर्त के अधीन नहीं होगा।

(3) इस अनुच्छेद की कोई बात राज्य को स्त्रियों और बालकों के लिए कोई विशेष उपबंध करने से निवारित नहीं करेगी।

[2][(4) इस अनुच्छेद की या अनुच्छेद 29 के खंड (2) की कोई बात राज्य को सामाजिक और शैक्षिक दृष्टि से पिछड़े हुए नागरिकों के किन्हीं वर्गों की उन्नति के लिए या अनुसूचित जातियों और अनुसूचित जनजातियों के लिए कोई विशेष उपबंध करने से निवारित नहीं करेगी।]

### 16. लोक नियोजन के विषय में अवसर की समता-

(1) राज्य के अधीन किसी पद पर नियोजन या नियुक्ति से संबंधित विषयों में सभी नागरिकों के लिए अवसर की समता होगी।

(2) राज्य के अधीन किसी नियोजन या पद के संबंध में केवल धर्म, मूलवंश, जाति, लिंग, उद्‌भव, जन्मस्थान, निवास या इनमें से किसी के आधार पर न तो कोई नागरिक अपात्र होगा और न उससे विभेद किया जाएगा।

(3) इस अनुच्छेद की कोई बात संसद को कोई ऐसी विधि बनाने से निवारित नहीं करेगी जो [3][किसी राज्य या संघ राज्यक्षेत्र की सरकार के या उसमें के किसी स्थानीय या अन्य प्राधिकारी के अधीन वाले किसी वर्ग या वर्गों के पद पर नियोजन या नियुक्ति के संबंध में ऐसे नियोजन या नियुक्ति से पहले उस राज्य या संघ राज्यक्षेत्र के भीतर निवास विषयक कोई अपेक्षा विहित करती है।]

(4) इस अनुच्छेद की कोई बात राज्य को पिछड़े हुए नागरिकों के किसी वर्ग के पक्ष में, जिनका प्रतिनिधित्व राज्य की राय में राज्य के अधीन सेवाओं में पर्याप्त नहीं है, नियुक्तियों या पदों के आरक्षण के लिए उपबंध करने से निवारित नहीं करेगी।

[4][(4क) इस अनुच्छेद की कोई बात राज्य को अनुसूचित जातियों और अनुसूचित जनजातियों के पक्ष में, जिनका प्रतिनिधित्व राज्य की राय में राज्य के अधीन सेवाओं में पर्याप्त नहीं है, राज्य के अधीन सेवाओं में [5][किसी वर्ग या वर्गों के पदों पर, पारिणामिक ज्येष्ठता सहित,प्रोन्नति के मामलों में] आरक्षण के लिए उपबंध करने से निवारित नहीं करेगी।]

[6][(4ख) इस अनुच्छेद की कोई बात राज्य को किसी वर्ष में किन्हीं न भरी गई ऐसी रिक्तियों को, जो खंड (4) या खंड (4क) के अधीन किए गए आरक्षण के लिए किसी उपबंध के अनुसार उस वर्ष में भरी जाने के लिए आरक्षित हैं, किसी उत्तरवर्ती वर्ष या वर्षों में भरे जाने के लिए पृथक् वर्ग की रिक्तियों के रूप में विचार करने से निवारित नहीं करेगी और ऐसे वर्ग की रिक्तियों पर उस वर्ष की रिक्तियों के साथ जिसमें वे भरी जा रही हैं, उस वर्ष की रिक्तियों की कुल संख्या के संबंध में पचास प्रतिशत आरक्षण की अधिकतम सीमा का अवधारण करने के लिए विचार नहीं किया जाएगा]

(5) इस अनुच्छेद की कोई बात किसी ऐसी विधि के प्रवर्तन पर प्रभाव नहीं डालेगी जो यह उपबंध करती है कि किसी धार्मिक या सांप्रदायिक संस्था के कार्यकलाप से संबंधित कोई पदधारी या उसके शासी निकाय का कोई सदस्य किसी विशिष्ट धर्म का मानने वाला या विशिष्ट संप्रदाय का ही हो।

### 17. अस्पृश्यता का अंत-

"अस्पृश्यता" का अंत किया जाता है और उसका किसी भी रूप में आचरण निषिद्ध किया जाता है। "अस्पृश्यता" से उपजी किसी निर्योग्यता को लागू करना अपराध होगा जो विधि के अनुसार दंडनीय होगा।

### 18. उपाधियों का अंत-

(1) राज्य, सेना या विद्या संबंधी सम्मान के सिवाय और कोई उपाधि प्रदान नहीं करेगा।

(2) भारत का कोई नागरिक किसी विदेशी राज्य से कोई उपाधि स्वीकार नहीं करेगा।

(3) कोई व्यक्ति, जो भारत का नागरिक नहीं है, राज्य के अधीन लाभ या विश्वास के किसी पद को धारण करते हुए किसी विदेशी राज्य से कोई उपाधि राष्ट्रपति की सहमति के बिना स्वीकार नहीं करेगा।

(4) राज्य के अधीन लाभ या विश्वास का पद धारण करनेवाला कोई व्यक्ति किसी विदेशी राज्य से या उसके अधीन किसी रूप में कोई भेंट, उपलब्धि या पद राष्ट्रपति की सहमति के बिना स्वीकार नहीं करेगा।

## स्वातंत्र्य-अधिकार

### 19. वाक्-स्वातंत्र्य आदि विषयक कुछ अधिकारों का संरक्षण-

(1) सभी नागरिकों को-

(क) वाक्-स्वातंत्र्य और अभिव्यक्ति-स्वातंत्र्य का,

(ख) शांतिपूर्वक और निरायुध सम्मेलन का,

(ग) संगम या संघ बनाने का,

(घ) भारत के राज्यक्षेत्र में सर्वत्र अबाध संचरण का,

(ङ) भारत के राज्यक्षेत्र के किसी भाग में निवास करने और बस जाने का, [7][और]

[8]* * * * * * *

(छ) कोई वृत्ति, उपजीविका, व्यापार या कारोबार करने का,

अधिकार होगा।

[9][(2) खंड (1) के उपखंड (क) की कोई बात उक्त उपखंड द्वारा दिए गए अधिकार के प्रयोग पर [10][भारत की प्रभुता और अखंडता, राज्य की सुरक्षा, विदेशी राज्यों के साथ मैत्रीपूर्ण संबंधों, लोक व्यवस्था, शिष्टाचार या सदाचार के हितों में अथवा न्यायालय-अवमानना मानहानि या अपराध-उद्दीपन के संबंध में युक्तियुक्त निर्बन्धन, जहाँ तक कोई विद्यमान विधि अधिरोपित करती है वहाँ तक उसके प्रवर्तन पर प्रभाव नहीं डालेगी या वैसे निर्बन्धन अधिरोपित करने वाली कोई विधि बनाने से राज्य को निवारित नहीं करेगी।]

(3) उक्त खंड के उपखंड (ख) की कोई बात उक्त उपखंड द्वारा दिए गए अधिकार के प्रयोग पर [10][भारत की प्रभुता और अखंडता या] लोक व्यवस्था के हितों में युक्तियुक्त निर्बन्धन जहाँ तक कोई विद्यमान विधि अधिरोपित करती है वहाँ तक उसके प्रवर्तन पर प्रभाव नहीं डालेगी या वैसे निर्बन्धन अधिरोपित करने वाली कोई विधि बनाने से राज्य को निवारित नहीं करेगी।

(4) उक्त खंड के उपखंड (ग) की कोई बात उक्त उपखंड द्वारा दिए गए अधिकार के प्रयोग पर [10][भारत की प्रभुता और अखंडता या] लोक व्यवस्था या सदाचार के हितों में युक्तियुक्त निर्बन्धन जहाँ तक कोई विद्यमान विधि अधिरोपित करती है वहाँ तक उसके प्रवर्तन पर प्रभाव नहीं डालेगी या वैसे निर्बन्धन अधिरोपित करने वाली कोई विधि बनाने से राज्य को निवारित नहीं करेगी।

(5) उक्त खंड के [11][उपखंड (घ) और उपखंड (ङ) की कोई बात उक्त उपखंडों द्वारा दिए गए अधिकारों के प्रयोग पर साधारण जनता के हितों में या किसी अनुसूचित जनजाति के हितों के संरक्षण के लिए युक्तियुक्त निर्बन्धन जहाँ तक कोई विद्यमान विधि अधिरोपित करती है वहाँ तक उसके प्रवर्तन पर प्रभाव नहीं डालेगी या वैसे निर्बन्धन अधिरोपित करने वाली कोई विधि बनाने से राज्य को निवारित नहीं करेगी।

(6) उक्त खंड के उपखंड (छ) की कोई बात उक्त उपखंड द्वारा दिए गए अधिकार के प्रयोग पर साधारण जनता के हितों में युक्तियुक्त निर्बन्धन जहाँ तक कोई विद्यमान विधि अधिरोपित करती है वहाँ तक उसके प्रवर्तन पर प्रभाव नहीं डालेगी या वैसे निर्बन्धन अधिरोपित करने वाली कोई विधि बनाने से राज्य को निवारित नहीं करेगी और विशिष्टतया [12][उक्त उपखंड की कोई बात–

(i) कोई वृत्ति, उपजीविका, व्यापार या कारोबार करने के लिए आवश्यक वृत्तिक या तकनीकी अर्हताओं से, या

(ii) राज्य द्वारा या राज्य के स्वामित्व या नियंत्रण में किसी निगम द्वारा कोई व्यापार, कारोबार, उद्योग या सेवा, नागरिकों का पूर्णत: या भागत: अपवर्जन करके या अन्यथा, चलाए जाने से, जहाँ तक कोई विद्यमान विधि संबंध रखती है वहाँ तक उसके प्रवर्तन पर प्रभाव नहीं डालेगी या इस प्रकार संबंध रखने वाली कोई विधि बनाने से राज्य को निवारित नहीं करेगी।

## 20. अपराधों के लिए दोषसिद्धि के संबंध में संरक्षण–

(1) कोई व्यक्ति किसी अपराध के लिए तब तक सिद्धदोष नहीं ठहराया जाएगा, जब तक कि उसने ऐसा कोई कार्य करने के समय, जो अपराध के रूप में आरोपित है, किसी प्रवृत्त विधि का अतिक्रमण नहीं किया है या उससे अधिक शास्ति का भागी नहीं होगा जो उस अपराध के किए जाने के समय प्रवृत्त विधि के अधीन अधिरोपित की जा सकती थी।

(2) किसी व्यक्ति को एक ही अपराध के लिए एक बार से अधिक अभियोजित और दंडित नहीं किया जाएगा।

(3) किसी अपराध के लिए अभियुक्त किसी व्यक्ति को स्वयं अपने विरुद्ध साक्षी होने के लिए बाध्य नहीं किया जाएगा।

## 21. प्राण और दैहिक स्वतंत्रता का संरक्षण–

किसी व्यक्ति को उसके प्राण या दैहिक स्वतंत्रता से विधि द्वारा स्थापित प्रक्रिया के अनुसार ही वंचित किया जाएगा, अन्यथा नहीं।

## [13][21क. शिक्षा का अधिकार–

राज्य, छह वर्ष से चौदह वर्ष तक की आयु वाले सभी बालकों के लिए नि:शुल्क और अनिवार्य शिक्षा देने का ऐसी रीति में, जो राज्य विधि द्वारा, अवधारित करे उपबंध करेगा।]

## [14]22. कुछ दशाओं में गिरफ्तारी और निरोध से संरक्षण–

(1) किसी व्यक्ति को, जो गिरफ्तार किया गया है, ऐसी गिरफ्तारी के कारणों से यथाशीघ्र अवगत कराए बिना अभिरक्षा में निरुद्ध नहीं रखा जाएगा या अपनी रुचि के विधि व्यवसायी से परामर्श करने और प्रतिरक्षा कराने के अधिकार से वंचित नहीं रखा जाएगा।

(2) प्रत्येक व्यक्ति को, जो गिरफ्तार किया गया है और अभिरक्षा में निरुद्ध रखा गया है, गिरफ्तारी के स्थान से मजिस्ट्रेट के न्यायालय तक यात्रा के लिए आवश्यक समय को छोड़कर ऐसी गिरफ्तारी से चौबीस घंटे की अवधि में निकटतम मजिस्ट्रेट के समक्ष पेश किया जाएगा और ऐसे किसी व्यक्ति को मजिस्ट्रेट के प्राधिकार के बिना उक्त अवधि से अधिक अवधि के लिए अभिरक्षा में निरुद्ध नहीं रखा जाएगा।

(3) खंड (1) और खंड (2) की कोई बात किसी ऐसे व्यक्ति पर लागू नहीं होगी जो–

(क) तत्समय शत्रु अन्यदेशीय है; या

(ख) निवारक निरोध का उपबंध करने वाली किसी विधि के अधीन गिरफ्तार या निरुद्ध किया गया है।

(4) निवारक निरोध का उपबंध करने वाली कोई विधि किसी व्यक्ति का तीन मास से अधिक अवधि के लिए तब तक निरुद्ध किया जाना प्राधिकृत नहीं करेगी जब तक कि–

(क) ऐसे व्यक्तियों से, जो उच्च न्यायालय के न्यायाधीश हैं या न्यायाधीश रहे हैं या न्यायाधीश नियुक्त होने के लिए अर्हित हैं. मिलकर बने सलाहकार बोर्ड ने तीन मास की उक्त अवधि की समाप्ति से पहले यह प्रतिवेदन नहीं दिया है कि उसकी राय में ऐसे निरोध के लिए पर्याप्त कारण हैं :

परंतु इस उपखंड की कोई बात किसी व्यक्ति का उस अधिकतम अवधि से अधिक अवधि के लिए निरुद्ध किया जाना प्राधिकृत नहीं करेगी जो खंड (7) के उपखंड (ख) के अधीन संसद द्वारा बनाई गई विधि द्वारा विहित की गई है; या

(ख) ऐसे व्यक्ति को खंड (7) के उपखंड (क) और उपखंड (ख) के अधीन संसद द्वारा बनाई गई विधि के उपबंधों के अनुसार निरुद्ध नहीं किया जाता है।

(5) निवारक निरोध का उपबंध करने वाली किसी विधि के अधीन किए गए आदेश के अनुसरण में जब किसी व्यक्ति को निरुद्ध किया जाता है तब आदेश करनेवाला प्राधिकारी यथाशक्य शीघ्र उस व्यक्ति को यह संसूचित करेगा कि वह आदेश किन आधारों पर किया गया है और उस आदेश के विरुद्ध अभ्यावेदन करने के लिए उसे शीघ्रातिशीघ्र अवसर देगा।

(6) खंड (5) की किसी बात से ऐसा आदेश, जो उस खंड में निर्दिष्ट है, करने वाले प्राधिकारी के लिए ऐसे तथ्यों को प्रकट करना आवश्यक नहीं होगा जिन्हें प्रकट करना ऐसा प्राधिकारी लोकहित के विरुद्ध समझता है।

(7) संसद विधि द्वारा विहित कर सकेगी कि-

(क) किन परिस्थितियों के अधीन और किस वर्ग या वर्गों के मामलों में किसी व्यक्ति को निवारक निरोध का उपबंध करने वाली किसी विधि के अधीन तीन मास से अधिक अवधि के लिए खंड (4) के उपखंड (क) के उपबंधों के अनुसार सलाहकार बोर्ड की राय प्राप्त किए बिना निरुद्ध किया जा सकेगा;

(ख) किसी वर्ग या वर्गों के मामलों में कितनी अधिकतम अवधि के लिए किसी व्यक्ति को निवारक निरोध का उपबंध करने वाली किसी विधि के अधीन निरुद्ध किया जा सकेगा; और

(ग) खंड (4) के उपखंड (क) के अधीन की जाने वाली जांच में सलाहकार बोर्ड द्वारा अनुसरण की जाने वाली प्रक्रिया क्या होगी।

## शोषण के विरुद्ध अधिकार

### 23. मानव के दुर्व्यापार और बलातश्रम का प्रतिषेध-

(1) मानव का दुर्व्यापार और बेगार तथा इसी प्रकार का अन्य बलात्श्रम प्रतिषिद्ध किया जाता है और इस उपबंध का कोई भी उल्लंघन अपराध होगा जो विधि के अनुसार दंडनीय होगा।

(2) इस अनुच्छेद की कोई बात राज्य को सार्वजनिक प्रयोजनों के लिए अनिवार्य सेवा अधिरोपित करने से निवारित नहीं करेगी। ऐसी सेवा अधिरोपित करने में राज्य केवल धर्म, मूलवंश, जाति या वर्ग या इनमें से किसी के आधार पर कोई विभेद नहीं करेगा।

### 24. कारखानों आदि में बालकों के नियोजन का प्रतिषेध-

चौदह वर्ष से कम आयु के किसी बालक को किसी कारखाने या खान में काम करने के लिए नियोजित नहीं किया जाएगा या किसी अन्य परिसंकटमय नियोजन में नहीं लगाया जाएगा।

## धर्म की स्वतंत्रता का अधिकार

### 25. अंत:करण की और धर्म को अबाध रूप से मानने, आचरण और प्रचार करने की स्वतंत्रता-

(1) लोक व्यवस्था, सदाचार और स्वास्थ्य तथा इस भाग के अन्य उपबंधों के अधीन रहते हुए, सभी व्यक्तियों को अंत:करण की स्वतंत्रता का और धर्म के अबाध रूप से मानने, आचरण करने और प्रचार करने का समान हक होगा।

(2) इस अनुच्छेद की कोई बात किसी ऐसी विद्यमान विधि के प्रवर्तन पर प्रभाव नहीं डालेगी या राज्य को कोई ऐसी विधि बनाने से निवारित नहीं करेगी जो-

(क) धार्मिक आचरण से संबद्ध किसी आर्थिक, वित्तीय, राजनैतिक या अन्य लौकिक क्रियाकलाप का विनियमन या निर्बन्धन करती है;

(ख) सामाजिक कल्याण और सुधार के लिए या सार्वजनिक प्रकार की हिंदुओं की धार्मिक संस्थाओं को हिंदुओं के सभी वर्गों और अनुभागों के लिए खोलने का उपबंध करती है।

**स्पष्टीकरण 1**-कृपाण धारण करना और लेकर चलना सिक्ख धर्म के मानने का अंग समझा जाएगा।

**स्पष्टीकरण 2**-खंड (2) के उपखंड (ख) में हिंदुओं के प्रति निर्देश का यह अर्थ लगाया जाएगा कि उसके अंतर्गत सिक्ख, जैन या बौद्ध धर्म के मानने वाले व्यक्तियों के प्रति निर्देश है और हिंदुओं की धार्मिक संस्थाओं के प्रति निर्देश का अर्थ तद्नुसार लगाया जाएगा।

### 26. धार्मिक कार्यों के प्रबंध की स्वतंत्रता-

लोक व्यवस्था, सदाचार और स्वास्थ्य के अधीन रहते हुए, प्रत्येक धार्मिक संप्रदाय या उसके किसी अनुभाग को-

(क) धार्मिक और पूर्त प्रयोजनों के लिए संस्थाओं की स्थापना और पोषण का,

(ख) अपने धर्म विषयक कार्यों का प्रबंध करने का,

(ग) जंगम और स्थावर संपत्ति के अर्जन और स्वामित्व का, और

(घ) ऐसी संपत्ति का विधि के अनुसार प्रशासन करने का, अधिकार होगा।

### 27. किसी विशिष्ट धर्म की अभिवृद्धि के लिए करों के संदाय के बारे में स्वतंत्रता-

किसी भी व्यक्ति को ऐसे करों का संदाय करने के लिए बाध्य नहीं किया जाएगा जिनके आगम किसी विशिष्ट धर्म या धार्मिक संप्रदाय की अभिवृद्धि या पोषण में व्यय करने के लिए विनिर्दिष्ट रूप से विनियोजित किए जाते हैं।

## 28. कुछ शिक्षा संस्थाओं में धार्मिक शिक्षा या धार्मिक उपासना में उपस्थित होने के बारे में स्वतंत्रता-

(1) राज्य-निधि से पूर्णतः पोषित किसी शिक्षा संस्था में कोई धार्मिक शिक्षा नहीं दी जाएगी।

(2) खंड (1) की कोई बात ऐसी शिक्षा संस्था पर लागू नहीं होगी जिसका प्रशासन राज्य करता है किंतु जो किसी ऐसे विन्यास या न्यास के अधीन स्थापित हुई है जिसके अनुसार उस संस्था में धार्मिक शिक्षा देना आवश्यक है।

(3) राज्य से मान्यताप्राप्त या राय-निधि से सहायता पाने वाली शिक्षा संस्था में उपस्थित होने वाले किसी व्यक्ति को ऐसी संस्था में दी जाने वाली धार्मिक शिक्षा में भाग लेने के लिए या ऐसी संस्था में या उससे संलग्न स्थान में की जाने वाली धार्मिक उपासना में उपस्थित होने के लिए तब तक बाध्य नहीं किया जाएगा जब तक कि उस व्यक्ति ने, या यदि वह अवयस्क है तो उसके संरक्षक ने, इसके लिए अपनी सहमति नहीं दे दी है।

## संस्कृति और शिक्षा संबंधी अधिकार

## 29. अल्पसंख्यक-वर्गों के हितों का संरक्षण-

(1) भारत के राज्यक्षेत्र या उसके किसी भाग के निवासी नागरिकों के किसी अनुभाग को, जिसकी अपनी विशेष भाषा, लिपि या संस्कृति है, उसे बनाए रखने का अधिकार होगा।

(2) राज्य द्वारा पोषित या राज्य-निधि से सहायता पाने वाली किसी शिक्षा संस्था में प्रवेश से किसी भी नागरिक को केवल धर्म, मूलवंश, जाति, भाषा या इनमें से किसी के आधार पर वंचित नहीं किया जाएगा।

## 30. शिक्षा संस्थाओं की स्थापना और प्रशासन करने का अल्पसंख्यक-वर्गों का अधिकार-

(1) धर्म या भाषा पर आधारित सभी अल्पसंख्यक-वर्गों को अपनी रुचि की शिक्षा संस्थाओं की स्थापना और प्रशासन का अधिकार होगा।

[15][(1क) खंड (1) में निर्दिष्ट किसी अल्पसंख्यक-वर्ग द्वारा स्थापित और प्रशासित शिक्षा संस्था की संपत्ति के अनिवार्य अर्जन के लिए उपबंध करने वाली विधि बनाते समय, राज्य यह सुनिश्चित करेगा कि ऐसी संपत्ति के अर्जन के लिए ऐसी विधि द्वारा नियत या उसके अधीन अवधारित रकम इतनी हो कि उस खंड के अधीन प्रत्याभूत अधिकार निर्बन्धित या निराकृत न हो जाए।]

(2) शिक्षा संस्थाओं को सहायता देने में राज्य किसी शिक्षा संस्था के विरुद्ध इस आधार पर विभेद नहीं करेगा कि वह धर्म या भाषा पर आधारित किसी अल्पसंख्यक-वर्ग के प्रबंध में है।

[16]* * *

## 31. [संपत्ति का अनिवार्य अर्जन।]

संविधान (चवालीसवां संशोधन) अधिनियम, 1978 की धारा 6 द्वारा (20-6-1979 से निरसित।

[17][कुछ विधियों की व्यावृत्ति]

## [18][31क. संपदाओं आदि के अर्जन के लिए उपबंध करने वाली विधियों की व्यावृत्ति-

[19][(1) अनुच्छेद 13 में अंतर्दिष्ट किसी बात के होते हुए भी,-

(क) किसी संपदा के या उसमें किन्हीं अधिकारों के राज्य द्वारा अर्जन के लिए या किन्हीं ऐसे अधिकारों के निर्वापन या उनमें परिवर्तन के लिए, या

(ख) किसी संपत्ति का प्रबंध लोकहित में या उस संपत्ति का उचित प्रबंध सुनिश्चित करने के उद्देश्य से परिसीमित अवधि के लिए राज्य द्वारा ले लिए जाने के लिए, या

(ग) दो या अधिक निगमों को लोकहित में या उन निगमों में से किसी का उचित प्रबंध सुनिश्चित करने के उद्देश्य से समामेलित करने के लिए, या

(घ) निगमों के प्रबंध अभिकर्ताओं, सचिवों और कोषाध्यक्षों, प्रबंध निदेशकों, निदेशकों या प्रबंधकों के किन्हीं अधिकारों या उनके शेयरधारकों के मत देने के किन्हीं अधिकारों के निर्वापन या उनमें परिवर्तन के लिए, या

(ङ) किसी खनिज या खनिज तेल की खोज करने या उसे प्राप्त करने के प्रयोजन के लिए किसी करार पट्टे या अनुज्ञप्ति के आधार पर प्रोद्भूत होने वाले किन्हीं अधिकारों के निर्वापन या उनमें परिवर्तन के लिए या किसी ऐसे करार, पट्टे या अनुज्ञप्ति को समय से पहले समाप्त करने या रद्द करने के लिए,

उपबंध करने वाली विधि इस आधार पर शून्य नहीं समझी जाएगी कि वह [20][अनुच्छेद 14 या अनुच्छेद 19] द्वारा प्रदत्त अधिकारों में से किसी से असंगत है या उसे छीनती है या न्यून करती है :

परंतु जहाँ ऐसी विधि किसी राज्य के विधान-मंडल द्वारा बनाई गई विधि है वहाँ इस अनुच्छेद के उपबंध उस विधि को तब तक लागू नहीं होंगे जब तक ऐसी विधि को, जो राष्ट्रपति के विचार के लिए आरक्षित रखी गई है, उसकी अनुमति प्राप्त नहीं हो गई है:]

[21][परंतु जहाँ किसी विधि में किसी संपदा के राज्य द्वारा अर्जन के लिए कोई उपबंध किया गया है और जहाँ उसमें समाविष्ट कोई भूमि किसी व्यक्ति की अपनी जोत में है वहाँ राज्य के लिए ऐसी भूमि के ऐसे भाग को, जो किसी तत्समय प्रवृत्त विधि के अधीन उसको लागू अधिकतम सीमा के भीतर है, या उस पर निर्मित या उससे अनुलग्न

किसी भवन या संरचना को अर्जित करना उस दशा के सिवाय विधिपूर्ण नहीं होगा जिस दशा में ऐसी भूमि, भवन या संरचना के अर्जन से संबंधित विधि उस दर से प्रतिकर के संदाय के लिए उपबंध करती है जो उसके बाजार मूल्य से कम नहीं होगी।]

(2) इस अनुच्छेद में,

[22](क) "संपदा" पद का किसी स्थानीय क्षेत्र के संबंध में वही अर्थ है जो उस पद का या उसके समतुल्य स्थानीय पद का उस क्षेत्र में प्रवृत्त भू-धृतियों से संबंधित विद्यमान विधि में है और इसके अंतर्गत-

(i) कोई जागीर, इनाम या मुआफी अथवा वैसा ही अन्य अनुदान और [23][तमिलनाडु] और केरल राज्यों में कोई जन्मम् अधिकार भी होगा;

(ii) रैयतवाड़ी बंदोबस्त के अधीन धृत कोई भूमि भी होगी;

(iii) कृषि के प्रयोजनों के लिए या उसके सहायक प्रयोजनों के लिए धृत या पट्टे पर दी गई कोई भूमि भी होगी, जिसके अंतर्गत बंजर भूमि, वन भूमि, चरागाह या भूमि के कृषकों, कृषि श्रमिकों और ग्रामीण कारीगरों के अधिभोग में भवनों और अन्य संरचनाओं के स्थल हैं;]

(ख) "अधिकार" पद के अंतर्गत, किसी संपदा के संबंध में, किसी स्वत्वधारी, उप-स्वत्वधारी, अवर स्वत्वधारी, भू-धृतिधारक. [24][रैयत, अवर रैयत] या अन्य मध्यवर्ती में निहित कोई अधिकार और भू-राजस्व के संबंध में कोई अधिकार या विशेषाधिकार होंगे।

### [25][31ख. कुछ अधिनियमों और विनियमों का विधिमान्यकरण-

अनुच्छेद 31क में अंतर्विष्ट उपबंधों की व्यापकता पर प्रतिकूल प्रभाव डाले बिना, नवीं अनुसूची में विनिर्दिष्ट अधिनियमों और विनियमों में से और उनके उपबंधों में से कोई इस आधार पर शून्य या कभी शून्य हुआ नहीं समझा जाएगा कि वह अधिनियम, विनियम या उपबंध इस भाग के किन्हीं उपबंधों द्वारा प्रदत्त अधिकारों में से किसी से असंगत है या उसे छीनता है या न्यून करता है और किसी न्यायालय या अधिकरण के किसी प्रतिकूल निर्णय, डिक्री या आदेश के होते हुए भी, उक्त अधिनियमों और विनियमों में से प्रत्येक उसे निरसित या संशोधित करने की किसी सक्षम विधान-मंडल की शक्ति के अधीन रहते हुए, प्रवृत्त बना रहेगा।]

### [26][31ग. कुछ निदेशक तत्त्वों को प्रभावी करने वाली विधियों की व्यावृत्ति-

अनुच्छेद 13 में किसी बात के होते हुए भी, कोई विधि जो [27][भाग 4 में अधिकथित सभी या किन्हीं तत्त्वों] को सुनिश्चित करने के लिए राज्य की नीति को प्रभावी करने वाली है, इस आधार पर शून्य नहीं समझी जाएगी कि वह [28][अनुच्छेद 14 या अनुच्छेद 19] द्वारा प्रदत्त अधिकारों में से किसी से असंगत है या उसे छीनती है या न्यून करती है [29]और कोई विधि, जिसमें यह घोषणा है कि वह ऐसी नीति को प्रभावी करने के लिए है, किसी न्यायालय में इस आधार पर प्रश्नगत नहीं की जाएगी कि वह ऐसी नीति को प्रभावी नहीं करती है:

परंतु जहाँ ऐसी विधि किसी राज्य के विधान-मंडल द्वारा बनाई जाती है वहाँ इस अनुच्छेद के उपबंध उस विधि को तब तक लागू नहीं होंगे जब तक ऐसी विधि को, जो राष्ट्रपति के विचार के लिए आरक्षित रखी गई है, उसकी अनुमति प्राप्त नहीं हो गई है।]

### [30]31घ. [राष्ट्र विरोधी क्रियाकलाप के संबंध में विधियों की व्यावृत्ति]-

संविधान (तैंतालीसवां संशोधन) अधिनियम, 1977 की धारा 2 द्वारा (13-4-1978 से) निरसित।

## सांविधानिक उपचारों का अधिकार

### 32. इस भाग द्वारा प्रदत्त अधिकारों को प्रवर्तित कराने के लिए उपचार-

(1) इस भाग द्वारा प्रदत्त अधिकारों को प्रवर्तित कराने के लिए समुचित कार्यवाहियों द्वारा उच्चतम न्यायालय में समावेदन करने का अधिकार प्रत्याभूत किया जाता है।

(2) इस भाग द्वारा प्रदत्त अधिकारों में से किसी को प्रवर्तित कराने के लिए उच्चतम न्यायालय को ऐसे निदेश या आदेश या रिट, जिनके अंतर्गत बंदी प्रत्यक्षीकरण, परमादेश, प्रतिषेध, अधिकार-पृच्छा और उत्प्रेषण रिट हैं, जो भी समुचित हो निकालने की शक्ति होगी।

(3) उच्चतम न्यायालय को खंड (1) और खंड (2) द्वारा प्रदत्त शक्तियों पर प्रतिकूल प्रभाव डाले बिना, संसद, उच्चतम न्यायालय द्वारा खंड (2) के अधीन प्रयोक्तव्य किन्हीं या सभी शक्तियों का किसी अन्य न्यायालय को अपनी अधिकारिता की स्थानीय सीमाओं के भीतर प्रयोग करने के लिए विधि द्वारा सशक्त कर सकेगी।

(4) इस संविधान द्वारा अन्यथा उपबंधित के सिवाय, इस अनुच्छेद द्वारा प्रत्याभूत अधिकार निलंबित नहीं किया जाएगा।

### [31]32क. [राज्य विधियों की सांविधानिक वैधता पर अनुच्छेद 32 के अधीन कार्यवाहियों पर विचार न किया जाना।]

संविधान (तैंतालीसवां संशोधन) अधिनियम, 1977 की धारा 3 द्वारा (13-4-1978 से) निरसित।

### [32][33. इस भाग द्वारा प्रदत्त अधिकारों का, बलों आदि को लागू होने में, उपांतरण करने की संसद की शक्ति-

संसद, विधि द्वारा, अवधारण कर सकेगी कि इस भाग द्वारा प्रदत्त अधिकारों में से कोई -

(क) सशस्त्र बलों के सदस्यों को, या

(ख) लोक व्यवस्था बनाए रखने का भारसाधन करने वाले बलों के सदस्यों को, या

(ग) आसूचना या प्रति आसूचना के प्रयोजनों के लिए राज्य द्वारा स्थापित किसी ब्यूरो या अन्य संगठन में नियोजित व्यक्तियों को, या

(घ) खंड (क) से खंड (ग) में निर्दिष्ट किसी बल, ब्यूरो या संगठन के प्रयोजनों के लिए स्थापित दूरसंचार प्रणाली में या उसके संबंध में नियोजित व्यक्तियों को, लागू होने में, किस विस्तार तक निर्बन्धित या निराकृत किया जाए जिससे उनके कर्त्तव्यों का उचित पालन और उनमें अनुशासन बने रहना सुनिश्चित रहे।]

### 34. जब किसी क्षेत्र में सेना विधि प्रवृत्त है तब इस भाग द्वारा प्रदत्त अधिकारों पर निर्बन्धन-

इस भाग के पूर्वगामी उपबंधों में किसी बात के होते हुए भी, संसद विधि द्वारा संघ या किसी राज्य की सेवा में किसी व्यक्ति की या किसी अन्य व्यक्ति की किसी ऐसे कार्य के संबंध में क्षतिपूर्ति कर सकेगी जो उसने भारत के राज्यक्षेत्र के भीतर किसी ऐसे क्षेत्र में, जहाँ सेना विधि प्रवृत्त थी, व्यवस्था के बनाए रखने या पुन:स्थापन के संबंध में किया है या ऐसे क्षेत्र में सेना विधि के अधीन पारित दंडादेश, दिए गए दंड, आदिष्ट समपहरण या किए गए अन्य कार्य को विधिमान्य कर सकेगी।

### 35. इस भाग के उपबंधों को प्रभावी करने के लिए विधान-

इस संविधान में किसी बात के होते हुए भी,-

(क) संसद को शक्ति होगी और किसी राज्य के विधान-मंडल को शक्ति नहीं होगी कि वह

(i) जिन विषयों के लिए अनुच्छेद 16 के खंड (3), अनुच्छेद 32 के खंड (3), अनुच्छेद 33 और अनुच्छेद 34 के अधीन संसद विधि द्वारा उपबंध कर सकेगी उनमें से किसी के लिए, और

(ii) ऐसे कार्यों के लिए, जो इस भाग के अधीन अपराध घोषित किए गए हैं, दंड विहित करने के लिए, विधि बनाए और संसद इस संविधान के प्रारंभ के पश्चात् यथाशक्य शीघ्र ऐसे कार्यों के लिए, जो उपखंड (ii) में निर्दिष्ट हैं, दंड विहित करने के लिए विधि बनाएगी;

(ख) खंड (क) के उपखंड (i) में निर्दिष्ट विषयों में से किसी से संबंधित या उस खंड के उपखंड (ii) में निर्दिष्ट किसी कार्य के लिए दंड का उपबंध करने वाली कोई प्रवृत्त विधि, जो भारत के राज्यक्षेत्र में इस संविधान के प्रारंभ से ठीक पहले प्रवृत्त थी, उसके निर्बंधनों के और अनुच्छेद 372 के अधीन उसमें किए गए किन्हीं अनुकूलनों और उपांतरणों के अधीन रहते हुए तब तक प्रवृत्त रहेगी जब तक उसका संसद द्वारा परिवर्तन या निरसन या संशोधन नहीं कर दिया जाता है।

**स्पष्टीकरण**-इस अनुच्छेद में, "प्रवृत्त विधि" पद का वही अर्थ है जो अनुच्छेद 372 है।

## संदर्भ

1. संविधान (चौबीसवां संशोधन) अधिनियम, 1971 की धारा 2 द्वारा अंत:स्थापित।
2. संविधान (पहला संशोधन) अधिनियम, 1951 की धारा 2 द्वारा जोड़ा गया।
3. 'संविधान (सातवां संशोधन) अधिनियम, 1956 की धारा 29 और अनुसूची द्वारा "पहली अनुसूची में विनिर्दिष्ट किसी राज्य के या उसके क्षेत्र में किसी स्थानीय या अन्य प्राधिकारी के अधीन उस राज्य के भीतर निवास विषयक कोई अपेक्षा विहित करती हो" के स्थान पर प्रतिस्थापित।
4. संविधान (सतहत्तरवां संशोधन) अधिनियम, 1995 की धारा 2 द्वारा अंत:स्थापित।
5. संविधान (पचासीवां संशोधन) अधिनियम, 2001 की धारा 2 द्वारा (17-6-1995) से कुछ शब्दों के स्थान पर प्रतिस्थापित।
6. संविधान (इक्यासीवां संशोधन) अधिनियम, 2000 की धारा 2 द्वारा (9-6-2000 से) अंत:स्थापित।
7. 'संविधान (चवालीसवां संशोधन) अधिनियम, 1978 की धारा 2 द्वारा (20-6-1979 से) अंत:स्थापित।
8. संविधान (चवालीसवां संशोधन) अधिनियम, 1978 की धारा 2 द्वारा (20-6-1979 से) उपखंड (च) का लोप किया गया।
9. संविधान (पहला संशोधन) अधिनियम, 1951 की धारा 3 द्वारा (भूतलक्षी प्रभाव से) खंड (2) के स्थान पर प्रतिस्थापित।
10. संविधान (सोलहवां संशोधन) अधिनियम, 1963 की धारा 2 द्वारा अंत:स्थापित।
11. संविधान (चवालीसवां संशोधन) अधिनियम, 1978 की धारा 2 द्वारा (20-6-1979 से) "उपखंड (घ). उपखंड (ङ) और उपखंड (च)" के स्थान पर प्रतिस्थापित।
12. संविधान (पहला संशोधन) अधिनियम, 1951 की धारा 3 द्वारा कुछ शब्दों के स्थान पर प्रतिस्थापित।

13. 'संविधान (छियासीवां संशोधन) अधिनियम, 2002 की धारा 2 द्वारा (अधिसूचना की तारीख से) अंत:स्थापित किया जाएगा।
14. संविधान (चवालीसवां संशोधन) अधिनियम, 1978 की धारा 3 के प्रवर्तित होने पर, अनुच्छेद 22 उस अधिनियम की धारा 3 में निदेशित रूप में संशोधित हो जाएगा। उस अधिनियम की धारा 3 का पाठ परिशिष्ट 3 में देखिए।
15. 'संविधान (चवालीसवां संशोधन) अधिनियम, 1978 की धारा 4 द्वारा (20-6-1979 से) अंत:स्थापित।
16. संविधान (चवासीलवां संशोधन) अधिनियम, 1978 की धारा 5 द्वारा (20-6-1979 से) उपशीर्षक "संपत्ति का अधिकार' का लोप किया गया।
17. संविधान (बयालीसवां संशोधन) अधिनियम, 1976 की धारा 3 द्वारा (3-1-1977 से) अंत:स्थापित।
18. संविधान (पहला संशोधन) अधिनियम, 1951 की धारा 4 द्वारा (भूतलक्षी प्रभाव से) अंत:स्थापित।
19. संविधान (चौथा संशोधन) अधिनियम, 1955 की धारा 3 द्वारा (भूतलक्षी प्रभाव से) खंड (1) के स्थान पर प्रतिस्थापित।
20. संविधान (चवालीसवां संशोधन) अधिनियम, 1978 की धारा 7 द्वारा (20-6-1979 से) "अनुच्छेद 14, अनुच्छेद 19 या अनुच्छेद 31" के स्थान पर प्रतिस्थापित।
21. संविधान (सत्रहवां संशोधन) अधिनियम, 1964 की धारा 2 द्वारा अंत:स्थापित।
22. संविधान (सत्रहवां संशोधन) अधिनियम, 1964 की धारा 2 द्वारा (भूतलक्षी प्रभाव से) उपखंड (क) के स्थान पर प्रतिस्थापित।
23. 'मद्रास राज्य (नाम-परिवर्तन) अधिनियम, 1968 (1968 का 53) की धारा 4 द्वारा (14-1-1969 से) "मद्रास" के स्थान पर प्रतिस्थापित।
24. संविधान (चौथा संशोधन) अधिनियम, 1955 की धारा 3 द्वारा (भूतलक्षी प्रभाव से) अंत:स्थापित।
25. संविधान (पहला संशोधन) अधिनियम, 1951 की धारा 5 द्वारा अंत:स्थापित।
26. संविधान (पच्चीसवां संशोधन) अधिनियम, 1971 की धारा 3 द्वारा (20-4-1972 से) अंत:स्थापित।
27. संविधान (बयालीसवां संशोधन) अधिनियम, 1976 की धारा 4 द्वारा (3-1-1977 से) "अनुच्छेद 39 के खंड (ख) या खंड (ग) में विनिर्दिष्ट सिद्धांतों" के स्थान पर प्रतिस्थापित। धारा 4 को उच्चतम न्यायालय द्वारा, मिनर्वा मिल्स लि. और अन्य बनाम भारत संघ और अन्य (1980) 2 एस.सी.सी. 591 में अविधिमान्य घोषित कर दिया गया।
28. संविधान (चवालीसवां संशोधन) अधिनियम, 1978 की धारा 8 द्वारा (20-6-1979 से) "अनुच्छेद 14, अनुच्छेद 19 या अनुच्छेद 31" के स्थान पर प्रतिस्थापित।
29. उच्चतम न्यायालय ने केशवानंद भारती बनाम केरल राज्य (1973) अनुपूरक एस.सी.आर. 1 में कोष्ठक में दिए गए उपबंध को अविधिमान्य घोषित कर दिया है।
30. संविधान (बयालीसवां संशोधन) अधिनियम, 1976 की धारा 5 द्वारा (3-1-1977 से) अंत:स्थापित।
31. संविधान (बयालीसवां संशोधन) अधिनियम, 1976 की धारा 6 द्वारा (1-2-1977 से) अंत:स्थापित।
32. संविधान (पचासवां संशोधन) अधिनियम, 1984 की धारा 2 द्वारा अनुच्छेद 33 के स्थान पर प्रतिस्थापित।

# भाग-4

# राज्य की नीति के निदेशक तत्त्व

### 36. परिभाषा-

इस भाग में, जब तक कि संदर्भ से अन्यथा अपेक्षित न हो, "राज्य" का वही अर्थ है जो भाग 3 में है।

### 37. इस भाग में अंतर्विष्ट तत्त्वों का लागू होना-

इस भाग में अंतर्विष्ट उपबंध किसी न्यायालय द्वारा प्रवर्तनीय नहीं होंगे किंतु फिर भी इनमें अधिकथित तत्त्व देश के शासन में मूलभूत हैं और विधि बनाने में इन तत्त्वों को लागू करना राज्य का कर्त्तव्य होगा।

### 38. राज्य लोक कल्याण की अभिवृद्धि के लिए सामाजिक व्यवस्था बनाएगा-

[1][(1)] राज्य ऐसी सामाजिक व्यवस्था की, जिसमें सामाजिक, आर्थिक और राजनैतिक न्याय राष्ट्रीय जीवन की सभी संस्थाओं को अनुप्राणित करे, भरसक प्रभावी रूप में स्थापना और संरक्षण करके लोक कल्याण की अभिवृद्धि का प्रयास करेगा।

[2][(2) राज्य, विशिष्टतया, आय की असमानताओं को कम करने का प्रयास करेगा और न केवल व्यष्टियों के बीच बल्कि विभिन्न क्षेत्रों में रहने वाले और विभिन्न व्यवसायों में लगे हुए लोगों के समूहों के बीच भी प्रतिष्ठा, सुविधाओं और अवसरों की असमानता समाप्त करने का प्रयास करेगा।]

### 39. राज्य द्वारा अनुसरणीय कुछ नीति तत्त्व-

राज्य अपनी नीति का, विशिष्टतया, इस प्रकार संचालन करेगा कि सुनिश्चित रूप से-

(क) पुरुष और स्त्री सभी नागरिकों को समान रूप से जीविका के पर्याप्त साधन प्राप्त करने का अधिकार हो;

(ख) समुदाय के भौतिक संसाधनों का स्वामित्व और नियंत्रण इस प्रकार बंटा हो जिससे सामूहिक हित का सर्वोत्तम रूप से साधन हो;

(ग) आर्थिक व्यवस्था इस प्रकार चले जिससे धन और उत्पादन-साधनों का सर्वसाधारण के लिए अहितकारी संकेंद्रण न हो;

(घ) पुरुषों और स्त्रियों दोनों का समान कार्य के लिए समान वेतन हो;

(ङ) पुरुष और स्त्री कर्मकारों के स्वास्थ्य और शक्ति का तथा बालकों की सुकुमार अवस्था का दुरुपयोग न हो और आर्थिक आवश्यकता से विवश होकर नागरिकों को ऐसे रोजगारों में न जाना पड़े जो उनकी आयु या शक्ति के अनुकूल न हों;

[3][(च) बालकों को स्वतंत्र और गरिमामय वातावरण में स्वस्थ विकास के अवसर और सुविधाएँ दी जाएँ और बालकों और अल्पवय व्यक्तियों की शोषण से तथा नैतिक और आर्थिक परित्याग से रक्षा की जाए।]

### [4][39क. समान न्याय और निःशुल्क विधिक सहायता-

राज्य यह सुनिश्चित करेगा कि विधिक तंत्र इस प्रकार काम करे कि समान अवसर के आधार पर न्याय सुलभ हो और वह, विशिष्टतया, यह सुनिश्चित करने के लिए कि आर्थिक या किसी अन्य निर्योग्यता के कारण कोई नागरिक न्याय प्राप्त करने के अवसर से वंचित न रह जाए, उपयुक्त विधान या स्कीम द्वारा या किसी अन्य रीति से निःशुल्क विधिक सहायता की व्यवस्था करेगा।]

### 40. ग्राम पंचायतों का संगठन-

राज्य ग्राम पंचायतों का संगठन करने के लिए कदम उठाएगा और उनको ऐसी शक्तियाँ और प्राधिकार प्रदान करेगा जो उन्हें स्वायत्त शासन की इकाइयों के रूप में कार्य करने योग्य बनाने के लिए आवश्यक हों।

### 41. कुछ दशाओं में काम, शिक्षा और लोक सहायता पाने का अधिकार-

राज्य अपने आर्थिक सामर्थ्य और विकास की सीमाओं के भीतर, काम पाने के, शिक्षा पाने के और बेकारी, बुढ़ापा, बीमारी और निःशक्तता तथा अन्य अनर्ह अभाव की दशाओं में लोक सहायता पाने के अधिकार को प्राप्त कराने का प्रभावी उपबंध करेगा।

### 42. काम की न्यायसंगत और मानवोचित दशाओं का तथा प्रसूति सहायता का उपबंध-

राज्य काम की न्यायसंगत और मानवोचित दशाओं को सुनिश्चित करने के लिए और प्रसूति सहायता के लिए उपबंध करेगा।

## 43. कर्मकारों के लिए निर्वाह मजदूरी आदि-

राज्य, उपयुक्त विधान या आर्थिक संगठन द्वारा या किसी अन्य रति से कृषि के, उद्योग के या अन्य प्रकार के सभी कर्मकारों को काम, निर्वाह मजदूरी, शिष्ट जीवनस्तर और अवकाश का संपूर्ण उपभोग सुनिश्चित करने वाली काम की दशाएं तथा सामाजिक और सांस्कृतिक अवसर प्राप्त कराने का प्रयास करेगा और विशिष्टतया ग्रामों में कुटीर उद्योगों को वैयक्तिक या सहकारी आधार पर बढ़ाने का प्रयास करेगा।

## [5][43क. उद्योगों के प्रबंध में कर्मकारों का भाग लेना-

राज्य किसी उद्योग में लगे हुए उपक्रमों, स्थापनों या अन्य संगठनों के प्रबंध में कर्मकारों का भाग लेना सुनिश्चित करने के लिए उपयुक्त विधान द्वारा या किसी अन्य रीति से कदम उठाएगा।]

## 44. नागरिकों के लिए एक समान सिविल संहिता-

राज्य, भारत के समस्त राज्यक्षेत्र में नागरिकों के लिए एक समान सिविल संहिता प्राप्त कराने का प्रयास करेगा।

## [6]45. बालकों के लिए नि:शुल्क और अनिवार्य शिक्षा का उपबंध-

राज्य, इस संविधान के प्रारंभ से दस वर्ष की अवधि के भीतर सभी बालकों को चौदह वर्ष की आयु पूरी करने तक, नि:शुल्क और अनिवार्य शिक्षा देने के लिए उपबंध करने का प्रयास करेगा।

## 46. अनुसूचित जातियों, अनुसूचित जनजातियों और अन्य दुर्बल वर्गों की शिक्षा और अर्थ संबंधी हितों की अभिवृद्धि-

राज्य, जनता के दुर्बल वर्गों के, विशिष्टतया, अनुसूचित जातियों और अनुसूचित जनजातियों के शिक्षा और अर्थ संबंधी हितों की विशेष सावधानी से अभिवृद्धि करेगा और सामाजिक अन्याय और सभी प्रकार के शोषण से उसकी संरक्षा करेगा।

## 47. पोषाहार स्तर और जीवन स्तर को ऊंचा करने तथा लोक स्वास्थ्य का सुधार करने का राज्य का कर्त्तव्य-

राज्य, अपने लोगों के पोषाहार स्तर और जीवन स्तर को ऊंचा करने और लोक स्वास्थ्य के सुधार को अपने प्राथमिक कर्त्तव्यों में मानेगा और राज्य, विशिष्टतया, मादक पेयों और स्वास्थ्य के लिए हानिकर औषधियों के, औषधीय प्रयोजनों से भिन्न, उपभोग का प्रतिषेध करने का प्रयास करेगा।

## 48. कृषि और पशुपालन का संगठन-

राज्य, कृषि और पशुपालन को आधुनिक और वैज्ञानिक प्रणालियों से संगठित करने का प्रयास करेगा और विशिष्टतया गायों और बछड़ों तथा अन्य दुधारू और वाहक पशुओं की नस्लों के परिरक्षण और सुधार के लिए और उनके वध का प्रतिषेध करने के लिए कदम उठाएगा।

## [7][48क. पर्यावरण का संरक्षण तथा संवर्धन और वन तथा वन्य जीवों की रक्षा-

राज्य, देश के पर्यावरण के संरक्षण तथा संवर्धन का और वन तथा वन्य जीवों की रक्षा करने का प्रयास करेगा।]

## 49. राष्ट्रीय महत्त्व के संस्मारकों, स्थानों और वस्तुओं का संरक्षण-

[8][संसद द्वारा बनाई गई विधि द्वारा या उसके अधीन] राष्ट्रीय महत्त्व वाले [8][घोषित किए गए] कलात्मक या ऐतिहासिक अभिरुचि वाले प्रत्येक संस्मारक या स्थान या वस्तु का, यथास्थिति, लुंठन, विरूपण, विनाश, अपसारण, व्ययन या निर्यात से संरक्षण करना राज्य की बाध्यता होगी।

## 50. कार्यपालिका से न्यायपालिका का पृथक्करण-

राज्य की लोक सेवाओं में, न्यायपालिका को कार्यपालिका से पृथक् करने के लिए राज्य कदम उठाएगा।

## 51. अंतर्राष्ट्रीय शांति और सुरक्षा की अभिवृद्धि-

राज्य,-

(क) अंतर्राष्ट्रीय शांति और सुरक्षा की अभिवृद्धि का,

(ख) राष्ट्रों के बीच न्यायसंगत और सम्मानपूर्ण संबंधों को बनाए रखने का,

(ग) संगठित लोगों के एक दूसरे से व्यवहारों में अंतर्राष्ट्रीय विधि और संधि-बाध्यताओं के प्रति आदर बढ़ाने का, और

(घ) अंतर्राष्ट्रीय विवादों के मध्यस्थ द्वारा निपटारे के लिए प्रोत्साहन देने का, प्रयास करेगा।

## संदर्भ

1. संविधान (चवालीसवां संशोधन) अधिनियम, 1978 की धारा 9 द्वारा (20-6-1979 से) अनुच्छेद 38 को उसके खंड (1) के रूप में पुन:संख्यांकित किया गया।
2. संविधान (चवालीसवां संशोधन) अधिनियम, 1978 की धारा 9 द्वारा (20-6-1979 से) अंत:स्थापित।
3. संविधान (बयालीसवां संशोधन) अधिनियम, 1976 की धारा 7 द्वारा (3-1-177 से) खंड (च) के स्थान पर प्रतिस्थापित।
4. संविधान (बयालीसवां संशोधन) अधिनियम, 1976 की धारा 8 द्वारा (3-1-1977 से) अंत:स्थापित।

5. 'संविधान (बयालीसवां संशोधन) अधिनियम, 1976 की धारा 9 द्वारा (3-1-1977 से) अंत:स्थापित।

6. संविधान (छियासीवां संशोधन) अधिनियम, 2002 की धारा 3 के प्रवर्तित होने पर अनुच्छेद 45 के स्थान पर निम्नलिखित प्रतिस्थापित किया जाएगा:

   "**45. छह वर्ष से कम आयु के बालकों के लिए प्रारंभिक बाल्यावस्था देख-रेख और शिक्षा का उपबंध**- राज्य सभी बालकों के लिए छह वर्ष की आयु पूरी करने तक, प्रारंभिक बाल्यावस्था देख-रेख और शिक्षा देने के लिए उपबंध करने का प्रयास करेगा।"

7. संविधान (बयालीसवां संशोधन) अधिनियम, 1976 की धारा 10 द्वारा (3-1-1977 से) अंत:स्थापित।

8. संविधान (सातवां संशोधन) अधिनियम, 1956 की धारा 27 द्वारा "संसद द्वारा विधि द्वारा घोषित" के स्थान पर प्रतिस्थापित।

# [1][भाग-4क

# मूल कर्त्तव्य

**51क. मूल कर्त्तव्य-**

भारत के प्रत्येक नागरिक का यह कर्त्तव्य होगा कि वह-

(क) संविधान का पालन करे और उसके आदर्शों, संस्थाओं, राष्ट्र ध्वज और राष्ट्रगान का आदर करे;

(ख) स्वतंत्रता के लिए हमारे राष्ट्रीय आंदोलन को प्रेरित करने वाले उच्च आदर्शों को हृदय में संजोए रखे और उनका पालन करे;

(ग) भारत की प्रभुता, एकता और अखंडता की रक्षा करे और उसे अक्षुण्ण रखे;

(घ) देश की रक्षा करे और आह्वान किए जाने पर राष्ट्र की सेवा करे;

(ङ) भारत के सभी लोगों में समरसता और समान भ्रातृत्व की भावना का निर्माण करे जो धर्म, भाषा और प्रदेश या वर्ग पर आधारित सभी भेदभाव से परे हो, ऐसी प्रथाओं का त्याग करे जो स्त्रियों के सम्मान के विरुद्ध है;

(च) हमारी सामाजिक संस्कृति की गौरवशाली परंपरा का महत्त्व समझे और उसका परिरक्षण करे;

(छ) प्राकृतिक पर्यावरण की, जिसके अंतर्गत वन, झील, नदी और वन्य जीव हैं, रक्षा करे और उसका संवर्धन करे तथा प्राणी मात्र के प्रति दयाभाव रखे;

(ज) वैज्ञानिक दृष्टिकोण, मानववाद और ज्ञानार्जन तथा सुधार की भावना का विकास करे;

(झ) सार्वजनिक संपत्ति को सुरक्षित रखे और हिंसा से दूर रहे;

(ञ) व्यक्तिगत और सामूहिक गतिविधियों के सभी क्षेत्रों में उत्कर्ष की ओर बढ़ने का सतत प्रयास करे जिससे राष्ट्र निरंतर बढ़ते हुए प्रयत्न और उपलब्धि की नई ऊंचाइयों को छू ले;

[2][(ट) यदि माता-पिता या संरक्षक है, छह वर्ष से चौदह वर्ष तक की आयु वाले अपने, यथास्थिति, बालक या प्रतिपाल्य के लिए शिक्षा के अवसर प्रदान करे।]

## संदर्भ

1. संविधान (बयालीसवां संशोधन) अधिनियम, 1976 की धारा 11 द्वारा (3-1-1977 से) अंत:स्थापित।
2. संविधान (छियासीवां संशोधन) अधिनियम, की धारा 4 द्वारा (अधिसूचना की तारीख से) अंत:स्थापित किया जाएगा।

# भाग-5

# संघ

## अध्याय 1–कार्यपालिका
## राष्ट्रपति और उपराष्ट्रपति

### 52. भारत का राष्ट्रपति–

भारत का एक राष्ट्रपति होगा।

### 53. संघ की कार्यपालिका शक्ति–

(1) संघ की कार्यपालिका शक्ति राष्ट्रपति में निहित होगी और वह इसका प्रयोग संविधान के अनुसार स्वयं या अपने अधीनस्थ अधिकारियों के द्वारा करेगा।

(2) पूर्वगामी उपबंध की व्यापकता पर प्रतिकूल प्रभाव डाले बिना, संघ के रक्षा बलों का सर्वोच्च समादेश राष्ट्रपति में निहित होगा उसका प्रयोग विधि द्वारा विनियमित होगा।

(3) इस अनुच्छेद की कोई बात–

(क) किसी विद्यमान विधि द्वारा किसी राज्य की सरकार या अन्य प्राधिकारी को प्रदान किए गए कृत्य राष्ट्रपति को अंतरित करने वाली नहीं समझी जाएगी; या

(ख) राष्ट्रपति से भिन्न अन्य प्राधिकारियों को विधि द्वारा कृत्य प्रदान करने से संसद को निवारित नहीं करेगी।

### 54. राष्ट्रपति का निर्वाचन–

राष्ट्रपति का निर्वाचन ऐसे निर्वाचकगण के सदस्य करेंगे जिसमें

(क) संसद के दोनों सदनों के निर्वाचित सदस्य; और

(ख) राज्यों की विधान सभाओं के निर्वाचित सदस्य, होंगे।

[1][**स्पष्टीकरण**-इस अनुच्छेद और अनुच्छेद 55 में, "राज्य" के अंतर्गत दिल्ली राष्ट्रीय राजधानी राज्यक्षेत्र और पांडिचेरी संघ राज्यक्षेत्र हैं।]

### 55. राष्ट्रपति के निर्वाचन की रीति–

(1) जहाँ तक साध्य हो, राष्ट्रपति के निर्वाचन में भिन्न-भिन्न राज्यों के प्रतिनिधित्व के मापमान में एकरूपता होगी।

(2) राज्यों में आपस में ऐसी एकरूपता तथा समस्त राज्यों और संघ में समतुल्यता प्राप्त कराने के लिए संसद और प्रत्येक राज्य की विधान सभा का प्रत्येक निर्वाचित सदस्य ऐसे निर्वाचन में जितने मत देने का हकदार है उनकी संख्या निम्नलिखित रीति से अवधारित की जाएगी, अर्थात् :-

(क) किसी राज्य की विधान सभा के प्रत्येक निर्वाचित सदस्य के उतने मत होंगे जितने कि एक हजार के गुणित उस भागफल में हों जो राज्य की जनसंख्या को उस विधान सभा के निर्वाचित सदस्यों की कुल संख्या से भाग देने पर आए;

(ख) यदि एक हजार के उक्त गुणितों को लेने के बाद शेष पांच सौ से कम नहीं है तो उपखंड (क) में निर्दिष्ट प्रत्येक सदस्य के मतों की संख्या में एक और जोड़ दिया जाएगा;

(ग) संसद के प्रत्येक सदन के प्रत्येक निर्वाचित सदस्य के मतों की संख्या वह होगी जो उपखंड (क) और उपखंड (ख) के अधीन राज्यों की विधान सभाओं के सदस्यों के लिए नियत कुल मतों की संख्या को, संसद के दोनों सदनों के निर्वाचित सदस्यों की कुल संख्या से भाग देने पर आए, जिसमें आधे से अधिक भिन्न को एक गिना जाएगा और अन्य भिन्नों की उपेक्षा की जाएगी।

(3) राष्ट्रपति का निर्वाचन आनुपातिक प्रतिनिधित्व पद्धति के अनुसार एकल संक्रमणीय मत द्वारा होगा और ऐसे निर्वाचन में मतदान गुप्त होगा।

[2][**स्पष्टीकरण**- इस अनुच्छेद में, "जनसंख्या" पद से ऐसी अंतिम पूर्ववर्ती जनगणना में अभिनिश्चित की गई जनसंख्या अभिप्रेत है जिसके सुसंगत आंकड़े प्रकाशित हो गए हैं :

परंतु इस स्पष्टीकरण में अंतिम पूर्ववर्ती जनगणना के प्रति, जिसके सुसंगत आंकड़े प्रकाशित हो गए हैं, निर्देश का, जब तक सन् [3][2026] के पश्चात् की गई पहली जनगणना के सुसंगत आंकड़े प्रकाशित नहीं हो जाते हैं, यह अर्थ लगाया जाएगा कि वह 1971 की जनगणना के प्रति निर्देश है।]

## 56. राष्ट्रपति की पदावधि-

(1) राष्ट्रपति अपने पद ग्रहण की तारीख से पांच वर्ष की अवधि तक पद धारण करेगा : परंतु-

(क) राष्ट्रपति, उपराष्ट्रपति को संबोधित अपने हस्ताक्षर सहित लेख द्वारा अपना पद त्याग सकेगा;

(ख) संविधान का अतिक्रमण करने पर राष्ट्रपति को अनुच्छेद 61 में उपबंधित रीति से चलाए गए महाभियोग द्वारा पद से हटाया जा सकेगा;

(ग) राष्ट्रपति, अपने पद की अवधि समाप्त हो जाने पर भी तब तक पद धारण करता रहेगा जब तक उसका उत्तराधिकारी अपना पद ग्रहण नहीं कर लेता है।

(2) खंड (1) के परंतुक के खंड (क) के अधीन उपराष्ट्रपति को संबोधित त्यागपत्र की सूचना उसके द्वारा लोक सभा के अध्यक्ष को तुरंत दी जाएगी।

## 57. पुनर्निर्वाचन के लिए पात्रता-

कोई व्यक्ति, जो राष्ट्रपति के रूप में पद धारण करता है या कर चुका है, संविधान के अन्य उपबंधों के अधीन रहते हुए उस पद के लिए पुनर्निर्वाचन का पात्र होगा।

## 58. राष्ट्रपति निर्वाचित होने के लिए अर्हताएँ-

(1) कोई व्यक्ति राष्ट्रपति निर्वाचित होने का पात्र तभी होगा जब वह-

(क) भारत का नागरिक है,

(ख) पैंतीस वर्ष की आयु पूरी कर चुका है, और

(ग) लोक सभा का सदस्य निर्वाचित होने के लिए अर्हित है।

(2) कोई व्यक्ति, जो भारत सरकार के या किसी राज्य की सरकार के अधीन अथवा उक्त सरकारों में से किसी के नियंत्रण में किसी स्थानीय या अन्य प्राधिकारी के अधीन कोई लाभ का पद धारण करता है, राष्ट्रपति निर्वाचित होने का पात्र नहीं होगा।

**स्पष्टीकरण**- इस अनुच्छेद के प्रयोजनों के लिए कोई व्यक्ति केवल इस कारण कोई लाभ का पद धारण करनेवाला नहीं समझा जाएगा कि वह संघ का राष्ट्रपति या उपराष्ट्रपति या किसी राज्य का राज्यपाल [4]*** है अथवा संघ का या किसी राज्य का मंत्री है।

## 59. राष्ट्रपति के पद के लिए शर्तें-

(1) राष्ट्रपति संसद के किसी सदन का या किसी राज्य के विधान-मंडल के किसी सदन का सदस्य नहीं होगा और यदि संसद के किसी सदन का या किसी राज्य के विधान-मंडल के किसी सदन का कोई सदस्य राष्ट्रपति निर्वाचित हो जाता है तो यह समझा जाएगा कि उसने उस सदन में अपना स्थान राष्ट्रपति के रूप में अपने पद ग्रहण की तारीख से रिक्त कर दिया है।

(2) राष्ट्रपति अन्य कोई लाभ का पद धारण नहीं करेगा।

(3) राष्ट्रपति, बिना किराया दिए, अपने शासकीय निवासों के उपयोग का हकदार होगा और ऐसी उपलब्धियों, भत्तों और विशेषाधिकारों का भी जो संसद विधि द्वारा अवधारित करे और जब तक इस निमित्त इस प्रकार उपबंध नहीं किया जाता है तब तक ऐसी उपलब्धियों, भत्तों और विशेषाधिकारों का, जो दूसरी अनुसूची में विनिर्दिष्ट हैं, हकदार होगा।

(4) राष्ट्रपति की उपलब्धियां और भत्ते उसकी पदावधि के दौरान कम नहीं किए जाएँगे।

## 60. राष्ट्रपति द्वारा शपथ या प्रतिज्ञान-

प्रत्येक राष्ट्रपति और प्रत्येक व्यक्ति, जो राष्ट्रपति के रूप में कार्य कर रहा है या उसके कृत्यों का निर्वहन कर रहा है, अपना पद ग्रहण करने से पहले भारत के मुख्य न्यायमूर्ति या उसकी अनुपस्थिति में उच्चतम न्यायालय के उपलब्ध ज्येष्ठतम न्यायाधीश के समक्ष निम्नलिखित प्रारूप में शपथ लेगा या प्रतिज्ञान करेगा और उस पर अपने हस्ताक्षर करेगा, अर्थात् :-

ईश्वर की शपथ लेता हूँ

"मैं, अमुक ———— कि मैं श्रद्धापूर्वक भारत के राष्ट्रपति के पद का कार्यपालन सत्यनिष्ठा से प्रतिज्ञान करता हूँ

(अथवा राष्ट्रपति के कृत्यों का निर्वहन) करूंगा तथा अपनी पूरी योग्यता से संविधान और विधि का परिरक्षण, संरक्षण और प्रतिरक्षण करूंगा और मैं भारत की जनता की सेवा और कल्याण में निरत रहूँगा।"

## 61. राष्ट्रपति पर महाभियोग चलाने की प्रक्रिया-

(1) जब संविधान के अतिक्रमण के लिए राष्ट्रपति पर महाभियोग चलाना हो, तब संसद का कोई सदन आरोप लगाएगा।

(2) ऐसा कोई आरोप तब तक नहीं लगाया जाएगा जब तक कि-

(क) ऐसा आरोप लगाने की प्रस्थापना किसी ऐसे संकल्प में अंतर्विष्ट नहीं है, जो कम-से-कम चौदह दिन की ऐसी लिखित सूचना के दिए जाने के पश्चात् प्रस्तावित किया गया है जिस पर उस सदन की कुल सदस्य संख्या के कम-से-कम एक-चौथाई सदस्यों ने हस्ताक्षर करके उस संकल्प को प्रस्तावित करने का अपना आशय प्रकट किया है; और

(ख) उस सदन की कुल सदस्य संख्या के कम-से-कम दो-तिहाई बहुमत द्वारा ऐसा संकल्प पारित नहीं किया गया है।

(3) जब आरोप संसद के किसी सदन द्वारा इस प्रकार लगाया गया है, तब दूसरा सदन उस आरोप का अन्वेषण करेगा या कराएगा और ऐसे अन्वेषण में उपस्थित होने का तथा अपना प्रतिनिधित्व कराने का राष्ट्रपति को अधिकार होगा।

(4) यदि अन्वेषण के परिणामस्वरूप यह घोषित करनेवाला संकल्प कि राष्ट्रपति के विरुद्ध लगाया गया आरोप सिद्ध हो गया है, आरोप का अन्वेषण करने या कराने वाले सदन की कुल सदस्य संख्या के कम-से-कम दो-तिहाई बहुमत द्वारा पारित कर दिया जाता है तो ऐसे संकल्प का प्रभाव उसके इस प्रकार पारित किए जाने की तारीख से राष्ट्रपति को उसके पद से हटाना होगा।

## 62. राष्ट्रपति के पद में रिक्ति को भरने के लिए निर्वाचन करने का समय और आकस्मिक रिक्ति को भरने के लिए निर्वाचित व्यक्ति की पदावधि-

(1) राष्ट्रपति की पदावधि की समाप्ति से हुई रिक्ति को भरने के लिए निर्वाचन, पदावधि की समाप्ति से पहले ही पूर्ण कर लिया जाएगा।

(2) राष्ट्रपति की मृत्यु, पदत्याग या पद से हटाए जाने या अन्य कारण से हुई उसके पद में रिक्ति को भरने के लिए निर्वाचन, रिक्ति होने की तारीख के पश्चात् यथाशीघ्र और प्रत्येक दशा में छह मास बीतने से पहले किया जाएगा और रिक्ति को भरने के लिए निर्वाचित व्यक्ति, अनुच्छेद 56 के उपबंधों के अधीन रहते हुए, अपने पद ग्रहण की तारीख से पांच वर्ष की पूरी अवधि तक पद धारण करने का हकदार होगा।

## 63. भारत का उपराष्ट्रपति-

भारत का एक उपराष्ट्रपति होगा।

## 64. उपराष्ट्रपति का राज्य सभा का पदेन सभापति होना-

उपराष्ट्रपति, राज्य सभा का पदेन सभापति होगा और अन्य कोई लाभ का पद धारण नहीं करेगा :

परंतु जिस किसी अवधि के दौरान उपराष्ट्रपति, अनुच्छेद 65 के अधीन राष्ट्रपति के रूप में कार्य करता है या राष्ट्रपति के कृत्यों का निर्वहन करता है, उस अवधि के दौरान वह राज्य सभा के सभापति के पद के कर्त्तव्यों का पालन नहीं करेगा और वह अनुच्छेद 97 के अधीन राज्य सभा के सभापति को संदेय वेतन या भत्ते का हकदार नहीं होगा।

## 65. राष्ट्रपति के पद में आकस्मिक रिक्ति के दौरान या उसकी अनुपस्थिति में उपराष्ट्रपति का राष्ट्रपति के रूप में कार्य करना या उसके कृत्यों का निर्वहन-

(1) राष्ट्रपति की मृत्यु, पदत्याग या पद से हटाए जाने या अन्य कारण से उसके पद में हुई रिक्ति की दशा में उपराष्ट्रपति उस तारीख तक राष्ट्रपति के रूप में कार्य करेगा जिस तारीख को ऐसी रिक्ति को भरने के लिए इस अध्याय के उपबंधों के अनुसार निर्वाचित नया राष्ट्रपति अपना पद ग्रहण करता है।

(2) जब राष्ट्रपति अनुपस्थिति, बीमारी या अन्य किसी कारण से अपने कृत्यों का निर्वहन करने में असमर्थ है तब उपराष्ट्रपति उस तारीख तक उसके कृत्यों का निर्वहन करेगा जिस तारीख को राष्ट्रपति अपने कर्त्तव्यों को फिर से संभालता है।

(3) उपराष्ट्रपति के पास उस अवधि के दौरान और उस अवधि के संबंध में, जब वह राष्ट्रपति के रूप में इस प्रकार कार्य कर रहा है या उसके कृत्यों का निर्वहन कर रहा है, राष्ट्रपति की सभी शक्तियाँ और उन्मुक्तियां होंगी तथा वह ऐसी उपलब्धियों, भत्तों और विशेषाधिकारों का जो संसद, विधि द्वारा, अवधारित करे, और जब तक इस निमित्त इस प्रकार उपबंध नहीं किया जाता है तब तक ऐसी उपलब्धियों, भत्तों और विशेषाधिकारों का, जो दूसरी अनुसूची में विनिर्दिष्ट हैं, हकदार होगा।

## 66. उपराष्ट्रपति का निर्वाचन-

(1) उपराष्ट्रपति का निर्वाचन [5][संसद के दोनों सदनों के सदस्यों से मिलकर बनने वाले निर्वाचकगण के सदस्यों] द्वारा आनुपातिक प्रतिनिधित्व पद्धति के अनुसार एकल संक्रमणीय मत द्वारा होगा और ऐसे निर्वाचन में मतदान गुप्त होगा।

(2) उपराष्ट्रपति संसद के किसी सदन का या किसी राज्य के विधान-मंडल के किसी सदन का सदस्य नहीं होगा और यदि संसद के किसी सदन का या किसी राज्य के विधान-मंडल के किसी सदन का कोई सदस्य उपराष्ट्रपति निर्वाचित हो जाता है तो यह समझा जाएगा कि उसने उस सदन में अपना स्थान उपराष्ट्रपति के रूप में अपने पद ग्रहण की तारीख से रिक्त कर दिया है।

(3) कोई व्यक्ति उपराष्ट्रपति निर्वाचित होने का पात्र तभी होगा जब वह-

(क) भारत का नागरिक है,

(ख) पैंतीस वर्ष की आयु पूरी कर चुका है, और

(ग) राज्य सभा का सदस्य निर्वाचित होने के लिए अर्हित है।

(4) कोई व्यक्ति, जो भारत सरकार के या किसी राज्य की सरकार के अधीन अथवा उक्त सरकारों में से किसी के नियंत्रण में किसी स्थानीय या अन्य प्राधिकारी के अधीन कोई लाभ का पद धारण करता है, उपराष्ट्रपति निर्वाचित होने का पात्र नहीं होगा।

**स्पष्टीकरण**-इस अनुच्छेद के प्रयोजनों के लिए, कोई व्यक्ति केवल इस कारण कोई लाभ का पद धारण करनेवाला नहीं समझा जाएगा कि वह संघ का राष्ट्रपति या उपराष्ट्रपति या किसी राज्य का राज्यपाल [6]*** है अथवा संघ का या किसी राज्य का मंत्री है।

## 67. उपराष्ट्रपति की पदावधि-

(1) उपराष्ट्रपति अपने पद ग्रहण की तारीख से पांच वर्ष की अवधि तक पद धारण करेगा : परंतु -

(क) उपराष्ट्रपति, राष्ट्रपति को संबोधित अपने हस्ताक्षर सहित लेख द्वारा अपना पद त्याग सकेगा;

(ख) उपराष्ट्रपति, राज्य सभा के ऐसे संकल्प द्वारा अपने पद से हटाया जा सकेगा जिसे राज्य सभा के तत्कालीन समस्त सदस्यों के बहुमत ने पारित किया है और जिससे लोक सभा सहमत है, किंतु इस खंड के प्रयोजन के लिए संकल्प तब तक प्रस्तावित नहीं किया जाएगा जब तक कि उस संकल्प को प्रस्तावित करने के आशय की कम-से-कम चौदह दिन की सूचना न दे दी गई हो।

(ग) उपराष्ट्रपति, अपने पद की अवधि समाप्त हो जाने पर भी, तब तक पद धारण करता रहेगा जब तक उसका उत्तराधिकारी अपना पद ग्रहण नहीं कर लेता है।

## 68. उपराष्ट्रपति के पद में रिक्ति को भरने के लिए निर्वाचन करने का समय और आकस्मिक रिक्ति को भरने के लिए निर्वाचित व्यक्ति की पदावधि-

(1) उपराष्ट्रपति की पदावधि की समाप्ति से हुई रिक्ति को भरने के लिए निर्वाचन, पदावधि की समाप्ति से पहले ही पूर्ण कर लिया जाएगा।

(2) उपराष्ट्रपति की मृत्यु, पदत्याग या पद से हटाए जाने या अन्य कारण से हुई उसके पद में रिक्ति को भरने के लिए निर्वाचन, रिक्ति होने के पश्चात् यथाशीघ्र किया जाएगा और रिक्ति को भरने के लिए निर्वाचित व्यक्ति, अनुच्छेद 67 के उपबंधों के अधीन रहते हुए, अपने पद ग्रहण की तारीख से पांच वर्ष की पूरी अवधि तक पद धारण करने का हकदार होगा।

## 69. उपराष्ट्रपति द्वारा शपथ या प्रतिज्ञान-

प्रत्येक उपराष्ट्रपति अपना पद ग्रहण करने से पहले राष्ट्रपति अथवा उसके द्वारा इस निमित्त नियुक्त किसी व्यक्ति के समक्ष निम्नलिखित प्ररूप में शपथ लेगा या प्रतिज्ञान करेगा और उस पर अपने हस्ताक्षर करेगा, अर्थात् :-

ईश्वर की शपथ लेता हूँ

"मैं, अमुक ——— कि मैं विधि द्वारा स्थापित भारत के संविधान के प्रति सच्ची सत्यनिष्ठा से प्रतिज्ञान करता हूँ।

श्रद्धा और निष्ठा रखूंगा तथा जिस पद को मैं ग्रहण करनेवाला हूँ उसके कर्त्तव्यों का श्रद्धापूर्वक निर्वहन करूंगा।"।

## 70. अन्य आकस्मिकताओं में राष्ट्रपति के कृत्यों का निर्वहन-

संसद, ऐसी किसी आकस्मिकता में जो इस अध्याय में उपबंधित नहीं है, राष्ट्रपति के कृत्यों के निर्वहन के लिए ऐसा उपबंध कर सकेगी जो वह ठीक समझे।

## [7][71. राष्ट्रपति या उपराष्ट्रपति के निर्वाचन से संबंधित या संसक्त विषय-

(1) राष्ट्रपति या उपराष्ट्रपति के निर्वाचन से उत्पन्न या संसक्त सभी शंकाओं और विवादों की जांच और विनिश्चय उच्चतम न्यायालय द्वारा किया जाएगा और उसका विनिश्चय अंतिम होगा।

(2) यदि उच्चतम न्यायालय द्वारा किसी व्यक्ति के राष्ट्रपति या उपराष्ट्रपति के रूप में निर्वाचन को शून्य घोषित कर दिया जाता है तो उसके द्वारा, यथास्थिति, राष्ट्रपति या उपराष्ट्रपति के पद की शक्तियों के प्रयोग और कर्त्तव्यों के पालन में उच्चतम न्यायालय के विनिश्चय की तारीख को या उससे पहले किए गए कार्य उस घोषणा के कारण अविधिमान्य नहीं होंगे।

(3) संविधान के उपबंधों के अधीन रहते हुए, राष्ट्रपति या उपराष्ट्रपति के निर्वाचन से संबंधित या संसक्त किसी विषय का विनियमन संसद विधि द्वारा कर सकेगी।

(4) राष्ट्रपति या उपराष्ट्रपति के रूप में किसी व्यक्ति के निर्वाचन को उसे निर्वाचित करने वाले निर्वाचकगण के सदस्यों में किसी भी कारण से विद्यमान किसी रिक्ति के आधार पर प्रश्नगत नहीं किया जाएगा।]

## 72. क्षमा आदि की और कुछ मामलों में दंडादेश के निलंबन, परिहार या लघुकरण की राष्ट्रपति की शक्ति-

(1) राष्ट्रपति को, किसी अपराध के लिए सिद्धदोष ठहराए गए किसी व्यक्ति के दंड को क्षमा, उसका प्रविलंबन, विराम या परिहार करने की अथवा दंडादेश के निलंबन परिहार या लघुकरण की-

(क) उन सभी मामलों में, जिनमें दंड या दंडादेश सेना न्यायालय ने दिया है,

(ख) उन सभी मामलों में, जिनमें दंड या दंडादेश ऐसे विषय संबंधी किसी विधि के विरुद्ध अपराध के लिए दिया गया है जिस विषय तक संघ की कार्यपालिका शक्ति का विस्तार है,

(ग) उन सभी मामलों में, जिनमें दंडादेश, मृत्यु दंडादेश है, शक्ति होगी।

(2) खंड (1) के उपखंड (क) की कोई बात संघ के सशस्त्र बलों के किसी आफिसर की सेना न्यायालय द्वारा पारित दंडादेश के निलंबन, परिहार या लघुकरण की विधि द्वारा प्रदत्त शक्ति पर प्रभाव नहीं डालेगी।

(3) खंड (1) के उपखंड (ग) की कोई बात तत्समय प्रवृत्त किसी विधि के अधीन किसी राज्य के राज्यपाल [8]*** द्वारा प्रयोक्तव्य मृत्यु दंडादेश के निलंबन, परिहार या लघुकरण की शक्ति पर प्रभाव नहीं डालेगी।

## 73. संघ की कार्यपालिका शक्ति का विस्तार-

(1) इस संविधान के उपबंधों के अधीन रहते हुए, संघ की कार्यपालिका शक्ति का विस्तार-

(क) जिन विषयों के संबंध में संसद को विधि बनाने की शक्ति है उन तक, और

(ख) किसी संधि या करार के आधार पर भारत सरकार द्वारा प्रयोक्तव्य अधिकारों, प्राधिकार और अधिकारिता के प्रयोग तक होगा :

परंतु इस संविधान में या संसद द्वारा बनाई गई किसी विधि में अभिव्यक्त रूप से यथा उपबंधित के सिवाय, उपखंड (क) में निर्दिष्ट कार्यपालिका शक्ति का विस्तार किसी [9]*** राज्य में ऐसे विषयों तक नहीं होगा जिनके संबंध में उस राज्य के विधान-मंडल को भी विधि बनाने की शक्ति है।

(2) जब तक संसद अन्यथा उपबंध न करे तब तक इस अनुच्छेद में किसी बात के होते हुए भी, कोई राज्य और राज्य का कोई अधिकारी या प्राधिकारी उन विषयों में, जिनके संबंध में संसद को उस राज्य के लिए विधि बनाने की शक्ति है, ऐसी कार्यपालिका शक्ति का या कृत्यों का प्रयोग कर सकेगा जिनका प्रयोग वह राज्य या उसका अधिकारी या प्राधिकारी इस संविधान के प्रारंभ से ठीक पहले कर सकता था।

# मंत्रि-परिषद्

## 74. राष्ट्रपति को सहायता और सलाह देने के लिए मंत्रि-परिषद्-

[10][(1) राष्ट्रपति को सहायता और सलाह देने के लिए एक मंत्रि-परिषद् होगी जिसका प्रधान, प्रधानमंत्री होगा और राष्ट्रपति अपने कृत्यों का प्रयोग करने में ऐसी सलाह के अनुसार कार्य करेगा :]

[11][परंतु राष्ट्रपति मंत्रि-परिषद् से ऐसी सलाह पर साधारणतया या अन्यथा पुनर्विचार करने की अपेक्षा कर सकेगा और राष्ट्रपति ऐसे पुनर्विचार के पश्चात् दी गई सलाह के अनुसार कार्य करेगा।]

(2) इस प्रश्न की किसी न्यायालय में जांच नहीं की जाएगी कि क्या मंत्रियों ने राष्ट्रपति को कोई सलाह दी, और यदि दी तो क्या दी।

## 75. मंत्रियों के बारे में अन्य उपबंध-

(1) प्रधानमंत्री की नियुक्ति राष्ट्रपति करेगा और अन्य मंत्रियों की नियुक्ति राष्ट्रपति, प्रधान मंत्री की सलाह पर करेगा।

[12][(1क) मंत्रि-परिषद् में प्रधान मंत्री सहित मंत्रियों की कुल संख्या लोक सभा के सदस्यों की कुल संख्या के पन्द्रह प्रतिशत से अधिक नहीं होगी।

(1ख) किसी राजनीतिक दल का संसद के किसी सदन का कोई सदस्य, जो दसवीं अनुसूची के पैरा 2 के अधीन उस सदन का सदस्य होने के लिए निरर्हित है, अपनी निरर्हता की तारीख से प्रारंभ होने वाली और उस तारीख तक जिसको ऐसे सदस्य के रूप में उसकी पदावधि समाप्त होगी या जहाँ वह ऐसी अवधि की समाप्ति के पूर्व ससंद के किसी सदन के लिए निर्वाचन लड़ता है, उस तारीख तक जिस्को वह निर्वाचित घोषित किया जाता है, इनमें से जो भी पूर्वतर हो, की अवधि के दौरान, खंड (1) के अधीन मंत्री के रूप में नियुक्त किए जाने के लिए भी निरर्हित होगा।]

(2) मंत्री, राष्ट्रपति के प्रसादपर्यंत अपने पद धारण करेंगे।

(3) मंत्रि-परिषद् लोक सभा के प्रति सामूहिक रूप से उत्तरदायी होगी।

(4) किसी मंत्री द्वारा अपना पद ग्रहण करने से पहले, राष्ट्रपति तीसरी अनुसूची में इस प्रयोजन के लिए दिए गए प्ररूपों के अनुसार उसको पद और गोपनीयता की शपथ दिलाएगा।

(5) कोई मंत्री, जो निरंतर छह मास की किसी अवधि तक संसद के किसी सदन का सदस्य नहीं है, उस अवधि की समाप्ति पर मंत्री नहीं रहेगा।

(6) मंत्रियों के वेतन और भत्ते ऐसे होंगे जो संसद, विधि द्वारा, समय-समय पर अवधारित करे और जब तक संसद इस प्रकार अवधारित नहीं करती है तब तक ऐसे होंगे जो दूसरी अनुसूची में विनिर्दिष्ट हैं।

## भारत का महान्यायवादी

### 76. भारत का महान्यायवादी-

(1) राष्ट्रपति, उच्चतम न्यायालय का न्यायाधीश नियुक्त होने के लिए अर्हित किसी व्यक्ति को भारत का महान्यायवादी नियुक्त करेगा।

(2) महान्यायवादी का यह कर्त्तव्य होगा कि वह भारत सरकार को विधि संबंधी ऐसे विषयों पर सलाह दे और विधिक स्वरूप के ऐसे अन्य कर्त्तव्यों का पालन करे जो राष्ट्रपति उसको समय-समय पर निर्देशित करे या सौंपे और उन कृत्यों का निर्वहन करे जो उसको इस संविधान अथवा तत्समय प्रवृत्त किसी अन्य विधि द्वारा या उसके अधीन प्रदान किए गए हों।

(3) महान्यायवादी को अपने कर्त्तव्यों के पालन में भारत के राज्यक्षेत्र में सभी न्यायालयों में सुनवाई का अधिकार होगा।

(4) महान्यायवादी, राष्ट्रपति के प्रसादपर्यंत पद धारण करेगा और ऐसा पारिश्रमिक प्राप्त करेगा जो राष्ट्रपति अवधारित करे।

## सरकारी कार्य का संचालन

### 77. भारत सरकार के कार्य का संचालन-

(1) भारत सरकार की समस्त कार्यपालिका कार्रवाई राष्ट्रपति के नाम से की हुई कही जाएगी।

(2) राष्ट्रपति के नाम से किए गए और निष्पादित आदेशों और अन्य लिखतों को ऐसी रीति से अधिप्रमाणित किया जाएगा जो राष्ट्रपति द्वारा बनाए जाने वाले नियमों[13] में विनिर्दिष्ट की जाए और इस प्रकार अधिप्रमाणित आदेश या लिखत की विधिमान्यता इस आधार पर प्रश्नगत नहीं की जाएगी कि वह राष्ट्रपति द्वारा किया गया या निष्पादित आदेश या लिखत नहीं है।

(3) राष्ट्रपति, भारत सरकार का कार्य अधिक सुविधापूर्वक किए जाने के लिए और मंत्रियों में उक्त कार्य के आवंटन के लिए नियम बनाएगा।

[14] * * * * *

### 78. राष्ट्रपति को जानकारी देने आदि के संबंध में प्रधानमंत्री के कर्त्तव्य-

प्रधानमंत्री का यह कर्त्तव्य होगा कि वह-

(क) संघ के कार्यकलाप के प्रशासन संबंधी और विधान विषयक प्रस्थापनाओं संबंधी मंत्रि-परिषद् के सभी विनिश्चय राष्ट्रपति को संसूचित करे;

(ख) संघ के कार्यकलाप के प्रशासन संबंधी और विधान विषयक प्रस्थापनाओं संबंधी जो जानकारी राष्ट्रपति मांगे, वह दे; और

(ग) किसी विषय को जिस पर किसी मंत्री ने विनिश्चय कर दिया है किंतु मंत्रि-परिषद् ने विचार नहीं किया है, राष्ट्रपति द्वारा अपेक्षा किए जाने पर परिषद् के समक्ष विचार के लिए रखे।

## संदर्भ

1. संविधान (सत्तरवां संशोधन) अधिनियम, 1992 की धारा 2 द्वारा (1-6-1995 से) अंत:स्थापित।
2. संविधान (बयासीवां संशोधन) अधिनियम, 1976 की धारा 12 द्वारा (3-1-1977 से) स्पष्टीकरण के स्थान पर प्रतिस्थापित।
3. संविधान (चौरासीवां संशोधन) अधिनियम, 2001 की धारा 2 द्वारा "2000" के स्थान पर प्रतिस्थापित।
4. संविधान (सातवां संशोधन) अधिनियम, 1956 की धारा 29 और अनुसूची द्वारा "या राजप्रमुख या उप-राजप्रमुख" शब्दों का लोप किया गया।
5. संविधान (ग्यारहवां संशोधन) अधिनियम, 1961 की धारा 2 द्वारा "संयुक्त अधिवेशन में समवेत संसद के दोनों सदनों के सदस्यों" के स्थान पर प्रतिस्थापित।
6. संविधान (सातवां संशोधन) अधिनियम, 1956 की धारा 29 और अनुसूची द्वारा "या राजप्रमुख या उप-राजप्रमुख" शब्दों का लोप किया गया।
7. अनुच्छेद 71, संविधान (उनतालीसवां संशोधन) अधिनियम, 1975 की धारा 2 द्वारा (10-8-1975 से) और तत्पश्चात् संविधान (चवालीसवां संशोधन) अधिनियम, 1978 की धारा 10 द्वारा (20-6-1979 से) संशोधित होकर उपरोक्त रूप में आया।
8. संविधान (सातवां संशोधन) अधिनियम, 1956 की धारा 29 और अनुसूची द्वारा "या राजप्रमुख" शब्दों का लोप किया गया।
9. संविधान (सातवां संशोधन) अधिनियम, 1956 की धारा 29 और अनुसूची द्वारा "प्रथम अनुसूची के भाग (क) और भाग (ख) में उल्लिखित" शब्दों और अक्षरों का लोप किया गया।
10. संविधान (बयालीसवां संशोधन) अधिनियम, 1976 की धारा 13 द्वारा (3-1-1977 से) खंड (1) के स्थान पर प्रतिस्थापित।
11. संविधान (चवालीसवां संशोधन) अधिनियम, 1978 की धारा 11 द्वारा (20-6-1979 से) अंत:स्थापित।
12. संविधान (इक्यानवां संशोधन) अधिनियम, 2003 की धारा 2 द्वारा अंत:स्थापित।
13. देखिए समय-समय पर यथा संशोधित अधिसूचना सं. का.आ. 2297, तारीख 3 नवंबर 1958. भारत का राजपत्र, असाधारण, 1958, भाग 2, अनुभाग 3 (ii), पृष्ठ 1315।
14. संविधान (बयालीसवां संशोधन) अधिनियम, 1976 की धारा 14 द्वारा (3-1-1977 से) खंड (4) अंत:स्थापित किया गया और संविधान (चवालीसवां संशोधन) अधिनियम, 1978 की धारा 12 द्वारा (20-6-1979 से) उसका लोप किया गया।

# अध्याय 2–संसद

## साधारण

### 79. संसद का गठन–

संघ के लिए एक संसद होगी जो राष्ट्रपति और दो सदनों से मिलकर बनेगी जिनके नाम राज्य सभा और लोक सभा होंगे।

### 80. राज्य सभा की संरचना–

(1) [1][[2] * * * राज्य सभा]–

(क) राष्ट्रपति द्वारा खंड (3) के उपबंधों के अनुसार नामनिर्देशित किए जाने वाले बारह सदस्यों, और

(ख) राज्यों के [3][और संघ राज्यक्षेत्रों के] दो सौ अड़तीस से अधिक प्रतिनिधियों, से मिलकर बनेगी।

(2) राज्य सभा में राज्यों के [3][और संघ राज्यक्षेत्रों के] प्रतिनिधियों द्वारा भरे जाने वाले स्थानों का आबंटन चौथी अनुसूची में इस निमित्त अंतर्विष्ट उपबंधों के अनुसार होगा।

(3) राष्ट्रपति द्वारा खंड (1) के उपखंड (क) के अधीन नामनिर्देशित किए जाने वाले सदस्य ऐसे व्यक्ति होंगे जिन्हें निम्नलिखित विषयों के संबंध में विशेष ज्ञान या व्यावहारिक अनुभव है, अर्थात् :–

साहित्य, विज्ञान, कला और समाज सेवा।

(4) राज्य सभा में प्रत्येक [4]* * * राज्य के प्रतिनिधियों का निर्वाचन उस राज्य की विधान सभा के निर्वाचित सदस्यों द्वारा आनुपातिक प्रतिनिधित्व पद्धति के अनुसार एकल संक्रमणीय मत द्वारा किया जाएगा।

(5) राज्य सभा में [5][संघ राज्यक्षेत्रों के प्रतिनिधि ऐसी रीति से चुने जाएँगे जो संसद विधि द्वारा विहित करे।

### [6][81. लोक सभा की संरचना–

(1) [7][अनुच्छेद 331 के उपबंधों के अधीन रहते हुए [8]* * *] लोक सभा –

(क) राज्यों में प्रादेशिक निर्वाचन क्षेत्रों से प्रत्यक्ष निर्वाचन द्वारा चुने गए [9][पांच सौ तीस] से अधिक [9][सदस्यों), और

(ख) संघ राज्यक्षेत्रों का प्रतिनिधित्व करने के लिए ऐसी रीति से, जो संसद विधि द्वारा उपबंधित करे, चुने हुए [10][बीस] से अधिक [10][सदस्यों], से मिलकर बनेगी।

(2) खंड (1) के उपखंड (क) के प्रयोजनों के लिए–

(क) प्रत्येक राज्य को लोक सभा में स्थानों का आबंटन ऐसी रीति से किया जाएगा कि स्थानों की संख्या से उस राज्य की जनसंख्या का अनुपात सभी राज्यों के लिए यथासाध्य एक ही हो, और

(ख) प्रत्येक राज्य को प्रादेशिक निर्वाचन क्षेत्रों में ऐसी रीति से विभाजित किया जाएगा कि प्रत्येक निर्वाचन–क्षेत्र की जनसंख्या का उसको आबंटित स्थानों की संख्या से अनुपात समस्त राज्य में यथासाध्य एक ही हो :

[11][परंतु इस खंड के उपखंड (क) के उपबंध किसी राज्य को लोक सभा में स्थानों के आबंटन के प्रयोजन के लिए तब तक लागू नहीं होंगे जब तक उस राज्य की जनसंख्या साठ लाख से अधिक नहीं हो जाती है।]

(3) इस अनुच्छेद में, "जनसंख्या" पद से ऐसी अंतिम पूर्ववर्ती जनगणना में अभिनिश्चित की गई जनसंख्या अभिप्रेत है जिसके सुसंगत आंकड़े प्रकाशित हो गए हैं :]

[12][परंतु इस खंड में अंतिम पूर्ववर्ती जनगणना के प्रति, जिसके सुसंगत आंकड़े प्रकाशित हो गए हैं, निर्देश का, जब तक सन [13][2026] के पश्चात् की गई पहली जनगणना के सुसंगत आंकड़े प्रकाशित नहीं हो जाते हैं, [14][यह अर्थ लगाया जाएगा कि वह,–

(i) खंड (2) के उपखंड (क) और उस खंड के परंतुक के प्रयोजनों के लिए 1971 की जनगणना के प्रति निर्देश है; और

(ii) खंड (2) के उपखंड (ख) के प्रयोजनों के लिए [15][2001] की जनगणना के प्रतिनिर्देश है।]

### 82. प्रत्येक जनगणना के पश्चात् पुनः समायोजन–

प्रत्येक जनगणना की समाप्ति पर राज्यों को लोक सभा में स्थानों के आबंटन और प्रत्येक राज्य के प्रादेशिक निर्वाचन–क्षेत्रों में विभाजन का ऐसे प्राधिकारी द्वारा और ऐसी रीति से पुनः समायोजन किया जाएगा जो संसद विधि द्वारा अवधारित करे :

परंतु ऐसे पुनः समायोजन से लोक सभा में प्रतिनिधित्व पर तब तक कोई प्रभाव नहीं पड़ेगा जब तक उस समय विद्यमान लोक सभा का विघटन नहीं हो जाता है :

[16][परंतु ऐसा पुनः समायोजन उस तारीख से प्रभावी होगा जो राष्ट्रपति आदेश द्वारा विनिर्दिष्ट करे और ऐसे पुनः समायोजन के प्रभावी होने तक लोक सभा के लिए कोई निर्वाचन उन प्रादेशिक निर्वाचन क्षेत्रों के आधार पर हो सकेगा जो ऐसे पुनः समायोजन के पहले विद्यमान हैं :

परंतु जब तक सन् [15][2026] के पश्चात् की गई पहली जनगणना के सुसंगत आंकड़े प्रकाशित नहीं हो जाते हैं तब तक [15][इस अनुच्छेद के अधीन–

(i) राज्यों को लोक सभा में 1971 की जनगणना के आधार पर पुन: समायोजित स्थानों के आबंटन का; और

(ii) प्रत्येक राज्य के प्रादेशिक निर्वाचन क्षेत्रों में विभाजन का, जो [17][2001 की जनगणना के आधार पर पुन: समायोजित किए जाएँ, पुन: समायोजन आवश्यक नहीं होगा।]

## 83. संसद के सदनों की अवधि-

(1) राज्य सभा का विघटन नहीं होगा, किंतु उसके सदस्यों में से यथा संभव निकटतम एक-तिहाई सदस्य, संसद द्वारा बनाई गई विधि द्वारा इस निर्मित्त किए गए उपबंधों के अनुसार, प्रत्येक द्वितीय वर्ष की समाप्ति पर यथाशक्य शीघ्र निवृत्त हो जाएँगे।

(2) लोक सभा, यदि पहले ही विघटित नहीं कर दी जाती है तो, अपने प्रथम अधिवेशन के लिए नियत तारीख से [18][पांच वर्ष] तक बनी रहेगी, इससे अधिक नहीं और [18][पांच वर्ष] की उक्त अवधि की समाप्ति का परिणाम लोक सभा का विघटन होगा :

परंतु उक्त अवधि को, जब आपात की उद्घोषणा प्रवर्तन में है तब संसद विधि द्वारा, ऐसी अवधि के लिए बढ़ा सकेगी, जो एक बार में एक वर्ष से अधिक नहीं होगी और उद्घोषणा के प्रवर्तन में न रह जाने के पश्चात् उसका विस्तार किसी भी दशा में छह मास की अवधि से अधिक नहीं होगा।

## 84. संसद की सदस्यता के लिए अर्हता-

कोई व्यक्ति संसद के किसी स्थान को भरने के लिए चुने जाने के लिए अर्हित तभी होगा जब-

[19][(क) वह भारत का नागरिक है और निर्वाचन आयोग द्वारा इस निमित्त प्राधिकृत किसी व्यक्ति के समक्ष तीसरी अनुसूची में इस प्रयोजन के लिए दिए गए प्ररूप के अनुसार शपथ लेता है या प्रतिज्ञान करता है और उस पर अपने हस्ताक्षर करता है :]

(ख) वह राज्य सभा में स्थान के लिए कम-से-कम तीस वर्ष की आयु का और लोक सभा में स्थान के लिए कम-से-कम पच्चीस वर्ष की आयु का है; और

(ग) उसके पास ऐसी अन्य अर्हताएँ हैं जो संसद द्वारा बनाई गई किसी विधि द्वारा या उसके अधीन इस निमित्त विहित की जाएँ।

## [20][85. संसद के सत्र, सत्रावसान और विघटन-

(1) राष्ट्रपति समय-समय पर संसद के प्रत्येक सदन को ऐसे समय और स्थान पर, जो वह ठीक समझे, अधिवेशन के लिए आहूत करेगा, किंतु उसके एक सत्र की अंतिम बैठक और आगामी सत्र की प्रथम बैठक के लिए नियत तारीख के बीच छह मास का अंतर नहीं होगा।]

(2) राष्ट्रपति, समय-समय पर-

(क) सदनों का या किसी सदन का सत्रावसान कर सकेगा;

(ख) लोक सभा का विघटन कर सकेगा।]

## 86. सदनों में अभिभाषण का और उनको संदेश भेजने का राष्ट्रपति का अधिकार-

(1) राष्ट्रपति, संसद के किसी एक सदन में या एक साथ समवेत दोनों सदनों में अभिभाषण कर सकेगा और इस प्रयोजन के लिए सदस्यों की उपस्थिति की अपेक्षा कर सकेगा।

(2) राष्ट्रपति, संसद में उस समय लंबित किसी विधेयक के संबंध में संदेश या कोई अन्य संदेश, संसद के किसी सदन को भेज सकेगा और जिस सदन को कोई संदेश इस प्रकार भेजा गया है वह सदन उस संदेश द्वारा विचार करने के लिए अपेक्षित विषय पर सुविधानुसार शीघ्रता से विचार करेगा।

## 87. राष्ट्रपति का विशेष अभिभाषण-

(1) राष्ट्रपति, [21][लोक सभा के लिए प्रत्येक साधारण निर्वाचन के पश्चात् प्रथम सत्र] के आरंभ में [21][और प्रत्येक वर्ष के प्रथम सत्र के आरंभ में] एक साथ समवेत संसद के दोनों सदनों में अभिभाषण करेगा और संसद को उसके आह्वान के कारण बताएगा।

(2) प्रत्येक सदन की प्रक्रिया का विनियमन करने वाले नियमों द्वारा ऐसे अभिभाषण में निर्दिष्ट विषयों की चर्चा के लिए समय नियत करने के लिए [22] *** उपबंध किया जाएगा।

## 88. सदनों के बारे में मंत्रियों और महान्यायवादी के अधिकार-

प्रत्येक मंत्री और भारत के महान्यायवादी को यह अधिकार होगा कि वह किसी भी सदन में, सदनों की किसी संयुक्त बैठक में और संसद की किसी समिति में, जिसमें उसका नाम सदस्य के रूप में दिया गया है, बोले और उसकी कार्यवाहियों में अन्यथा भाग ले, किंतु इस अनुच्छेद के आधार पर वह मत देने का हकदार नहीं होगा।

# संसद के अधिकारी

## 89. राज्य सभा का सभापति और उपसभापति-

(1) भारत का उपराष्ट्रपति राज्य सभा का पदेन सभापति होगा।

(2) राज्य सभा, यथाशक्य शीघ्र, अपने किसी सदस्य को अपना उपसभापति चुनेगी और जब-जब उपसभापति का पद रिक्त होता है तब तब राज्य सभा किसी अन्य सदस्य को अपना उपसभापति चुनेगी।

## 90. उपसभापति का पद रिक्त होना, पदत्याग और पद से हटाया जाना–

राज्य सभा के उपसभापति के रूप में पद धारण करनेवाला सदस्य–

(क) यदि राज्य सभा का सदस्य नहीं रहता है तो अपना पद रिक्त कर देगा;

(ख) किसी भी समय सभापति को संबोधित अपने हस्ताक्षर सहित लेख द्वारा अपना पद त्याग सकेगा : और

(ग) राज्य सभा के तत्कालीन समस्त सदस्यों के बहुमत से पारित संकल्प द्वारा अपने पद से हटाया जा सकेगा :

परंतु खंड (ग) के प्रयोजन के लिए कोई संकल्प तब तक प्रस्तावित नहीं किया जाएगा जब तक कि उस संकल्प को प्रस्तावित करने के आशय की कम-से-कम चौदह दिन की सूचना न दे दी गई हो।

## 91. सभापति के पद के कर्त्तव्यों का पालन करने या सभापति के रूप में कार्य करने की उपसभापति या अन्य व्यक्ति की शक्ति–

(1) जब सभापति का पद रिक्त है या ऐसी अवधि में जब उपराष्ट्रपति, राष्ट्रपति के रूप में कार्य कर रहा है या उसके कृत्यों का निर्वहन कर रहा है, तब उपसभापति या यदि उपसभापति का पद भी रिक्त है तो, राज्य सभा का ऐसा सदस्य जिसको राष्ट्रपति इस प्रयोजन के लिए नियुक्त करे, उस पद के कर्त्तव्यों का पालन करेगा।

(2) राज्य सभा की किसी बैठक से सभापति की अनुपस्थिति में उपसभापति, या यदि वह भी अनुपस्थित है तो ऐसा व्यक्ति, जो राज्य सभा की प्रक्रिया के नियमों द्वारा अवधारित किया जाए या यदि ऐसा कोई व्यक्ति उपस्थित नहीं है तो ऐसा अन्य व्यक्ति, जो राज्य सभा द्वारा अवधारित किया जाए, सभापति के रूप में कार्य करेगा।

## 92. जब सभापति या उपसभापति को पद से हटाने का कोई संकल्प विचाराधीन है तब उसका पीठासीन न होना–

(1) राज्य सभा की किसी बैठक में, जब उपराष्ट्रपति को उसके पद से हटाने का कोई संकल्प विचाराधीन है तब सभापति, या जब उपसभापति को उसके पद से हटाने का कोई संकल्प विचाराधीन है तब उपसभापति, उपस्थित रहने पर भी, पीठासीन नहीं होगा और अनुच्छेद 91 के खंड (2) के उपबंध ऐसी प्रत्येक बैठक के संबंध में वैसे ही लागू होंगे जैसे वे उस बैठक के संबंध में लागू होते हैं जिससे, यथास्थिति, सभापति या उपसभापति अनुपस्थित है।

(2) जब उपराष्ट्रपति को उसके पद से हटाने का कोई संकल्प राज्य सभा में विचाराधीन है तब सभापति को राज्य सभा में बोलने और उसकी कार्यवाहियों में अन्यथा भाग लेने का अधिकार होगा, किंतु वह अनुच्छेद 100 में किसी बात के होते हुए भी ऐसे संकल्प पर या ऐसी कार्यवाहियों के दौरान किसी अन्य विषय पर, मत देने का बिल्कुल हकदार नहीं होगा।

## 93. लोक सभा का अध्यक्ष और उपाध्यक्ष–

लोक सभा, यथाशक्य शीघ्र, अपने दो सदस्यों को अपना अध्यक्ष और उपाध्यक्ष चुनेगी और जब-जब अध्यक्ष या उपाध्यक्ष का पद रिक्त होता है तब-तब लोक सभा किसी अन्य सदस्य को, यथास्थिति, अध्यक्ष या उपाध्यक्ष चुनेगी।

## 94. अध्यक्ष और उपाध्यक्ष का पद रिक्त होना, पद त्याग और पद से हटाया जाना–

लोक सभा के अध्यक्ष या उपाध्यक्ष के रूप में पद धारण करनेवाला सदस्य–

(क) यदि लोक सभा का सदस्य नहीं रहता है तो अपना पद रिक्त कर देगा;

(ख) किसी भी समय, यदि वह सदस्य अध्यक्ष है तो उपाध्यक्ष को संबोधित और यदि वह सदस्य उपाध्यक्ष है तो अध्यक्ष को संबोधित अपने हस्ताक्षर सहित लेख द्वारा अपना पद त्याग सकेगा; और

(ग) लोक सभा के तत्कालीन समस्त सदस्यों के बहुमत से पारित संकल्प द्वारा अपने पद से हटाया जा सकेगा :

परंतु खंड (ग) के प्रयोजन के लिए कोई संकल्प तब तक प्रस्तावित नहीं किया जाएगा जब तक कि उस संकल्प को प्रस्तावित करने के आशय की कम-से-कम चौदह दिन की सूचना न दे दी गई हो :

परंतु जब कभी लोक सभा का विघटन किया जाता है तो विघटन के पश्चात् होने वाले लोक सभा के प्रथम अधिवेशन के ठीक पहले तक अध्यक्ष अपने पद को रिक्त नहीं करेगा।

## 95. अध्यक्ष के पद के कर्त्तव्यों का पालन करने या अध्यक्ष के रूप में कार्य करने की उपाध्यक्ष या अन्य व्यक्ति की शक्ति–

(1) जब अध्यक्ष का पद रिक्त है तब उपाध्यक्ष, या यदि उपाध्यक्ष का पद भी रिक्त है तो लोक सभा का ऐसा सदस्य, जिसको राष्ट्रपति इस प्रयोजन के लिए नियुक्त करे, उस पद के कर्त्तव्यों का पालन करेगा।

(2) लोक सभा की किसी बैठक के अध्यक्ष की अनुपस्थिति में उपाध्यक्ष, या यदि वह भी अनुपस्थित है तो ऐसा व्यक्ति, जो लोक

सभा की प्रक्रिया के नियमों द्वारा अवधारित किया जाए, या यदि ऐसा कोई व्यक्ति उपस्थित नहीं है तो ऐसा अन्य व्यक्ति, जो लोक सभा द्वारा अवधारित किया जाए, अध्यक्ष के रूप में कार्य करेगा।

### 96. जब अध्यक्ष या उपाध्यक्ष को पद से हटाने का कोई संकल्प विचाराधीन है तब उसका पीठासीन न होना-

(1) लोक सभा की किसी बैठक में, जब अध्यक्ष को उसके पद से हटाने का संकल्प विचाराधीन है तब अध्यक्ष, या जब उपाध्यक्ष को उसके पद से हटाने का कोई संकल्प विचाराधीन है तब उपाध्यक्ष, उपस्थित रहने पर भी, पीठासीन नहीं होगा और अनुच्छेद 95 के खंड (2) के उपबंध ऐसी प्रत्येक बैठक के संबंध में वैसे ही लागू होंगे जैसे वे उस बैठक के संबंध में लागू होते हैं जिससे, यथास्थिति, अध्यक्ष या उपाध्यक्ष अनुपस्थित है।

(2) जब अध्यक्ष को उसके पद से हटाने का कोई संकल्प लोक सभा में विचाराधीन है तब उसको लोक सभा में बोलने और उसकी कार्यवाहियों में अन्यथा भाग लेने का अधिकार होगा और वह अनुच्छेद 100 में किसी बात के होते हुए भी, ऐसे संकल्प पर या ऐसी कार्यवाहियों के दौरान किसी अन्य विषय पर प्रथमत: ही मत देने का हकदार होगा, किंतु मत बराबर होने की दशा में मत देने का हकदार नहीं होगा।

### 97. सभापति और उपसभापति तथा अध्यक्ष और उपाध्यक्ष के वेतन और भत्ते-

राज्य सभा के सभापति और उपसभापति को तथा लोक सभा के अध्यक्ष और उपाध्यक्ष को, ऐसे वेतन और भत्तों का जो संसद विधि द्वारा, नियत करे और जब तक इस निमित्त इस प्रकार उपबंध नहीं किया जाता है तब तक ऐसे वेतन और भत्तों का, जो दूसरी अनुसूची में विनिर्दिष्ट हैं, संदाय किया जाएगा।

### 98. संसद का सचिवालय-

(1) संसद के प्रत्येक सदन का पृथक् सचिवीय कर्मचारीवृंद होगा :
परंतु इस खंड की किसी बात का यह अर्थ नहीं लगाया जाएगा कि वह संसद के दोनों सदनों के लिए सम्मिलित पदों के सृजन को निवारित करती है।

(2) संसद, विधि द्वारा, संसद के प्रत्येक सदन के सचिवीय कर्मचारीवृंद में भर्ती का और नियुक्त व्यक्तियों की सेवा की शर्तों का विनियमन कर सकेगी।

(3) जब तक संसद खंड (2) के अधीन उपबंध नहीं करती है तब तक राष्ट्रपति, यथास्थिति, लोक सभा के अध्यक्ष या राज्य सभा के सभापति से परामर्श करने के पश्चात् लोक सभा के या राज्य सभा के सचिवीय कर्मचारीवृंद में भर्ती के और नियुक्त व्यक्तियों की सेवा की शर्तों के विनियमन के लिए नियम बना सकेगा और इस प्रकार बनाए गए नियम उक्त खंड के अधीन बनाई गई किसी विधि के उपबंधो के अधीन रहते हुए प्रभावी होंगे।

## कार्य संचालन

### 99. सदस्यों द्वारा शपथ या प्रतिज्ञान-

संसद के प्रत्येक सदन का प्रत्येक सदस्य अपना स्थान ग्रहण करने से पहले, राष्ट्रपति या उसके द्वारा इस निमित्त नियुक्त व्यक्ति के समक्ष, तीसरी अनुसूची के इस प्रयोजन के लिए दिए गए प्ररूप के अनुसार शपथ लेगा या प्रतिज्ञान करेगा और उस पर अपने हस्ताक्षर करेगा।

### 100. सदनों में मतदान, रिक्तियों के होते हुए भी सदनों की कार्य करने की शक्ति और गणपूर्ति-

(1) इस संविधान में यथा अन्यथा उपबंधित के सिवाय, प्रत्येक सदन की बैठक में या सदनों की संयुक्त बैठक में सभी प्रश्नों का अवधारण, अध्यक्ष को अथवा सभापति या अध्यक्ष के रूप में कार्य करने वाले व्यक्ति को छोड़कर उपस्थित और मत देने वाले सदस्यों के बहुमत से किया जाएगा।

सभापति या अध्यक्ष, अथवा उस रूप में कार्य करनेवाला व्यक्ति प्रथमत: मत नहीं देगा, किंतु मत बराबर होने की दशा में उसका निर्णायक मत होगा और वह उसका प्रयोग करेगा।

(2) संसद के किसी सदन की सदस्यता में कोई रिक्ति होने पर भी, उस सदन को कार्य करने की शक्ति होगी और यदि बाद में यह पता चलता है कि कोई व्यक्ति, जो ऐसा करने का हकदार नहीं था, कार्यवाहियों में उपस्थित रहा है या उसने मत दिया है या अन्यथा भाग लिया है तो भी संसद की कोई कार्यवाही विधिमान्य होगी।

(3) जब तक संसद विधि द्वारा अन्यथा उपबंध न करे तब तक संसद के प्रत्येक सदन का अधिवेशन गठित करने के लिए गणपूर्ति सदन के सदस्यों की कुल संख्या का दसवां भाग होगी।

(4) यदि सदन के अधिवेशन में किसी समय गणपूर्ति नहीं है तो सभापति या अध्यक्ष अथवा उस रूप में कार्य करने वाले व्यक्ति का यह कर्त्तव्य होगा कि वह सदन को स्थगित कर दे या अधिवेशन को तब तक के लिए निलंबित कर दे जब तक गणपूर्ति नहीं हो जाती है।

## सदस्यों की निरर्हताएँ

### 101. स्थानों का रिक्त होना-

(1) कोई व्यक्ति संसद के दोनों सदनों का सदस्य नहीं होगा और जो व्यक्ति दोनों सदनों का सदस्य चुन लिया जाता है उसके एक या दूसरे सदन के स्थान को रिक्त करने के लिए संसद विधि द्वारा उपबंध करेगी।

(2) कोई व्यक्ति संसद और किसी [23]* * * राज्य के विधान-मंडल के किसी सदन, दोनों का सदस्य नहीं होगा और यदि कोई व्यक्ति संसद और [24][किसी राज्य] के विधान-मंडल के किसी सदन, दोनों का सदस्य चुन लिया जाता है तो ऐसी अवधि की समाप्ति

पश्चात् जो राष्ट्रपति द्वारा बनाए गए नियमों[25] में विनिर्दिष्ट की जाए, संसद में ऐसे व्यक्ति का स्थान रिक्त हो जाएगा यदि उसने राज्य के विधान-मंडल में अपने स्थान को पहले ही नहीं त्याग दिया है।

(3) यदि संसद के किसी सदन का सदस्य-

(क) [26][अनुच्छेद 102 के खंड (1) या खंड (2)] में वर्णित किसी निरर्हता से ग्रस्त हो जाता है, या

[27][(ख) यथास्थिति, सभापति या अध्यक्ष को संबोधित अपने हस्ताक्षर सहित लेख द्वारा अपने स्थान का त्याग कर देता है और उसका त्यागपत्र, यथास्थिति, सभापति या अध्यक्ष द्वारा स्वीकार कर लिया जाता है, तो ऐसा होने पर उसका स्थान रिक्त हो जाएगा :

[28][परंतु उपखंड (ख) में निर्दिष्ट त्यागपत्र की दशा में, यदि प्राप्त जानकारी से या अन्यथा और ऐसी जांच करने के पश्चात, जो वह ठीक समझे, यथास्थिति, सभापति या अध्यक्ष का यह समाधान हो जाता है कि ऐसा त्यागपत्र स्वैच्छिक या असली नहीं है तो वह ऐसे त्यागपत्र को स्वीकर नहीं करेगा।]

(4) यदि संसद के किसी सदन का कोई सदस्य साठ दिन की अवधि तक सदन की अनुज्ञा के बिना उसके सभी अधिवेशनों से अनुपस्थित रहता है तो सदन उसके स्थान को रिक्त घोषित कर सकेगा :

परंतु साठ दिन की उक्त अवधि की संगणना करने में किसी ऐसी अवधि को हिसाब में नहीं लिया जाएगा जिसके दौरान सदन सत्रावसित या निरंतर चार से अधिक दिनों के लिए स्थगित रहता है।

## 102. सदस्यता के लिए निरर्हताएँ-

(1) कोई व्यक्ति संसद के किसी सदन का सदस्य चुने जाने के लिए और सदस्य होने के लिए निरर्हित होगा-

(क) यदि वह भारत सरकार के या किसी राज्य की सरकार के अधीन, ऐसे पद को छोड़कर जिसको धारण करने वाले का निरर्हित न होना संसद ने विधि द्वारा घोषित किया है, कोई लाभ का पद धारण करता है;

(ख) यदि वह विकृतचित्त है और सक्षम न्यायालय की ऐसी घोषणा विद्यमान है;

(ग) यदि वह अनुन्मोचित दिवालिया है :

(घ) यदि वह भारत का नागरिक नहीं है या उसने किसी विदेशी राज्य की नागरिकता स्वेच्छा से अर्जित कर ली है या वह किसी विदेशी राज्य के प्रतिनिष्ठा या अनुशक्ति को अभिस्वीकार किए हुए है :

(ङ) यदि वह संसद द्वारा बनाई गई किसी विधि द्वारा या उसके अधीन इस प्रकार निरर्हित कर दिया जाता है।

[29][**स्पष्टीकरण**-इस खंड के प्रयोजनों के लिए,] कोई व्यक्ति केवल उस कारण भारत सरकार के या किसी राज्य की सरकार के अधीन लाभ का पद धारण करनेवाला नहीं समझा जाएगा कि वह संघ का या ऐसे राज्य का मंत्री है।

[30][(2) कोई व्यक्ति संसद के किसी सदन का सदस्य होने के लिए निरर्हित होगा यदि वह दसवीं अनुसूची के अधीन इस प्रकार निरर्हित हो जाता है।]

## [31][103. सदस्यों की निरर्हताओं से संबंधित प्रश्नों पर विनिश्चय-

(1) यदि यह प्रश्न उठता है कि संसद के किसी सदन का कोई सदस्य अनुच्छेद 102 के खंड (1) में वर्णित किसी निरर्हता से ग्रस्त हो गया है या नहीं तो वह प्रश्न राष्ट्रपति को विनिश्चय के लिए निर्देशित किया जाएगा और उसका विनिश्चय अंतिम होगा।

(2) ऐसे किसी प्रश्न पर विनिश्चय करने के पहले राष्टपति निर्वाचन आयोग की राय लेगा और ऐसी राय के अनुसार कार्य करेगा।]

## 104. अनुच्छेद 99 के अधीन शपथ लेने या प्रतिज्ञान करने से पहले या अर्हित न होते हुए या निरर्हित किए जाने पर बैठने और मत देने के लिए शास्ति-

यदि संसद के किसी सदन में कोई व्यक्ति अनच्छेद 99 की अपेक्षाओं का अनुपालन करने से पहले, या वह जानते हुए कि मैं उसकी सदस्यता के लिए अर्हित नहीं हूँ या निरर्हित कर दिया गया हूँ या संसद द्वारा बनाई गई किसी विधि के उपबंधों द्वारा ऐसा करने से प्रतिषिद्ध कर दिया गया हूँ, सदस्य के रूप में बैठता है या मत देता है तो वह प्रत्येक दिन के लिए, जब वह इस प्रकार बैठता है या मत देता है, पांच सौ रुपए की शास्ति का भागी होगा जो संघ को देय ऋण के रूप में वसूल की जाएगी।

# संसद और उसके सदस्यों की शक्तियाँ, विशेषाधिकार और उन्मुक्तियाँ

## 105. संसद के सदनों की तथा उनके सदस्यों और समितियों की शक्तियाँ, विशेषाधिकार आदि-

(1) इस संविधान के उपबंधों और संसद की प्रक्रिया का विनियमन करने वाले नियमों और स्थायी आदेशों के अधीन रहते हए, संसद में वाक्-स्वातंत्र्य होगा।

(2) संसद में या उसकी किसी समिति में संसद के किसी सदस्य द्वारा कही गई किसी बात या दिए गए किसी मत के संबंध में

उसके विरुद्ध किसी न्यायालय में कोई कार्यवाही नहीं की जाएगी और किसी व्यक्ति के विरुद्ध संसद के किसी सदन के प्राधिकार द्वारा उसके अधीन किसी प्रतिवेदन, पत्र, मतों या कार्यवाहियों के प्रकाशन के संबंध में इस प्रकार की कोई कार्यवाही नहीं की जाएगी।

(3) अन्य बातों में संसद के प्रत्येक सदन की और प्रत्येक सदन के सदस्यों और समितियों की शक्तियाँ, विशेषाधिकार और उन्मुक्तियां ऐसी होंगी जो संसद, समय-समय पर, विधि द्वारा, परिनिश्चित करे और जब तक वे इस प्रकार परिनिश्चित नहीं की जाती हैं तब तक [32][वही होंगी जो संविधान (चवालीसवां संशोधन) अधिनियम, 1978 की धारा 15 के प्रवृत्त होने से ठीक पहले उस सदन की और उसके सदस्यों और समितियों की थी]।

(4) जिन व्यक्तियों को इस संविधान के आधार पर संसद के किसी सदन या उसकी किसी समिति में बोलने का और उसकी कार्यवाहियों में अन्यथा भाग लेने का अधिकार है, उनके संबंध में खंड (1), खंड (2) और खंड (3) के उपबंध उसी प्रकार लागू होंगे जिस प्रकार वे संसद के सदस्यों के संबंध में लागू होते हैं।

## 106. सदस्यों के वेतन और भत्ते-

संसद के प्रत्येक सदन के सदस्य ऐसे वेतन और भत्ते, जिन्हें संसद, समय-समय पर विधि द्वारा अवधारित करे और जब तक इस संबंध में इस प्रकार उपबंध नहीं किया जाता है तब तक ऐसे भत्ते, ऐसी दरों से और ऐसी शर्तों पर, जो भारत डोमिनियन की संविधान सभा के सदस्यों को इस संविधान के प्रारंभ से ठीक पहले लागू थीं, प्राप्त करने के हकदार होंगे।

## विधायी प्रक्रिया

## 107. विधेयकों के पुर:स्थापन और पारित किए जाने के संबंध में उपबंध-

(1) धन विधेयकों और अन्य वित्त विधेयकों के संबंध में अनुच्छेद 109 और अनुच्छेद 117 के उपबंधों के अधीन रहते हुए, कोई विधेयक संसद के किसी भी सदन में आरंभ हो सकेगा।

(2) अनुच्छेद 108 और अनुच्छेद 109 के उपबंधों के अधीन रहते हुए, कोई विधेयक संसद के सदनों द्वारा तब तक पारित किया गया नहीं समझा जाएगा जब तक संशोधन के बिना या केवल ऐसे संशोधनों सहित, जिन पर दोनों सदन सहमत हो गए हैं, उस पर दोनों सदन सहमत नहीं हो जाते हैं।

(3) संसद में लंबित विधेयक सदनों के सत्रावसान के कारण व्यपगत नहीं होगा।

(4) राज्य सभा में लंबित विधेयक, जिसको लोक सभा ने पारित नहीं किया है, लोक सभा के विघटन पर व्यपगत नहीं होगा।

(5) कोई विधेयक, जो लोक सभा में लंबित है या जो लोक सभा द्वारा पारित कर दिया गया है और राज्य सभा में लंबित है, अनुच्छेद 108 के उपबंधों के अधीन रहते हुए, लोक सभा के विघटन पर व्यपगत हो जाएगा।

## 108. कुछ दशाओं में दोनों सदनों की संयुक्त बैठक-

(1) यदि किसी विधेयक के एक सदन द्वारा पारित किए जाने और दूसरे सदन को पारेषित किए जाने के पश्चात्,-

(क) दूसरे सदन द्वारा विधेयक अस्वीकर कर दिया गया है, या

(ख) विधेयक में किए जाने वाले संशोधनों के बारे में दोनों सदन अंतिम रूप से असहमत हो गए हैं, या

(ग) दूसरे सदन को विधेयक प्राप्त होने की तारीख से उसके द्वारा विधेयक पारित किए बिना छह मास से अधिक बीत गए हैं, तो उस दशा के सिवाय जिसमें लोक सभा का विघटन होने के कारण विधेयक व्यपगत हो गया है, राष्ट्रपति विधेयक पर विचार विमर्श करने और मत देने के प्रयोजन के लिए सदनों को संयुक्त बैठक में अधिवेशित होने के लिए आहूत करने के अपने आशय की सूचना, यदि वे बैठक में हैं तो संदेश द्वारा या यदि वे बैठक में नहीं हैं तो लोक अधिसूचना द्वारा देगा : परंतु उस खंड की कोई बात धन विधेयक को लागू नहीं होगी।

(2) छह मास की ऐसी अवधि की गणना करने में, जो खंड (1) में निर्दिष्ट है, किसी ऐसी अवधि को हिसाब में नहीं लिया जाएगा जिसमें उक्त खंड के उपखंड (ग) में निर्दिष्ट सदन सत्रावसित या निरंतर चार से अधिक दिनों के लिए स्थगित कर दिया जाता है।

(3) यदि राष्ट्रपति ने खंड (1) के अधीन सदनों को संयुक्त बैठक में अधिवेशित होने के लिए आहूत करने के अपने आशय की सूचना दे दी है तो कोई भी सदन विधेयक पर आगे कार्यवाही नहीं करेगा, किंतु राष्ट्रपति अपनी अधिसूचना की तारीख के पश्चात् किसी समय सदनों को अधिसूचना में विनिर्दिष्ट प्रयोजन के लिए संयुक्त बैठक में अधिवेशित होने के लिए आहूत कर सकेगा और, यदि वह ऐसा करता है तो, सदन तद्नुसार अधिवेशित होंगे।

(4) यदि सदनों की संयुक्त बैठक में विधेयक ऐसे संशोधनों सहित, यदि कोई हों, जिन पर संयुक्त बैठक में सहमति हो जाती है, दोनों सदनों के उपस्थित और मत देने वाले सदस्यों की कुल संख्या के बहुमत द्वारा पारित हो जाता है तो इस संविधान के प्रयोजनों के लिए वह दोनों सदनों द्वारा पारित किया गया समझा जाएगा :
परंतु संयुक्त बैठक में-

(क) यदि विधेयक एक सदन से पारित किए जाने पर दूसरे सदन द्वारा संशोधनों सहित पारित नहीं कर दिया गया है और उस सदन को, जिसमें उसका आरंभ हुआ था, लौटा नहीं दिया गया है तो ऐसे संशोधनों से भिन्न (यदि कोई हों),

जो विधेयक के पारित होने में देरी के कारण आवश्यक हो गए हैं, विधेयक में कोई और संशोधन प्रस्थापित नहीं किया जाएगा।

(ख) यदि विधेयक इस प्रकार पारित कर दिया गया है और लौटा दिया गया है तो विधेयक में केवल पूर्वोक्त संशोधन, और ऐसे अन्य संशोधन, जो उन विषयों से सुसंगत हैं जिन पर सदनों में सहमति नहीं हुई है, प्रस्थापित किए जाएँगे, और पीठासीन व्यक्ति का इस बारे में विनिश्चय अंतिम होगा कि कौन से संशोधन इस खंड के अधीन ग्राह्य हैं।

(5) सदनों की संयुक्त बैठक में अधिवेशित होने के लिए आहूत करने के अपने आशय की राष्ट्रपति की सूचना के पश्चात, लोक सभा का विघटन बीच में हो जाने पर भी, इस अनुच्छेद के अधीन संयुक्त बैठक हो सकेगी और उसमें विधेयक पारित हो सकेगा।

## 109. धन विधेयकों के संबंध में विशेष प्रक्रिया-

(1) धन विधेयक राज्य सभा में पुर:स्थापित नहीं किया जाएगा।

(2) धन विधेयक लोक सभा द्वारा पारित किए जाने के पश्चात् राज्य सभा को उसकी सिफारिशों के लिए पारेषित किया जाएगा और राज्य सभा विधेयक की प्राप्ति की तारीख से चौदह दिन की अवधि के भीतर विधेयक को अपनी सिफारिशों सहित लोक सभा को लौटा देगी और ऐसा होने पर लोक सभा, राज्य सभा की सभी या किन्हीं सिफारिशों को स्वीकर या अस्वीकार कर सकेगी।

(3) यदि लोक सभा, राज्य सभा की किसी सिफारिश को स्वीकार कर लेती है तो धन विधेयक राज्य सभा द्वारा सिफारिश किए गए और लोक सभा द्वारा स्वीकार किए गए संशोधनों सहित दोनों सदनों द्वारा पारित किया गया समझा जाएगा।

(4) यदि लोक सभा, राज्य सभा की किसी भी सिफारिश को स्वीकार नहीं करती है तो धन विधेयक, राज्य सभा द्वारा सिफारिश किए गए किसी संशोधन के बिना, दोनों सदनों द्वारा उस रूप में पारित किया गया समझा जाएगा जिसमें वह लोक सभा द्वारा पारित किया गया था। .

(5) यदि लोक सभा द्वारा पारित और राज्य सभा को उसकी सिफारिशों के लिए पारेषित धन विधेयक उक्त चौदह दिन की अवधि के भीतर लोक सभा को नहीं लौटाया जाता है तो उक्त अवधि की समाप्ति पर वह दोनों सदनों द्वारा, उस रूप में पारित किया गया समझा जाएगा जिसमें वह लोक सभा द्वारा पारित किया गया था।

## 110. "धन विधेयक" की परिभाषा-

(1) इस अध्याय के प्रयोजनों के लिए, कोई विधेयक धन विधेयक समझा जाएगा यदि उसमें केवल निम्नलिखित सभी या किन्हीं विषयों से संबंधित उपबंध हैं, अर्थात् :-

(क) किसी कर का अधिरोपण, उत्सादन, परिहार, परिवर्तन या विनियमन;

(ख) भारत सरकार द्वारा धन उधार लेने का या कोई प्रत्याभूति देने का विनियमन अथवा भारत सरकार द्वारा अपने ऊपर ली गई या ली जाने वाली किन्हीं वित्तीय बाध्यताओं से संबंधित विधि का संशोधन;

(ग) भारत की संचित निधि या आकस्मिकता निधि की अभिरक्षा, ऐसी किसी विधि में धन जमा करना या उसमें से धन निकालना;

(घ) भारत की संचित निधि में से धन का विनियोग;

(ङ) किसी व्यय को भारत की संचित निधि पर भारित व्यय घोषित करना या ऐसे धन की अभिरक्षा या उसका निर्गमन अथवा संघ या राज्य के लेखाओं की संपरीक्षा; या

(च) भारत की संचित निधि या भारत के लोक लेखे मद्धे धन प्राप्त करना अथवा ऐसे धन की अभिरक्षा या उसका निर्गमन अथवा संघ या राज्य के लेखाओं की संपरीक्षा; या

(छ) उपखंड (क) से उपखंड (च) में विनिर्दिष्ट किसी विषय का आनुषंगिक कोई विषय।

(2) कोई विधेयक केवल इस कारण धन विधेयक नहीं समझा जाएगा कि वह जुर्मानों या अन्य धनीय शास्तियों के अधिरोपण का अथवा अनुज्ञप्तियों के लिए फीसों की या की गई सेवाओं के लिए फीसों की माँग का या उनके संदाय का उपबंध करता है अथवा इस कारण धन विधेयक नहीं समझा जाएगा कि वह किसी स्थानीय प्राधिकारी या निकाय द्वारा स्थानीय प्रयोजनों के लिए किसी कर के अधिरोपण, उत्सादन, परिहार परिवर्तन या विनियमन का उपबंध करता है।

(3) यदि यह प्रश्न उठता है कि कोई विधेयक धन विधेयक है या नहीं तो उस पर लोक सभा के अध्यक्ष का विनिश्चय अंतिम होगा।

(4) जब धन विधेयक अनुच्छेद 109 के अधीन राज्य सभा को पारेषित किया जाता है और जब वह अनुच्छेद 111 के अधीन अनुमति के लिए राष्ट्रपति के समक्ष प्रस्तुत किया जाता है तब प्रत्येक धन विधेयक पर लोक सभा के अध्यक्ष के हस्ताक्षर सहित यह प्रमाण पृष्ठांकित किया जाएगा कि वह धन विधेयक है।

## 111. विधेयकों पर अनुमति-

जब कोई विधेयक संसद के सदनों द्वारा पारित कर दिया गया है तब वह राष्ट्रपति के समक्ष प्रस्तुत किया जाएगा और राष्ट्रपति घोषित करेगा कि वह विधेयक पर अनुमति देता है या अनुमति रोक लेता है :

परंतु राष्ट्रपति अनुमति के लिए अपने समक्ष विधेयक प्रस्तुत किए जाने के पश्चात् यथाशीघ्र उस विधेयक को, यदि वह धन विधेयक नहीं है तो सदनों को इस संदेश के साथ लौटा सकेगा कि वे विधेयक पर या उसके किन्हीं विनिर्दिष्ट उपबंधो पर पुनर्विचार कर विशिष्टतया किन्हीं ऐसे संशोधनों के

पुर:स्थापन की वांछनीयता पर विचार करें जिनकी उसने अपने संदेश में सिफारिश की है और जब विधेयक इस प्रकार लौटा दिया जाता है तब सदन विधेयक पर तद्नुसार पुनर्विचार करेंगे और यदि विधेयक सदनों द्वारा संशोधन सहित या उसके बिना फिर से पारित कर दिया जाता है और राष्ट्रपति के समक्ष अनुमति के लिए प्रस्तुत किया जाता है तो राष्ट्रपति उस पर अनुमति नहीं रोकेगा।

## वित्तीय विषयों के संबंध में प्रक्रिया

### 112. वार्षिक वित्तीय विवरण-

(1) राष्ट्रपति प्रत्येक वित्तीय वर्ष के संबंध में संसद के दोनों सदनों के समक्ष भारत सरकार की उस वर्ष के लिए प्राक्कलित प्राप्तियों और व्यय का विवरण रखवाएगा जिसे इस भाग में "वार्षिक वित्तीय विवरण" कहा गया है।

(2) वार्षिक वित्तीय विवरण में दिए हुए व्यय के प्राक्कलनों में-

(क) इस संविधान में भारत की संचित निधि पर भारित व्यय के रूप में वर्णित व्यय की पूर्ति के लिए अपेक्षित राशियां, और

(ख) भारत की संचित निधि में से किए जाने के लिए प्रस्थापित अन्य व्यय की पूर्ति के लिए अपेक्षित राशियां, पृथक्-पृथक् दिखाई जाएँगी और राजस्व लेखे होने वाले व्यय का अन्य व्यय से भेद किया जाएगा।

(3) निम्नलिखित व्यय भारत की संचित निधि पर भारित व्यय होगा, अर्थात्:-

(क) राष्ट्रपति की उपलब्धियां और भत्ते तथा उसके पद से संबंधित अन्य व्यय;

(ख) राज्य सभा के सभापति और उपसभापति के तथा लोक सभा के अध्यक्ष और उपाध्यक्ष के वेतन और भत्ते :

(ग) ऐसे ऋण भार, जिनका दायित्व भारत सरकार पर है, जिनके अंतर्गत ब्याज, निक्षेप निधि भार और मोचन भार तथा उधार लेने और ऋण सेवा और ऋण मोचन से संबंधित अन्य व्यय हैं;

(घ) (i) उच्चतम न्यायालय के न्यायाधीशों को या उनके संबंध में संदेय वेतन, भत्ते और पेंशन;

(ii) फेडरल न्यायालय के न्यायाधीशों को या उनके संबंध में संदेय पेंशन; (ii) उस उच्च न्यायालय के न्यायाधीशों को या उनके संबंध में दी जाने वाली पेंशन, जो भारत के राज्यक्षेत्र के अंतर्गत किसी क्षेत्र के संबंध में अधिकारिता का प्रयोग करता है या जो [33][भारत डोमिनियन के राज्यपाल वाले प्रांत] के अंतर्गत किसी क्षेत्र के संबंध में इस संविधान के प्रारंभ से पहले किसी भी समय अधिकारिता का प्रयोग करता था;

(ङ) भारत के नियंत्रक-महालेखापरीक्षक को, या उसके संबंध में, संदेय वेतन, भत्ते और पेंशन;

(च) किसी न्यायालय या माध्यस्थम् अधिकरण के निर्णय, डिक्री या पंचाट की तुष्टि के लिए अपेक्षित राशियां;

(छ) कोई अन्य व्यय जो इस संविधान द्वारा या संसद द्वारा, विधि द्वारा, इस प्रकार भारित घोषित किया जाता है।

### 113. संसद में प्राक्कलनों के संबंध में प्रक्रिया-

(1) प्राक्कलनों में से जितने प्राक्कलन भारत की संचित निधि पर भारित व्यय से संबंधित हैं वे संसद में मतदान के लिए नहीं रखे जाएँगे, किंतु इस खंड की किसी बात का यह अर्थ नहीं लगाया जाएगा कि वह संसद के किसी सदन में उन प्राक्कलनों में से किसी प्राक्कलन पर चर्चा को निवारित करती है।

(2) उक्त प्राक्कलनों में से जितने प्राक्कलन अन्य व्यय से संबंधित हैं वे लोक सभा के समक्ष अनुदानों की माँगों के रूप में रखे जाएँगे और लोक सभा को शक्ति होगी कि वह किसी माँग को अनुमति दे या अनुमति देने से इंकार कर दे अथवा किसी माँग को विनिर्दिष्ट रकम को कम करके, अनुमति दे।

(3) किसी अनुदान की माँग राष्ट्रपति की सिफारिश पर ही की जाएगी, अन्यथा नहीं।

### 114. विनियोग विधेयक-

(1) लोक सभा द्वारा अनुच्छेद 113 के अधीन अनुदान किए जाने के पश्चात, यथाशक्य शीघ्र, भारत की संचित निधि में से-

(क) लोक सभा द्वारा इस प्रकार किए गए अनुदानों की, और

(ख) भारत की संचित निधि पर भारित, किंतु संसद के समक्ष पहले रखे गए विवरण में दर्शित रकम से किसी भी दशा में अनधिक व्यय की, पूर्ति के लिए अपेक्षित सभी धनराशियों के विनियोग का उपबंध करने के लिए विधेयक पुर:स्थापित किया जाएगा।

(2) इस प्रकार किए गए किसी अनुदान की रकम में परिवर्तन करने या अनुदान के लक्ष्य को बदलने अथवा भारत की संचित निधि पर भारित व्यय की रकम में परिवर्तन करने का प्रभाव रखने वाला कोई संशोधन, ऐसे किसी विधेयक में संसद के किसी सदन में प्रस्थापित नहीं किया जाएगा और पीठासीन व्यक्ति का इस बारे में विनिश्चय अंतिम होगा कि कोई संशोधन इस खंड के अधीन अग्राह्य है या नहीं।

(3) अनुच्छेद 115 और अनुच्छेद 116 के उपबंधों के अधीन रहते हुए, भारत की संचित निधि में से इस अनुच्छेद के उपबंधों के अनुसार पारित विधि द्वारा किए गए विनियोग के अधीन ही कोई धन निकाला जाएगा, अन्यथा नहीं।

### 115. अनुपूरक, अतिरिक्त या अधिक अनुदान-

(1) यदि-

(क) अनुच्छेद 114 के उपबंधों के अनुसार बनाई गई किसी विधि द्वारा किसी विशिष्ट सेवा पर चालू वित्तीय वर्ष के लिए व्यय किए जाने के लिए प्राधिकृत कोई रकम उस वर्ष के प्रयोजनों के लिए अपर्याप्त पाई जाती है या उस वर्ष के वार्षिक वित्तीय विवरण में अनुध्यात न की गई किसी नई सेवा पर अनुपूरक या अतिरिक्त व्यय की चालू वित्तीय वर्ष के दौरान आवश्यकता पैदा हो गई है, या

(ख) किसी वित्तीय वर्ष के दौरान किसी सेवा पर, उस वर्ष और उस सेवा के लिए अनुदान की गई रकम से अधिक कोई धन व्यय हो गया है, तो राष्ट्रपति, यथास्थिति, संसद के दोनों सदनों के समक्ष उस व्यय की प्राक्कलित रकम को दर्शित करनेवाला दूसरा विवरण रखवाएगा या लोक सभा में ऐसे आधिक्य के लिए माँग प्रस्तुत करवाएगा।

(2) ऐसे किसी विवरण और व्यय या माँग के संबंध में तथा भारत की संचित निधि में से ऐसे व्यय या ऐसी माँग से संबंधित अनुदान की पूर्ति के लिए धन का विनियोग प्राधिकृत करने के लिए बनाई जाने वाली किसी विधि के संबंध में भी अनुच्छेद 112, अनुच्छेद 113 और अनुच्छेद 114 के उपबंध वैसे ही प्रभावी होंगे जैसे वे वार्षिक वित्तीय विवरण और उसमें वर्णित व्यय या किसी अनुदान की किसी माँग के संबंध में और भारत की संचित निधि में से ऐसे व्यय या अनुदान की पूर्ति के लिए धन का विनियोग प्राधिकृत करने के लिए बनाई जाने वाली विधि के संबंध में प्रभावी हैं।

### 116. लेखानुदान, प्रत्ययानुदान और अपवादानुदान-

(1) इस अध्याय के पूर्वगामी उपबंधों में किसी बात के होते हुए भी, लोक सभा को-

(क) किसी वित्तीय वर्ष के भाग के लिए प्राक्कलित व्यय के संबंध में कोई अनुदान, उस अनुदान के लिए मतदान करने के लिए अनुच्छेद 113 में विहित प्रक्रिया के पूरा होने तक और उस व्यय के संबंध में अनुच्छेद 114 के उपबंधों के अनुसार विधि के पारित होने तक, अग्रिम देने की;

(ख) जब किसी सेवा की महत्ता या उसके अनिश्चित रूप के कारण माँग ऐसे ब्यौरे के साथ वर्णित नहीं की जा सकती है जो वार्षिक वित्तीय विवरण में सामान्यतया दिया जाता है तब भारत के संपत्ति स्रोतों पर अप्रत्याशित माँग की पूर्ति के लिए अनुदान करने की;

(ग) किसी वित्तीय वर्ष की चालू सेवा का जो अनुदान भाग नहीं है, ऐसा कोई अपवादानुदान करने की, शक्ति होगी और जिन प्रयोजनों के लिए उक्त अनुदान किए गए हैं उनके लिए भारत की संचित निधि में से धन निकालना विधि द्वारा प्राधिकृत करने की संसद को शक्ति होगी।

(2) खंड (1) के अधीन किए जाने वाले किसी अनुदान और उस खंड के अधीन बनाई जाने वाली किसी विधि के संबंध में अनुच्छेद 113 और अनुच्छेद 114 के उपबंध वैसे ही प्रभावी होंगे जैसे वे वार्षिक वित्तीय विवरण में वर्णित किसी व्यय के बारे में कोई अनुदान करने के संबंध में और भारत की संचित निधि में से ऐसे व्यय की पूर्ति के लिए धन का विनियोग प्राधिकृत करने के लिए बनाई जाने वाली विधि के संबंध में प्रभावी हैं।

### 117. वित्त विधेयकों के बारे में विशेष उपबंध-

(1) अनुच्छेद 110 के खंड (1) के उपखंड (क) से उपखंड (च) में विनिर्दिष्ट किसी विषय के लिए उपबंध करनेवाला विधेयक या संशोधन राष्ट्रपति की सिफारिश से ही पुर:स्थापित या प्रस्तावित किया जाएगा, अन्यथा नहीं और ऐसा उपबंध करनेवाला विधेयक राज्य सभा में पुर:स्थापित नहीं किया जाएगा :

परंतु किसी कर के घटाने या उत्सादन के लिए उपबंध करने वाले किसी संशोधन के प्रस्ताव के लिए इस खंड के अधीन सिफारिश की अपेक्षा नहीं होगी।

(2) कोई विधेयक या संशोधन उक्त विषयों में से किसी के लिए उपबंध करनेवाला केवल इस कारण नहीं समझा जाएगा कि वह जुर्मानों या अन्य धनीय शास्तियों के अधिरोपण का अथवा अनुज्ञप्तियों के लिए फीसों की या की गई सेवाओं के लिए फीसों की माँग का या उनके संदाय का उपबंध करता है अथवा इस कारण नहीं समझा जाएगा कि वह किसी स्थानीय प्राधिकारी या निकाय द्वारा स्थानीय प्रयोजनों के लिए किसी कर के अधिरोपण, उत्सादन, परिहार परिवर्तन या विनियमन का उपबंध करता है।

(3) जिस विधेयक को अधिनियमित और प्रवर्तित किए जाने पर भारत की संचित निधि में से व्यय करना पड़ेगा वह विधेयक संसद के किसी सदन द्वारा तब तक पारित नहीं किया जाएगा जब तक ऐसे विधेयक पर विचार करने के लिए उस सदन से राष्ट्रपति ने सिफारिश नहीं की है।

## साधारणतया प्रक्रिया

### 118. प्रक्रिया के नियम-

(1) इस संविधान के उपबंधों के अधीन रहते हुए, संसद का प्रत्येक सदन अपनी प्रक्रिया और अपने कार्य संचालन के विनियमन के लिए नियम बना सकेगा।

(2) जब तक खंड (1) के अधीन नियम नहीं बनाए जाते हैं तब तक इस संविधान के प्रारंभ से ठीक पहले भारत डोमिनियन के विधान-मंडल के संबंध में जो प्रक्रिया के नियम और स्थायी आदेश प्रवृत्त

थे वे ऐसे उपांतरणों और अनुकूलनों के अधीन रहते हुए संसद के संबंध में प्रभावी होंगे जिन्हें, यथास्थिति, राज्य सभा का सभापति या लोक सभा का अध्यक्ष उनमें करे।

(3) राष्ट्रपति, राज्य सभा के सभापति और लोक सभा के अध्यक्ष से परामर्श करने के पश्चात्, दोनों सदनों की संयुक्त बैठकों से संबंधित और उनमें परस्पर संचार से संबंधित प्रक्रिया के नियम बना सकेगा।

(4) दोनों सदनों की संयुक्त बैठक में लोक सभा का अध्यक्ष या उसकी अनुपस्थिति में ऐसा व्यक्ति पीठासीन होगा जिसका खंड (3) के अधीन बनाई गई प्रक्रिया के नियमों के अनुसार अवधारण किया जाए।

## 119. संसद में वित्तीय कार्य संबंधी प्रक्रिया का विधि द्वारा विनियमन-

संसद, वित्तीय कार्य को समय के भीतर पूरा करने के प्रयोजन के लिए किसी वित्तीय विषय से संबंधित या भारत की संचित निधि में से धन का विनियोग करने के लिए किसी विधेयक से संबंधित, संसद के प्रत्येक सदन की प्रक्रिया और कार्य संचालन का विनियमन विधि द्वारा कर सकेगी तथा यदि और जहाँ तक इस प्रकार बनाई गई किसी विधि का कोई उपबंध अनुच्छेद 118 के खंड (1) के अधीन संसद के किसी सदन द्वारा बनाए गए नियम से या उस अनुच्छेद के खंड (2) के अधीन संसद के संबंध में प्रभावी किसी नियम या स्थायी आदेश से असंगत है तो और वहाँ तक ऐसा उपबंध अभिभावी होगा।

## 120. संसद में प्रयोग की जाने वाली भाषा-

(1) भाग 17 में किसी बात के होते हुए भी, किंतु अनुच्छेद 348 के उपबंधों के अधीन रहते हुए, संसद में कार्य हिन्दी में या अंग्रेजी में किया जाएगा:

परंतु, यथास्थिति, राज्य सभा का सभापति या लोक सभा का अध्यक्ष अथवा उस रूप में कार्य करनेवाला व्यक्ति किसी सदस्य को, जो हिन्दी में या अंग्रेजी में अपनी पर्याप्त अभिव्यक्ति नहीं कर सकता है, अपनी मातृ भाषा में सदन को संबोधित करने की अनुज्ञा दे सकेगा।

(2) जब तक संसद विधि द्वारा अन्यथा उपबंध न करे तब तक इस संविधान के प्रारंभ के पंद्रह वर्ष की अवधि की समाप्ति के पश्चात् यह अनुच्छेद ऐसे प्रभावी होगा मानो "या अंग्रेजी में" शब्दों का उसमें से लोप कर दिया गया हो।

## 121. संसद में चर्चा पर निर्बन्धन-

उच्चतम न्यायालय या किसी उच्च न्यायालय के किसी न्यायाधीश के, अपने कर्त्तव्यों के निर्वहन में किए गए आचरण के विषय में संसद में कोई चर्चा इसमें इसके पश्चात् उपबंधित रीति से उस न्यायाधीश को हटाने की प्रार्थना करने वाले समावेदन को राष्ट्रपति के समक्ष प्रस्तुत करने के प्रस्ताव पर ही होगी, अन्यथा नहीं।

## 122. न्यायालयों द्वारा संसद की कार्यवाहियों की जांच न किया जाना-

(1) संसद की किसी कार्यवाही की विधिमान्यता को प्रक्रिया की किसी अभिकथित अनियमितता के आधार पर प्रश्नगत नहीं किया जाएगा।

(2) संसद का कोई अधिकारी या सदस्य, जिसमें इस संविधान द्वारा या इसके अधीन संसद में प्रक्रिया या कार्य संचालन का विनियमन करने की अथवा व्यवस्था बनाए रखने की शक्तियाँ निहित हैं, उन शक्तियों के अपने द्वारा प्रयोग के विषय में किसी न्यायालय की अधिकारिता के अधीन नहीं होगा।

## संदर्भ

1. संविधान (पैंतीसवां संशोधन) अधिनियम, 1974 की धारा 3 द्वारा (1-3-1975 से) "राज्य सभा" पर प्रतिस्थापित।
2. संविधान (छतीसवां संशोधन) अधिनियम, 1975 की धारा 5 द्वारा (26-4-1975 से) "दसवीं अनुसूची के पैरा 4 के उपबंधों के अधीन रहते हुए" शब्दों का लोप किया गया।
3. संविधान (सातवां संशोधन) अधिनियम, 1956 की धारा 3 द्वारा जोड़ा गया।
4. संविधान (सातवां संशोधन) अधिनियम, 1956 की धारा 3 द्वारा "पहली अनुसूची के भाग क या भाग ख में विनिर्दिष्ट" शब्दों और अक्षरों का लोप किया गया।
5. संविधान (सातवां संशोधन) अधिनियम, 1956 की धारा 3 द्वारा "पहली अनुसूची के भाग ग में विनिर्दिष्ट राज्यों" के स्थान पर प्रतिस्थापित।
6. संविधान (सातवां संशोधन) अधिनियम, 1956 की धारा 4 द्वारा अनुच्छेद 81 और 82 के स्थान पर प्रतिस्थापित।
7. संविधान (पैंतीसवां संशोधन) अधिनियम, 1974 की धारा 4 द्वारा (1-3-1975 से) "अनुच्छेद 331 के उपबंधों के अधीन रहते हुए" के स्थान पर प्रतिस्थापित।
8. संविधान (छत्तीसवां संशोधन) अधिनियम, 1975 की धारा 5 द्वारा (26-4-1975 से) "और दसवीं अनुसूची के पैरा 4" शब्दों और अक्षरों का लोप किया जाएगा।
9. गोवा, दमन और दीव पुनर्गठन अधिनियम, 1987 (1987 का 18) की धारा 63 द्वारा (30-5-1987 से) "पांच सौ पच्चीस" के स्थान पर प्रतिस्थापित।

10. संविधान (इकतीसवां संशोधन) अधिनियम, 1973 की धारा 2 द्वारा "पच्चीस सदस्यों" के स्थान पर प्रतिस्थापित।
11. संविधान (इकतीसवां संशोधन) अधिनियम, 1973 की धारा 2 द्वारा अंत:स्थापित।
12. संविधान (बयालीसवां संशोधन) अधिनियम, 1976 की धारा 15 द्वारा (3-1-1977 से) अंत:स्थापित।
13. संविधान (चौरासीवां संशोधन) अधिनियम, 2001 की धारा 3 द्वारा (21-2-2002 से) प्रतिस्थापित।
14. संविधान (सतासीवां संशोधन) अधिनियम, 2003 की धारा 2 द्वारा प्रतिस्थापित।
15. संविधान (बयालीसवां संशोधन) अधिनियम, 1976 की धारा 16 द्वारा (3-1-1977 से) अंत:स्थापित।
16. संविधान (चौरासीवां संशोधन) अधिनियम, 2001 की धारा 4 द्वारा कुछ शब्दों के स्थान पर प्रतिस्थापित।
17. संविधान (सतासीवां संशोधन) अधिनियम, 2003 की धारा 3 द्वारा प्रतिस्थापित।
18. संविधान (चवालीसवां संशोधन) अधिनियम, 1978 की धारा 13 द्वारा (20-6-1979 से) "छह वर्ष" शब्दों के स्थान पर प्रतिस्थापित। संविधान (बयालीसवां संशोधन) अधिनियम, 1976 की धारा 17 द्वारा (3-1-1977 से) "पांच वर्ष" मूल शब्दों के स्थान पर "छह वर्ष" शब्द प्रतिस्थापित किए गए थे।
19. संविधान (सोलहवां संशोधन) अधिनियम, 1963 की धारा 3 द्वारा खंड (क) के स्थान पर प्रतिस्थापित।
20. संविधान (पहला संशोधन) अधिनियम, 1951 की धारा 6 द्वारा अनुच्छेद 85 के स्थान पर प्रतिस्थापित।
21. संविधान (पहला संशोधन) अधिनियम, 1951 की धारा 7 द्वारा "प्रत्येक सत्र" के स्थान पर प्रतिस्थापित।
22. संविधान (पहला संशोधन) अधिनियम, 1951 की धारा 7 द्वारा "और सदन के अन्य कार्य पर इस चर्चा को अग्रता देने के लिए" शब्दों का लोप किया गया।
23. संविधान (सातवां संशोधन) अधिनियम, 1956 की धारा 29 और अनुसूची द्वारा "पहली अनुसूची के भाग क या भाग ख में विनिर्दिष्ट" शब्द और अक्षरों का लोप किया गया।
24. संविधान (सातवां संशोधन) अधिनियम, 1956 की धारा 29 और अनुसूची द्वारा "ऐसे किसी राज्य" के स्थान पर प्रतिस्थापित।
25. देखिए, विधि मंत्रालय की अधिसूचना संख्या एफ. 46/50-सी, तारीख 26 जनवरी, 1950, भारत का राजपत्र, असाधारण, पृष्ठ 678 में प्रकाशित समसामयिक सदस्यता प्रतिषेध नियम, 1950।
26. संविधान (बावनवां संशोधन) अधिनियम, 1985 की धारा 2 द्वारा (1-3-1985 से) "अनुच्छेद 102 के खंड (1)" के स्थान पर प्रतिस्थापित।
27. संविधान (तैंतीसवां संशोधन) अधिनियम, 1974 की धारा 2 द्वारा उपखंड (ख) के स्थान पर प्रतिस्थापित।
28. संविधान (तैंतीसवां संशोधन) अधिनियम, 1974 की धारा 2 द्वारा अंत:स्थापित।
29. संविधान (बावनवां संशोधन) अधिनियम, 1985 की धारा 3 द्वारा (1-3-1985 से) "(2) इस अनुच्छेद के प्रयोजनों के लिए" के स्थान पर प्रतिस्थापित।
30. संविधान (बावनवां संशोधन) अधिनियम 1985 की धारा 3 द्वारा (1-3-1995 से) अंत:स्थापित।
31. अनुच्छेद 103, संविधान (बयालीसवां संशोधन) अधिनियम, 1976 की धारा 20 द्वारा (3-1-1977 से) और तत्पश्चात् संविधान (चवालीसवां संशोधन) अधिनियम, 1978 की धारा 14 द्वारा (20-6-1979 से) संशोधित होकर उपरोक्त रूप में आया।
32. संविधान (चवालीसवां संशोधन) अधिनियम, 1978 की धारा 15 द्वारा (20-6-1979 से) कुछ शब्दों के स्थान पर प्रतिस्थापित।
33. संविधान (सातवां संशोधन) अधिनियम, 1956 की धारा 29 और अनुसूची द्वारा "पहली अनुसूची के भाग क में विनिर्दिष्ट राज्य के तत्स्थानी प्रांत" के स्थान पर प्रतिस्थापित।

# अध्याय 3–राष्ट्रपति की विधायी शक्तियाँ

## 123. संसद के विश्रांतिकाल में अध्यादेश प्रख्यापित करने की राष्ट्रपति की शक्ति–

(1) उस समय को छोड़कर जब संसद के दो सदन सत्र में हैं, यदि किसी समय राष्ट्रपति का यह समाधान हो जाता है कि ऐसी परिस्थितियां विद्यमान हैं जिनके कारण तुरंत कार्रवाई करना उसके लिए आवश्यक हो गया है तो वह ऐसे अध्यादेश प्रख्यापित कर सकेगा जो उसे उन परिस्थितियों में अपेक्षित प्रतीत हो।

(2) इस अनुच्छेद के अधीन प्रख्यापित अध्यादेश का वही बल और प्रभाव होगा जो संसद के अधिनियम का होता है, किंतु प्रत्येक ऐसा अध्यादेश–

(क) संसद के दोनों सदनों के समक्ष रखा जाएगा और संसद के पुन: समवेत होने से छह सप्ताह की समाप्ति पर या यदि उन अवधि की समाप्ति से पहले दोनों सदन उसके अननुमोदन का संकल्प पारित कर देते हैं तो, इनमें से

दूसरे संकल्प के पारित होने पर प्रवर्तन में नहीं रहेगा; और

(ख) राष्ट्रपति द्वारा किसी भी समय वापस लिया जा सकेगा।

**स्पष्टीकरण**-जहाँ संसद के सदन, भिन्न-भिन्न तारीखों को पुनः समवेत होने के लिए, आहूत किए जाते हैं वहाँ इस खंड के प्रयोजनों के लिए, छह सप्ताह की अवधि की गणना उन तारीखों में से पश्चात्वर्ती तारीख से की जाएगी।

(3) यदि और जहाँ तक इस अनुच्छेद के अधीन अध्यादेश कोई ऐसा उपबंध करता है जिसे अधिनियमित करने के लिए संसद इस संविधान के अधीन सक्षम नहीं है तो और वहाँ तक वह अध्यादेश शून्य होगा।

[1]* * * * *

## संदर्भ

1. संविधान (अड़तीसवां संशोधन) अधिनियम, 1975 की धारा 2 द्वारा खंड (4) अंत:स्थापित किया गया और संविधान (चवालीसवां संशोधन) अधिनियम, 1978 की धारा 16 द्वारा (20-6-1979 से) उसका लोप किया गया।

# अध्याय 4—संघ की न्यायपालिका

### 124. उच्चतम न्यायालय की स्थापना और गठन-

(1) भारत का एक उच्चतम न्यायालय होगा जो भारत के मुख्य न्यायमूर्ति और जब तक संसद विधि द्वारा अधिक संख्या विहित नहीं करती है तब तक, सात[1] से अनधिक अन्य न्यायाधीशों से मिलकर बनेगा।

(2) उच्चतम न्यायालय के और राज्यों के उच्च न्यायालयों के ऐसे न्यायाधीशों से परामर्श करने के पश्चात्, जिनसे राष्ट्रपति इस प्रयोजन के लिए परामर्श करना आवश्यक समझे, राष्ट्रपति अपने हस्ताक्षर और मुद्रा सहित अधिपत्र द्वारा उच्चतम न्यायालय के प्रत्येक न्यायाधीश को नियुक्त करेगा और वह न्यायाधीश तब तक पद धारण करेगा जब तक वह पैंसठ वर्ष की आयु प्राप्त नहीं कर लेता है :

परंतु मुख्य न्यायमूर्ति से भिन्न किसी न्यायाधीश की नियुक्ति की दशा में भारत के मुख्य न्यायमूर्ति से सदैव परामर्श किया जाएगा :

परंतु यह और कि-

(क) कोई न्यायाधीश, राष्ट्रपति को संबोधित अपने हस्ताक्षर सहित लेख द्वारा अपना पद त्याग सकेगा;

(ख) किसी न्यायाधीश को खंड (4) में उपबंधित रीति से उसके पद से हटाया जा सकेगा।

[2][(2क) उच्चतम न्यायालय के न्यायाधीश की आयु ऐसे प्राधिकारी द्वारा और ऐसी रीति से अवधारित की जाएगी जिसका संसद विधि द्वारा उपबंध करे।]

(3) कोई व्यक्ति, उच्चतम न्यायालय के न्यायाधीश के रूप में नियुक्ति के लिए तभी अर्हित होगा जब वह भारत का नागरिक है और-

(क) किसी उच्च न्यायालय का या ऐसे दो या अधिक न्यायालयों का लगातार कम-से-कम पांच वर्ष तक न्यायाधीश रहा है; या

(ख) किसी उच्च न्यायालय का या ऐसे दो या अधिक न्यायालयों का लगातार कम-से-कम दस वर्ष तक अधिवक्ता रहा है; या

(ग) राष्ट्रपति की राय में पारंगत विधिवेत्ता है।

**स्पष्टीकरण 1**-इस खंड में, "उच्च न्यायालय" से वह उच्च न्यायालय अभिप्रेत है जो भारत के राज्यक्षेत्र के किसी भाग में अधिकारिता का प्रयोग करता है, या इस संविधान के प्रारंभ से पहले किसी भी समय प्रयोग करता था।

**स्पष्टीकरण 2**-इस खंड के प्रयोजन के लिए, किसी व्यक्ति के अधिवक्ता रहने की अवधि की संगणना करने में वह अवधि भी सम्मिलित की जाएगी जिसके दौरान किसी व्यक्ति ने अधिवक्ता होने के पश्चात् ऐसा न्यायिक पद धारण किया है जो जिला न्यायाधीश के पद से अवर नहीं है।

(4) उच्चतम न्यायालय के किसी न्यायाधीश को उसके पद से तब तक नहीं हटाया जाएगा जब तक साबित कदाचार या असमर्थता के आधार पर ऐसे हटाए जाने के लिए संसद के प्रत्येक सदन द्वारा अपनी कुल सदस्य संख्या के बहुमत द्वारा तथा उपस्थित और मत देने वाले सदस्यों के कम-से-कम दो-तिहाई बहुमत द्वारा समर्थित समावेदन, राष्ट्रपति के समक्ष उसी सत्र में रखे जाने पर राष्ट्रपति ने आदेश नहीं दे दिया है।

(5) संसद खंड (4) के अधीन किसी समावेदन के रखे जाने की तथा न्यायाधीश के कदाचार या असमर्थता के अन्वेषण और साबित करने की प्रक्रिया का विधि द्वारा विनियमन कर सकेगी।

(6) उच्चतम न्यायालय का न्यायाधीश होने के लिए नियुक्त प्रत्येक व्यक्ति, अपना पद ग्रहण करने के पहले राष्ट्रपति या उसके द्वारा इस निमित्त नियुक्त व्यक्ति के समक्ष, तीसरी अनुसूची में इस प्रयोजन के लिए दिए गए प्रारूप के अनुसार, शपथ लेगा या प्रतिज्ञान करेगा और उस पर अपने हस्ताक्षर करेगा।

(7) कोई व्यक्ति, जिसने उच्चतम न्यायालय के न्यायाधीश के रूप में पद धारण किया है, भारत के राज्यक्षेत्र के भीतर किसी न्यायालय में या किसी प्राधिकारी के समक्ष अभिवचन या कार्य नहीं करेगा।

## 125. न्यायाधीशों के वेतन आदि-

[3][(1) उच्चतम न्यायालय के न्यायाधीशों को ऐसे वेतनों का संदाय किया जाएगा जो संसद, विधि द्वारा, अवधारित करे और जब तक इस निमित्त इस प्रकार उपबंध नहीं किया जाता है तब तक ऐसे वेतनों का संदाय किया जाएगा जो दूसरी अनुसूची में विनिर्दिष्ट हैं।]

(2) प्रत्येक न्यायाधीश ऐसे विशेषाधिकारों और भत्तों का तथा अनुपस्थिति छुट्टी और पेंशन के संबंध में ऐसे अधिकारों का, जो संसद द्वारा बनाई गई विधि द्वारा या उसके अधीन समय-समय पर अवधारित किए जाएँ और जब तक इस प्रकार अवधारित नहीं किए जाते हैं तब तक ऐसे विशेषाधिकारों, भत्तों और अधिकारों का जो दूसरी अनुसूची में विनिर्दिष्ट हैं, हकदार होगा :

परंतु किसी न्यायाधीश के विशेषाधिकारों और भत्तों में तथा अनुपस्थिति छुट्टी या पेंशन के संबंध में उसके अधिकारों में उसकी नियुक्ति के पश्चात् उसके लिए अलाभकारी परिवर्तन नहीं किया जाएगा।

## 126. कार्यकारी मुख्य न्यायमूर्ति की नियुक्ति-

जब भारत के मुख्य न्यायमूर्ति का पद रिक्त है या जब मुख्य न्यायमूर्ति, अनुपस्थिति के कारण या अन्यथा अपने पद के कर्त्तव्यों का पालन करने में असमर्थ है तब न्यायालय के अन्य न्यायाधीशों में से ऐसा. एक न्यायाधीश, जिसे राष्ट्रपति इस प्रयोजन के लिए नियुक्त करे, उस पद के कर्त्तव्यों का पालन करेगा।

## 127. तदर्थ न्यायाधीशों की नियुक्ति-

(1) यदि किसी समय उच्चतम न्यायालय के सत्र को आयोजित करने या चालू रखने के लिए उस न्यायालय के न्यायाधीशों की गणपूर्ति प्राप्त न हो तो भारत का मुख्य न्यायमूर्ति राष्ट्रपति की पूर्व सहमति से और संबंधित उच्च न्यायालय के मुख्य न्यायमूर्ति से परामर्श करने के पश्चात्, किसी उच्च न्यायालय के किसी ऐसे न्यायाधीश से, जो उच्चतम न्यायालय का न्यायाधीश नियुक्त होने के लिए सम्यक् रूप से अर्हित है और जिसे भारत का मुख्य न्यायमूर्ति नामनिर्दिष्ट करे, न्यायालय की बैठकों में उतनी अवधि के लिए, जितनी आवश्यक हो, तदर्थ न्यायाधीश के रूप में उपस्थित रहने के लिए लिखित रूप में अनुरोध कर सकेगा।

(2) इस प्रकार नामनिर्दिष्ट न्यायाधीश का कर्त्तव्य होगा कि वह अपने पद के अन्य कर्त्तव्यों पर पूर्विकता देकर उस समय और उस अवधि के लिए, जिसके लिए उसकी उपस्थिति अपेक्षित है, उच्चतम न्यायालय की बैठकों में, उपस्थित हो और जब वह इस प्रकार उपस्थित होता है तब उसको उच्चतम न्यायालय के न्यायाधीश की सभी अधिकारिता, शक्तियाँ और विशेषाधिकार होंगे और वह उक्त न्यायाधीश के कर्त्तव्यों का निर्वहन करेगा।

## 128. उच्चतम न्यायालय की बैठकों में सेवानिवृत्त न्यायाधीशों की उपस्थिति-

इस अध्याय में किसी बात के होते हुए भी, भारत का मुख्य न्यायमूर्ति, किसी भी समय, राष्ट्रपति की पूर्व सहमति से किसी व्यक्ति से, जो उच्चतम न्यायालय या फेडरल न्यायालय के न्यायाधीश का पद धारण कर चुका है [4][या जो उच्च न्यायालय के न्यायाधीश का पद धारण कर चुका है और उच्चतम न्यायालय का न्यायाधीश नियुक्त होने के लिए सम्यक् रूप से अर्हित है,] उच्चतम न्यायालय के न्यायाधीश के रूप में बैठने और कार्य करने का अनुरोध कर सकेगा और प्रत्येक ऐसा व्यक्ति, जिससे इस प्रकार अनुरोध किया जाता है, इस प्रकार बैठने और कार्य करने के दौरान, ऐसे भत्तों का हकदार होगा जो राष्ट्रपति आदेश द्वारा अवधारित करे और उसको उस न्यायालय के न्यायाधीश की सभी अधिकारिता, शक्तियाँ और विशेषाधिकार होंगे, किंतु उसे अन्यथा उस न्यायालय का न्यायाधीश नहीं समझा जाएगा :

परंतु जब तक यथापूर्वोक्त व्यक्ति उस न्यायालय के न्यायाधीश के रूप में बैठने और कार्य करने की सहमति नहीं दे देता है तब तक इस अनुच्छेद की कोई बात उससे ऐसा करने की अपेक्षा करने वाली नहीं समझी जाएगी।

## 129. उच्चतम न्यायालय का अभिलेख न्यायालय होना-

उच्चतम न्यायालय अभिलेख न्यायालय होगा और उसको अपने अवमान के लिए दंड देने की शक्ति सहित ऐसे न्यायालय की सभी शक्तियाँ होंगी।

## 130. उच्चतम न्यायालय का स्थान-

उच्चतम न्यायालय दिल्ली में अथवा ऐसे अन्य स्थान या स्थानों में अधिविष्ट होगा जिन्हें भारत का मुख्य न्यायमूर्ति, राष्ट्रपति के अनुमोदन से समय-समय पर, नियत करे।

## 131. उच्चतम न्यायालय की आरंभिक अधिकारिता-

इस संविधान के उपबंधों के अधीन रहते हुए,-

(क) भारत सरकार और एक या अधिक राज्यों के बीच, या

(ख) एक ओर भारत सरकार और किसी राज्य या राज्यों और दूसरी ओर एक या अधिक अन्य राज्यों के बीच, या

(ग) दो या अधिक राज्यों के बीच, किसी विवाद में यदि और जहाँ तक उस विवाद में (विधि का या तथ्य का)ऐसा कोई प्रश्न अंतर्वलित है जिस पर किसी विधिक अधिकार

का अस्तित्व या विस्तार निर्भर है तो और वहाँ तक अन्य न्यायालयों का अपवर्जन करके उच्चतम न्यायालय को आरंभिक अधिकारिता होगी :

[5][परंतु उक्त अधिकारिता का विस्तार उस विवाद पर नहीं होगा जो किसी ऐसी संधि, करार प्रसंविदा, वचनबंध, सनद या वैसी ही अन्य लिखत से उत्पन्न है जो इस संविधान के प्रारंभ से पहले की गई थी या निष्पादित की गई थी और ऐसे प्रारंभ के पश्चात् प्रवर्तन में है या जो यह उपबंध करती है कि उक्त अधिकारिता का विस्तार ऐसे विवाद पर नहीं होगा।]

## [6]131क. [केन्द्रीय विधियों की सांविधानिक वैधता से संबंधित प्रश्नों के बारे में उच्चतम न्यायालय की अनन्य अधिकारिता]-

संविधान (तैंतालीसवां संशोधन) अधिनियम, 1977 की धारा 4 द्वारा (13-4-1978) से निरसित।

## 132. कुछ मामलों में उच्च न्यायालयों से अपीलों में उच्चतम न्यायालय की अपीली अधिकारिता-

(1) भारत के राज्यक्षेत्र में किसी उच्च न्यायालय की सिविल, दांडिक या अन्य कार्यवाही में दिए गए किसी निर्णय, डिक्री या अंतिम आदेश की अपील उच्चतम न्यायालय में होगी [7][यदि यह उच्च न्यायालय अनुच्छेद 134क के अधीन प्रमाणित कर देता है] कि उस मामले में इस संविधान के निर्वचन के बारे में विधि का कोई सारवान् प्रश्न अंतर्वलित है।

[8]* * * * *

(3) जहाँ ऐसा प्रमाणपत्र दे दिया गया है [9]*** वहाँ उस मामले में कोई पक्षकार इस आधार पर उच्चतम न्यायालय में अपील कर सकेगा कि पूर्वोक्त किसी प्रश्न का विनिश्चय गलत किया गया है [9]***।

**स्पष्टीकरण**-इस अनुच्छेद के प्रयोजनों के लिए, "अंतिम आदेश" पद के अंतर्गत ऐसे विवाद्यक का विनिश्चय करनेवाला आदेश है जो यदि अपीलार्थी के पक्ष में विनिश्चित किया जाता है तो, उस मामले के अंतिम निपटारे के लिए पर्याप्त होगा।

## 133. उच्च न्यायालयों से सिविल विषयों से संबंधित अपीलों में उच्चतम न्यायालय की अपीली अधिकारिता-

[10][(1) भारत के राज्यक्षेत्र में किसी उच्च न्यायालय की सिविल कार्यवाही में दिए गए किसी निर्णय, डिक्री या अंतिम आदेश की अपील उच्चतम न्यायालय में होगी [11][यदि उच्च न्यायालय अनुच्छेद 134क के अधीन प्रमाणित कर देता है कि]-

(क) उस मामले में विधि का व्यापक महत्त्व का कोई सारवान् प्रश्न अंतर्वलित है; और

(ख) उच्च न्यायालय की राय में उस प्रश्न का उच्चतम न्यायालय द्वारा विनिश्चय आवश्यक है।]

(2) अनुच्छेद 132 में किसी बात के होते हुए भी, उच्चतम न्यायालय में खंड (1) के अधीन अपील करनेवाला कोई पक्षकार ऐसी अपील के आधारों में यह आधार भी बता सकेगा कि इस संविधान के निर्वचन के बारे में विधि के किसी सारवान् प्रश्न का विनिश्चय गलत किया गया है।

(3) इस अनुच्छेद में किसी बात के होते हुए भी, उच्च न्यायालय के एक न्यायाधीश के निर्णय, डिक्री या अंतिम आदेश की अपील उच्चतम न्यायालय में तब तक नहीं होगी जब तक संसद विधि द्वारा अन्यथा उपबंध न करे।

## 134. दांडिक विषयों में उच्चतम न्यायालय की अपीली अधिकारिता-

(1) भारत के राज्यक्षेत्र में किसी उच्च न्यायालय की दांडिक कार्यवाही में दिए गए किसी निर्णय, अंतिम आदेश या दंडादेश की अपील उच्चतम न्यायालय में होगी यदि

(क) उस उच्च न्यायालय ने अपील में किसी अभियुक्त व्यक्ति की दोषमुक्ति के आदेश को उलट दिया है और उसको मृत्यु दंडादेश दिया है : या

(ख) उस उच्च न्यायालय ने अपने प्राधिकार के अधीनस्थ किसी न्यायालय से किसी मामले को विचारण के लिए अपने पास मंगा लिया है और ऐसे विचारण में अभियुक्त व्यक्ति को सिद्धदोष ठहराया है और उसको मृत्यु दंडादेश दिया है :

(ग) वह उच्च न्यायालय [12][अनुच्छेद 134क के अधीन प्रमाणित कर देता है] कि मामला उच्चतम न्यायालय में अपील किए जाने योग्य है :

(2) संसद विधि द्वारा उच्चतम न्यायालय को भारत के राज्यक्षेत्र में किसी उच्च न्यायालय की दांडिक कार्यवाही में दिए गए किसी निर्णय, अंतिम आदेश या दंडादेश की अपील ऐसी शर्तों और परिसीमाओं के अधीन रहते हुए, जो ऐसी विधि में विनिर्दिष्ट की जाएँ, ग्रहण करने और सुनने की अतिरिक्त शक्ति दे सकेगी।

## [13][134क. उच्चतम न्यायालय में अपील के लिए प्रमाण-पत्र-

प्रत्येक उच्च न्यायालय, जो अनुच्छेद 132 के खंड (1) या अनुच्छेद 133 के खंड (1) या अनुच्छेद 134 के खंड (1) में निर्दिष्ट निर्णय, डिक्री, अंतिम आदेश या दंडादेश पारित करता है या देता है, इस प्रकार पारित किए जाने या दिए जाने के पश्चात् यथाशक्य शीघ्र इस प्रश्न का अवधारण कि उस मामले के संबंध में, यथास्थिति, अनुच्छेद 132 के खंड(1) या

अनुच्छेद 133 के खंड (1) या अनुच्छेद 134 के खंड (1) के उपखंड (ग) में निर्दिष्ट प्रकृति का प्रमाणपत्र दिया जाए या नहीं,-

(क) यदि वह ऐसा करना ठीक समझता है तो स्वप्रेरणा से कर सकेगा; और

(ख) यदि ऐसा निर्णय, डिक्री, अंतिम आदेश या दंडादेश पारित किए जाने या दिए जाने के ठीक पश्चात् व्यथित पक्षकार द्वारा या उसकी ओर से मौखिक आवेदन किया जाता है तो करेगा।]

### 135. विद्यमान विधि के अधीन फेडरल न्यायालय की अधिकारिता और शक्तियों का उच्चतम न्यायालय द्वारा प्रयोक्तव्य होना-

जब तक संसद विधि द्वारा अन्यथा उपबंध न करे तब तक उच्चतम न्यायालय को भी किसी ऐसे विषय के संबंध में, जिसको अनुच्छेद 133 या अनुच्छेद 134 के उपबंध लागू नहीं होते हैं, अधिकारिता और शक्तियाँ होंगी यदि उस विषय के संबंध में इस संविधान के प्रारंभ से ठीक पहले किसी विद्यमान विधि के अधीन अधिकारिता और शक्तियाँ फेडरल न्यायालय द्वारा प्रयोक्तव्य थीं।

### 136. अपील के लिए उच्चतम न्यायालय की विशेष इजाजत-

(1) इस अध्याय में किसी बात के होते हुए भी, उच्चतम न्यायालय अपने विवेकानुसार भारत के राज्यक्षेत्र में किसी न्यायालय या अधिकरण द्वारा किसी वाद या मामले में पारित किए गए या दिए गए किसी निर्णय, डिक्री, अवधारण, दंडादेश या आदेश की अपील के लिए विशेष इजाजत दे सकेगा।

(2) खंड (1) की कोई बात सशस्त्र बलों से संबंधित किसी विधि द्वारा या उसके अधीन गठित किसी न्यायालय या अधिकरण द्वारा पारित किए गए या दिए गए किसी निर्णय, अवधारण, दंडादेश या आदेश को लागू नहीं होगी।

### 137. निर्णयों या आदेशों का उच्चतम न्यायालयों द्वारा पुनर्विलोकन-

संसद द्वारा बनाई गई किसी विधि के या अनुच्छेद 145 के अधीन बनाए गए नियमों के उपबंधों के अधीन रहते हुए, उच्चतम न्यायालय को अपने द्वारा सुनाए गए निर्णय या दिए गए आदेश का पुनर्विलोकन करने की शक्ति होगी।

### 138. उच्चतम न्यायालय की अधिकारिता की वृद्धि-

(1) उच्चतम न्यायालय को संघ सूची के विषयों में से किसी के संबंध में ऐसी अतिरिक्त अधिकारिता और शक्तियाँ होंगी जो संसद विधि द्वारा प्रदान करे।

(2) यदि संसद विधि द्वारा उच्चतम न्यायालय द्वारा ऐसी अधिकारिता और शक्तियों के प्रयोग का उपबंध करती है तो उच्चतम न्यायालय को किसी विषय के संबंध में ऐसी अतिरिक्त अधिकारिता और शक्तियाँ होंगी जो भारत सरकार और किसी राज्य की सरकार विशेष करार द्वारा प्रदान करे।

### 139. कुछ रिट निकालने की शक्तियों का उच्चतम न्यायालय को प्रदत्त किया जाना-

संसद विधि द्वारा उच्चतम न्यायालय को अनुच्छेद 32 के खंड (2) में वर्णित प्रयोजनों से भिन्न किन्हीं प्रयोजनों के लिए ऐसे निदेश, आदेश या रिट, जिनके अंतर्गत बंदी प्रत्यक्षीकरण, परमादेश, प्रतिषेध, अधिकार पृच्छा और उत्प्रेषण रिट हैं, या उनमें से कोई निकालने की शक्ति प्रदान कर सकेगी।

### [14][139क. कुछ मामलों का अंतरण-

[15][(1) यदि ऐसे मामले, जिनमें विधि के समान या सारतः समान प्रश्न अंतर्वलित हैं, उच्चतम न्यायालय के और एक या अधिक उच्च न्यायालयों के अथवा दो या अधिक उच्च न्यायालयों के समक्ष लंबित हैं और उच्चतम न्यायालय का स्वप्रेरणा से अथवा भारत के महान्यायवादी द्वारा या ऐसे किसी मामले के किसी पक्षकार द्वारा किए गए आवेदन पर यह समाधान हो जाता है कि ऐसे प्रश्न व्यापक महत्त्व के सारवान् प्रश्न हैं तो, उच्चतम न्यायालय उस उच्च न्यायालय या उन उच्च न्यायालयों के समक्ष लंबित मामले या मामलों को अपने पास मंगा सकेगा और उन सभी मामलों को स्वयं निपटा सकेगा :

परंतु उच्चतम न्यायालय इस प्रकार मंगाए गए मामले को उक्त विधि के प्रश्नों का अवधारण करने के पश्चात् ऐसे प्रश्नों पर अपने निर्णय की प्रतिलिपि सहित उस उच्च न्यायालय को, जिससे मामला मंगा लिया गया है, लौटा सकेगा और वह उच्च न्यायालय उसके प्राप्त होने पर उस मामले को ऐसे निर्णय के अनुरूप निपटाने के लिए आगे कार्यवाही करेगा।]

(2) यदि उच्चतम न्यायालय न्याय के उद्देश्य की पूर्ति के लिए ऐसा करना समीचीन समझता है तो वह किसी उच्च न्यायालय के समक्ष लंबित किसी मामले, अपील या अन्य कार्यवाही का अंतरण किसी अन्य उच्च न्यायालय को कर सकेगा।]

### 140. उच्चतम न्यायालय की आनुषंगिक शक्तियाँ-

संसद, विधि द्वारा, उच्चतम न्यायालय को ऐसी अनुपूरक शक्तियाँ प्रदान करने के लिए उपबंध कर सकेगी जो इस संविधान के उपबंधों में से किसी से असंगत न हो और जो उस न्यायालय को इस संविधान द्वारा या इसके अधीन प्रदत्त अधिकारिता का अधिक प्रभावी रूप से प्रयोग करने के योग्य बनाने के लिए आवश्यक या वांछनीय प्रतीत हो।

### 141. उच्चतम न्यायालय द्वारा घोषित विधि का सभी न्यायालयों पर आबद्धकर होना-

उच्चतम न्यायालय द्वारा घोषित विधि भारत के राज्यक्षेत्र के भीतर सभी न्यायालयों पर आबद्धकर होगी।

## 142. उच्चतम न्यायालय की डिक्रियों और आदेशों का प्रवर्तन और प्रकटीकरण आदि के बारे में आदेश–

(1) उच्चतम न्यायालय अपनी अधिकारिता का प्रयोग करते हुए ऐसी डिक्री पारित कर सकेगा या ऐसा आदेश कर सकेगा जो उसके समक्ष लंबित किसी वाद या विषय में पूर्ण न्याय करने के लिए आवश्यक हो और इस प्रकार पारित डिक्री या किया गया आदेश भारत के राज्यक्षेत्र में सर्वत्र ऐसी रीति से, जो संसद द्वारा बनाई गई किसी विधि द्वारा या उसके अधीन विहित की जाए, और जब तक इस निमित्त इस प्रकार उपबंध नहीं किया जाता है तब तक, ऐसी रीति से जो राष्ट्रपति आदेश[16] द्वारा विहित करे, प्रवर्तनीय होगा।

(2) संसद द्वारा इस निमित्त बनाई गई किसी विधि के उपबंधों के अधीन रहते हुए, उच्चतम न्यायालय को भारत के संपूर्ण राज्यक्षेत्र के बारे में किसी व्यक्ति को हाजिर कराने के, किन्हीं दस्तावेजों के प्रकटीकरण या पेश कराने के अथवा अपने किसी अवमान का अन्वेषण करने या दंड देने के प्रयोजन के लिए कोई आदेश करने की समस्त और प्रत्येक शक्ति होगी।

## 143. उच्चतम न्यायालय से परामर्श करने की राष्ट्रपति की शक्ति–

(1) यदि किसी समय राष्ट्रपति को प्रतीत होता है कि विधि या तथ्य का कोई ऐसा प्रश्न उत्पन्न हुआ है या उत्पन्न होने की संभावना है, जो ऐसी प्रकृति का और ऐसे व्यापक महत्त्व का है कि उस पर उच्चतम न्यायालय की राय प्राप्त करना समीचीन है, तो वह उस प्रश्न को विचार करने के लिए उस न्यायालय को निर्देशित कर सकेगा और वह न्यायालय, ऐसी सुनवाई के पश्चात् जो वह ठीक समझता है, राष्ट्रपति को उस पर अपनी राय प्रतिवेदित कर सकेगा।

(2) राष्ट्रपति अनुच्छेद 131 [17]*** के परंतुक में किसी बात के होते हुए भी, इस प्रकार के विवाद को, जो [18][उक्त परंतुक] में वर्णित है, राय देने के लिए उच्चतम न्यायालय को निर्देशित कर सकेगा और उच्चतम न्यायालय, ऐसी सुनवाई के पश्चात् जो वह ठीक समझता है, राष्ट्रपति को उस पर अपनी राय प्रतिवेदित करेगा।

## 144. सिविल और न्यायिक प्राधिकारियों द्वारा उच्चतम न्यायालय की सहायता में कार्य किया जाना–

भारत के राज्यक्षेत्र के सभी सिविल और न्यायिक प्राधिकारी उच्चतम न्यायालय की सहायता में कार्य करेंगे।

## [19]144क. [विधियों की सांविधानिक वैधता से संबंधित प्रश्नों के निपटारे के बारे में विशेष उपबंध]

संविधान (तैंतालीसवां संशोधन) अधिनियम, 1977 की धारा 5 द्वारा (13-4-1978 से) निरसित।

## 145. न्यायालय के नियम आदि–

(1) संसद द्वारा बनाई गई किसी विधि के उपबंधों के अधीन रहते हुए, उच्चतम न्यायालय समय समय पर राष्ट्रपति के अनुमोदन से न्यायालय की पद्धति और प्रक्रिया के, साधारणतया, विनियमन के लिए नियम बना सकेगा जिसके अंतर्गत निम्नलिखित भी हैं, अर्थात्:-

(क) उस न्यायालय में विधि-व्यवसाय करने वाले व्यक्तियों के बारे में नियम;

(ख) अपीलें सुनने के लिए प्रक्रिया के बारे में और अपीलों संबंधी अन्य विषयों के बारे में, जिनके अंतर्गत वह समय भी है जिसके भीतर अपीलें उस न्यायालय में ग्रहण की जानी हैं, नियम;

(ग) भाग 3 द्वारा प्रदत्त अधिकारों में से किसी का प्रवर्तन कराने के लिए उस न्यायालय में कार्यवाहियों के बारे में नियम;

[20][(गग) [21][अनुच्छेद 139क] के अधीन उस न्यायालय में कार्यवाहियों के बारे में नियम;]

(घ) अनुच्छद 134 के खंड (1) के उपखंड (ग) के अधीन अपीलों को ग्रहण किए जाने के बारे में नियम :

(ङ) उस न्यायालय द्वारा सुनाए गए किसी निर्णय या किए गए आदेश का जिन शर्तों के अधीन रहते हुए पुनर्विलोकन किया जा सकेगा उनके बारे में और ऐसे पुनर्विलोकन के लिए प्रक्रिया के बारे में, जिसके अतंर्गत वह समय भी है जिसके भीतर ऐसे पुनर्विलोकन के लिए आवेदन उस न्यायालय में ग्रहण किए जाने हैं, नियम;

(च) उस न्यायालय में किन्हीं कार्यवाहियों के और उनके आनुषंगिक खर्चे के बारे में तथा उसमें कार्यवाहियों के संबंध में प्रभारित की जाने वाली फीसों के बारे में नियम;

(छ) जमानत मंजूर करने के बारे में नियम :

(ज) कार्यवाहियों को रोकने के बारे में नियम;

(झ) जिस अपील के बारे में उस न्यायालय को यह प्रतीत होता है कि वह तुच्छ या तंग करने वाली है अथवा विलंब करने के प्रयोजन से की गई है, उसके संक्षिप्त अवधारण के लिए उपबंध करने वाले नियम;

(ञ) अनुच्छेद 317 के खंड (1) में निर्दिष्ट जांचों के लिए प्रक्रिया के बारे में नियम।

(2) [22][[23]*** खंड (3) उपबंधों] के अधीन रहते हुए. इस अनुच्छेद के अधीन बनाए गए नियम, उन न्यायाधीशों की न्यूनतम संख्या नियत कर सकेंगे जो किसी प्रयोजन के लिए बैठेंगे तथा एकल न्यायाधीशों और खंड न्यायालयों की शक्ति के लिए उपबंध कर सकेंगे।

(3) जिस मामले में इस संविधान के निर्वचन के बारे में विधि का कोई सारवान् प्रश्न अंतर्वलित है उसका विनिश्चय करने के प्रयोजन के लिए या इस संविधान के अनुच्छेद 143 के अधीन निर्देश की सुनवाई करने के प्रयोजन के लिए बैठने वाले न्यायाधीशो की [24][[23]*** न्यूनतम संख्या] पांच होगी :

परंतु जहाँ अनुच्छेद 132 से भिन्न इस अध्याय के उपबंधों के अधीन अपील की सुनवाई करने वाला न्यायालय पांच से कम न्यायाधीशों से मिलकर बना है और अपील की सुनवाई के दौरान उस न्यायालय का समाधान हो जाता है कि अपील में संविधान के निर्वचन के बारे में विधि का ऐसा सारवान् प्रश्न अंतर्वलित है जिसका अवधारण अपील के निपटारे के लिए आवश्यक है वहाँ वह न्यायालय ऐसे प्रश्न को उस न्यायालय को, जो ऐसे प्रश्न को अंतर्वलित करने वाले किसी मामले के विनिश्चय के लिए इस खंड की अपेक्षानुसार गठित किया जाता है, उसकी राय के लिए निर्देशित करेगा और ऐसी राय की प्राप्ति पर उस अपील को उस राय के अनुरूप निपटाएगा।

(4) उच्चतम न्यायालय प्रत्येक निर्णय खुले न्यायालय में ही सुनाएगा, अन्यथा नहीं और अनुच्छेद 143 के अधीन प्रत्येक प्रतिवेदन खुले न्यायालय में सुनाई गई राय के अनुसार ही दिया जाएगा, अन्यथा नहीं।

(5) उच्चतम न्यायालय द्वारा प्रत्येक निर्णय और ऐसी प्रत्येक राय, मामले की सुनवाई में उपस्थित न्यायाधीशों की बहुसंख्या की सहमति से ही दी जाएगी, अन्यथा नहीं, किंतु इस खंड की कोई बात किसी ऐसे न्यायाधीश को, जो सहमत नहीं है, अपना विसम्मत निर्णय या राय देने से निवारित नहीं करेगी।

## 146. उच्चतम न्यायालय के अधिकारी और सेवक तथा व्यय-

(1) उच्चतम न्यायालय के अधिकारियों और सेवकों की नियुक्तियां भारत का मुख्य न्यायमूर्ति करेगा या उस न्यायालय का ऐसा अन्य न्यायाधीश या अधिकारी करेगा जिसे वह निदिष्ट करे :

परंतु राष्ट्रपति नियम द्वारा यह अपेक्षा कर सकेगा कि ऐसी किन्हीं दशाओं में, जो नियम में विनिर्दिष्ट की जाएँ, किसी ऐसे व्यक्ति को, जो पहले से ही न्यायालय से संलग्न नहीं है, न्यायालय से संबंधित किसी पद पर संघ लोक सेवा आयोग से परामर्श करके ही नियुक्त किया जाएगा, अन्यथा नहीं।

(2) संसद द्वारा बनाई गई विधि के उपबंधों के अधीन रहते हुए, उच्चतम न्यायालय के अधिकारियों और सेवकों की सेवा की शर्तें ऐसी होंगी जो भारत के मुख्य न्यायमूर्ति या उस न्यायालय के ऐसे अन्य न्यायाधीश या अधिकारी द्वारा, जिसे भारत के मुख्य न्यायमूर्ति ने इस प्रयोजन के लिए नियम बनाने के लिए प्राधिकृत किया है, बनाए गए नियमों द्वारा विहित की जाएँ :

परंतु इस खंड के अधीन बनाए गए नियमों के लिए, जहाँ तक वे वेतनों, भत्तों, छुट्टी या पेंशनों से संबंधित हैं राष्ट्रपति के अनुमोदन की अपेक्षा होगी।

(3) उच्चतम न्यायालय के प्रशासनिक व्यय, जिनके अतंर्गत उस न्यायालय के अधिकारियों और सेवकों को या उनके संबंध में संदेश सभी वेतन भत्ते और पेंशन हैं, भारत की संचित निधि पर भारित होंगे और उस न्यायालय द्वारा ली गई फीसें और अन्य धनराशियां उस निधि का भाग होंगी।

## 147. निर्वचन-

इस अध्याय में और भाग 6 के अध्याय 5 में इस संविधान के निर्वचन के बारे में विधि के किसी सारवान प्रश्न के प्रति निर्देशों का यह अर्थ लगाया जाएगा कि उनके अतंर्गत भारत शासन अधिनियम, 1935 के (जिसके अंतर्गत उस अधिनियम की संशोधक या अनुपूरक कोई अधिनियमिति है) अथवा किसी सपरिषद् आदेश या उसके अधीन बनाए गए किसी आदेश के अथवा भारतीय स्वतंत्रता आधिनियम, 1947 के या उसके अधीन बनाए गए किसी आदेश के निर्वचन के बारे में विधि के किसी सारवान प्रश्न के प्रति निर्देश हैं।

## ઌઌઌ संदर्भ ઌઌઌ

1. 1986 के अधिनियम सं. 22 की धारा 2 के अनुसार अब यह संख्या "पच्चीस" है।
2. संविधान (पन्द्रहवां संशोधन) अधिनियम, 1963 की धारा 2 द्वारा अंत:स्थापित।
3. संविधान (चौवनवां संशोधन) अधिनियम, 1986 की धारा 2 द्वारा (1-4-1986 से) खंड (1) के स्थान पर प्रतिस्थापित।
4. संविधान (पन्द्रहवां संशोधन) अधिनियम, 1963 की धारा 3 द्वारा अंत:स्थापित।
5. संविधान (सातवां संशोधन) अधिनियम, 1956 की धारा 5 द्वारा परंतुक के स्थान पर प्रतिस्थापित।
6. संविधान (बयालीसवां संशोधन) अधिनियम, 1976 की धारा 23 द्वारा (1-2-1977 से) अंत:स्थापित।
7. संविधान (चवालीसवां संशोधन) अधिनियम, 1978 की धारा 17 द्वारा (1-8-1979 से) "यदि उच्च न्यायालय प्रमाणित कर दे" के स्थान पर प्रतिस्थापित।
8. संविधान (चवालीसवां संशोधन) अधिनियम, 1978 की धारा 17 द्वारा (1-8-1979 से) खंड (2) का लोप किया गया।
9. संविधान (चवालीसवां संशोधन) अधिनियम, 1978 की धारा 17 द्वारा (1-8-1979 से) कुछ शब्दों का लोप किया गया।

10. संविधान (तीसवां संशोधन) अधिनियम, 1972 की धारा 2 द्वारा (27-2-1973 से) खंड (1) के स्थान पर प्रतिस्थापित।
11. संविधान (चवालीसवां संशोधन) अधिनियम, 1978 की धारा 18 द्वारा (1-8-1979 से) "यदि उच्च न्यायालय प्रमाणित करे" के स्थान पर प्रतिस्थापित।
12. संविधान (चवालीसवां संशोधन) अधिनियम, 1978 की धारा 19 द्वारा (1-8-1979 से) "प्रमाणित करता है" के स्थान पर प्रतिस्थापित।
13. संविधान (चवालीसवां संशोधन) अधिनियम, 1978 की धारा 20 द्वारा (1-8-1979 से) अंत:स्थापित।
14. संविधान (बयालीसवां संशोधन) अधिनियम, 1976 की धारा 24 द्वारा (1-2-1977 से) अंत:स्थापित।
15. संविधान (चवालीसवां संशोधन) अधिनियम, 1978 की धारा 21 द्वारा (1-8-1979 से) खंड (1) के स्थान पर प्रतिस्थापित।
16. उच्चतम न्यायालय (डिक्री और आदेश) प्रवर्तन आदेश, 1954 (सं.आ.47) देखिए।
17. संविधान (सातवां संशोधन) अधिनियम, 1956 की धारा 29 और अनुसूची द्वारा "के खंड (i)" शब्दों, कोष्ठकों और अंक का लोप किया गया।
18. संविधान (सातवां संशोधन) अधिनियम, 1956 की धारा 29 और अनुसूची द्वारा "उक्त खंड" के स्थान पर प्रतिस्थापित।
19. संविधान (बयालीसवां संशोधन) अधिनियम, 1976 की धारा 25 द्वारा (1-2-1977 से) अंत:स्थापित।
20. संविधान (बयालीसवां संशोधन)अधिनियम, 1976 की धारा 26 द्वारा (1-2-1977 से) अंत:स्थापित।
21. संविधान (तैंतालीसवां संशोधन) अधिनियम, 1977 की धारा 6 द्वारा (13-4-1978 से) "अनुच्छेद 131क और 139क" के स्थान पर प्रतिस्थापित।
22. संविधान (बयालीसवां संशोधन)अधिनियम, 1976 की धारा 26 द्वारा (1-2-1977 से) "खंड (3) के उपबंधों" के स्थान पर प्रतिस्थापित।
23. संविधान (तैंतालीसवां संशोधन) अधिनियम, 1977 की धारा 6 द्वारा (13-4-1978 से) कुछ शब्दों, अंकों और अक्षरों का लोप किया गया।
24. संविधान (बयालीसवां संशोधन) अधिनियम, 1976 की धारा 26 द्वारा (1-2-1977 से) "न्यूनतम संख्या" के स्थान पर प्रतिस्थापित।

# भाग-6

# [1]***राज्य

## अध्याय 1—साधारण

### 152. परिभाषा—

इस भाग में, जब तक कि संदर्भ से अन्यथा अपेक्षित न हो, "राज्य" पद [2][के अंतर्गत जम्मू-कश्मीर राज्य नहीं है।]

### संदर्भ

1. संविधान (सातवां संशोधन) अधिनियम, 1956 की धारा 29 और अनुसूची द्वारा "पहली अनुसूची के भाग क में के" शब्दों का लोप किया गया।
2. संविधान (सातवां संशोधन) अधिनियम, 1956 की धारा 29 और अनुसूची द्वारा "का अर्थ प्रथम अनुसूची के भाग क में उल्लिखित राज्य है" के स्थान पर प्रतिस्थापित।

## अध्याय 2—कार्यपालिका

### राज्यपाल

### 153. राज्यों के राज्यपाल—

प्रत्येक राज्य के लिए एक राज्यपाल होगा :

[1][परंतु इस अनुच्छेद की कोई बात एक ही व्यक्ति को दो या अधिक राज्यों के लिए राज्यपाल नियुक्त किए जाने से निवारित नहीं करेगी।]

### 154. राज्य की कार्यपालिका शक्ति—

(1) राज्य की कार्यपालिका शक्ति राज्यपाल में निहित होगी और वह इसका प्रयोग इस संविधान के अनुसार स्वयं या अपने अधीनस्थ अधिकारियों के द्वारा करेगा।

(2) इस अनुच्छेद की कोई बात—

(क) किसी विद्यमान विधि द्वारा किसी अन्य प्राधिकारी को प्रदान किए गए कृत्य राज्यपाल को अंतरित करने वाली नहीं समझी जाएगी; या

(ख) राज्यपाल के अधीनस्थ किसी प्राधिकारी को विधि द्वारा कृत्य प्रदान करने से संसद या राज्य के विधान-मंडल को निवारित नहीं करेगी।

### 155. राज्यपाल की नियुक्ति—

राज्य के राज्यपाल को राष्ट्रपति अपने हस्ताक्षर और मुद्रा सहित अधिपत्र द्वारा नियुक्त करेगा।

### 156. राज्यपाल की पदावधि—

(1) राज्यपाल, राष्ट्रपति के प्रसादपर्यंत पद धारण करेगा।

(2) राज्यपाल, राष्ट्रपति को संबोधित अपने हस्ताक्षर सहित लेख द्वारा अपना पद त्याग सकेगा।

(3) इस अनुच्छेद के पूर्वगामी उपबंधों के अधीन रहते हुए, राज्यपाल अपने पद ग्रहण की तारीख से पांच वर्ष की अवधि तक पद धारण करेगा :

परंतु राज्यपाल, अपने पद की अवधि समाप्त हो जाने पर भी, तब तक पद धारण करता रहेगा जब तक उसका उत्तराधिकारी अपना पद ग्रहण नहीं कर लेता है।

## 157. राज्यपाल नियुक्त होने के लिए अर्हताएँ-

कोई व्यक्ति राज्यपाल नियुक्त होने का पात्र तभी होगा जब वह भारत का नागरिक है और पैंतीस वर्ष की आयु पूरी कर चुका है।

## 158. राज्यपाल के पद के लिए शर्तें-

(1) राज्यपाल संसद के किसी सदन का या पहली अनुसूची में विनिर्दिष्ट किसी राज्य के विधान-मंडल के किसी सदन का सदस्य नहीं होगा और यदि संसद के किसी सदन का या ऐसे किसी राज्य के विधान मंडल के किसी सदन का कोई सदस्य राज्यपाल नियुक्त हो जाता है तो यह समझा जाएगा कि उसने उस सदन में अपना स्थान राज्यपाल के रूप में अपने पद ग्रहण की तारीख से रिक्त कर दिया है।

(2) राज्यपाल अन्य कोई लाभ का पद धारण नहीं करेगा।

(3) राज्यपाल, बिना किराया दिए, अपने शासकीय निवासों के उपयोग का हकदार होगा अब ऐसी उपलब्धियों, भत्तों और विशेषाधिकारों का भी, जो संसद, विधि द्वारा, अवधारित करे और जब तक इस निमित्त इस प्रकार उपबंध नहीं किया जाता है तब तक ऐसी उपलब्धियों, भत्तों और विशेषाधिकारों का, जो दूसरी अनुसूची में विनिर्दिष्ट हैं, हकदार होगा।

[2][(3क) जहाँ एक ही व्यक्ति को दो या अधिक राज्यों का राज्यपाल नियुक्त किया जाता है वहाँ उस राज्यपाल को संदेय उपलब्धियां और भत्ते उन राज्यों के बीच ऐसे अनुपात में आबंटित किए जाएँगे जो राष्ट्रपति आदेश द्वारा अवधारित करे।]

(4) राज्यपाल की उपलब्धियां और भत्ते उसकी पदावधि के दौरान कम नहीं किए जाएँगे।

## 159. राज्यपाल द्वारा शपथ या प्रतिज्ञान-

प्रत्येक राज्यपाल और प्रत्येक व्यक्ति जो राज्यपाल के कृत्यों का निर्वहन कर रहा है, अपना पद ग्रहण करने से पहले उस राज्य के संबंध में अधिकारिता का प्रयोग करने वाले उच्च न्यायालय के मुख्य न्यायमूर्ति या उसकी अनुपस्थिति में उस न्यायालय के उपलब्ध ज्येष्ठतम न्यायाधीश के समक्ष निम्नलिखित प्ररूप में शपथ लेगा या प्रतिज्ञान करेगा और उस पर अपने हस्ताक्षर करेगा, अर्थात्:-

ईश्वर की शपथ लेता हूँ।

"मैं, अमुक, —————— कि मैं श्रद्धापूर्वक ...........................

सत्यनिष्ठा से प्रतिज्ञान करता हूँ

(राज्य का नाम) के राज्यपाल के पद का कार्यपालन (अथवा राज्यपाल के कृत्यों का निर्वहन) करूंगा तथा अपनी पूरी योग्यता से संविधान और विधि का परिरक्षण, संरक्षण और प्रतिरक्षण करूंगा और मैं ............. (राज्य का नाम) की जनता की सेवा और कल्याण में विरत रहूँगा।"।

## 160. कुछ आकस्मिकताओं में राज्यपाल के कृत्यों का निर्वहन-

राष्ट्रपति ऐसी किसी आकस्मिकता में, जो इस अध्याय में उपबंधित नहीं है, राज्य के राज्यपाल के कृत्यों के निर्वहन के लिए ऐसा उपबंध कर सकेगा जो वह ठीक समझता है।

## 161. क्षमा आदि की और कुछ मामलों में दंडादेश के निलंबन, परिहार या लघुकरण की राज्यपाल की शक्ति-

किसी राज्य के राज्यपाल को उस विषय संबंधी, जिस विषय पर उस राज्य की कार्यपालिका शक्ति का विस्तार है, किसी विधि के विरुद्ध किसी अपराध के लिए सिद्धदोष ठहराए गए किसी व्यक्ति के दंड को क्षमा, उसका प्रविलंबन, विराम या परिहार करने की अथवा दंडादेश के निलंबन, परिहार या लघुकरण की शक्ति होगी।

## 162. राज्य की कार्यपालिका शक्ति का विस्तार-

इस संविधान के उपबंधों के अधीन रहते हुए किसी राज्य की कार्यपालिका शक्ति का विस्तार उन विषयों पर होगा जिनके संबंध में उस राज्य के विधान-मंडल को विधि बनाने की शक्ति है :

परंतु जिस विषय के संबंध में राज्य के विधान-मंडल और संसद को विधि बनाने की शक्ति है उसमें राज्य की कर्यपालिका शक्ति इस संविधान द्वारा, या संसद द्वारा बनाई गई किसी विधि द्वारा, संघ या उसके प्राधिकारियों को अभिव्यक्त रूप से प्रदत्त कार्यपालिका शक्ति के अधीन और उससे परिसीमित होगी।

# मंत्रि-परिषद्

## 163. राज्यपाल को सहायता और सलाह देने के लिए मंत्रि-परिषद्-

(1) जिन बातों में इस संविधान द्वारा या इसके अधीन राज्यपाल से यह अपेक्षित है कि वह अपने कृत्यों या उनमें से किसी को अपने विवेकानुसार करे उन बातों को छोड़कर राज्यपाल को अपने कृत्यों का प्रयोग करने में सहायता और सलाह देने के लिए एक मंत्रि-परिषद् होगी जिसका प्रधान, मुख्यमंत्री होगा।

(2) यदि कोई प्रश्न उठता है कि कोई विषय ऐसा है या नहीं जिसके संबंध में इस संविधान द्वारा या इसके अधीन राज्यपाल से यह अपेक्षित है कि वह अपने विवेकानुसार कार्य करे तो राज्यपाल का अपने विवेकानुसार किया गया विनिश्चय अंतिम होगा और

राज्यपाल द्वारा की गई किसी बात की विधिमान्यता इस आधार पर प्रश्नगत नहीं की जाएगी कि उसे अपने विवेकानुसार कार्य करना चाहिए था या नहीं।

(3) इस प्रश्न की किसी न्यायालय में जांच नहीं की जाएगी कि क्या मंत्रियों ने राज्यपाल को काई सलाह दी, और यदि दी तो क्या दी।

### 164. मंत्रियों के बारे में अन्य उपबंध-

(1) मुख्यमंत्री की नियुक्ति राज्यपाल करेगा और अन्य मंत्रियों की नियुक्ति राज्यपाल, मुख्यमंत्री की सलाह पर करेगा तथा मंत्री, राज्यपाल के प्रसादपर्यंत अपने पद धारण करेंगे :

परंतु बिहार, मध्य प्रदेश और उड़ीसा राज्यों में जनजातियों के कल्याण का भारसाधक एक मंत्री होगा जो साथ ही अनुसूचित जातियों और पिछड़े वर्गों के कल्याण का या किसी अन्य कार्य का भी भारसाधक हो सकेगा।

[3][(1क) किसी राज्य की मंत्रि-परिषद् में मुख्यमंत्री सहित मंत्रियों की कुल संख्या उस राज्य की विधान सभा के सदस्यों की कुल संख्या के पंद्रह प्रतिशत से अधिक नहीं होगी :

परंतु किसी राज्य में मुख्यमंत्री सहित मंत्रियों की संख्या बारह से कम नहीं होगी :

परंतु यह और कि जहाँ संविधान (इक्यानवेवां संशोधन) अधिनियम, 2003 के प्रारंभ पर किसी राज्य की मंत्रि-परिषद् में मुख्यमंत्री सहित मंत्रियों की कुल संख्या, यथास्थिति, उक्त पंद्रह प्रतिशत या पहले परंतुक में विनिर्दिष्ट संख्या से अधिक है वहाँ उस राज्य में मंत्रियों की कुल संख्या ऐसी तारीख[4] से, जो राष्ट्रपति लोक अधिसूचना द्वारा नियत करे, छह मास के भीतर इस खंड के उपबंधों के अनुरूप लाई जाएगी।

(1ख) किसी राजनीतिक दल का किसी राज्य की विधान सभा का या किसी राज्य के विधान-मंडल के किसी सदन का जिसमें विधान परिषद् है, कोई सदस्य जो दसवीं अनुसूची के पैरा 2 के अधीन उस सदन का सदस्य होने के लिए निरर्हित है अपनी निरर्हता की तारीख से प्रारंभ होने वाली और उस तारीख तक जिसको ऐसे सदस्य के रूप में उसकी पदावधि समाप्त होगी या जहाँ वह, ऐसी अवधि की समाप्ति के पूर्व यथास्थिति, किसी राज्य की विधान सभा के लिए या विधान परिषद् वाले किसी राज्य के विधान-मंडल के किसी सदन के लिए कोई निर्वाचन लड़ता है उस तारीख तक जिसको वह निर्वाचित घोषित किया जाता है उनमें से जो भी पूर्वतर हो की अवधि के दौरान, खंड (1) के अधीन मंत्री के रूप में नियुक्त किए जाने के लिए भी निरर्हित होगा।]

(2) मंत्रि-परिषद् राज्य की विधान सभा के प्रति सामूहिक रूप से उत्तरदायी होगी।

(3) किसी मंत्री द्वारा अपना पद ग्रहण करने से पहले, राज्यपाल तीसरी अनुसूची में इस प्रयोजन के लिए दिए गए प्ररूपों के अनुसार उसको पद की और गोपनीयता की शपथ दिलाएगा।

(4) कोई मंत्री जो निरंतर छह मास की किसी अवधि तक राज्य के विधान-मंडल का सदस्य नहीं है, उस अवधि की समाप्ति पर मंत्री नहीं रहेगा।

(5) मंत्रियों के वेतन और भत्ते ऐसे होंगे जो उस राज्य का विधान-मंडल, विधि द्वारा समय-समय पर अवधारित करे और जब तक उस राज्य का विधान-मंडल इस प्रकार अवधारित नहीं करता है तब तक ऐसे होंगे जो दूसरी अनुसूची में विनिर्दिष्ट हैं।

## राज्य का महाधिवक्ता

### 165. राज्य का महाधिवक्ता-

(1) प्रत्येक राज्य का राज्यपाल, उच्च न्यायालय का न्यायाधीश नियुक्त होने के लिए अर्हित किसी व्यक्ति को राज्य का महाधिवक्ता नियुक्त करेगा।

(2) महाधिवक्ता का यह कर्त्तव्य होगा कि वह उस राज्य की सरकार को विधि संबंधी ऐसे विषयों पर सलाह दे और विधिक स्वरूप के ऐसे अन्य कर्त्तव्यों का पालन करे जो राज्यपाल उसको समय-समय पर निर्देशित करे या सौंपे और उन कृत्यों का निर्वहन करे जो उसको इस संविधान अथवा तत्समय प्रवृत्त किसी अन्य विधि द्वारा या उसके अधीन प्रदान किए गए हों।

(3) महाधिवक्ता राज्यपाल के प्रसादपर्यंत पद धारण करेगा और ऐसा पारिश्रमिक प्राप्त करेगा जो राज्यपाल अवधारित करे।

## सरकारी कार्य का संचालन

### 166. राज्य की सरकार के कार्य का संचालन-

(1) किसी राज्य की सरकार की समस्त कार्यपालिका कार्रवाई राज्यपाल के नाम से की हुई कही जाएगी।

(2) राज्यपाल के नाम से किए गए और निष्पादित आदेशों और अन्य लिखतों को ऐसी रीति से अधिप्रमाणित किया जाएगा जो राज्यपाल द्वारा बनाए जाने वाले नियमों में विनिर्दिष्ट की जाए और इस प्रकार अधिप्रमाणित आदेश या लिखत की विधिमान्यता इस आधार पर प्रश्नगत नहीं की जाएगी कि वह राज्यपाल द्वारा किया गया या निष्पादित आदेश या लिखत नहीं है।

(3) राज्यपाल, राज्य की सरकार का कार्य अधिक सुविधापूर्वक किए जाने के लिए और जहाँ तक वह कार्य ऐसा कार्य नहीं है जिसके विषय में इस संविधान द्वारा या इसके अधीन राज्यपाल से यह अपेक्षित है कि वह अपने विवेकानुसार कार्य करे वहाँ तक मंत्रियों में उक्त कार्य के आबंटन के लिए नियम बनाएगा।

[5]* * * * *

### 167. राज्यपाल को जानकारी देने आदि के संबंध में मुख्यमंत्री के कर्त्तव्य-

प्रत्येक राज्य के मुख्यमंत्री का यह कर्त्तव्य होगा कि वह-

(क) राज्य के कार्यों के प्रशासन संबंधी और विधान विषयक प्रस्थापनाओं संबंधी मंत्रि-परिषद् के सभी विनिश्चय राज्यपाल को संसूचित करे;

(ख) राज्य के कार्यों के प्रशासन संबंधी और विधान विषयक प्रस्थापनाओं संबंधी जो जानकारी राज्यपाल माँगे, वह दे; और

(ग) किसी विषय को जिस पर किसी मंत्री ने विनिश्चय कर दिया है किंतु मंत्रि-परिषद् ने विचार नहीं किया है, राज्यपाल द्वारा अपेक्षा किए जाने पर परिषद् के समक्ष विचार के लिए रखे।

## संदर्भ

1. संविधान (सातवां संशोधन) अधिनियम, 1956 की धारा 6 द्वारा जोड़ा गया।
2. संविधान (सातवां संशोधन) अधिनियम, 1956 की धारा 7 द्वारा अंत:स्थापित।
3. संविधान (इक्यानवां संशोधन) अधिनियम, 2003 की धारा 3 द्वारा अंत:स्थापित।
4. 7-1-2004, देखिए का.आ. 21 (अ), दिनांक 7-1-2004।
5. संविधान (बयालीसवां संशोधन) अधिनियम, 1976 की धारा 28 द्वारा (3-1-1977 से) खंड 4 अंत:स्थापित किया गया था और उसका संविधान (चवालीसवां संशोधन) अधिनियम, 1978 की धारा 23 द्वारा (20-6-1979 से) लोप किया गया।

# अध्याय 3-राज्य का विधान-मंडल

## साधारण

### 168. राज्यों के विधान-मंडलों का गठन-

(1) प्रत्येक राज्य के लिए एक विधान-मंडल होगा जो राज्यपाल और-

(क) [1]*** बिहार, [2]*** [3-4]*** [5][महाराष्ट्र], [6][कर्नाटक] [7]*** [8][और उत्तर प्रदेश] राज्यों में दो सदनों से;

(ख) अन्य राज्यों में एक सदन से, मिलकर बनेगा।

(2) जहाँ किसी राज्य के विधान-मंडल के दो सदन हैं वहाँ एक का नाम विधान परिषद् और दूसरे का नाम विधान सभा होगा और जहाँ केवल एक सदन है वहाँ उसका नाम विधान सभा होगा।

### 169. राज्यों में विधान परिषदों का उत्सादन या सृजन-

(1) अनुच्छेद 168 में किसी बात के होते हुए भी, संसद विधि द्वारा किसी विधान परिषद् वाले राज्य में विधान परिषद् के उत्सादन के लिए या ऐसे राज्य में, जिसमें विधान परिषद् नहीं है, विधान परिषद् के सृजन के लिए उपबंध कर सकेगी, यदि उस राज्य की विधान सभा ने इस आशय का संकल्प विधान सभा की कुल सदस्य संख्या के बहुमत द्वारा तथा उपस्थित और मत देने वाले सदस्यों की संख्या के कम-से-कम दो-तिहाई बहुमत द्वारा पारित कर दिया है।

(2) खंड (1) में विनिर्दिष्ट किसी विधि में इस संविधान के संशोधन के लिए ऐसे उपबंध अंतर्विष्ट होंगे जो उस विधि के उपबंधों को प्रभावी करने के लिए आवश्यक हों तथा ऐसे अनुपूरक, आनुषंगिक और पारिणामिक उपबंध भी अंतर्विष्ट हो सकेंगे जिन्हें संसद आवश्यक समझे।

(3) पूर्वोक्त प्रकार की कोई विधि अनुच्छेद 368 के प्रयोजनों के लिए इस संविधान का संशोधन नहीं समझी जाएगी।

### [9][170. विधान सभाओं की संरचना-

(1) अनुच्छेद 333 के उपबंधों के अधीन रहते हुए, प्रत्येक राज्य की विधान निर्वाचन-क्षेत्रों से प्रत्यक्ष निर्वाचन द्वारा चुने हुए पांच सौ से अनधिक और साठ से अन्यून सदस्यों से मिलकर बनेगी।

(2) खंड (1) के प्रयोजनों के लिए, प्रत्येक राज्य को प्रादेशिक निर्वाचन क्षेत्रों में ऐसी रीति से विभाजित किया जाएगा कि प्रत्येक निर्वाचन क्षेत्र की जनसंख्या का उसको आबंटित स्थानों की संख्या से अनुपात समस्त राज्य में यथासाध्य एक ही हो।]

[10][**स्पष्टीकरण**-इस खंड में "जनसंख्या" पद से ऐसी अंतिम पूर्ववर्ती जनगणना में अभिनिश्चित की गई जनसंख्या अभिप्रेत है जिसके सुसंगत आंकड़े प्रकाशित हो गए हैं :

परंतु इस स्पष्टीकरण में अंतिम पूर्ववर्ती जनगणना के प्रति जिसके ससंगत आंकड़े प्रकाशित हो गए हैं, निर्देश का, जब तक सन् [11][2026] के पश्चात् की गई पहली जनगणना के सुसंगत आंकड़े

प्रकाशित नहीं हो जाते हैं, यह अर्थ लगाया जाएगा कि वह [12][[11][2001]] की जनगणना के प्रति निर्देश है।

(3) प्रत्येक जनगणना की समाप्ति पर प्रत्येक राज्य की विधान सभा में स्थानों की कुल संख्या और प्रत्यक राज्य के प्रादेशिक निर्वाचन क्षेत्रों में विभाजन का ऐसे प्राधिकारी द्वारा और ऐसी रीति से पुन:समायोजन किया जाएगा जो संसद विधि द्वारा अवधारित करे :

परंतु ऐसे पुन: समायोजन से विधान सभा में प्रतिनिधित्व पद पर तब तक कोई प्रभाव नहीं पड़ेगा जब तक उस समय विद्यमान विधान सभा का विघटन नहीं हो जाता है :

[13][परंतु यह और कि ऐसा पुन: समायोजन उस तारीख से प्रभावी होगा जो राष्ट्रपति आदेश द्वारा विनिर्दिष्ट करे और ऐसे पुन: समायोजन के प्रभावी होने तक विधान सभा के लिए कोई निर्वाचन उन प्रादेशिक निर्वाचन क्षेत्रों के आधार पर हो सकेगा जो ऐसे पुन: समायोजन के पहले विद्यमान हैं :

परंतु यह और भी कि जब तक सन् [14][2026] के पश्चात् की गई पहली जनगणना के सुसंगत आंकड़े प्रकाशित नहीं हो जाते हैं तब तक [14][इस खंड के अधीन,-

(i) प्रत्येक राज्य की विधान सभा में 1971 की जनगणना के आधार पर पुन: समायोजित स्थानों की कुल संख्या का; और

(ii) ऐसे राज्य के प्रादेशिक निर्वाचन क्षेत्रों में विभाजन का, जो [15][2001] की जनगणना के आधार पर पुन: समायोजित किए जाएँ, पुन: समायोजन आवश्यक नहीं होगा।]

## 171. विधान परिषदों की संरचना-

(1) विधान परिषद् वाले राज्य की विधान परिषद् के सदस्यों की कुल संख्या उस राज्य की विधान सभा के सदस्यों की कुल संख्या के [16][एक-तिहाई] से अधिक नहीं होगी :

परंतु किसी राज्य की विधान परिषद् के सदस्यों की कुल संख्या किसी भी दशा में चालीस से कम नहीं होगी।

(2) जब तक संसद विधि द्वारा अन्यथा उपबंध न करे तब तक किसी राज्य की विधान परिषद् की संरचना खंड (3) में उपबंधित रीति से होगी।

(3) किसी राज्य की विधान परिषद् के सदस्यों की कुल संख्या का-

(क) यथाशक्य निकटतम एक-तिहाई भाग उस राज्य की नगरपालिकाओं, जिला बोर्डों और अन्य ऐसे स्थानीय प्राधिकारियों के, जो संसद विधि द्वारा विनिर्दिष्ट करे, सदस्यों से मिलकर बनने वाले निर्वाचक-मंडलों द्वारा निर्वाचित होगा;

(ख) यथाशक्य निकटतम बारहवां भाग उस राज्य में निवास करने वाले ऐसे व्यक्तियों से मिलकर बनने वाले निर्वाचक-मंडलों द्वारा निर्वाचित होगा, जो भारत के राज्यक्षेत्र में किसी विश्वविद्यालय के कम-से-कम तीन वर्ष से स्नातक हैं या जिनके पास कम-से-कम तीन वर्ष से ऐसी अर्हताएँ हैं जो संसद द्वारा बनाई गई किसी विधि या उसके अधीन ऐसे किसी विश्वविद्यालय के स्नातक की अर्हताओं के समतुल्य विहित की गई हों;

(ग) यथाशक्य निकटतम बारहवां भाग ऐसे व्यक्तियों से मिलकर बनने वाले निर्वाचक-मंडलों द्वारा निर्वाचित होगा जो राज्य के भीतर माध्यमिक पाठशालाओं से अनिम्न स्तर की ऐसी शिक्षा संस्थाओं में, जो संसद द्वारा बनाई गई किसी विधि द्वारा या उसके अधीन विहित की जाएँ, पढ़ाने के काम में कम-से-कम तीन वर्ष से लगे हुए हैं;

(घ) यथाशक्य निकटतम एक-तिहाई भाग राज्य की विधान सभा के सदस्यों द्वारा ऐसे व्यक्तियों में से निर्वाचित होगा जो विधान सभा के सदस्य नहीं हैं;

(ङ) शेष सदस्य राज्यपाल द्वारा खंड (5) के उपबंधों के अनुसार नामनिर्देशित किए जाएँगे।

(4) खंड (3) के उपखंड (क), उपखंड (ख) और उपखंड (ग) के अधीन निर्वाचित होने वाले सदस्य ऐसे प्रादेशिक निर्वाचन क्षेत्रों में चुने जाएँगे, जो संसद द्वारा बनाई गई विधि द्वारा या उसके अधीन विहित किए जाएँ तथा उक्त उपखंडों के और उक्त खंड के उपखंड (घ) के अधीन निर्वाचन आनुपातिक प्रतिनिधित्व पद्धति के अनुसार एकल संक्रमणीय मत द्वारा होंगे।

(5) राज्यपाल द्वारा खंड (3) के उपखंड (ङ) के अधीन नामनिर्देशित किए जाने वाले सदस्य ऐसे व्यक्ति होंगे जिन्हें निम्नलिखित विषयों के संबंध में विशेष ज्ञान या व्यावहारिक अनुभव है, अर्थात् :-

साहित्य, विज्ञान, कला, सहकारी आंदोलन और समाज सेवा।

## 172. राज्यों के विधान-मंडलों की अवधि-

(1) प्रत्येक राज्य की प्रत्येक विधान सभा, यदि पहले ही विघटित नहीं कर दी जाती है तो, अपने प्रथम अधिवेशन के लिए नियत तारीख से [17][पांच वर्ष] तक बनी रहेगी, इससे अधिक नहीं और [17][पांच वर्ष] की उक्त अवधि की समाप्ति का परिणाम विधान सभा का विघटन होगा :

परंतु उक्त अवधि को, जब आपात् की उद्घोषणा प्रवर्तन में है, तब संसद विधि द्वारा, ऐसी अवधि के लिए बढ़ा सकेगी, जो एक बार में एक वर्ष से अधिक नहीं होगी और उद्घोषणा के प्रवर्तन में न रह जाने के पश्चात् किसी भी दशा में उसका विस्तार छह मास की अवधि से अधिक नहीं होगा।

(2) राज्य की विधान परिषद् का विघटन नहीं होगा, किंतु उसके सदस्यों में से यथासंभव निकटतम एक-तिहाई सदस्य संसद द्वारा विधि द्वारा इस निमित्त बनाए गए उपबंधों के अनुसार, प्रत्येक द्वितीय वर्ष की समाप्ति पर यथाशक्य शीघ्र निवृत्त हो जाएँगे।

### 173. राज्य के विधान-मंडल की सदस्यता के लिए अर्हता-

कोई व्यक्ति किसी राज्य में विधान-मंडल के किसी स्थान को भरने के लिए चुने जाने के लिए अर्हित तभी होगा जब-

[18][(क) वह भारत का नागरिक है और निर्वाचन आयोग द्वारा इस निमित्त प्राधिकृत किसी व्यक्ति के समक्ष तीसरी अनुसूची में इस प्रयोजन के लिए दिए गए प्ररूप के अनुसार शपथ लेता है या प्रतिज्ञान करता है और उस पर अपने हस्ताक्षर करता है;]

(ख) वह विधान सभा के स्थान के लिए कम-से-कम पच्चीस वर्ष की आयु का और विधान परिषद् के स्थान के लिए कम-से-कम तीस वर्ष की आयु का है; और

(ग) उसके पास ऐसी अन्य अर्हताएँ हैं जो इस निमित्त संसद द्वारा बनाई गई किसी विधि द्वारा या उसके अधीन विहित की जाएँ।

### [19][174. राज्य के विधान-मंडल के सत्र, सत्रावसान और विघटन-

(1) राज्यपाल, समय-समय पर राज्य के विधान-मंडल के सदन या प्रत्येक सदन को ऐसे समय और स्थान पर, जो वह ठीक समझे, अधिवेशन के लिए आहूत करेगा किंतु उसके एक सत्र की अंतिम बैठक और आगामी सत्र की प्रथम बैठक के लिए नियत तारीख के बीच छह मास का अंतर नहीं होगा।

(2) राज्यपाल, समय-समय पर,-

(क) सदन का या किसी सदन का सत्रावसान कर सकेगा;

(ख) विधान सभा का विघटन कर सकेगा।

### 175. सदन या सदनों में अभिभाषण का और उनको संदेश भेजने का राज्यपाल का अधिकार-

(1) राज्यपाल, विधान सभा में या विधान परिषद् वाले राज्य की दशा में उस राज्य के विधान-मंडल के किसी एक सदन में या एक साथ समवेत दोनों सदनों में, अभिभाषण कर सकेगा और इस प्रयोजन के लिए सदस्यों की उपस्थिति की अपेक्षा कर सकेगा।

(2) राज्यपाल, राज्य के विधान-मंडल में उस समय लंबित किसी विधेयक के संबंध में संदेश या कोई अन्य संदेश, उस राज्य के विधान-मंडल के सदन या सदनों को भेज सकेगा और जिस सदन को कोई संदेश इस प्रकार भेजा गया है वह सदन उस संदेश द्वारा विचार करने के लिए अपेक्षित विषय पर सुविधानुसार शीघ्रता से विचार करेगा।

### 176. राज्यपाल का विशेष अभिभाषण-

(1) राज्यपाल, [20][विधान सभा के लिए प्रत्येक साधारण निर्वाचन के पश्चात् प्रथम सत्र के आरंभ में और प्रत्येक वर्ष के प्रथम सत्र के आरंभ में] विधान सभा में या विधान परिषद् वाले राज्य की दशा में एक साथ समवेत दोनों सदनों में अभिभाषण करेगा और विधान-मंडल को उसके आह्वान के कारण बताएगा।

(2) सदन या प्रत्येक सदन की प्रक्रिया का विनियमन करने वाले नियमों द्वारा ऐसे अभिभाषण में निर्दिष्ट विषयों की चर्चा के लिए समय नियत करने के लिए [21]*** उपबंध किया जाएगा।

### 177. सदनों के बारे में मंत्रियों और महाधिवक्ता के अधिकार-

प्रत्येक मंत्री और राज्य के महाधिवक्ता को यह अधिकार होगा कि वह उस राज्य की विधान सभा में या विधान परिषद् वाले राज्य की दशा में दोनों सदनों में बोले और उनकी कार्यवाहियों में अन्यथा भाग ले और विधान-मंडल की किसी समिति में, जिसमें उसका नाम सदस्य के रूप में दिया गया है, बोले और उसकी कार्यवाहियों में अन्यथा भाग ले, किंतु इस अनुच्छेद के आधार पर वह मत देने का हकदार नहीं होगा।

## राज्य के विधान-मंडल के अधिकारी

### 178. विधान सभा का अध्यक्ष और उपाध्यक्ष-

प्रत्येक राज्य की विधान सभा, यथाशक्य शीघ्र, अपने दो सदस्यों को अपना अध्यक्ष और उपाध्यक्ष चुनेगी और जब-जब अध्यक्ष या उपाध्यक्ष का पद रिक्त होता है तब-तब विधान सभा किसी अन्य सदस्य को, यथास्थिति, अध्यक्ष या उपाध्यक्ष चुनेगी।

### 179. अध्यक्ष और उपाध्यक्ष का पद रिक्त होना, पदत्याग और पद से हटाया जाना-

विधान सभा के अध्यक्ष या उपाध्यक्ष के रूप में पद धारण करनेवाला सदस्य-

(क) यदि विधान सभा का सदस्य नहीं रहता है तो अपना पद रिक्त कर देगा;

(ख) किसी भी समय, यदि वह सदस्य अध्यक्ष है तो उपाध्यक्ष को संबोधित और यदि वह सदस्य उपाध्यक्ष है तो अध्यक्ष को संबोधित अपने हस्ताक्षर सहित लेख द्वारा अपना पद त्याग सकेगा; और

(ग) विधान सभा के तत्कालीन समस्त सदस्यों के बहुमत से पारित संकल्प द्वारा अपने पद से हटाया जा सकेगा :

परंतु खंड (ग) के प्रयोजन के लिए कोई संकल्प तब तक प्रस्तावित नहीं किया जाएगा जब तक कि उस संकल्प को प्रस्तावित करने के आशय की कम-से-कम चौदह दिन की सूचना न दे दी गई हो :

परंतु यह और कि जब कभी विधान सभा का विघटन किया जाता है तो विघटन के पश्चात् होने वाले विधान सभा के प्रथम अधिवेशन के ठीक पहले तक अध्यक्ष अपने पद को रिक्त नहीं करेगा।

### 180. अध्यक्ष के पद के कर्त्तव्यों का पालन करने या अध्यक्ष के रूप में कार्य करने की उपाध्यक्ष या अन्य व्यक्ति की शक्ति-

(1) जब अध्यक्ष का पद रिक्त है तो उपाध्यक्ष, या यदि उपाध्यक्ष का पद भी रिक्त है तो विधान सभा का ऐसा सदस्य, जिसको राज्यपाल इस प्रयोजन के लिए नियुक्त करे, उस पद के कर्त्तव्यों का पालन करेगा।

(2) विधान सभा की किसी बैठक से अध्यक्ष की अनुपस्थिति में उपाध्यक्ष, या यदि वह भी अनुपस्थित है तो ऐसा व्यक्ति, जो विधान सभा की प्रक्रिया के नियमों द्वारा अवधारित किया जाए, या यदि ऐसा कोई व्यक्ति उपस्थित नहीं है तो ऐसा अन्य व्यक्ति, जो विधान सभा द्वारा अवधारित किया जाए, अध्यक्ष के रूप में कार्य करेगा।

### 181. जब अध्यक्ष या उपाध्यक्ष को पद से हटाने का कोई संकल्प विचाराधीन है तब उसका पीठासीन न होना-

(1) विधान सभा की किसी बैठक में, जब अध्यक्ष को उसके पद से हटाने का कोई संकल्प विचाराधीन है तब अध्यक्ष, या जब उपाध्यक्ष को उसके पद से हटाने का कोई संकल्प विचाराधीन है तब उपाध्यक्ष, उपस्थित रहने पर भी, पीठासीन नहीं होगा और अनुच्छेद 180 के खंड (2) के उपबंध ऐसी प्रत्येक बैठक के संबंध में वैसे ही लागू होंगे जैसे वह उस बैठक के संबंध में लागू होते हैं जिससे, यथास्थिति, अध्यक्ष या उपाध्यक्ष अनुपस्थित है।

(2) जब अध्यक्ष को उसके पद से हटाने का कोई संकल्प विधान सभा में विचाराधीन है तब उसको विधान सभा में बोलने और उसकी कार्यवाहियों में अन्यथा भाग लेने का अधिकार होगा और वह अनुच्छेद 189 में किसी बात के होते हुए भी, ऐसे संकल्प पर या ऐसी कार्यवाहियों के दौरान किसी अन्य विषय पर प्रथमत: ही मत देने का हकदार होगा किंतु मत बराबर होने की दशा में मत देने का हकदार नहीं होगा।

### 182. विधान परिषद् का सभापति और उपसभापति-

विधान परिषद् वाले प्रत्येक राज्य की विधान परिषद्, यथाशीघ्र, अपने दो सदस्यों को अपना सभापति और उपसभापति चुनेगी और जब-जब सभापति या उपसभापति का पद रिक्त होता है तब-तब परिषद् किसी अन्य सदस्य को, यथास्थिति, सभापति या उपसभापति चुनेगी।

### 183. सभापति और उपसभापति का पद रिक्त होना, पदत्याग और पद से हटाया जाना-

विधान परिषद् के सभापति या उपसभापति के रूप में पद धारण करनेवाला सदस्य-

(क) यदि विधान परिषद् का सदस्य नहीं रहता है तो अपना पद रिक्त कर देगा;

(ख) किसी भी समय, यदि वह सदस्य सभापति है तो उपसभापति को संबोधित और यदि वह सदस्य उपसभापति है तो सभापति को संबोधित अपने हस्ताक्षर सहित लेख द्वारा अपना पद त्याग सकेगा; और

(ग) विधान परिषद् के तत्कालीन समस्त सदस्यों के बहुमत से पारित संकल्प द्वारा अपने पद से हटाया जा सकेगा :

परंतु खंड (ग) के प्रयोजन के लिए कोई संकल्प तब तक प्रस्तावित नहीं किया जाएगा जब तक कि उस संकल्प को प्रस्तावित करने के आशय की कम-से-कम चौदह दिन की सूचना न दे दी गई हो।

### 184. सभापति के पद के कर्त्तव्यों का पालन करने या सभापति के रूप में कार्य करने की उपसभापति या अन्य व्यक्ति की शक्ति-

(1) जब सभापति का पद रिक्त है तब उपसभापति, यदि उपसभापति का पद भी रिक्त है तो विधान परिषद् का ऐसा सदस्य, जिसको राज्यपाल इस प्रयोजन के लिए नियुक्त करे, उस पद के कर्त्तव्यों का पालन करेगा।

(2) विधान परिषद् की किसी बैठक से सभापति की अनुपस्थिति में उपसभापति, या यदि वह भी अनुपस्थित है तो ऐसा व्यक्ति, जो विधान परिषद् की प्रक्रिया के नियमों द्वारा अवधारित किया जाए, या यदि ऐसा कोई व्यक्ति उपस्थित नहीं है तो ऐसा अन्य व्यक्ति, जो विधान परिषद् द्वारा अवधारित किया जाए, सभापति के रूप में कार्य करेगा।

### 185. जब सभापति या उपसभापति को पद से हटाने का कोई संकल्प विचाराधीन है तब उसका पीठासीन न होना-

(1) विधान परिषद् की किसी बैठक में, जब सभापति को उसके पद से हटाने का कोई संकल्प विचारधीन है तब सभापति, या जब उपसभापति को उसके पद से हटाने का कोई संकल्प विचाराधीन है तब उपसभापति, उपस्थित रहने पर भी पीठासीन नहीं होगा और अनुच्छेद 184 के खंड (2) के उपबंध ऐसी प्रत्येक बैठक के संबंध में वैसे ही लागू होंगे जैसे वे उस बैठक के संबंध में लागू होते हैं जिससे, यथास्थिति, सभापति या उपसभापति अनुपस्थित है।

(2) जब सभापति को उसके पद से हटाने का कोई संकल्प विधान परिषद् में विचाराधीन है तब उसको विधान परिषद् में बोलने और उसकी कार्यवाहियों में अन्यथा भाग लेने का अधिकार होगा और वह अनुच्छेद 189 में किसी बात के होते हुए भी, ऐसे संकल्प पर या ऐसी कार्यवाहियों के दौरान किसी अन्य विषय पर प्रथमत: ही मत देने का हकदार होगा, किंतु मत बराबर होने की दशा में मत देने का हकदार नहीं होगा।

### 186. अध्यक्ष और उपाध्यक्ष तथा सभापति और उपसभापति के वेतन और भत्ते-

विधान सभा के अध्यक्ष और उपाध्यक्ष को तथा विधान परिषद् के सभापति और उपसभापति को, ऐसे वेतन और भत्तों का जो राज्य का विधान मंडल, विधि द्वारा, नियत करे और जब तक इस निमित्त इस प्रकार उपबंध नहीं किया जाता है तब तक ऐसे वेतन और भत्तों का जो दूसरी अनुसूची में विनिर्दिष्ट हैं, संदाय किया जाएगा।

### 187. राज्य के विधान-मंडल का सचिवालय-

(1) राज्य के विधान-मंडल के सदन का या प्रत्येक सदन का पृथक् सचिवीय कर्मचारीवृन्द होगा :

परंतु विधान परिषद् वाले राज्य के विधान-मंडल की दशा में इस खंड की किसी बात का यह अर्थ नहीं लगाया जाएगा कि वह ऐसे विधान-मंडल के दोनों सदनों के लिए सम्मिलित पदों के सृजन को निवारित करती है।

(2) राज्य का विधान-मंडल, विधि द्वारा, राज्य के विधान-मंडल के सदन या सदनों के सचिवीय कर्मचारीवृंद में भर्ती का और नियुक्त व्यक्तियों की सेवा की शर्तों का विनियमन कर सकेगा।

(3) जब तक राज्य का विधान-मंडल खंड (2) के अधीन उपबंध नहीं करता है तब तक राज्यपाल, यथास्थिति, विधान सभा के अध्यक्ष या विधान परिषद् के सभापति से परामर्श करने के पश्चात् विधान सभा के या विधान परिषद् के सचिवीय कर्मचारीवृंद में भर्ती के और नियुक्त व्यक्तियों की सेवा की शर्तों के विनियमन के लिए नियम बना सकेगा और इस प्रकार बनाए गए नियम उक्त खंड के अधीन बनाई गई किसी विधि के उपबंधों के अधीन रहते हुए, प्रभावी होंगे।

## कार्य संचालन

### 188. सदस्यों द्वारा शपथ या प्रतिज्ञान-

राज्य की विधान सभा या विधान परिषद् का प्रत्येक सदस्य अपना स्थान ग्रहण करने से पहले, राज्यपाल या उसके द्वारा इस निमित्त नियुक्त व्यक्ति के समक्ष, तीसरी अनुसूची में इस प्रयोजन के लिए दिए गए प्ररूप के अनुसार, शपथ लेगा या प्रतिज्ञान करेगा और उस पर अपने हस्ताक्षर करेगा।

### 189. सदनों में मतदान, रिक्तियों के होते हुए भी सदनों की कार्य करने की शक्ति और गणपूर्ति-

(1) इस संविधान में यथा अन्यथा उपबंधित के सिवाय, किसी राज्य के विधान-मंडल के किसी सदन की बैठक में सभी प्रश्नों का अवधारण, अध्यक्ष या सभापति को अथवा उस रूप में कार्य करने वाले व्यक्ति को छोड़कर उपस्थित और मत देने वाले सदस्यों के बहुमत से किया जाएगा। अध्यक्ष या सभापति, अथवा उस रूप में कार्य करनेवाला व्यक्ति प्रथमतः मत नहीं देगा, किंतु मत बराबर होने की दशा में उसका निर्णायक मत होगा और वह उसका प्रयोग करेगा।

(2) राज्य के विधान-मंडल के किसी सदन की सदस्यता में कोई रिक्ति होने पर भी, उस सदन को कार्य करने की शक्ति होगी और यदि बाद में यह पता चलता है कि कोई व्यक्ति, जो ऐसा करने का हकदार नहीं था. कार्यवाहियों में उपस्थित रहा है या उसने मत दिया है या अन्यथा भाग लिया है तो भी राज्य के विधान-मंडल की कार्यवाही विधिमान्य होगी।

(3) जब तक राज्य का विधान-मंडल विधि द्वारा अन्यथा उपबंध न करे तब तक राज्य के विधान-मंडल के किसी सदन का अधिवेशन गठित करने के लिए गणपूर्ति दस सदस्य या सदन के सदस्यों की कुल संख्या का दसवां भाग, इसमें से जो भी अधिक हो, होगी।

(4) यदि राज्य की विधान सभा या विधान परिषद् के अधिवेशन में किसी समय गणपूर्ति नहीं है तो अध्यक्ष या सभापति अथवा उस रूप में कार्य करने वाले व्यक्ति का यह कर्त्तव्य होगा कि वह सदन को स्थगित कर दे या अधिवेशन को तब तक के लिए निलंबित कर दे जब तक गणपूर्ति नहीं हो जाती है।

## सदस्यों की निरर्हताएँ

### 190. स्थानों का रिक्त होना-

(1) कोई व्यक्ति राज्य के विधान-मंडल के दोनों सदनों का सदस्य नहीं होगा और जो व्यक्ति दोनों सदनों का सदस्य चुन लिया जाता है उसके एक या दूसरे सदन के स्थान को रिक्त करने के लिए उस राज्य का विधान-मंडल विधि द्वारा उपबंध करेगा।

(2) कोई व्यक्ति पहली अनुसूची में विनिर्दिष्ट दो या अधिक राज्यों के विधान-मंडलों का सदस्य नहीं होगा और यदि कोई व्यक्ति दो या अधिक ऐसे राज्यों के विधान-मंडलों का सदस्य चुन लिया जाता है तो ऐसी अवधि की समाप्ति के पश्चात् जो राष्ट्रपति द्वारा बनाए गए नियमों[22] में विनिर्दिष्ट की जाए, ऐसे सभी राज्यों के विधान-मंडलों में ऐसे व्यक्ति का स्थान रिक्त हो जाएगा यदि उसने एक राज्य को छोड़कर अन्य राज्यों के विधान-मंडलों में अपने स्थान को पहले ही नहीं त्याग दिया है।

(3) यदि राज्य के विधान-मंडल के किसी सदन का सदस्य-

(क) [23][अनुच्छेद 191 के खंड (2)] में वर्णित किसी निरर्हता से ग्रस्त हो जाता है, या

[24][(ख) यथास्थिति, अध्यक्ष या सभापति को संबोधित अपने हस्ताक्षर सहित लेख द्वारा अपने स्थान का त्याग कर देता है और उसका त्यागपत्र, यथास्थिति, अध्यक्ष या सभापति द्वारा स्वीकार कर लिया जाता है,] तो ऐसा होने पर उसका स्थान रिक्त हो जाएगा :

[25][परंतु उपखंड (ख) में निर्दिष्ट त्यागपत्र की दशा में, यदि प्राप्त जानकारी से या अन्यथा और ऐसी जांच करने के पश्चात, जो वह

ठीक समझे, यथास्थिति, अध्यक्ष या सभापति का यह समाधान हो जाता है कि ऐसा त्यागपत्र स्वैच्छिक या असली नहीं है तो वह ऐसे त्यागपत्र को स्वीकार नहीं करेगा।]

(4) यदि किसी राज्य के विधान-मंडल के किसी सदन का सदस्य साठ दिन की अवधि तक सदन की अनुज्ञा के बिना उसके सभी अधिवेशनों से अनुपस्थित रहता है तो सदन उसके स्थान को रिक्त घोषित कर सकेगा:

परंतु साठ दिन की उक्त अवधि की संगणना करने में किसी ऐसी अवधि को हिसाब में नहीं लिया जाएगा जिसके दौरान सदन सत्रावसित या निरंतर चार से अधिक दिनों के लिए स्थगित रहता है।

### 191. सदस्यता के लिए निरर्हताएँ-

(1) कोई व्यक्ति किसी राज्य की विधान सभा या विधान परिषद् का सदस्य चुने जाने के लिए और सदस्य होने के लिए निरर्हित होगा-

(क) यदि वह भारत सरकार के या पहली अनुसूची में विनिर्दिष्ट किसी राज्य की सरकार के अधीन, ऐसे पद को छोड़कर जिसको धारण करने वाले का निरर्हित न होना राज्य के विधान-मंडल ने विधि द्वारा घोषित किया है, कोई लाभ का पद धारण करता है;

(ख) यदि वह विकृतचित्त है और सक्षम न्यायालय की ऐसी घोषणा विद्यमान है;

(ग) यदि वह अनुन्मोचित दिवालिया है;

(घ) यदि वह भारत का नागरिक नहीं है या उसने किसी विदेशी राज्य की नागरिकता स्वेच्छा से अर्जित कर ली है या वह किसी विदेशी राज्य के प्रति निष्ठा या अनुषक्ति को अभिस्वीकार किए हुए है;

(ङ) यदि वह संसद द्वारा बनाई गई किसी विधि द्वारा या उसके अधीन इस प्रकार निरर्हित कर दिया जाता है।

[26][**स्पष्टीकरण**-इस खंड के प्रयोजनों के लिए,] कोई व्यक्ति केवल इस कारण भारत सरकार के या पहली अनुसूची में विनिर्दिष्ट किसी राज्य की सरकार के अधीन लाभ का पद धारण करनेवाला नहीं समझा जाएगा कि वह संघ का या ऐसे राज्य का मंत्री है।

[27][(2) कोई व्यक्ति किसी राज्य की विधान सभा या विधान परिषद् का सदस्य होने के लिए निरर्हित होगा यदि वह दसवीं अनुसूची के अधीन इस प्रकार निरर्हित हो जाता है।]

### [28][192. सदस्यों का निरर्हताओं से संबंधित प्रश्नों पर विनिश्चय-

(1) यदि यह प्रश्न उठता है कि किसी राज्य के विधान-मंडल के किसी सदन का कोई सदस्य अनुच्छेद 191 के खंड (1) में वर्णित किसी निरर्हता से ग्रस्त हो गया है या नहीं तो वह प्रश्न राज्यपाल को विनिश्चय के लिए निर्देशित किया जाएगा और उसका विनिश्चय अंतिम होगा।

(2) ऐसे किसी प्रश्न पर विनिश्चय करने से पहले राज्यपाल निर्वाचन आयोग की राय लेगा और ऐसी राय के अनुसार कार्य करेगा।

### 193. अनुच्छेद 188 के अधीन शपथ लेने या प्रतिज्ञा करने से पहले या अर्हित न होते हुए या निरर्हित किए जाने पर बैठने और मत देने के लिए शास्ति-

यदि किसी राज्य की विधान सभा या विधान परिषद् में कोई व्यक्ति अनुच्छेद 188 की अपेक्षाओं का अनुपालन करने से पहले या यह जानते हुए कि मैं उसकी सदस्यता के लिए अर्हित नहीं हूँ या निरर्हित कर दिया गया है या संसद या राज्य के विधान-मंडल द्वारा बनाई गई किसी विधि के उपबंधों द्वारा ऐसा करने से प्रतिषिद्ध कर दिया गया हूँ, सदस्य के रूप में बैठता है या मत देता है तो वह प्रत्येक दिन के लिए जब वह इस प्रकार बैठता है या मत देता है, पांच सौ रुपए की शास्ति का भागी होगा जो राज्य को देय ऋण कर वसूल की जाएगी।

## राज्यों के विधान-मंडलों और उनके सदस्यों की शक्तियाँ, विशेषाधिकार और उन्मुक्तियाँ

### 194. विधान-मंडलों के सदनों की तथा उनके सदस्यों और समितियों की शक्तियाँ, विशेषाधिकार, आदि-

(1) इस संविधान के उपबंधों के और विधान-मंडल की प्रक्रिया का विनियमन करने वाले नियमों और स्थायी आदेशा के अधीन रहते हुए, प्रत्येक राज्य के विधान-मंडल में वाक्-स्वातंत्र्य होगा।

(2) राज्य के विधान-मंडल में या उसकी किसी समिति में विधान-मंडल के किसी सदस्य द्वारा कही गई किसी बात या दिए गए किसी मत के संबंध में उसके विरुद्ध किसी न्यायालय में कोई कार्यवाही नहीं की जाएगी और किसी व्यक्ति के विरुद्ध ऐसे विधान-मंडल के किसी सदन के प्राधिकार द्वारा या उसके अधीन किसी प्रतिवेदन पत्र, मतों या कार्यवाहियों के प्रकाशन के संबंध में इस प्रकार की कोई कार्यवाही नहीं की जाएगी।

(3) अन्य बातों में राज्य के विधान-मंडल के किसी सदन की और ऐसे विधान-मंडल के किसी सदन के सदस्यों और समितियों की शक्तियाँ, विशेषाधिकार और उन्मुक्तियां ऐसी होंगी जो वह विधान-मंडल, समय-समय पर, विधि द्वारा परिनिश्चित करें और जब तक वे इस प्रकार परिनिश्चित नहीं की जाती हैं तब तक [29][वही होंगी जो संविधान (चवालीसवां संशोधन) अधिनियम, 1978 की धारा 26 के प्रवृत्त होने से ठीक पहले उस सदन की और उसके सदस्यों और समितियों की थीं।

(4) जिन व्यक्तियों को इस संविधान के आधार पर राज्य के विधान-मंडल के किसी सदन या उसकी किसी समिति में बोलने का और उसकी कार्यवाहियों में अन्यथा भाग लेने का अधिकार है, उनके संबंध में खंड (1) खंड (2) और खंड (3) के उपबंध उसी प्रकार लागू होंगे जिस प्रकार वे उस विधान-मंडल के सदस्यों के संबंध में लागू होते हैं।

### 195. सदस्यों के वेतन और भत्ते-

राज्य की विधान सभा और विधान परिषद् के सदस्य ऐसे वेतन और भत्ते, जिन्हें उस राज्य का विधान-मंडल, समय-समय पद, विधि द्वारा, अवधारित करे और जब तक इस संबंध में इस प्रकार उपबंध नहीं किया जाता है तब तक ऐसे वेतन और भत्ते, ऐसी दरों से और ऐसी शर्तों पर, जो तत्स्थानी प्रांत की विधान सभा के सदस्यों को इस संविधान के प्रारंभ से ठीक पहले लागू थीं, प्राप्त करने के हकदार होंगे।

## विधायी प्रक्रिया

### 196. विधेयकों के पुर:स्थापन और पारित किए जाने के संबंध में उपबंध-

(1) धन विधेयकों और अन्य वित्त विधेयकों के संबंध में अनुच्छेद 198 और अनुच्छेद 207 के उपबंधों के अधीन रहते हुए, कोई विधेयक विधान परिषद् वाले राज्य के विधान-मंडल के किसी भी सदन में आरंभ हो सकेगा।

(2) अनुच्छेद 197 और अनुच्छेद 198 के उपबंधों के अधीन रहते हुए, कोई विधेयक विधान परिषद् वाले राज्य के विधान-मंडल के सदनों द्वारा तब तक पारित किया गया नहीं समझा जाएगा जब तक संशोधन के बिना या केवल ऐसे संशोधनों सहित, जिन पर दोनों सदन सहमत हो गए हैं, उस पर दोनों सदन सहमत नहीं हो जाते हैं।

(3) किसी राज्य के विधानमंडल में लंबित विधेयक उसके सदन या सदनों के सत्रावसान के कारण व्यपगत नहीं होगा।

(4) किसी राज्य की विधान परिषद् में लंबित विधेयक, जिसको विधान सभा ने पारित नहीं किया है, विधान सभा के विघटन पर व्यपगत नहीं होगा।

(5) कोई विधेयक, जो किसी राज्य की विधान सभा में लंबित है या जो विधान सभा द्वारा पारित कर दिया गया है और विधान परिषद् में लंबित है, विधान सभा के विघटन पर व्यपगत हो जाएगा।

### 197. धन विधेयकों से भिन्न विधेयकों के बारे में विधान परिषद् की शक्तियों पर निर्बंधन-

(1) यदि विधान परिषद् वाले राज्य की विधान सभा द्वारा किसी विधेयक के पारित किए जाने और विधान परिषद् को पारेषित किए जाने के पश्चात्-

(क) विधान परिषद् द्वारा विधेयक अस्वीकार कर दिया जाता है, या

(ख) विधान परिषद् के समक्ष विधेयक रखे जाने की तारीख से, उसके द्वारा विधेयक पारित किए बिना, तीन मास से अधिक बीत गए हैं, या

(ग) विधान परिषद् द्वारा विधेयक ऐसे संशोधनों सहित पारित किया जाता है जिनसे विधान सभा सहमत नहीं होती है।

तो विधान सभा विधेयक को, अपनी प्रक्रिया का विनियमन करने वाले नियमों के अधीन रहते हुए, उसी या किसी पश्चातवर्ती सत्र में ऐसे संशोधनों सहित या उसके बिना, यदि कोई हों, जो विधान परिषद् ने किए हैं, सुझाए हैं या जिनसे विधान परिषद् सहमत है, पुन:पारित कर सकेगी और तब इस प्रकार पारित विधेयक को विधान परिषद् को पारेषित कर सकेगी।

(2) यदि विधान सभा द्वारा विधेयक इस प्रकार दुबारा पारित कर दिए जाने और विधान परिषद् को पारेषित किए जाने के पश्चात्-

(क) विधान परिषद् द्वारा विधेयक अस्वीकार कर दिया जाता है, या

(ख) विधान परिषद् के समक्ष विधेयक रखे जाने की तारीख से, उसके द्वारा विधेयक पारित किए बिना, एक मास से अधिक बीत गया है, या

(ग) विधान परिषद् द्वारा विधेयक ऐसे संशोधनों सहित पारित किया जाता है जिनसे विधान सभा सहमत नहीं होती है।

तो विधेयक राज्य के विधान-मंडल के सदनों द्वारा ऐसे संशोधनों सहित, यदि कोई हों, जो विधान परिषद् ने किए हैं या सुझाए हैं और जिनसे विधान सभा सहमत है, उस रूप में पारित किया गया समझा जाएगा जिसमें वह विधान सभा द्वारा दुबारा पारित किया गया था।

(3) इस अनुच्छेद की कोई बात धन विधेयक को लागू नहीं होगी।

### 198. धन विधेयकों के संबंध में विशेष प्रक्रिया-

(1) धन विधेयक विधान परिषद् में पुर:स्थापित नहीं किया जाएगा।

(2) धन विधेयक विधान परिषद् वाले राज्य की विधान सभा द्वारा पारित किए जाने के पश्चात् विधान परिषद् को उसकी सिफारिशों के लिए पारेषित किया जाएगा और विधान परिषद् विधेयक की प्राप्ति की तारीख से चौदह दिन की अवधि के भीतर विधेयक को अपनी सिफारिशों सहित विधान सभा को लौटा देगी और ऐसा होने पर विधान सभा, विधान परिषद् की सभी या किन्हीं सिफारिशों को स्वीकार या अस्वीकार कर सकेगी।

(3) यदि विधान सभा, विधान परिषद् की किसी सिफारिश को स्वीकार कर लेती है तो धन विधेयक परिषद् द्वारा सिफारिश किए गए और विधान सभा द्वारा स्वीकार किए गए संशोधनों सहित दोनों सदनों द्वारा पारित किया गया समझा जाएगा।

(4) यदि विधान सभा, विधान परिषद् की किसी भी सिफारिश को स्वीकार नहीं करती है तो धन विधेयक विधान परिषद् द्वारा

सिफारिश किए गए किसी संशोधन के बिना दोनों सदनों द्वारा उस रूप में पारित किया गया समझा जाएगा जिसमें वह विधान सभा द्वारा पारित किया गया था।

(5) यदि विधान सभा द्वारा पारित और विधान परिषद् को उसकी सिफारिशों के लिए पारेषित धन विधेयक उक्त चौदह दिन की अवधि के भीतर विधान सभा को नहीं लौटाया जाता है तो उक्त अवधि की समाप्ति पर वह दोनों सदनों द्वारा उस रूप में पारित किया गया समझा जाएगा जिसमें वह विधान सभा द्वारा पारित किया गया था।

## 199. "धन विधेयक" की परिभाषा-

(1) इस अध्याय के प्रयोजनों के लिए, कोई विधेयक धन विधेयक समझा जाएगा यदि उसमें केवल निम्नलिखित सभी या किन्हीं विषयों से संबंधित उपबंध हैं, अर्थात्-

(क) किसी कर का अधिरोपण, उत्सादन, परिहार, परिवर्तन या विनियमन;

(ख) राज्य द्वारा धन उधार लेने का या कोई प्रत्याभूति देने का विनियमन अथवा राज्य द्वारा अपना ली गई या ली जाने वाली किन्हीं वित्तीय बाध्यताओं से संबंधित विधि का संशोधन;

(ग) राज्य की संचित निधि या आकस्मिकता निधि की अभिरक्षा, ऐसी किसी निधि में धन जमा करना या उसमें से धन निकालना;

(घ) राज्य की संचित निधि में से धन का विनियोग;

(ङ) किसी व्यय को राज्य की संचित निधि पर भारित व्यय घोषित करना या ऐसे किसी व्यय की रकम को बढ़ाना;

(च) राज्य की संचित निधि या राज्य के लोक लेखे मद्दे धन प्राप्त करना अथवा ऐसे धन की अभिरक्षा या उसका निर्गमन; या

(छ) उपखंड (क) से उपखंड (च) में विनिर्दिष्ट किसी विषय का आनुषंगिक कोई विषय।

(2) कोई विधेयक केवल इस कारण धन विधेयक नहीं समझा जाएगा, कि वह जुर्मानों अन्य धनीय शास्तियों के अधिरोपण का अथवा अनुज्ञप्तियों के लिए फीसों की या की गई सेवाओं के लिए फीसों की माँग का या उनके संदाय का उपबंध करता है अथवा इस कारण धन विधेयक नहीं समझा जाएगा कि वह किसी स्थानीय प्राधिकारी या निकाय द्वारा स्थानीय प्रयोजनों के लिए किसी कर के अधिरोपण, उत्सादन, परिहार, परिवर्तन या विनियमन का उपबंध करता है।

(3) यदि यह प्रश्न उठता है कि विधान परिषद् वाले किसी राज्य के विधान-मंडल में पुर:स्थापित कोई विधेयक धन विधेयक है या नहीं तो उस पर उस राज्य की विधान सभा के अध्यक्ष का विनिश्चय अंतिम होगा।

(4) जब धन विधेयक अनुच्छेद 198 के अधीन विधान परिषद् को पारेषित किया जाता है और जब वह अनुच्छेद 200 के अधीन अनुमति के लिए राज्यपाल के समक्ष प्रस्तुत किया जाता है तब प्रत्येक धन विधेयक पर विधान सभा के अध्यक्ष के हस्ताक्षर सहित यह प्रमाण पृष्ठांकित किया जाएगा कि वह धन विधेयक है।

## 200. विधेयकों पर अनुमति-

जब कोई विधेयक राज्य की विधान सभा द्वारा या विधान परिषद् वाले राज्य में विधान-मंडल के दोनों सदनों द्वारा पारित कर दिया गया है तब वह राज्यपाल के समक्ष प्रस्वत किया जाएगा और राज्यपाल घोषित करेगा कि वह विधेयक पर अनुमति देता है या अनुमति रोक लेता है अथवा वह विधेयक को राष्ट्रपति के विचार के लिए आरक्षित रखता है :

परंतु राज्यपाल अनुमति के लिए अपने समक्ष विधेयक प्रस्तुत किए जाने के पश्चात् यथाशीघ्र उस विधेयक को यदि वह धन विधेयक नहीं है तो, सदन या सदनों को इस संदेश के साथ लौटा सकेगा कि सदन या दोनों सदन विधेयक पर या उसके किन्हीं विनिर्दिष्ट उपबंधों पर पुनर्विचार करें और विशिष्टतया किन्हीं ऐसे संशोधनों के पुर:स्थापन की वांछनीयता पर विचार करें जिनकी उसने अपने संदेश में सिफारिश की है और जब विधेयक इस प्रकार लौटा दिया जाता है तब सदन या दोनों सदन विधेयक पर तद्नुसार पुनर्विचार करेंगे और यदि विधेयक सदन या सदनों द्वारा संशोधन सहित या उसके बिना फिर से पारित कर दिया जाता है और राज्यपाल के समक्ष अनुमति के लिए प्रस्तुत किया जाता है तो राज्यपाल उस पर अनुमति नहीं रोकेगा :

परंतु यह और कि जिस विधेयक से, उसके विधि बन जाने पर राज्यपाल की राय में उच्च न्यायालय की शक्तियों का ऐसा अल्पीकरण होगा कि वह स्थान, जिसकी पूर्ति के लिए वह न्यायालय इस संविधान द्वारा पारित है, संकटापन्न हो जाएगा, उस विधेयक पर राज्यपाल अनुमति नहीं देगा, किंतु उसे राष्ट्रपति के विचार के लिए आरक्षित रखेगा।

## 201. विचार के लिए आरक्षित विधेयक-

जब कोई विधेयक राज्यपाल द्वारा राष्ट्रपति के विचार के लिए आरक्षित रख लिया जाता है तब राष्ट्रपति घोषित करेगा कि वह विधेयक पर अनुगति देता है या अनुमति रोक लेता है :

परंतु जहाँ विधेयक धन विधेयक नहीं है वहाँ राष्ट्रपति राज्यपाल को यह निदेश दे सकेगा कि वह विधेयक को यथास्थिति, राज्य के विधान-मंडल के सदन या सदनों को ऐसे संदेश के साथ, जो अनुच्छेद 200 के पहले परंतुक वर्णित है लौटा दे और जब कोई विधेयक इस प्रकार लौटा दिया जाता है तब ऐसा संदेश मिलने की तारीख से छह मास की अवधि के भीतर सदन या सदनों द्वारा उस पर तद्नुसार पुनर्विचार किया जाएगा और यदि वह सदन या सदनों द्वारा संशोधन सहित या उसके बिना फिर से पारित

कर दिया जाता है तो उसे राष्ट्रपति के समक्ष उसके विचार के लिए फिर से प्रस्तुत किया जाएगा।

## वित्तीय विषयों के संबंध में प्रक्रिया

### 202. वार्षिक वित्तीय विवरण–

(1) राज्यपाल प्रत्येक वित्तीय वर्ष के संबंध में राज्य के विधान-मंडल के सदन या सदनों के समक्ष उस राज्य की उस वर्ष के लिए प्राक्कलित प्राप्तियों और व्यय का विवरण रखवाएगा जिसे इस भाग में "वार्षिक वित्तीय विवरण" कहा गया है।

(2) वार्षिक वित्तीय विवरण में दिए हुए व्यय के प्राक्कलनों में–

(क) इस संविधान में राज्य की संचित निधि पर भारित व्यय के रूप में वर्णित व्यय की पूर्ति के लिए अपेक्षित राशियां, और

(ख) राज्य की संचित निधि में से किए जाने के लिए प्रस्थापित अन्य व्यय की पूर्ति के लिए अपेक्षित राशियां, पृथक-पृथक दिखाई जाएँगी और राजस्व लेखे होने वाले व्यय का अन्य व्यय से भेद किया जाएगा।

(3) निम्नलिखित व्यय प्रत्येक राज्य की संचित निधि पर भारित व्यय होगा, अर्थात् :-

(क) राज्यपाल की उपलब्धियां और भत्ते तथा उसके पद से संबंधित अन्य व्यय;

(ख) विधान सभा के अध्यक्ष और उपाध्यक्ष के तथा विधान परिषद् वाले राज्य की दशा में विधान परिषद् के सभापति और उपसभापति के भी वेतन और भत्ते;

(ग) ऐसे ऋण भार जिनका दायित्व राज्य पर है, जिनके अंतर्गत ब्याज, निक्षेप निधि भार और मोचन भार तथा उधार लेने और ऋण सेवा और ऋण मोचन से संबंधित अन्य व्यय हैं;

(घ) किसी उच्च न्यायालय के न्यायाधीशों के वेतनों और भत्तों के संबंध में व्यय;

(ङ) किसी न्यायालय या माध्यस्थम् अधिकरण के निर्णय, डिक्री या पंचाट की तुष्टि के लिए अपेक्षित राशियां;

(च) कोई अन्य व्यय जो इस संविधान द्वारा या राज्य के विधान-मंडल द्वारा, विधि द्वारा, इस प्रकार भारित घोषित किया जाता है।

### 203. विधान-मंडल में प्राक्कलनों के संबंध में प्रक्रिया–

(1) प्राक्कलनों में से जितने प्राक्कलन राज्य की संचित निधि पर भारित व्यय से संबंधित हैं वे विधान सभा में मतदान के लिए नहीं रखे जाएँगे, किंतु इस खंड की किसी बात का यह अर्थ नहीं लगाया जाएगा कि वह विधान-मंडल में उन प्राक्कलनों में से किसी प्राक्कलन पर चर्चा को निवारित करती है।

(2) उक्त प्राक्कलनों में से जितने प्राक्कलन अन्य व्यय से संबंधित हैं वे विधान सभा के समक्ष अनुदानों की माँगों के रूप में रखे जाएँगे और विधान सभा को शक्ति होगी कि वह किसी माँग को अनुमति दे या अनुमति देने से इंकार कर दे अथवा किसी माँग को, उसमें विनिर्दिष्ट रकम को कम करके, अनुमति दे।

(3) किसी अनुदान की माँग राज्यपाल की सिफारिश पर ही की जाएगी, अन्यथा नहीं।

### 204. विनियोग विधेयक–

(1) विधान सभा द्वारा अनुच्छेद 203 के अधीन अनुदान किए जाने के पश्चात् यथाशक्य शीघ्र, राज्य की संचित निधि में से–

(क) विधान सभा द्वारा इस प्रकार किए गए अनुदानों की, और

(ख) राज्य की संचित निधि पर भारित, किंतु सदन या सदनों के समक्ष पहले रखे गए विवरण में दर्शित रकम से किसी भी दशा में अनधिक व्यय की, पूर्ति के लिए अपेक्षित सभी धनराशियों के विनियोग का उपबंध करने के लिए विधेयक पुरःस्थापित किया जाएगा।

(2) इस प्रकार किए गए किसी अनुदान की रकम में परिवर्तन करने या अनुदान के लक्ष्य को बदलने अथवा राज्य की संचित निधि पर भारित व्यय की रकम में परिवर्तन करने का प्रभाव रखने वाला कोई संशोधन, ऐसे किसी विधेयक में राज्य के विधान-मंडल के सदन में या किसी सदन में प्रस्थापित नहीं किया जाएगा और पीठासीन व्यक्ति का इस बारे में विनिश्चय अंतिम होगा कि कोई संशोधन इस खंड के अधीन अग्राह्य है या नहीं।

(3) अनुच्छेद 205 और अनुच्छेद 206 के उपबंधों के अधीन रहते हुए, राज्य की संचित निधि में से इस अनुच्छेद के उपबंधों के अनुसार पारित विधि द्वारा किए गए विनियोग के अधीन ही कोई धन निकाला जाएगा, अन्यथा नहीं।

### 205. अनुपूरक, अतिरिक्त या अधिक अनुदान–

(1) यदि–

(क) अनुच्छेद 204 के उपबंधों के अनुसार बनाई गई किसी विधि द्वारा किसी विशिष्ट सेवा पर चालू वित्तीय वर्ष के लिए व्यय किए जाने के लिए प्राधिकृत कोई रकम उस वर्ष के प्रयोजनों के लिए अपर्याप्त पाई जाती है या उस वर्ष के वार्षिक वित्तीय विवरण में अनुध्यात न की गई किसी नई सेवा पर अनुपूरक या अतिरिक्त व्यय की चालू वित्तीय वर्ष के दौरान आवश्यकता पैदा हो गई है, या

(ख) किसी वित्तीय वर्ष के दौरान किसी सेवा पर उस वर्ष और उस सेवा के लिए अनुदान की गई रकम से अधिक कोई धन व्यय हो गया है।

तो राज्यपाल, यथास्थिति, राज्य के विधान-मंडल के सदन या सदनों के समक्ष उस व्यय की प्राक्कलित रकम को दर्शित करनेवाला दूसरा विवरण रखवाएगा या राज्य की विधान सभा में ऐसे आधिक्य के लिए माँग प्रस्तुत करवाएगा।

(2) ऐसे किसी विवरण और व्यय या माँग के संबंध में तथा राज्य की संचित निधि में से ऐसे व्यय या ऐसी माँग से संबंधित अनुदान की पूर्ति के लिए धन का विनियोग प्राधिकृत करने के लिए बनाई जाने वाली किसी विधि के संबंध में भी, अनुच्छेद 202, अनुच्छेद 203 और अनुच्छेद 204 के उपबंध वैसे ही प्रभावी होंगे जैसे वे वार्षिक वित्तीय विवरण और उसमें वर्णित व्यय के संबंध में या किसी अनुदान की किसी माँग के संबंध में और राज्य की संचित निधि में से ऐसे व्यय या अनुदान की पूर्ति के लिए धन का विनियोग प्राधिकृत करने के लिए बनाई जाने वाली विधि के संबंध में प्रभावी हैं।

## 206. लेखानुदान, प्रत्ययानुदान और अपवादानुदान-

(1) इस अध्याय के पूर्वगामी उपबंधों में किसी बात के होते हुए भी, किसी राज्य की विधान सभा को-

(क) किसी वित्तीय वर्ष के भाग के लिए प्राक्कलित व्यय के संबंध में कोई अनुदान, उस अनुदान के लिए मतदान करने के लिए अनुच्छेद 203 में विहित प्रक्रिया के पूरा होने तक और उस व्यय के संबंध में अनुच्छेद 204 के उपबंधों के अनुसार विधि के पारित होने तक, अग्रिम देने की;

(ख) जब किसी सेवा की महत्ता या उसके अनिश्चित रूप के कारण माँग ऐसे ब्यौरे के साथ वर्णित नहीं की जा सकती है जो वार्षिक वित्तीय विवरण में सामान्यतया दिया जाता है तब राज्य के संपत्ति स्रोतों पर अप्रत्याशित माँग की पूर्ति के लिए अनुदान करने की;

(ग) किसी वित्तीय वर्ष की चालू सेवा का जो अनुदान भाग नहीं है ऐसा कोई अपवादानदान करने की शक्ति होगी और जिन प्रयोजनों के लिए उक्त अनुदान किए गए हैं उनके लिए राज्य की संचित निधि में से धन निकालना विधि द्वारा प्राधिकृत करने की राज्य के विधान-मंडल को शक्ति होगी।

(2) खंड (1) के अधीन किए जाने वाले किसी अनुदान और उस खंड के अधीन बनाई जाने वाली किसी विधि के संबंध में अनुच्छेद 203 और अनुच्छेद 204 के उपबंध वैसे ही प्रभावी होंगे जैसे वे वार्षिक वित्तीय विवरण में वर्णित किसी व्यय के बारे में कोई अनुदान करने के संबंध में और राज्य की संचित निधि में से ऐसे व्यय की पूर्ति के लिए धन का विनियोग प्राधिकृत करने के लिए बनाई जाने वाली विधि के संबंध में प्रभावी हैं।

## 207. वित्त विधेयकों के बारे में विशेष उपबंध-

(1) अनुच्छेद 199 के खंड (1) के उपखंड (क) से उपखंड (च) में विनिर्दिष्ट किसी विषय के लिए उपबंध करनेवाला विधेयक या संशोधन राज्यपाल की सिफारिश से ही पुर:स्थापित या प्रस्तावित किया जाएगा, अन्यथा नहीं और ऐसा उपबंध करनेवाला विधेयक विधान परिषद् में पुर:स्थापित नहीं किया जाएगा :

परंतु किसी कर के घटाने या उत्सादन के लिए उपबंध करने वाले किसी संशोधन के प्रस्ताव के लिए इस खंड के अधीन सिफारिश की अपेक्षा नहीं होगी।

(2) कोई विधेयक या संशोधन उक्त विषयों में से किसी विषय के लिए उपबंध करनेवाला केवल इस कारण नहीं समझा जाएगा कि वह जुर्मानों या अन्य धनीय शास्तियों के अधिरोपण का अथवा अनुज्ञप्तियों के लिए फीसों की या की गई सेवाओं के लिए फीसों की माँग का या उनके संदाय का उपबंध करता है अथवा इस कारण नहीं समझा जाएगा कि वह किसी स्थानीय प्राधिकारी या निकाय द्वारा स्थानीय प्रयोजनों के लिए किसी कर के अधिरोपण उत्सादन, परिहार परिवर्तन या विनियमन का उपबंध करता है।

(3) जिस विधेयक को अधिनियमित और प्रवर्तित किए जाने पर राज्य की संचित निधि में से व्यय करना पड़ेगा वह विधेयक राज्य के विधान-मंडल के किसी सदन द्वारा तब तक पारित नहीं किया जाएगा जब तक ऐसे विधेयक पर विचार करने के लिए उस सदन से राज्यपाल ने सिफारिश नहीं की है।

# साधारणतया प्रक्रिया

## 208. प्रक्रिया के नियम-

(1) इस संविधान के उपबंधों के अधीन रहते हुए, राज्य के विधान-मंडल का कोई सदन अपनी प्रक्रिया और अपने कार्य संचालन के विनियमन के लिए नियम बना सकेगा।

(2) जब तक खंड (1) के अधीन नियम नहीं बनाए जाते हैं तब तक इस संविधान के प्रारंभ से ठीक पहले तत्स्थानी प्रांत के विधान-मंडल के संबंध में जो प्रक्रिया के नियम और स्थायी आदेश प्रवृत्त थे वे ऐसे उपांतरणों और अनुकूलनों के अधीन रहते हुए उस राज्य के विधान-मंडल के संबंध में प्रभावी होंगे जिन्हें, यथास्थिति, विधान सभा का अध्यक्ष या विधान परिषद् का सभापति उनमें करे।

(3) राज्यपाल, विधान परिषद् वाले राज्य में विधान सभा के अध्यक्ष और विधान परिषद् के सभापति से परामर्श करने के पश्चात्, दोनों सदनों में परस्पर संचार से संबंधित प्रक्रिया के नियम बना सकेगा।

## 209. राज्य के विधान-मंडल में वित्तीय कार्य संबंधी प्रक्रिया का विधि द्वारा विनियमन-

किसी राज्य का विधान-मंडल, वित्तीय कार्य को समय के भीतर पूरा करने के प्रयोजन के लिए किसी वित्तीय विषय से संबंधित या राज्य की संचित

निधि में से धन का विनियोग करने के लिए किसी विधेयक से संबंधित, राज्य के विधान-मंडल के सदन या सदनों की प्रक्रिया और कार्य संचालन का विनियमन विधि द्वारा कर सकेगा तथा यदि और जहाँ तक इस प्रकार बनाई गई किसी विधि का कोई उपबंध अनुच्छेद 208 के खंड (1) के अधीन राज्य के विधान-मंडल के सदन या किसी सदन द्वारा बनाए गए नियम से या उस अनुच्छेद के खंड (2) के अधीन राज्य विधान-मंडल के संबंध में प्रभावी किसी नियम या स्थायी आदेश से असंगत है तो और वहाँ तक ऐसा उपबंध अभिभावी होगा।

## 210. विधान-मंडल में प्रयोग की जाने वाली भाषा-

(1) भाग 17 में किसी बात के होते हुए भी, किंतु अनुच्छेद 348 के उपबंधों के अधीन रहते हुए, राज्य के विधान-मंडल में कार्य राज्य की राजभाषा या राजभाषाओं में या हिंदी में या अंग्रेजी में किया जाएगा :

परंतु, यथास्थिति, विधान सभा का अध्यक्ष या विधान परिषद् का सभापति अथवा उस रूप में कार्य करनेवाला व्यक्ति किसी सदस्य को, जो पूर्वोक्त भाषाओं में से किसी भाषा में अपनी पर्याप्त अभिव्यक्ति नहीं कर सकता है, अपनी मातृभाषा में सदन को संबोधित करने की अनुज्ञा दे सकेगा।

(2) जब तक राज्य का विधान-मंडल विधि द्वारा अन्यथा उपबंध न करे तब तक इस संविधान के प्रारंभ से पंद्रह वर्ष की अवधि की समाप्ति के पश्चात् यह अनुच्छेद ऐसे प्रभावी होगा मानो "या अंग्रेजी में" शब्दों का उसमें से लोप कर दिया गया हो:

[30][परंतु [31][हिमाचल प्रदेश, मणिपुर, मेघालय और त्रिपुरा राज्यों के विधान-मंडलों] के संबंध में यह खंड इस प्रकार प्रभावी होगा मानो इसमें आने वाले "पंद्रह वर्ष" शब्दों के स्थान पर "पच्चीस वर्ष" शब्द रख दिए गए हों:

[32][परंतु यह और कि [33-34][अरुणाचल प्रदेश, गोवा और मिजोरम राज्यों के विधान-मंडलों के संबंध में यह ख २० कार प्रभावी होगा मानो इसमें आने वाले "पंद्रह वर्ष" शब्दों के स्थान पर "चालीस वर्ष" शब्द रख दिए गए हों।]

## 211. विधान-मंडल में चर्चा पर निर्बंधन-

उच्चतम न्यायालय या किसी उच्च न्यायालय के किसी न्यायाधीश अपने कर्त्तव्यों के निर्वहन में किए गए, आचरण के विषय में राज्य के विधान-मंडल में कोई चर्चा नहीं होगी।

## 212. न्यायालयों द्वारा विधान-मंडल की कार्यवाहियों की जांच न किया जाना-

(1) राज्य के विधान-मडल का किसी कार्यवाही की विधिमान्यता को प्रक्रिया की किसी अभिकथित अनियमितता के आधार पर प्रश्नगत नहीं किया जाएगा।

(2) राज्य के विधान-मंडल का कोई अधिकारी या सदस्य, जिसमें इस संविधान द्वारा या इसके अधीन उस विधान मंडल में प्रक्रिया या कार्य संचालन का विनियमन करने की अथवा व्यवस्था बनाए रखने की शक्तियाँ निहित हैं, उन शक्तियों के अपने द्वारा प्रयोग के विषय में किसी न्यायालय की अधिकारिता के अधीन नहीं होगा।

## संदर्भ

1. "आंध्र प्रदेश" शब्दों का आंध्र प्रदेश विधान परिषद् (उत्सादन) अधिनियम, 1985 (1985 का 34) की धारा 4 द्वारा (1-6-1985 से) लोप किया गया।
2. मुंबई पुनर्गठन अधिनियम, 1960 (1960 का 11) की धारा 20 द्वारा (1-5-1960 से) "मुंबई" शब्द का लोप किया गया।
3. इस उपखंड में "मध्य प्रदेश" शब्दों के अंत:स्थापन के लिए संविधान (सातवां संशोधन) अधिनियम, 1956 की धारा 8 (2) के अधीन कोई तारीख नियत नहीं की गई है।
4. तमिलनाडु विधान परिषद् (उत्सादन) अधिनियम, 1986 (1986 का 40) की धारा 4 द्वारा (1-11-1986 से) "तमिलनाडु" शब्द का लोप किया गया।
5. मुबंई पुनर्गठन अधिनियम, 1960 (1960 का 11) की धारा 20 द्वारा (1-5-1960 से ) अंत:स्थापित।
6. मैसूर राज्य (नाम-परिवर्तन) अधिनियम 1973 (1973 का 31) की धारा 4 द्वारा (1-11-1973 से) "मैसूर" के स्थान पर प्रतिस्थापित जिसे संविधान (सातवां संशोधन) अधिनियम, 1956 की धारा 8 (1) द्वारा अंत:स्थापित किया गया था।
7. पजाब विधान परिषद् (उत्सादन) अधिनियम, 1969 (1969 का 46) की धारा 4 द्वारा (7-1-1970 से) "पंजाब" शब्द का लोप किया गया।
8. पश्चिमी बंगाल विधान परिषद् (उत्सादन) अधिनियम, 1969 (1969 का 20) की धारा 4 द्वारा (1-8-1969 से) "उत्तर प्रदेश और पश्चिमी बंगाल" के स्थान पर प्रतिस्थापित।
9. संविधान (सातवां संशोधन) अधिनियम, 1956 की धारा 9 द्वारा अनुच्छेद 170 के स्थान पर प्रतिस्थापित।
10. संविधान (बयालीसवां संशोधन) अधिनियम, 1976 की धारा 29 द्वारा (3-1-1977 से) स्पष्टीकरण के स्थान पर प्रतिस्थापित।
11. संविधान (चौरासीवां संशोधन) अधिनियम, 2001 की धारा 5 द्वारा प्रतिस्थापित।
12. संविधान (सतासीवां संशोधन) अधिनियम, 2003 की धारा 4 द्वारा प्रतिस्थापित।

13. संविधान (बयालीसवां संशोधन) अधिनियम, 1976 की धारा 29 द्वारा (3-1-1977 से) अंत:स्थापित।
14. संविधान (चौरासीवां संशोधन) अधिनियम 2001 की धारा 5 द्वारा क्रमश: अंकों और शब्दों के स्थान पर प्रतिस्थापित।
15. संविधान (सतासीवां संशोधन) अधिनियम, 2003 की धारा 4 द्वारा प्रतिस्थापित।
16. संविधान (सातवां संशोधन) अधिनियम, 1956 की धारा 10 द्वारा "एक चौथाई" के स्थान पर प्रतिस्थापित।
17. संविधान (चवालीसवां संशोधन) अधिनियम, 1978 की धारा 24 द्वारा (6-9-1979 से) "छह वर्ष" के स्थान पर प्रतिस्थापित। संविधान (बयालीसवां संशोधन) अधिनियम, 1976 की धारा 30 द्वारा (3-1-1977 से) मूल शब्दों "पांच वर्ष" के स्थान पर "छह वर्ष" प्रतिस्थापित किए गए थे।
18. संविधान (सोलहवां संशोधन) अधिनियम, 1963 की धारा 4 द्वारा खंड (क) के स्थान पर प्रतिस्थापित।
19. संविधान (पहला संशोधन) अधिनियम, 1951 की धारा 8 द्वारा अनुच्छेद 174 के स्थान पर प्रतिस्थापित।
20. संविधान (पहला संशोधन) अधिनियम, 1951 की धारा 9 द्वारा "प्रत्येक सत्र" के स्थान पर प्रतिस्थापित।
21. संविधान (पहला संशोधन) अधिनियम, 1951 की धारा 9 द्वारा "तथा सदन के अन्य कार्य पर इस चर्चा को अग्रता देने के लिए" शब्दों का लोप किया गया।
22. देखिए विधि मंत्रालय की अधिसूचना सं.एफ. 46/50-सी, दिनांक 26 जनवरी, 1950, भारत का राजपत्र, असाधारण, पृष्ठ 678 में प्रकाशित समसामयिक सदस्यता प्रतिषेध नियम, 1950।
23. संविधान (बावनवां संशोधन) अधिनियम, 1985 की धारा 4 द्वारा (1-3-1985 से) "अनुच्छेद 191 के खंड (1)" के स्थान पर प्रतिस्थापित।
24. संविधान (तैंतीसवां संशोधन) अधिनियम, 1974 की धारा 3 द्वारा उपखंड (ख) के स्थान पर प्रतिस्थापित।
25. संविधान (तैंतीसवां संशोधन) अधिनियम, 1974 की धारा 3 द्वारा अंत:स्थापित।
26. संविधान (बावनवां संशोधन) अधिनियम, 1985 की धारा 5 द्वारा (1-3-1985 से) " (2) इस अनुच्छेद के प्रयोजनों के लिए" के स्थान पर प्रतिस्थापित।
27. संविधान (बावनवां संशोधन) अधिनियम, 1985 की धारा 5 द्वारा (1-3-1985 से) अंत:स्थापित।
28. अनुच्छेद 192, संविधान (बयालीसवां संशोधन) अधिनियम, 1976 की धारा 33 द्वारा (3-1-1977 से) और तत्पश्चात् संविधान (चवालीसवां संशोधन) अधिनियम, 1978 की धारा 25 द्वारा (20-6-1979 से) संशोधित होकर उपरोक्त रूप में आया।
29. संविधान (चवालीसवां संशोधन) अधिनियम, 1978 की धारा 26 द्वारा (20-6-1979 से) कुछ शब्दों के स्थान पर प्रतिस्थापित।
30. हिमाचल प्रदेश राज्य अधिनियम, 1970 (1970 का 53) की धारा 46 द्वारा (25-1-1971 से ) अंत:स्थापित।
31. पूर्वोत्तर क्षेत्र (पुनर्गठन) अधिनियम, 1971 (1971 का 81) की धारा 71 द्वारा (21-1-1972 से) "हिमाचल प्रदेश राज्य के विधान-मंडल" के स्थान पर प्रतिस्थापित।
32. मिजोरम राज्य अधिनियम 1986 (1986 का 34) की धारा 39 द्वारा (20-2-1987 से) अंत:स्थापित।
33. अरुणाचल प्रदेश राज्य अधिनियम, 1986 (1986 का 69) की धारा 42 द्वारा (20-2-1987 से) "मिजोरम राज्य के विधान-मंडल" के स्थान पर प्रतिस्थापित।
34. गोवा, दमन और दीव पुनर्गठन अधिनियम, 1987 (1987 का 18) की धारा 63 द्वारा (30-5-1987 से) "अरुणाचल प्रदेश और मिजोरम के स्थान पर प्रतिस्थापित।

# अध्याय 4–राज्यपाल की विधायी शक्ति

## 213. विधान-मंडल के विश्रांतिकाल में अध्यादेश प्रख्यापित करने की राज्यपाल की शक्ति-

(1) उस समय को छोड़कर जब किसी राज्य की विधान सभा सत्र में है या विधान परिषद् वाले राज्य में विधान-मंडल के दोनों सदन सत्र में हैं, यदि किसी समय राज्यपाल का यह समाधान हो जाता है कि ऐसी परिस्थितियां विद्यमान हैं जिनके कारण तुरंत कार्रवाई करना उसके लिए आवश्यक हो गया है तो वह ऐसे अध्यादेश प्रख्यापित कर सकेगा जो उसे उन परिस्थितियों में अपेक्षित प्रतीत हों :

परंतु राज्यपाल, राष्ट्रपति के अनुदेशों के बिना, कोई ऐसा अध्यादेश प्रख्यापित नहीं करेगा यदि-

(क) वैसे ही उपबंध अंतर्विष्ट करने वाले विधेयक को विधान-मंडल में पुर:स्थापित किए जाने के लिए राष्ट्रपति की पूर्व मंजूरी की अपेक्षा इस संविधान के अधीन होती; या

(ख) वह वैसे ही उपबंध अंतर्विष्ट करने वाले विधेयक को राष्ट्रपति के विचार के लिए आरक्षित रखना आवश्यक समझता; या

(ग) वैसे ही उपबंध अंतर्विष्ट करनेवाला राज्य के विधान-मंडल का अधिनियम इस संविधान के अधीन तब तक अविधिमान्य होता जब तक राष्ट्रपति के विचार के लिए आरक्षित रखे जाने पर उसे राष्ट्रपति की अनुमति प्राप्त नहीं हो गई होती।

(2) इस अनुच्छेद के अधीन प्रख्यापित अध्यादेश का वही बल और प्रभाव होगा जो राज्य के विधान-मंडल के ऐसे अधिनियम का होता है जिसे राज्यपाल ने अनुमति दे दी है, किंतु प्रत्येक ऐसा अध्यादेश-

(क) राज्य की विधान सभा के समक्ष और विधान परिषद् वाले राज्य में दोनों सदनों के समक्ष रखा जाएगा तथा विधान-मंडल के पुन: समवेत होने से छह सप्ताह की समाप्ति पर या यदि उस अवधि की समाप्ति से पहले विधान सभा उसके अननुमोदन का संकल्प पारित कर देती है और यदि विधान परिषद् है तो वह उससे सहमत हो जाती है तो, यथास्थिति, संकल्प के पारित होने पर या विधान परिषद् द्वारा संकल्प से सहमत होने पर प्रवर्तन में नहीं रहेगा; और

(ख) राज्यपाल द्वारा किसी भी समय वापस लिया जा सकेगा।

**स्पष्टीकरण**-जहाँ विधान परिषद् वाले राज्य के विधान-मंडल के सदन, भिन्न-भिन्न तारीखों को पुन: समवेत होने के लिए, आहुत किए जाते हैं वहाँ इस खंड के प्रयोजनों के लिए छह सप्ताह की अवधि की गणना उन तारीखों में से पश्चातवर्ती तारीख से की जाएगी।

(3) यदि और जहाँ तक इस अनुच्छेद के अधीन अध्यादेश कोई ऐसा उपबंध करता है जो राज्य के विधानमण्डल के ऐसे अधिनियम में जिसे राज्यपाल ने अनुमति दे दी है, अधिनियमित किए जाने पर विधिमान्य नहीं होता तो और वहाँ तक वह अध्यादेश शून्य होगा : परंतु राज्य के विधान-मंडल के ऐसे अधिनियम के, जो समवर्ती सूची में प्रगणित किसी विषय के बारे में संसद के किसी अधिनियम या किसी विद्यमान विधि के विरुद्ध है, प्रभाव से संबंधित इस संविधान के उपबंधों के प्रयोजनों के लिए यह है कि कोई अध्यादेश, जो राष्ट्रपति के अनुदेशों के अनुसरण में इस अनुच्छेद के अधीन प्रख्यापित किया जाता है, राज्य के विधानमंडल का ऐसा अधिनियम समझा जाएगा जो राष्ट्रपति के विचार के लिए आरक्षित रखा गया था और जिसे उसने अनुमति दे दी है।

[1]* * * * *

## संदर्भ

1. संविधान (अड़तीसवां संशोधन) अधिनियम, 1975 की धारा 3 द्वारा खंड (4) (भूतलक्षी प्रभाव से) अंत:स्थापित किया गया और संविधान (चवालीसवां संशोधन) अधिनियम, 1978 की धारा 27 द्वारा (20-5-1979 से ) इसका लोप कर दिया गया।

# अध्याय 5-राज्यों के उच्च न्यायालय

### 214. राज्यों के लिए उच्च न्यायालय-

[1]*** प्रत्येक राज्य के लिए एक उच्च न्यायालय होगा।

[2]* * * * *

### 215. उच्च न्यायालयों का अभिलेख न्यायालय होना-

प्रत्येक उच्च न्यायालय अभिलेख न्यायालय होगा और उसको अपने अवमान के लिए दंड देने की शक्ति सहित ऐसे न्यायालय की सभी शक्तियाँ होंगी।

### 216. उच्च न्यायालयों का गठन-

प्रत्येक उच्च न्यायालय मुख्य न्यायमूर्ति और ऐसे अन्य न्यायाधीशों से मिलकर बनेगा जिन्हें राष्ट्रपति समय-समय पर नियुक्त करना आवश्यक समझे।

[3]* * * * *

### 217. उच्च न्यायालय के न्यायाधीश की नियुक्ति और उसके पद की शर्तें-

(1) भारत के मुख्य न्यायमूर्ति से, उस राज्य के राज्यपाल से और मुख्य न्यायमूर्ति से भिन्न किसी न्यायाधीश की नियुक्ति की दशा में उस उच्च न्यायालय के मुख्य न्यायमूर्ति से परामर्श करने के पश्चात्, राष्ट्रपति अपने हस्ताक्षर और मुद्रा सहित अधिपत्र द्वारा उच्च न्यायालय के प्रत्येक न्यायाधीश को नियुक्त करेगा और वह न्यायाधीश [4][अपर या कार्यकारी न्यायाधीश की दशा में अनुच्छेद 224 में उपबंधित रूप में पद धारण करेगा और किसी अन्य दशा में तब तक पद धारण करेगा जब तक वह [5][बासठ वर्ष] की आयु प्राप्त नहीं कर लेता है] परंतु-

(क) कोई न्यायाधीश, राष्ट्रपति को संबोधित अपने हस्ताक्षर सहित लेख द्वारा अपना पद त्याग सकेगा;

(ख) किसी न्यायाधीश को उच्चतम न्यायालय के न्यायाधीश को हटाने के लिए अनुच्छेद 124 के खंड

(4) में उपबंधित रीति से उसके पद से राष्ट्रपति द्वारा हटाया जा सकेगा;

(ग) किसी न्यायाधीश का पद, राष्ट्रपति द्वारा उसे उच्चतम न्यायालय का न्यायाधीश नियुक्त किए जाने पर या राष्ट्रपति द्वारा उसे भारत के राज्यक्षेत्र में किसी अन्य उच्च न्यायालय को, अंतरित किए जाने पर रिक्त हो जाएगा।

(2) कोई व्यक्ति, किसी उच्च न्यायालय के न्यायाधीश के रूप में नियुक्ति के लिए तभी अर्हित होगा जब वह भारत का नागरिक है और-

(क) भारत के राज्यक्षेत्र में कम-से-कम दस वर्ष तक न्यायिक पद धारण कर चुका है; या

(ख) किसी [6]*** उच्च न्यायालय का या ऐसे दो या अधिक न्यायालयों का लगातार कम-से-कम दस वर्ष तक अधिवक्ता रहा है; [7]***

[7]* * * * *

**स्पष्टीकरण**-इस खंड के प्रयोजनों के लिए-

[8][(क) भारत के राज्यक्षेत्र में न्यायिक पद धारण करने की अवधि की संगणना करने में वह अवाध भी सम्मिलित की जाएगी जिसके दौरान कोई व्यक्ति न्यायिक पद धारण करने के पश्चात् किसी उच्च न्यायालय का अधिवक्ता रहा है या उसने किसी अधिकरण के सदस्य का पद धारण किया है अथवा संघ या राज्य के अधीन कोई ऐसा पद धारण किया है जिसके लिए विधि का विशेष ज्ञान अपेक्षित है;]

[9][(कक) किसी उच्च न्यायालय का अधिवक्ता रहने की अवधि की संगणना करने में वह अवधि सम्मिलित की जाएगी जिसके दौरान किसी व्यक्ति ने अधिवक्ता होने के पश्चात् [10][न्यायिक पद धारण किया है या किसी अधिकरण के सदस्य का पद धारण किया है अथवा संघ या राज्य के अधीन कोई ऐसा पद धारण किया है जिसके लिए विधि का विशेष ज्ञान अपेक्षित है;]

(ख) भारत के राज्यक्षेत्र में न्यायिक पद धारण करने या किसी उच्च न्यायालय का अधिवक्ता रहने की अवधि की संगणना करने में इस संविधान के प्रारंभ से पहले की वह अवधि भी सम्मिलित की जाएगी जिसके दौरान किसी व्यक्ति ने, यथास्थिति, ऐसे क्षेत्र में जो 15 अगस्त, 1947 से पहले भारत शासन अधिनियम, 1935 में परिभाषित भारत में समाविष्ट था, न्यायिक पद धारण किया है या वह ऐसे किसी क्षेत्र में किसी उच्च न्यायालय का अधिवक्ता रहा है।

[11][(3) यदि उच्च न्यायालय के किसी न्यायाधीश की आयु के बारे में कोई प्रश्न उठता है तो उस प्रश्न का विनिश्चय भारत के मुख्य न्यायमूर्ति से परामर्श करने के पश्चात् राष्ट्रपति का विनिश्चय अंतिम होगा।]

## 218. उच्चतम न्यायालय से संबंधित कुछ उपबंधों का उच्च न्यायालयों को लागू होना-

अनुच्छेद 124 के खंड (4) और खंड (5) के उपबंध, जहाँ-जहाँ उनमें उच्चतम न्यायालय के प्रति निर्देश है वहाँ-वहाँ उच्च न्यायालय के प्रति निर्देश प्रतिस्थापित करके, उच्च न्यायालय के संबंध में वैसे ही लागू होंगे जैसे वे उच्चतम न्यायालय के संबंध में लागू होते हैं।

## 219. उच्च न्यायालयों के न्यायाधीशों द्वारा शपथ या प्रतिज्ञान-

[12]*** उच्च न्यायालय का न्यायाधीश होने के लिए नियुक्त प्रत्येक व्यक्ति, अपना पद ग्रहण करने से पहले, उस राज्य के राज्यपाल या उसके द्वारा इस निमित्त नियुक्त व्यक्ति के समक्ष, तीसरी अनुसूची में इस प्रयोजन के लिए दिए गए प्ररूप के अनुसार, शपथ लेगा या प्रतिज्ञान करेगा और उस पर अपने हस्ताक्षर करेगा।

## [13][220. स्थायी न्यायाधीश रहने के पश्चात् विधि-व्यवसाय पर निर्बंधन-

कोई व्यक्ति, जिसने इस संविधान के प्रारंभ के पश्चात् किसी उच्च न्यायालय के स्थायी न्यायाधीश के रूप में पद धारण किया है, उच्चतम न्यायालय और अन्य उच्च न्यायालयों के सिवाय भारत में किसी न्यायालय या किसी प्राधिकारी के समक्ष अभिवचन या कार्य नहीं करेगा।

**स्पष्टीकरण**-इस अनुच्छेद में, "उच्च न्यायालय" पद के अंतर्गत संविधान (सातवां संशोधन) अधिनियम, 1956 के प्रारंभ[14] से पहले विद्यमान पहली अनुसूची के भाग ख में विनिर्दिष्ट राज्य का उच्च न्यायालय नहीं है।]

## 221. न्यायाधीशों के वेतन आदि-

[15][(1) प्रत्येक उच्च न्यायालय के न्यायाधीशों को ऐसे वेतनों का संदाय किया जाएगा जो संसद विधि द्वारा, अवधारित करे और जब तक इस निमित्त इस प्रकार उपबंध नहीं किया जाता है तब तक ऐसे वेतनों का संदाय किया जाएगा जो दूसरी अनुसूची में विनिर्दिष्ट हैं।]

(2) प्रत्येक न्यायाधीश ऐसे भत्तों का तथा अनुपस्थिति छुट्टी और पेंशन के संबंध में ऐसे अधिकारों का, जो संसद द्वारा बनाई गई विधि द्वारा या उसके अधीन समय-समय पर अवधारित किए जाएँ, और जब तक इस प्रकार अवधारित नहीं किए जाते हैं तब तक ऐसे भत्तों और अधिकारों का जो दूसरी अनुसूची में विनिर्दिष्ट हैं, हकदार होगा।

परंतु किसी न्यायाधीश के भत्तों में और अनुपस्थिति छुट्टी या पेंशन के संबंध में उसके अधिकारों में उसकी नियुक्ति के पश्चात् उसके लिए अलाभकारी परिवर्तन नहीं किया जाएगा।

## 222. किसी न्यायाधीश का एक उच्च न्यायालय से दूसरे उच्च न्यायालय को अंतरण-

(1) राष्ट्रपति, भारत के मुख्य न्यायमूर्ति से परामर्श करने के पश्चात् [16]*** किसी न्यायाधीश का एक उच्च न्यायालय से दूसरे उच्च न्यायालय को अंतरण कर सकेगा।

[17][(2) जब कोई न्यायाधीश इस प्रकार अंतरित किया गया है या किया जाता है तब वह उस अवधि के दौरान, जिसके दौरान वह संविधान (पंद्रहवां संशोधन) अधिनियम, 1963 के प्रारंभ के पश्चात् दूसरे उच्च न्यायालय के न्यायाधीश के रूप में सेवा करता है, अपने वेतन के अतिरिक्त ऐसा प्रतिकरात्मक भत्ता, जो संसद विधि द्वारा अवघारित करे और जब तक इस प्रकार अवधारित नहीं किया जाता है तब तक ऐसा प्रतिकरात्मक भत्ता, जो राष्ट्रपति आदेश द्वारा नियत करे प्राप्त करने का हकदार होगा।]

## 223. कार्यकारी मुख्य न्यायमूर्ति की नियुक्ति-

जब किसी उच्च न्यायालय के मुख्य न्यायमूर्ति का पद रिक्त है या जब ऐसा मुख्य न्यायमूर्ति अनुपस्थिति के कारण या अन्यथा अपने पद के कर्त्तव्यों का पालन करने में असमर्थ है तब न्यायालय के अन्य न्यायाधीशों में से ऐसा एक न्यायाधीश, जिसे राष्ट्रपति इस प्रयोजन के लिए नियुक्त करे उस पद के कर्त्तव्यों का पालन करेगा।

## [18][224. अपर और कार्यकारी न्यायाधीशों की नियुक्ति-

(1) यदि किसी उच्च न्यायालय के कार्य में किसी अस्थायी वृद्धि के कारण या उसमें कार्य की बकाया के कारण राष्ट्रपति को यह प्रतीत होता है कि उस न्यायालय के न्यायाधीशों की संख्या को तत्समय बढ़ा देना चाहिए तो राष्ट्रपति सम्यक् रूप से अर्हित व्यक्तियों को दो वर्ष से अनधिक की ऐसी अवधि के लिए जो वह विनिर्दिष्ट करे, उस न्यायालय के अपर न्यायाधीश नियुक्त कर सकेगा।

(2) जब किसी उच्च न्यायालय का मुख्य न्यायमूर्ति से भिन्न कोई न्यायाधीश अनुपस्थिति के कारण या अन्य कारण से अपने पद के कर्त्तव्यों का पालन करने में असमर्थ है या मुख्य न्यायमूर्ति के रूप में अस्थायी रूप से कार्य करने के लिए नियुक्त किया जाता है तब राष्ट्रपति सम्यक् रूप से अर्हित किसी व्यक्ति को तब तक के लिए उस न्यायालय के न्यायाधीश के रूप में कार्य करने के लिए नियुक्त कर सकेगा जब तक स्थायी न्यायाधीश अपने कर्त्तव्यों को फिर से नहीं संभाल लेता है।

(3) उच्च न्यायालय के अपर या कार्यकारी न्यायाधीश के रूप में नियुक्त कोई व्यक्ति [19][बासठ वर्ष] की आयु प्राप्त कर लेने के पश्चात् पद धारण नहीं करेगा।

## [20][224क. उच्च न्यायालयों की बैठकों में सेवानिवृत्त न्यायाधीशों की नियुक्ति-

इस अध्याय में किसी बात के होते हुए भी, किसी राज्य के उच्च न्यायालय का मुख्य न्यायमूर्ति, किसी भी समय, राष्ट्रपति की पूर्व सहमति से किसी व्यक्ति से, जो उस उच्च न्यायालय या किसी अन्य उच्च न्यायालय के न्यायाधीश का पद धारण कर चुका है, उस राज्य के उच्च न्यायालय के न्यायाधीश के रूप में बैठने और कार्य करने का अनुरोध कर सकेगा और प्रत्येक ऐसा व्यक्ति, जिससे इस प्राकर अनुरोध किया जाता है, इस प्रकार बैठने और कार्य करने के दौरान ऐसे भत्तों का हकदार होगा जो राष्ट्रपति आदेश द्वारा अवधारित करे और उसको उस उच्च न्यायालय के न्यायाधीश की सभी अधिकारिता, शक्तियाँ और विशेषाधिकार होंगे, किंतु उसे अन्यथा उस उच्च न्यायालय का न्यायाधीश नहीं समझा जाएगा :

परंतु जब तक यथापूर्वोक्त व्यक्ति उस उच्च न्यायालय के न्यायाधीश के रूप में बैठने और कार्य करने की सहमति नहीं दे देता है तब तक इस अनुच्छेद की कोई बात उससे ऐसा करने की अपेक्षा करनेवाला नहीं समझी जाएगी।]

## 225. विद्यमान उच्च न्यायालयों की अधिकारिता-

इस संविधान के उपबंधों के अधीन रहते हुए और इस संविधान द्वारा समुचित विधान-मंडल को प्रदत्त शक्तियों के आधार पर उस विधान-मंडल द्वारा बनाई गई किसी विधि के उपबंधों के अधीन रहते हुए किसी विद्यमान उच्च न्यायालय की अधिकारिता और उसमें प्रशासित विधि तथा उस न्यायालय में न्याय प्रशासन के संबंध में उसके न्यायाधीशों की अपनी-अपनी शक्तियाँ, जिनके अंतर्गत न्यायालय के नियम बनाने की शक्ति तथा उस न्यायालय और उसके सदस्यों की बैठकों का चाहे वे अकेले बैठें या खंड न्यायालयों में बैठें विनियमन करने की शक्ति है, वही होंगी जो इस संविधान के प्रारंभ से ठीक पहले थीं:

[21][परंतु राजस्व संबंधी अथवा उसका संग्रहण करने में आदिष्ट या किए गए किसी कार्य संबंधी विषय की बाबत उच्च न्यायालयों में से किसी की आरंभिक अधिकारिता का प्रयोग इस संविधान के प्रारंभ से ठीक पहले, जिस किसी निर्बंधन के अधीन था वह निर्बंधन ऐसी अधिकारिता के प्रयोग को ऐसे प्रारंभ के पश्चात् लागू नहीं होगा।]

## [22][226. कुछ रिट निकालने की उच्च न्यायालय की शक्ति-

(1) अनुच्छेद 32 में किसी बात के होते हुए भी [23]*** प्रत्येक उच्च न्यायालय को उन राज्यक्षेत्रों में सर्वत्र, जिनके संबंध में वह अपनी अधिकारिता का प्रयोग करता है, [24][भाग 3 द्वारा प्रदत्त अधिकारों में से किसी को प्रवर्तित कराने के लिए और किसी अन्य प्रयोजन के लिए] उन राज्यक्षेत्र के भीतर किसी व्यक्ति या प्राधिकारी को या समुचित मामलों में किसी सरकार को ऐसे निदेश, आदेश या रिट जिनके अंतर्गत [25][बंदी प्रत्यक्षीकरण, परमादेश, प्रतिषेध,

अधिकार-पृच्छा और उत्प्रेषण रिट हैं, या उनमें से कोई] निकालने की शक्ति होगी।]

(2) किसी सरकार, प्राधिकारी या व्यक्ति को निदेश, आदेश या रिट निकालने की खंड (1) द्वारा प्रदत्त शक्ति का प्रयोग उन राज्यक्षेत्रों के संबंध में, जिनके भीतर ऐसी शक्ति के प्रयोग के लिए वादहेतुक पूर्णतः या भागतः उत्पन्न होता है, अधिकारिता का प्रयोग करने वाले किसी उच्च न्यायालय द्वारा भी, इस बात के होते हुए भी किया जा सकेगा कि ऐसी सरकार या प्राधिकारी का स्थान या ऐसे व्यक्ति का निवास स्थान उन राज्यक्षेत्रों के भीतर नहीं है।

[25][(3) जहाँ कोई पक्षकार जिसके विरुद्ध खंड (1) के अधीन किसी याचिका पर या उससे संबंधित किसी . कार्यवाही में व्यादेश के रूप में या रोक के रूप में या किसी अन्य रीति से कोई अंतरिम आदेश-

(क) ऐसे पक्षकार को ऐसी याचिका की और ऐसे अंतरिम आदेश के लिए अभिवाक् के समर्थन में सभी दस्तावेजों की प्रतिलिपियां, और

(ख) ऐसे पक्षकार को सुनवाई का अवसर,

दिए बिना किया गया है, ऐसे आदेश को रद्द कराने के लिए उच्च न्यायालय को आवेदन करता है और ऐसे आवेदन की एक प्रतिलिपि उस पक्षकार को जिसके पक्ष में ऐसा आदेश किया गया है या उसके काउंसेल को देता है वहाँ उच्च न्यायालय उसकी प्राप्ति की तारीख से या ऐसे आवेदन की प्रतिलिपि इस प्रकार दिए जाने की तारीख से दो सप्ताह की अवधि के भीतर इनमें से जो भी पश्चातवर्ती हो, या जहाँ उच्च न्यायालय उस अवधि के अंतिम दिन बंद है वहाँ उसके ठीक बाद वाले दिन की समाप्ति से पहले जिस दिन उच्च न्यायालय खुला है, आवेदन को निपटाएगा और यदि आवेदन इस प्रकार नहीं निपटाया जाता है तो अंतरिम आदेश, यथास्थिति, उक्त अवधि की या उक्त ठीक बाद वाले दिन की समाप्ति पर रद्द हो जाएगा।

[26][(4) इस अनुच्छेद द्वारा उच्च न्यायालय को प्रदत्त शक्ति से, अनुच्छेद 32 के खंड (2) द्वारा उच्चतम न्यायालय को प्रदत्त शक्ति का अल्पीकरण नहीं होगा।]

## [27]226क. [अनुच्छेद 226 के अधीन कार्यवाहियों में केन्द्रीय विधियों की सांविधानिक वैधता पर विचार न किया जाना।]-

संविधान (तैतालीसवां संशोधन) अधिनियम, 1977 की धारा 8 द्वारा (13-4-78 से) निरसित।

## 227. सभी न्यायालयों के अधीक्षण की उच्च न्यायालय की शक्ति-

[28][(1) प्रत्येक उच्च न्यायालय उन राज्यक्षेत्रों में सर्वत्र, जिनके संबंध में वह अपनी अधिकारिता का प्रयोग करता है, सभी न्यायालयों और अधिकरणों का अधीक्षण करेगा।]

(2) पूर्वगामी उपबंध की व्यापकता पर प्रतिकूल प्रभाव डाले बिना, उच्च न्यायालय-

(क) ऐसे न्यायालयों से विवरणी मंगा सकेगा :

(ख) ऐसे न्यायालयों की पद्धति और कार्यवाहियों के विनियमन के लिए साधारण नियम और प्ररूप बना सकेगा, और निकाल सकेगा तथा विहित कर सकेगा; और

(ग) किन्हीं ऐसे न्यायालयों के अधिकारियों द्वारा रखी जाने वाली पुस्तकों, प्रविष्टियों और लेखाओं के प्ररूप विहित कर सकेगा।

(3) उच्च न्यायालय उन फीसों की सारणियां भी स्थिर कर सकेगा जो ऐसे न्यायालयों के शैरिफ को तथा सभी लिपिको और अधिकारियों को तथा उनमें विधि-व्यावसाय करने वाले अटर्नियों, अधिवक्ताओं और प्लीडरों को अनुज्ञेय होंगी:

परंतु खंड (2) या खंड (3) के अधीन बनाए गए कोई नियम, विहित किए गए कोई प्ररूप या स्थिर की गई कोई सारणी तत्समय प्रवृत्त किसी विधि के उपबंध से असंगत नहीं होगी और इनके लिए राज्यपाल के पूर्व अनुमोदन की अपेक्षा होगी।

(4) इस अनुच्छेद की कोई बात उच्च न्यायालय को सशस्त्र बलों से संबंधित किसी विधि द्वारा या उसके अधीन गठित किसी न्यायालय या अधिकरण पर अधीक्षण की शक्तियाँ देने वाली नहीं समझी जाएगी।

[29]* * * * *

## 228. कुछ मामलों का उच्च न्यायालय को अंतरण-

यदि उच्च न्यायालय का यह समाधान हो जाता है कि उसके अधीनस्थ किसी न्यायालय में लंबित किसी मामले में इस संविधान के निर्वचन के बारे में विधि का कोई सारवान् प्रश्न अंतर्वलित है जिसका अवधारण मामले के निपटारे के लिए आवश्यक है [30][तो वह [31]*** उस मामले को अपने पास मंगा लेगा और-]

(क) मामले को स्वयं निपटा सकेगा, या

(ख) उक्त विधि के प्रश्न का अवधारण कर सकेगा और उस मामले को ऐसे प्रश्न पर निर्णय की प्रतिलिपि सहित उस न्यायालय को, जिससे मामला इस प्रकार मंगा लिया गया है, लौटा सकेगा और उक्त न्यायालय उसके प्राप्त होने पर उस मामले को ऐसे निर्णय के अनुरूप निपटाने के लिए आगे कार्यवाही करेगा।

### [32]228क. [राज्य विधियों की सांविधानिक वैधता से संबंधित प्रश्नों के निपटारे के बारे में विशेष उपबंध।]

संविधान (तैंतालीसवां संशोधन) अधिनियम, 1977 की धारा 10 द्वारा (13-4-1978 से) निरसित।

### 229. उच्च न्यायालयों के अधिकारी और सेवक तथा व्यय-

(1) किसी उच्च न्यायालय के अधिकारियों और सेवकों की नियुक्तियां उस न्यायालय का मुख्य न्यायमूर्ति करेगा या उस न्यायालय का ऐसा अन्य न्यायाधीश या अधिकारी करेगा जिसे वह निदिष्ट करे :

परंतु उस राज्य का राज्यपाल नियम [33]*** द्वारा यह अपेक्षा कर सकेगा कि ऐसी किन्हीं दशाओं में जो नियम में विनिर्दिष्ट की जाएँ, किसी ऐसे व्यक्ति को, जो पहले से ही न्यायालय से संलग्न नहीं है, न्यायालय से संबधित किसा पद पर राज्य लोक सेवा आयोग से परामर्श करके ही नियुक्त किया जाएगा, अन्यथा नहीं।

(2) राज्य के विधान-मंडल द्वारा बनाई गई विधि के उपबंधों के अधीन रहते हुए, उच्च न्यायलय के अधिकारियों और सेवकों की सेवा की शर्तें ऐसी होंगी जो उस न्यायालय के मुख्य न्यायमूर्ति या उस न्यायालय के ऐसे अन्य न्यायाधीश या अधिकारी द्वारा, जिसे मुख्य न्यायमूर्ति ने इस प्रयोजन के लिए नियम बनाने के लिए प्राधिकृत किया है, बनाए गए नियमों द्वारा विहित की जाएँ :

परंतु इस खंड के अधीन बनाए गए नियमों के लिए जहाँ तक वे वेतनों, भत्तों, छुट्टी या पेशनों से संबंधित है, उस राज्य के राज्यपाल के [33]*** अनुमोदन की अपेक्षा होगी।

(3) उच्च न्यायालय के प्रशासनिक व्यय जिनके अंतर्गत उस न्यायालय के अधिकारियों और सेवकों को या उनके संबंध में संदेय सभी वेतन, भत्ते और पेंशन हैं, राज्य की संचित निधि पर भारित होंगे और उस न्यायालय द्वारा ली गई फीसें और अन्य धनराशियां उस निधि का भाग होंगी।

### [34][230. उच्च न्यायालयों की अधिकारिता का संघ राज्यक्षेत्रों पर विस्तार-

(1) संसद, विधि द्वारा, किसी संघ राज्यक्षेत्र पर किसी उच्च न्यायालय की अधिकारिता का विस्तार कर सकेगी या किसी संघ राज्यक्षेत्र से किसी उच्च न्यायालय की अधिकारिता का अपवर्जन कर सकेगी।

(2) जहाँ किसी राज्य का उच्च न्यायालय किसी संघ राज्यक्षेत्र के संबंध में अधिकारिता का प्रयोग करता है, वहाँ-

(क) इस संविधान की किसी बात का यह अर्थ नहीं लगाया जाएगा कि वह उस राज्य के विधान-मंडल को उस अधिकारिता में वृद्धि, उसका निर्बंधन या उत्सादन करने के लिए सशक्त करती है; और

(ख) उस राज्यक्षेत्र में अधीनस्थ न्यायालयों के लिए किन्हीं नियमों, प्ररूपों या सारणियों के संबंध में, अनुच्छेद 227 में राज्यपाल के प्रति निर्देश का, यह अर्थ लगाया जाएगा कि वह राष्ट्रपति के प्रति निर्देश है।

### 231. दो या अधिक राज्यों के लिए एक ही उच्च न्यायालय की स्थापना-

(1) इस अध्याय के पूर्ववर्ती उपबंधों में किसी बात के होते हुए भी, संसद, विधि द्वारा, दो या अधिक राज्यों के लिए अथवा दो या अधिक राज्यों और किसी संघ राज्यक्षेत्र के लिए एक ही उच्च न्यायालय स्थापित कर सकेगी।

(2) किसी ऐसे उच्च न्यायालय के संबंध में,-

(क) अनुच्छेद 217 में उस राज्य के राज्यपाल के प्रति निर्देश का यह अर्थ लगाया जाएगा कि वह उन सभी राज्यों के राज्यपालों के प्रति निर्देश है जिनके संबंध में वह उच्च न्यायालय अधिकारिता का प्रयोग करता है;

(ख) अधीनस्थ न्यायालयों के लिए किन्हीं नियमों, प्ररूपों या सारणियों के संबंध में अनच्छेद 227 में राज्यपाल के प्रति निर्देश का यह अर्थ लगाया जाएगा कि वह उस राज्य के राज्यपाल के प्रति निर्देश है जिसमें वे अधीनस्थ न्यायालय स्थित हैं; और

(ग) अनुच्छेद 219 और अनुच्छेद 229 में राज्य के प्रति निर्देशों का यह अर्थ लगाया जाएगा कि ने उस राज्य के प्रति निर्देश है, जिसमें उस उच्च न्यायालय का मुख्य स्थान है :

परंतु यदि ऐसा मुख्य स्थान किसी संघ राज्यक्षेत्र में है तो अनुच्छेद 219 और अनुच्छेद 229 में राज्य के राज्यपाल, लोक सेवा आयोग, विधान-मंडल और संचित निधि के प्रति निर्देशों का यह अर्थ लगाया जाएगा कि वे क्रमशः राष्ट्रपति, संघ लोक सेवा आयोग, संसद और भारत की संचित निधि के प्रति निर्देश हैं।]

## संदर्भ

1. संविधान (सातवां संशोधन) अधिनियम, 1956 की धारा 29 और अनुसूची द्वारा कोष्ठक और अंक "(1)" का लोप किया गया।
2. संविधान (सातवां संशोधन) अधिनियम, 1956 की धारा 29 और अनुसूची द्वारा खंड (2) और (3) का लोप किया गया।

3. संविधान (सातवां संशोधन) अधिनियम, 1956 की धारा 11 द्वारा परंतुक का लोप किया गया।
4. संविधान (सातवां संशोधन) अधिनियम, 1956 की धारा 12 द्वारा "तब तक पद धारण करेगा जब तक कि वह साठ वर्ष की आयु प्राप्त न कर ले" के स्थान पर प्रतिस्थापित।
5. संविधान (पंद्रहवां संशोधन) अधिनियम, 1963 की धारा 4 द्वारा "साठ वर्ष" के स्थान पर प्रतिस्थापित।
6. संविधान (सातवां संशोधन) अधिनियम, 1956 की धारा 29 और अनुसूची द्वारा "पहली अनुसूची में विनिर्दिष्ट किसी राज्य में के" शब्दों का लोप किया गया।
7. संविधान (बयालीसवां संशोधन) अधिनियम, 1976 की धारा 36 द्वारा (3-1-1977 से) शब्द "या" और उपखंड (ग) अंत:स्थापित किए गए और संविधान (चवालीसवां संशोधन) अधिनियम, 1978 की धारा 28 द्वारा (20-6-1979 से) उनका लोप किया गया।
8. संविधान (चवालीसवां संशोधन) अधिनियम, 1978 की धारा 28 द्वारा (20-6-1979 से) अंत:स्थापित।
9. संविधान (चवालीसवां संशोधन) अधिनियम, 1978 की धारा 28 द्वारा (20-6-1979 से) खंड (क) को खंड (कक) के रूप में पुन:अक्षरांकित किया गया।
10. संविधान (बयालीसवां संशोधन) अधिनियम, 1976 की धारा 36 द्वारा (3-1-1977 से) "न्यायिक पद धारण किया हो" के स्थान पर प्रतिस्थापित।
11. संविधान (पंद्रहवां संशोधन) अधिनियम, 1963 की धारा 4 द्वारा (भूतलक्षी प्रभाव से ) अंत:स्थापित।
12. संविधान (सातवां संशोधन) अधिनियम, 1956 की धारा 29 और अनुसूची द्वारा "किसी राज्य में" शब्दों का लोप किया गया।
13. संविधान (सातवां संशोधन) अधिनियम, 1956 की धारा 13 द्वारा अनुच्छेद 220 के स्थान पर प्रतिस्थापित।
14. 1 नवंबर 1956।
15. संविधान (चौवनवां संशोधन) अधिनियम, 1986 की धारा 3 द्वारा (1-4-1986 से) खंड (1) के स्थान पर प्रतिस्थापित।
16. संविधान (सातवां संशोधन) अधिनियम, 1956 की धारा 14 द्वारा "भारत के राज्यक्षेत्र में के" शब्दों का लोप किया गया।
17. संविधान (पंद्रहवां संशोधन) अधिनियम, 1963 की धारा 5 द्वारा अंत:स्थापित। संविधान (सातवां संशोधन) अधिनियम, 1956 की धारा 14 द्वारा मूल खंड (2) का लोप किया गया।
18. संविधान (सातवां संशोधन) अधिनियम, 1956 की धारा 15 द्वारा अनुच्छेद 224 के स्थान पर प्रतिस्थापित।
19. संविधान (पंद्रहवां संशोधन) अधिनियम, 1963 की धारा 6 द्वारा "साठ वर्ष" के स्थान पर प्रतिस्थापित।
20. संविधान (पंद्रहवां संशोधन) अधिनियम, 1963 की धारा 7 द्वारा अंत:स्थापित।
21. संविधान (चवालीसवां संशोधन) अधिनियम, 1978 की धारा 29 द्वारा (20-6-1979 से) अंत:स्थापित। संविधान (बयालीसवां संशोधन) अधिनियम, 1976 की धारा 37 द्वारा (1-2-1977 से) मूल परंतुक का लोप किया गया था।
22. संविधान (बयालीसवां संशोधन) अधिनियम, 1976 की धारा 38 द्वारा (1-2-1977 से) अनुच्छेद 226 के स्थान पर प्रतिस्थापित।
23. संविधान (तैंतालीसवां संशोधन) अधिनियम, 1977 की धारा 7 द्वारा (13-4-1978 से) "किंतु अनुच्छेद 131क और अनुच्छेद 226क के उपबंधों के अधीन रहते हुए" शब्दों, अंकों और अक्षरों का लोप किया गया।
24. संविधान (चवालीसवां संशोधन) अधिनियम, 1978 की धार 30 द्वारा (1-8-1979) "जिनके अंतर्गत बंदी प्रत्याक्षीकरण, परमादेश, प्रतिषेध, अधिकार-पृच्छ और उत्प्रेषण के प्रकार के लेख भी हैं अथवा उनमें से किसी को "शब्दों से आरंभ होकर" न्याय की सारवान निष्फलता हुई है, किसी क्षति के प्रतितोष के लिए, शब्दों साथ समाप्त होने वाले भाग के स्थान पर प्रतिस्थापित।
25. संविधान (चवालीसवां संशोधन) अधिनियन, 1978 की धारा 30 द्वारा (1-8-1979 से) खंड (3), खंड (4), खंड (5) और खंड (6) के स्थान पर प्रतिस्थापित।
26. संविधान (चवालीसवां संशोधन) अधिनियम, 1978 की धारा 30 द्वारा (1 -8-1979 से), खंड (7) को खंड (4) के रूप में पुनसंख्याकित किया गया।
27. संविधान (बयालीसवां संशोधन) अधिनियम, 1976 की धारा 39 द्वारा (1-2-1977 से) अंत:स्थापित।
28. खंड (1) संविधान (बयालीसवां संशोधन) अधिनियम, 1976 की धारा 40 द्वारा (1-2-1977 से) और तत्पश्चात् संविधान (चवालीसवां संशोधन) अधिनियम, 1978 की धारा 31 द्वारा (20-6-1979 से) प्रतिस्थापित होकर उपरोक्त रूप में आया।
29. संविधान (बयालीसवां संशोधन) अधिनियम, 1976 की धारा 40 द्वारा (1-2-1977 से ) खंड (5) अंत:स्थापित किया गया और उसका संविधान (चवालीसवां संशोधन) अधिनियम, 1978 की धारा 31 द्वारा (20-6-1979 से) लोप किया गया।
30. संविधान (बयालीसवां संशोधन) अधिनियम, 1976 की धारा 41 द्वारा (1-2-1977 से) "तो वह उस मामले को अपने पास मंगा लेगा तथा-" के स्थान पर प्रतिस्थापित।
31. संविधान (तैंतालीसवां संशोधन) अधिनियम, 1977 की धारा 9 द्वारा (13-4-1978 से) "अनुच्छेद 131क के उपबंधों के अधीन रहते हुए" शब्दों, अंकों और अक्षर का लोप किया गया।
32. संविधान (बयालीसवां संशोधन) अधिनियम, 1976 की धारा 42 द्वारा (1-2-1977 से ) अंत:स्थापित।
33. संविधान (सातवां संशोधन) अधिनियम, 1956 की धारा 29 और अनुसूची द्वारा "जिसमें उच्च न्यायालय का मुख्य स्थान है," शब्दों का लोप किया गया।
34. संविधान (सातवां संशोधन) अधिनियम, 1956 की धारा 16 द्वारा अनुच्छेद 230, 231 और 232 के स्थान पर प्रतिस्थापित।

# अध्याय 6–अधीनस्थ न्यायालय

## 233. जिला न्यायाधीशों की नियुक्ति–

(1) किसी राज्य में जिला न्यायाधीश नियुक्त होने वाले व्यक्तियों की नियुक्ति तथा जिला न्यायाधीश की पदस्थापना और प्रोन्नति उस राज्य का राज्यपाल ऐसे राज्य के संबंध में अधिकारिता का प्रयोग करने वाले उच्च न्यायालय से परामर्श करके करेगा।

(2) वह व्यक्ति, जो संघ की या राज्य की सेवा में पहले से ही नहीं है, जिला न्यायाधीश नियुक्त होने के लिए केवल तभी पात्र होगा जब वह कम-से-कम सात वर्ष तक अधिवक्ता या प्लीडर रहा है और उसकी नियुक्ति के लिए उच्च न्यायालय ने सिफारिश की है।

## [1][233क. कुछ जिला न्यायाधीशों की नियुक्तियों का और उनके द्वारा किए गए निर्णयों आदि का विधिमान्यकरण–

किसी न्यायालय का काई निर्णय, डिक्री या आदेश होते हुए भी,–

(क) (i) उस व्यक्ति की जो राज्य की न्यायिक सेवा में पहले से ही है या उस व्यक्ति की, जो कम-से-कम सात वर्ष तक अधिवक्ता या प्लीडर रहा है, उस राज्य में जिला न्यायाधीश के रूप में नियुक्ति की बाबत, और

(ii) ऐसे व्यक्ति की जिला न्यायाधीश के रूप में पदस्थापना, प्रोन्नति या अंतरण की बाबत,

जो संविधान (बीसवां संशोधन) अधिनियम, 1966 के प्रारंभ से पहले किसी समय अनुच्छेद 233 या अनुच्छेद 235 के उपबंधों के अनुसार न करके अन्यथा किया गया है, केवल इस तथ्य के कारण कि ऐसी नियुक्ति, पदस्थापना, प्रोन्नति या अंतरण उक्त उपबंधों के अनुसार नहीं किया गया था, यह नहीं समझा जाएगा कि वह अवैध या शून्य है या कभी भी अवैध या शून्य रहा था;

(ख) किसी राज्य में जिला न्यायाधीश के रूप में अनुच्छेद 233 या अनुच्छेद 235 के उपबंधों के अनुसार न करके अन्यथा नियुक्त, पदस्थापित, प्रोन्नत या अंतरित किसी व्यक्ति द्वारा या उसके समक्ष संविधान (बीसवां संशोधन) अधिनियम, 1966 के प्रारंभ से पहले प्रयुक्त अधिकारिता की, पारित किए गए या दिए गए निर्णय, डिक्री, दंडादेश या आदेश की और किए गए अन्य कार्य या कार्यवाही की बाबत, केवल इस तथ्य के कारण कि ऐसी नियुक्ति, पदस्थापना, प्रोन्नति या अंतरण उक्त उपबंधों के अनुसार नहीं किया गया था, यह नहीं समझा जाएगा कि वह अवैध या अविधिमान्य है या कभी भी अवैध या अविधिमान्य रहा था।]

## 234. न्यायिक सेवा में जिला न्यायाधीशों से भिन्न व्यक्तियों की भर्ती–

जिला न्यायाधीशों से भिन्न व्यक्तियों की किसी राज्य की न्यायिक सेवा में नियुक्ति उस राज्य के राज्यपाल द्वारा, राज्य लोक सेवा आयोग से और ऐसे राज्य के संबंध में अधिकारिता का प्रयोग करने वाले उच्च न्यायालय से परामर्श करने के पश्चात्, और राज्यपाल द्वारा इस निमित्त बनाए गए नियमों के अनुसार की जाएगी।

## 235. अधीनस्थ न्यायालयों पर नियंत्रण–

जिला न्यायालयों और उनके अधीनस्थ न्यायालयों का नियंत्रण, जिसके अंतर्गत राज्य की न्यायिक सेवा के व्यक्तियों और जिला न्यायाधीश के पद से अवर किसी पद को धारण करने वाले व्यक्तियों की पदस्थापना, प्रोन्नति और उनको छुट्टी देना है, उच्च न्यायालय में निहित होगा, किंतु इस अनुच्छेद की किसी बात का यह अर्थ नहीं लगाया जाएगा कि वह ऐसे किसी व्यक्ति से उसके अपील के अधिकार को छीनती है जो उसकी सेवा की शर्तों का विनियमन करने वाली विधि के अधीन उसे है या उच्च न्यायालय को इस बात के लिए प्राधिकृत करती है कि वह उससे ऐसी विधि के अधीन विहित उसकी सेवा की शर्तों के अनुसार व्यवहार न करके अन्यथा व्यवहार करे।

## 236. निर्वचन–इस अध्याय में,–

(क) "जिला न्यायाधीश" पद के अंतर्गत नगर सिविल न्यायालय का न्यायाधीश, अपर जिला न्यायाधीश, संयुक्त जिला न्यायाधीश, सहायक जिला न्यायाधीश, लघुवाद न्यायालय का मुख्य न्यायाधीश, मुख्य प्रेसिडेंसी मजिस्ट्रेट, अपर मुख्य प्रेसिडेंसी मजिस्ट्रेट, सेशन न्यायाधीश, अपर सेशन न्यायाधीश और सहायक सेशन न्यायाधीश है;

(ख) "न्यायिक सेवा" पद से ऐसी सेवा अभिप्रेत है जो अनन्यत: ऐसे व्यक्तियों से मिलकर बनी है, जिनके द्वारा जिला न्यायाधीश के पद का और जिला न्यायाधीश के पद से अवर अन्य सिविल न्यायिक पदों का भरा जाना आशयित है।

## 237. कुछ वर्ग या वर्गों के मजिस्ट्रेटों पर इस अध्याय के उपबंधों का लागू होना–

राज्यपाल, लोक अधिसूचना द्वारा, निदेश दे सकेगा कि इस अध्याय के पूर्वगामी उपबंध और उनके अधीन बनाए गए नियम ऐसी तारीख से, जो

वह इस निमित्त नियत करे ऐसे अपवादों और उपांतरणों के अधीन रहते हुए जो ऐसी अधिसूचना में विनिर्दिष्ट किए जाए, राज्य में किसी वर्ग या वर्गों के मजिस्ट्रेटों के संबंध में वैसे ही लागू होंगे जैसे वे राज्य की न्यायिक सेवा में नियुक्त व्यक्तियों के संबंध में लागू होते हैं।

## संदर्भ

1. संविधान (बीसवां संशोधन) अधिनियम, 1966 की धारा 2 द्वारा अंत:स्थापित।

# भाग-7

## भाग-7 [ पहली अनुसूची के भाग ख के राज्य ]

संविधान ( सातवां संशोधन ) अधिनियम, 1956 की धारा 29 और अनुसूची द्वारा निरसित।

# भाग-8

## [1][ संघ राज्यक्षेत्र ]

### [2][239. संघ राज्यक्षेत्रों का प्रशासन-

(1) संसद द्वारा बनाई गई विधि द्वारा यथा अन्यथा उपबंधित के सिवाय, प्रत्येक संघ राज्यक्षेत्र का प्रशासन राष्ट्रपति द्वारा किया जाएगा, और वह अपने द्वारा ऐसे पदाभिधान सहित, जो वह विनिर्दिष्ट करे, नियुक्त किए गए प्रशासक के माध्यम से उस मात्रा तक कार्य करेगा जितनी वह ठीक समझता है।

(2) भाग 6 में किसी बात के होते हुए भी, राष्ट्रपति किसी राज्य के राज्यपाल को किसी निकटवर्ती संघ राज्यक्षेत्र का प्रशासक नियुक्त कर सकेगा और जहाँ कोई राज्यपाल इस प्रकार नियुक्त किया जाता है वहाँ वह एस प्रशासक के रूप में अपने कृत्यों का प्रयोग अपनी मंत्रि-परिषद् से स्वतंत्र रूप से करेगा।

### [3][239क. कुछ संघ राज्यक्षेत्रों के लिए स्थानीय विधान-मंडलों या मंत्रि-परिषदों का या दोनों का सृजन-

(1) संसद, विधि द्वारा [4][पांडिचेरी, संघ राज्यक्षेत्र के लिए]-

(क) उस संघ राज्यक्षेत्र के विधान-मंडल के रूप में कार्य करने के लिए निर्वाचित या भागतः नामनिर्देशित और भागतः निर्वाचित निकाय का, या

(ख) मंत्रि-परिषद् का, या दोनों का सृजन कर सकेगी, जिनमें से प्रत्येक का गठन, शक्तियाँ और कृत्य वे होंगे जो उस विधि में विनिर्दिष्ट किए जाएँ।

(2) खंड (1) में निर्दिष्ट विधि को, अनुच्छेद 368 के प्रयोजनों के लिए इस संविधान का संशोधन इस बात के होते हुए भी नहीं समझा जाएगा कि उसमें कोई ऐसा उपबंध अंतर्विष्ट है जो इस संविधान का संशोधन करता है या संशोधन करने का प्रभाव रखता है।

### [5][239कक. दिल्ली के संबंध में विशेष उपबंध-

(1) संविधान (उनहत्तरवां संशोधन) अधिनियम, 1991 के प्रारंभ से दिल्ली संघ राज्यक्षेत्र को दिल्ली राष्ट्रीय राजधानी राज्यक्षेत्र (जिसे इस भाग में इसके पश्चात् राष्ट्रीय राजधानी राज्यक्षेत्र कहा गया है) कहा जाएगा और अनुच्छेद 239 के अधीन नियुक्त उसके प्रशासक का पदाभिधान उप-राज्यपाल होगा।

(2) (क) राष्ट्रीय राजधानी राज्यक्षेत्र के लिए एक विधान सभा होगी और ऐसी विधान सभा में स्थान राष्ट्रीय राजधानी राज्यक्षेत्र में प्रादेशिक निर्वाचन क्षेत्रों में से प्रत्यक्ष निर्वाचन द्वारा चुने हुए सदस्यों से भरे जाएँगे।

(ख) विधान सभा में स्थानों की कुल संख्या, अनुसूचित जातियों के लिए आरक्षित स्थानों की संख्या, राष्ट्रीय राजधानी राज्यक्षेत्र के प्रादेशिक निर्वाचन क्षेत्रों में विभाजन (जिसके अंतर्गत ऐसे विभाजन का आधार है) तथा विधान सभा के कार्यकरण से संबंधित सभी अन्य विषयों का विनियमन, संसद द्वारा बनाई गई विधि द्वारा किया जाएगा।

(ग) अनुच्छेद 324 से अनुच्छेद 327 और अनुच्छेद 329 के उपबंध राष्ट्रीय राजधानी राज्यक्षेत्र, राष्ट्रीय राजधानी राज्यक्षेत्र की विधान सभा और उसके सदस्यों के संबंध में वैसे ही लागू होंगे जैसे वे, किसी राज्य, किसी राज्य की विधान सभा और उसके सदस्यों के संबंध में लागू होते हैं तथा अनुच्छेद 326 और अनुच्छेद 329 में "समुचित विधान मंडल" के प्रति निर्देश के बारे में यह समझा जाएगा कि वह संसद के प्रति निर्देश है।

(3) (क) इस संविधान के उपबंधों के अधीन रहते हुए, विधान सभा को राज्य सूची की प्रविष्टि 1, प्रविष्टि, 2 और प्रविष्टि 18 से तथा उस सूची की प्रविष्टि 64, प्रविष्टि 65 और प्रविष्टि 66 से, जहाँ तक उनका संबंध उक्त प्रविष्टि 1, प्रविष्टि 2 और प्रविष्टि 18 से है, संबंधित विषयों से भिन्न राज्य सूची में या समवर्ती सूची में प्रगणित किसी भी विषय के संबंध में, जहाँ तक ऐसा कोई विषय संघ राज्यक्षेत्रों को लागू है, संपूर्ण राष्ट्रीय राजधानी राज्यक्षेत्र या उसके किसी भाग के लिए विधि बनाने की शक्ति होगी।

(ख) उपखंड (क) की किसी बात से संघ राज्यक्षेत्र या उसके किसी भाग के लिए किसी भी विषय के संबंध में इस संविधान के अधीन विधि बनाने की संसद की शक्ति का अल्पीकरण नहीं होगा।

(ग) यदि विधान सभा द्वारा किसी विषय के संबंध में बनाई गई विधि का कोई उपबंध संसद द्वारा उस विषय के संबंध में बनाई गई विधि के, चाहे वह विधान सभा द्वारा बनाई गई विधि से पहले या उसके बाद में पारित की गई हो, या किसी पूर्वतर विधि के, जो विधान सभा द्वारा बनाई गई विधि से भिन्न है, किसी उपबंध के विरुद्ध है तो, दोनों दशाओं में, यथास्थिति, संसद द्वारा बनाई गई विधि, या ऐसी पूर्वतर विधि अभिभावी होगी और विधान सभा द्वारा बनाई गई विधि उस विरोध की मात्रा तक शून्य होगी:

परंतु यदि विधान सभा द्वारा बनाई गई किसी ऐसी विधि को राष्ट्रपति के विचार के लिए आरक्षित रखा गया है और उस पर उसकी अनुमति मिल गई है तो ऐसी विधि राष्ट्रीय राजधानी राज्यक्षेत्र में अभिभावी होगी:

परंतु यह और कि इस उपखंड की कोई बात संसद को उसी विषय के संबंध में कोई विधि, जिसके अंतर्गत ऐसी विधि है जो विधान सभा द्वारा इस प्रकार बनाई गई विधि का परिवर्धन, संशोधन, परिवर्तन या निरसन करती है, किसी भी समय अधिनियमित करने से निवारित नहीं करेगी।

(4) जिन बातों में किसी विधि द्वारा या उसके अधीन उप-राज्यपाल से यह अपेक्षित है कि वह अपने विवेकानुसार कार्य करे उन बातों को छोड़कर, उप-राज्यपाल की, उन विषयों के संबंध में, जिनकी बाबत विधान सभा को विधि बनाने की शक्ति है, अपने कृत्यों का प्रयोग करने में सहायता और सलाह देने के लिए एक मंत्रि-परिषद् होगी जो विधान सभा की कुल सदस्य संख्या के दस प्रतिशत से अनधिक सदस्यों से मिलकर बनेगी, जिसका प्रधान, मुख्यमंत्री होगा :

परंतु उप-राज्यपाल और उसके मंत्रियों के बीच किसी विषय पर मतभेद की दशा में, उप-राज्यपाल उसे राष्ट्रपति को विनिश्चय के लिए निर्देशित करेगा और राष्ट्रपति द्वारा उस पर किए गए विनिश्चय के अनुसार कार्य करेगा तथा ऐसा विनिश्चय होने तक उप-राज्यपाल किसी ऐसे मामले में, जहाँ वह विषय, उसकी राय में, इतना आवश्यक है जिसके कारण तुरंत कार्रवाई करना उसके लिए आवश्यक है वहाँ, उस विषय में ऐसी कार्रवाई करने या ऐसा निदेश देने के लिए, जो वह आवश्यक समझे, सक्षम होगा।

(5) मुख्यमंत्री की नियुक्ति राष्ट्रपति करेगा और अन्य मंत्रियों की नियुक्ति राष्ट्रपति, मुख्यमंत्री की सलाह पर करेगा तथा मंत्री, राष्ट्रपति के प्रसादपर्यन्त अपने पद धारण करेंगे।

(6) मंत्रि-परिषद् विधान सभा के प्रति सामूहिक रूप से उत्तरदायी होगी।

[6][(7) (क)] संसद पूर्वगामी खंडों को प्रभावी करने के लिए, या उनमें अंतर्विष्ट उपबंधों की अनुपूर्ति के लिए और उनके आनुषंगिक या पारिणामिक सभी विषयों के लिए, विधि द्वारा, उपबंध कर सकेगी;

[7][(ख) उपखंड (क) में निर्दिष्ट विधि को, अनुच्छेद 368 के प्रयोजनों के लिए इस संविधान का संशोधन इस बात के होते हुए भी नहीं समझा जाएगा कि उसमें कोई ऐसा उपबंध अंतर्विष्ट है जो इस संविधान का संशोधन करता है या संशोधन करने का प्रभाव रखता है।]

(8) अनुच्छेद 239ख के उपबंध, जहाँ तक हो सके राष्ट्रीय राजधानी राज्यक्षेत्र, उप-राज्यपाल और विधानसभा के संबंध में वैसे ही लागू होंगे जैसे वे पांडिचेरी संघ राज्यक्षेत्र, प्रशासक और उसके विधान-मंडल के संबंध में लागू होते हैं; और उस अनुच्छेद में "अनुच्छेद 239क के खंड (1)" के प्रति निर्देश के बारे में यह समझा जाएगा कि वह, यथास्थिति, इस अनुच्छेद या अनुच्छेद 239कख के प्रति निर्देश है।

### 239कख. सांविधानिक तंत्र के विफल हो जाने की दशा में उपबंध-

यदि राष्ट्रपति का, उप-राज्यपाल से प्रतिवेदन मिलने पर या अन्यथा, यह समाधान हो जाता है कि,-

(क) ऐसी स्थिति उत्पन्न हो गई है जिसमें राष्ट्रीय राजधानी राज्यक्षेत्र का प्रशासन अनुच्छेद 239कक या उस अनुच्छेद के अनुसरण में बनाई गई किसी विधि के उपबंधों के अनुसार नहीं चलाया जा सकता है, या

(ख) राष्ट्रीय राजधानी राज्यक्षेत्र के उचित प्रशासन के लिए ऐसा करना आवश्यक या समीचीन है,

तो राष्ट्रपति, आदेश द्वारा, अनुच्छेद 239कक के किसी उपबंध के अथवा उस अनुच्छेद के अनुसरण में बनाई किसी विधि के सभी या किन्हीं उपबंधों के प्रवर्तन को, ऐसी अवधि के लिए और ऐसी शर्तों के अधीन रहते हुए, जो ऐसी विधि में विनिर्दिष्ट की जाएँ, निलंबित कर सकेगा, तथा ऐसे आनुषंगिक और पारिणामिक उपबंध कर सकेगा जो अनुच्छेद 239 और अनुच्छेद 239कक के उपबंधों के अनुसार राष्ट्रीय राजधानी राज्यक्षेत्र के प्रशासन के लिए उसे आवश्यक या समीचीन प्रतीत हों।]

### [8][239ख. विधान-मंडल के विश्रांतिकाल में अध्यादेश प्रख्यापित करने की प्रशासक की शक्ति-

(1) उस समय को छोड़कर जब [9][पांडिचेरी] संघ राज्यक्षेत्र का विधान-मंडल सत्र में है, यदि किसी समय उसके प्रशासक का यह समाधान हो जाता है कि ऐसी परिस्थितियां विद्यमान हैं जिनके कारण तुरंत कार्रवाई करना उसके लिए आवश्यक हो गया है तो वह ऐसे अध्यादेश प्रख्यापित कर सकेगा जो उसे उन परिस्थितियों में अपेक्षित प्रतीत हों :

परंतु प्रशासक, कोई ऐसा अध्यादेश राष्ट्रपति से इस निमित्त अनुदेश अभिप्राप्त करने के पश्चात् ही प्रख्यापित करेगा, अन्यथा नहीं :

परंतु यह और कि जब कभी उक्त विधान-मंडल का विघटन कर दिया जाता है या अनुच्छेद 239क के खंड (1) में निर्दिष्ट विधि के अधीन की गई किसी कार्रवाई के कारण उसका कार्यकरण निलंबित रहता है तब प्रशासक ऐसे विघटन या निलंबन की अवधि के दौरान कोई अध्यादेश प्रख्यापित नहीं करेगा।

(2) राष्ट्रपति के अनुदेशों के अनुसरण में इस अनुच्छेद के अधीन प्रख्यापित अध्यादेश संघ राज्यक्षेत्र के विधान मंडल का ऐसा अधिनियम समझा जाएगा जो अनुच्छेद 239क के खंड (1) में निर्दिष्ट विधि में, उस निमित्त अंतर्विष्ट उपबंधों का अनुपालन करने के पश्चात् सम्यक् रूप से अधिनियमित किया गया है, किंतु प्रत्येक ऐसा अध्यादेश-

(क) संघ राज्यक्षेत्र के विधान-मंडल के समक्ष रखा जाएगा और विधान-मंडल के पुन: समवेत होने से छह सप्ताह की समाप्ति पर या यदि उस अवधि की समाप्ति से पहले विधान-मंडल उसके अननुमोदन का संकल्प पारित कर देता है तो संकल्प के पारित होने पर प्रवर्तन में नहीं रहेगा; और

(ख) राष्ट्रपति से इस निमित्त अनुदेश अभिप्राप्त करने के पश्चात् प्रशासक द्वारा किसी भी समय वापस लिया जा सकेगा।

(3) यदि और जहाँ तक इस अनुच्छेद के अधीन अध्यादेश कोई ऐसा उपबंध करता है जो संघ राज्यक्षेत्र के विधान-मंडल के ऐसे अधिनियम में, जिसे अनुच्छेद 239क के खंड (1) में निर्दिष्ट विधि में इस निमित्त अंतर्विष्ट उपबंधों का अनुपालन करने के पश्चात् बनाया गया है, अधिनियमित किए जाने पर विधिमान्य नहीं होता तो और वहाँ तक वह अध्यादेश शून्य होगा।]

[10]* * * *

## 240. कुछ संघ राज्यक्षेत्रों के लिए विनियम बनाने की राष्ट्रपति की शक्ति-

(1) राष्ट्रपति-

(क) अंडमान और निकोबार द्वीप;

[11][(ख) लक्षद्वीप;]

[12][(ग) दादरा और नगर हवेली;]

[13][(घ) दमन और दीव;]

[14][(ङ) पांडिचेरी;]

[15]* * * * [16]* * * *

संघ राज्यक्षेत्र की शांति, प्रगति और सुशासन के लिए विनियम बना सकेगा :

[17][परंतु जब [18][[19][पांडिचेरी संघ राज्यक्षेत्र]] के लिए विधान-मंडल के रूप में कार्य करने के लिए अनुच्छेद 239क के अधीन किसी निकाय का सृजन किया जाता है तब राष्ट्रपति विधान-मंडल के प्रथम अधिवेशन के लिए नियत तारीख से उस संघ राज्यक्षेत्र की शांति, प्रगति और सुशासन के लिए विनियम नहीं बनाएगा :]

[20][परंतु यह और कि जब कभी [13][पांडिचेरी] संघ राज्यक्षेत्र के विधान-मंडल के रूप में कार्य करने वाले निकाय का विघटन कर दिया जाता है या उस निकाय का ऐसे विधान-मंडल के रूप में कार्यकरण, अनुच्छेद 239क के खंड (1) में निर्दिष्ट विधि के अधीन की गई कार्रवाई के कारण निलंबित रहता है तब राष्ट्रपति ऐसे विघटन या निलंबन की अवधि के दौरान उस संघ राज्यक्षेत्र की शांति, प्रगति और सुशासन के लिए विनियम बना सकेगा।]

(2) इस प्रकार बनाया गया कोई विनियम संसद द्वारा बनाए गए किसी अधिनियम या [21][किसी अन्य विधि] का, जो उस संघ राज्यक्षेत्र को तत्समय लागू है, निरसन या संशोधन कर सकेगा और राष्ट्रपति द्वारा प्रख्यापित किए जाने पर उसका वही बल और प्रभाव होगा जो संसद के किसी ऐसे अधिनियम का है जो उस राज्यक्षेत्र को लागू होता है।]

## 241. राज्यक्षेत्रों के लिए उच्च न्यायालय-

(1) संसद विधि द्वारा, किसी [22][संघ राज्यक्षेत्र] के लिए उच्च न्यायालय गठित कर सकेगी या [23][ऐसे संघ राज्यक्षेत्र] में किसी न्यायालय को इस संविधान के सभी या किन्ही प्रयोजनों के लिए उच्च न्यायालय घोषित कर सकेगी।

(2) भाग 6 के अध्याय 5 के उपबंध, ऐसे उपांतरणों या अपवादों के अधीन रहते हुए, जो संसद विधि द्वारा उपबंधित करे, खंड (1) में निर्दिष्ट प्रत्येक उच्च न्यायालय के संबंध में वैसे ही लागू होंगे जैसे वे अनुच्छेद 214 में निर्दिष्ट किसी उच्च न्यायालय के संबंध में लागू होते हैं।

[24][(3) इस संविधान के उपबंधों के और इस संविधान द्वारा या इसके अधीन समुचित विधान-मंडल को प्रदत्त शक्तियों के आधार पर बनाई गई उस विधान-मंडल की किसी विधि के उपबंधों के अधीन रहते हुए, प्रत्येक उच्च न्यायालय, जो संविधान (सातवां संशोधन) अधिनियम, 1956 के प्रारंभ से ठीक पहले किसी संघ राज्यक्षेत्र के संबंध अधिकारिता का प्रयोग करता था, ऐसे प्रारंभ के पश्चात् उस राज्यक्षेत्र के संबंध में उस अधिकारिता का प्रयोग करता रहेगा।

(4) इस अनुच्छेद की किसी बात से किसी राज्य के उच्च न्यायालय की अधिकारिता का किसी संघ राज्यक्षेत्र या उसके भाग पर विस्तार करने या उससे अपवर्जन करने की संसद की शक्ति का अल्पीकरण नहीं होगा।]

## 242. [कोड़गू।]-

संविधान (सातवां संशोधन) अधिनियम, 1956 की धारा 29 और अनुसूची द्वारा निरसित।

## संदर्भ

1. संविधान (सातवां संशोधन) अधिनियम, 1956 की धारा 17 द्वारा शीर्षक "प्रथम अनुसूची के भाग ग में के राज्य" के स्थान पर प्रतिस्थापित।
2. संविधान (सातवां संशोधन) अधिनियम, 1956 की धारा 17 द्वारा अनुच्छेद 239 और अनुच्छेद 240 के स्थान पर प्रतिस्थापित।
3. संविधान (चौदहवां संशोधन) अधिनियम, 1962 की धारा 4 द्वारा अंत:स्थापित।
4. गोवा, दमन और दीव पुनर्गठन अधिनियम, 1987 (1987 का 18) की धारा 63 द्वारा (30-5-1987 से) "गोवा, दमन और दीव और पांडिचेरी संघ राज्यक्षेत्रों में से किसी के लिए" शब्दों के स्थान पर प्रतिस्थापित।
5. संविधान (उनहत्तरवां संशोधन) अधिनियम, 1991 की धारा 2 द्वारा (1-2-1992 से) अंत:स्थापित।
6. संविधान (सत्तरवां संशोधन) अधिनियम, 1992 की धारा 3 द्वारा (21-12-1991 से) "(7)" के स्थान पर प्रतिस्थापित।
7. संविधान (सत्तरवां संशोधन) अधिनियम, 1992 की धारा 3 द्वारा (21-12-1991 से) अंत:स्थापित।
8. संविधान (सत्ताईसवां संशोधन) अधिनियम, 1971 की धारा 3 द्वारा (30-12-1971 से) अंत:स्थापित।
9. गोवा, दमन और दीव पुनर्गठन अधिनियम, 1987 (1987 का 18) की धारा 63 द्वारा (30-5-1987 से) "अनुच्छेद 239क के खंड (1) में निर्दिष्ट संघ राज्यक्षेत्रों" शब्दों के स्थान पर प्रतिस्थापित।
10. संविधान (अड़तीसवां संशोधन) अधिनियम, 1975 की धारा 4 द्वारा (भूतलक्षी प्रभाव से) खंड (4) अंत:स्थापित किया गया और उसका संविधान (चवालीसवां संशोधन) अधिनियम, 1978 की धारा 32 द्वारा (20-6-1979 से) लोप किया गया।
11. लक्कादीव, मिनिकोय और अमीनदावी द्वीप (नाम परिवर्तन) अधिनियम, 1973 (1973 का 34) की धारा 4 द्वारा (1-11-1973 से प्रविष्टि (ख) के स्थान पर प्रतिस्थापित।
12. संविधान (दसवां संशोधन) अधिनियम, 1961 की धारा 3 द्वारा अंत:स्थापित।
13. गोवा, दमन और दीव पुनर्गठन अधिनियम, 1987 (1987 का 18) की धारा 63 द्वारा प्रविष्टि (घ) के स्थान पर प्रतिस्थापित। संविधान (बारहवां संशोधन) अधिनियम, 1962 की धारा 3 द्वारा प्रविष्टि (घ) अंत:स्थापित की गई थी।
14. संविधान (चौदहवां संशोधन) अधिनियम, 1962 की धारा 5 और धारा 7 द्वारा (16-8-1962 से) अंत:स्थापित।
15. मिजोरम राज्य अधिनियम, 1986 (1986 का 34) की धारा 39 द्वारा (20-2-1987 से) मिजोरम संबंधी प्रविष्टि (च) का लोप किया गया।
16. अरुणाचल प्रदेश अधिनियम, 1986 (1986 का 69) की धारा 42 द्वारा (20-2-1987 से) अरुणाचल प्रदेश संबंधी प्रविष्टि (छ) का लोप किया गया।
17. संविधान (चौदहवां संशोधन) अधिनियम, 1962 की धारा 5 द्वारा अंत:स्थापित।
18. गोवा, दमन और दीव पुनर्गठन अधिनियम, 1987 (1987 का 18) की धारा 63 द्वारा (30-5-1987 से) "गोवा, दमन और दीव या पांडिचेरी" शब्दों के स्थान पर प्रतिस्थापित।
19. संविधान (सत्ताईसवां संशोधन) अधिनियम, 1971 की धारा 4 द्वारा (15-2-1972 से) "गोवा, दमन और दीव या पांडिचेरी संघ राज्यक्षेत्र" शब्दों के स्थान पर प्रतिस्थापित।
20. संविधान (सत्ताईसवां संशोधन) अधिनियम, 1971 की धारा 4 द्वारा (15-2-1972 से) अंत:स्थापित।
21. संविधान (सत्ताईसवां संशोधन) अधिनियम, 1971 की धारा 4 द्वारा (15-2-1972 से) "किसी विद्यमान विधि" शब्दों के स्थान पर प्रतिस्थापित।
22. संविधान (सातवां संशोधन) अधिनियम, 1956 की धारा 29 और अनुसूची द्वारा "पहली अनुसूची के भाग ग में विनिर्दिष्ट राज्य" शब्दों के स्थान पर प्रतिस्थापित।
23. संविधान (सातवां संशोधन) अधिनियम 1956 की धारा 29 और अनुसूची द्वारा "ऐसा राज्य" शब्दों के स्थान पर प्रतिस्थापित।
24. संविधान (सातवां संशोधन) अधिनियम, 1956 की धारा 29 और अनुसूची द्वारा खंड (3) और खंड (4) के स्थान पर प्रतिस्थापित।

# [1]भाग-9

# पंचायतें

## 243. परिभाषाएँ-

इस भाग में, जब तक कि संदर्भ से अन्यथा अपेक्षित न हो,-

(क) "जिला" से किसी राज्य का जिला अभिप्रेत है;

(ख) "ग्राम सभा" से ग्राम स्तर पर पंचायत के क्षेत्र के भीतर समाविष्ट किसी ग्राम से संबंधित निर्वाचक नामावली में रजिस्ट्रीकृत व्यक्तियों से मिलकर बना निकाय अभिप्रेत है;

(ग) "मध्यवर्ती स्तर" से ग्राम और जिला स्तरों के बीच का ऐसा स्तर अभिप्रेत है जिसे किसी राज्य का राज्यपाल, इस भाग के प्रयोजनों के लिए, लोक अधिसूचना द्वारा, मध्यवर्ती स्तर के रूप में विनिर्दिष्ट करे;

(घ) "पंचायत" से ग्रामीण क्षेत्रों के लिए अनुच्छेद 243ख के अधीन गठित स्वायत्त शासन की कोई संस्था (चाहे वह किसी भी नाम से ज्ञात हो) अभिप्रेत है;

(ङ) "पंचायत क्षेत्र" से पंचायत का प्रादेशिक क्षेत्र अभिप्रेत है;

(च) "जनसंख्या" से ऐसी अंतिम पूर्ववर्ती जनगणना में अभिनिश्चित की गई जनसंख्या अभिप्रेत है जिसके सुसंगत आंकड़े प्रकाशित हो गए हैं;

(छ) "ग्राम" से राज्यपाल द्वारा इस भाग के प्रयोजनों के लिए, लोक अधिसूचना द्वारा, ग्राम के रूप में विनिर्दिष्ट ग्राम अभिप्रेत है और इसके अंतर्गत इस प्रकार विनिर्दिष्ट ग्रामों का समूह भी है।

## 243क. ग्राम सभा-

ग्राम सभा, ग्राम स्तर पर ऐसी शक्तियों का प्रयोग और ऐसे कृत्यों का पालन कर सकेगी, जो किसी राज्य के विधान-मंडल द्वारा, विधि द्वारा, उपबंधित किए जाएँ।

## 243ख. पंचायतों का गठन-

(1) प्रत्येक राज्य में ग्राम, मध्यवर्ती और जिला स्तर पर इस भाग के उपबंधों के अनुसार पंचायतों का गठन किया जाएगा।

(2) खंड (1) में किसी बात के होते हुए भी, मध्यवर्ती स्तर पर पंचायत का उस राज्य में गठन नहीं किया जा सकेगा जिसकी जनसंख्या बीस लाख से अनधिक है।

## 243ग. पंचायतों की संरचना-

(1) इस भाग के उपबंधों के अधीन रहते हुए, किसी राज्य का विधान-मंडल, विधि द्वारा, पंचायतों की संरचना की बाबत उपबंध कर सकेगा:

परंतु किसी भी स्तर पर पंचायत के प्रादेशिक क्षेत्र की जनसंख्या का ऐसी पंचायत में निर्वाचन द्वारा भरे जाने वाले स्थानों की संख्या से अनुपात समस्त राज्य में यथासाध्य एक ही हो।

(2) किसी पंचायत के सभी स्थान, पंचायत क्षेत्र में प्रादेशिक निर्वाचन-क्षेत्रों से प्रत्यक्ष निर्वाचन द्वारा चुने हुए व्यक्तियों से भरे जाएँगे और इस प्रयोजन के लिए, प्रत्येक पंचायत क्षेत्र को प्रादेशिक निर्वाचन क्षेत्रों में ऐसी रीति से विभाजित किया जाएगा कि प्रत्येक निर्वाचन-क्षेत्र की जनसंख्या का उसको आबंटित स्थानों की संख्या से अनुपात समस्त पंचायत क्षेत्र में यथासाध्य एक ही हो।

(3) किसी राज्य का विधान-मंडल, विधि द्वारा,-

(क) ग्राम स्तर पर पंचायतों के अध्यक्षों का मध्यवर्ती स्तर पर पंचायतों में या ऐसे राज्य की दशा में, जहाँ मध्यवर्ती स्तर पर पंचायतें नहीं हैं, जिला स्तर पर पंचायतों में;

(ख) मध्यवर्ती स्तर पर पंचायतों के अध्यक्षों का जिला स्तर पर पंचायतों में;

(ग) लोक सभा के ऐसे सदस्यों का और राज्य की विधान सभा के ऐसे सदस्यों का, जो उन निर्वाचन-क्षेत्रों का प्रतिनिधित्व करते हैं जिनमें ग्राम स्तर से भिन्न स्तर पर कोई पंचायत क्षेत्र पूर्णतः या भागतः समाविष्ट है, ऐसी पंचायत में;

(घ) राज्य सभा के सदस्यों का और राज्य की विधान परिषद् के सदस्यों का, जहाँ वे,-

(i) मध्यवर्ती स्तर पर किसी पंचायत क्षेत्र के भीतर निर्वाचकों के रूप में रजिस्ट्रीकृत हैं, मध्यवर्ती स्तर पर पंचायत में;

(iii) जिला स्तर पर किसी पंचायत क्षेत्र के भीतर निर्वाचकों के रूप में रजिस्ट्रीकृत हैं, जिला स्तर

पर पंचायत में, प्रतिनिधित्व करने के लिए उपबंध कर सकेगा।

(4) किसी पंचायत के अध्यक्ष और किसी पंचायत के ऐसे अन्य सदस्यों को, चाहे वे पंचायत क्षेत्र में प्रादेशिक निर्वाचन क्षेत्रों से प्रत्यक्ष निर्वाचन द्वारा चुने गए हों या नहीं, पंचायतों के अधिवेशनों में मत देने का अधिकार होगा।

(5) (क) ग्राम स्तर पर किसी पंचायत के अध्यक्ष का निर्वाचन ऐसी रीति से, जो राज्य के विधान-मंडल द्वारा, विधि द्वारा, उपबंधित की जाए, किया जाएगा; और

(ख) मध्यवर्ती स्तर या जिला स्तर पर किसी पंचायत के अध्यक्ष का निर्वाचन, उसके निर्वाचित सदस्यों द्वारा अपने में से किया जाएगा।

## 243घ. स्थानों का आरक्षण-

(1) प्रत्येक पंचायत में

(क) अनुसूचित जातियों; और

(ख) अनुसूचित जनजातियों,

के लिए स्थान आरक्षित रहेंगे और इस प्रकार आरक्षित स्थानों की संख्या का अनुपात, उस पंचायत में प्रत्यक्ष निर्वाचन द्वारा भरे जाने वाले स्थानों की कुल संख्या से यथाशक्य वही होगा जो उस पंचायत क्षेत्र में अनुसूचित जातियों की अथवा उस पंचायत क्षेत्र में अनुसूचित जनजातियों की जनसंख्या का अनुपात उस क्षेत्र की कुल जनसंख्या से है और ऐसे स्थान किसी पंचायत में भिन्न-भिन्न निर्वाचन क्षेत्रों को चक्रानुक्रम से आबंटित किए जा सकेंगे।

(2) खंड (1) के अधीन आरक्षित स्थानों की कुल संख्या के कम-से-कम एक-तिहाई स्थान, यथास्थिति, अनुसूचित जातियों या अनुसूचित जनजातियों की स्त्रियों के लिए आरक्षित रहेंगे।

(3) प्रत्येक पंचायत में प्रत्यक्ष निर्वाचन द्वारा भरे जाने वाले स्थानों की कुल संख्या के कम-से-कम एक-तिहाई स्थान (जिनके अंतर्गत अनुसूचित जातियों और अनुसूचित जनजातियों की स्त्रियों के लिए आरक्षित स्थानों की संख्या भी है।) स्त्रियों के लिए आरक्षित रहेंगे और ऐसे स्थान किसी पंचायत में भिन्न-भिन्न निर्वाचन-क्षेत्रों को चक्रानुक्रम से आबंटित किए जा सकेंगे।

(4) ग्राम या किसी अन्य स्तर पर पंचायतों में अध्यक्षों के पद अनुसूचित जातियों, अनुसूचित जनजातियों और स्त्रियों के लिए ऐसी रीति से आरक्षित रहेंगे, जो राज्य का विधान-मंडल, विधि द्वारा, उपबंधित करे:

परंतु किसी राज्य में प्रत्येक स्तर पर पंचायतों में अनुसूचित जातियों और अनुसूचित जनजातियों के लिए आरक्षित अध्यक्षों के पदों की संख्या का अनुपात, प्रत्येक स्तर पर उन पंचायतों में ऐसे पदों की कुल संख्या में यथाशक्य वही होगा, जो उस राज्य में अनुसूचित जातियों की अथवा उस राज्य में अनुसचित जनजातियों की जनसंख्या का अनुपात उस राज्य की कुल जनसंख्या से है :

परंतु यह और कि प्रत्येक स्तर पर पंचायतों में अध्यक्षों के पदों की कुल संख्या के कम-से-कम एक-तिहाई पद स्त्रियों के लिए आरक्षित रहेंगे :

परंतु यह भी कि इस खंड के अधीन आरक्षित पदों की संख्या प्रत्येक स्तर पर भिन्न-भिन्न पंचायतों को चक्रानुक्रम से आबंटित की जाएगी।

(5) खंड (1) और खंड (2) के अधीन स्थानों का आरक्षण और खंड (4) के अधीन अध्यक्षों के पदों का आरक्षण (जो स्त्रियों के लिए आरक्षण से भिन्न है) अनुच्छेद 334 में विनिर्दिष्ट अवधि की समाप्ति पर प्रभावी नहीं रहेगा।

(6) इस भाग की कोई बात किसी राज्य के विधान-मंडल को पिछड़े हुए नागरिकों के किसी वर्ग के पक्ष में किसी स्तर पर किसी पंचायत में स्थानों के या पंचायतों में अध्यक्षों के पदों के आरक्षण के लिए कोई उपबंध करने से निवारित नहीं करेगी।

## 243ङ. पंचायतों की अवधि, आदि-

(1) प्रत्येक पंचायत, यदि तत्समय प्रवृत्त किसी विधि के अधीन पहले ही विघटित नहीं कर दी जाती है तो, अपने प्रथम अधिवेशन के लिए नियत तारीख से पांच वर्ष तक बनी रहेगी, इससे अधिक नहीं।

(2) तत्समय प्रवृत्त किसी विधि के किसी संशोधन से किसी स्तर पर ऐसी पंचायत का, जो ऐसे संशोधन के ठीक पूर्व कार्य कर रही है, तब तक विघटन नहीं होगा जब तक खंड (1) में विनिर्दिष्ट उसकी अवधि समाप्त नहीं हो जाती।

(3) किसी पंचायत का गठन करने के लिए निर्वाचन,-

(क) खंड (1) में विनिर्दिष्ट उसकी अवधि की समाप्ति के पूर्व;

(ख) उसके विघटन की तारीख से छह मास की अवधि की समाप्ति के पूर्व, पूरा किया जाएगा :

परंतु जहाँ वह शेष अवधि, जिसके लिए कोई विघटित पंचायत बनी रहती, छह मास से कम है वहाँ ऐसी अवधि के लिए उस पंचायत का गठन करने के लिए इस खंड के अधीन कोई निर्वाचन कराना आवश्यक नहीं होगा।

(4) किसी पंचायत की अवधि की समाप्ति के पूर्व उस पंचायत के विघटन पर गठित की गई कोई पंचायत, उस अवधि के केवल शेष भाग के लिए बनी रहेगी जिसके लिए विघटित पंचायत खंड (1) के अधीन बनी रहती, यदि वह इस प्रकार विघटित नहीं की जाती।

## 243च. सदस्यता के लिए निरर्हताएँ-

(1) कोई व्यक्ति किसी पंचायत का सदस्य चुने जाने के लिए और सदस्य होने के लिए निरर्हित होगा,-

(क) यदि वह संबंधित राज्य के विधान-मंडल के निर्वाचनों के प्रयोजनों के लिए तत्समय प्रवृत्त किसी विधि द्वारा या उसके अधीन इस प्रकार निरर्हित कर दिया जाता है :

परंतु कोई व्यक्ति इस आधार पर निरर्हित नहीं होगा कि उसकी आयु पच्चीस वर्ष से कम है, यदि उसने इक्कीस वर्ष की आयु प्राप्त कर ली है;

(ख) यदि वह राज्य के विधान-मंडल द्वारा बनाई गई किसी विधि द्वारा या उसके अधीन इस प्रकार निरर्हित कर दिया जाता है।

(2) यदि यह प्रश्न उठता है कि किसी पंचायत का कोई सदस्य खंड (1) में वर्णित किसी निरर्हता से ग्रस्त हो गया है या नहीं तो वह प्रश्न ऐसे प्राधिकारी को, और ऐसी रीति से, जो राज्य का विधान-मंडल, विधि द्वारा, उपबंधित करे, विनिश्चय के लिए निर्देशित किया जाएगा।

## 243छ. पंचायतों की शक्तियाँ, प्राधिकार और उत्तरदायित्व-

संविधान के उपबंधों के अधीन रहते हुए, किसी राज्य का विधान-मंडल, विधि द्वारा, पंचायतों को ऐसी शक्तियाँ और प्राधिकार प्रदान कर सकेगा, जो उन्हें स्वायत्त शासन की संस्थाओं के रूप में कार्य करने में समर्थ बनाने के लिए आवश्यक हों और ऐसी विधि में पंचायतों को उपयुक्त स्तर पर ऐसी शर्तों के अधीन रहते हुए, जो उसमें विनिर्दिष्ट की जाएँ, निम्नलिखित के संबंध में शक्तियाँ और उत्तरदायित्व न्यागत करने के लिए उपबंध किए जा सकेंगे, अर्थात् :-

(क) आर्थिक विकास और सामाजिक न्याय के लिए योजनाएँ तैयार करना;

(ख) आर्थिक विकास और सामाजिक न्याय की ऐसी स्कीमों को, जो उन्हें सौंपी जाएँ, जिनके अंतर्गत वे स्कीमें भी हैं, जो ग्यारहवीं अनुसूची में सूचीबद्ध विषयों के संबंध में हैं, कार्यान्वित करना।

## 243ज. पंचायतों द्वारा कर अधिरोपित करने की शक्तियाँ और उनकी निधियाँ-

किसी राज्य का विधान-मंडल, विधि द्वारा,-

(क) ऐसे कर शुल्क, पथकर और फीसें उदगृहीत, संगृहीत और विनियोजित करने के लिए किसी पंचायत को, ऐसी प्रक्रिया के अनुसार और ऐसे निर्बंधनों के अधीन रहते हुए, प्राधिकृत कर सकेगा;

(ख) राज्य सरकार द्वारा उद्गृहीत और संगृहीत ऐसे कर शुल्क, पथकर और फीसें किसी पंचायत को, ऐसे प्रयोजनों के लिए, तथा ऐसी शर्तों और निर्बधनों के अधीन रहते हुए, समनुदिष्ट कर सकेगा;

(ग) राज्य की संचित निधि में से पंचायतों के लिए ऐसे सहायता-अनुदान देने के लिए उपबंध कर सकेगा; और

(घ) पंचायतों द्वारा या उनकी ओर से क्रमशः प्राप्त किए गए सभी धनों को जमा करने के लिए ऐसी निधियों का गठन करने और उन निधियों में से ऐसे धनों को निकालने के लिए भी उपबंध कर सकेगा, जो विधि में विनिर्दिष्ट किए जाएँ।

## 243झ. वित्तीय स्थिति के पुनर्विलोकन के लिए वित्त आयोग का गठन-

(1) राज्य का राज्यपाल, संविधान (तिहत्तरवां संशोधन) अधिनियम, 1992 के प्रारंभ से एक वर्ष के भीतर यथाशीघ्र, और तत्पश्चात्, प्रत्येक पांचवें वर्ष की समाप्ति पर, वित्त आयोग का गठन करेगा जो पंचायतों की वित्तीय स्थिति का पुनर्विलोकन करेगा, और जो-

(क) (i) राज्य द्वारा उद्गृहीत करों, शुल्कों, पथकरों और फीसों के ऐसे शुद्ध आगमों के राज्य और पंचायतों के बीच, जो इस भाग के अधीन उनमें विभाजित किए जाएँ, वितरण को और सभी स्तरों पर पंचायतों के बीच ऐसे आगमों के तत्संबंधी भाग के आबंटन को;

(ii) ऐसे करों, शुल्कों, पथकरों और फीसों के अवधारण को, जो पंचायतों को समनुदिष्ट की जा सकेंगी या उनके द्वारा विनियोजित की जा सकेंगी;

(iii) राज्य की संचित निधि में से पंचायतों के लिए सहायता अनुदान को, शासित करने वाले सिद्धांतों के बारे में;

(ख) पंचायतों की वित्तीय स्थिति को सुधारने के लिए आवश्यक अध्युपायों के बारे में;

(ग) पंचायतों के सुदृढ़ वित्त के हित में राज्यपाल द्वारा वित्त आयोग को निर्दिष्ट किए गए किसी अन्य विषय के बारे में, राज्यपाल को सिफारिश करेगा।

(2) राज्य का विधान-मंडल, विधि द्वारा, आयोग की संरचना का, उन अर्हताओं का, जो आयोग के सदस्यों के रूप में नियुक्ति के लिए अपेक्षित होंगी, और उस रीति का, जिससे उनका चयन किया जाएगा, उपबंध कर सकेगा।

(3) आयोग अपनी प्रक्रिया अवधारित करेगा और उसे अपने कृत्यों के पालन में ऐसी शक्तियाँ होंगी जो राज्य का विधान-मंडल, विधि द्वारा, उसे प्रदान करे।

(4) राज्यपाल इस अनुच्छेद के अधीन आयोग द्वारा की गई प्रत्येक सिफारिश को, उस पर की गई कार्रवाई स्पष्टीकारक ज्ञापन सहित, राज्य के विधान-मंडल के समक्ष रखवाएगा।

## 243ञ. पंचायतों के लेखाओं की संपरीक्षा-

किसी राज्य का विधान-मंडल, विधि द्वारा, पंचायतों द्वारा लेखे रखे जाने और ऐसे लेखाओं की संपरीक्षा करने के बारे में उपबंध कर सकेगा।

## 243ट. पंचायतों के लिए निर्वाचन-

(1) पंचायतों के लिए कराए जाने वाले सभी निर्वाचनों के लिए निर्वाचन नामावली तैयार कराने का और उन सभी निर्वाचनों के संचालन का अधीक्षण, निदेशन और नियंत्रण एक राज्य निर्वाचन आयोग में निहित होगा, जिसमें एक राज्य निर्वाचन आयुक्त होगा, जो राज्यपाल द्वारा नियुक्त किया जाएगा।

(2) किसी राज्य के विधान-मंडल द्वारा बनाई गई किसी विधि के उपबंधों के अधीन रहते हुए, राज्य निर्वाचन आयुक्त की सेवा की शर्तें और पदावधि ऐसी होंगी जो राज्यपाल नियम द्वारा अवधारित करे :

परंतु राज्य निर्वाचन आयुक्त को उसके पद से उसी रीति से और उन्हीं आधारों पर ही हटाया जाएगा, जिस रीति से और जिन आधारों पर उच्च न्यायालय के न्यायाधीश को हटाया जाता है, अन्यथा नहीं और राज्य निर्वाचन आयुक्त की सेवा की शर्तों में उसकी नियुक्ति के पश्चात् उसके लिए अलाभकारी परिवर्तन नहीं किया जाएगा।

(3) जब राज्य निर्वाचन आयोग ऐसा अनुरोध करे तब किसी राज्य का राज्यपाल, राज्य निर्वाचन आयोग को उतने कर्मचारीवृंद उपलब्ध कराएगा जितने खंड (1) द्वारा राज्य निर्वाचन आयोग को उसे सौंपे गए कृत्यों के निर्वहन के लिए आवश्यक हों।

(4) इस संविधान के उपबंधों के अधीन रहते हुए, किसी राज्य का विधान-मंडल, विधि द्वारा, पंचायतों के निर्वाचनों से संबंधित या संसक्त सभी विषयों के संबंध में उपबंध कर सकेगा।

## 243ठ. संघ राज्यक्षेत्रों को लागू होना-

इस भाग के उपबंध संघ राज्यक्षेत्रों को लागू होंगे और किसी संघ राज्यक्षेत्र को उनके लागू होने में इस प्रकार प्रभावी होंगे मानो किसी राज्य के राज्यपाल के प्रति निर्देश, अनुच्छेद 239 के अधीन नियुक्त संघ राज्यक्षेत्र के प्रशासक के प्रति निर्देश हों और किसी राज्य के विधान-मंडल या विधान सभा के प्रति निर्देश, किसी ऐसे संघ राज्यक्षेत्र के संबंध में, जिसमें विधान सभा है, उस विधान सभा के प्रति निर्देश हों:

परंतु राष्ट्रपति, लोक अधिसूचना द्वारा, यह निदेश दे सकेगा कि इस भाग के उपबंध किसी संघ राज्यक्षेत्र या उसके किसी भाग को ऐसे अपवादों और उपांतरणों के अधीन रहते हुए, लागू होंगे, जो वह अधिसूचना में विनिर्दिष्ट करे।

## 243ड. इस भाग का कतिपय क्षेत्रों को लागू न होना-

(1) इस भाग की कोई बात अनुच्छेद 244 के खंड (1) में निर्दिष्ट अनुसूचित क्षेत्रों और उसके खंड (2) में निर्दिष्ट जनजाति क्षेत्रों को लागू नहीं होगी।

(2) इस भाग की कोई बात निम्नलिखित को लागू नहीं होगी, अर्थात्:-

(क) नागालैंड, मेघालय और मिजोरम राज्य;

(ख) मणिपुर राज्य में ऐसे पर्वतीय क्षेत्र जिनके लिए तत्समय प्रवृत्त किसी विधि के अधीन जिला परिषदें विद्यमान हैं।

(3) इस भाग की-

(क) कोई बात जिला स्तर पर पंचायतों के संबंध में पश्चिमी बंगाल राज्य के दार्जिलिंग जिले के ऐसे पर्वतीय क्षेत्रों को लागू नहीं होगी जिनके लिए तत्समय प्रवत्त किसी विधि के अधीन दार्जिलिंग गोरखा पर्वतीय परिषद् विद्यमान है;

(ख) किसी बात का यह अर्थ नहीं लगाया जाएगा कि वह ऐसी विधि के अधीन गठित दार्जिलिंग गोरखा पर्वतीय परिषद् के कृत्यों और शक्तियों पर प्रभाव डालती है।

[2][(3क) अनुसूचित जातियों के लिए स्थानों के आरक्षण से संबंधित अनुच्छेद 243घ की कोई बात अरुणाचल प्रदेश राज्य को लागू नहीं होगी।]

(4) इस संविधान में किसी बात के होते हुए भी,-

(क) खंड (2) के उपखंड (क) में निर्दिष्ट किसी राज्य का विधान-मंडल, विधि द्वारा, इस भाग का विस्तार, खड (1) में निर्दिष्ट क्षेत्रों के सिवाय, यदि कोई हों, उस राज्य पर उस दशा में कर सकेगा जब उस राज्य की विधान सभा इस आशय का एक संकल्प उस सदन की कुल सदस्य संख्या के बहुमत द्वारा तथा उस सदन के उपस्थित और मत देने वाले सदस्यों के कम-से-कम दो-तिहाई बहुमत द्वारा पारित कर देती है;

(ख) संसद, विधि द्वारा, इस भाग के उपबंधों का विस्तार, खंड (1) में निर्दिष्ट अनुसूचित क्षेत्रों और जनजाति क्षेत्रों पर ऐसे अपवादों और उपांतरणों के अधीन रहते हुए, कर सकेगी, जो ऐसी विधि में विनिर्दिष्ट किए जाएँ और ऐसी किसी विधि को अनुच्छेद 368 के प्रयोजनों के लिए इस संविधान का संशोधन नहीं समझा जाएगा।

## 243ढ. विद्यमान विधियों और पंचायतों का बना रहना-

इस भाग में किसी बात के होते हुए भी, संविधान (तिहत्तरवां संशोधन) अधिनियम, 1992 के प्रारंभ के ठीक पूर्व किसी राज्य में प्रवृत्त पंचायतों से संबंधित किसी विधि का कोई उपबंध, जो इस भाग के उपबंधों से असंगत है, जब तक सक्षम विधान-मंडल द्वारा या अन्य सक्षम प्राधिकारी द्वारा उसे संशोधित या निरसित नहीं कर दिया जाता है या जब तक ऐसे प्रारंभ से एक वर्ष समाप्त नहीं हो जाता है, इनमें से जो भी पहले हो, तब तक प्रवृत्त बना रहेगा :

परंतु ऐसे प्रारंभ के ठीक पूर्व विद्यमान सभी पंचायतें, यदि उस राज्य की विधान सभा द्वारा या ऐसे राज्य की दशा में, जिसमें विधान परिषद् है, उस राज्य के विधान-मंडल के प्रत्येक सदन द्वारा पारित इस आशय के

संकल्प द्वारा पहले ही विघटित नहीं कर दी जाती हैं तो, अपनी अवधि की समाप्ति तक बनी रहेंगी।

## 243ण. निर्वाचन संबंधी मामलों में न्यायालयों के हस्तक्षेप का वर्जन-

इस संविधान में किसी बात के होते हुए भी,-

(क) अनुच्छेद 243ट के अधीन बनाई गई या बनाई जाने के लिए तात्पर्यित किसी ऐसी विधि की विधिमान्यता, जो निर्वाचन क्षेत्रों के परिसीमन या ऐसे निर्वाचन क्षेत्रों को स्थानों के आबंटन से संबंधित है, किसी न्यायालय में प्रश्नगत नहीं की जाएगी;

(ख) किसी पंचायत के लिए कोई निर्वाचन, ऐसी निर्वाचन अर्जी पर ही प्रश्नगत किया जाएगा जो ऐसे प्राधिकारी को और ऐसी रीति से प्रस्तुत की गई है, जिसका किसी राज्य के विधान-मंडल द्वारा बनाई गई किसी विधि द्वारा या उसके अधीन उपबंध किया जाए, अन्यथा नहीं।]

## संदर्भ

1. संविधान (तिहत्तरवां संशोधन) अधिनियम, 1992 की धारा 2 द्वारा (24-1-1993 से) अंत:स्थापित। संविधान (सातवां संशोधन) अधिनियम, 1956 की धारा 29 और अनुसूची द्वारा मूल भाग 9 का लोप किया गया था।
2. सविधान (तिरासीवां संशोधन) अधिनियम, 2000 की धारा 2 द्वारा अंत:स्थापित।

# [1]भाग-9क

# नगरपालिकाएँ

## 243त. परिभाषाएँ-

इस भाग में, जब तक कि संदर्भ से अन्यथा अपेक्षित न हो,-

(क) "समिति" से अनुच्छेद 243ध के अधीन गठित समिति अभिप्रेत है;

(ख) "जिला" से किसी राज्य का जिला अभिप्रेत है;

(ग) "महानगर क्षेत्र" से दस लाख या उससे अधिक जनसंख्या वाला ऐसा क्षेत्र अभिप्रेत है जिसमें एक या अधिक जिले समाविष्ट हैं और जो दो या अधिक नगरपालिकाओं या पंचायतों या अन्य संलग्न क्षेत्रों से मिलकर बनता है तथा जिसे राज्यपाल, इस भाग के प्रयोजनों के लिए, लोक अधिसूचना द्वारा, महानगर क्षेत्र के रूप में विनिर्दिष्ट करे;

(घ) "नगरपालिका क्षेत्र" से राज्यपाल द्वारा अधिसूचित किसी नगरपालिका का प्रादेशिक क्षेत्र अभिप्रेत है;

(ङ) "नगरपालिका" से अनुच्छेद 243थ के अधीन गठित स्वायत्त शासन की कोई संस्था अभिप्रेत है;

(च) "पंचायत" से अनुच्छेद 243ख के अधीन गठित कोई पंचायत अभिप्रेत है;

(छ) "जनसंख्या" से ऐसी अंतिम पूर्ववर्ती जनगणना में अभिनिश्चित की गई जनसंख्या अभिप्रेत है जिसके सुसंगत आंकड़े प्रकाशित हो गए हैं।

## 243थ. नगरपालिकाओं का गठन-

(1) प्रत्येक राज्य में, इस भाग के उपबंधों के अनुसार-

(क) किसी संक्रमणशील क्षेत्र के लिए, अर्थात, ग्रामीण क्षेत्र से नगरीय क्षेत्र में संक्रमणगत क्षेत्र के लिए कोई नगर पंचायत का (चाहे वह किसी भी नाम से ज्ञात हो);

(ख) किसी लघुतर नगरीय क्षेत्र के लिए नगरपालिका परिषद् का; और

(ग) किसी वृहत्तर नगरीय क्षेत्र के लिए नगर निगम का, गठन किया जाएगा :

परंतु इस खंड के अधीन कोई नगरपालिका ऐसे नगरीय क्षेत्र या उसके किसी भाग में गठित नहीं की जा सकेगी जिसे राज्यपाल, क्षेत्र के आकार और उस क्षेत्र में किसी औद्योगिक स्थापन द्वारा दी जा रही या दिए जाने के लिए प्रस्तावित नगरपालिका सेवाओं और ऐसी अन्य बातों को, जो वह ठीक समझे, ध्यान में रखते हुए, लोक अधिसूचना द्वारा, औद्योगिक नगरी के रूप में विनिर्दिष्ट करे।

(2) इस अनुच्छेद में, "संक्रमणशील क्षेत्र", "लघुतर नगरीय क्षेत्र" या "वृहत्तर नगरीय क्षेत्र" से ऐसा क्षेत्र अभिप्रेत है जिसे राज्यपाल, इस भाग के प्रयोजनों के लिए, उस क्षेत्र की जनसंख्या, उसमें जनसंख्या की सघनता, स्थानीय प्रशासन के लिए उत्पन्न राजस्व, कृषि से भिन्न क्रियाकलापों में नियोजन की प्रतिशतता, आर्थिक महत्त्व या ऐसी अन्य बातों को, जो वह ठीक समझे, ध्यान में रखते हुए, लोक अधिसूचना द्वारा, विनिर्दिष्ट करे।

## 243द. नगरपालिकाओं की संरचना-

(1) खंड (2) में जैसा उपबंधित है उसके सिवाय, किसी नगरपालिका के सभी स्थान, नगरपालिका क्षेत्र में प्रादेशिक निर्वाचन-क्षेत्रों से प्रत्यक्ष निर्वाचन द्वारा चुने हुए व्यक्तियों द्वारा भरे जाएँगे और इस प्रयोजन के लिए, प्रत्येक नगरपालिका क्षेत्र को प्रादेशिक निर्वाचन क्षेत्रों में विभाजित किया जाएगा जो वार्ड के नाम से ज्ञात होंगे।

(2) किसी राज्य का विधान-मंडल, विधि द्वारा,-

(क) नगरपालिका में,-

(i) नगरपालिका प्रशासन का विशेष ज्ञान या अनुभव रखने वाले व्यक्तियों का;

(ii) लोक सभा के ऐसे सदस्यों का और राज्य की विधान सभा के ऐसे सदस्यों का, जो उन निर्वाचन क्षेत्रों का प्रतिनिधित्व करते हैं जिनमें कोई नगरपालिका क्षेत्र पूर्णतः या भागतः समाविष्ट है;

(iii) राज्य सभा के ऐसे सदस्यों का और राज्य की विधान परिषद् के ऐसे सदस्यों का, जो नगरपालिका क्षेत्र के भीतर निर्वाचकों के रूप में रजिस्ट्रीकृत हैं;

(iv) अनुच्छेद 243ध के खंड (5) के अधीन गठित समितियों के अध्यक्षों का, प्रतिनिधित्व करने के लिए उपबंध कर सकेगा :

परंतु पैरा (i) में निर्दिष्ट व्यक्तियों को नगरपालिका के अधिवेशनों में मत देने का अधिकार नहीं होगा;

(ख) किसी नगरपालिका के अध्यक्ष के निर्वाचन की रीति का उपबंध कर सकेगा।

## 243ध. वार्ड समितियों, आदि का गठन और संरचना-

(1) ऐसी नगरपालिका के, जिसकी जनसंख्या तीन लाख या उससे अधिक है, प्रादेशिक क्षेत्र के भीतर वार्ड समितियों का गठन किया जाएगा, जो एक या अधिक वार्डों से मिलकर बनेगी।

(2) राज्य का विधान-मंडल, विधि द्वारा,-

(क) वार्ड समिति की संरचना और उसके प्रादेशिक क्षेत्र की बाबत;

(ख) उस रीति की बाबत जिससे किसी वार्ड समिति में स्थान भरे जाएँगे, उपबंध कर सकेगा।

(3) वार्ड समिति के प्रादेशिक क्षेत्र के भीतर किसी वार्ड का प्रतिनिधित्व करनेवाला किसी नगरपालिका का सदस्य उस समिति का सदस्य होगा।

(4) जहाँ कोई वार्ड समिति,-

(क) एक वार्ड से मिलकर बनती है वहाँ नगरपालिका में उस वार्ड का प्रतिनिधित्व करनेवाला सदस्य; या

(ख) दो या अधिक वार्डों से मिलकर बनती है वहाँ नगरपालिका में ऐसे वार्डों का प्रतिनिधित्व करने वाले सदस्यों में से एक सदस्य, जो उस वार्ड समिति के सदस्यों द्वारा निर्वाचित किया जाएगा, उस समिति का अध्यक्ष होगा।

(5) इस अनुच्छेद की किसी बात से यह नहीं समझा जाएगा कि वह किसी राज्य के विधान-मंडल को वार्ड समितियों के अतिरिक्त समितियों का गठन करने के लिए कोई उपबंध करने से निवारित करती है।

## 243न. स्थानों का आरक्षण-

(1) प्रत्येक नगरपालिका में अनुसूचित जातियों और अनुसूचित जनजातियों के लिए स्थान आरक्षित रहेंगे और इस प्रकार आरक्षित स्थानों की संख्या का अनुपात, उस नगरपालिका में प्रत्यक्ष निर्वाचन द्वारा भरे जाने वाले स्थानों की कुल संख्या से यथाशक्य वही होगा जो उस नगरपालिका क्षेत्र में अनुसूचित जातियों की अथवा उस नगरपालिका क्षेत्र में अनुसूचित जनजातियों की जनसंख्या का अनुपात उस क्षेत्र की कुल जनसंख्या से है और ऐसे स्थान किसी नगरपालिका के भिन्न-भिन्न निर्वाचन-क्षेत्रों को चक्रानुक्रम से आबंटित किए जा सकेंगे।

(2) खंड (1) के अधीन आरक्षित स्थानों की कुल संख्या के कम-से-कम एक-तिहाई स्थान, यथास्थिति, अनुसूचित जातियों या अनुसूचित जनजातियों की स्त्रियों के लिए आरक्षित रहेंगे।

(3) प्रत्येक नगरपालिका में प्रत्यक्ष निर्वाचन द्वारा भरे जाने वाले स्थानों की कुल संख्या के कम-से-कम एक तिहाई स्थान (जिनके अंतर्गत अनुसूचित जातियों और अनुसूचित जनजातियों की स्त्रियों के लिए आरक्षित स्थानों की संख्या भी है) स्त्रियों के लिए आरक्षित रहेंगे और ऐसे स्थान किसी नगरपालिका के भिन्न-भिन्न निर्वाचन-क्षेत्रों को चक्रानुक्रम से आबंटित किए जा सकेंगे।

(4) नगरपालिकाओं में अध्यक्षों के पद अनुसूचित जातियों, अनुसूचित जनजातियों और स्त्रियों के लिए ऐसी ही रीति से आरक्षित रहेंगे, जो राज्य का विधान-मंडल, विधि द्वारा, उपबंधित करे।

(5) खंड (1) और खंड (2) के अधीन स्थानों का आरक्षण और खंड (4) के अधीन अध्यक्षों के पदों की आरक्षण (जो स्त्रियों के लिए आरक्षण से भिन्न है) अनुच्छेद 334 में विनिर्दिष्ट अवधि की समाप्ति पर प्रभावी नहीं रहेगा।

(6) इस भाग की कोई बात किसी राज्य के विधान-मंडल को पिछड़े हुए नागरिकों के किसी वर्ग के पक्ष में किसी नगरपालिका में स्थानों के या नगरपालिकाओं में अध्यक्षों के पद के आरक्षण के लिए कोई उपबंध करने से निवारित नहीं करेगी।

## 243प. नगरपालिकाओं की अवधि, आदि-

(1) प्रत्येक नगरपालिका, यदि तत्समय प्रवृत्त किसी विधि के अधीन पहले ही विघटित नहीं कर दी जाती है तो, अपने प्रथम अधिवेशन के लिए नियत तारीख से पांच वर्ष तक बनी रहेगी, इससे अधिक नहीं :

परंतु किसी नगरपालिका का विघटन करने के पूर्व उसे सुनवाई का उचित अवसर दिया जाएगा।

(2) तत्समय प्रवृत्त किसी विधि के किसी संशोधन से किसी स्तर पर ऐसी नगरपालिका का, जो ऐसे संशोधन के ठीक पूर्व कार्य कर रही है, तब तक विघटन नहीं होगा जब तक खंड (1) में विनिर्दिष्ट उसकी अवधि समाप्त नहीं हो जाती।

(3) किसी नगरपालिका का गठन करने के लिए निर्वाचन,-

(क) खंड (1) में विनिर्दिष्ट उसकी अवधि की समाप्ति के पूर्व;

(ख) उसके विघटन की तारीख से छह मास की अवधि की समाप्ति के पूर्व, पूरा किया जाएगा :

परंतु जहाँ वह शेष अवधि, जिसके लिए कोई विघटित नगरपालिका बनी रहती, छह मास से कम है वहाँ ऐसी अवधि के लिए उस नगरपालिका का गठन करने के लिए इस खंड के अधीन कोई निर्वाचन कराना आवश्यक नहीं होगा।

(4) किसी नगरपालिका की अवधि की समाप्ति के पूर्व उस नगरपालिका के विघटन पर गठित की गई कोई नगरपालिका, उस अवधि के केवल शेष भाग के लिए बनी रहेगी जिसके लिए विघटित नगरपालिका खंड (1) के अधीन बनी रहती, यदि वह इस प्रकार विघटित नहीं की जाती।

## 243फ. सदस्यता के लिए निरर्हताएँ-

(1) कोई व्यक्ति किसी नगरपालिका का सदस्य चुने जाने के लिए और सदस्य होने के लिए निरर्हित होगा,-

(क) यदि वह संबंधित राज्य के विधान-मंडल के निर्वाचनों के प्रयोजनों के लिए तत्समय प्रवृत्त किसी विधि द्वारा या उसके अधीन इस प्रकार निरर्हित कर दिया जाता है :

परंतु कोई व्यक्ति इस आधार पर निरर्हित नहीं होगा कि उसकी आयु पच्चीस वर्ष से कम है, यदि उसने इक्कीस वर्ष की आयु प्राप्त कर ली है;

(ख) यदि वह राज्य के विधान-मंडल द्वारा बनाई गई किसी विधि द्वारा या उसके अधीन इस प्रकार निरर्हित कर दिया जाता है।

(2) यदि यह प्रश्न उठता है कि किसी नगरपालिका का कोई सदस्य खंड (1) में वर्णित किसी निरर्हता से ग्रस्त हो गया है या नहीं तो वह प्रश्न ऐसे प्राधिकारी को, और ऐसी रीति से, जो राज्य का विधान-मंडल, विधि द्वारा, उपबंधित करे, विनिश्चय के लिए निर्देशित किया जाएगा।

## 243ब. नगरपालिकाओं आदि की शक्तियाँ, प्राधिकार और उत्तरदायित्व-

इस संविधान के उपबंधों के अधीन रहते हुए, किसी राज्य का विधान-मंडल, विधि द्वारा,-

(क) नगरपालिकाओं को ऐसी शक्तियाँ और प्राधिकार प्रदान कर सकेगा, जो उन्हें स्वायत्त शासन की संस्थाओं के रूप में कार्य करने में समर्थ बनाने के लिए आवश्यक हों और ऐसी विधि में नगरपालिकाओं को, ऐसी शर्तों के अधीन रहते हुए, जो उसमें विनिर्दिष्ट की जाएँ, निम्नलिखित के संबंध में शक्तियाँ और उत्तरदायित्व न्यागत करने के लिए उपबंध किए जा सकेंगे, अर्थात् :-

(i) आर्थिक विकास और सामाजिक न्याय के लिए योजनाएँ तैयार करना;

(ii) ऐसे कृत्यों का पालन करना और ऐसी स्कीमों को, जो उन्हें सौंपी जाएँ, जिनके अंतर्गत वे स्कीमें भी हैं, जो बारहवीं अनुसूची में सूचीबद्ध विषयों के संबंध में हैं, कार्यान्वित करना;

(ख) समितियों को ऐसी शक्तियाँ और प्राधिकार प्रदान कर सकेगा जो उन्हें अपने को प्रदत्त उत्तरदायित्वों को, जिनके अंतर्गत वे उत्तरदायित्व भी हैं जो बारहवीं अनुसूची में सूचीबद्ध विषयों के संबंध में हैं, कार्यान्वित करने में समर्थ बनाने के लिए आवश्यक हों।

## 243भ. नगरपालिकाओं द्वारा कर अधिरोपित करने की शक्ति और उनकी निधियाँ-

किसी राज्य का विधान-मंडल, विधि द्वारा,-

(क) ऐसे कर, शुल्क, पथकर और फीसें उद्‌गृहीत, संगृहीत और विनियोजित करने के लिए किसी नगरपालिका को, ऐसी प्रक्रिया के अनुसार और ऐसे निर्बंधनों के अधीन रहते हुए, प्राधिकृत कर सकेगा;

(ख) राज्य सरकार द्वारा उद्‌गृहीत और संगृहीत ऐसे कर, शुल्क, पथकर और फीसें किसी नगरपालिका को, ऐसे प्रयोजनों के लिए, तथा ऐसी शर्तों और निर्बंधनों के अधीन रहते हुए, समनुदिष्ट कर सकेगा;

(ग) राज्य की संचित निधि में से नगरपालिकाओं के लिए ऐसे सहायता अनुदान देने के लिए उपबंध कर सकेगा; और

(घ) नगरपालिकाओं द्वारा या उनकी ओर से क्रमश: प्राप्त किए गए सभी धनों को जमा करने के लिए ऐसी निधियों का गठन करने और उन निधियों में से ऐसे धनों को निकालने के लिए भी उपबंध कर सकेगा, जो विधि में विनिर्दिष्ट किए जाएँ।

## 243म. वित्त आयोग-

(1) अनुच्छेद 243झ के अधीन गठित वित्त आयोग नगरपालिकाओं की वित्तीय स्थिति का भी पुनर्विलोकन करेगा और जो-

(क) (i) राज्य द्वारा उद्‌ग्रहणीय ऐसे करों, शुल्कों, पथकरों और फीसों के ऐसे शुद्ध आगमों के राज्य और नगरपालिकाओं के बीच, जो इस भाग के अधीन उनमें विभाजित किए जाएँ, वितरण को और सभी स्तरों पर नगरपालिकाओं के बीच ऐसे आगमों के तत्संबंधी भाग के आबंटन को;

(ii) ऐसे करों, शुल्कों, पथकरों और फीसों के अवधारण को, जो नगरपालिकाओं को समनुदिष्ट की जा सकेंगी या उनके द्वारा विनियोजित की जा सकेंगी;

(iii) राज्य की संचित निधि में से नगरपालिकाओं के लिए सहायता अनुदान को, शासित करने वाले सिद्धांतों के बारे में;

(ख) नगरपालिकाओं की वित्तीय स्थिति को सुधारने के लिए आवश्यक अध्युपायों के बारे में :

(ग) नगरपालिकाओं के सुदृढ़ वित्त के हित में राज्यपाल द्वारा वित्त आयोग को निर्दिष्ट किए गए अन्य विषय के बारे में, राज्यपाल को सिफारिश करेगा।

(2) राज्यपाल इस अनुच्छेद के अधीन आयोग द्वारा की गई प्रत्येक सिफारिश को, उस पर की गई कार्रवाई के स्पष्टीकारक ज्ञापन सहित, राज्य के विधान-मंडल के समक्ष रखवाएगा।

### 243य. नगरपालिकाओं के लेखाओं की संपरीक्षा-

किसी राज्य का विधान-मंडल, विधि द्वारा, नगरपालिकाओं द्वारा लेखे रखे जाने और ऐसे लेखाओं की संपरीक्षा करने के बारे में उपबंध कर सकेगा।

### 243यक. नगरपालिकाओं के लिए निर्वाचन-

(1) नगरपालिकाओं के लिए कराए जाने वाले सभी निर्वाचनों के लिए निर्वाचक नामावली तैयार कराने का और उन सभी निर्वाचनों के संचालन का अधीक्षण, निदेशन और नियंत्रण, अनुच्छेद 243ट में निर्दिष्ट राज्य निर्वाचन आयोग में निहित होगा।

(2) इस संविधान के उपबंधों के अधीन रहते हुए, किसी राज्य का विधान-मंडल, विधि द्वारा, नगरपालिकाओं के निर्वाचनों से संबंधित या संसक्त सभी विषयों के संबंध में उपबंध कर सकेगा।

### 243यख. संघ राज्यक्षेत्रों को लागू होना-

इस भाग के उपबंध संघ राज्यक्षेत्रों को लागू होंगे और किसी संघ राज्यक्षेत्र को उनके लागू होने में इस प्रकार प्रभावी होंगे मानो किसी राज्य के राज्यपाल के प्रति निर्देश, अनुच्छेद 239 के अधीन नियुक्त संघ राज्यक्षेत्र के प्रशासक के प्रति निर्देश हों और किसी राज्य के विधान-मंडल या विधान सभा के प्रति निर्देश, किसी ऐसे संघ राज्यक्षेत्र के संबंध में, जिसमें विधान सभा है, उस विधान सभा के प्रति निर्देश हों :

परंतु राष्ट्रपति, लोक अधिसूचना द्वारा, यह निदेश दे सकेगा कि इस भाग के उपबंध किसी संघ राज्यक्षेत्र या उसके किसी भाग को ऐसे अपवादों और उपांतरणों के अधीन रहते हुए, लागू होंगे, जो वह अधिसूचना में विनिर्दिष्ट करे।

### 243यग. इस भाग का कतिपय क्षेत्रों को लागू न होना-

(1) इस भाग की कोई बात अनुच्छेद 244 के खंड (1) में निर्दिष्ट अनुसूचित क्षेत्रों और इसके खंड (2) में निर्दिष्ट जनजाति क्षेत्रों को लागू नहीं होगी।

(2) इस भाग की किसी बात का यह अर्थ नहीं लगाया जाएगा कि वह पश्चिमी बंगाल राज्य के दार्जिलिंग जिले के पर्वतीय क्षेत्रों के लिए तत्समय प्रवृत्त किसी विधि के अधीन गठित दार्जिलिंग गोरखा पर्वतीय परिषद् के कृत्यों और शक्तियों पर प्रभाव डालती है।

(3) इस संविधान में किसी बात के होते हुए भी, संसद, विधि द्वारा, इस भाग के उपबंधों का विस्तार खंड (1) में निर्दिष्ट अनुसूचित क्षेत्रों और जनजाति क्षेत्रों पर, ऐसे अपवादों और उपांतरणों के अधीन रहते हुए, कर सकेगी, जो ऐसी विधि में विनिर्दिष्ट किए जाएँ और ऐसी किसी विधि को अनुच्छेद 368 के प्रयोजनों के लिए इस संविधान का संशोधन नहीं समझा जाएगा।

### 243यघ. जिला योजना के लिए समिति-

(1) प्रत्येक राज्य में जिला स्तर पर, जिले में पंचायतों और नगरपालिकाओं द्वारा तैयार की गई योजनाओं का समेकन करने और संपूर्ण जिले के लिए एक विकास योजना प्रारूप तैयार करने के लिए, एक जिला योजना समिति का गठन किया जाएगा।

(2) राज्य का विधान-मंडल, विधि द्वारा, निम्नलिखित की बाबत उपबंध कर सकेगा, अर्थात् :-

(क) जिला योजना समितियों की संरचना;

(ख) वह रीति जिससे ऐसी समितियों में स्थान भरे जाएँगे :
परंतु ऐसी समिति की कुल सदस्य संख्या के कम-से-कम चार बटा पांच सदस्य, जिला स्तर पर पंचायत के निर्वाचित सदस्यों द्वारा, अपने में से, जिले में ग्रामीण क्षेत्रों की और नगरीय क्षेत्रों की जनसंख्या के अनुपात के अनुसार निर्वाचित किए जाएँगे;

(ग) जिला योजना से संबंधित ऐसे कृत्य जो ऐसी समितियों को समनुदिष्ट किए जाएँ,

(घ) वह रीति, जिससे ऐसी समितियों के अध्यक्ष चुने जाएँगे।

(3) प्रत्येक जिला योजना समिति, विकास योजना प्रारूप तैयार करने में,-

(क) निम्नलिखित का ध्यान रखेगी, अर्थात् :-

(i) पंचायतों और नगरपालिकाओं के सामान्य हित के विषय, जिनके अंतर्गत स्थानिक योजना, जल तथा अन्य भौतिक और प्राकृतिक संसाधनों में हिस्सा बंटाना, अवसंरचना का एकीकृत विकास और पर्यावरण संरक्षण है;

(ii) उपलब्ध वित्तीय या अन्य संसाधनों की मात्रा और प्रकार;

(ख) ऐसी संस्थाओं और संगठनों से परामर्श करेगी जिन्हें राज्यपाल, आदेश द्वारा, विनिर्दिष्ट करे।

(4) प्रत्येक जिला योजना समिति का अध्यक्ष, वह विकास योजना, जिसकी ऐसी समिति द्वारा सिफारिश की जाती है, राज्य सरकार को भेजेगा।

### 243यङ. महानगर योजना के लिए समिति-

(1) प्रत्येक महानगर क्षेत्र में, संपूर्ण महानगर क्षेत्र के लिए विकास योजना प्रारूप तैयार करने के लिए, एक महानगर योजना समिति का गठन किया जाएगा।

(2) राज्य का विधान-मंडल, विधि द्वारा, निम्नलिखित की बाबत उपबंध कर सकेगा, अर्थात् :-

(क) महानगर योजना समितियों की संरचना;

(ख) वह रीति जिससे ऐसी समितियों में स्थान भरे जाएँगे :

परंतु ऐसी समिति के कम-से-कम दो-तिहाई सदस्य, महानगर क्षेत्र में नगरपालिकाओं के निर्वाचित सदस्यों और पंचायतों के अध्यक्षों द्वारा, अपने में से, उस क्षेत्र में नगरपालिकाओं की और पंचायतों की जनसंख्या के अनुपात के अनुसार निर्वाचित किए जाएँगे;

(ग) ऐसी समितियों में भारत सरकार और राज्य सरकार का तथा ऐसे संगठनों और संस्थाओं का प्रतिनिधित्व जो ऐसी समितियों को समनुदिष्ट कृत्यों को कार्यान्वित करने के लिए आवश्यक समझे जाएँ;

(घ) महानगर क्षेत्र के लिए योजना और समन्वय से संबंधित ऐसे कृत्य जो ऐसी समितियों को समनुदिष्ट किए जाएँ;

(घ) वह रीति, जिससे ऐसी समितियों के अध्यक्ष चुने जाएँगे।

(3) प्रत्येक महानगर योजना समिति, विकास योजना प्रारूप तैयार करने में,-

(क) निम्नलिखित का ध्यान रखेगी, अर्थात् :-

(i) महानगर क्षेत्र में नगरपालिकाओं और पंचायतों द्वारा तैयार की गई योजनाएँ :

(ii) नगरपालिकाओं और पंचायतों के सामान्य हित के विषय, जिनके अंतर्गत उस क्षेत्र की समन्वित स्थानिक योजना, जल तथा अन्य भौतिक और प्राकृतिक संसाधनों में हिस्सा बंटाना, अवसंरचना का एकीकृत विकास और पर्यावरण संरक्षण है;

(iii) भारत सरकार और राज्य सरकार द्वारा निश्चित समस्त उद्देश्य और पूर्विकताएँ :

(iv) उन विनिधानों की मात्रा और प्रकृति जो भारत सरकार और राज्य सरकार के अभिकरण द्वारा महानगर क्षेत्र में किए जाने संभाव्य हैं तथा अन्य उपलब्ध वित्तीय या अन्य संसाधन;

(ख) ऐसी संस्थाओं और संगठनों से परामर्श करेगी जिन्हें राज्यपाल, आदेश द्वारा, विनिर्दिष्ट करे।

(4) प्रत्येक महानगर योजना समिति का अध्यक्ष, वह विकास योजना, जिसकी ऐसी समिति द्वारा सिफारिश की जाती है, राज्य सरकार को भेजेगा।

## 243यच. विद्यमान विधियों और नगरपालिकाओं का बना रहना-

इस भाग में किसी बात के होते हुए भी संविधान (चौहत्तरवां संशोधन) अधिनियम, 1992 के प्रारंभ के ठीक पूर्व किसी राज्य में प्रवृत्त नगरपालिकाओं से संबंधित किसी विधि का कोई उपबंध, जो इस भाग के उपबंधों से असंगत है, जब तक सक्षम विधान-मंडल द्वारा या अन्य सक्षम प्राधिकारी द्वारा उसे संशोधित या निरसित नहीं कर दिया जाता है या जब तक ऐसे प्रारंभ से एक वर्ष समाप्त नहीं हो जाता है, इनमें से जो भी पहले हो, तब तक प्रवृत्त बना रहेगा :

परंतु ऐसे प्रारंभ के ठीक पूर्व विद्यमान सभी नगरपालिकाएं, यदि उस राज्य की विधान सभा द्वारा या ऐसे राज्य की दशा में, जिसमें विधान परिषद् हैं, उस राज्य के विधान-मंडल के प्रत्येक सदन द्वारा पारित इस आशय के संकल्प द्वारा पहले ही विघटित नहीं कर दी जाती हैं तो, अपनी अवधि की समाप्ति तक बनी रहेगी।

## 243यछ. निर्वाचन संबंधी मामलों में न्यायालयों के हस्तक्षेप का वर्जन-

इस संविधान में किसी बात के होते हुए भी,-

(क) अनुच्छेद 243यक के अधीन बनाई गई या बनाई जाने के लिए तात्पर्यित किसी ऐसी विधि की विधिमान्यता, जो निर्वाचन क्षेत्रों के परिसीमन या ऐसे निर्वाचन क्षेत्रों को स्थानों के आबंटन से संबंधित है, किसी न्यायालय में प्रश्नगत नहीं की जाएगी;

(ख) किसी नगरपालिका के लिए कोई निर्वाचन, ऐसी निर्वाचन अर्जी पर ही प्रश्नगत किया जाएगा जो ऐसे प्राधिकारी को और ऐसी रीति से प्रस्तुत की गई है, जिसका किसी राज्य के विधान-मंडल द्वारा बनाई गई किसी विधि द्वारा या उसके अधीन उपबंध किया जाए, अन्यथा नहीं।]

## संदर्भ

1. संविधान (चौहत्तरवां संशोधन) अधिनियम, 1992 की धारा 2 द्वारा (1-6-1993 से) अंत:स्थापित।

# भाग-10

# अनुसूचित और जनजाति क्षेत्र

**244. अनुसूचित क्षेत्रों और जनजाति क्षेत्रों का प्रशासन-**

(1) पांचवीं अनुसूची के उपबंध [1][असम, [2][[3][मघालय, त्रिपुरा और मिजोरम]] राज्यों] से भिन्न [4]*** किसी राज्य के अनुसूचित क्षेत्रों और अनुसूचित जनजातियों के प्रशासन और नियंत्रण के लिए लागू होंगे।

(2) छठी अनुसूची के उपबंध [1][असम, [2][[5][मेघालय, त्रिपुरा और मिजोरम राज्यों के जनजाति क्षेत्रों के लिए लागू होंगे।

**[6][244क. असम के कुछ जनजाति क्षेत्रों को समाविष्ट करनेवाला एक स्वशासी राज्य बनाना और उसके लिए स्थानीय विधान-मंडल या मंत्रि-परिषद् का या दोनों का सृजन-**

(1) इस संविधान में किसी बात के होते हुए भी, संसद विधि द्वारा असम राज्य के भीतर एक स्वशासी राज्य बना सकेगी, जिसमें छठी अनुसूची के पैरा 20 से संलग्न सारणी के [7][भाग 1] में विनिर्दिष्ट सभी या कोई जनजाति क्षेत्र (पूर्णत: या भागत:) समाविष्ट होंगे आर उसके लिए-

(क) उस स्वशासी राज्य के विधान-मंडल के रूप में कार्य करने के लिए निर्वाचित या भागत: नामनिर्देशित और भागत: निर्वाचित निकाय का, या

(ख) मंत्रि-परिषद् का, या दोनों का सृजन कर सकेगी, जिनमें से प्रत्येक का गठन, शक्तियाँ और कृत्य वे होंगे जो उस विधि में विनिर्दिष्ट किए जाएँ।

(2) खंड (1) में निर्दिष्ट विधि, विशिष्टतया,-

(क) राज्य सूची या समवर्ती सूची में प्रगणित वे विषय विनिर्दिष्ट कर सकेगी जिनके संबंध में स्वशासी राज्य के विधान-मंडल को संपूर्ण स्वशासी राज्य के लिए या उसके किसी भाग के लिए विधि बनाने की शक्ति, असम राज्य के विधान-मंडल का अपवर्जन करके या अन्यथा, होगी;

(ख) वे विषय परिनिश्चित कर सकेगी जिन पर उस स्वशासी राज्य की कार्यपालिका शक्ति का विस्तार होगा;

(ग) यह उपबंध कर सकेगी कि असम राज्य द्वारा उद्गृहीत कोई कर स्वशासी राज्य को वहाँ तक सौंपा जाएगा जहाँ तक उसके आगम स्वशासी राज्य से प्राप्त हुए माने जा सकते हैं;

(घ) यह उपबंध कर सकेगी कि इस संविधान के किसी अनुच्छेद में राज्य के प्रति किसी निर्देश का यह अर्थ लगाया जाएगा कि उसके अंतर्गत स्वशासी राज्य के प्रति निर्देश है; और

(ङ) ऐसे अनुपूरक, आनुषंगिक या पारिणामिक उपबंध कर सकेगी जा आवश्यक समझे जाएँ।

(3) पूर्वोक्त प्रकार की किसी विधि का कोई संशोधन, जहाँ तक वह संशोधन खंड (2) के उपखंड (क) या उपखंड (ख) में विनिर्दिष्ट विषयों में से किसी से संबंधित है, तब तक प्रभावी नहीं होगा जब तक वह संशोधन संसद के प्रत्येक सदन में उपस्थित और मत देने वाले कम-से-कम दो-तिहाई सदस्यों द्वारा पारित नहीं कर दिया जाता है।

(4) इस अनुच्छेद में निर्दिष्ट विधि को अनुच्छेद 368 के प्रयोजनों के लिए इस संविधान का संशोधन इस बात के होते हुए भी नहीं समझा जाएगा कि उसमें कोई ऐसा उपबंध अंतर्विष्ट है जो इस संविधान का संशोधन करता है या संशोधन करने का प्रभाव रखता है।]

## संदर्भ

1. पूर्वोत्तर क्षेत्र (पुनर्गठन) अधिनियम, 1971 (1971 का 81) की धारा 71 द्वारा (21-1-1972 से) "असम राज्य" के स्थान पर प्रतिस्थापित।
2. मिजोरम राज्य अधिनियम, 1986 (1986 का 34) की धारा 39 द्वारा (20-2-1987 से) "मेघालय और त्रिपुरा" शब्दों के स्थान पर प्रतिस्थापित।
3. संविधान (उनचासवां संशोधन) अधिनियम, 1984 की धारा 2 द्वारा "और मेघालय" के स्थान पर (1-4-1985 से) प्रतिस्थापित।
4. संविधान (सातवां संशोधन) अधिनियम, 1956 की धारा 29 और अनुसूची द्वारा "पहली अनुसूची के भाग क या भाग ख में विनिर्दिष्ट" शब्दों और अक्षरों का लोप किया गया।
5. मिजोरम राज्य अधिनियम, 1986 (1986 का 34) की धारा 39 द्वारा (20-2-1987 से) "मेघालय और त्रिपुरा राज्यों और मिजोरम संघ राज्यक्षेत्र" शब्दों के स्थान पर प्रतिस्थापित।
6. संविधान (बाईसवां संशोधन) अधिनियम, 1969 की धारा 2 द्वारा अंत:स्थापित।
7. पूर्वोत्तर क्षेत्र (पुनर्गठन) अधिनियम, 1971 (1971 का 81) की धारा 71 द्वारा (21-1-1972 से) "भाग क" के स्थान पर प्रतिस्थापित।

# भाग-11

# संघ और राज्यों के बीच संबंध

## अध्याय 1-विधायी संबंध

### विधायी शक्तियों का वितरण

**245. संसद द्वारा और राज्यों के विधान-मंडलों द्वारा बनाई गई विधियों का विस्तार-**

(1) इस संविधान के उपबंधों के अधीन रहते हुए, संसद भारत के संपूर्ण राज्यक्षेत्र या उसके किसी भाग के लिए विधि बना सकेगी और किसी राज्य का विधान-मंडल संपूर्ण राज्य या उसके किसी भाग के लिए विधि बना सकेगा।

(2) संसद द्वारा बनाई गई कोई विधि इस आधार पर अविधिमान्य नहीं समझी जाएगी कि उसका राज्यक्षेत्रातीत प्रवर्तन होगा।

**246. संसद द्वारा और राज्यों के विधान-मंडलों द्वारा बनाई गई विधियों की विषय-वस्तु-**

(1) खंड (2) और खंड (3) में किसी बात के होते हुए भी, संसद को सातवीं अनुसूची की सूची 1 में (जिसे इस संविधान में "संघ सूची" कहा गया है।) प्रगणित किसी भी विषय के संबंध में विधि बनाने की अनन्य शक्ति है।

(2) खंड (3) में किसी बात के होते हुए भी, संसद को और खंड (1) के अधीन रहते हए, [1]*** किसी राज्य क विधान-मंडल को भी, सातवीं अनुसूची की सूची 3 में (जिसे इस संविधान में "समवर्ती सूची" कहा गया है) प्रगणित किसी भी विषय के संबंध में विधि बनाने की शक्ति है।

(3) खंड (1) और खंड (2) के अधीन रहते हुए, [1]*** किसी राज्य के विधान-मंडल को, सातवीं अनुसूची की सूची 2 में (जिसे इस संविधान में "राज्य सूची" कहा गया है) प्रगणित किसी भी विषय के संबंध में उस राज्य या उसके किसी भाग के लिए विधि बनाने की अनन्य शक्ति है।

(4) संसद को भारत के राज्यक्षेत्र के ऐसे भाग के लिए [2][जो किसी राज्य] के अंतर्गत नहीं है, किसी भी विषय के संबंध में विधि बनाने की शक्ति है, चाहे वह विषय राज्य सूची में प्रगणित विषय ही क्यों न हो।

**247. कुछ अतिरिक्त न्यायालयों की स्थापना का उपबंध करने की संसद की शक्ति-**

इस अध्याय में किसी बात के होते हुए भी, संसद अपने द्वारा बनाई गई विधियों के या किसी विद्यमान विधि के, जो संघ सूची में प्रगणित विषय के संबंध में है, अधिक अच्छे प्रशासन के लिए अतिरिक्त न्यायालयों की स्थापना का विधि द्वारा उपबंध कर सकेगी।

**248. अवशिष्ट विधायी शक्तियाँ-**

(1) संसद को किसी ऐसे विषय के संबंध में, जो समवर्ती सूची या राज्य सूची में प्रगणित नहीं है, विधि बनाने की अनन्य शक्ति है।

(2) ऐसी शक्ति के अंतर्गत ऐसे कर के अधिरोपण के लिए जो उन सूचियों में से किसी में वर्णित नहीं है, विधि बनाने की शक्ति है।

**249. राज्य सूची में के विषय के संबंध में राष्ट्रीय हित में विधि बनाने की संसद की शक्ति-**

(1) इस अध्याय के पूर्वगामी उपबंधों में किसी बात के होते हुए भी, यदि राज्य सभा ने उपस्थित और मत देने वाले सदस्यों में से कम-से-कम दो-तिहाई सदस्यों द्वारा समर्थित संकल्प द्वारा घोषित किया है कि राष्ट्रीय हित में यह आवश्यक या समीचीन है कि संसद राज्य सूची में प्रगणित ऐसे विषय के संबंध में, जो उस संकल्प में विनिर्दिष्ट है, विधि बनाए तो जब तक वह संकल्प प्रवृत्त है, संसद के लिए उस विषय के संबंध में भारत के संपूर्ण राज्यक्षेत्र या उसके किसी भाग के लिए विधि बनाना विधिपूर्ण होगा।

(2) खंड (1) के अधीन पारित संकल्प एक वर्ष से अनधिक ऐसी अवधि के लिए प्रवृत्त रहेगा जो उसमें विनिर्दिष्ट की जाए :

परंतु यदि और जितनी बार किसी ऐसे संकल्प को प्रवृत्त बनाए रखने का अनुमोदन करनेवाला संकल्प खंड (1) में उपबंधित रीति से पारित हो जाता है तो और उतनी बार ऐसा संकल्प उस तारीख से, जिसको वह इस खंड के अधीन अन्यथा प्रवृत्त नहीं रहता, एक वर्ष की और अवधि तक प्रवृत्त रहेगा।

(3) संसद द्वारा बनाई गई कोई विधि, जिसे संसद खंड (1) के अधीन संकल्प के पारित होने के अभाव में बनाने के लिए सक्षम नहीं होती, संकल्प के प्रवृत्त न रहने के पश्चात् छह मास की अवधि की समाप्ति पर अक्षमता की मात्रा तक उन बातों के सिवाय प्रभावी नहीं रहेगी जिन्हें उक्त अवधि की समाप्ति से पहले किया गया है या करने का लोप किया गया है।

## 250. यदि आपात की उद्घोषणा प्रवर्तन में हो तो राज्य सूची में के विषय के संबंध में विधि बनाने की संसद की शक्ति-

(1) इस अध्याय में किसी बात के होते हुए भी, संसद को, जब तक आपात की उद्घोषणा प्रवर्तन में है, राज्य सूची में प्रगणित किसी भी विषय के संबंध में भारत के संपूर्ण राज्यक्षेत्र या उसके किसी भाग के लिए विधि बनाने की शक्ति होगी।

(2) संसद द्वारा बनाई गई कोई विधि, जिसे संसद आपात की उद्घोषणा के अभाव में बनाने के लिए सक्षम नहीं होती, उद्घोषणा के प्रवर्तन में न रहने के पश्चात् छह मास की अवधि की समाप्ति पर अक्षमता की मात्रा तक उन बातों के सिवाय प्रभावी नहीं रहेगी जिन्हें उक्त अवधि की समाप्ति से पहले किया गया है या करने का लोप किया गया है।

## 251. संसद द्वारा अनुच्छेद 249 और अनुच्छेद 250 के अधीन बनाई गई विधियों और राज्यों के विधान-मंडलों द्वारा बनाई गई विधियों में असंगति-

अनुच्छेद 249 और अनुच्छेद 250 की कोई बात किसी राज्य के विधान-मंडल की ऐसी विधि बनाने की शक्ति को, जिसे इस संविधान के अधीन बनाने की शक्ति उसको है, निर्बंधित नहीं करेगी किंतु यदि किसी राज्य के विधान-मंडल द्वारा बनाई गई विधि का कोई उपबंध संसद द्वारा बनाई गई विधि के, जिसे उक्त अनुच्छेदों में से किसी अनुच्छेद के अधीन बनाने की शक्ति संसद को है, किसी उपबंध के विरुद्ध है तो संसद द्वारा बनाई गई विधि अभिभावी होगी चाहे वह राज्य के विधान-मंडल द्वारा बनाई गई विधि से पहले या उसके बाद में पारित की गई हो और राज्य के विधान-मंडल द्वारा बनाई गई विधि उस विरोध की मात्रा तक अप्रवर्तनीय होगी किंतु ऐसा तभी तक होगा जब तक संसद द्वारा बनाई गई विधि प्रभावी रहती है।

## 252. दो या अधिक राज्यों के लिए उनकी सहमति से विधि बनाने की संसद की शक्ति और ऐसी विधि का किसी अन्य राज्य द्वारा अंगीकार किया जाना-

(1) यदि किन्हीं दो या अधिक राज्यों के विधान-मंडलों को यह वांछनीय प्रतीत होता है कि उन विषयों में से, जिनके संबंध में संसद को अनुच्छेद 249 और अनुच्छेद 250 में यथा उपबंधित के सिवाय राज्यों के लिए विधि बनाने की शक्ति नहीं है, किसी विषय का विनियमन ऐसे राज्यों में संसद विधि द्वारा करे और यदि उन राज्यों के विधान-मंडलों के सभी सदन उस आशय के संकल्प पारित करते हैं तो उस विषय का तद्नुसार विनियमन करने के लिए कोई अधिनियम पारित करना संसद के लिए विधिपूर्ण होगा और इस प्रकार पारित अधिनियम ऐसे राज्यों को लागू होगा और ऐसे अन्य राज्य को लागू होगा, जो तत्पश्चात् अपने विधान-मंडल के सदन द्वारा या जहाँ दो सदन हैं वहाँ दोनों सदनों में से प्रत्येक सदन इस निमित्त पारित संकल्प द्वारा उसको अंगीकार कर लेता है।

(2) संसद द्वारा इस प्रकार पारित किसी अधिनियम का संशोधन या निरसन इसी रीति से पारित या अंगीकृत संसद के अधिनियम द्वारा किया जा सकेगा, किंतु उसका उस राज्य के संबंध में संशोधन या निरसन जिसको वह लागू होता है, उस राज्य के विधान-मंडल के अधिनियम द्वारा नहीं किया जाएगा।

## 253. अंतर्राष्ट्रीय करारों को प्रभावी करने के लिए विधान-

इस अध्याय के पूर्वगामी उपबंधों में किसी बात के होते हुए भी, संसद को किसी अन्य देश या देशों के साथ की गई किसी संधि, करार या अभिसमय अथवा किसी अंतर्राष्ट्रीय सम्मेलन, संगम या अन्य निकाय में किए गए किसी विनिश्चय के कार्यान्वयन के लिए भारत के संपूर्ण राज्यक्षेत्र या उसके किसी भाग के लिए कोई विधि बनाने की शक्ति है।

## 254. संसद द्वारा बनाई गई विधियों और राज्यों के विधान-मंडलों द्वारा बनाई गई विधियों में असंगति-

(1) यदि किसी राज्य के विधान-मंडल द्वारा बनाई गई विधि का कोई उपबंध संसद द्वारा बनाई गई विधि के, जिसे अधिनियमित करने के लिए संसद सक्षम है, किसी उपबंध के या समवर्ती सूची में प्रगणित किसी विषय के संबंध में विद्यमान विधि के किसी उपबंध के विरुद्ध है तो खंड (2) के उपबंधों के अधीन रहते हुए, यथास्थिति, संसद द्वारा बनाई गई विधि, चाहे वह ऐसे राज्य के विधान-मंडल द्वारा बनाई गई विधि से पहले या उसके बाद में पारित की गई हो, या विद्यमान विधि, अभिभावी होगी और उस

राज्य के विधान-मंडल द्वारा बनाई गई विधि उस विरोध की मात्रा तक शून्य होगी।

(2) जहाँ [3]*** राज्य के विधान-मंडल द्वारा समवर्ती सूची में प्रगणित किसी विषय के संबंध में बनाई गई विधि में कोई ऐसा उपबंध अंतर्विष्ट है जो संसद द्वारा पहले बनाई गई विधि के या उस विषय के संबंध में किसी विद्यमान विधि के उपबंधों के विरुद्ध है तो यदि ऐसे राज्य के विधान-मंडल द्वारा इस प्रकार बनाई गई विधि को राष्ट्रपति के विचार के लिए आरक्षित रखा गया है और उस पर उसकी अनुमति मिल गई है तो वह विधि उस राज्य में अभिभावी होगी :

परंतु इस खंड की कोई बात संसद को उसी विषय के संबंध में कोई विधि, जिसके अंतर्गत ऐसी विधि है, जो राज्य के विधान-मंडल द्वारा इस प्रकार बनाई गई विधि का परिवर्धन, संशोधन, परिवर्तन या निरसन करती है, किसी भी समय अधिनियमित करने से निवारित नहीं करेगी।

### 255. सिफारिशों और पूर्व मंजूरी के बारे में अपेक्षाओं को केवल प्रक्रिया के विषय मानना-

यदि संसद के या [3]*** किसी राज्य के विधान-मंडल के किसी अधिनियम को-

(क) जहाँ राज्यपाल की सिफारिश अपेक्षित थी वहाँ राज्यपाल या राष्ट्रपति ने,

(ख) जहाँ राजप्रमुख की सिफारिश अपेक्षित थी वहाँ राजप्रमुख या राष्ट्रपति ने,

(ग) जहाँ राष्ट्रपति की सिफारिश या पूर्व मंजूरी अपेक्षित थी वहाँ राष्ट्रपति ने,

अनुमति दे दी है तो ऐसा अधिनियम और ऐसे अधिनियम का कोई उपबंध केवल इस कारण अविधिमान्य नहीं होगा कि इस संविधान द्वारा अपेक्षित कोई सिफारिश नहीं की गई थी या पूर्व मंजूरी नहीं दी गई थी।

## संदर्भ

1. संविधान (सातवां संशोधन) अधिनियम, 1956 की धारा 29 और अनुसूची द्वारा "पहली अनुसूची के भाग क या भाग ख में विनिर्दिष्ट" शब्दों और अक्षरों का लोप किया गया।
2. संविधान (सातवां संशोधन) अधिनियम, 1956 की धारा 29 और अनुसूची द्वारा "पहली अनुसूची के भाग क या भाग ख में" के स्थान पर प्रतिस्थापित।
3. संविधान (सातवां संशोधन) अधिनियम, 1956 की धारा 29 और अनुसूची द्वारा "पहली अनुसूची के भाग क या भाग ख में विनिर्दिष्ट" शब्दों और अक्षरों का लोप किया गया।

# अध्याय 2-प्रशासनिक संबंध

## साधारण

### 256. राज्यों की और संघ की बाध्यता-

प्रत्येक राज्य की कार्यपालिका शक्ति का इस प्रकार प्रयोग किया जाएगा जिससे संसद द्वारा बनाई गई विधियों का और ऐसी विद्यमान विधियों का, जो उस राज्य में लागू हैं, अनुपालन सुनिश्चित रहे और संघ की कार्यपालिका शक्ति का विस्तार किसी राज्य को ऐसे निदेश देने तक होगा जो भारत सरकार को उस प्रयोजन के लिए आवश्यक प्रतीत हों।

### 257. कुछ दशाओं में राज्यों पर संघ का नियंत्रण-

(1) प्रत्येक राज्य की कार्यपालिका शक्ति का इस प्रकार प्रयोग किया जाएगा जिससे संघ की कार्यपालिका शक्ति के प्रयोग में कोई प्रतिकूल प्रभाव न पड़े और संघ की कार्यपालिका शक्ति का विस्तार किसी राज्य को ऐसे निदेश देने तक होगा जो भारत सरकार को इस प्रयोजन के लिए आवश्यक प्रतीत हों।

(2) संघ की कार्यपालिका शक्ति का विस्तार राज्य को ऐसे संचार साधनों के निर्माण और बनाए रखने के बारे में निदेश देने तक भी होगा जिनका राष्ट्रीय या सैनिक महत्त्व का होना उस निदेश में घोषित किया गया है :

परंतु इस खंड की कोई बात किसी राज मार्ग या जल मार्ग को राष्ट्रीय राज मार्ग या राष्ट्रीय जल मार्ग घोषित करने की संसद की शक्ति को अथवा इस प्रकार घोषित राज मार्ग या जल मार्ग के बारे में संघ की शक्ति को अथवा सेना, नौसेना और वायुसेना संकर्म विषयक अपने कृत्यों के भागरूप संचार साधनों के निर्माण और बनाए रखने की संघ की शक्ति को निर्बंधित करने वाली नहीं मानी जाएगी।

(3) संघ की कार्यपालिका शक्ति का विस्तार किसी राज्य में रेलों के संरक्षण के लिए किए जाने वाले उपायों के बारे में उस राज्य को निदेश देने तक भी होगा।

(4) जहाँ खंड (2) के अधीन संचार साधनों के निर्माण या बनाए रखने के बारे में अथवा खंड (3) के अधीन किसी रेल के संरक्षण के लिए किए जाने वाले उपायों के बारे में किसी राज्य को दिए गए किसी निदेश के पास उस खर्च से अधिक खर्च हो गया है जो, यदि ऐसा निदेश नहीं दिया गया होता तो राज्य के प्रसामान्य कर्ता निर्वहन में खर्च होता वहाँ उस राज्य द्वारा इस प्रकार किए गए अतिरिक्त खर्चों के संबंध में भारत सरकार द्वारा राज्य को ऐसी राशि का, जो करार पाई जाए या करार के अभाव में ऐसी राशि का, जिसे भारत के मुख्य न्यायमूर्ति द्वारा नियुक्त मध्यस्थ अवधारित करे, संदाय किया जाएगा।

## [1][257क. संघ के सशस्त्र बलों या अन्य बलों के अभिनियोजन द्वारा राज्यों की सहायता।]-

संविधान (चवालीसवां संशोधन) अधिनियम, 1978 की धारा 33 द्वारा (20-6-1979 से) निरसित।।

## 258. कुछ दशाओं में राज्यों को शक्ति प्रदान करने आदि की संघ की शक्ति-

(1) इस संविधान में किसी बात के होते हुए भी, राष्ट्रपति, किसी राज्य की सरकार की सहमति से उस सरकार को या उसके अधिकारियों को ऐसे किसी विषय से संबंधित कृत्य, जिन पर संघ की कार्यपालिका शक्ति का विस्तार है, सशर्त या बिना शर्त सौंप सकेगा।

(2) संसद द्वारा बनाई गई विधि, जो किसी राज्य को लागू होती है ऐसे विषय से संबंधित होने पर भी, जिसके संबंध में राज्य के विधान-मंडल को विधि बनाने की शक्ति नहीं है, उस राज्य या उसके अधिकारियों और प्राधिकारियों को शक्ति प्रदान कर सकेगी और उन पर कर्त्तव्य अधिरोपित कर सकेगी या शक्तियों का प्रदान किया जाना और कर्त्तव्यों का अधिरोपित किया जाना प्राधिकृत कर सकेगी।

(3) जहाँ इस अनुच्छेद के आधार पर किसी राज्य अथवा उसके अधिकारियों या प्राधिकारियों को शक्तियाँ प्रदान की गई हैं या उन पर कर्त्तव्य अधिरोपित किए गए हैं वहाँ उन शक्तियों और कर्त्तव्यों के प्रयोग के संबंध में राज्य द्वारा प्रशासन में किए गए अतिरिक्त खर्चों के संबंध में भारत सरकार द्वारा उस राज्य को ऐसी राशि का, जो करार पाई जाए या करार के अभाव में ऐसी राशि का, जिसे भारत के मुख्य न्यायमूर्ति द्वारा नियुक्त मध्यस्थ अवधारित करे, संदाय किया जाएगा।

## [2][258क. संघ को कृत्य सौंपने की राज्यों की शक्ति-

इस संविधान में किसी बात के होते हुए भी, किसी राज्य का राज्यपाल, भारत सरकार की सहमति से उस सरकार को या उसके अधिकारियों को ऐसे किसी विषय से संबंधित कृत्य, जिन पर उस राज्य की कार्यपालिका शक्ति का विस्तार है, सशर्त या बिना शर्त सौंप सकेगा।]

## 259. [पहली अनुसूची के भाग ख के राज्यों के सशस्त्र बल।]-

संविधान (सातवां संशोधन) अधिनियम, 1956 की धारा 29 और अनुसूची द्वारा निरसित।

## 260. भारत के बाहर के राज्यक्षेत्रों के संबंध में संघ की अधिकारिता-

भारत सरकार किसी ऐसे राज्यक्षेत्र की सरकार से, जो भारत के राज्यक्षेत्र का भाग नहीं है, करार करके ऐसे राज्यक्षेत्र की सरकार में निहित किन्हीं कार्यपालक, विधायी या न्यायिक कृत्यों का भार अपने ऊपर ले सकेगी, किंतु प्रत्येक ऐसा करार विदेशी अधिकारिता के प्रयोग से संबंधित तत्समय प्रवृत्त किसी विधि के अधीन होगा और उससे शासित होगा।

## 261. सार्वजनिक कार्य, अभिलेख और न्यायिक कार्यवाहियां-

(1) भारत के राज्यक्षेत्र में सर्वत्र, संघ के और प्रत्येक राज्य के सार्वजनिक कार्यों, अभिलेखों और न्यायिक कार्यवाहियों को पूरा विश्वास और पूरी मान्यता दी जाएगी।

(2) खंड (1) में निर्दिष्ट कार्यों, अभिलेखों और कार्यवाहियों को साबित करने की रीति और शर्तें तथा उनके प्रभाव का अवधारण संसद द्वारा बनाई गई विधि द्वारा उपबंधित रीति के अनुसार किया जाएगा।

(3) भारत के राज्यक्षेत्र के किसी भाग में सिविल न्यायालयों द्वारा दिए गए अंतिम निर्णयों या आदेशों का उस राज्यक्षेत्र के भीतर कहीं भी विधि के अनुसार निष्पादन किया जा सकेगा।

# जल संबंधी विवाद

## 262. अंतर्राज्यिक नदियों या नदी-दूनों के जल संबंधी विवादों का न्यायनिर्णयन-

(1) संसद, विधि द्वारा, किसा अंतरराज्यिक नदी या नदी-दून के या उसमें जल के प्रयोग, वितरण या नियंत्रण के संबंध में किसी विवाद या परिवाद के न्यायनिर्णयन के लिए उपबंध कर सकेगी।

(2) इस संविधान में किसी बात के होते हुए भी, संसद, विधि द्वारा उपबंध कर सकेगी कि उच्चतम न्यायालय या कोई अन्य न्यायालय खंड

(1) में निर्दिष्ट किसी विवाद या परिवाद के संबंध में अधिकारिता का प्रयोग नहीं करेगा।

## राज्यों के बीच समन्वय

### 263. अंतर्राज्य परिषद् के संबंध में उपबंध-

यदि किसी समय राष्ट्रपति को यह प्रतीत होता है कि ऐसी परिषद् की स्थापना से लोक हित की सिद्धि होगी जिसे-

(क) राज्यों के बीच जो विवाद उत्पन्न हो गए हों उनकी जांच करने और उन पर सलाह देने,

(ख) कुछ या सभी राज्यों के अथवा संघ और एक या अधिक राज्यों के सामान्य हित से संबंधित विषयों के अन्वेषण और उन पर विचार-विमर्श करने, या

(ग) ऐसे किसी विषय पर सिफारिश करने और विशिष्टतया उस विषय के संबंध में नीति और कार्रवाई के अधिक अच्छे समन्वय के लिए सिफारिश करने,

के कर्त्तव्य का भार सौंपा जाए तो राष्ट्रपति के लिए यह विधिपूर्ण होगा कि वह आदेश द्वारा ऐसी परिषद् की स्थापना करे और उस परिषद् द्वारा किए जाने वाले कर्त्तव्यों की प्रकृति को तथा उसके संगठन और प्रक्रिया को परिनिश्चित करे।

## संदर्भ

1. संविधान (बयालीसवां संशोधन अधिनियम 1976 की धारा 43 द्वारा (3-1-1977 से) अंत:स्थापित।

2. संविधान (सातवां संशोधन) अधिनियम, 1956 की धारा 18 द्वारा अंत:स्थापित।

# भाग-12

# वित्त, संपत्ति, संविदाएं और वाद

## अध्याय 1–वित्त

### साधारण

**[1][264. निर्वचन-**

इस भाग में, "वित्त आयोग" से अनुच्छेद 280 के अधीन गठित वित्त आयोग अभिप्रेत है।]

**265. विधि के प्राधिकार के बिना करों का अधिरोपण न किया जाना-**

कोई कर विधि के प्राधिकार से ही अधिरोपित या संगृहीत किया जाएगा, अन्यथा नहीं।

**266. भारत और राज्यों की संचित निधियाँ और लोक लेखे-**

(1) अनुच्छेद 267 के उपबंधों के तथा कुछ करों और शुल्कों के शुद्ध आगम पूर्णत: या भागत: राज्यों को सौंप दिए जाने के संबंध में इस अध्याय के उपबंधों के अधीन रहते हुए, भारत सरकार को प्राप्त सभी राजस्व, उस सरकार द्वारा राज हुंडियां निर्गमित करके, उधार द्वारा या अर्थोपाय अग्रिमों द्वारा लिए गए सभी उधार और उधारों के प्रतिसंदाय में उस सरकार को प्राप्त सभी धनराशियों की एक संचित निधि बनेगी जो "भारत की संचित निधि" के नाम से ज्ञात होगी तथा किसी राज्य सरकार को प्राप्त सभी राजस्व, उस सरकार द्वारा राज हुंडियां निर्गमित करके, उधार द्वारा या अर्थोपाय अग्रिमों द्वारा लिए गए सभी उधार और उधारों के प्रतिसंदाय में उस सरकार को प्राप्त सभी धनराशियों की एक संचित निधि बनेगी जो "राज्य की संचित निधि" के नाम से ज्ञात होगी।

(2) भारत सरकार या किसी राज्य सरकार द्वारा या उसकी ओर से प्राप्त सभी अन्य लोक धनराशियां, यथास्थिति, भारत के लोक लेखे में या राज्य के लोक लेखे में जमा की जाएँगी।

(3) भारत की संचित निधि या राज्य की संचित निधि में से कोई धनराशियां विधि के अनुसार तथा इस संविधान में उपबंधित प्रयोजनों के लिए और रीति से ही विनियोजित की जाएँगी, अन्यथा नहीं।

**267. आकस्मिकता निधि-**

(1) संसद, विधि द्वारा, अग्रदाय के स्वरूप की एक आकस्मिकता निधि की स्थापना कर सकेगी जो "भारत की आकस्मिकता निधि" के नाम से ज्ञात होगी जिसमें ऐसी विधि द्वारा अवधारित राशियां समय-समय पर जमा की जाएँगी और अनवेक्षित व्यय का अनुच्छेद 115 या अनुच्छेद 116 के अधीन संसद द्वारा, विधि द्वारा, प्राधिकृत किया जाना लंबित रहने तक ऐसी निधि में से ऐसे व्यय की पूर्ति के लिए अग्रिम धन देने के लिए राष्ट्रपति को समर्थ बनाने के लिए उक्त निधि राष्ट्रपति के व्ययनाधीन रखी जाएगी।

(2) राज्य का विधान-मंडल, विधि द्वारा, अग्रदाय के स्वरूप की एक आकस्मिकता निधि की स्थापना कर सकेगा जो "राज्य की आकस्मिकता निधि" के नाम से ज्ञात होगी जिसमें ऐसी विधि द्वारा अवधारित राशियां समय-समय पर जमा की जाएँगी और अनवेक्षित व्यय का अनुच्छेद 205 या अनुच्छेद 206 के अधीन राज्य के विधान-मंडल द्वारा, विधि द्वारा, प्राधिकृत किया जाना लंबित रहने तक ऐसी निधि में से ऐसे व्यय की पूर्ति के लिए अग्रिम धन देने के लिए राज्यपाल को समर्थ बनाने के लिए उक्त निधि राज्य के राज्यपाल [2]*** के व्ययनाधीन रखी जाएगी।

### संघ और राज्यों के बीच राजस्वों का वितरण

**268. संघ द्वारा उदगृहीत किए जाने वाले किंतु राज्यों द्वारा संगृहीत और विनियोजित किए जाने वाले शुल्क-**

(1) ऐसे स्टांप-शुल्क तथा औषधीय और प्रसाधन निर्मितियों पर ऐसे उत्पाद-शुल्क, जो संघ सूची में वर्णित हैं, भारत सरकार द्वारा उद्गृहीत किए जाएँगे, किंतु-

(क) उस दशा में, जिसमें ऐसे शुल्क [3][संघ राज्यक्षेत्र] के भीतर उद्ग्रहणीय हैं भारत सरकार द्वारा, और

(ख) अन्य दशाओं में जिन-जिन राज्यों के भीतर ऐसे शुल्क उद्ग्रहणीय हैं, उन-उन राज्यों द्वारा, संगृहीत किए जाएँगे।

(2) किसी राज्य के भीतर उद्ग्रहणीय किसी ऐसे शुल्क के किसी वित्तीय वर्ष में आगम, भारत की संचित निधि के भाग नहीं होंगे, किंतु उस राज्य को सौंप दिए जाएँगे।

## [4][268क. संघ द्वारा उदगृहीत किए जाने वाला और संघ तथा राज्यों द्वारा संगृहीत और विनियोजित किया जाने वाला सेवा-कर-

(1) सेवाओं पर कर भारत सरकार द्वारा उद्गृहीत किए जाएँगे और ऐसा कर खंड (2) में उपबंधित रीति से भारत सरकार तथा राज्यों द्वारा संगृहीत और विनियोजित किया जाएगा।

(2) किसी वित्तीय वर्ष में, खंड (1) के उपबंध के अनुसार, उदगृहीत ऐसे किसी कर के आगमों का-

(क) भारत सरकार और राज्यों द्वारा संग्रहण;

(ख) भारत सरकार और राज्यों द्वारा विनियोजन,

संग्रहण और विनियोजन के ऐसे सिद्धान्तों के अनुसार किया जाएगा, जिन्हें संसद विधि द्वारा बनाए।]

## 269. संघ द्वारा उद्गृहीत और संगृहीत किंतु राज्यों को सौंपे जाने वाले कर-

[5][(1) माल के क्रय या विक्रय कर और माल के परेषण पर कर, भारत सरकार द्वारा उद्गृहीत और संगृहीत किए जाएँगे किंतु खंड (2) में उपबंधित रीति से राज्यों को 1 अप्रैल, 1996 को या उसके पश्चात् सौंप दिए जाएँगे या सौंप दिए गए समझे जाएँगे।

**स्पष्टीकरण**-इस खंड के प्रयोजनों के लिए-

(क) "माल के क्रय या विक्रय पर कर" पद से समाचार-पत्रों से भिन्न माल के क्रय या विक्रय पर उस दशा . में कर अभिप्रेत है जिसमें ऐसा क्रय या विक्रय अंतरराज्यिक व्यापार या वाणिज्य के दौरान होता है;

(ख) "माल के परेषण पर कर" पद से माल के परेषण पर (चाहे परेषण उसके करने वाले व्यक्ति को या .किसी अन्य व्यक्ति को किया गया हो) उस दशा में कर अभिप्रेत है जिसमें ऐसा परेषण अंतरराज्यिक व्यापार या वाणिज्य के दौरान होता है।

(2) किसी वित्तीय वर्ष में किसी ऐसे कर के शुद्ध आगम वहाँ तक के सिवाय, जहाँ तक वे आगम संघ राज्यक्षेत्रों से प्राप्त हुए आगम माने जा सकते हैं, भारत की संचित निधि के भाग नहीं होंगे, किंतु उन राज्यों को सौंप दिए जाएँगे जिनके भीतर वह कर उस वर्ष में उद्ग्रहणीय हैं और वितरण के ऐसे सिद्धांतों के अनुसार, जो संसद विधि द्वारा बनाए, उन राज्यों के बीच वितरित किए जाएँगे।

[6][(3) संसद, यह अवधारित करने के लिए कि [7][माल का क्रय या विक्रय या परेषण] कब अंतरराज्यिक व्यापार या वाणिज्य के दौरान होता है, विधि द्वारा सिद्धांत बना सकेगी ]

## [8][270. उद्गृहीत कर और उनका संघ तथा राज्यों के बीच वितरण-

(1) क्रमश: [9][अनुच्छेद 268 और अनच्छेद 269] में निर्दिष्ट शुल्कों और करों के सिवाय, संघ सूची में निर्दिष्ट सभी कर और शुल्क; अनुच्छेद 271 में निर्दिष्ट करों और शुल्कों पर अधिभार और संसद द्वारा बनाई गई किसी विधि के अधीन विनिर्दिष्ट प्रयोजनों के लिए उद्गृहीत कोई उपकर भारत सरकार द्वारा उद्गृहीत और संगृहीत किए जाएँगे तथा खंड (2) में उपबंधित रीति से संघ और राज्यों के बीच वितरित किए जाएँगे।

(2) किसी वित्तीय वर्ष में किसी ऐसे कर या शुल्क के शुद्ध आगमों का ऐसा प्रतिशत, जो विहित किया जाए, भारत की संचित निधि का भाग नहीं होगा, किंतु उन राज्यों को सौंप दिया जाएगा जिनके भीतर वह कर या शुल्क उस वर्ष में उद्गृहणीय है और ऐसी रीति से और ऐसे समय से, जो खंड (3) में उपबंधित रीति से विहित किया जाए, उन राज्यों के बीच वितरित किया जाएगा।

(3) इस अनुच्छेद में, "विहित" से अभिप्रेत है -

(i) जब तक वित्त आयोग का गठन नहीं किया जाता है तब तक राष्ट्रपति द्वारा आदेश द्वारा विहित; और

(ii) वित्त आयोग का गठन किए जाने के पश्चात् वित्त आयोग की सिफारिशों पर विचार करने के पश्चात् राष्ट्रपति द्वारा आदेश द्वारा विहित।]

## 271. कुछ शुल्कों और करों पर संघ के प्रयोजनों के लिए अधिभार-

अनुच्छेद 269 और अनुच्छेद 270 में किसी बात के होते हुए भी, संसद उन अनुच्छेदों में निर्दिष्ट शुल्कों या करों में से किसी में किसी भी समय संघ के प्रयोजनों के लिए अधिभार द्वारा वृद्धि कर सकेगी और किसी ऐसे अधिभार के संपूर्ण आगम भारत की संचित निधि के भाग होंगे।

## [10]272. [कर जो संघ द्वारा उद्गृहीत और संगृहीत किए जाते हैं तथा जो संघ और राज्यों के बीच वितरित किए जा सकेंगे]-

संविधान (अस्सीवां संशोधन) अधिनियम, 2000 की धारा 4 द्वारा लोप किया गया।

## 273. जूट पर और जूट उत्पादों पर निर्यात शुल्क के स्थान पर अनुदान-

(1) जूट पर और जूट उत्पादों पर निर्यात शुल्क के प्रत्येक वर्ष के शुद्ध आगम का कोई भाग असम, बिहार, उड़ीसा और पश्चिमी बंगाल

राज्यों को सौंप दिए जाने के स्थान पर उन राज्यों के राजस्व में सहायता अनुदान के रूप में प्रत्येक वर्ष भारत की संचित निधि पर ऐसी राशियां भारित की जाएँगी जो विहित की जाएँ।

(2) जूट पर और जूट उत्पादों पर जब तक भारत सरकार कोई निर्यात शुल्क उद्गृहीत करती रहती है तब तक या इस संविधान के प्रारंभ से दस वर्ष की समाप्ति तक, इन दोनों में से जो भी पहले हो, इस प्रकार विहित राशियां भारत की संचित निधि पर भारित बनी रहेंगी।

(3) इस अनुच्छेद में, "विहित" पद का वही अर्थ है जो अनुच्छेद 270 में है।

## 274. ऐसे कराधान पर जिसमें राज्य हितबद्ध है, प्रभाव डालने वाले विधेयकों के लिए राष्ट्रपति की पूर्व सिफारिश की अपेक्षा-

(1) कोई विधेयक या संशोधन, जो ऐसा कर या शुल्क, जिसमें राज्य हितबद्ध है, अधिरोपित करता है या उसमें परिवर्तन करता है अथवा जो भारतीय आय-कर से संबंधित अधिनियमितियों के प्रयोजनों के लिए परिभाषित "कृषि-आय" पद के अर्थ में परिवर्तन करता है अथवा जो उन सिद्धांतों को प्रभावित करता है जिनसे इस अध्याय के पूर्वगामी उपबंधों में से किसी उपबंध के अधीन राज्यों को धनराशियां वितरणीय हैं या हो सकेंगी अथवा जो संघ के प्रयोजनों के लिए कोई ऐसा अधिभार अधिरोपित करता है जो इस अध्याय के पूर्वगामी उपबंधों में वर्णित है, संसद के किसी सदन में राष्ट्रपति की सिफारिश पर ही पुर:स्थापित या प्रस्तावित किया जाएगा, अन्यथा नहीं।

(2) इस अनुच्छेद में, "ऐसा कर या शुल्क, जिसमें राज्य हितबद्ध हैं" पद से ऐसा कोई कर या शुल्क अभिप्रेत है-

(क) जिसके शुद्ध आगम पूर्णत: या भागत: किसी राज्य को सौंप दिए जाते हैं, या

(ख) जिसके शुद्ध आगम के प्रति निर्देश से भारत की संचित निधि में से किसी राज्य को राशियां तत्समय संदेय हैं।

## 275. कुछ राज्यों को संघ से अनुदान-

(1) ऐसी राशियां, जिनका संसद विधि द्वारा उपबंध करे, उन राज्यों के राजस्वों में सहायता अनुदान के रूप में प्रत्येक वर्ष भारत की संचित निधि पर भारित होंगी जिन राज्यों के विषय में संसद यह अवधारित करे कि उन्हें सहातया की आवश्यकता है और भिन्न-भिन्न राज्यों के लिए भिन्न-भिन्न राशियां नियत की जा सकेंगी :

परंतु किसी राज्य के राजस्वों में सहायता अनुदान के रूप में भारत की संचित निधि में से ऐसी पूंजी और आवर्ती राशियां संदत्त की जाएँगी जो उस राज्य को उन विकास स्कीमों के खर्चों को पूरा करने में समर्थ बनाने के लिए आवश्यक हों जिन्हें उस राज्य में अनुसूचित जनजातियों के कल्याण की अभिवृद्धि करने या उस पर क्षेत्रों के प्रशासन स्तर को उस राज्य के शेष क्षेत्रों के प्रशासन स्तर तक उन्नत करने के प्रयोजन के लिए उस राज्य द्वारा भारत सरकार के अनुमोदन से हाथ में लिया जाए :

परंतु यह और कि असम राज्य के राजस्व में सहायता अनुदान के रूप में भारत की संचित निधि में से ऐसी पूंजी और आवर्ती राशियां संदत्त की जाएँगी-

(क) जो छठी अनुसूची के पैरा 20 से संलग्न सारणी के [11][भाग 1] में विनिर्दिष्ट जनजाति क्षेत्रों के प्रशासन के संबंध में इस संविधान के प्रारंभ से ठीक पूर्ववर्ती दो वर्ष के दौरान औसत व्यय राजस्व से जितना अधिक है, उसके बराबर हैं; और

(ख) जो उन विकास स्कीमों के खर्चों के बराबर हैं जिन्हें उक्त क्षेत्रों के प्रशासन स्तर को उस राज्य के शेष क्षेत्रों के प्रशासन स्तर तक उन्नत करने के प्रयोजन के लिए उस राज्य द्वारा भारत सरकार के अनुमोदन से हाथ में लिया जाए।

[12][(1क) अनुच्छेद 244क के अधीन स्वशासी राज्य के बनाए जाने की तारीख को और से-

(i) खंड (1) के दूसरे परंतुक के खंड (क) के अधीन संदेय कोई राशियां स्वशासी राज्य को उस दशा में सदत्त की जाएँगी जब उसमें निर्दिष्ट सभी जनजाति क्षेत्र उस स्वशासी राज्य में समाविष्ट हों और यदि स्वशासी राज्य में उन जनजाति क्षेत्रों में से केवल कुछ ही समाविष्ट हों तो वे राशियां असम राज्य और स्वशासी राज्य के बीच ऐसे प्रभाजित की जाएँगी जो राष्ट्रपति आदेश द्वारा विनिर्दिष्ट करे;

(ii) स्वशासी राज्य के राजस्वों में सहायता अनुदान के रूप में भारत की संचित निधि में से ऐसी पूंजी और आवर्ती राशियां संदत्त की जाएँगी जो उन विकास स्कीमों के खर्चों के बराबर है जिन्हें स्वशासी राज्य के प्रशासन स्तर को शेष असम राज्य के प्रशासन स्तर तक उन्नत करने के प्रयोजन के लिए स्वशासी राज्य द्वारा भारत सरकार के अनुमोदन से हाथ में लिया जाए।]

(2) जब तक संसद खंड (1) के अधीन उपबंध नहीं करती है तब तक उस खंड के अधीन संसद को प्रदत्त शक्तियाँ राष्ट्रपति द्वारा, आदेश द्वारा, प्रयोक्तव्य होंगी और राष्ट्रपति द्वारा इस खंड के अधीन किया गया कोई आदेश संसद द्वारा इस प्रकार किए गए किसी उपबंध के अधीन रहते हुए प्रभावी होगा :

परंतु वित्त आयोग का गठन किए जाने के पश्चात् राष्ट्रपति द्वारा इस खंड के अधीन कोई आदेश वित्त आयोग की सिफारिशों पर विचार करने के पश्चात् ही किया जाएगा, अन्यथा नहीं।

## 276. वृत्तियों, व्यापारों, आजीविकाओं और नियोजनों पर कर-

(1) अनुच्छेद 246 में किसी बात के होते हुए भी किसी राज्य के विधान-मंडल की ऐसे करों से संबंधित कोई विधि, जो उस राज्य के या उसमें किसी नगरपालिका जिला बोर्ड, स्थानीय बोर्ड या अन्य स्थानीय प्राधिकारी के फायदे के लिए वृत्तियों, व्यापारों, आजीविकाओं या नियोजनों के संबंध में है, इस आधार पर अविधिमान्य नहीं होगी कि वह आय पर कर से संबंधित है।

(2) राज्य को या उस राज्य में किसी एक नगरपालिका, जिला बोर्ड, स्थानीय बोर्ड या अन्य स्थानीय प्राधिकारी को किसी एक व्यक्ति के बारे में वृत्तियों, व्यापारों, आजीविकाओं और नियोजनों पर करों के रूप में संदेय कुल रकम [13][दो हजार पांच सौ रुपए] प्रति वर्ष से अधिक नहीं होगी।

[14]* * * * * *

(3) वृत्तियों, व्यापारों, आजीविकाओं और नियोजनों पर करों के संबंध में पूर्वोक्त रूप में विधियाँ बनाने की राज्य के विधान-मंडल की शक्ति का यह अर्थ नहीं लगाया जाएगा कि वह वृत्तियों, व्यापारों, आजीविकाओं और नियोजनों से प्रोद्भूत या उद्भूत आय पर करों के संबंध में विधियाँ बनाने की संसद की शक्ति को किसी प्रकार सीमित करती है।

## 277. व्यावृत्ति-

ऐसे कर शुल्क, उपकर या फीसें, जो इस संविधान के प्रारंभ से ठीक पहले किसी राज्य की सरकार द्वारा अथवा किसी नगरपालिका या अन्य स्थानीय प्राधिकारी या निकाय द्वारा उस राज्य, नगरपालिका, जिला या अन्य स्थानीय क्षेत्र के प्रयोजनों के लिए विधिपूर्वक उदगृहीत की जा रही थी, इस बात के होते हुए भी कि वे कर शुल्क. उपकर या फीसें संघ सूची में वर्णित हैं, तब तक उदगृहीत की जाती रहेंगी और उन्ही प्रयोजनों के लिए उपयोजित की जाती रहेंगी जब तक संसद विधि द्वारा इसके प्रतिकूल उपबंध नहीं करती है।

## 278. [कुछ वित्तीय विषय के संबंध में पहली अनुसूची के भाग ख के राज्यों से करार।]

संविधान (सातवां संशोधन) अधिनियम, 1956 की धारा 29 और अनुसूची द्वारा निरसित।

## 279. "शुद्ध आगम" आदि की गणना-

(1) इस अध्याय के पूर्वगामी उपबंधों में "शुद्ध आगम" से किसी कर या शुल्क के संबंध में उसका वह आगम अभिप्रेत है जो उसके संग्रहण के खर्चों को घटाकर आए और उन उपबंधों के प्रयोजनों के लिए किसी क्षेत्र में या उससे प्राप्त हुए माने जा सकने वाले किसी कर या शुल्क का अथवा किसी कर या शुल्क के किसी भाग का शुद्ध आगम भारत के नियंत्रक-महालेखापरीक्षक द्वारा अभिनिश्चित और प्रमाणित किया जाएगा और उसका प्रमाण-पत्र अंतिम होगा।

(2) जैसा ऊपर कहा गया है उसके और इस अध्याय के किसी अन्य अभिव्यक्त उपबंध के अधीन रहते हुए, किसी ऐसी दशा में, जिसमें इस भाग के अधीन किसी शुल्क या कर का आगम किसी राज्य को सौंप दिया जाता है या सौंप दिया जाए, संसद द्वारा बनाई गई विधि या राष्ट्रपति का कोई आदेश उस रीति का, जिससे आगम की गणना की जानी है, उस समय का, जिससे या जिसमें और उस रीति का, जिससे कोई संदाय किए जाने हैं, एक वित्तीय वर्ष और दूसरे वित्तीय वर्ष में समायोजन करने का और अन्य आनुषंगिक या सहायक विषयों का उपबंध कर सकेगा।

## 280. वित्त आयोग-

(1) राष्ट्रपति, इस संविधान के प्रारंभ से दो वर्ष के भीतर और तत्पश्चात् प्रत्येक पांचवें वर्ष की समाप्ति पर या ऐसे पूर्वतर समय पर, जिसे राष्ट्रपति आवश्यक समझता है, आदेश द्वारा, वित्त आयोग का गठन करेगा जो राष्ट्रपति द्वारा नियुक्त किए जाने वाले एक अध्यक्ष और चार अन्य सदस्यों से मिलकर बनेगा।

(2) संसद विधि द्वारा, उन अर्हताओं का, जो आयोग के सदस्यों के रूप में नियुक्ति के लिए अपेक्षित होंगी और उस रीति का, जिससे उनका चयन किया जाएगा, अवधारण कर सकेगी।

(3) आयोग का यह कर्तव्य होगा कि वह-

(क) संघ और राज्यों के बीच करों के शुद्ध आगमों के, जो इस अध्याय के अधीन उनमें विभाजित किए जाने हैं या किए जाएँ, वितरण के बारे में और राज्यों के बीच ऐसे आगमों के तत्संबंधी भाग के आबंटन के बारे में;

(ख) भारत की संचित निधि में से राज्यों के राजस्व में सहायता अनुदान को शासित करने वाले सिद्धांतों के बारे में;

[15][(खख) राज्य के वित्त आयोग द्वारा की गई सिफारिशों के आधार पर राज्य में अनुपूर्ति के लिए किसी राज्य की संचित निधि के संवर्धन के लिए आवश्यक अध्युपायों के बारे में;]

[16][(ग) राज्य के वित्त आयोग द्वारा की गई सिफारिशों के आधार पर राज्य में नगरपालिकाओं के संसाधनों की अनुपूर्ति के लिए किसी राज्य की संचित निधि के संवर्धन के लिए आवश्यक अध्युपायों के बारे में;]

[17][(घ) सुदृढ़ वित्त के हित में राष्ट्रपति द्वारा आयोग को निर्दिष्ट किए गए किसी अन्य विषय के बार में, राष्ट्रपति को सिफारिश करे।]

(4) आयोग अपनी प्रक्रिया अवधारित करेगा और अपने कृत्यों के पालन में उसे ऐसी शक्ति विधि द्वारा, उसे प्रदान करे।

## 281. वित्त आयोग की सिफारिशें-

राष्ट्रपति इस संविधान के उपबंधों के अधीन वित्त आयोग द्वारा की गई प्रत्येक सिफारिश को, उस पर की गई कार्रवाई के स्पष्टीकारक ज्ञापन सहित, संसद के प्रत्येक सदन के समक्ष रखवाएगा।

# प्रकीर्ण वित्तीय उपबंध

## 282. संघ या राज्य द्वारा अपने राजस्व से किए जाने वाले व्यय-

संघ या राज्य किसी लोक प्रयोजन के लिए कोई अनुदान इस बात के होते हुए भी दे सकेगा कि वह प्रयोजन ऐसा नहीं है जिसके संबंध में, यथास्थिति, संसद या उस राज्य का विधान-मंडल विधि बना सकता है।

## 283. संचित निधियों, आकस्मिकता निधियों और लोक लेखाओं में जमा धनराशियों की अभिरक्षा आदि-

(1) भारत की संचित निधि और भारत की आकस्मिकता निधि की अभिरक्षा, ऐसी निधियों में धनराशिया के संदाय, उनसे धनराशियों के निकाले जाने, ऐसी निधियों में जमा धनराशियों से भिन्न भारत सरकार द्वारा या उसकी ओर से प्राप्त लोक धनराशियों की अभिरक्षा, भारत के लोक लेखे में उनके संदाय और ऐसे लेखे से धनराशियों के निकाले जाने का तथा पूर्वोक्त विषयों से संबंधित या उनके आनुषंगिक अन्य सभी विषयों का विनियमन संसद द्वारा बनाई गई विधि द्वारा किया जाएगा और जब तक इस निमित्त इस प्रकार उपबंध नहीं किया जाता है तब तक राष्ट्रपति द्वारा बनाए गए नियमों द्वारा किया जाएगा।

(2) राज्य की संचित निधि और राज्य की आकस्मिकता निधि की अभिरक्षा, ऐसी निधियों में धनराशियों के संदाय, उनसे धनराशियों के निकाले जाने, ऐसी निधियों में जमा धनराशियों से भिन्न राज्य की सरकार द्वारा या उसकी ओर से प्राप्त लोक धनराशियों की अभिरक्षा, राज्य के लोक लेखे में उनके संदाय और ऐसे लेखे से धनराशियों के निकाले जाने का तथा पूर्वोक्त विषयों से संबंधित या उनके आनुषंगिक अन्य सभी विषयों का विनियमन राज्य के विधान-मंडल द्वारा बनाई गई विधि द्वारा किया जाएगा और जब तक इस निमित्त इस प्रकार उपबंध नहीं किया जाता है तब तक राज्य के राज्यपाल [18]*** द्वारा बनाए गए नियमों द्वारा किया जाएगा।

## 284. लोक सेवकों और न्यायालयों द्वारा प्राप्त वादकर्ताओं की जमा राशियों और अन्य धनराशियों की अभिरक्षा-

ऐसी सभी धनराशियां, जो-

(क) यथास्थिति, भारत सरकार या राज्य की सरकार द्वारा जुटाए गए या प्राप्त राजस्व या लोक धनराशियों से भिन्न हैं, और संघ या किसी राज्य के कार्यकलाप के संबंध में नियोजित किसी अधिकारी को उसकी उस हैसियत में, या

(ख) किसी वाद, विषय, लेखे या व्यक्तियों के नाम में जमा भारत के राज्यक्षेत्र के भीतर किसी न्यायालय को, प्राप्त होती है या उसके पास निक्षिप्त की जाती है, यथास्थिति, भारत के लोक लेखे में या राज्य के लोक लेखे में जमा की जाएगी।

## 285. संघ की संपत्ति को राज्य के कराधान से छूट-

(1) वहाँ तक के सिवाय, जहाँ तक संसद विधि द्वारा अन्यथा उपबंध करे, किसी राज्य द्वारा या राज्य के भीतर किसी प्राधिकारी द्वारा अधिरोपित सभी करों से संघ की संपत्ति को छूट होगी।

(2) जब तक संसद विधि द्वारा अन्यथा उपबंध न करे तब तक खंड (1) की कोई बात किसी राज्य के भीतर किसी प्राधिकारी को संघ की किसी संपत्ति पर कोई ऐसा कर, जिसका दायित्व इस संविधान के प्रारंभ से ठीक पहले, ऐसी संपत्ति पर था या माना जाता था, उद्गृहीत करने से तब तक नहीं रोकेगी जब तक वह कर उस राज्य में उद्गृहीत होता रहता है।

## 286. माल के क्रय या विक्रय पर कर के अधिरोपण के बारे में निर्बंधन-

(1) राज्य की कोई विधि, माल के क्रय या विक्रय पर, जहाँ ऐसा क्रय या विक्रय-

(क) राज्य के बाहर, या

(ख) भारत के राज्यक्षेत्र में माल के आयात या उसके बाहर निर्यात के दौरान, होता है वहाँ, कोई कर अधिरोपित नहीं करेगी या अधिरोपित करना प्राधिकृत नहीं करेगी।

[19]* * * * * *

[20][(2) संसद, यह अवधारित करने के लिए कि माल का क्रय या विक्रय खंड (1) में वर्णित रीतियों में से किसी रीति से कब होता है विधि द्वारा, सिद्धांत बना सकेगी।]

[21][(3) जहाँ तक किसी राज्य की कोई विधि-

(क) ऐसे माल के, जो संसद द्वारा विधि द्वारा अंतरराज्यिक व्यापार या वाणिज्य में विशेष महत्त्व का माल घोषित किया गया है, क्रय या विक्रय पर कोई कर अधिरोपित करती है या कर का अधिरोपण प्राधिकृत करती है; या

(ख) माल के क्रय या विक्रय पर ऐसा कर अधिरोपित करती है या ऐसे कर का अधिरोपण प्राधिकृत करती है, जो अनुच्छेद 366 के खंड (29क) के उपखंड (ख), उपखंड (ग) या उपखंड (घ) में निर्दिष्ट प्रकृति का कर है,

वहाँ तक वह विधि, उस कर के उद्ग्रहण की पद्धति, दरों और अन्य प्रसंगतियों के संबंध में ऐसे निबंधनों और शर्तों के अधीन होगी जो संसद विधि द्वारा विनिर्दिष्ट करे।]

## 287. विद्युत पर करों से छूट-

वहाँ तक के सिवाय, जहाँ तक संसद विधि द्वारा अन्यथा उपबंध करे, किसी राज्य की कोई विधि (किसी सरकार द्वारा या अन्य व्यक्तियों द्वारा उत्पादित) विद्युत के उपभोग या विक्रय पर जिसका -

(क) भारत सरकार द्वारा उपभोग किया जाता है या भारत सरकार द्वारा उपभोग किए जाने के लिए उस सरकार को विक्रय किया जाता है, या

(ख) किसी रेल के निर्माण, बनाए रखने या चलाने में भारत सरकार या किसी रेल कंपनी द्वारा, जो उस रेल को चलाती है, उपभोग किया जाता है अथवा किसी रेल के निर्माण, बनाए रखने या चलाने में उपभोग के लिए उस सरकार या किसी ऐसी रेल कंपनी को विक्रय किया जाता है,

कोई कर अधिरोपित नहीं करेगी या कर का अधिरोपण प्राधिकृत नहीं करेगी और विद्युत के विक्रय पर कोई कर अधिरोपित करने या कर का अधिरोपण प्राधिकृत करने वाली कोई ऐसी विधि यह सुनिश्चित करेगी कि भारत सरकार द्वारा उपभोग किए जाने के लिए उस सरकार को, या किसी रेल के निर्माण, बनाए रखने या चलाने में उपभोग के लिए यथापूर्वोक्त किसी रेल कंपनी को विक्रय की गई विद्युत की कीमत, उस कीमत से जो विद्युत का प्रचुर मात्रा में उपभोग करने वाले अन्य उपभोक्ताओं से ली जाती है, उतनी कम होगी जितनी कर की रकम है।

## 288. जल या विद्युत के संबंध में राज्यों द्वारा कराधान से कुछ दशाओं में छूट-

(1) वहाँ तक के सिवाय जहाँ तक राष्ट्रपति आदेश द्वारा अन्यथा उपबंध करे, इस संविधान के प्रारंभ से ठीक पहले किसी राज्य की कोई प्रवृत्त विधि किसी जल या विद्युत के संबंध में, जो किसी अंतरराज्यिक नदी या नदी-दून के विनियमन या विकास के लिए किसी विद्यमान विधि द्वारा या संसद द्वारा बनाई गई किसी विधि द्वारा स्थापित किसी प्राधिकारी द्वारा संचित, उत्पादित, उपभुक्त, वितरित या विक्रीत की जाती है, कोई कर अधिरोपित नहीं करेगी या कर का अधिरोपण प्राधिकृत नहीं करेगी।

**स्पष्टीकरण**-इस खंड में, "किसी राज्य की कोई प्रवृत्त विधि" पद के अंतर्गत किसी राज्य की ऐसी विधि होगी जो इस संविधान के प्रारंभ से पहले पारित या बनाई गई है और जो पहले ही निरसित नहीं कर दी गई है, चाहे वह या उसके कोई भाग उस समय बिल्कुल या विशिष्ट क्षेत्रों में प्रवर्तन में न हों।

(2) किसी राज्य का विधान-मंडल, विधि द्वारा खंड (1) में वर्णित कोई कर अधिरोपित कर सकेगा या ऐसे कर का अधिरोपण प्राधिकृत कर सकेगा, किंतु ऐसी किसी विधि का तब तक कोई प्रभाव नहीं होगा जब तक उसे राष्ट्रपति के विचार के लिए आरक्षित रखे जाने के पश्चात् उसकी अनुमति न मिल गई हो और यदि ऐसी कोई विधि ऐसे करों की दरों और अन्य प्रसंगतियों को किसी प्राधिकारी द्वारा, उस विधि के अधीन बनाए जाने वाले नियमों या आदेशों द्वारा, नियत किए जाने का उपबंध करती है तो वह विधि ऐसे किसी नियम या आदेश के बनाने के लिए राष्ट्रपति की पूर्व सहमति अभिप्राप्त किए जाने का उपबंध करेगी।

## 289. राज्यों की संपत्ति और आय को संघ के कराधान से छूट-

(1) किसी राज्य की संपत्ति और आय को संघ के करों से छूट होगी।

(2) खंड (1) की कोई बात संघ को किसी राज्य की सरकार द्वारा या उसकी ओर से किए जाने वाले किसी प्रकार के व्यापार या कारबार के संबंध में अथवा उससे संबंधित किन्हीं क्रियाओं के संबंध में अथवा ऐसे व्यापार या कारबार के प्रयोजनों के लिए प्रयुक्त या अधिभुक्त किसी संपत्ति के संबंध में अथवा उसके संबंध में प्रोद्भूत या उद्भूत किसी आय के बारे में, किसी कर को ऐसी मात्रा तक, यदि कोई हो, जिसका संसद विधि द्वारा उपबंध करे, अधिरोपित करने या कर का अधिरोपण प्राधिकृत करने से नहीं रोकेगी।

(3) खंड (2) की कोई बात किसी ऐसे व्यापार या कारबार अथवा व्यापार या कारबार के किसी ऐसे वर्ग को लागू नहीं होगी जिसके बारे में संसद विधि द्वारा घोषणा करे कि वह सरकार के मामूली कृत्यों का आनुषंगिक है।

## 290. कुछ व्ययों और पेंशनों के संबंध में समायोजन-

जहाँ इस संविधान के उपबंधों के अधीन किसी न्यायालय या आयोग के व्यय अथवा किसी व्यक्ति को या उसके संबंध में, जिसने इस संविधान के प्रारंभ से पहले भारत में क्राउन के अधीन अथवा ऐसे प्रारंभ के पश्चात् संघ के या किसी राज्य के कार्यकलाप के संबंध में सेवा की है संदेय पेंशन भारत की संचित निधि या किसी राज्य की संचित निधि पर भारित है वहाँ, यदि-

(क) भारत की संचित निधि पर भारित होने की दशा में, वह न्यायालय या आयोग किसी राज्य की पृथक् आवश्यकताओं में से किसी की पूर्ति करता है या उस व्यक्ति ने किसी राज्य के कार्यकलाप के संबंध में पूर्णत: या भागत: सेवा की है, या

(ख) किसी राज्य की संचित निधि पर भारित होने की दशा में, वह न्यायालय या आयोग संघ की या अन्य राज्य की पृथक् आवश्यकताओं में से किसी की पूर्ति करता है या उस व्यक्ति ने संघ या अन्य राज्य के कार्यकलाप के संबंध में पूर्णत: या भागत: सेवा की है,

तो, यथास्थिति, उस राज्य की संचित निधि पर अथवा, भारत की संचित निधि अथवा अन्य राज्य की संचित निधि पर व्यय या पेंशन के संबंध में उतना अंशदान, जितना करार पाया जाए या करार के अभाव में, जितना भारत के मुख्य न्यायमूर्ति द्वारा नियुक्त मध्यस्थ अवधारित करे, भारित किया जाएगा और उसका उस निधि में से संदाय किया जाएगा।

[22][290क. कुछ देवस्वम् निधियों को वार्षिक संदाय-

प्रत्येक वर्ष छियालीस लाख पचास हजार रुपया की राशि केरल राज्य की संचित निधि पर भारित की जाएगी और उस निधि में से तिरूवांकुर देवस्वम निधि को संदत्त की जाएगी और प्रत्येक वर्ष तेरह लाख पचास हजार रुपए की राशि [23][तमिलनाडु की राज्य की संचित निधि पर भारित की जाएगी और उस निधि में से 1 नवंबर, 1956 को उस राज्य को तिरुवांकुर-कोचीन राज्य से अंतरित राज्यक्षेत्रों के हिंदू मंदिरों और पवित्र स्थानों के अनुरक्षण के लिए उस राज्य में स्थापित देवस्वम् निधि को संदत्त की जाएगी।]

291. [शासकों की निजी थैली की राशि।]-

संविधान (छब्बीसवां संशोधन) अधिनियम, 1971 की धारा 2 निरसित।

## संदर्भ

1. संविधान (सातवां संशोधन) अधिनियम, 1956 की धारा 29 और अनुसूची द्वारा अनुच्छेद 264 के स्थान पर प्रतिस्थापित।
2. संविधान (सातवां संशोधन) अधिनियम, 1956 की धारा 29 और अनुसूची द्वारा "या राजप्रमुख" शब्दों का लोप किया गया।
3. संविधान (सातवां संशोधन) अधिनियम, 1956 की धारा 29 और अनुसूची द्वारा "पहली अनुसूची के भाग ग में विनिर्दिष्ट राज्य" के स्थान पर प्रतिस्थापित।
4. संविधान (अठासीवां संशोधन) अधिनियम, 2003 की धारा 2 द्वारा (प्रवर्तन की तारीख से) अंत:स्थापित।
5. संविधान (अस्सीवां संशोधन) अधिनियम, 2000 की धारा 2 द्वारा खंड (1) के स्थान पर प्रतिस्थापित।
6. संविधान (छठा संशोधन) अधिनियम, 1956 की धारा 3 द्वारा अंत:स्थापित।
7. संविधान (छियालीसवां संशोधन) अधिनियम, 1982 की धारा 2 द्वारा "माल का क्रय या विक्रय" शब्दों के स्थान पर प्रतिस्थापित।
8. संविधान (अस्सीवां संशोधन) की धारा 3 द्वारा (1-4-1996 से) अनुच्छेद 270 के स्थान पर प्रतिस्थापित।
9. संविधान (अठासीवां संशोधन) अधिनियम, 2003 की धारा 3 के प्रवर्तित होने पर "अनुच्छेद 268 और अनुच्छेद 269" शब्दों के स्थान पर "अनुच्छेद 268, अनुच्छेद 268क और अनुच्छेद 269" प्रतिस्थापित किए जाएँगे।
10. संविधान (अस्सीवां संशोधन) अधिनियम, 2000 की धारा 4 द्वारा अनुच्छेद 272 का लोप किया गया।
11. पूर्वोत्तर क्षेत्र (पुनर्गठन) अधिनियम, 1971 (1971 का 81) की धारा 71 द्वारा (21-1-1972 से) "भाग क" के स्थान पर प्रतिस्थापित।
12. संविधान (बाईसवां संशोधन) अधिनियम, 1969 की धारा 3 द्वारा अंत:स्थापित।
13. संविधान (साठवां संशोधन) अधिनियम, 1988 की धारा 2 द्वारा "दो सौ पचास रुपए" शब्दों के स्थान पर प्रतिस्थापित।
14. संविधान (साठवां संशोधन) अधिनियम, 1988 की धारा 2 द्वारा परंतुक का लोप किया गया।
15. संविधान (तिहत्तरवां संशोधन) अधिनियम, 1992 की धारा 3 द्वारा (24-4-1993 से) अंत:स्थापित।
16. संविधान (चौहत्तरवां संशोधन) अधिनियम, 1992 की धारा 3 द्वारा (1-6-1993 से) अंत:स्थापित।
17. संविधान (चौहत्तरवां संशोधन) अधिनियम, 1992 की धारा 3 द्वारा (1-6-1993 से) उपखंड (ग) को उपखंड (घ) के रूप में पुन:अक्षरांकित किया गया।
18. संविधान (सातवां संशोधन) अधिनियम, 1956 की धारा 29 और अनुसूची द्वारा "या राजप्रमुख" शब्दों का लोप किया गया।
19. संविधान (छठा संशोधन) अधिनियम, 1956 की धारा 4 द्वारा खंड (1) के स्पष्टीकरण का लोप किया गया।
20. संविधान (छठा संशोधन) अधिनियम, 1956 की धारा 4 द्वारा खंड (2) और खंड (3) के स्थान पर प्रतिस्थापित।
21. संविधान (छियालीसवां संशोधन) अधिनियम, 1982 की धारा 3 द्वारा खंड (3) के स्थान पर प्रतिस्थापित।
22. संविधान (सातवां संशोधन) अधिनियम, 1956 की धारा 19 द्वारा अंत:स्थापित।
23. मद्रास राज्य (नाम परिवर्तन) अधिनियम, 1968 (1968 का 53) की धारा 4 द्वारा (14-1-1969 से) "मद्रास" के स्थान पर प्रतिस्थापित।

# अध्याय 2–उधार लेना

292. भारत सरकार द्वारा उधार लेना-

संघ की कार्यपालिका शक्ति का विस्तार, भारत की संचित निधि की प्रतिभूति पर ऐसी सीमाओं के भीतर यदि कोई हों, जिन्हें संसद समय-समय पर विधि द्वारा नियत करे, उधार लेने तक और ऐसी सीमाओं के भीतर यदि कोई हों, जिन्हें इस प्रकार नियत किया जाए, प्रत्याभूति देने तक है।

## 293. राज्यों द्वारा उधार लेना-

(1) इस अनुच्छेद के उपबंधों के अधीन रहते हुए, राज्य की कार्यपालिका शक्ति का विस्तार उस राज्य की संचित निधि की प्रतिभूति पर ऐसी सीमाओं के भीतर, यदि कोई हो, जिन्हें एस राज्य का विधान-मंडल समय-समय पर विधि द्वारा नियत करे, भारत के राज्यक्षेत्र के भीतर उधार लेने तक और ऐसी सीमाओं के भीतर, यदि कोई हों, जिन्हें इस प्रकार नियत किया जाए, प्रत्याभूति देने तक है।

(2) भारत सरकार, ऐसी शर्तों के अधीन रहते हुए, जो संसद द्वारा बनाई गई किसी विधि द्वारा या उसके अधीन अधिकथित की जाएँ, किसी राज्य को उधार दे सकेगी या जहाँ तक अनुच्छेद 292 के अधीन नियत किन्हीं सीमाओं का उल्लंघन नहीं होता है वहाँ तक किसी ऐसे राज्य द्वारा लिए गए उधारों के संबंध में प्रत्याभूति दे सकेगी और ऐसे उधार देने के प्रयोजन के लिए अपेक्षित राशियां भारत की संचित निधि पर भारित की जाएँगी।

(3) यदि किसी ऐसे उधार का, जो भारत सरकार ने या उसकी पूर्ववर्ती सरकार ने उस राज्य को दिया था अथवा जिसके संबंध में भारत सरकार ने या उसकी पूर्ववर्ती सरकार ने प्रत्याभूति दी थी, कोई भाग अभी भी बकाया है तो वह राज्य, भारत सरकार की सहमति के बिना कोई उधार नहीं ले सकेगा।

(4) खंड (3) के अधीन सहमति उन शर्तों के अधीन, यदि कोई हों, दी जा सकेगी जिन्हें भारत सरकार अधिरोपित करना ठीक समझे।

# अध्याय 3—संपत्ति, संविदाएँ, अधिकार, दायित्व, बाध्यताएँ और वाद

## 294. कुछ दशाओं में संपत्ति, आस्तियों, अधिकारों, दायित्वों और बाध्यताओं का उत्तराधिकार-

इस संविधान के प्रारंभ से ही-

(क) जो संपत्ति और आस्तियां ऐसे प्रारंभ से ठीक पहले भारत डोमिनियन की सरकार के प्रयोजनों के लिए हिज मजेस्टी में निहित थीं और जो संपत्ति और आस्तियां ऐसे प्रारंभ से ठीक पहले प्रत्येक राज्यपाल वाले प्रांत की सरकार के प्रयोजनों के लिए हिज मजेस्टी में निहित थीं, वे सभी इस संविधान के प्रारंभ से पहले पाकिस्तान डोमिनियन के या पश्चिमी बंगाल, पूर्वी बंगाल, पश्चिमी पंजाब और पूर्वी पंजाब प्रांतों के सृजन के कारण किए गए या किए जाने वाले किसी समायोजन के अधीन रहते हुए क्रमश: संघ और तत्स्थानी राज्य में निहित होंगी; और

(ख) जो अधिकार, दायित्व और बाध्यताएँ भारत डोमिनियन की सरकार की और प्रत्येक राज्यपाल वाले प्रांत की सरकार की थीं, चाहे वे किसी संविदा से या अन्यथा उद्भूत हुई हों, वे सभी इस संविधान के प्रारंभ से पहले पाकिस्तान डोमिनियन के या पश्चिमी बंगाल, पूर्वी बंगाल पश्चिमी पंजाब और पूर्वी पंजाब प्रांतो के सृजन के कारण किए गए या किए जाने वाले किसी समायोजन के अधीन रहते हुए क्रमश: भारत सरकार और प्रत्येक तत्स्थानी राज्य की सरकार के अधिकार दायित्व और बाध्यताएँ होंगी।

## 295. अन्य दशाओं में संपत्ति, आस्तियों, अधिकारों, दायित्वों और बाध्यताओं का उत्तराधिकार-

(1) इस संविधान के प्रारंभ से ही-

(क) जो संपत्ति और आस्तियां ऐसे प्रारंभ से ठीक पहले पहली अनुसूची के भाग ख में विनिर्दिष्ट राज्य के तत्स्थानी किसी देशी राज्य में निहित थीं, वे सभी ऐसे करार के अधीन रहते हुए, जो भारत सरकार इस निमित्त उस राज्य की सरकार से करे, संघ में निहित होंगी यदि वे प्रयोजन जिनके लिए ऐसे प्रारंभ से ठीक पहले ऐसी संपत्ति और अस्तियां धारित थीं, तत्पश्चात् संघ सूची में प्रगणित किसी विषय से संबंधित संघ के प्रयोजन हों, और

(ख) जो अधिकार, दायित्व और बाध्यताएँ पहली अनुसूची के भाग ख में विनिर्दिष्ट राज्य के तत्स्थानी किसी देशी राज्य की सरकार की थीं, चाहे वे किसी संविदा से या अन्यथा उद्भूत हुई हों, वे सभी ऐसे करार के अधीन रहते हुए, जो भारत सरकार इस निमित्त उस राज्य की सरकार से करे, भारत सरकार के अधिकार, दायित्व और बाध्यताएँ होंगी यदि वे प्रयोजन, जिनके लिए ऐसे प्रारंभ से ठीक पहले ऐसे अधिकार अर्जित किए गए थे अथवा ऐसे दायित्व या बाध्यताएँ उपगत की गई थीं, तत्पश्चात् संघ सूची में प्रगणित किसी विषय से संबंधित भारत सरकार के प्रयोजन हों।

(2) जैसा ऊपर कहा गया है उसके अधीन रहते हए, पहली अनुसूची के भाग ख में विनिर्दिष्ट प्रत्येक राज्य की सरकार उन सभी संपत्ति और आस्तियों तथा उन सभी अधिकारों, दायित्वों और बाध्यताओं के संबंध में, चाहे व किसा संविदा से या अन्यथा उदभूत हुई हों, जो खंड (1) में निर्दिष्ट से भिन्न हैं, इस

संविधान के प्रारंभ से ही तत्स्थानी देशी राज्य की सरकार की उत्तराधिकारी होगी।

## 296. राजगामी या व्यपगत या स्वामीविहीन होने से प्रोद्भूत संपत्ति–

इसमें इसके पश्चात् यथा उपबंधित के अधीन रहते हुए, भारत के राज्यक्षेत्रों में कोई संपत्ति जो यदि यह संविधान प्रवर्तन में नहीं आया होता तो राजगामी या व्यपगत होने से या अधिकारवान् स्वामी के अभाव में स्वामीविहीन होने से, यथास्थिति, हिज मजेस्टी को या किसी देशी राज्य के शासक को प्रोद्भूत हुई होती, यदि वह संपत्ति किसी राज्य में स्थित है तो ऐसे राज्य में और किसी अन्य दशा में संघ में निहित होगी :

परंतु कोई संपत्ति, जो उस तारीख को जब वह इस प्रकार हिज मजेस्टी को या देशी राज्य के शासक को प्रोद्भूत हई होती, भारत सरकार के या किसी राज्य की सरकार के कब्जे या नियंत्रण में थी तब, यदि वे प्रयोजन, जिनके लिए वह उस समय प्रयुक्त या धारित थीं, संघ के थे तो वह संघ में या किसी राज्य के थे तो वह उस राज्य में निहित होगी।

**स्पष्टीकरण**–इस अनुच्छेद में, "शासक" और "देशी राज्य" पदों के वही अर्थ हैं जो अनुच्छेद 363 में हैं।

## [1][297. राज्यक्षेत्रीय सागर–खंड या महाद्वीपीय मग्नतट भूमि में स्थित मूल्यवान चीजों और अनन्य आर्थिक क्षेत्र के संपत्ति स्त्रोतों का संघ में निहित होना–

(1) भारत के राज्यक्षेत्रीय सागर–खंड या महाद्वीपीय मग्नतट भूमि या अनन्य आर्थिक क्षेत्र में समुद्र के नीचे की सभी भूमि, खनिज और अन्य मूल्यवान चीजें संघ में निहित होंगी और संघ के प्रयोजनों के लिए धारण की जाएँगी।

(2) भारत के अनन्य आर्थिक क्षेत्र के अन्य सभी संपत्ति स्त्रोत भी संघ में निहित होंगे और संघ के प्रयोजनों के लिए धारण किए जाएँगे।

(3) भारत के राज्यक्षेत्रीय सागर–खंड, महाद्वीपीय मग्नतट भूमि, अनन्य आर्थिक क्षेत्र और अन्य सामुद्रिक क्षेत्रों की सीमाएँ वे होंगी जो संसद द्वारा बनाई गई विधि द्वारा या उसके अधीन समय–समय पर विनिर्दिष्ट की जाएँ।]

## [2][298. व्यापार करने आदि की शक्ति–

संघ की और प्रत्येक राज्य की कार्यपालिका शक्ति का विस्तार, व्यापार या कारबार करने और किसी प्रयोजन के लिए संपत्ति का अर्जन, धारण और व्ययन तथा संविदा करने पर, भी होगा :

परंतु–

(क) जहाँ तक ऐसा व्यापार या कारबार या ऐसा प्रयोजन वह नहीं है जिसके संबंध में संसद विधि बना सकती है वहाँ तक संघ की उक्त कार्यपालिका शक्ति प्रत्येक राज्य में उस राज्य के विधान के अधीन होगी; और

(ख) जहाँ तक ऐसा व्यापार या कारबार या ऐसा प्रयोजन वह नहीं है जिसके संबंध में राज्य का विधान मंडल विधि बना सकता है वहाँ तक प्रत्येक राज्य की उक्त कार्यपालिका शक्ति संसद के विधान के अधीन होगी।]

## 299. संविदाएं–

(1) संघ की या राज्य की कार्यपालिका शक्ति का प्रयोग करते हुए की गई सभी संविदाएं यथास्थिति, राष्ट्रपति द्वारा या उस राज्य के राज्यपाल [3]*** द्वारा की गई कही जाएँगी और वे सभी संविदाएं और संपत्ति संबंधी हस्तांतरण–पत्र, जो उस शक्ति का प्रयोग करते हुए किए जाएँ, राष्ट्रपति या राज्यपाल [3]*** की ओर से ऐसे व्यक्तियों द्वारा और रीति से निष्पादित किए जाएँगे जिसे वह निर्दिष्ट या प्राधिकृत करे।

(2) राष्ट्रपति या किसी राज्य का राज्यपाल [3]*** इस संविधान के प्रयोजनों के लिए या भारत सरकार के संबंध में इससे पूर्व प्रवृत्त किसी अधिनियमिति के प्रयोजनों के लिए की गई या निष्पादित की गई किसी संविदा या हस्तांतरण–पत्र के संबंध में वैयक्तिक रूप से दायी नहीं होगा या उनमें से किसी की ओर से ऐसी संविदा या हस्तांतरण–पत्र करने या निष्पादित करनेवाला व्यक्ति उसके संबंध में वैयक्तिक रूप से दायी नहीं होगा।

## 300. वाद और कार्यवाहियाँ–

(1) भारत सरकार भारत संघ के नाम से वाद ला सकेगी या उस पर वाद लाया जा सकेगा और किसी राज्य की सरकार उस राज्य के नाम से वाद ला सकेगी या उस पर वाद लाया जा सकेगा और ऐसे उपबंधों के अधीन रहते हुए, जो इस संविधान द्वारा प्रदत्त शक्तियों के आधार पर अधिनियमित संसद के या ऐसे राज्य के विधान–मंडल के अधिनियम द्वारा किए जाएँ, वे अपने–अपने कार्यकलाप के संबंध में उसी प्रकार वाद ला सकेंगे या उन पर उसी प्रकार वाद लाया जा सकेगा जिस प्रकार यदि यह संविधान अधिनियमित नहीं किया गया होता तो, भारत डोमिनियन और तत्स्थानी प्रांत या तत्स्थानी देशी राज्य वाद ला सकते थे या उन पर वाद लाया जा सकता था।

(2) यदि इस संविधान के प्रारंभ पर–

(क) कोई ऐसी विधिक कार्यवाहियां लंबित हैं जिनमें भारत डोमिनियन एक पक्षकार है तो उन कार्यवाहियों में उस डोमिनियन के स्थान पर भारत संघ प्रतिस्थापित किया गया समझा जाएगा; और

(ख) कोई ऐसी विधिक कार्यवाहियां लंबित हैं जिनमें कोई प्रांत या कोई देशी राज्य एक पक्षकार है तो उन कार्यवाहियों में उस प्रांत या देशी राज्य के स्थान पर तत्स्थानी राज्य प्रतिस्थापित किया गया समझा जाएगा।

## संदर्भ

1. संविधान (चालीसवां संशोधन) अधिनियम, 1976 की धारा 2 द्वारा (27-5-1976 से) अनुच्छेद 297 के स्थान पर प्रतिस्थापित।
2. संविधान (सातवां संशोधन) अधिनियम, 1956 की धारा 20 द्वारा अनुच्छेद 298 के स्थान पर प्रतिस्थापित।
3. संविधान (सातवां संशोधन) अधिनियम, 1956 की धारा 29 और अनुसूची द्वारा "या राजप्रमुख" शब्दों का लोप किया गया।

# [1][ अध्याय 4—संपत्ति का अधिकार

**300क. विधि के प्राधिकार के बिना व्यक्तियों को संपत्ति से वंचित न किया जाना-**

किसी व्यक्ति को उसकी संपत्ति से विधि के प्राधिकार से ही वंचित किया जाएगा, अन्यथा नहीं।]

## संदर्भ

1. संविधान (चवालीसवां संशोधन) अधिनियम, 1978 की धारा 34 द्वारा (20-6-1978 से) अंत:स्थापित।

# भाग-13

# भारत के राज्यक्षेत्र के भीतर व्यापार, वाणिज्य और समागम

### 301. व्यापार, वाणिज्य और समागम की स्वतंत्रता-

इस भाग के अन्य उपबंधों के अधीन रहते हुए, भारत के राज्यक्षेत्र में सर्वत्र व्यापार, वाणिज्य और समागम अबाध होगा।

### 302. व्यापार, वाणिज्य और समागम पर निर्बंधन अधिरोपित करने की संसद की शक्ति-

संसद विधि द्वारा, एक राज्य और दूसरे राज्य के बीच या भारत के राज्यक्षेत्र के किसी भाग के भीतर व्यापार, वाणिज्य या समागम का स्वतत्रता पर ऐसे निर्बंधन अधिरोपित कर सकेगी जो लोक हित में अपेक्षित हों।

### 303. व्यापार और वाणिज्य के संबंध में संघ और राज्यों की विधायी शक्तियों पर निर्बंधन-

(1) अनुच्छेद 302 में किसी बात के होते हुए भी, सातवीं अनुसूची की सूचियों में से किसी में व्यापार और वाणिज्य संबंधी किसी प्रविष्टि के आधार पर, संसद को या राज्य के विधान-मंडल को, कोई ऐसी विधि बनाने की शक्ति नहीं होगी जो एक राज्य को दूसरे राज्य के अधिमान देती है या दिया जाना प्राधिकृत करती है अथवा एक राज्य और दूसरे राज्य के बीच कोई विभेद करती है या किया जाना प्राधिकृत करती है।

(2) खंड (1) की कोई बात ससद् को कोई ऐसी विधि बनाने से नहीं रोकेगी जो कोई ऐसा अधिमान देती है या दिया जाना प्राधिकृत करती है अथवा कोई ऐसा विभेद करती है या किया जाना प्राधिकृत करती है, यदि ऐसी विधि द्वारा यह घोषित किया जाता है कि भारत के राज्यक्षेत्र के किसी भाग में माल की कमी से उत्पन्न किसी स्थिति से निपटने के प्रयोजन के लिए ऐसा करना आवश्यक है।

### 304. राज्यों के बीच व्यापार, वाणिज्य और समागम पर निर्बंधन-

अनुच्छेद 301 या अनुच्छेद 303 में किसी बात के होते हुए भी, किसी राज्य का विधान-मंडल, विधि द्वारा,-

(क) अन्य राज्यों [1][या संघ राज्यक्षेत्रों] से आयात किए गए माल पर कोई ऐसा कर अधिरोपित कर सकेगा जो उस राज्य में विनिर्मित या उत्पादित वैसे ही माल पर लगता है, किंतु इस प्रकार कि उससे इस तरह आयात किए गए माल और ऐसे विनिर्मित या उत्पादित माल के बीच कोई विभेद न हो; या

(ख) उस राज्य के साथ या उसके भीतर व्यापार, वाणिज्य और समागम की स्वतंत्रता पर ऐसे युक्तियुक्त निर्बंधन अधिरोपित कर सकेगा जो लोक हित में अपेक्षित हों :

परंतु खंड (ख) के प्रयोजनों के लिए कोई विधेयक या संशोधन राष्ट्रपति की पूर्व मंजूरी के बिना किसी राज्य के विधान-मंडल में पुर:स्थापित या प्रस्तावित नहीं किया जाएगा।

### [2][305. विद्यमान विधियों और राज्य के एकाधिकार का उपबंध करने वाली विधियों की व्यावृत्ति-

वहाँ तक के सिवाय जहाँ तक राष्ट्रपति आदेश द्वारा अन्यथा निदेश दे अनुच्छेद 301 और अनुच्छेद 303 की कोई बात किसी विद्यमान विधि के उपबंधों पर कोई प्रभाव नहीं डालेगी और अनुच्छेद 301 की कोई बात संविधान (चौथा संशोधन) अधिनियम, 1955 के प्रारंभ से पहले बनाई गई किसी विधि के प्रवर्तन पर वहाँ तक कोई प्रभाव नहीं डालेगी जहाँ तक वह विधि किसी ऐसे विषय से संबंधित है, जो अनुच्छेद 19 के खंड (6) के उपखंड (ii) में निर्दिष्ट है या वह विधि ऐसे किसी विषय के संबंध में, जो अनुच्छेद 19 के खंड (6) के उपखंड (ii) में निर्दिष्ट है, विधि बनाने से संसद या किसी राज्य के विधान-मंडल को नहीं रोकेगी।]

### 306. [पहली अनुसूची के भाग ख के कुछ राज्यों की व्यापार और वाणिज्य पर निर्बंधनों के अधिरोपण की शक्ति।]-

संविधान (सातवां संशोधन) अधिनियम, 1956 की धारा 29 और अनुसूची द्वारा निरसित।

### 307. अनुच्छेद 301 से अनुच्छेद 304 के प्रयोजनों को कार्यान्वित करने के लिए प्राधिकारी की नियुक्ति-

संसद विधि द्वारा, ऐसे प्राधिकारी की नियुक्ति कर सकेगी जो वह अनुच्छेद 301, अनुच्छेद 302, अनुच्छेद 303 और अनुच्छेद

304 के प्रयोजनों को कार्यान्वित करने के लिए समुचित समझे और इस प्रकार नियुक्त प्राधिकारी को ऐसी शक्तियाँ प्रदान कर सकेगी और ऐसे कर्त्तव्य सौंप सकेगी जो वह आवश्यक समझे।

## संदर्भ


1. सविधान (सातवां संशोधन) अधिनियम, 1956 की धारा 29 और अनुसूची द्वारा अंत:स्थापित।
2. संविधान (चौथा संशोधन) अधिनियम, 1955 की धारा 4 द्वारा अनुच्छेद 305 के स्थान पर प्रतिस्थापित।

# भाग-14

# संघ और राज्यों के अधीन सेवाएँ

## अध्याय 1-सेवाएँ

### 308. निर्वचन-

इस भाग में, जब तक कि संदर्भ से अन्यथा अपेक्षित न हो, "राज्य" पर [1][के अंतर्गत जम्मू-कश्मीर राज्य नहीं है।]

### 309. संघ या राज्य की सेवा करने वाले व्यक्तियों की भर्ती और सेवा की शर्तें-

इस संविधान के उपबंधों के अधीन रहते हुए, समुचित विधान-मंडल के अधिनियम संघ या किसी राज्य के कार्यकलाप से संबंधित लोक सेवाओं और पदों के लिए भर्ती का और नियुक्त व्यक्तियों की सेवा की शर्तों का विनियमन कर सकेंगे :

परंतु जब तक इस अनुच्छेद के अधीन समुचित विधान-मंडल के अधिनियम द्वारा या उसके अधीन इस निमित्त उपबंध नहीं किया जाता है तब तक यथास्थिति संघ के कार्यकलाप से संबंधित सेवाओं और पदों की दशा में राष्ट्रपति या ऐसा व्यक्ति जिसे वह निदिष्ट करे और राज्य के कार्यकलाप से संबंधित सेवाओं और पदों की दशा में राज्य का राज्यपाल [2]*** या ऐसा व्यक्ति जिसे वह निदिष्ट करे, ऐसी सेवाओं और पदों के लिए भर्ती का और नियुक्त व्यक्तियों की सेवा की शर्तों का विनियमन करने वाले नियम बनाने के लिए सक्षम होगा और इस प्रकार बनाए गए नियम किसी ऐसे अधिनियम के उपबंधों के अधीन रहते हुए प्रभावी होंगे।

### 310. संघ या राज्य की सेवा करने वाले व्यक्तियों की पदावधि-

(1) इस संविधान द्वारा अभिव्यक्त रूप से यथा उपबंधित के सिवाय प्रत्येक व्यक्ति जो रक्षा सेवा का या संघ की सिविल सेवा का या अखिल भारतीय सेवा का सदस्य है अथवा रक्षा से संबंधित कोई पद या संघ के अधीन कोई सिविल पद धारण करता है, राष्ट्रपति के प्रसादपर्यंत पद धारण करता है और प्रत्येक व्यक्ति जो किसी राज्य की सिविल सेवा का सदस्य है या राज्य के अधीन कोई सिविल पद धारण करता है, उस राज्य के राज्यपाल[3] के प्रसादपर्यंत पद धारण करता है।

(2) इस बात के होते हुए भी कि संघ या किसी राज्य के अधीन सिविल पद धारण करनेवाला व्यक्ति, यथास्थिति, राष्ट्रपति या राज्य के राज्यपाल [2]*** के प्रसादपर्यंत पद धारण करता है, कोई संविदा जिसके अधीन कोई व्यक्ति जो रक्षा सेवा का या अखिल भारतीय सेवा का या संघ या राज्य की सिविल सेवा का सदस्य नहीं है, ऐसे किसी पद को धारण करने के लिए इस संविधान के अधीन नियुक्त किया जाता है, उस दशा में, जिसमें, यथास्थिति, राष्ट्रपति या राज्यपाल [2]*** विशेष अर्हताओं वाले किसी व्यक्ति के सेवाएँ प्राप्त करने के लिए आवश्यक समझता है, यह उपबंध कर सकेगी कि यदि करार की गई अवधि की समाप्ति से पहले वह पद समाप्त कर दिया जाता है या ऐसे कारणों से, जो उसके किसी अवचार से संबंधित नहीं है, उससे वह पद रिक्त करने की अपेक्षा की जाती है तो, उसे प्रतिकर दिया जाएगा।

### 311. संघ या राज्य के अधीन सिविल हैसियत में नियोजित व्यक्तियों का पदच्युत किया जाना, पद से हटाया जाना या पंक्ति में अवनत किया जाना-

(1) किसी व्यक्ति को जो संघ की सिविल सेवा का या अखिल भारतीय सेवा का या राज्य की सिविल सेवा का संदस्य है अथवा संघ या राज्य के अधीन कोई सिविल पद धारण करता है, उसकी नियुक्ति करने वाले प्राधिकारी के अधीनस्थ किसी प्राधिकारी द्वारा पदच्युत नहीं किया जाएगा या पद से नहीं हटाया जाएगा।

[4][(2) यथापूर्वोक्त किसी व्यक्ति को, ऐसी जांच के पश्चात् ही, जिसमें उसे अपने विरुद्ध आरोपों की सूचना दे दी गई है और उन आरोपों के संबंध में [5]*** सुनवाई का युक्तियुक्त अवसर दे दिया गया है,

पदच्युत किया जाएगा या पद से हटाया जाएगा या पंक्ति में अवनत किया जाएगा, अन्यथा नहीं :]

[6][परंतु जहाँ ऐसी जांच के पश्चात् उस पर ऐसी कोई शास्ति अधिरोपित करने की प्रस्थापना है वहाँ ऐसी शास्ति के दौरान दिए गए साक्ष्य के आधार पर अधिरोपित की जा सकेगी और ऐसे व्यक्ति को प्रस्थापित शास्ति के विषय में अभ्यावेदन करने का अवसर देना आवश्यक नहीं होगा :

परंतु यह और कि यह खंड वहाँ लागू नहीं होगा-

(क) जहाँ किसी व्यक्ति को ऐसे आचरण के आधार पर पदच्युत किया जाता है या पद से हटाया जाता है या पंक्ति में अवनत किया जाता है जिसके लिए आपराधिक आरोप पर उसे सिद्धदोष ठहराया गया है; या

(ख) जहाँ किसी व्यक्ति को पदच्युत करने या पद से हटाने या पंक्ति में अवनत करने के लिए सशक्त प्राधिकारी का यह समाधान हो जाता है कि किसी कारण से, जो उस प्राधिकारी द्वारा लेखबद्ध किया जाएगा, यह युक्तियुक्त रूप से साध्य नहीं हैं कि ऐसी जांच की जाए; या

(ग) जहाँ, यथास्थिति, राष्ट्रपति या राज्यपाल का यह समाधान हो जाता है कि राज्य की सुरक्षा के हित में यह समीचीन नहीं है कि ऐसी जांच की जाए।

(3) यदि यथापूर्वोक्त किसी व्यक्ति के संबंध में यह प्रश्न उठता है कि खंड (2) में निर्दिष्ट जांच करना युक्तियुक्त रूप से साध्य है या नहीं तो उस व्यक्ति को पदच्युत करने या पद से हटाने या पंक्ति में अवनत करने के लिए सशक्त प्राधिकारी का उस पर विनिश्चय अंतिम होगा।]

## 312. अखिल भारतीय सेवाएँ-

(1) [7][भाग 6 के अध्याय 6 या भाग 11] में किसी बात के होते हुए भी, यदि राज्य सभा ने उपस्थित और मत देने वाले सदस्यों में से कम-से-कम दो-तिहाई सदस्यों द्वारा समर्थित संकल्प द्वारा यह घोषित किया है कि राष्ट्रीय हित में ऐसा करना आवश्यक या समीचीन है तो संसद, विधि द्वारा, संघ और राज्यों के लिए सम्मिलित एक या अधिक अखिल भारतीय सेवाओं के [8][(जिनके अंतर्गत अखिल भारतीय न्यायिक सेवा है)] सृजन के लिए उपबंध कर सकेगी और इस अध्याय के अन्य उपबंधों के अधीन रहते हुए, किसी ऐसी सेवा के लिए भर्ती का और नियुक्त व्यक्तियों की सेवा की शर्तों का विनियमन कर सकेगी।

(2) इस संविधान के प्रारंभ पर भारतीय प्रशासनिक सेवा और भारतीय पुलिस सेवा के नाम से ज्ञात सेवाएँ इस अनुच्छेद के अधीन संसद द्वारा सृजित सेवाएँ समझी जाएँगी।

[8][(3) खंड (1) में निर्दिष्ट अखिल भारतीय न्यायिक सेवा के अंतर्गत अनुच्छेद 236 में परिभाषित जिला न्यायाधीश के पद से अवर कोई पद नहीं होगा।

(4) पूर्वोक्त अखिल भारतीय न्यायिक सेवा के सृजन के लिए उपबंध करने वाली विधि में भाग 6 के अध्याय 6 के संशोधन के लिए ऐसे उपबंध अंतर्विष्ट हो सकेंगे जो उस विधि के उपबंधों को कार्यान्वित करने के लिए आवश्यक हों और ऐसी कोई विधि अनुच्छेद 368 के प्रयोजनों के लिए संविधान का संशोधन नहीं समझी जाएगी।

## [9][312क. कुछ सेवाओं के अधिकारियों की सेवा की शर्तों में परिवर्तन करने या उन्हें प्रतिसंहृत करने की संसद की शक्ति-

(1) संसद, विधि द्वारा-

(क) उन व्यक्तियों के, जो सेक्रेटरी आफ स्टेट द्वारा या सेक्रेटरी आफ स्टेट इन कौंसिल द्वारा इस संविधान के प्रारंभ से पहले भारत में क्राउन की किसी सिविल सेवा में नियुक्त किए गए थे और जो संविधान (अट्ठाइसवां संशोधन) अधिनियम, 1972 के प्रारंभ पर और उसके पश्चात्, भारत सरकार या किसी राज्य की सरकार के अधीन किसी सेवा या पद पर बने रहते हैं, पारिश्रमिक, छुट्टी और पेंशन संबंधी सेवा की शर्तें तथा अनुशासनिक विषयों संबंधी अधिकार, भविष्यलक्षी या भूतलक्षी रूप से परिवर्तित कर सकेगी या प्रतिसंहृत कर सकेगी;

(ख) उन व्यक्तियों के, जो सेक्रेटरी आफ स्टेट द्वारा या सेक्रेटरी आफ स्टेट इन कौंसिल द्वारा इस संविधान के प्रारंभ से पहले भारत में क्राउन की किसी सिविल सेवा में नियुक्त किए गए थे और जो संविधान (अट्ठाइसवां संशोधन) अधिनियम, 1972 के प्रारंभ से पहले किसी समय सेवा से निवृत्त हो गए हैं या अन्यथा सेवा में नहीं रहे हैं, पेंशन संबंधी सेवा की शर्तें भविष्यलक्षी या भूतलक्षी रूप से परिवर्तित कर सकेगी या प्रतिसंहृत कर सकेगी:

परंतु किसी ऐसे व्यक्ति की दशा में, जो उच्चतम न्यायालय या किसी उच्च न्यायालय के मुख्य न्यायमूर्ति या अन्य न्यायाधीश, भारत के नियंत्रक-महालेखापरीक्षक, संघ या किसी राज्य के लोक सेवा आयोग के अध्यक्ष या अन्य सदस्य अथवा मुख्य निर्वाचन आयुक्त का पद धारण कर रहा है या कर चुका है, उपखंड (क) या उपखंड (ख) का किसी बात का यह अर्थ नहीं लगाया जाएगा कि वह संसद को, उस व्यक्ति की उक्त पद पर नियुक्ति के पश्चात् उसकी सेवा की शर्तों में, वहाँ तक के सिवाय जहाँ तक ऐसी सेवा की शर्तें उसे सेक्रेटरी आफ स्टेट द्वारा या सेक्रेटरी आफ स्टेट इन कौंसिल द्वारा भारत में क्राउन की किसी सिविल सेवा में नियुक्त किया गया व्यक्ति होने के कारण लागू हैं, उसके लिए अलाभकारी परिवर्तन करने के लिए या उन्हें प्रतिसंहृत करने के लिए सशक्त करती है।

(2) वहाँ तक के सिवाय जहाँ तक संसद, विधि द्वारा, इस अनुच्छेद के अधीन उपबंध करे इस अनुच्छेद की कोई बात खंड (1) में निर्दिष्ट व्यक्तियों की सेवा की शर्तों का विनियमन करने की इस संविधान के किसी अन्य उपबंध के अधीन किसी विधान-मंडल या अन्य प्राधिकारी की शक्ति पर प्रभाव नहीं डालेगी।

(3) उच्चतम न्यायालय को या किसी अन्य न्यायालय को निम्नलिखित विवादों में कोई अधिकारिता नहीं होगी, अर्थात् :-

(क) किसी प्रसंविदा, करार या अन्य ऐसी ही लिखत के, जिसे खंड (1) में निर्दिष्ट किसी व्यक्ति ने किया है या निष्पादित किया है, किसी उपबंध से या उस पर किए गए किसी पृष्ठांकन से उत्पन्न कोई विवाद अथवा ऐसे व्यक्ति को, भारत में क्राउन की किसी सिविल सेवा में उसकी नियुक्ति या भारत डोमिनियन की या उसके किसी प्रांत की सरकार के अधीन सेवा में उसके बने रहने के संबंध में भेजे गए किसी पत्र के आधार पर उत्पन्न कोई विवाद;

(ख) मूल रूप में यथा अधिनियमित अनुच्छेद 314 के अधीन किसी अधिकार, दायित्व या बाध्यता के संबंध में कोई विवाद।

(4) इस अनुच्छेद के उपबंध मूल रूप में यथा अधिनियमित अनुच्छेद 314 में या इस संविधान के किसी अन्य उपबंध में किसी बात के होते हुए भी प्रभावी होंगे।]

### 313. संक्रमणकालीन उपबंध-

जब तक इस संविधान के अधीन इस निमित्त अन्य उपबंध नहीं किया जाता है तब तक ऐसी सभी विधियाँ जो इस संविधान के प्रारंभ से ठीक पहले प्रवृत्त हैं और किसी ऐसी लोक सेवा या किसी ऐसे पद को, जो इस संविधान के प्रारंभ के पश्चात् अखिल भारतीय सेवा के अथवा संघ या किसी राज्य के अधीन सेवा या पद के रूप में बना रहता है, लागू हैं वहाँ तक प्रवृत्त बनी रहेंगी जहाँ तक वे इस संविधान के उपबंधों से संगत है।

### 314. [कुछ सेवाओं के विद्यमान अधिकारियों के संरक्षण के लिए उपबंध]

संविधान (अट्ठाइसवां संशोधन) अधिनियम, 1972 की धारा 3 द्वारा (2-8-1972 से) निरसित।

## संदर्भ

1. संविधान (सातवां संशोधन) अधिनियम, 1956 की धारा 29 और अनुसूची द्वारा "प्रथम अनुसूची के भाग क या भाग ख में विनिर्दिष्ट राज्य अभिप्रेत है" के स्थान पर प्रतिस्थापित।
2. संविधान (सातवां संशोधन) अधिनियम, 1956 की धारा 29 और अनुसूची द्वारा "या राजप्रमुख" शब्दों का लोप किया गया।
3. संविधान (सातवां संशोधन) अधिनियम, 1956 की धारा 29 और अनुसूची द्वारा "यथास्थिति, उस राज्य के राज्यपाल या राजप्रमुख" के स्थान पर उपरोक्त रूप में रखा गया।
4. संविधान (पन्द्रहवां संशोधन) अधिनियम, 1963 की धारा 10 द्वारा खंड (2) और खंड (3) के स्थान पर प्रतिस्थापित।
5. संविधान (बयालीसवां संशोधन) अधिनियम, 1976 की धारा 44 द्वारा (3-1-1977 से) कुछ शब्दों का लोप किया गया।
6. संविधान (बयालीसवां संशोधन) अधिनियम, 1976 की धारा 44 द्वारा (3-1-1977 से) कुछ शब्दों के स्थान पर प्रतिस्थापित।
7. संविधान (बयालीसवां संशोधन) अधिनियम, 1976 की धारा 45 द्वारा (3-1-1977 से) "भाग 11" के स्थान पर प्रतिस्थापित।
8. संविधान (बयालीसवां संशोधन) अधिनियम, 1976 की धारा 45 द्वारा (3-1-1977 से) अंतःस्थापित।
9. संविधान (अट्ठाईसवां संशोधन) अधिनियम, 1972 की धारा 2 द्वारा (29-8-1972 से) अंतःस्थापित।

# अध्याय 2-लोक सेवा आयोग

### 315. संघ और राज्यों के लिए लोक सेवा आयोग-

(1) इस अनुच्छेद के उपबंधों के अधीन रहते हुए, संघ के लिए एक लोक सेवा आयोग और प्रत्येक राज्य के लिए एक लोक सेवा आयोग होगा।

(2) दो या अधिक राज्य यह करार कर सकेंगे कि राज्यों के उस समूह के लिए एक ही लोक सेवा आयोग होगा और यदि इस आशय का संकल्प उन राज्यों में से प्रत्येक राज्य के विधान-मंडल के सदन द्वारा या जहाँ दो सदन हैं वहाँ प्रत्येक सदन द्वारा पारित कर दिया जाता है तो संसद उन राज्यों की आवश्यकताओं की पूर्ति करने के लिए विधि द्वारा संयुक्त राज्य लोक सेवा आयोग की (जिसे इस अध्याय में "संयुक्त आयोग" कहा गया है) नियुक्ति का उपबंध कर सकेगी।

(3) पूर्वोक्त प्रकार की किसी विधि में ऐसे आनुषंगिक और पारिणामिक उपबंध हो सकेंगे जो उस विधि के प्रयोजनों को प्रभावी करने के लिए आवश्यक या वांछनीय हों।

(4) यदि किसी राज्य का राज्यपाल [1]*** संघ लोक सेवा आयोग से ऐसा करने का अनुरोध करता है तो वह राष्ट्रपति के अनुमोदन से उस राज्य की सभी या किन्हीं आवश्यकताओं की पूर्ति करने के लिए सहमत हो सकेगा।

(5) इस संविधान में, जब तक कि संदर्भ से अन्यथा अपेक्षित न हो संघ लोक सेवा आयोग या किसी राज्य लोक सेवा आयोग के प्रति निर्देशों का यह अर्थ लगाया जाएगा कि वे ऐसे आयोग के प्रति निर्देश हैं जो प्रश्नगत किसी विशिष्ट विषय के संबंध में, यथास्थिति, संघ की या राज्य की आवश्यकताओं की पूर्ति करता है।

## 316. सदस्यों की नियुक्ति और पदावधि-

(1) लोक सेवा आयोग के अध्यक्ष और अन्य सदस्यों की नियुक्ति, यदि वह संघ आयोग या संयुक्त आयोग है तो, राष्ट्रपति द्वारा और, यदि वह राज्य आयोग है तो, राज्य के राज्यपाल [1]*** द्वारा की जाएगी :

परंतु प्रत्येक लोक सेवा आयोग के सदस्यों में से यथाशक्य निकटतम आधे ऐसे व्यक्ति होंगे जो अपनी-अपनी नियुक्ति की तारीख पर भारत सरकार या किसी राज्य की सरकार के अधीन कम-से-कम दस वर्ष तक पद धारण कर चुके हैं और उक्त दस वर्ष की अवधि की संगणना करने में इस संविधान के प्रारंभ से पहले की ऐसी अवधि भी सम्मिलित की जाएगी जिसके दौरान किसी व्यक्ति ने भारत में क्राउन के अधीन या किसी देशी राज्य की सरकार के अधीन पद धारण किया है।

[2][(1क) यदि आयोग के अध्यक्ष का पद रिक्त हो जाता है या यदि कोई ऐसा अध्यक्ष अनुपस्थिति के कारण या अन्य कारण से अपने पद के कर्त्तव्यों का पालन करने में असमर्थ है तो, यथास्थिति, जब तक रिक्त पद पर खंड (1) के अधीन नियुक्त कोई व्यक्ति उस पद का कर्त्तव्य भार ग्रहण नहीं कर लेता है या जब तक अध्यक्ष अपने कर्त्तव्यों को फिर से नहीं संभाल लेता है तब तक आयोग के अन्य सदस्यों में से ऐसा एक सदस्य, जिसे संघ आयोग या संयुक्त आयोग की दशा में राष्ट्रपति और राज्य आयोग की दशा में उस राज्य का राज्यपाल इस प्रयोजन के लिए नियुक्त करे, उन कर्त्तव्यों का पालन करेगा।

(2) लोक सेवा आयोग का सदस्य, अपने पद ग्रहण की तारीख से छह वर्ष की अवधि तक या संघ आयोग की दशा में पैंसठ वर्ष की आयु प्राप्त कर लेने तक और राज्य आयोग या संयुक्त आयोग की दशा में [3][बासठ वर्ष] की आयु प्राप्त कर लेने तक इनमें से जो भी पहले हो, अपना पद धारण करेगा :

परंतु-

(क) लोक सेवा आयोग का कोई सदस्य, संघ आयोग या संयुक्त आयोग की दशा में राष्ट्रपति को और राज्य आयोग की दशा में राज्य के राज्यपाल [4]*** को संबोधित अपने हस्ताक्षर सहित लेख द्वारा अपना पद त्याग सकेगा;

(ख) लोक सेवा आयोग के किसी सदस्य को, अनुच्छेद 317 के खंड (1) या खंड (3) में उपबंधित रीति से उसके पद से हटाया जा सकेगा।

(3) कोई व्यक्ति जो लोक सेवा आयोग के सदस्य के रूप में पद धारण करता है, अपनो पदावधि की समाप्ति पर उस पद पर पुनर्नियुक्ति का पात्र नहीं होगा।

## 317. लोक सेवा आयोग के किसी सदस्य का हटाया जाना और निलंबित किया जाना-

(1) खंड (3) के उपबंधों के अधीन रहते हुए, लोक सेवा आयोग के अध्यक्ष या किसी अन्य सदस्य को केवल कदाचार के आधार पर किए गए राष्ट्रपति के ऐसे आदेश से उसके पद से हटाया जाएगा जो उच्चतम न्यायालय को राष्ट्रपति द्वारा निर्देश किए जाने पर उस न्यायालय द्वारा अनुच्छेद 145 के अधीन इस निमित्त विहित प्रक्रिया के अनुसार की गई जाँच पर, यह प्रतिवेदन किए जाने के पश्चात् किया गया है कि, यथास्थिति, अध्यक्ष या ऐसे किसी सदस्य को ऐसे किसी आधार पर हटा दिया जाए।

(2) आयोग के अध्यक्ष या किसी अन्य सदस्य को, जिसके संबंध में खंड (1) के अधीन उच्चतम न्यायालय को निर्देश किया गया है, संघ आयोग या संयुक्त आयोग की दशा में राष्ट्रपति और राज्य आयोग की दशा में राज्यपाल [4]*** उसके पद से तब तक के लिए निलंबित कर सकेगा जब तक राष्ट्रपति ऐसे निर्देश पर उच्चतम न्यायालय का प्रतिवेदन मिलने पर अपना आदेश पारित नहीं कर देता है।

(3) खंड (1) में किसी बात के होते हुए भी, यदि लोक सेवा आयोग का, यथास्थिति, अध्यक्ष या कोई अन्य सदस्य-

(क) दिवालिया न्यायनिर्णीत किया जाता है, या

(ख) अपनी पदावधि में अपने पद के कर्त्तव्यों के बाहर किसी सवेतन नियोजन में लगता है, या

(ग) राष्ट्रपति की राय में मानसिक या शारीरिक शैथिल्य के कारण अपने पद पर बने रहने के लिए अयोग्य है, तो राष्ट्रपति, अध्यक्ष या ऐसे अन्य सदस्य को आदेश द्वारा पद से हटा सकेगा।

(4) यदि लोक सेवा आयोग का अध्यक्ष या कोई अन्य सदस्य, निगमित कंपनी के सदस्य के रूप में और कंपनी के अन्य सदस्यों के साथ सम्मिलित रूप से अन्यथा, उस संविदा या करार से, जो भारत सरकार या राज्य सरकार के द्वारा या निमित्त की गई या किया गया है, किसी प्रकार से संपृक्त या हितबद्ध है या हो जाता है या उसके

लाभ या उससे उद्भूत किसी फायदे या उपलब्धि में भाग लेता है तो वह खंड (1) के प्रयोजनों के लिए कदाचार का दोषी समझा जाएगा।

## 318. आयोग के सदस्यों और कर्मचारीवृंद की सेवा की शर्तों के बारे में विनियम बनाने की शक्ति-

संघ आयोग या संयुक्त आयोग की दशा में राष्ट्रपति और राज्य आयोग की दशा में उस राज्य का राज्यपाल [4]*** विनियमों द्वारा-

(क) आयोग के सदस्यों की संख्या और उनकी सेवा की शर्तों का अवधारण कर सकेगा; और

(ख) आयोग के कर्मचारीवृंद के सदस्यों की संख्या और उनकी सेवा की शर्तों के संबंध में उपबंध कर सकेगा :

परंतु लोक सेवा आयोग के सदस्य की सेवा की शर्तों में उसकी नियुक्ति के पश्चात् उसके लिए अलाभकारी परिवर्तन नहीं किया जाएगा।

## 319. आयोग के सदस्यों द्वारा ऐसे सदस्य न रहने पर पद धारण करने के संबंध में प्रतिषेध-

पद पर न रह जाने पर-

(क) संघ लोक सेवा आयोग का अध्यक्ष भारत सरकार या किसी राज्य की सरकार के अधीन किसी भी और नियोजन का पात्र नहीं होगा;

(ख) किसी राज्य लोक सेवा आयोग का अध्यक्ष संघ लोक सेवा आयोग के अध्यक्ष या अन्य सदस्य के रूप में अथवा किसी अन्य राज्य लोक सेवा आयोग के अध्यक्ष के रूप में नियुक्त होने का पात्र होगा, किंतु भारत सरकार या किसी राज्य की सरकार के अधीन किसी अन्य नियोजन का पात्र नहीं होगा;

(ग) संघ लोक सेवा आयोग के अध्यक्ष से भिन्न कोई अन्य सदस्य संघ लोक सेवा आयोग के अध्यक्ष के रूप में या किसी राज्य लोक सेवा आयोग के अध्यक्ष के रूप में नियुक्त होने का पात्र होगा, किंतु भारत सरकार या किसी राज्य की सरकार के अधीन किसी अन्य नियोजन का पात्र नहीं होगा;

(घ) किसी राज्य लोक सेवा आयोग के अध्यक्ष से भिन्न कोई अन्य सदस्य संघ लोक सेवा आयोग के अध्यक्ष या किसी अन्य सदस्य के रूप में अथवा उसी या किसी अन्य राज्य लोक सेवा आयोग के अध्यक्ष के रूप में नियक्त होने का पात्र होगा, किंतु भारत सरकार या किसी राज्य की सरकार के अधीन किसी अन्य नियोजन का पात्र नहीं होगा।

## 320. लोक सेवा आयोगों के कृत्य-

(1) संघ और राज्य लोक सेवा आयोगों का यह कर्त्तव्य होगा कि वे क्रमश: संघ की सेवाओं और राज्य की सेवाओं में नियुक्तियों के लिए परीक्षाओं का संचालन करें।

(2) यदि संघ लोक सेवा आयोग से कोई दो या अधिक राज्य ऐसा करने का अनुरोध करते हैं तो उसका यह भी कर्त्तव्य होगा कि वह ऐसी किन्हीं सेवाओं के लिए, जिनके लिए विशेष अर्हताओं वाले अभ्यर्थी अपेक्षित हैं, संयुक्त भर्ती की स्कीमें बनाने और उनका प्रवर्तन करने में उन राज्यों की सहायता करे।

(3) यथास्थिति, संघ लोक सेवा आयोग या राज्य लोक सेवा आयोग से-

(क) सिविल सेवाओं में और सिविल पदों के लिए भर्ती की पद्धतियों से संबंधित सभी विषयों पर,

(ख) सिविल सेवाओं और पदों पर नियुक्ति करने में तथा एक सेवा से दूसरी सेवा में प्रोन्नति और अंतरण करने में अनुसरण किए जाने वाले सिद्धांतों पर और ऐसी नियुक्ति, प्रोन्नति या अंतरण के लिए अभ्यर्थियों की उपयुक्तता पर,

(ग) ऐसे व्यक्ति पर, जो भारत सरकार या किसी राज्य की सरकार की सिविल हैसियत में सेवा कर रहा है प्रभाव डालने वाले सभी अनुशासनिक विषयों पर, जिनके अंतर्गत ऐसे विषयों से संबंधित अभ्यावेदन या याचिकाएं हैं,

(घ) ऐसे व्यक्ति द्वारा या उसके संबंध में, जो भारत सरकार या किसी राज्य की सरकार के अधीन या भारत में क्राउन के अधीन या किसी देशी राज्य की सरकार के अधीन सिविल हैसियत में सेवा कर रहा है या कर चुका है, इस दावे पर कि अपने कर्त्तव्य के निष्पादन में किए गए या किए जाने के लिए तात्पर्यित कार्यों के संबंध में उसके विरुद्ध संस्थित विधिक कार्यवाहियों की प्रतिरक्षा में उसके द्वारा उपगत खर्च का, यथास्थिति, भारत की संचित निधि में से या राज्य की संचित निधि में से संदाय किया जाना चाहिए,

(ङ) भारत सरकार या किसी राज्य की सरकार या भारत में क्राउन के अधीन या किसी देशी राज्य की सरकार के अधीन सिविल हैसियत में सेवा करते समय किसी व्यक्ति को हुई क्षतियों के बारे में पेंशन अधिनिर्णीत किए जाने के लिए किसी दावे पर और ऐसे अधिनिर्णय की रकम विषयक प्रश्न पर,

परामर्श किया जाएगा और इस प्रकार उसे निर्देशित किए गए किसी विषय पर तथा ऐसे किसी अन्य विषय पर, जिसे यथास्थिति, राष्ट्रपति या उस राज्य का राज्यपाल [5]*** उसे निर्देशित करे, परामर्श देने का लोक सेवा आयोग का कर्त्तव्य होगा :

परंतु अखिल भारतीय सेवाओं के संबंध में तथा संघ के कार्यकलाप से संबंधित अन्य सेवाओं और पदों के संबंध में भी राष्ट्रपति तथा राज्य के कार्यकलाप से संबधित अन्य सेवाओं और पदों के संबंध में राज्यपाल [6]*** उन विषयों को विनिर्दिष्ट करने वाले विनियम बना सकेगा जिनमें साधारणतया या किसी विशिष्ट वर्ग के मामले

में या किन्हीं विशिष्ट परिस्थितियों में लोक सेवा आयोग से परामर्श किया जाना आवश्यक नहीं होगा।

(4) खंड (3) की किसी बात से यह अपेक्षा नहीं होगी कि लोक सेवा आयोग से उस रीति के संबंध में, जिससे अनुच्छेद 16 के खंड (4) में निर्दिष्ट कोई उपबंध किया जाना है या उस रीति के संबंध में, जिससे अनुच्छेद 335 के उपबंधों को प्रभावी किया जाना है, परामर्श किया जाए।

(5) राष्ट्रपति या किसी राज्य के राज्यपाल [7]*** द्वारा खंड (3) के परंतुक के अधीन बनाए गए सभी विनियम, बनाए जाने के पश्चात् यथाशीघ्र, यथास्थिति, संसद के प्रत्येक सदन या राज्य के विधान-मंडल के सदन या प्रत्येक सदन के समक्ष कम-से-कम चौदह दिन के लिए रखे जाएँगे और निरसन या संशोधन द्वारा किए गए ऐसे उपांतरणों के अधीन होंगे जो संसद के दोनों सदन या उस राज्य के विधान-मंडल का सदन या दोनों सदन उस सत्र में करें जिसमें वे इस प्रकार रखे गए हैं।

## 321. लोक सेवा आयोगों के कृत्यों का विस्तार करने की शक्ति-

यथास्थिति, संसद द्वारा या किसी राज्य के विधान-मंडल द्वारा बनाया गया कोई अधिनियम संघ लोक सेवा आयोग या राज्य लोक सेवा आयोग द्वारा संघ की या राज्य की सेवाओं के संबंध में और किसी स्थानीय प्राधिकारी या विधि द्वारा गठित अन्य निगमित निकाय या किसी लोक संस्था की सेवाओं के संबंध में भी अतिरिक्त कृत्यों के प्रयोग के लिए उपबंध कर सकेगा।

## 322. लोक सेवा आयोगों के व्यय-

संघ या राज्य लोक सेवा आयोग के व्यय, जिनके अंतर्गत आयोग के सदस्यों या कर्मचारीवृंद को या उनके संबंध में संदेय कोई वेतन, भत्ते और पेंशन हैं, यथास्थिति, भारत की संचित निधि या राज्य की संचित निधि पर भारित होंगे।

## 323. लोक सेवा आयोगों के प्रतिवेदन-

(1) संघ आयोग का यह कर्त्तव्य होगा कि वह राष्ट्रपति को आयोग द्वारा किए गए कार्य के बारे में प्रतिवर्ष प्रतिवेदन दे और राष्ट्रपति ऐसा प्रतिवेदन प्राप्त होने पर उन मामलों के संबंध में, यदि कोई हों, जिनमें आयोग की सलाह स्वीकार नहीं की गई थी, ऐसी अस्वीकृति के कारणों को स्पष्ट करने वाले ज्ञापन सहित उस प्रतिवेदन की प्रति संसद के प्रत्येक सदन के समक्ष रखवाएगा।

(2) राज्य आयोग का यह कर्त्तव्य होगा कि वह राज्य के राज्यपाल [5]*** को आयोग द्वारा किए गए कार्य के बारे में प्रतिवर्ष प्रतिवेदन दे और संयुक्त आयोग का यह कर्त्तव्य होगा कि ऐसे राज्यों में से प्रत्येक के, जिनकी आवश्यकताओं की पूर्ति संयुक्त आयोग द्वारा की जाती है, राज्यपाल [5]*** को उस राज्य के संबंध में आयोग द्वारा किए गए कार्य के बारे में प्रतिवर्ष प्रतिवेदन दे और दोनों में से प्रत्येक दशा में ऐसा प्रतिवेदन प्राप्त होने पर राज्यपाल [8]*** उन मामलों के संबंध में, यदि कोई हों, जिनमें आयोग की सलाह स्वीकार नहीं की गई थी, ऐसी अस्वीकृति के कारणों को स्पष्ट करने वाले ज्ञापन सहित उस प्रतिवेदन की प्रति राज्य के विधान-मंडल के समक्ष रखवाएगा।

## संदर्भ

1. संविधान (सातवां संशोधन) अधिनियम, 1956 की धारा 29 और अनुसूची द्वारा "या राजप्रमुख" शब्दों का लोप किया गया।
2. संविधान (पन्द्रहवां संशोधन) अधिनियम, 1963 की धारा 11 द्वारा अंत:स्थापित।
3. संविधान (इकतालीसवां संशोधन) अधिनियम, 1976 की धारा 2 द्वारा "साठ वर्ष" के स्थान पर प्रतिस्थापित।
4. संविधान (सातवां संशोधन) अधिनियम, 1956 की धारा 29 और अनुसूची द्वारा "या राजप्रमुख" शब्दों का लोप किया गया।
5. संविधान (सातवां संशोधन) अधिनियम, 1956 की धारा 29 और अनुसूची द्वारा "या राजप्रमुख" शब्दों का लोप किया गया।
6. संविधान (सातवां संशोधन) अधिनियम, 1956 की धारा 29 और अनुसूची द्वारा " यथास्थापित राज्यपाल या राजप्रमुख" शब्दों के स्थान पर उपरोक्त रूप से रखा गया।
7. संविधान (सातवां संशोधन) अधिनियम, 1956 की धारा 29 और अनुसूची द्वारा "या राजप्रमुख" शब्दों का लोप किया गया।
8. संविधान (सातवां संशोधन) अधिनियम, 1956 की धारा 29 और अनुसूची द्वारा "यथास्थिति, राज्यपाल या राजप्रमुख" के स्थान पर उपरोक्त रूप से रखा गया।

# [1][भाग-14क

# अधिकरण

### 323क. प्रशासनिक अधिकरण-

(1) संसद, विधि द्वारा, संघ या किसी राज्य के अथवा भारत के राज्यक्षेत्र के भीतर या भारत सरकार के नियंत्रण के अधीन किसी स्थानीय या अन्य प्राधिकारी के अथवा सरकार नियंत्रण के अधीन किसी निगम के कार्यकलाप से संबंधित लोक सेवाओं और पदों के लिए भर्ती तथा नियुक्त व्यक्तियों की सेवा की शर्तों के संबंध में विवादों और परिवादों के प्रशासनिक अधिकरणों द्वारा न्यायनिर्णयन या विचारण के लिए उपबंध कर सकेगी।

(2) खंड (1) के अधीन बनाई गई विधि-

(क) संघ के लिए एक प्रशासनिक अधिकरण और प्रत्येक राज्य के लिए अथवा दो या अधिक राज्यों के लिए एक पृथक् प्रशासनिक अधिकरण की स्थापना के लिए उपबंध कर सकेगी;

(ख) उक्त अधिकरणों में से प्रत्येक अधिकरण द्वारा प्रयोग की जाने वाली अधिकारिता, शक्तियाँ (जिनके अंतर्गत अवमान के लिए दंड देने की शक्ति है) और प्राधिकार विनिर्दिष्ट कर सकेगी;

(ग) उक्त अधिकरणों द्वारा अनुसरण की जाने वाली प्रक्रिया के लिए (जिसके अंतर्गत परिसीमा के बारे में और साक्ष्य के नियमों के बारे में उपबंध है) उपबंध कर सकेगी;

(घ) अनुच्छेद 136 के अधीन उच्चतम न्यायालय की अधिकारिता के सिवाय सभी न्यायालयों की अधिकारिता का खंड (1) में निर्दिष्ट विवादों या परिवादों के संबंध में अपवर्जन कर सकेगी;

(ङ) प्रत्येक ऐसे प्रशासनिक अधिकरण को उन मामलों के अंतरण के लिए उपबंध कर सकेगी जो ऐसे अधिकरण की स्थापना से ठीक पहले किसी न्यायालय या अन्य प्राधिकारी के समक्ष लंबित हैं और जो, यदि ऐसे वाद हेतुक जिन पर ऐसे वाद या कार्यवाहियां आधारित हैं, अधिकरण की स्थापना के पश्चात् उत्पन्न होते तो, ऐसे अधिकरण की अधिकारिता के भीतर होते;

(च) राष्ट्रपति द्वारा अनुच्छेद 371घ के खंड (3) के अधीन किए गए आदेश का निरसन या संशोधन कर सकेगी;

(छ) ऐसे अनुपूरक, आनुषंगिक और पारिणामिक उपबंध (जिनके अंतर्गत फीस के बारे में उपबंध है) अंतर्विष्ट कर सकेगी जो संसद ऐसे अधिकरणों के प्रभावी कार्यकरण के लिए और उनके द्वारा मामलों के शीघ्र निपटारे के लिए और उनके आदेशों के प्रवर्तन के लिए आवश्यक समझे।

(3) इस अनुच्छेद के उपबंध इस संविधान के किसी अन्य उपबंध में या तत्समय प्रवृत्त किसी अन्य विधि में किसी बात के होते हुए भी प्रभावी होंगे।

### 323ख. अन्य विषयों के लिए अधिकरण-

(1) समुचित विधान-मंडल, विधि द्वारा, ऐसे विवादों, परिवादों या अपराधों के अधिकरणों द्वारा न्यायनिर्णयन या विचारण के लिए उपबंध कर सकेगा जो खंड (2) में विनिर्दिष्ट उन सभी या किन्हीं विषयों से संबंधित हैं जिनके संबंध में ऐसे विधान-मंडल को विधि बनाने की शक्ति है।

(2) खंड (1) में निर्दिष्ट विषय निम्नलिखित हैं, अर्थात् :-

(क) किसी कर का उद्ग्रहण, निर्धारण, संग्रहण और प्रवर्तन;

(ख) विदेशी मुद्रा, सीमाशुल्क सीमांतों के आर-पार आयात और निर्यात;

(ग) औद्योगिक और श्रम विवाद;

(घ) अनुच्छेद 31क में यथापरिभाषित किसी संपदा या उसमें किन्हीं अधिकारों के राज्य द्वारा अर्जन किन्हीं अधिकारों के निर्वापन या उपांतरण द्वारा या कृषि भूमि की अधिकतम सीमा द्वारा या किसी अन्य पर भूमि सुधार;

(ङ) नगर संपत्ति की अधिकतम सीमा;

(च) संसद के प्रत्येक सदन या किसी राज्य विधान-मंडल के सदन या प्रत्येक सदन के लिए निर्वाचन किंतु अनुच्छेद 329 और अनुच्छेद 329क में निर्दिष्ट विषयों को छोड़कर;

(छ) खाद्य पदार्थों का (जिनके अंतर्गत खाद्य तिलहन और तेल है) और ऐसे अन्य माल का उत्पादन, प्रदाय और वितरण, जिन्हें राष्ट्रपति, लोक अधिसूचना द्वारा, इस अनुच्छेद के प्रयोजन के लिए आप माल घोषित करे और ऐसे माल की कीमत का नियंत्रण;

[2][(ज)] किराया, उसका विनियमन और नियंत्रण तथा किराएदारी संबंधी विवाद्यक, जिनके अंतर्गत मकान मालिकों और किराएदारों के अधिकार, हक और हित हैं;]

[3][(झ)] उपखंड (क) से उपखंड [4](ज)] में विनिर्दिष्ट विषयों में से किसी विषय से संबंधित विधियों के विरुद्ध अपराध और उन विषयों में से किसी की बाबत फीस;

[3][(ञ)] उपखंड (क) से उपखंड [5](झ)] में विनिर्दिष्ट विषयों में से किसी का आनुषंगिक कोई विषय।

(3) खंड (1) के अधीन बनाई गई विधि–

(क) अधिकरणों के उत्क्रम की स्थापना के लिए उपबंध कर सकेगी;

(ख) उक्त अधिकरणों में से प्रत्येक अधिकरण द्वारा प्रयोग की जाने वाली अधिकारिता, शक्तियाँ (जिनके अंतर्गत अवमान के लिए दंड देने की शक्ति है) और प्राधिकार विनिर्दिष्ट कर सकेगी;

(ग) उक्त अधिकरणों द्वारा अनुसरण की जाने वाली प्रक्रिया के लिए (जिसके अंतर्गत परिसीमा के बारे में और साक्ष्य के नियमों के बारे में उपबंध हैं) उपबंध कर सकेगी;

(घ) अनुच्छेद 136 के अधीन उच्चतम न्यायालय की अधिकारिता के सिवाय सभी न्यायालयों की अधिकारिता का उन सभी या किन्हीं विषयों के संबंध में अपवर्जन कर सकेगी जो उक्त अधिकरणों की अधिकारिता के अंतर्गत आते हैं;

(ङ) प्रत्येक ऐसे अधिकरण को उन मामलों के अंतरण के लिए उपबंध कर सकेगी जो ऐसे अधिकरण की स्थापना से ठीक पहले किसी न्यायालय या अन्य प्राधिकारी के समक्ष लंबित हैं और जो, यदि ऐसे वाद हेतुक जिन पर ऐसे वाद या कार्यवाहियां आधारित हैं, अधिकरण की स्थापना के पश्चात् उत्पन्न होते तो ऐसे अधिकरण की अधिकारिता के भीतर होते;

(च) ऐसे अनुपूरक, आनुषंगिक और पारिणामिक उपबंध (जिनके अंतर्गत फीस के बारे में उपबंध है) अंतर्विष्ट कर सकेगी जो समुचित विधान-मंडल ऐसे अधिकरणों के प्रभावी कार्यकरण के लिए और उनके द्वारा मामलों के शीघ्र निपटारे के लिए और उनके आदेशों के प्रवर्तन के लिए आवश्यक समझे।

(4) इस अनुच्छेद के उपबंध इस संविधान के किसी अन्य उपबंध में या तत्समय प्रवृत्त किसी अन्य विधि में किसी बात के होते हुए भी प्रभावी होंगे।

**स्पष्टीकरण**-इस अनुच्छेद में, किसी विषय के संबंध में, "समुचित विधान-मंडल" से, यथास्थिति, संसद या किसी राज्य का विधान-मंडल अभिप्रेत है, जो भाग 11 के उपबंधों के अनुसार ऐसे विषय के संबंध में विधि बनाने के लिए सक्षम है।

## संदर्भ

1. संविधान (बयालीसवां संशोधन) अधिनियम, 1976 की धारा 46 द्वारा (3-1-1977 से) अंत:स्थापित।
2. संविधान (पचहत्तरवां संशोधन) अधिनियम, 1993 की धारा 2 द्वारा (15-5-1994 से) अंत:स्थापित।
3. संविधान (पचहत्तरवां संशोधन) अधिनियम, 1993 की धारा 2 द्वारा (15-5-1994 से) उपखंड (ज) और (झ) को उपखंड (झ) और (ञ) के रूप में पुन:अक्षरांकित किया जाएगा।
4. संविधान (पचहत्तरवां संशोधन) अधिनियम, 1993 की धारा 2 द्वारा (15-5-1994 से) "(छ)" के स्थान पर प्रतिस्थापित।
5. संविधान (पचहत्तरवां संशोधन) अधिनियम, 1993 की धारा 2 द्वारा (15-5-1994 से) "(ज)" के स्थान पर प्रतिस्थापित।

# भाग-15

# निर्वाचन

## 324. निर्वाचनों के अधीक्षण, निदेशन और नियंत्रण का निर्वाचन आयोग में निहित होना-

(1) इस संविधान के अधीन संसद और प्रत्येक राज्य के विधान-मंडल के लिए कराए जाने वाले सभी निर्वाचनों के लिए तथा राष्ट्रपति और उपराष्ट्रपति के पदों के लिए निर्वाचनों के लिए निर्वाचक-नामावली तैयार कराने का और उन सभी निर्वाचनों के संचालन का अधीक्षण, निदेशन और नियंत्रण [1]*** एक आयोग में निहित होगा (जिसे इस संविधान में निर्वाचन आयोग कहा गया है।)

(2) निर्वाचन आयोग मुख्य निर्वाचन आयुक्त और उतने अन्य निर्वाचन आयुक्तों से, यदि कोई हों, जितने राष्ट्रपति समय-समय पर नियत करे, मिलकर बनेगा तथा मुख्य निर्वाचन आयुक्त और अन्य निर्वाचन आयुक्तों की नियुक्ति, संसद द्वारा इस निमित्त बनाई गई विधि के उपबंधों के अधीन रहते हुए, राष्ट्रपति द्वारा की जाएगी।

(3) जब कोई अन्य निर्वाचन आयुक्त इस प्रकार नियुक्त किया जाता है तब मुख्य निर्वाचन आयुक्त निर्वाचन आयोग के अध्यक्ष के रूप में कार्य करेगा।

(4) लोक सभा के और प्रत्येक राज्य की विधान सभा के प्रत्येक साधारण निर्वाचन से पहले तथा विधान परिषद् वाले प्रत्येक राज्य की विधान परिषद् के लिए प्रथम साधारण निर्वाचन से पहले और उसके पश्चात् प्रत्येक द्विवार्षिक निर्वाचन से पहले, राष्ट्रपति निर्वाचन आयोग से परामर्श करने के पश्चात, खंड (1) द्वारा निर्वाचन आयोग को सौंपे गए कृत्यों के पालन में आयोग की सहायता के लिए उतने प्रादेशिक आयुक्तों की भी नियुक्ति कर सकेगा जितने वह आवश्यक समझे।

(5) संसद द्वारा बनाई गई किसी विधि के उपबंधों के अधीन रहते हुए. निर्वाचन आयुक्तों और प्रादेशिक आयुक्तों की सेवा की शर्तें और पदावधि ऐसी होंगी जो राष्ट्रपति नियम द्वारा अवधारित करे :

परंतु मुख्य निर्वाचन आयुक्त को उसके पद से उसी रीति से और उन्हीं आधारों पर ही हटाया जाएगा, जिस रीति से और जिन आधारों पर उच्चतम न्यायालय के न्यायाधीश को हटाया जाता है अन्यथा नहीं और मुख्य निर्वाचन आयुक्त की सेवा की शर्तों में उसकी नियुक्ति के पश्चात् उसके लिए अलाभकारी परिवर्तन नहीं किया जाएगा :

परंतु यह और कि किसी अन्य निर्वाचन आयुक्त या प्रादेशिक आयुक्त को मुख्य निर्वाचन आयुक्त की सिफारिश पर ही पद से हटाया जाएगा, अन्यथा नहीं।

(6) जब निर्वाचन आयोग ऐसा अनुरोध करे तब, राष्ट्रपति या किसी राज्य का राज्यपाल [2]*** निर्वाचन आयोग या प्रादेशिक आयुक्त को उतने कर्मचारीवृन्द उपलब्ध कराएगा जितने खंड (1) द्वारा निर्वाचन आयोग को सौंपे गए कृत्यों के निर्वहन के लिए आवश्यक हों।

## 325. धर्म, मूलवंश, जाति या लिंग के आधार पर किसी व्यक्ति का निर्वाचक नामावली में सम्मिलित किए जाने के लिए अपात्र न होना और उसके द्वारा किसी विशेष निर्वाचक नामावली में सम्मिलित किए जाने का दावा न किया जाना-

संसद के प्रत्येक सदन या किसी राज्य के विधान-मंडल के सदन या प्रत्येक सदन के लिए प्रत्येक प्रादेशिक निर्वाचन-क्षेत्र के लिए प्रत्येक प्रादेशिक निर्वाचन-क्षेत्र के लिए एक साधारण निर्वाचक-नामावली होगी और केवल धर्म, मूलवंश, जाति, लिंग या इनमें से किसी के आधार पर कोई व्यक्ति ऐसी किसी नामावली में सम्मिलित किए जाने के लिए अपात्र नहीं होगा या ऐसे किसी निर्वाचन-क्षेत्र के लिए किसी विशेष निर्वाचक-नामावली में सम्मिलित किए जाने का दावा नहीं करेगा।

## 326. लोक सभा और राज्यों की विधान सभाओं के लिए निर्वाचनों का वयस्क मताधिकार के आधार पर होना-

लोक सभा और प्रत्येक राज्य की विधान सभा के लिए निर्वाचन वयस्क मताधिकार के आधार पर होंगे अर्थात प्रत्येक व्यक्ति, जो भारत का नागरिक है और ऐसी तारीख को, जो समुचित विधान-मंडल द्वारा बनाई गई किसी विधि द्वारा या उसके अधीन इस निमित्त नियत की जाए, कम-से-कम [3][अठारह वर्ष] की आयु का है और इस संविधान या समुचित विधान-

मंडल द्वारा बनाई गई किसी विधि के अधीन अनिवास, चित्तविकृति, अपराध या भ्रष्ट या अवैध आचरण के आधार पर अन्यथा निरर्हित नहीं कर दिया जाता है, ऐसे किसी निर्वाचन में मतदाता के रूप में रजिस्ट्रीकृत होने का हकदार होगा।

## 327. विधान-मंडल के लिए निर्वाचनों के संबंध में उपबंध करने की संसद की शक्ति-

इस संविधान के उपबंधों के अधीन रहते हुए, संसद समय-समय पर विधि द्वारा, संसद के प्रत्येक सदन या किसी राज्य के विधान-मंडल के सदन या प्रत्येक सदन के लिए निर्वाचनों से संबंधित या संसक्त सभी विषयों के संबंध में, जिनके अंतर्गत निर्वाचक नामावली तैयार कराना, निर्वाचन क्षेत्रों का परिसीमन और ऐसे सदन या सदनों का सम्यक् गठन सुनिश्चित करने के लिए अन्य सभी आवश्यक विषय हैं, उपबंध कर सकेगी।

## 328. किसी राज्य के विधान-मंडल के लिए निर्वाचनों के संबंध में उपबंध करने की उस विधान-मंडल की शक्ति-

इस संविधान के उपबंधों के अधीन रहते हुए और जहाँ तक संसद इस निमित्त उपबंध नहीं करती है वहाँ तक किसी राज्य का विधान-मंडल समय-समय पर विधि द्वारा, उस राज्य के विधान-मंडल के सदन या प्रत्येक सदन के लिए निर्वाचनों से संबंधित या संसक्त सभी विषयों के संबंध में, जिनके अंतर्गत निर्वाचक-नामावली तैयार कराना और ऐसे सदन या सदनों का सम्यक् गठन सुनिश्चित करने के लिए अन्य सभी आवश्यक विषय हैं, उपबंध कर सकेगा।

## 329. निर्वाचन संबंधी मामलों में न्यायालयों के हस्तक्षेप का वर्जन-

[4][इस संविधान में किसी बात के होते हुए भी [5]***-]

(क) अनुच्छेद 327 या अनुच्छेद 328 के अधीन बनाई गई या बनाई जाने के लिए तात्पर्यित किसी ऐसी विधि की विधिमान्यता, जो निर्वाचन क्षेत्रों के परिसीमन या ऐसे निर्वाचन क्षेत्रों को स्थानों के आबंटन से संबंधित है, किसी न्यायालय में प्रश्नगत नहीं की जाएगी;

(ख) संसद के प्रत्येक सदन या किसी राज्य के विधान-मंडल के सदन या प्रत्येक सदन के लिए कोई निर्वाचन ऐसी निर्वाचन अर्जी पर ही प्रश्नगत किया जाएगा, जो ऐसे प्राधिकारी को और ऐसी रीति से प्रस्तुत की गई है जिसका समुचित विधान-मंडल द्वारा बनाई गई विधि द्वारा या उसके अधीन उपबंध किया जाए, अन्यथा नहीं।

## [6]329क. [प्रधानमंत्री और अध्यक्ष के मामले में संसद के लिए निर्वाचनों के बारे में विशेष उपबंध]-

संविधान (चवालीसवां संशोधन) अधिनियम, 1978 की धारा 36 द्वारा (20-6-1979 से) निरसित।

## संदर्भ

1. संविधान (उन्नीसवां संशोधन) अधिनियम, 1966 की धारा 2 द्वारा "जिसके अंतर्गत संसद के और राज्य के विधान-मंडलों के निर्वाचनों से उद्भूत या संसक्त संदेहों और विवाद के निर्णय के लिए निर्वाचन न्यायाधिकरण की नियुक्ति भी है" शब्दों का लोप किया गया।
2. संविधान (सातवां संशोधन) अधिनियम, 1956 की धारा 29 और अनुसूची द्वारा "या राजप्रमुख" शब्दों का लोप किया गया।
3. संविधान (इकसठवां संशोधन) अधिनियम, 1988 की धारा 2 द्वारा "इक्कीस वर्ष" के स्थान पर प्रतिस्थापित।
4. संविधान (उनतालीसवां संशोधन) अधिनियम, 1975 की धारा 3 द्वारा कुछ शब्दों के स्थान पर प्रतिस्थापित।
5. संविधान (चवालीसवां संशोधन) अधिनियम, 1978 की धारा 35 द्वारा (20-6-1979 से) "परंतु अनुच्छेद 329क के उपबंधों के अधीन रहते हुए" शब्दों, अंकों और अक्षर का लोप किया गया।
6. संविधान (उनतालीसवां संशोधन) अधिनियम, 1975 की धारा 4 द्वारा अंत:स्थापित।

# भाग-16

# कुछ वर्गों के संबंध में विशेष उपबंध

### 330. लोक सभा में अनुसूचित जातियों और अनुसूचित जनजातियों के लिए स्थानों का आरक्षण-

(1) लोक सभा में-

(क) अनुसूचित जातियों के लिए,

[1][(ख) असम के स्वशासी जिलों की अनुसूचित जनजातियों को छोड़कर अन्य अनुसूचित जनजातियों के लिए, और

(ग) असम के स्वशासी जिलों की अनुसूचित जनजातियों के लिए, स्थान आरक्षित रहेंगे।

(2) खंड (1) के अधीन किसी राज्य [2][या संघ राज्यक्षेत्र] में अनुसूचित जातियों या अनुसूचित जनजातियों के लिए आरक्षित स्थानों की संख्या का अनुपात, लोक सभा में उस राज्य [2][या संघ राज्यक्षेत्र] को आबंटित स्थानों की कुल संख्या से यथाशक्य वही होगा जो, यथास्थिति, से राज्य [2][या संघ राज्यक्षेत्र] की अनुसूचित जातियों की अथवा उस राज्य [2][या संघ राज्यक्षेत्र] की या उस राज्य [2][या संघ राज्यक्षेत्र] के भाग की अनुसूचित जनजातियों की, जिनके संबंध में स्थान इस प्रकार आरक्षित हैं, जनसंख्या का अनुपात उस राज्य [2][या संघ राज्यक्षेत्र] की कुल जनसंख्या से है।

[3][(3) खंड (2) में किसी बात के होते हुए भी, लोक सभा में असम के स्वशासी जिलों की अनुसूचित जनजातियों के लिए आरक्षित स्थानों की संख्या का अनुपात, उस राज्य को आबंटित स्थानों की कुल संख्या के उस अनुपात से कम नहीं होगा जो उक्त स्वशासी जिलों की अनुसूचित जनजातियों की जनसंख्या का अनुपात उस राज्य की कुल जनसंख्या से है।]

[4][**स्पष्टीकरण**-इस अनुच्छेद में और अनुच्छेद 332 में, "जनसंख्या" पद से ऐसी अंतिम पूर्ववर्ती जनगणना में अभिनिश्चित की गई जनसंख्या अभिप्रेत है जिसके सुसंगत आंकड़े प्रकाशित हो गए हैं :

परंतु इस स्पष्टीकरण में अंतिम पूर्ववर्ती जनगणना के प्रति, जिसके सुसंगत आंकड़े प्रकाशित हो गए हैं, निर्देश का, .जब तक सन् [5][2026] के पश्चात् की गई पहली जनगणना के सुसंगत आंकड़े प्रकाशित नहीं हो जाते हैं, यह अर्थ लगाया जाएगा कि वह [6][[5][2001] की जनगणना के प्रति निर्देश है।]

### 331. लोक सभा में आंग्ल-भारतीय समुदाय का प्रतिनिधित्व-

अनुच्छेद 81 में किसी बात के होते हुए भी, यदि राष्ट्रपति की यह राय है कि लोक सभा में आंग्ल-भारतीय समुदाय का प्रतिनिधित्व पर्याप्त नहीं है तो वह लोक सभा में उस समुदाय के दो से अधिक सदस्य नामनिर्देशित कर सकेगा।

### 332. राज्यों की विधान सभाओं में अनुसूचित जातियों और अनुसूचित जनजातियों के लिए स्थानों का आरक्षण-

(1) [7]*** प्रत्येक राज्य की विधान सभा में अनुसूचित जातियों के लिए और [8][असम के स्वशासी जिलों की अनुसूचित जनजातियों को छोड़कर] अन्य अनुसूचित जनजातियों के लिए स्थान आरक्षित रहेंगे।

(2) असम राज्य की विधान सभा में स्वशासी जिलों के लिए भी स्थान आरक्षित रहेंगे।

(3) खंड (1) के अधीन किसी राज्य की विधान सभा में अनुसूचित जातियों या अनुसूचित जनजातियों के आरक्षित स्थानों की संख्या का अनुपात, उस विधान सभा में स्थानों की कुल संख्या से यथाशक्य वहीं होगा जो, यथास्थिति, उस राज्य की अनुसूचित जातियों की अथवा उस राज्य की या उस राज्य के भाग की अनुसूचित जनजातियों की, जिनके संबंध में स्थान इस प्रकार आरक्षित हैं, जनसंख्या का अनुपात उस राज्य की कुल जनसंख्या से है।

[9][(3क) खंड (3) में किसी बात के होते हुए भी, सन् [10][2026] के पश्चात् की गई पहली जनगणना के आधार पर अरुणाचल प्रदेश, मेघालय, मिजोरम और नागालैंड राज्यों की विधान सभाओं में स्थानों की संख्या के, अनुच्छेद 170 के अधीन, पुन:समायोजन के प्रभावी होने तक, जो स्थान ऐसे किसी राज्य की विधान सभा में अनुसूचित जनजातियों के लिए आरक्षित किए जाएँगे, वे-

(क) यदि संविधान (सत्तावनवां संशोधन) अधिनियम, 1987 के प्रवृत्त होने की तारीख को ऐसे राज्य की विद्यमान विधान सभा में (जिसे इस खंड में इसके पश्चात् विद्यमान विधान सभा कहा गया है) सभी स्थान अनुसूचित जनजातियों के सदस्यों द्वारा धारित हैं तो, एक स्थान को छोड़कर सभी स्थान होंगे; और

(ख) किसी अन्य दशा में, उतने स्थान होंगे, जिनकी संख्या का अनुपात, स्थानों की कुल संख्या के उस अनुपात से कम नहीं होगा जो विद्यमान विधान सभा में अनुसूचित जनजातियों के सदस्यों की (उक्त तारीख को यथाविद्यमान) संख्या का अनुपात विद्यमान विधान सभा में स्थानों की कुल संख्या से हैं।]

[11][(3ख) खंड (3) में किसी बात के होते हुए भी, सन् [10][2026] के पश्चात् की गई पहली जनगणना के आधार पर, त्रिपुरा राज्य की विधान सभा में स्थानों की संख्या के, अनुच्छेद 170 के अधीन, पुन:समायोजन के प्रभावी होने तक, जो स्थान उस विधान सभा में अनुसूचित जनजातियों के लिए आरक्षित किए जाएँगे वे उतने स्थान होंगे जिनकी संख्या का अनुपात, स्थानों की कुल संख्या के उस अनुपात से कम नहीं होगा जो विद्यमान विधान सभा में अनुसूचित जनजातियों के सदस्यों की, संविधान (बहत्तरवां संशोधन) अधिनियम, 1992 के प्रवृत्त होने की तारीख को यथाविद्यमान संख्या का अनुपात उक्त तारीख को उस विधान सभा में स्थानों की कुल संख्या से है।]

(4) असम राज्य की विधान सभा में किसी स्वशासी जिले के लिए आरक्षित स्थानों की संख्या का अनुपात, उस विधान सभा में स्थानों की कुल संख्या के उस अनुपात से कम नहीं होगा जो उस जिले की जनसंख्या का अनुपात उस राज्य की कुल जनसंख्या से है।

(5) [12]*** असम के किसी राज्य के किसी स्वशासी जिले के लिए आरक्षित स्थानों के निर्वाचन क्षेत्रों में उस जिले के बाहर का कोई क्षेत्र समाविष्ट नहीं होगा।

(6) कोई व्यक्ति जो असम राज्य के किसी स्वशासी जिले की अनुसूचित जनजाति का सदस्य नहीं है, उस राज्य की विधान सभा के लिए [12]*** उस जिले के किसी निर्वाचन-क्षेत्र से निर्वाचित होने का पात्र नहीं होगा:

[13][परंतु असम राज्य की विधान सभा के निर्वाचनों के लिए, बोडोलैंड प्रादेशिक परिषद् क्षेत्र जिला में सम्मिलित निर्वाचन क्षेत्रों में अनुसचित जनजातियों और गैर-अनुसूचित जनजातियों का प्रतिनिधित्व, जो उस प्रकार अधिसूचित किया गया था और बोडोलैंड प्रादेशिक क्षेत्र जिला के गठन से पूर्व विद्यमान था, बनाए रखा जाएगा।]

## 333. राज्यों की विधान सभाओं में आंग्ल-भारतीय समुदाय का प्रतिनिधित्व-

अनुच्छेद 170 में किसी बात के होते हुए भी, यदि किसी राज्य के राज्यपाल [14]*** की यह राय है कि उस राज्य की विधान सभा में आंग्ल-भारतीय समुदाय का प्रतिनिधित्व आवश्यक है और उसमें उसका प्रतिनिधित्व पर्याप्त नहीं है तो वह उस विधान सभा में [15][उस समुदाय का एक सदस्य नामनिर्देशित कर सकेगा।]

## 334. स्थानों के आरक्षण और विशेष प्रतिनिधित्व का [साठ वर्ष] के पश्चात् न रहना-

इस भाग के पूर्वगामी उपबंधों में किसी बात के होते हुए भी,-

(क) लोक सभा में और राज्यों की विधान सभाओं में अनुसूचित जातियों और अनुसूचित जनजातियों के लिए स्थानों के आरक्षण संबंधी, और

(ख) लोक सभा में और राज्यों की विधान सभाओं में नामनिर्देशन द्वारा आंग्ल-भारतीय समुदाय के प्रतिनिधित्व संबंधी,

इस संविधान के उपबंध इस संविधान के प्रारंभ से [16][साठ वर्ष] की अवधि की समाप्ति पर प्रभावी नहीं रहेंगे :

परंतु इस अनुच्छेद की किसी बात से लोक सभा में या किसी राज्य की विधान सभा में किसी प्रतिनिधित्व पर तब तक कोई प्रभाव नहीं पड़ेगा जब तक, यथास्थिति, उस समय विद्यमान लोक सभा या विधान सभा का विघटन नहीं हो जाता है।

## 335. सेवाओं और पदों के लिए अनुसूचित जातियों और अनुसूचित जनजातियों के दावे-

संघ या किसी राज्य के कार्यकलाप से सबंधित सेवाओं और पदों के लिए नियुक्तियां करने में, अनुसूचित जातियों और अनुसूचित जनजातियों के सदस्यों के दावों का प्रशासन की दक्षता बनाए रखने की संगति के अनुसार ध्यान रखा जाएगा:

[17][परंतु इस अनुच्छेद की कोई बात अनुसूचित जातियों और अनुसूचित जनजातियों के सदस्यों के पक्ष में, संघ या किसी राज्य के कार्यकलाप से संबंधित सेवाओं के किसी वर्ग या वर्गों में या पदों पर प्रोन्नति के मामलों में आरक्षण के लिए, किसी परीक्षा में अर्हक अंकों में छूट देने या मूल्यांकन के मानकों को घटाने के लिए उपबंध निवारित नहीं करेगी।]

## 336. कुछ सेवाओं में आंग्ल-भारतीय समुदाय के लिए विशेष उपबंध-

(1) इस संविधान के प्रारंभ के पश्चात् प्रथम दो वर्ष के दौरान, संघ की रेल, सीमाशुल्क, डाक और तार संबंधी सेवाओं में पदों के लिए आंग्ल-भारतीय समुदाय के सदस्यों की नियुक्तियां उसी आधार

पर की जाएँगी जिस आधार पर 15 अगस्त, 1947 से ठीक पहले का जाती थीं।

प्रत्येक उत्तरवर्ती दो वर्ष की अवधि के दौरान उक्त समुदाय के सदस्यों के लिए, उक्त सेवाओं में आरक्षित पदा की संख्या ठीक पूर्ववर्ती दो वर्ष की अवधि के दौरान इस प्रकार आरक्षित संख्या से यथासंभव निकटतम दस प्रतिशत कम होगी :

परंतु इस संविधान के प्रारंभ से दस वर्ष के अंत में ऐसे सभी आरक्षण समाप्त हो जाएँगे।

(2) यदि आंग्ल-भारतीय समुदाय के सदस्य अन्य समुदायों के सदस्यों की तुलना में गुणागुण के आधार पर नियुक्ति के लिए अर्हित पाए जाएँ तो खंड (1) के अधीन उस समुदाय के लिए आरक्षित पदों से भिन्न या उनके अतिरिक्त पदों पर आंग्ल-भारतीय समुदाय के सदस्यों की नियुक्ति को उस खंड की कोई बात वर्जित नहीं करेगी।

## 337. आंग्ल-भारतीय समुदाय के फायदे के लिए शैक्षिक अनुदान के लिए विशेष उपबंध-

इस संविधान के प्रारंभ के पश्चात, प्रथम तीन वित्तीय वर्षों के दौरान आंग्ल-भारतीय समुदाय के फायदे के लिए शिक्षा के संबंध में संघ और [18]*** प्रत्येक राज्य द्वारा वही अनुदान, यदि कोई हों, दिए जाएँगे जो 31 मार्च, 1948 को समाप्त होने वाले वित्तीय वर्ष में दिए गए थे।

प्रत्येक उत्तरवर्ती तीन वर्ष की अवधि के दौरान अनुदान ठीक पूर्ववर्ती तीन वर्ष की अवधि की अपेक्षा दस प्रतिशत कम हो सकेंगे :

परंतु इस संविधान के प्रारंभ से दस वर्ष के अंत में ऐसे अनुदान, जिस मात्रा तक वे आंग्ल-भारतीय समुदाय के लिए विशेष रियायत है उस मात्रा तक, समाप्त हो जाएँगे :

परंतु यह और कि कोई शिक्षा संस्था इस अनुच्छेद के अधीन अनुदान प्राप्त करने की तब तक हकदार नहीं होगी जब तक उसके वार्षिक प्रवेशों में कम-से-कम चालीस प्रतिशत प्रवेश आंग्ल-भारतीय समुदाय से भिन्न समुदायों के सदस्यों के लिए उपलब्ध नहीं किए जाते हैं।

## 338. [19][राष्ट्रीय अनुसूचित जाति आयोग]-

[20][(1) अनुसूचित जातियों के लिए एक आयोग होगा जो राष्ट्रीय अनुसूचित जाति आयोग के नाम से ज्ञात होगा।

(2) संसद द्वारा इस निमित्त बनाई गई किसी विधि के उपबंधों के अधीन रहते हुए, आयोग एक अध्यक्ष, एक उपाध्यक्ष और तीन अन्य सदस्यों से मिलकर बनेगा और इस प्रकार नियुक्त किए गए अध्यक्ष, उपाध्यक्ष और अन्य सदस्यों की सेवा की शर्तें और पदावधि ऐसी होंगी जो राष्ट्रपति, नियम द्वारा, अवधारित करे।]

(3) राष्ट्रपति अपने हस्ताक्षर और मुद्रा सहित अधिपत्र द्वारा आयोग के अध्यक्ष, उपाध्यक्ष और अन्य सदस्यों को नियुक्त करेगा।

(4) आयोग को अपनी प्रक्रिया स्वयं विनियमित करने की शक्ति होगी।

(5) आयोग का यह कर्त्तव्य होगा कि वह,-

(क) अनुसूचित जातियों [21]*** के लिए इस संविधान या तत्समय प्रवृत्त किसी अन्य विधि या सरकार के किसी आदेश के अधीन उपबंधित रक्षोपायों से संबंधित सभी विषयों का अन्वेषण करे और उन पर निगरानी रखे तथा ऐसे रक्षोपायों के कार्यकरण का मूल्यांकन करे;

(ख) अनुसूचित जातियों [21]*** को उनके अधिकारों और रक्षोपायों से वंचित करने की बाबत विनिर्दिष्ट शिकायतों की जांच करें;

(ग) अनुसूचित जातियों [21]*** के सामाजिक-आर्थिक विकास की योजना प्रक्रिया में भाग ले और उन पर सलाह दे तथा संघ और किसी राज्य के अधीन उनके विकास की प्रगति का मूल्यांकन करे;

(घ) उन रक्षोपायों के कार्यकरण के बारे में प्रतिवर्ष, और ऐसे अन्य समयों पर जो आयोग ठीक समझे, राष्ट्रपति को प्रतिवेदन दे;

(ङ) ऐसे प्रतिवेदनों में उन उपायों के बारे में जो उन रक्षोपायों के प्रभावपूर्ण कार्यान्वयन के लिए संघ या किसी राज्य द्वारा किए जाने चाहिए, तथा अनुसूचित जातियों [21]*** के संरक्षण, कल्याण और सामाजिक-आर्थिक विकास के लिए अन्य उपायों के बारे में सिफारिश करे;

(च) अनुसूचित जातियों [22]*** के संरक्षण, कल्याण, विकास तथा उन्नयन के संबंध में ऐसे अन्य कृत्यों का निर्वहन करे जो राष्ट्रपति, संसद द्वारा बनाई गई किसी विधि के उपबंधों के अधीन रहते हुए, नियम द्वारा विनिर्दिष्ट करे।

(6) राष्ट्रपति ऐसे सभी प्रतिवेदनों को संसद के प्रत्येक सदन के समक्ष रखवाएगा और उसके साथ संघ से संबंधित सिफारिशों पर की गई या किए जाने के लिए प्रस्थापित कार्रवाई तथा यदि कोई ऐसी सिफारिश अस्वीकृत की गई है तो अस्वीकृति के कारणों को स्पष्ट करनेवाला ज्ञापन भी होगा।

(7) जहाँ कोई ऐसा प्रतिवेदन, या उसका कोई भाग किसी ऐसे विषय से संबंधित है जिसका किसी राज्य सरकार से संबंध है तो ऐसे प्रतिवेदन की एक प्रति उस राज्य के राज्यपाल को भेजी जाएगी जो उसे राज्य के विधान-मंडल के समक्ष रखवाएगा और उसके साथ राज्य से संबंधित सिफारिशों पर की गई या किए जाने के लिए प्रस्थापित कार्रवाई तथा यदि कोई ऐसी सिफारिश अस्वीकृत की गई है तो अस्वीकृति के कारणों को स्पष्ट करनेवाला ज्ञापन भी होगा।

(8) आयोग को खंड (5) के उपखंड (क) में निर्दिष्ट किसी विषय का अन्वेषण करते समय या उपखंड (ख) में निर्दिष्ट किसी परिवाद के बारे में जांच करते समय, विशिष्टतया निम्नलिखित विषयों के संबंध में, वे सभी शक्तियाँ होंगी जो वाद का विचारण करते समय सिविल न्यायालय को हैं, अर्थात्,:-

(क) भारत के किसी भी भाग से किसी व्यक्ति को समन करना और हाजिर कराना तथा शपथ पर उसकी परीक्षा करना;

(ख) किसी दस्तावेज को प्रकट और पेश करने की अपेक्षा करना;

(ग) शपथपत्रों पर साक्ष्य ग्रहण करना;

(घ) किसी न्यायालय या कार्यालय से किसी लोक अभिलेख या उसकी प्रति की अपेक्षा करना;

(ङ) साक्षियों और दस्तावेजों की परीक्षा के लिए कमीशन निकालना;

(च) कोई अन्य विषय जो राष्ट्रपति, नियम द्वारा, अवधारित करे।

(9) संघ और प्रत्येक राज्य सरकार अनुसूचित जातियों [22]*** को प्रभावित करने वाले सभी महत्त्वपूर्ण नीतिगत विषयों पर आयोग से परामर्श करेगी।

[23][(10)] इस अनुच्छेद में, अनुसूचित जातियों [22]*** के प्रति निर्देश का यह अर्थ लगाया जाएगा कि इसके अंतर्गत ऐसे अन्य पिछड़े वर्गों के प्रति निर्देश, जिनकों राष्ट्रपति अनुच्छेद 340 के खंड (1) के अधीन नियुक्त आयोग के प्रतिवेदन की प्राप्ति पर आदेश द्वारा विनिर्दिष्ट करे, और आंग्ल-भारतीय समुदाय के प्रति निर्देश भी है।

## [24][338क. राष्ट्रीय अनुसूचित जनजाति आयोग-

(1) अनुसूचित जनजातियों के लिए एक आयोग होगा जो राष्ट्रीय अनुसूचित जनजाति आयोग के नाम से ज्ञात होगा।

(2) संसद द्वारा इस निमित्त बनाई गई किसी विधि के उपबधों के अधीन रहते हुए, आयोग एक अध्यक्ष, उपाध्यक्ष और तीन अन्य सदस्यों से मिलकर बनेगा और इस प्रकार नियुक्त किए गए अध्यक्ष, उपाध्यक्ष और अन्य सदस्यों की सेवा की शर्तें और पदावधि ऐसी होंगी जो राष्ट्रपति, नियम द्वारा अवधारित करे।

(3) राष्ट्रपति, अपने हस्ताक्षर और मुद्रा सहित अधिपत्र द्वारा आयोग के अध्यक्ष, उपाध्यक्ष और अन्य सदस्यों को नियुक्त करेगा।

(4) आयोग को अपनी प्रक्रिया स्वयं विनियमित करने की शक्ति होगी।

(5) आयोग का यह कर्त्तव्य होगा कि वह,-

(क) अनुसूचित जनजातियों के लिए इस संविधान या तत्समय प्रवृत्त किसी अन्य विधि या सरकार के किसी आदेश के अधीन उपबंधित रक्षोपायों से संबंधित सभी विषयों का अन्वेषण करे और उन पर निगरानी तथा ऐसे रक्षोपायों के कार्यकरण का मूल्यांकन करे;

(ख) अनुसूचित जनजातियों को उनके अधिकारों और रक्षोपायों से वंचित करने के संबंध में विनिमय शिकायतों की जांच करे;

(ग) अनुसूचित जनजातियों के सामाजिक-आर्थिक विकास की योजना प्रक्रिया में भाग ले और उन पर सलाह दे तथा संघ और किसी राज्य के अधीन उनके विकास की प्रगति का मूल्यांकन करे;

(घ) उन रक्षोपायों के कार्यकरण के बारे में प्रतिवर्ष और ऐसे अन्य समयों पर, जो आयोग ठीक समझे, राष्ट्रपति को रिपोर्ट प्रस्तुत करे;

(ङ) ऐसी रिपोर्टों में उन उपायों के बारे में, जो उन रक्षोपायों के प्रभावपूर्ण कार्यान्वयन के लिए संघ या किसी राज्य द्वारा किए जाने चाहिएं, तथा अनुसूचित जनजातियों के संरक्षण, कल्याण और सामाजिक-आर्थिक विकास के लिए अन्य उपायों के बारे में सिफारिश करे; और

(च) अनुसूचित जनजातियों के संरक्षण, कल्याण और विकास तथा उन्नयन के संबंध में ऐसे अन्य कृत्यों का निर्वहन करे जो राष्ट्रपति, संसद द्वारा बनाई गई किसी विधि के उपबंधों के अधीन रहते हुए, नियम द्वारा विनिर्दिष्ट करे।

(6) राष्ट्रपति ऐसी सभी रिपोर्टों को संसद के प्रत्येक सदन के समक्ष रखवाएगा और उनके साथ संघ से संबंधित सिफारिशों पर की गई या किए जाने के लिए प्रस्थापित कार्रवाई तथा यदि कोई ऐसी सिफारिश अस्वीकृत की गई है तो अस्वीकृति के कारणों को स्पष्ट करनेवाला ज्ञापन भी होगा।

(7) जहाँ कोई ऐसी रिपोर्ट या उसका कोई भाग, किसी ऐसे विषय से संबंधित है जिसका किसी राज्य सरकार से संबंध है तो ऐसी रिपोर्ट की एक प्रति उस राज्य के राज्यपाल को भेजी जाएगी जो उसे राज्य के विधान-मंडल के समक्ष रखवाएगा और उसके साथ राज्य से संबंधित सिफारिशों पर की गई या किए जाने के लिए प्रस्थापित कार्रवाई तथा यदि कोई ऐसी सिफारिश अस्वीकृत की गई है तो अस्वीकृति के कारणों को स्पष्ट करनेवाला ज्ञापन भी होगा।

(8) आयोग को, खंड (5) के उपखंड (क) में निर्दिष्ट किसी विषय का अन्वेषण करते समय या उपखंड (ख) में निर्दिष्ट किसी परिवाद के बारे में जांच करते समय, विशिष्टतया निम्नलिखित विषयों के संबंध में, वे सभी शक्तियाँ होंगी, जो वाद का विचारण करते समय सिविल न्यायालय को हैं, अर्थात् :-

(क) भारत के किसी भी भाग से किसी व्यक्ति को समन करना और हाजिर कराना तथा शपथ पर उसकी परीक्षा करना;

(ख) किसी दस्तावेज को प्रकट और पेश करने की अपेक्षा करना;

(ग) शपथपत्रों पर साक्ष्य ग्रहण करना;

(घ) किसी न्यायालय या कार्यालय से किसी लोक अभिलेख या उसकी प्रति की अध्यपेक्षा करना;

(ङ) साक्षियों और दस्तावेजों की परीक्षा के लिए कमीशन निकालना;

(च) कोई अन्य विषय, जो राष्ट्रपति, नियम द्वारा अवधारित करे।

(9) संघ और प्रत्येक राज्य सरकार, अनुसूचित जनजातियों को प्रभावित करने वाले सभी महत्त्वपूर्ण नीतिगत विषयों पर आयोग से परामर्श करेगी।]

## 339. अनुसूचित क्षेत्रों के प्रशासन और अनुसूचित जनजातियों के कल्याण के बारे में संघ का नियंत्रण-

(1) राष्ट्रपति [25]*** राज्यों के अनुसूचित क्षेत्रों के प्रशासन और अनुसूचित जनजातियों के कल्याण के बारे में प्रतिवेदन देने के लिए आयोग की नियुक्ति, आदेश द्वारा किसी भी समय कर सकेगा और इस संविधान के प्रारंभ से दस वर्ष की समाप्ति पर करेगा।

आदेश में आयोग की संरचना, शक्तियाँ और प्रक्रिया परिनिश्चित की जा सकेगी और उसमें ऐसे आनुषंगिक या सहायक उपबंध समाविष्ट हो सकेंगे जिन्हें राष्ट्रपति आवश्यक या वांछनीय समझे।

(2) संघ की कार्यपालिका शक्ति का विस्तार [26][किसी राज्य] को ऐसे निदेश देने तक होगा जो उस राज्य की अनुसूचित जनजातियों के कल्याण के लिए निदेश में आवश्यक बताई गई स्कीमों के बनाने और निष्पादन के बारे में है।

## 340. पिछड़े वर्गों की दशाओं के अन्वेषण के लिए आयोग की नियुक्ति-

(1) राष्ट्रपति भारत के राज्यक्षेत्र के भीतर सामाजिक और शैक्षिक दृष्टि से पिछड़े वर्गों की दशाओं के और जिन कठिनाइयों को वे झेल रहे हैं उनके अन्वेषण के लिए और उन कठिनाइयों को दूर करने और उनकी दशा को सुधारने के लिए संघ या किसी राज्य द्वारा जो उपाय किए जाने चाहिएं उनके बारे में और उस प्रयोजन के लिए संघ या किसी राज्य द्वारा जो अनुदान किए जाने चाहिए और जिन शर्तों के अधीन वे अनुदान किए जाने चाहिए उनके बारे में सिफारिश करने के लिए, आदेश द्वारा, एक आयोग नियुक्त कर सकेगा जो ऐसे व्यक्तियों से मिलकर बनेगा जो वह ठीक समझे और ऐसे आयोग को नियुक्त करने वाले आदेश में आयोग द्वारा अनुसरण की जाने वाली प्रक्रिया परिनिश्चित की जाएगी।

(2) इस प्रकार नियुक्त आयोग अपने को निर्देशित विषयों का अन्वेषण करेगा और राष्ट्रपति को प्रतिवेदन देगा, जिसमें उसके द्वारा पाए गए तथ्य उपवर्णित किए जाएँगे और जिसमें ऐसी सिफारिशें की जाएँगी जिन्हें आयोग उचित समझे।

(3) राष्ट्रपति इस प्रकार दिए गए प्रतिवेदन की एक प्रति, उस पर की गई कार्रवाई को स्पष्ट करने वाले ज्ञापन सहित, संसद के प्रत्येक सदन के समक्ष रखवाएगा।

## 341. अनुसूचित जातियाँ-

(1) राष्ट्रपति, [27][किसी राज्य [28][या संघ राज्यक्षेत्र] के संबंध में और जहाँ [29]*** राज्य है वहाँ उसके राज्यपाल [30]*** से परामर्श करने के पश्चात्] लोक अधिसूचना[31] द्वारा उन जातियों मूलवंशों या जनजातियों, अथवा जातियों, मूलवंशों या जनजातियों के भागों या उनमें के यूथों को विनिर्दिष्ट कर सकेगा, जिन्हें इस संविधान के प्रयोजनों के लिए [26][यथास्थिति] उस राज्य [26][या संघ राज्यक्षेत्र] के संबंध में अनुसूचित जातियाँ समझा जाएगा।

(2) संसद, विधि द्वारा, किसी जाति, मूलवंश या जनजाति को अथवा जाति, मूलवंश या जनजाति के भाग या उसमें के यूथ को खंड (1) के अधीन निकाली गई अधिसूचना में विनिर्दिष्ट अनुसूचित जातियों की सूची में सम्मिलित कर सकेगी या उसमें से अपवर्जित कर सकेगी, किंतु जैसा ऊपर कहा गया है उसके सिवाय उक्त खंड के अधीन निकाली गई अधिसूचना में किसी पश्चात्वर्ती अधिसूचना द्वारा परिवर्तन नहीं किया जाएगा।

## 342. अनुसूचित जनजातियाँ-

(1) राष्ट्रपति, [32][किसी राज्य] [33][या संघ राज्यक्षेत्र] के संबंध में और जहाँ वह [34]*** राज्य है वहाँ उसके राज्यपाल से [35]*** परामर्श करने के पश्चात्] [36]लोक अधिसूचना द्वारा, उन जनजातियों या जनजाति समुदायों अथवा जनजातियों या जनजाति समुदायों के भागों या उनमें के यूथों को विनिर्दिष्ट कर सकेगा। जिन्हें इस संविधान के प्रयोजनों के लिए, [33][यथास्थिति] उस राज्य [33][या संघ राज्यक्षेत्र] के संबंध में अनुसूचित जनजातियाँ समझा जाएगा।

(2) संसद, विधि द्वारा, किसी जनजाति या जनजाति समुदाय को अथवा किसी जनजाति या जनजाति समुदाय के भाग या उसमें के यूथ को खंड (1) के अधीन निकाली गई अधिसूचना में विनिर्दिष्ट अनुसूचित जनजातियों की सूची में सम्मिलित कर सकेगी या उसमें से अपवर्जित कर सकेगी, किन्त जैसा ऊपर कहा गया है उसके सिवाय उक्त खंड के अधीन निकाली गई अधिसूचना में किसी पश्चात्वर्ती अधिसूचना द्वारा परिवर्तन नहीं किया जाएगा।

## संदर्भ

1. संविधान (इक्यावनवां संशोधन) अधिनियम, 1984 की धारा 2 द्वारा (16-6-1986 से) उपखंड (ख) के स्थान पर प्रतिस्थापित।
2. संविधान (सातवां संशोधन) अधिनियम, 1956 की धारा 29 और अनुसूची द्वारा अंत:स्थापित।
3. संविधान (इकतीसवां संशोधन) अधिनियम, 1973 की धारा 3 द्वारा अंत:स्थापित।
4. संविधान (बयालीसवां संशोधन) अधिनियम, 1976 की धारा 47 द्वारा (3-1-1977 से) अंत:स्थापित।
5. संविधान (चौरासीवां संशोधन) अधिनियम, 2001 की धारा 6 द्वारा प्रतिस्थापित।
6. संविधान (सतासीवां संशोधन) अधिनियम, 2003 की धारा 5 द्वारा प्रतिस्थापित।
7. संविधान (सातवां संशोधन) अधिनियम, 1956 की धारा 29 और अनुसूची द्वारा "पहली अनुसूची के भाग क या भाग ख में विनिर्दिष्ट" शब्दों का लोप किया गया।
8. संविधान (इक्यावनवां संशोधन) अधिनियम, 1984 की धारा 3 द्वारा (16-6-1986 से) प्रतिस्थापित।
9. संविधान (सत्तावनवां संशोधन) अधिनियम, 1987 की धारा 2 द्वारा (21-9-1987 से) अंत:स्थापित।
10. संविधान (चौरासीवां संशोधन) अधिनियम, 2001 की धारा 7 द्वारा प्रतिस्थापित।
11. संविधान (बहत्तरवां संशोधन) अधिनियम, 1992 की धारा 2 द्वारा (5-12-1992 से) अंत:स्थापित।
12. पूर्वोत्तर क्षेत्र (पुनर्गठन) अधिनियम, 1971 (1971 का 81) की धारा 71 द्वारा (21-1-1972 से) कुछ शब्दों का लोप किया गया।
13. संविधान (नब्बेवां संशोधन) अधिनियम, 2003 की धारा 2 द्वारा अंत:स्थापित।
14. संविधान (सातवां संशोधन) अधिनियम, 1956 की धारा 29 और अनुसूची द्वारा "या राजप्रमुख" शब्दों का लोप किया गया।
15. संविधान (तेईसवां संशोधन) अधिनियम, 1969 की धारा 4 द्वारा "उस विधान सभा में उस समुदाय के जितने सदस्य वह समुचित समझे नामनिर्देशित कर सकेगा" के स्थान पर प्रतिस्थापित।
16. संविधान (उनासीवां संशोधन) अधिनियम, 1999 की धारा 2 द्वारा (25-1-2000 से) "पचास वर्ष" के स्थान पर प्रतिस्थापित।
17. संविधान (बयासीवां संशोधन) अधिनियम, 2000 की धारा 2 द्वारा अंत:स्थापित।
18. संविधान (सातवां संशोधन) अधिनियम, 1956 की धारा 29 और अनुसूची द्वारा "पहली अनुसूची के भाग क या भाग ख में विनिर्दिष्ट" शब्दों और अक्षरों का लोप किया गया।
19. संविधान (नवासीवां संशोधन) अधिनियम, 2003 की धारा 2 द्वारा (19-2-2004 से) पार्श्व शीर्ष के स्थान पर प्रतिस्थापित।
20. संविधान (पैंसठवां संशोधन) अधिनियम,1990 की धारा 2 और तत्पश्चात् संविधान (नवासीवां संशोधन) अधिनियम 2003 की धारा 2 द्वारा खंड (1) और (2) के स्थान पर प्रतिस्थापित।
21. संविधान (नवासीवां संशोधन) अधिनियम, 2003 की धारा 2 द्वारा (19-2-2004 से) "और अनुसचित जनजातियों" शब्दों का लोप किया गया।
22. संविधान (नवासीवां संशोधन) अधिनियम, 2003 की धारा 2 द्वारा (19-2-2004 से) "और अनुसूचित जनजातियों" शब्दों का लोप किया गया।
23. संविधान (पैंसठवां संशोधन) अधिनियम,1990 की धारा 2 द्वारा (12-3-1992 से) खंड (3) को खंड (10) के रूप में पुन:संख्यांकित किया गया।
24. संविधान (नवासीवां संशोधन) अधिनियम, 2003 की धारा 3 द्वारा (19-2-2004 से) अंत:स्थापित।
25. संविधान (सातवां संशोधन) अधिनियम, 1956 की धारा 29 और अनुसूची द्वारा "पहली अनुसूची के भाग क या भाग ख में विनिर्दिष्ट" शब्दों और अक्षरों का लोप किया गया।
26. संविधान (सातवां संशोधन) अधिनियम, 1956 की धारा 29 और अनुसूची द्वारा "किसी ऐसे राज्य" के स्थान पर प्रतिस्थापित।
27. संविधान (पहला संशोधन) अधिनियम, 1951 की धारा 10 द्वारा "राज्य के राज्यपाल या राजप्रमुख से परामर्श करने के पश्चात्" के स्थान पर प्रतिस्थापित।
28. संविधान (सातवां संशोधन) अधिनियम, 1956 की धारा 29 और अनुसूची द्वारा अंत:स्थापित।
29. संविधान (सातवां संशोधन) अधिनियम, 1956 की धारा 29 और अनुसूची द्वारा "पहली अनुसूची के भाग क या भाग ख में विनिर्दिष्ट" शब्दों और अक्षरों का लोप किया गया।
30. संविधान (सातवां संशोधन) अधिनियम, 1956 की धारा 29 और अनुसूची द्वारा "या राजप्रमुख" का लोप किया गया।
31. संविधान (अनुसूचित जातियाँ) आदेश, 1950 (सं.आ. 19), संविधान (अनुसूचित जातियाँ) (संघ राज्यक्षेत्र) आदेश. 1951 (सं.आ. 32), संविधान (जम्मू-कश्मीर) अनुसूचित जातियाँ आदेश, 1956 (सं.आ. 52), संविधान (दादरा और नगर हवेली) अनुसूचित जातियाँ आदेश, 1962 (सं.आ. 64) संविधान (पांडिचेरी) अनुसूचित जातियाँ आदेश, 1964 (सं.आ. 68), संविधान (गोवा, दमन और दीव) अनुसूचित जातियाँ आदेश, 1968

(सं.आ. 81) और संविधान (सिक्किम) अनुसूचित जातियाँ आदेश, 1978 (सं.आ. 110) देखिए।

32. संविधान (पहला संशोधन) अधिनियम, 1951 की धारा 11 द्वारा "राज्य के राज्यपाल या राजप्रमुख से परामर्श करने के पश्चात्" के स्थान पर प्रतिस्थापित।

33. संविधान (सातवां संशोधन) अधिनियम, 1956 की धारा 29 और अनुसूची द्वारा अंत:स्थापित।

34. संविधान (सातवां संशोधन) अधिनियम, 1956 की धारा 29 और अनुसूची द्वारा "पहली अनुसूची के भाग क या भाग ख में विनिर्दिष्ट" शब्दों और अक्षरों का लोप किया गया।

35. संविधान (सातवां संशोधन) अधिनियम, 1956 की धारा 29 और अनुसूची द्वारा "या राजप्रमुख" शब्दों का लोप किया गया।

36. संविधान (अनुसूचित जनजातियाँ) आदेश, 1950 (सं.आ. 22), संविधान (अनुसूचित जनजातियाँ) (संघ राज्यक्षेत्र) आदेश, 1951 (सं.आ. 33), संविधान (अंडमान और निकोबार द्वीप) अनुसूचित जनजातियाँ आदेश, 1959 (सं.आ. 58). संविधान (दादरा और नगर हवेली) अनुसूचित जनजातियाँ आदेश, 1962 (सं.आ. 65), संविधान (अनुसूचित जनजातियाँ) (उत्तर प्रदेश) आदेश, 1967 (सं.आ. 78), संविधान (गोवा, दमन और दीव) अनुसूचित जनजातियाँ आदेश, 1968 (सं.आ. 82), संविधान (नागालैंड) अनुसूचित जनजातियाँ आदेश, 1970 (सं.आ. 88) और संविधान (सिक्किम) अनुसूचित जनजातियाँ आदेश, 1978 (सं.आ. 111) देखिए।

# भाग-17

# राजभाषा

## अध्याय 1–संघ की भाषा

**343. संघ की राजभाषा–**

(1) संघ की राजभाषा हिन्दी और लिपि देवनागरी होगी।

संघ के शासकीय प्रयोजनों के लिए प्रयोग होने वाले अंकों का रूप भारतीय अंकों का अंतर्राष्ट्रीय रूप होगा।

(2) खंड (1) में किसी बात के होते हुए भी, इस संविधान के प्रारंभ से पन्द्रह वर्ष की अवधि तक संघ के उन सभी शासकीय प्रयोजनों के लिए अंग्रेजी भाषा का प्रयोग किया जाता रहेगा जिनके लिए उसका ऐसे प्रारंभ से ठीक पहले प्रयोग किया जा रहा था :

परंतु राष्ट्रपति उक्त अवधि के दौरान आदेश[1] द्वारा संघ के शासकीय प्रयोजनों में से किसी के लिए अंग्रेजी भाषा के अतिरिक्त हिन्दी भाषा का और भारतीय अंकों के अंतर्राष्ट्रीय रूप के अतिरिक्त देवनागरी रूप का प्रयोग प्राधिकृत कर सकेगा।

(3) इस अनुच्छेद में किसी बात के होते हुए भी, संसद उक्त पन्द्रह वर्ष की अवधि के पश्चात्, विधि–

(क) अंग्रेजी भाषा का, या

(ख) अंकों के देवनागरी रूप का,

ऐसे प्रयोजनों के लिए प्रयोग उपबंधित कर सकेगी जो ऐसी विधि में विनिर्दिष्ट किए जाएँ।

**344. राजभाषा के संबंध में आयोग और संसद की समिति–**

(1) राष्ट्रपति, इस संविधान के प्रारंभ से पांच वर्ष की समाप्ति पर और तत्पश्चात् ऐसे प्रारंभ से दस वर्ष की समाप्ति पर, आदेश द्वारा, एक आयोग गठित करेगा जो एक अध्यक्ष और आठवीं अनुसूची में विनिर्दिष्ट विभिन्न भाषाओं का प्रतिनिधित्व करने वाले ऐसे अन्य सदस्यों से मिलकर बनेगा जिनको राष्ट्रपति नियुक्त करे और आदेश में आयोग द्वारा अनुसरण की जाने वाली प्रक्रिया परिनिश्चित की जाएगी।

(2) आयोग का यह कर्त्तव्य होगा कि वह राष्ट्रपति को–

(क) संघ के शासकीय प्रयोजनों के लिए हिन्दी भाषा के अधिकाधिक प्रयोग,

(ख) संघ के सभी या किन्हीं शासकीय प्रयोजनों के लिए अंग्रेजी भाषा के प्रयोग पर निबंधनों,

(ग) अनुच्छेद 348 में उल्लिखित सभी या किन्हीं प्रयोजनों के लिए प्रयोग की जाने वाली भाषा,

(घ) संघ के किसी एक या अधिक विनिर्दिष्ट प्रयोजनों के लिए प्रयोग किए जाने वाले अंकों के रूप

(ङ) संघ की राजभाषा तथा संघ और किसी राज्य के बीच या एक राज्य और दूसरे राज्य के बीच पत्रादि की भाषा और उनके प्रयोग के संबंध में राष्ट्रपति द्वारा आयोग को निर्देशित किए गए किसी अन्य विषय, के बारे में सिफारिश करे।

(3) खंड (2) के अधीन अपनी सिफारिशें करने में, आयोग भारत की औद्योगिक, सांस्कृतिक और वैज्ञानिक उन्नति का और लोक सेवाओं के संबंध में अहिन्दी भाषी क्षेत्रों के व्यक्तियों के न्यायसंगत दावों और हितों का सम्यक् ध्यान रखेगा।

(4) एक समिति गठित की जाएगी जो तीस सदस्यों से मिलकर बनेगी जिनमें से बीस लोक सभा के सदस्य होंगे और दस राज्य सभा के सदस्य होंगे जो क्रमशः लोक सभा के सदस्यों और राज्य सभा के सदस्यों द्वारा आनुपातिक प्रतिनिधित्व पद्धति के अनुसार एकल संक्रमणीय मत द्वारा निर्वाचित होंगे।

(5) समिति का यह कर्त्तव्य होगा कि वह खंड (1) के अधीन गठित आयोग की सिफारिशों की परीक्षा की राष्ट्रपति को उन पर अपनी राय के बारे में प्रतिवेदन दे।

(6) अनुच्छेद 343 में किसी बात के होते हुए भी, राष्ट्रपति खंड (5) में निर्दिष्ट प्रतिवेदन पर विचार कर पश्चात् उस संपूर्ण प्रतिवेदन के या उसके किसी भाग के अनुसार निदेश दे सकेगा।

1. सं.आ. 41 देखिए।

# अध्याय 2–प्रादेशिक भाषाएँ

### 345. राज्य की राजभाषा या राजभाषाएँ–

अनुच्छेद 346 और अनुच्छेद 347 के उपबंधों के अधीन रहते हुए किसी राज्य का विधान-मंडल, विधि द्वारा, उस राज्य में प्रयोग होने वाली भाषाओं में से किसी एक या अधिक भाषाओं को या हिन्दी को उस राज्य के सभी या किन्हीं शासकीय प्रयोजनों के लिए प्रयोग की जाने वाली भाषा या भाषा प्ररूप में अंगीकार कर सकेगा :

परंतु जब तक राज्य का विधान-मंडल विधि द्वारा, अन्यथा उपबंध न करे तब तक राज्य के भीतर उन शासकीय प्रयोजनों के लिए अंग्रेजी भाषा का प्रयोग किया जाता रहेगा जिनके लिए उसका इस संविधान के प्रारंभ से ठीक पहले प्रयोग किया जा रहा था।

### 346. एक राज्य और दूसरे राज्य के बीच या किसी राज्य और संघ के बीच पत्रादि की राजभाषा–

संघ में शासकीय प्रयोजनों के लिए प्रयोग किए जाने के लिए तत्समय प्राधिकृत भाषा, एक राज्य और दूसरे राज्य के बीच तथा किसी राज्य और संघ के बीच पत्रादि की राजभाषा होगी :

परंतु यदि दो या अधिक राज्य यह करार करते हैं कि उन राज्यों के बीच पत्रादि की राजभाषा हिन्दी भाषा होगी तो ऐसे पत्रादि के लिए उस भाषा का प्रयोग किया जा सकेगा।

### 347. किसी राज्य की जनसंख्या के किसी अनुभाग द्वारा बोली जाने वाली भाषा के संबंध में विशेष उपबंध–

यदि इस निमित्त माँग किए जाने पर राष्ट्रपति का यह समाधान हो जाता है कि किसी राज्य की जनसंख्या का पर्याप्त भाग यह चाहता है कि उसके द्वारा बोली जाने वाली भाषा को राज्य द्वारा मान्यता दी जाए तो वह निदेश दे सकेगा कि ऐसी भाषा को भी उस राज्य में सर्वत्र या उसके किसी भाग में ऐसे प्रयोजन के लिए, जो वह विनिर्दिष्ट करे, शासकीय मान्यता दी जाए।

# अध्याय 3–उच्चतम न्यायालय, उच्च न्यायालयों आदि की भाषा

### 348. उच्चतम न्यायालय और उच्च न्यायालयों में और अधिनियमों, विधेयकों आदि के लिए प्रयोग की जाने वाली भाषा–

(1) इस भाग के पूर्वगामी उपबंधों में किसी बात के होते हुए भी, जब तक संसद विधि द्वारा अन्यथा उपबंध न करे तब तक–

(क) उच्चतम न्यायालय और प्रत्येक उच्च न्यायालय में सभी कार्यवाहियां अंग्रेजी भाषा में होंगी,

(ख) (i) संसद के प्रत्येक सदन या किसी राज्य के विधान-मंडल के सदन या प्रत्येक सदन में पुर:स्थापित किए जाने वाले सभी विधेयकों या प्रस्तावित किए जाने वाले उनके संशोधनों के,

(ii) संसद या किसी राज्य के विधान-मंडल द्वारा पारित सभी अधिनियमों के और राष्ट्रपति या किसी राज्य के राज्यपाल [1]*** द्वारा प्रख्यापित सभी अध्यादेशों के, और

(iii) इस संविधान के अधीन अथवा संसद या किसी राज्य के विधान-मंडल द्वारा बनाई गई किसी विधि के अधीन निकाले गए या बनाए गए सभी आदेशों, नियमों, विनियमों और उपविधियों के प्राधिकृत पाठ अंग्रेजी भाषा में होंगे।

(2) खंड (1) के उपखंड (क) में किसी बात के होते हुए भी, किसी राज्य का राज्यपाल [1]*** राष्ट्रपति की पूर्व सहमति से उस उच्च न्यायालय की कार्यवाहियों में, जिसका मुख्य स्थान उस राज्य में है, हिन्दी भाषा का या उस राज्य के शासकीय प्रयोजनों के लिए प्रयोग होने वाली किसी अन्य भाषा का प्रयोग प्राधिकृत कर सकेगा :

परंतु इस खंड की कोई बात ऐसे उच्च न्यायालय द्वारा दिए गए किसी निर्णय, डिक्री या आदेश को लागू नहीं होगी।

(3) खंड (1) के उपखंड (ख) में किसी बात के होते हुए भी, जहाँ किसी राज्य के विधान-मंडल ने, उस विधान-मंडल में पुर:स्थापित विधेयकों में या उसके द्वारा पारित अधिनियमों में अथवा उस राज्य के राज्यपाल [2]*** द्वारा प्रख्यापित अध्यादेशों में अथवा उस उपखंड के पैरा (iii) में निर्दिष्ट किसी आदेश, नियम, विनियम या उपविधि में प्रयोग के लिए अंग्रेजी भाषा से भिन्न कोई भाषा विहित की है वहाँ उस राज्य के राजपत्र में उस राज्य के राज्यपाल [2]*** के प्राधिकार से प्रकाशित अंग्रेजी भाषा

में उसका अनुवाद इस अनुच्छेद के अधीन उसका अंग्रेजी भाषा में प्राधिकृत पाठ समझा जाएगा।

### 349. भाषा से संबंधित कुछ विधियाँ अधिनियमित करने के लिए विशेष प्रक्रिया–

इस संविधान के प्रारंभ से पन्द्रह वर्ष की अवधि के दौरान, अनुच्छेद 348 के खंड (1) में उल्लिखित किसी प्रयोजन के लिए प्रयोग की जाने वाली भाषा के लिए उपबंध करनेवाला कोई विधेयक या संशोधन संसद के किसी सदन में राष्ट्रपति की पूर्व मंजूरी के बिना पुर:स्थापित या प्रस्तावित नहीं किया जाएगा और राष्ट्रपति किसी ऐसे विधेयक को पुर:स्थापित या किसी ऐसे संशोधन को प्रस्तावित किए जाने की मंजूरी अनुच्छेद 344 के खंड (1) के अधीन गठित आयोग की सिफारिशों पर और उस अनुच्छेद के खंड (4) के अधीन गठित समिति के प्रतिवेदन पर विचार करने के पश्चात् ही देगा, अन्यथा नहीं।

### संदर्भ

1. संविधान (सातवां संशोधन) अधिनियम, 1956 की धारा 29 और अनुसूची द्वारा "या राजप्रमुख" शब्दों का लोप किया गया।
2. संविधान (सातवां संशोधन) अधिनियम, 1956 की धारा 29 द्वारा और अनुसूची द्वारा "या राजप्रमुख" शब्दों का लोप किया गया।

# अध्याय 4–विशेष निर्देश

### 350. व्यथा के निवारण के लिए अभ्यावेदन में प्रयोग की जाने वाली भाषा–

प्रत्येक व्यक्ति किसी व्यथा के निवारण के लिए संघ या राज्य के किसी अधिकारी या प्राधिकारी को, यथास्थिति, संघ में या राज्य में प्रयोग होने वाली किसी भाषा में अभ्यावेदन देने का हकदार होगा।

### [1][350क. प्राथमिक स्तर पर मातृभाषा में शिक्षा की सुविधाएँ–

प्रत्येक राज्य और राज्य के भीतर प्रत्येक स्थानीय प्राधिकारी भाषाई अल्पसंख्यक-वर्गों के बालकों को शिक्षा के प्राथमिक स्तर पर मातृभाषा में शिक्षा की पर्याप्त सुविधाओं की व्यवस्था करने का प्रयास करेगा और राष्ट्रपति किसी राज्य को ऐसे निदेश दे सकेगा जो वह ऐसी सुविधाओं का उपबंध सुनिश्चित कराने के लिए आवश्यक या उचित समझता है।

### 350ख. भाषाई अल्पसंख्यक-वर्गों के लिए विशेष अधिकारी–

(1) भाषाई अल्पसंख्यक-वर्गों के लिए एक विशेष अधिकारी होगा जिसे राष्ट्रपति नियुक्त करेगा।

(2) विशेष अधिकारी का यह कर्त्तव्य होगा कि वह इस संविधान के अधीन भाषाई अल्पसंख्यक-वर्गों के लिए उपबंधित रक्षोपायों से संबंधित सभी विषयों का अन्वेषण करे और उन विषयों के संबंध में ऐसे अंतरालों पर जो राष्ट्रपति निर्दिष्ट करे, राष्ट्रपति को प्रतिवेदन दे और राष्ट्रपति ऐसे सभी प्रतिवेदनों को संसद के प्रत्येक सदन के समक्ष रखवाएगा और संबंधित राज्यों की सरकारों को भिजवाएगा।]

### 351. हिन्दी भाषा के विकास के लिए निर्देश–

संघ का यह कर्त्तव्य होगा कि वह हिन्दी भाषा का प्रसार बढ़ाए, उसका विकास करे जिससे वह भारत की सामासिक संस्कृति के सभी तत्वों की अभिव्यक्ति का माध्यम बन सके और उसकी प्रकृति में हस्तक्षेप किए बिना हिन्दुस्तानी में और आठवीं अनुसूची में विनिर्दिष्ट भारत की अन्य भाषाओं में प्रयुक्त रूप, शैली और पदों को आत्मसात करते हुए और जहाँ आवश्यक या वांछनीय हो वहाँ उसके शब्द-भंडार के लिए मुख्यत: संस्कृत से और गौणत: अन्य भाषाओं से शब्द ग्रहण करते हुए उसकी समृद्धि सुनिश्चित करे।

### संदर्भ

1. संविधान (सातवां संशोधन) अधिनियम, 1956 की धारा 21 द्वारा अंत:स्थापित।

# भाग-18

# आपात उपबंध

## 352. आपात की उद्घोषणा-

(1) यदि राष्ट्रपति का यह समाधान हो जाता है कि गंभीर आपात विद्यमान है जिसे युद्ध या बाह्य आक्रमण या [1][सशस्त्र विद्रोह] के कारण भारत या उसके राज्यक्षेत्र के किसी भाग की सुरक्षा संकट में है तो वह उद्घोषणा द्वारा [2][संपूर्ण भारत या उसके राज्यक्षेत्र के ऐसे भाग के संबंध में जो उद्घोषणा में विनिर्दिष्ट किया जाए] इस आशय की घोषणा कर सकेगा।

[3][**स्पष्टीकरण**-यदि राष्ट्रपति का यह समाधान हो जाता है कि युद्ध या बाह्य आक्रमण या सशस्त्र विद्रोह का संकट सन्निकट है तो यह घोषित करने वाली आपात की उद्घोषणा कि युद्ध या बाह्य आक्रमण या सशस्त्र विद्रोह से भारत या उसके राज्यक्षेत्र के किसी भाग की सुरक्षा संकट में है, युद्ध या ऐसे किसी आक्रमण या विद्रोह के वास्तव में होने से पहले भी की जा सकेगी।]

[4][(2) खंड (1) के अधीन की गई उद्घोषणा में किसी पश्चात्वर्ती उद्घोषणा द्वारा परिवर्तन किया जा सकेगा या उसको वापस लिया जा सकेगा।

(3) राष्ट्रपति, खंड (1) के अधीन उद्घोषणा या ऐसी उद्घोषणा में परिवर्तन करने वाली उद्घोषणा तब तक नहीं करेगा जब तक संघ के मंत्रिमंडल का (अर्थात् उस परिषद् का जो अनुच्छेद 75 के अधीन प्रधानमंत्री और मंत्रिमंडल स्तर के अन्य मंत्रियों से मिलकर बनती है) यह विनिश्चय कि ऐसी उदघोषणा की जाए, उसे लिखित रूप में संसूचित नहीं किया जाता है।

(4) इस अनुच्छेद के अधीन की गई प्रत्येक उद्घोषणा संसद के प्रत्येक सदन के समक्ष रखी जाएगी और जहाँ वह पूर्ववर्ती उद्घोषणा को वापस लेने वाली उद्घोषणा नहीं है वहाँ वह एक मास की समाप्ति पर, यदि उस अवधि की समाप्ति से पहले संसद के दोनों सदनों के संकल्पों द्वारा उसका अनुमोदन नहीं कर दिया जाता है तो, प्रवर्तन में नहीं रहेगी:

परंतु यदि ऐसी कोई उद्घोषणा (जो पूर्ववर्ती उद्घोषणा को वापस लेने वाली उद्घोषणा नहीं है) उस समय की जाती है जब लोक सभा का विघटन हो गया है या लोक सभा का विघटन इस खंड में निर्दिष्ट एक मास की अवधि के दौरान हो जाता है और यदि उद्घोषणा का अनुमोदन करनेवाला संकल्प राज्य सभा द्वारा पारित कर दिया गया है, किंतु ऐसी उद्घोषणा के संबंध में कोई संकल्प लोक सभा द्वारा उस अवधि की समाप्ति से पहले पारित नहीं किया गया है तो, उद्घोषणा उस तारीख से जिसको लोक सभा अपने पुनर्गठन के पश्चात् प्रथम बार बैठती है, तीस दिन की समाप्ति पर, प्रवर्तन में नहीं रहेगी यदि उक्त तीस दिन की अवधि की समाप्ति से पहले उद्घोषणा का अनुमोदन करनेवाला संकल्प लोक सभा द्वारा भी पारित नहीं कर दिया जाता है।

(5) इस प्रकार अनुमोदित उद्घोषणा, यदि वापस नहीं ली जाती है तो, खंड (4) के अधीन उद्घोषणा का अनुमोदन करने वाले संकल्पों में से दूसरे संकल्प के पारित किए जाने की तारीख से छह मास की अवधि की समाप्ति पर प्रवर्तन में नहीं रहेगी :

परंतु यदि और जितनी बार ऐसी उद्घोषणा को प्रवृत्त बनाए रखने का अनुमोदन करनेवाला संकल्प संसद के दोनों सदनों द्वारा पारित कर दिया जाता है तो और उतनी बार वह उद्घोषणा, यदि वापस नहीं ली जाती है तो, उस तारीख से जिसको वह इस खंड के अधीन अन्यथा प्रवर्तन में नहीं रहती, छह मास की और अवधि तक प्रवृत्त बनी रहेगी :

परंतु यह और कि यदि लोक सभा का विघटन छह मास की ऐसी अवधि के दौरान हो जाता है और ऐसी उद्घोषणा को प्रवृत्त बनाए रखने का अनुमोदन करनेवाला संकल्प राज्य सभा द्वारा पारित कर दिया गया है, किंतु ऐसी उद्घोषणा को प्रवृत्त बनाए रखने के संबंध में कोई संकल्प लोक सभा द्वारा उक्त अवधि के दौरान पारित नहीं किया गया है तो, उद्घोषणा उस तारीख से जिसको लोक सभा अपने पुनर्गठन के पश्चात् प्रथम बार बैठती है, तीस दिन की समाप्ति पर, प्रवर्तन में नहीं रहेगी यदि उक्त तीस दिन की अवधि की समाप्ति से पहले उद्घोषणा को प्रवृत्त बनाए रखने का अनुमोदन करनेवाला संकल्प लोक सभा द्वारा भी पारित नहीं कर दिया जाता है।

(6) खंड (4) और खंड (5) के प्रयोजनों के लिए, संकल्प संसद के किसी सदन द्वारा उस सदन की कुल सदस्य संख्या के बहुमत द्वारा तथा उस सदन के उपस्थित और मत देने वाले सदस्यों में से कम-से-कम दो-तिहाई बहुमत द्वारा ही पारित किया जा सकेगा।

(7) पूर्वगामी खंडों में किसी बात के होते हुए भी, यदि लोक सभा खंड (1) के अधीन की गई उद्घोषणा या ऐसी उद्घोषणा में परिवर्तन करने वाली उद्घोषणा का, यथास्थिति, अननुमोदन या उसे प्रवृत्त बनाए रखने का अननुमोदन करनेवाला संकल्प पारित कर देती है तो राष्ट्रपति ऐसी उद्घोषणा को वापस ले लेगा।

(8) जहाँ खंड (1) के अधीन की गई उद्घोषणा या ऐसी उद्घोषणा में परिवर्तन करने वाली उद्घोषणा का, यथास्थिति, अननुमोदन या उसको प्रवृत्त बनाए रखने का अननुमोदन करने वाले संकल्प को प्रस्तावित करने के अपने आशय की सूचना लोक सभा की कुल सदस्य संख्या के कम-से-कम दसवें भाग द्वारा हस्ताक्षर करके लिखित रूप में,-

(क) यदि लोक सभा सत्र में है तो अध्यक्ष को, या

(ख) यदि लोक सभा सत्र में नहीं है तो राष्ट्रपति को,

दी गई है वहाँ ऐसे संकल्प पर विचार करने के परियोजन के लिए लोक सभा की विशेष बैठक, यथास्थिति, अध्यक्ष या राष्ट्रपति को ऐसी सूचना प्राप्त होने की तारीख से चौदह दिन के भीतर की जाएगी]

[5][[6][(9)] इस अनुच्छेद द्वारा राष्ट्रपति को प्रदत्त शक्ति के अंतर्गत, युद्ध या बाह्य आक्रमण या [7][सशस्त्र विद्रोह] के अथवा युद्ध या बाह्य आक्रमण या [7][सशस्त्र विद्रोह] का संकट सन्निकट होने के विभिन्न आधारों पर विभिन्न उद्घोषणाएं करने की शक्ति होगी चाहे राष्ट्रपति ने खंड (1) के अधीन पहले ही कोई उद्घोषणा की है या नहीं और ऐसी उद्घोषणा परिवर्तन में है या नहीं।

[8]* * * *]

## 353. आपात की उद्घोषणा का प्रभाव-

जब आपात की उद्घोषणा प्रवर्तन में है तब-

(क) संविधान में किसी बात के होते हुए भी, संघ की कार्यपालिका शक्ति का विस्तार किसी राज्य को इस बारे में निदेश देने तक होगा कि वह राज्य अपनी कार्यपालिका शक्ति का किस रीति से प्रयोग करे;

(ख) किसी विषय के संबंध में विधियाँ बनाने की संसद की शक्ति के अंतर्गत इस बात के होते हुए भी कि वह संघ सूची में प्रगणित विषय नहीं है, ऐसी विधियाँ बनाने की शक्ति होगी जो उस विषय के संबंध में संघ को या संघ के अधिकारियों और प्राधिकारियों को शक्तियाँ प्रदान करती हैं और उन पर कर्त्तव्य अधिरोपित करती हैं या शक्तियों का प्रदान किया जाना और कर्त्तव्यों का अधिरोपित किया जाना प्राधिकृत करती है :

[9][परंतु जहाँ आपात की उद्घोषणा भारत के राज्यक्षेत्र के केवल किसी भाग में परिवर्तन में है वहाँ यदि और जहाँ तक भारत या उसके राज्यक्षेत्र के किसी भाग की सुरक्षा, भारत के राज्यक्षेत्र के उस भाग में या उसके संबंध में, जिसमें आपात की उद्घोषणा प्रवर्तन में है, होने वाले क्रियाकलाप के कारण संकट में है तो और वहाँ तक,-

(i) खंड (क) के अधीन निदेश देने की संघ की कार्यपालिका शक्ति का, और

(ii) खंड (ख) के अधीन विधि बनाने की संसद की शक्ति का, विस्तार किसी ऐसे राज्य पर भी होगा जो उस राज्य से भिन्न है जिसमें या जिसके किसी भाग में आपात की उद्घोषणा प्रवर्तन में है।]

## 354. जब आपात की उद्घोषणा प्रवर्तन में है तब राजस्वों के वितरण संबंधी उपबंधों का लागू होना-

(1) जब आपात की उद्घोषणा प्रवर्तन में है तब राष्ट्रपति, आदेश द्वारा, यह निदेश दे सकेगा कि इस संविधान के अनुच्छेद 268 से अनुच्छेद 279 के सभी या कोई उपबंध ऐसी किसी अवधि के लिए, जो उस आदेश में विनिर्दिष्ट की जाए और जो किसी भी दशा में उस वित्तीय वर्ष की समाप्ति से आगे नहीं बढ़ेगी, जिसमें ऐसी उद्घोषणा प्रवर्तन में नहीं रहती है, ऐसे अपवादों या उपान्तरणों के अधीन रहते हुए प्रभावी होंगे जो वह ठीक समझे।

(2) खंड (1) के अधीन किया गया प्रत्येक आदेश, किए जाने के पश्चात् यथाशक्य शीघ्र, संसद के प्रत्येक सदन के समक्ष रखा जाएगा।

## 355. बाह्य आक्रमण और आंतरिक अशांति से राज्य की संरक्षा करने का संघ का कर्त्तव्य-

संघ का यह कर्त्तव्य होगा कि वह बाह्य आक्रमण और आंतरिक अशान्ति से प्रत्येक राज्य की संरक्षा करे और प्रत्येक राज्य की सरकार का इस संविधान के उपबंधों के अनुसार चलाया जाना सुनिश्चित करे।

## 356. राज्यों में सांविधानिक तंत्र के विफल हो जाने की दशा में उपबंध-

(1) यदि राष्ट्रपति का किसी राज्य के राज्यपाल [10]*** से प्रतिवेदन मिलने पर या अन्यथा, यह समाधान हो जाता है कि ऐसी स्थिति उत्पन्न हो गई है जिसमें उस राज्य का शासन इस संविधान के उपबंधों के अनुसार नहीं चलाया जा सकता है तो राष्ट्रपति उद्घोषणा द्वारा-

(क) उस राज्य की सरकार के सभी या कोई कृत्य और [11][राज्यपाल] में या राज्य के विधान-मंडल से भिन्न राज्य

के किसी निकाय या प्राधिकारी में निहित या उसके द्वारा प्रयोक्तव्य सभी या कोई शक्तियाँ अपने हाथ में ले सकेगा;

(ख) यह घोषणा कर सकेगा कि राज्य के विधान-मंडल की शक्तियाँ संसद द्वारा या उसके प्राधिकार के अधीन प्रयोक्तव्य होंगी;

(ग) राज्य के किसी निकाय या प्राधिकारी से संबंधित इस संविधान के किन्हीं उपबंधों के प्रवर्तन को पूर्णतः या भागतः निलंबित करने के लिए उपबंधों सहित ऐसे आनुषंगिक और पारिणामिक उपबंध कर सकेगा, जो उद्घोषणा के उद्देश्यों को प्रभावी करने के लिए राष्ट्रपति को आवश्यक या वांछनीय प्रतीत हों :

परंतु इस खंड की कोई बात राष्ट्रपति को उच्च न्यायालय में निहित या उसके द्वारा प्रयोक्तव्य किसी शक्ति को अपने हाथ में लेने या उच्च न्यायालयों से संबंधित इस संविधान के किसी उपबंध के प्रवर्तन को पूर्णतः या भागतः निलंबित करने के लिए प्राधिकृत नहीं करेगी।

(2) ऐसी कोई उद्घोषणा किसी पश्चात्वर्ती उद्घोषणा द्वारा वापस ली जा सकेगी या उसमें परिवर्तन किया जा सकेगा।

(3) इस अनुच्छेद के अधीन की गई प्रत्येक उद्घोषणा संसद के प्रत्येक सदन के समक्ष रखी जाएगी और जहाँ वह पूर्ववर्ती उद्घोषणा को वापस लेने वाली उद्घोषणा नहीं है वहाँ वह दो मास की समाप्ति पर प्रवर्तन में नहीं रहेगी यदि उस अवधि की समाप्ति से पहले संसद के दोनों सदनों के संकल्पों द्वारा उसका अनुमोदन नहीं कर दिया जाता है:

परंतु यदि ऐसी कोई उद्घोषणा (जो पूर्ववर्ती उद्घोषणा को वापस लेने वाली उद्घोषणा नहीं है) उस समय की जाती है जब लोक सभा का विघटन हो गया है या लोक सभा का विघटन इस खंड में निर्दिष्ट दो मास की अवधि के दौरान हो जाता है और यदि उद्घोषणा का अनुमोदन करनेवाला संकल्प राज्य सभा द्वारा पारित कर दिया गया है, किंतु ऐसी उद्घोषणा के संबंध में कोई संकल्प लोक सभा द्वारा उस अवधि की समाप्ति से पहले पारित नहीं किया गया है तो, उद्घोषणा उस तारीख से जिसको लोक सभा अपने पुनर्गठन के पश्चात् प्रथम बार बैठती है, तीस दिन की समाप्ति पर, प्रवर्तन में नहीं रहेगी यदि उक्त तीस दिन की अवधि की समाप्ति से पहले उद्घोषणा का अनुमोदन करनेवाला संकल्प लोक सभा द्वारा भी पारित नहीं कर दिया जाता है।

(4) इस प्रकार अनुमोदित उद्घोषणा, यदि वापस नहीं ली जाती है तो, [12][ऐसी उदघोषणा के किए जाने की तारीख से छह मास] की अवधि की समाप्ति पर प्रवर्तन में नहीं रहेगी :

परंतु यदि और जितनी बार ऐसी उद्घोषणा को प्रवृत्त बनाए रखने का अनुमोदन करने वाला संकल्प संसद के दोनों सदनों द्वारा पारित कर दिया जाता है तो और उतनी बार वह उद्घोषणा, यदि वापस नहीं ली जाती है तो, उस तारीख से जिसको वह इस खंड के अधीन अन्यथा प्रवर्तन में नहीं रहती है, [13][छह मास] की अवधि तक प्रवृत्त बनी रहेगी, किंतु ऐसी उद्घोषणा किसी भी दशा में तीन वर्ष से अधिक प्रवृत्त नहीं रहेगी :

परंतु यह और कि यदि लोक सभा का विघटन [14][छह मास] की ऐसी अवधि के दौरान हो जाता है और ऐसी उद्घोषणा को प्रवृत्त बनाए रखने का अनुमोदन करने वाला संकल्प राज्य सभा द्वारा पारित कर दिया गया है, किंतु ऐसी उद्घोषणा को प्रवृत्त बनाए रखने के संबंध में कोई संकल्प लोक सभा द्वारा उक्त अवधि के दौरान पारित नहीं किया गया है तो, उद्घोषणा उस तारीख से, जिसको लोक सभा अपने पुनर्गठन के पश्चात् प्रथम बार बैठती है, तीस दिन की समाप्ति पर, प्रवर्तन में नहीं रहेगी यदि उक्त तीस दिन की अवधि की समाप्ति से पहले उद्घोषणा को प्रवृत बनाए रखने का अनुमोदन करनेवाला संकल्प लोक सभा द्वारा भी पारित नहीं कर दिया जाता है:

[14][परंतु यह भी कि पंजाब राज्य की बाबत 11 मई, 1987 को खंड (1) के अधीन की गई उद्घोषणा की दशा में, इस खंड के पहले परंतुक में "तीन वर्ष" के प्रति निर्देश का इस प्रकार अर्थ लगाया जाएगा मानो वह [15][पाँच वर्ष] के प्रति निर्देश हो।]

[16][(5) खंड (4) में किसी बात के होते हुए भी, खंड (3) के अधीन अनुमोदित उद्घोषणा के किए जाने की तारीख से एक वर्ष की समाप्ति से आगे किसी अवधि के लिए ऐसी उद्घोषणा को प्रवृत्त बनाए रखने के संबंध में कोई संकल्प संसद के किसी सदन द्वारा तभी पारित किया जाएगा जब-

(क) ऐसे संकल्प के पारित किए जाने के समय आपात की उद्घोषणा, यथास्थिति, अथवा संपूर्ण राज्य या उसके किसी भाग में प्रवर्तन में है; और

(ख) निर्वाचन आयोग यह प्रमाणित कर देता है कि ऐसे संकल्प में विनिर्दिष्ट अवधि के दौरान खड (3) के अधीन अनुमोदित उद्घोषणा को प्रवृत्त बनाए रखना, संबंधित राज्य की विधान सभा के साधारण निर्वाचन कराने में कठिनाइयों के कारण, आवश्यक है :]

[17][परंतु इस खंड की कोई बात पंजाब राज्य की बाबत 11 मई, 1987 को खंड (1) के अधीन का गई उद्घोषणा को लागू नहीं होगी।]

## 357. अनुच्छेद 356 के अधीन की गई उद्घोषणा के अधीन विधायी शक्तियों का प्रयोग-

(1) जहाँ अनुच्छेद 356 के खंड (1) के अधीन की गई उद्घोषणा द्वारा यह घोषणा की गई है कि राज्य के विधान-मंडल की शक्तियाँ संसद द्वारा या उसके प्राधिकार के अधीन प्रयोक्तव्य होंगी वहाँ-

(क) राज्य के विधान-मंडल की विधि बनाने की शक्ति राष्ट्रपति को प्रदान करने की और इस प्रकार प्रदत्त शक्ति का किसी अन्य प्राधिकारी को, जिसे राष्ट्रपति इस निमित्त विनिर्दिष्ट करे, ऐसी शर्तों के अधीन, जिन्हें राष्ट्रपति अधिरोपित करना ठीक समझे, प्रत्यायोजन करने के लिए राष्ट्रपति को प्राधिकृत करने की संसद को,

(ख) संघ या उसके अधिकारियों और प्राधिकारियों को शक्तियाँ प्रदान करने या उन पर कर्त्तव्य अधिरोपित करने के लिए अथवा शक्तियों का प्रदान किया जाना या कर्त्तव्यों का अधिरोपित किया जाना प्राधिकृत करने के लिए, विधि बनाने की संसद को अथवा राष्ट्रपति को या ऐसे अन्य प्राधिकारी को, जिसमें ऐसी विधि बनाने की शक्ति उपखंड (क) के अधीन निहित है,

(ग) जब लोक सभा सत्र में नहीं है तब राज्य की संचित निधि में से व्यय के लिए, संसद की मंजूरी लंबित रहने तक ऐसे व्यय के प्राधिकृत करने की राष्ट्रपति को, क्षमता होगी।

[18][(2) राज्य के विधान-मंडल की शक्ति का प्रयोग करते हुए संसद द्वारा, अथवा राष्ट्रपति या खंड (1) के उपखंड (क) में निर्दिष्ट अन्य प्राधिकारी द्वारा, बनाई गई ऐसी विधि, जिसे संसद अथवा राष्ट्रपति या ऐसा अन्य प्राधिकारी अनुच्छेद 356 के अधीन की गई उदघोषणा के अभाव में बनाने के लिए सक्षम नहीं होता, उदघोषणा के प्रवर्तन में न रहने के पश्चात् तब तक प्रवृत्त बनी रहेगी जब तक सक्षम विधान-मंडल या अन्य प्राधिकारी द्वारा उसका परिवर्तन या निरसन या संशोधन नहीं कर दिया जाता है।]

## 358. आपात के दौरान अनुच्छेद 19 के उपबंधों का निलंबन-

[19][(1)] [20][जब युद्ध या बाह्य आक्रमण के कारण भारत या उसके राज्यक्षेत्र के किसी भाग की सुरक्षा के संकट में होने की घोषणा करने वाली आपात की उद्घोषणा प्रवर्तन में है] तब अनुच्छेद 19 की कोई बात भाग 3 में यथा परिभाषित राज्य की कोई ऐसी विधि बनाने की या कोई ऐसी कार्यपालिका कार्रवाई करने की शक्ति को, जिसे वह राज्य उस भाग में अंतर्विष्ट उपबंधों के अभाव में बनाने या करने के लिए सक्षम होता, निर्बंधित नहीं करेगी, किंतु इस प्रकार बनाई गई कोई विधि उद्घोषणा के प्रवर्तन में न रहने पर अक्षमता की मात्रा तक उन बातों के सिवाय तुरन्त प्रभावहीन हो जाएगी, जिन्हें विधि के इस प्रकार प्रभावहीन होने के पहले किया गया है या करने का लोप किया गया है :

[21][परंतु [22][जहाँ आपात की ऐसी उद्घोषणा] भारत के राज्यक्षेत्र के केवल किसी भाग में प्रवर्तन में है वहाँ यदि और जहाँ तक भारत या उसके राज्यक्षेत्र के किसी भाग की सुरक्षा, भारत के राज्यक्षेत्र के उस भाग में या उसके संबंध में, जिसमें आपात की उदघोषणा प्रवर्तन में है, होने वाले क्रियाकलाप के कारण संकट में है तो और वहाँ तक ऐसे राज्य या संघ राज्यक्षेत्र में या उसके संबंध में, जिसमें या जिसके किसी भाग में आपात की उद्घोषणा प्रवर्तन में नहीं है, इस अनुच्छेद के अधीन ऐसी कोई विधि बनाई जा सकेगी या ऐसी कोई कार्यपालिका कार्रवाई की जा सकेगी।]

[23][(2) खंड (1) की कोई बात,-

(क) किसी ऐसी विधि को लागू नहीं होगी जिसमें इस आशय का उल्लेख अंतर्विष्ट नहीं है कि ऐसी विधि उसके बनाए जाने के समय प्रवृत्त आपात की उद्घोषणा के संबंध में है; या

(ख) किसी ऐसी कार्यपालिका कार्रवाई को लागू नहीं होगी जो ऐसा उल्लेख अंतर्विष्ट करने वाली विधि के अधीन न करके अन्यथा की गई है।

## 359. आपात के दौरान भाग 3 द्वारा प्रदत्त अधिकारों के प्रवर्तन का निलबंन-

(1) जहाँ आपात की उद्घोषणा प्रवर्तन में है वहाँ राष्ट्रपति,आदेश द्वारा यह घोषणा कर सकेगा कि [24][(अनुच्छेद 20 और अनुच्छेद 21 को छोड़कर) भाग 3 द्वारा प्रदत्त ऐसे अधिकारों] को प्रवर्तित कराने के लिए, जो उस आदेश में उल्लिखित किए जाएँ, किसी न्यायालय को समावेदन करने का अधिकार और इस प्रकार उल्लिखित अधिकारों को प्रवर्तित कराने के लिए किसी न्यायालय में लंबित सभी कार्यवाहियां उस अवधि के लिए जिसके दौरान उद्घोषणा प्रवृत्त रहती है या उससे लघुतर ऐसी अवधि के लिए जो आदेश में विनिर्दिष्ट की जाए, निलंबित रहेंगी।

[25][(1क) जब [26][(अनुच्छेद 20 और अनुच्छेद 21 को छोड़कर) भाग 3 द्वारा प्रदत्त किन्हीं अधिकारों] को उल्लिखित करने वाले खंड (1) के अधीन किया गया आदेश प्रवर्तन में है तब उस भाग में उन अधिकारों को प्रदान करने वाली कोई बात उस भाग में यथापरिभाषित राज्य की कोई ऐसी विधि बनाने की या कोई ऐसी कार्यपालिका कारवाई करने की शक्ति को, जिसे वह राज्य उस भाग में अंतर्विष्ट उपबंधों के अभाव में बनाने या करने के लिए सक्षम होता, निर्बंधित नहीं करेगी, किंतु इस प्रकार बनाई गई कोई विधि पूर्वोक्त आदेश के प्रवर्तन में न रहने पर अक्षमता की मात्रा तक उन बातों के सिवाय तुरन्त प्रभावहीन हो जाएगी, जिन्हें विधि के इस प्रकार प्रभावहीन होने के पहले किया गया है या करने का लोप किया गया है :

[27][परंतु जहाँ आपात की उद्घोषणा भारत के राज्यक्षेत्र के केवल किसी भाग में प्रवर्तन में है वहाँ, यदि और जहाँ तक भारत या उसके

राज्यक्षेत्र के किसी भाग की सुरक्षा, भारत के राज्यक्षेत्र के उस भाग में या उसके संबंध में, जिसमें आपात की उद्घोषणा प्रवर्तन में है, होने वाले क्रियाकलाप के कारण संकट में है तो और वहाँ तक, ऐसे राज्य या संघ राज्यक्षेत्र में या उसके संबंध में, जिसमें या जिसके किसी भाग में आपात की उद्घोषणा प्रवर्तन में नहीं है, इस अनुच्छेद के अधीन ऐसी कोई विधि बनाई जा सकेगी या ऐसी कोई कार्यपालिका कार्रवाई की जा सकेगी।]

[28][(1ख) खंड (1क) की कोई बात–

(क) किसी ऐसी विधि को लागू नहीं होगी जिसमें इस आशय का उल्लेख अंतर्विष्ट नहीं है कि ऐसी विधि उसके बनाए जाने के समय प्रवृत्त आपात की उद्घोषणा के संबंध में है; या

(ख) किसी ऐसी कार्यपालिका कार्रवाई को लागू नहीं होगी जो ऐसा उल्लेख अंतर्विष्ट करने वाली विधि के अधीन न करके अन्यथा की गई है।]

(2) पूर्वोक्त रूप में किए गए आदेश का विस्तार भारत के संपूर्ण राज्यक्षेत्र या उसके किसी भाग पर हो सकेगा :

[29][परंतु जहाँ आपात की उद्घोषणा भारत के राज्यक्षेत्र के केवल किसी भाग में प्रवर्तन में है वहाँ किसी ऐसे आदेश का विस्तार भारत के राज्यक्षेत्र के किसी अन्य भाग पर तभी होगा जब राष्ट्रपति, यह समाधान हो जाने पर कि भारत या उसके राज्यक्षेत्र के किसी भाग की सुरक्षा, भारत के राज्यक्षेत्र के उस भाग में या उसके संबंध में, जिसमें आपात की उद्घोषणा प्रवर्तन में है, होने वाले क्रियाकलाप के कारण संकट में है, ऐसा विस्तार आवश्यक समझता है।]

(3) खंड (1) के अधीन किया गया प्रत्येक आदेश, किए जाने के पश्चात् यथाशक्य शीघ्र, संसद के प्रत्येक सदन के समक्ष रखा जाएगा।

## [30]359क. [इस भाग का पंजाब राज्य को लागू होना–

संविधान (तिरसठवां संशोधन) अधिनियम, 1989 की धारा 3 द्वारा (6-1-1990 से) निरसित]।

## 360. वित्तीय आपात के बारे में उपबंध–

(1) यदि राष्ट्रपति का यह समाधान हो जाता है कि ऐसी स्थिति उत्पन्न हो गई है जिससे भारत या उसके राज्यक्षेत्र के किसी भाग का वित्तीय स्थायित्व या प्रत्यय संकट में है तो वह उद्घोषणा द्वारा इस आशय की घोषणा कर सकेगा।

[31][(2) खंड (1) के अधीन की गई उद्घोषणा–

(क) किसी पश्चातवर्ती उद्घोषणा द्वारा वापस ली जा सकेगी या परिवर्तित की जा सकेगी;

(ख) संसद के प्रत्येक सदन के समक्ष रखी जाएगी;

(ग) दो मास की समाप्ति पर प्रवर्तन में नहीं रहेगी यदि उस अवधि की समाप्ति से पहले संसद के ही सदनों के संकल्पों द्वारा उसका अनुमोदन नहीं कर दिया जाता है :

परंतु यदि ऐसी कोई उद्घोषणा उस समय की जाती है जब लोक सभा का विघटन हो गया है या लोकसभा का विघटन उपखंड (ग) में निर्दिष्ट दो मास की अवधि के दौरान हो जाता है और यदि उद्घोषणा का अनुमोदन करनेवाला संकल्प राज्य सभा द्वारा पारित कर दिया गया है, किंतु ऐसी उद्घोषणा के संबंध में कोई संकल्प लोक सभा द्वारा उस अवधि की समाप्ति से पहले पारित नहीं किया गया है तो उद्घोषणा उस तारीख से, जिसको लोक सभा अपने पुनर्गठन के पश्चात् प्रथम बार बैठती है, तीस दिन की समाप्ति पर प्रवर्तन में नहीं रहेगी यदि उक्त तीस दिन की अवधि की समाप्ति से पहले उद्घोषणा का अनुमोदन करनेवाला संकल्प लोक सभा द्वारा भी पारित नहीं कर दिया जाता है।]

(3) उस अवधि के दौरान, जिसमें खंड (1) में उल्लिखित उद्घोषणा प्रवृत्त रहती है, संघ की कार्यपालिका शक्ति का विस्तार किसी राज्य को वित्तीय औचित्य संबंधी ऐसे सिद्धांतों का पालन करने के लिए निदेश देने तक, जो निदेशों में विनिर्दिष्ट किए जाएँ, और ऐसे अन्य निदेश देने तक होगा जिन्हें राष्ट्रपति उस प्रयोजन के लिए देना आवश्यक और पर्याप्त समझे।

(4) इस संविधान में किसी बात के होते हुए भी,–

(क) ऐसे किसी निदेश के अंतर्गत–

(i) किसी राज्य के कार्यकलाप के संबंध में सेवा करने वाले सभी या किसी वर्ग के व्यक्तियों के वेतनों और भत्तों में कमी की अपेक्षा करनेवाला उपबंध;

(ii) धन विधेयकों या अन्य ऐसे विधेयकों को, जिनको अनुच्छेद 207 के उपबंध लागू होते हैं, राज्य के विधान-मंडल द्वारा पारित किए जाने के पश्चात् राष्ट्रपति के विचार के लिए आरक्षित रखने के लिए उपबंध, हो सकेंगे;

(ख) राष्ट्रपति, उस अवधि के दौरान, जिसमें इस अनुच्छेद के अधीन की गई उद्घोषणा प्रवृत्त रहती है, संघ के कार्यकलाप के संबंध में सेवा करने वाले सभी या किसी वर्ग के व्यक्तियों के, जिनके अंतर्गत उच्चतम न्यायालय और उच्च न्यायालयों के न्यायाधीश हैं, वेतनों और भत्तों में कमी करने के लिए निदेश देने के लिए सक्षम होगा।

[32]* * * * *

## ଔଔଔ संदर्भ ଔଔଔ

1. संविधान (चवालीसवां संशोधन) अधिनियम, 1978 की धारा 37 द्वारा (20-6-1979 से) "आभ्यंतरिक अशान्ति" के स्थान पर प्रतिस्थापित।
2. संविधान (बयालीसवां संशोधन) अधिनियम, 1976 की धारा 48 द्वारा (3-1-1977 से) अंत:स्थापित।
3. संविधान (चवालीसवां संशोधन) अधिनियम, 1978 की धारा 37 द्वारा (20-6-1979 से) अंत:स्थापित।
4. संविधान (चवालीसवां संशोधन) अधिनियम, 1978 की धारा 37 द्वारा (20-6-1979 से) खंड (2), खंड (2क) और खंड (3) के स्थान पर प्रतिस्थापित।
5. संविधान (अड़तीसवां संशोधन) अधिनियम, 1975 की धारा 5 द्वारा (भूतलक्षी प्रभाव से) अंत:स्थापित।
6. संविधान (चवालीसवां संशोधन) अधिनियम, 1978 की धारा 37 द्वारा (20-6-1979 से) खंड (4) को खंड (9) के रूप में पुन:संख्यांकित किया गया।
7. 'संविधान (चवालीसवां संशोधन) अधिनियम, 1978 की धारा 37 द्वारा (20-6-1979 से) "आभ्यंतरिक अशान्ति "के स्थान पर प्रतिस्थापित।
8. संविधान (चवालीसवां संशोधन) अधिनियम, 1978 की धारा 37 द्वारा (20-6-1979 से) खंड (5) का लोप किया गया।
9. संविधान (बयालीसवां संशोधन) अधिनियम, 1976 की धारा 49 द्वारा (3-1-1977 से) अंत:स्थापित।
10. संविधान (सातवां संशोधन) अधिनियम, 1956 की धारा 29 और अनुसूची द्वारा "या राजप्रमुख" शब्दों का लोप किया गया।
11. संविधान (सातवां संशोधन) अधिनियम, 1956 की धारा 29 और अनुसूची द्वारा "यथास्थिति, राज्यपाल या राजप्रमुख" शब्दों के स्थान पर प्रतिस्थापित।
12. संविधान (चवालीसवां संशोधन) अधिनियम, 1978 की धारा 38 द्वारा (20-6-1979 से) "खंड (3) के अधीन उद्घोषणा का अनुमोदन करने वाले संकल्पों में से दूसरे के पारित हो जाने की तारीख से एक वर्ष" के स्थान पर प्रतिस्थापित। संविधान (बयालीसवां संशोधन) अधिनियम, 1976 की धारा 50 द्वारा (3-1-1977 से) मूल शब्द "छह मास" के स्थान पर "एक वर्ष" शब्द प्रतिस्थापित किए गए थे।
13. संविधान (चवालीसवां संशोधन) अधिनियम, 1978 की धारा 38 द्वारा (20-6-1979 से) "खंड (3) के अधीन उद्घोषणा का अनुमोदन करने वाले संकल्पों में से दूसरे के पारित हो जाने की तारीख से एक वर्ष" के स्थान पर प्रतिस्थापित। संविधान (बयालीसवां संशोधन) अधिनियम 1976 की धारा 50 द्वारा (3-1-1977 से) "छह मास" मूल शब्द के स्थान पर "एक वर्ष" शब्द प्रतिस्थापित किए गए थे।
14. संविधान (चौसठवां संशोधन) अधिनियम, 1990 की धारा 2 द्वारा अंत:स्थापित।
15. संविधान (सड़सठवां संशोधन) अधिनियम, 1990 की धारा 2 द्वारा और तत्पश्चात् संविधान (अड़सठवां संशोधन) अधिनियम, 1991 की धारा 2 द्वारा संशोधित होकर वर्तमान रूप में आया।
16. संविधान (चवालीसवां संशोधन) अधिनियम, 1978 की धारा 38 द्वारा (20-6-1979 से) खंड 5 के स्थान पर प्रतिस्थापित। संविधान (अड़तीसवां संशोधन) अधिनियम, 1975 की धारा 6 द्वारा (भूतलक्षी प्रभाव से) खंड (5) अंत:स्थापित किया गया था।
17. संविधान (तिरसठवां संशोधन) अधिनियम, 1989 की धारा 2 द्वारा (6-1-1990 से) लोप किया गया जिसे संविधान (चौसठवां संशोधन) अधिनियम, 1990 की धारा 2 द्वारा अंत:स्थापित किया गया था।
18. संविधान (बयालीसवां संशोधन) अधिनियम, 1976 की धारा 51 द्वारा (3-1-1977 से) खंड (2) के स्थान पर प्रतिस्थापित।
19. संविधान (चवालीसवां संशोधन) अधिनियम, 1978 की धारा 39 द्वारा (20-6-1979 से) अनुच्छेद 358 को उसके खंड (1) के रूप में पुन:संख्यांकित किया गया।
20. संविधान (चवालीसवां संशोधन) अधिनियम, 1978 की धारा 39 द्वारा (20-6-1979 से) "जब आपात की उदघोषणा प्रवर्तन में है" शब्दों के स्थान पर प्रतिस्थापित।
21. संविधान (बयालीसवां संशोधन) अधिनियम, 1976 की धारा 52 द्वारा (3-1-1977 से) अंत:स्थापित।
22. संविधान (चवालीसवां संशोधन) अधिनियम, 1978 की धारा 39 द्वारा (20-6-1979 से) "जब आपात की उद्घोषणा" शब्दों के स्थान पर प्रतिस्थापित।
23. संविधान (चवालीसवां संशोधन) अधिनियम, 1978 की धारा 39 द्वारा (20-6-1979 से) अंत:स्थापित।
24. संविधान (चवालीसवां संशोधन) अधिनियम, 1978 की धारा 40 द्वारा (20-6-1979 से) "भाग 3 द्वारा प्रदत्त अधिकारों" के स्थान पर प्रतिस्थापित।
25. संविधान (अड़तीसवां संशोधन) अधिनियम, 1975 की धारा 7 द्वारा (भूतलक्षी प्रभाव से) अंत:स्थापित।
26. संविधान (चवालीसवां संशोधन) अधिनियम, 1978 की धारा 40 द्वारा (20-6-1979 से) "भाग 3 द्वारा प्रदत्त अधिकारों" के स्थान पर प्रतिस्थापित।
27. संविधान (बयालीसवां संशोधन) अधिनियम, 1976 की धारा 53 द्वारा (3-1-1977 से) अंत:स्थापित।

28. संविधान (चवालीसवां संशोधन) अधिनियम, 1978 की धारा 40 द्वारा (20-6-1979 से) अंत:स्थापित।

29. संविधान (बयालीसवां संशोधन) अधिनियम, 1976 की धारा 53 द्वारा (3-1-1977 से) अंत:स्थापित।

30. संविधान (उनसठवां संशोधन) अधिनियम, 1988 की धारा 40 द्वारा अंत:स्थापित। यह इस अधिनियम के प्रारंभ से, अर्थात 1988 के मार्च के तीसवें दिन से दो वर्ष की अवधि की समाप्ति के पश्चात् प्रवृत्त नहीं रहेगी।

31. संविधान (चवालीसवां संशोधन) अधिनियम, 1978 की धारा 41 द्वारा (20-6-1979 से) खंड (2) के स्थान पर प्रतिस्थापित।

32. संविधान (अड़तीसवां संशोधन) अधिनियम, 1975 की धारा 8 द्वारा (भूतलक्षी प्रभाव से) खंड (5) अंत:स्थापित किया गया था और उसका संविधान (चवालीसवा संशोधन) अधिनियम, 1978 की धारा 41 द्वारा (20-6-1979 से) लोप किया गया।

# भाग-19

## प्रकीर्ण

### 361. राष्ट्रपति और राज्यपालों और राजप्रमुखों का संरक्षण-

(1) राष्ट्रपति अथवा राज्य का राज्यपाल या राजप्रमुख अपने पद की शक्तियों के प्रयोग और कर्त्तव्यों के पालन के लिए या उन शक्तियों का प्रयोग और कर्त्तव्यों का पालन करते हुए अपने द्वारा किए गए या किए जाने के लिए तात्पर्यित किसी कार्य के लिए किसी न्यायालय को उत्तरदायी नहीं होगा :

परंतु अनुच्छेद 61 के अधीन आरोप के अन्वेषण के लिए संसद के किसी सदन द्वारा नियुक्त न्यायालय, अधिकरण या निकाय द्वारा राष्ट्रपति के आचरण का पुनर्विलोकन किया जा सकेगा :

परंतु यह और कि इस खंड की किसी बात का यह अर्थ नहीं लगाया जाएगा कि वह भारत सरकार या किसी राज्य की सरकार के विरुद्ध समुचित कार्यवाहियां चलाने के किसी व्यक्ति के अधिकार को निर्बंधित करती है।

(2) राष्ट्रपति या किसी राज्य के राज्यपाल [1]*** के विरुद्ध उसकी पदावधि के दौरान किसी न्यायालय में किसी भी प्रकार की दांडिक कार्यवाही संस्थित नहीं की जाएगी या चालू नहीं रखी जाएगी।

(3) राष्ट्रपति या किसी राज्य के राज्यपाल [1]*** की पदावधि के दौरान उसकी गिरफ्तारी या कारावास के लिए किसी न्यायालय से कोई आदेशिका निकाली नहीं जाएगी।

(4) राष्ट्रपति या किसी राज्य के राज्यपाल [1]*** के रूप में अपना पद ग्रहण करने से पहले या उसके पश्चात् उसके द्वारा अपनी वैयक्तिक हैसियत में किए गए या किए जाने के लिए तात्पर्यित किसी कार्य के संबंध में कोई सिविल कार्यवाहियां, जिनमें राष्ट्रपति या ऐसे राज्य के राज्यपाल [1]*** के विरुद्ध अनुतोष का दावा किया जाता है, उसकी पदावधि के दौरान किसी न्यायालय में तब तक संस्थित नहीं की जाएगी जब तक कार्यवाहियों की प्रकृति उनके लिए वाद हेतुक, ऐसी कार्यवाहियों को संस्थित करने वाले पक्षकार का नाम, वर्णन, निवास-स्थान और उस अनुतोष का जिसका वह दावा करता है, कथन करने वाली लिखित सूचना, यथास्थिति, राष्ट्रपति या राज्यपाल [1]*** को परिदत्त किए जाने या उसके कार्यालय में छोड़े जाने के पश्चात् दो मास का समय समाप्त नहीं हो गया है।

### [2][361क. संसद और राज्यों के विधान-मंडलों की कार्यवाहियों के प्रकाशन का संरक्षण-

(1) कोई व्यक्ति संसद के किसी सदन या, यथास्थिति, किसी राज्य की विधान सभा या किसी राज्य के विधान-मंडल के किसी सदन का किन्ही कार्यवाहियों के सारत: सही विवरण के किसी समाचारपत्र में प्रकाशन के संबंध में किसी न्यायालय में किसी भी प्रकार की सिविल या दांडिक कार्यवाही का तब तक भागी नहीं होगा जब तक यह साबित नहीं कर दिया जाता है कि प्रकाशन विद्वेषपूर्वक किया गया है :

परंतु इस खंड की कोई बात संसद के किसी सदन या, यथास्थिति, किसी राज्य की विधान सभा या किसी राज्य के विधान-मंडल के किसी सदन की गुप्त बैठक की कार्यवाहियों के विवरण के प्रकाशन को लागू नहीं होगी।

(2) खंड (1) किसी प्रसारण केन्द्र के माध्यम से उपलब्ध किसी कार्यक्रम या सेवा के भागरूप बेतार तारयांत्रिकी के माध्यम से प्रसारित रिपोर्टों या सामग्री के संबंध में उसी प्रकार लागू होगा जिस प्रकार वह किसी समाचार-पत्र में प्रकाशित रिपोर्टों या सामग्री के संबंध में लागू होता है।

**स्पष्टीकरण**-इस अनुच्छेद में, "समाचारपत्र" के अंतर्गत समाचार एजेंसी की ऐसी रिपोर्ट है जिसमें किसी समाचारपत्र में प्रकाशन के लिए सामग्री अंतर्विष्ट है।]

### [2][361ख. लाभप्रद राजनीतिक पद पर नियुक्ति के लिए निरर्हता-

किसी राजनीतिक दल का किसी सदन का कोई सदस्य, जो दसवीं अनुसूची के पैरा 2 के अधीन सदन का सदस्य होने के लिए निरर्हित है, अपनी निरर्हता की तारीख से प्रारंभ होने वाली और उस तारीख तक जिसको ऐसे सदस्य के रूप में उसकी पदावधि समाप्त होगी या उस तारीख तक जिसको वह किसी सदन के लिए कोई निर्वाचन लड़ता है, और निर्वाचित

घोषित किया जाता है इनमें से जो भी पूर्वतर हो, की अवधि के दौरान, कोई लाभप्रद राजनीतिक पद धारण करने के लिए भी निरर्हित होगा।

**स्पष्टीकरण**-इस अनुच्छेद के प्रयोजनों के लिए,-

(क) "सदन" पद का वही अर्थ है जो उसका दसवीं अनुसूची के पैरा 1 के खंड (क) में है;

(ख) "लाभप्रद राजनीतिक पद" अभिव्यक्ति से अभिप्रेत है,-

(i) भारत सरकार या किसी राज्य सरकार के अधीन कोई पद, जहाँ ऐसे पद के लिए वेतन या पारिश्रमिक का संदाय, यथास्थिति, भारत सरकार या राज्य सरकार के लोक राजस्व से किया जाता है; या

(ii) किसी निकाय के अधीन, चाहे निगमित हो या नहीं, जो भारत सरकार या किसी राज्य सरकार के पूर्णत: या भागत: स्वामित्वाधीन है, कोई पद और ऐसे पद के लिए वेतन या पारिश्रमिक का संदाय ऐसे निकाय से किया जाता है,

सिवाय वहाँ के जहाँ संदत्त ऐसा वेतन या पारिश्रमिक प्रतिकरात्मक स्वरूप का है।]

## 362. [देशी राज्यों के शासकों के अधिकार और विशेषाधिकार]-

संविधान (छब्बीसवां संशोधन) अधिनियम, 1971 की धारा 2 द्वारा निरसित।

## 363. कुछ संधियों, करारों आदि से उत्पन्न विवादों में न्यायालयों के हस्तक्षेप का वर्जन-

(1) इस संविधान में किसी बात के होते हुए भी, किंतु अनुच्छेद 143 के उपबंधों के अधीन रहते हुए, उच्चतम न्यायालय या किसी अन्य न्यायालय को किसी ऐसी संधि, करार, प्रसंविदा, वचनबंध, सनद या वैसी ही अन्य लिखत के किसी उपबंध से, जो इस संविधान के प्रारंभ से पहले किसी देशी राज्य के शासक द्वारा की गई थी या निष्पादित की गई थी और जिसमें भारत डोमिनियन की सरकार या उसकी पूर्ववर्ती कोई सरकार और जिसमें भारत डोमिनियन की सरकार या उसकी पूर्ववर्ती कोई सरकार एक पक्षकार थी और जो ऐसे प्रारंभ के पश्चात् प्रवर्तन में है या प्रवर्तन में बनी रही है, उत्पन्न किसी विवाद में या ऐसी संधि, करार, प्रसंविदा, वचनबंध, सनद या वैसी ही अन्य लिखत से संबंधित इस संविधान के किसी उपबंध के अधीन प्रोद्भूत किसी अधिकार या उससे उद्भूत किसी दायित्व या बाध्यता के संबंध में किसी विवाद में अधिकारिता नहीं होगी।

(2) इस अनुच्छेद में-

(क) "देशी राज्य" से ऐसा राज्यक्षेत्र अभिप्रेत है जिसे हिज मजेस्टी से या भारत डोमिनियन की सरकार से इस संविधान के प्रारंभ से पहले ऐसे राज्य के रूप में मान्यता प्राप्त थी; और

(ख) "शासक" के अंतर्गत ऐसा राजा, प्रमुख या अन्य व्यक्ति है जिसे हिज मजेस्टी से या भारत डोमिनियन की सरकार से ऐसे प्रारंभ से पहले किसी देशी राज्य के शासक के रूप में मान्यता प्राप्त थी।

## [4][363क. देशी राज्यों के शासकों को दी गई मान्यता की समाप्ति और निजी थैलियों का अंत-

इस संविधान या तत्समय प्रवृत्त किसी विधि में किसी बात के होते हुए भी-

(क) ऐसा राजा, प्रमुख या अन्य व्यक्ति, जिसे संविधान (छब्बीसवां संशोधन) अधिनियम, 1971 के प्रारंभ से पहले किसी समय राष्ट्रपति से किसी देशी राज्य के शासक के रूप में मान्यता प्राप्त थी, या ऐसा व्यक्ति जिसे ऐसे प्रारंभ से पहले किसी समय राष्ट्रपति से ऐसे शासक के उत्तराधिकारी के रूप में मान्यता प्राप्त थी, ऐसे प्रारंभ को और से ऐसे शासक या ऐसे शासक के उत्तराधिकारी के रूप में मान्यता प्राप्त नहीं रह जाएगा :

(ख) संविधान (छब्बीसवां संशोधन) अधिनियम, 1971 के प्रारंभ को और से निजी थैली का अंत किया जाता है और निजी थैली की बाबत सभी अधिकार, दायित्व और बाध्यताएँ निर्वापित की जाती हैं और तद्नुसार खंड (क) में निर्दिष्ट, यथास्थिति, शासक या ऐसे शासक के उत्तराधिकारी को या अन्य व्यक्ति को किसी राशि का निजी थैला के रूप में सदाय नहीं किया जाएगा।]

## 364. महापत्तनों और विमानक्षेत्रों के बारे में विशेष उपबंध-

(1) इस संविधान में किसी बात के होते हुए भी राष्ट्रपति लोक अधिसूचना द्वारा निदेश दे सकेगा कि ऐसी तारीख से, जो उस अधिसूचना में विनिर्दिष्ट की जाए,-

(क) संसद या किसी राज्य के विधान-मंडल द्वारा बनाई गई कोई विधि किसी महापत्तन या विमानक्षेत्र को लागू नहीं होगी अथवा ऐसे अपवादों या उपांतरणों के अधीन रहते हुए लागू होगी जो उस अधिसूचना में विनिर्दिष्ट किए जाएँ; या

(ख) कोई विद्यमान विधि किसी महापत्तन या विमानक्षेत्र में उन बातों के सिवाय प्रभावी नहीं रहेगी जिन्हें उक्त तारीख से पहले किया गया है या करने का लोप किया गया है अथवा ऐसे पत्तन या विमानक्षेत्र को लागू होने में ऐसे अपवादों या उपांतरणों के अधीन रहते हुए प्रभावी होगी जो उस अधिसूचना में विनिर्दिष्ट किए जाएँ।

(2) इस अनुच्छेद में-

(क) "महापत्तन" से ऐसा पत्तन अभिप्रेत है जिसे संसद द्वारा बनाई गई किसी विधि या किसी विद्यमान विधि द्वारा या

उसके अधीन महापत्तन घोषित किया गया है और इसके अंतर्गत ऐसे सभी क्षेत्र हैं जो उस समय ऐसे पत्तन की सीमाओं के भीतर हैं;

(ख) "विमानक्षेत्र" से वायु मार्गों, वायुयानों और विमान चालन से संबंधित अधिनियमितियों के प्रयोजनों के लिए यथा परिभाषित विमानक्षेत्र अभिप्रेत है।

## 365. संघ द्वारा दिए गए निदेशों का अनुपालन करने में असफलता का प्रभाव-

जहाँ इस संविधान के किसी उपबंध के अधीन संघ की कार्यपालिका शक्ति का प्रयोग करते हुए दिए गए किन्हीं निदेशों का अनुपालन करने में या उनको प्रभावी करने में कोई राज्य असफल रहता है वहाँ राष्ट्रपति के लिए यह मानना विधिपूर्ण होगा कि ऐसी स्थिति उत्पन्न हो गई है जिसमें उस राज्य का शासन इस संविधान के उपबंधों के अनुसार नहीं चलाया जा सकता है।

## 366. परिभाषाएँ-

इस संविधान में, जब तक कि संदर्भ से अन्यथा अपेक्षित न हो, निम्नलिखित पदों के निम्नलिखित अर्थ हैं, अर्थात् :-

(1) "कृषि-आय" से भारतीय आय-कर से संबंधित अधिनियमितियों के प्रयोजनों के लिए यथा परिभाषित कृषि आय अभिप्रेत है;

(2) "आंग्ल-भारतीय" से ऐसा व्यक्ति अभिप्रेत है जिसका पिता या पितृ-परंपरा में कोई अन्य पुरुष जनक यूरोपीय उद्‌भव का है या था, किंतु जो भारत के राज्यक्षेत्र में अधिवासी है और जो ऐसे राज्यक्षेत्र में ऐसे माता-पिता से जन्मा है या जन्मा था जो वहाँ साधारणतया निवासी रहे हैं और केवल अस्थायी प्रयोजनों के लिए वास नहीं कर रहे हैं;

(3) "अनुच्छेद" से इस संविधान का अनुच्छेद अभिप्रेत है;

(4) "उधार लेना" के अंतर्गत वार्षिकियां देकर धन लेना है और "उधार" का तद्नुसार अर्थ लगाया जाएगा;

[5]* * * * *

(5) "खंड" से उस अनुच्छेद का खंड अभिप्रेत है जिसमें वह पद आता है;

(6) "निगम कर" से कोई आय पर कर अभिप्रेत है, जहाँ तक वह कर कंपनियों द्वारा संदेय है और ऐसा कर है जिसके संबंध में निम्नलिखित शर्तें पूरी होती हैं, अर्थात् :-

(क) वह कृषि आय के संबंध में प्रभार्य नहीं है;

(ख) कंपनियों द्वारा संदत्त कर के संबंध में कंपनियों द्वारा व्यष्टियों को संदेय लाभांशों में से किसी कटौती का किया जाना उस कर को लागू अधिनियमितियों द्वारा प्राधिकृत नहीं है;

(ग) ऐसे लाभांश प्राप्त करने वाले व्यष्टियों की कुल आय की भारतीय आय-कर के प्रयोजनों के लिए गणना करने में अथवा ऐसे व्यष्टियों द्वारा संदेय या उनको प्रतिदेय भारतीय आय-कर की गणना करने में, इस प्रकार संदत्त कर को हिसाब में लेने के लिए कोई उपबंध विद्यमान नहीं है;

(7) शंका की दशा में, "तत्स्थानी प्रांत", "तत्स्थानी देशी राज्य" या "तत्स्थानी राज्य" से ऐसा प्रांत देसी राज्य या राज्य अभिप्रेत है जिसे राष्ट्रपति प्रश्नगत किसी विशिष्ट प्रयोजन के लिए, यथास्थिति, तत्स्थानी प्रांत, तत्स्थानी देशी राज्य या तत्स्थानी राज्य अवधारित करे;

(8) "ऋण" के अंतर्गत वार्षिकियों के रूप में मूलधन के प्रतिसंदाय की किसी बाध्यता के संबंध में कोई दायित्व और किसी प्रत्याभूति के अधीन कोई दायित्व है और "ऋणभार" का तद्नुसार अर्थ लगाया जाएगा;

(9) "संपदा शुल्क" से वह शुल्क अभिप्रेत है जो ऐसे नियमों के अनुसार जो संसद या किसी राज्य के विधान-मंडल द्वारा ऐसे शुल्क के संबंध में बनाई गई विधियों द्वारा या उनके अधीन विहित किए जाएँ, मृत्यु पर संक्रांत होने वाली या उक्त विधियों के उपबंधों के अधीन इस प्रकार संक्रांत हुई समझी गई सभी संपत्ति के मूल मूल्य पर या उसके प्रति निर्देश से, निर्धारित किया जाए;

(10) "विद्यमान विधि" से ऐसी विधि, अध्यादेश, आदेश, उपविधि, नियम या विनियम अभिप्रेत है जो इस संविधान के प्रारंभ से पहले ऐसी विधि, अध्यादेश, आदेश, उपविधि, नियम या विनियम बनाने की शक्ति रखने वाले किसी विधान-मंडल, प्राधिकारी या व्यक्ति द्वारा पारित किया गया है या बनाया गया है;

(11) "फेडरल न्यायालय" से भारत शासन अधिनियम, 1935 के अधीन गठित फेडरल न्यायालय अभिप्रेत है;

(12) "माल" के अंतर्गत सभी सामग्री, वाणिज्या और वस्तुएं हैं;

(13) "प्रत्याभूति" के अंतर्गत ऐसी बाध्यता है जिसका, किसी उपक्रम के लाभों के किसी विनिर्दिष्ट रकम से कम होने की दशा में, संदाय करने का वचनबंध इस संविधान के प्रारंभ से पहले किया गया है;

(14) "उच्च न्यायालय" से ऐसा न्यायालय अभिप्रेत है जो इस संविधान के प्रयोजनों के लिए किसी राज्य के लिए उच्च न्यायालय समझा जाता है और इसके अंतर्गत-

(क) भारत के राज्यक्षेत्र में इस संविधान के अधीन उच्च न्यायालय के रूप में गठित या पुनर्गठित कोई न्यायालय है, और

(ख) भारत के राज्यक्षेत्र में संसद द्वारा विधि द्वारा इस संविधान के सभी या किन्हीं प्रयोजनों के लिए उच्च न्यायालय के रूप में घोषित कोई अन्य न्यायालय है;

(15) "देशी राज्य" से ऐसा राज्यक्षेत्र अभिप्रेत है जिसे भारत डोमिनियन की सरकार से ऐसे राज्य के रूप में मान्यता प्राप्त थी;

(16) "भाग" से इस संविधान का भाग अभिप्रेत है;

(17) "पेंशन" से किसी व्यक्ति को या उसके संबंध में संदेय किसी प्रकार की पेंशन अभिप्रेत है चाहे वह अभिदायी है या नहीं है और इसके अंतर्गत इस प्रकार संदेय सेवानिवृत्ति वेतन, इस प्रकार संदेय उपदान और किसी भविष्य निधि के अभिदानों की, उन पर ब्याज या उनमें अन्य परिवर्धन सहित या उसके बिना, वापसी के रूप में इस प्रकार संदेय कोई राशि या राशियां हैं;

(18) "आपात की उद्घोषणा" से अनुच्छेद 352 के खंड (1) के अधीन की गई उद्घोषणा अभिप्रेत है;

(19) "लोक अधिसूचना" से, यथास्थिति, भारत के राजपत्र में या किसी राज्य के राजपत्र में अधिसूचना अभिप्रेत है;

(20) "रेल" के अंतर्गत-

(क) किसी नगरपालिक क्षेत्र में पूर्णतया स्थित ट्राम नहीं है, या

(ख) किसी राज्य में पूर्णतया स्थित संचार की ऐसी अन्य लाइन नहीं है जिसकी बाबत संसद ने विधि द्वारा घोषित किया है कि वह रेल नहीं है;]

[6]* * * * *

[7][(22) "शासक" से ऐसा राजा, प्रमुख या अन्य व्यक्ति अभिप्रेत है जिसे संविधान (छब्बीसवां संशोधन) अधिनियम, 1971 के प्रारंभ से पहले किसी समय, राष्ट्रपति से किसी देशी राज्य के शासक के रूप में मान्यता प्राप्त थी या ऐसा व्यक्ति अभिप्रेत है जिसे ऐसे प्रारंभ से पहले किसी समय, राष्ट्रपति से ऐसे शासक के उत्तराधिकारी के रूप में मान्यता प्राप्त थी;]

(23) "अनुसूची" से इस संविधान की अनुसूची अभिप्रेत है;

(24) "अनुसूचित जातियों" से ऐसी जातियाँ, मूलवंश या जनजातियाँ अथवा ऐसी जातियों, मूलवंशों या जनजातियों के भाग या उनमें के यूथ अभिप्रेत हैं जिन्हें इस संविधान के प्रयोजना के लिए अनुच्छेद 341 के अधीन अनुसूचित जातियाँ समझा जाता है;

(25) "अनुसूचित जनजातियों" से ऐसी जनजातियाँ या जनजाति समुदाय अथवा ऐसी जनजातियों या जनजाति समुदायों के भाग या उनमें के यूथ अभिप्रेत हैं जिन्हें इस संविधान के प्रयोजनों के लिए अनुच्छेद 342 के अधीन अनुसूचित जनजातियाँ समझा जाता है;

(26) "प्रतिभूतियों" के अंतर्गत स्टाक है;

[8]* * * * *

(27) "उपखंड" से उस खंड का उपखंड अभिप्रेत है जिसमें वह पद आता है;

(28) "कराधान" के अंतर्गत किसी कर या लाग का अधिरोपण है चाहे वह साधारण या स्थानीय या विशेष है और "कर" का तद्नुसार अर्थ लगाया जाएगा;

(29) "आय पर कर" के अंतर्गत अतिलाभ-कर की प्रकृति का कर है;

[9][(29क) "माल के क्रय या विक्रय पर कर" के अंतर्गत-

(क) वह कर है जो नकदी, आस्थगित संदाय या अन्य मूल्यवान प्रतिफल के लिए किसी माल में संपत्ति के ऐसे अंतरण पर है जो किसी संविदा के अनुसरण में न करके अन्यथा किया गया है;

(ख) वह कर है जो माल में संपत्ति के (चाहे वह माल के रूप में हो या किसी अन्य रूप में) ऐसे अंतरण पर है जो किसी संकर्म संविदा के निष्पादन में अंतर्वलित है;

(ग) वह कर है जो अवक्रय या किस्तों में संदाय की पद्धति से माल के परिदान पर है;

(घ) वह कर है जो नकदी, आस्थगित संदाय या अन्य मूल्यवान प्रतिफल के लिए किसी माल का किसी प्रयोजन के लिए उपयोग करने के अधिकार के (चाहे वह विनिर्दिष्ट अवधि के लिए हो या नहीं) अंतरण पर है;

(ङ) वह कर है जो नकदी, आस्थगित संदाय या अन्य मूल्यवान प्रतिफल के लिए किसी माल के प्रदाय पर है जो किसी अनिगमित संगम या व्यक्ति-निकाय द्वारा अपने किसी सदस्य को किया गया है;

(च) वह कर है, जो ऐसे माल के, जो खाद्य या मानव उपभोग के लिए कोई अन्य पदार्थ या कोई पेय है (चाहे वह मादक हो या नहीं) ऐसे प्रदाय पर है, जो किसी सेवा के रूप में या सेवा के भाग के रूप में या किसी भी अन्य रीति से किया गया है और ऐसा प्रदाय या सेवा नकदी, आस्थगित संदाय या अन्य मूल्यवान प्रतिफल के लिए की गई है,

और माल के ऐसे अंतरण, परिदान या प्रदाय के बारे में यह समझा जाएगा कि वह उस व्यक्ति द्वारा, जो ऐसा अंतरण, परिदान या प्रदाय कर रहा है, उस माल का विक्रय है, और उस व्यक्ति द्वारा, जिसको ऐसा अंतरण परिदान या प्रदाय किया जाता है, उस माल का क्रय है।

[10][(30) "संघ राज्यक्षेत्र" से पहली अनुसूची में विनिर्दिष्ट कोई संघ राज्यक्षेत्र अभिप्रेत है और इसके अंतर्गत ऐसा अन्य राज्यक्षेत्र है जो भारत के राज्यक्षेत्र में समाविष्ट है किंतु उस अनुसूची में विनिर्दिष्ट नहीं है।]

## 367. निर्वचन-

(1) जब तक कि संदर्भ से अन्यथा अपेक्षित न हो, इस संविधान के निर्वचन के लिए साधारण खंड अधिनियम, 1897, ऐसे अनुकूलनों और उपांतरणों के अधीन रहते हुए, जो अनुच्छेद 372 के अधीन उसमें किए जाएँ, वैसे ही लागू होगा जैसे वह भारत डोमिनियन के विधान-मंडल के किसी अधिनियम के निर्वचन के लिए लागू होता है।

(2) इस संविधान में संसद के या उसके द्वारा बनाए गए अधिनियमों या विधियों के प्रति किसी निर्देश का अथवा [11]*** किसी राज्य के विधान-मंडल के या उसके द्वारा बनाए गए अधिनियमों या विधियों के प्रति किसी निर्देश का यह अर्थ लगाया जाएगा कि उसके अंतर्गत, यथास्थिति, राष्ट्रपति द्वारा निर्मित अध्यादेश या किसी राज्यपाल [12]*** द्वारा निर्मित अध्यादेश के प्रति निर्देश है।

(3) इस संविधान के प्रयोजनों के लिए, "विदेशी राज्य" से भारत से भिन्न कोई राज्य अभिप्रेत है :

परंतु संसद द्वारा बनाई गई किसी विधि के उपबंधों के अधीन रहते हुए, राष्ट्रपति आदेश[13] द्वारा यह घोषणा कर सकेगा कि कोई राज्य उन प्रयोजनों के लिए, जो उस आदेश में विनिर्दिष्ट किए जाएँ विदेशी राज्य नहीं हैं।

## संदर्भ

1. संविधान (सातवां संशोधन) अधिनियम, 1956 की धारा 29 और अनुसूची द्वारा "या राजप्रमुख" शब्दों का लोप किया गया।
2. संविधान (चवालीसवां संशोधन) अधिनियम, 1978 की धारा 42 द्वारा (20-6-1979 से) अंतःस्थापित।
3. संविधान (इक्यानवेवां संशोधन) अधिनियम, 2003 की धारा 4 द्वारा अंतःस्थापित।
4. संविधान (छब्बीसवा संशोधन) अधिनियम, 1971 की धारा 3 द्वारा अंतःस्थापितः।
5. संविधान (बयालीसवां संशोधन) अधिनियम, 1976 की धारा 54 द्वारा (1-2-1977 से) खंड 4क अंतःस्थापित किया गया और उसका संविधान (तैंतालीसवां संशोधन) अधिनियम, 1977 की धारा 11 द्वारा (13-4-1978 से) लोप किया गया।
6. संविधान (सातवां संशोधन) अधिनियम, 1956 की धारा 29 और अनुसूची द्वारा खंड (21) का लोप किया गया।
7. संविधान (छब्बीसवा संशोधन) अधिनियम, 1971 की धारा 4 द्वारा खंड (22) के स्थान पर प्रतिस्थापित।
8. संविधान (बयालीसवां संशोधन) अधिनियम, 1976 की धारा 54 द्वारा (1-2-1977 से) खंड (26क) अंतःस्थापित किया गया और उसका संविधान (तैंतालीसवां संशोधन) अधिनियम, 1977 की धारा 11 द्वारा (13-4-1978 से) लोप किया गया।
9. संविधान (छियालीसवां संशोधन) अधिनियम, 1982 की धारा 4 द्वारा अंतःस्थापित।
10. संविधान (सातवां संशोधन) अधिनियम, 1956 की धारा 29 और अनुसूची द्वारा खंड (30) के स्थान पर प्रतिस्थापित।
11. संविधान (सातवां संशोधन) अधिनियम, 1956 की धारा 29 और अनुसूची द्वारा "पहली अनुसूची के भाग क या भाग ख में विनिर्दिष्ट' शब्दों और अक्षरों का लोप किया गया।
12. संविधान (सातवां संशोधन) अधिनियम, 1956 की धारा 29 और अनुसूची द्वारा "या राजप्रमुख" शब्दों का लोप किया गया।
13. संविधान (विदेशी राज्यों के बारे में घोषणा) आदेश, 1950 (सं. आ. 2) देखिए।

# भाग-20

# संविधान का संशोधन

**368. [1][संविधान का संशोधन करने की संसद की शक्ति और उसके लिए प्रक्रिया-**

[2][(1) इस संविधान में किसी बात के होते हुए भी, संसद अपनी संविधायी शक्ति का प्रयोग करते हुए इस संविधान के किसी उपबंध का परिवर्धन, परिवर्तन या निरसन के रूप में संशोधन इस अनुच्छेद में अधिकथित प्रक्रिया के अनुसार कर सकेगी।]

[3][(2)]इस संविधान के संशोधन का आरंभ संसद के किसी सदन में इस प्रयोजन के लिए विधेयक पुर:स्थापित करके ही किया जा सकेगा और जब वह विधेयक प्रत्येक सदन में उस सदन की कुल सदस्य संख्या के बहुमत द्वारा तथा उस सदन के उपस्थित और मत देने वाले सदस्यों के कम-से-कम दो-तिहाई बहुमत द्वारा पारित कर दिया जाता है तब [4][वह राष्ट्रपति के समक्ष प्रस्तुत किया जाएगा, जो विधेयक को अपनी अनुमति देगा और तब] संविधान उस विधेयक के निबंधनों के अनुसार संशोधित हो जाएगा :

परंतु यदि ऐसा संशोधन-

(क) अनुच्छेद 54, अनुच्छेद 55, अनुच्छेद 73, अनुच्छेद 162 या अनुच्छेद 241 में, या

(ख) भाग 5 के अध्याय 4, भांग 6 के अध्याय 5 या भाग 11 के अध्याय 1 में, या

(ग) सातवीं अनुसूची की किसी सूची में, या

(घ) संसद में राज्यों के प्रतिनिधित्व में, या

(ङ) इस अनुच्छेद के उपबंधों में,

कोई परिवर्तन करने के लिए है तो ऐसे संशोधन के लिए उपबंध करनेवाला विधेयक राष्ट्रपति के समक्ष अनुमति के लिए प्रस्तुत किए जाने से पहले उस संशोधन के लिए [5]*** कम-से-कम आधे राज्यों के विधान-मंडलों द्वारा पारित इस आशय के संकल्पों द्वारा उन विधान-मंडलों का अनुसमर्थन भी अपेक्षित होगा।

[2][(3) अनुच्छेद 13 की कोई बात इस अनुच्छेद के अधीन किए गए किसी संशोधन को लागू नहीं होगी।]

[6][(4) इस संविधान का (जिसके अंतर्गत भाग 3 के उपबंध है) इस अनुच्छेद के अधीन [संविधान (बयालीसवां संशोधन) अधिनियम, 1976 की धारा 55 के प्रारंभ से पहले या उसके पश्चात्] किया गया या किया गया तात्पर्यिंत कोई संशोधन किसी न्यायालय में किसी भी आधार पर प्रश्नगत नहीं किया जाएगा।

(5) शंकाओं को दूर करने के लिए यह घोषित किया जाता है कि इस अनुच्छेद के अधीन इस संविधान के उपबंधों का परिवर्धन, परिवर्तन या निरसन के रूप में संशोधन करने के लिए संसद की संविधायी शक्ति पर किसी प्रकार का निर्बन्धन नहीं होगा।]

## संदर्भ

1. संविधान (चौबीसवां संशोधन) अधिनियम, 1971 की धारा 3 द्वारा "संविधान में संशोधन करने की प्रक्रिया" के स्थान पर प्रतिस्थापित।
2. संविधान (चौबीसवां संशोधन) अधिनियम, 1971 की धारा 3 द्वारा अंत:स्थापित।
3. सविधान (चौबीसवां संशोधन) अधिनियम, 1971 की धारा 3 द्वारा अनुच्छेद 368 को खंड (2) के रूप में पुनर्संख्यांकित किया गया।
4. संविधान (चौबीसवां संशोधन) अधिनियम, 1971 की धारा 3 द्वारा "तब वह राष्ट्रपति के समक्ष उसकी अनुमति के लिए रखा जाएगा तथा विधेयक को ऐसी अनुमति दी जाने के पश्चात्" के स्थान पर प्रतिस्थापित।
5. संविधान (सातवां संशोधन) अधिनियम, 1956 की धारा 29 और अनुसूची द्वारा "पहली अनुसूची के भाग क और ख में विनिर्दिष्ट" शब्दों और अक्षरों का लोप किया गया।
6. अनुच्छेद 368 में खंड (4) और खंड (5) संविधान (बयालीसवां संशोधन) अधिनियम, 1976 की धारा 55 द्वारा अंत:स्थापित किए गए थे। उच्चतम न्यायालय ने मिनर्वा मिल्स लिमिटेड और अन्य बनाम भारत संघ और अन्य (1980) 2 एस.सी.सी. 591 के मामले में इस धारा को अविधिमान्य घोषित किया है।

# भाग-21

# [1][अस्थायी, संक्रमणकालीन और विशेष उपबंध]

## 369. राज्य सूची के कुछ विषयों के संबंध में विधि बनाने की संसद की इस प्रकार अस्थायी शक्ति मानो वे समवर्ती सूची के विषय हों-

इस संविधान में किसी बात के होते हुए भी, संसद को इस संविधान के प्रारंभ से पांच वर्ष की अवधि के दौरान निम्नलिखित विषयों के बारे में विधि बनाने की इस प्रकार शक्ति होगी मानो वे विषय समवर्ती सूची में प्रगणित हों, अर्थात् :-

(क) सूती और ऊनी वस्त्रों, कच्ची कपास (जिसके अंतर्गत ओटी हुई रुई और बिना ओटी रुई या कपास है), बिनौले, कागज (जिसके अंतर्गत अखबारी कागज है), खाद्य पदार्थ (जिसके अंतर्गत खाद्य तिलहन और तेल है), पशुओं के चारे (जिसके अंतर्गत खली और अन्य सारकृत चारे है), कोयले (जिसके अंतर्गत कोक और कोयले के व्युत्पाद है), लोहे, इस्पात और अभ्रक का किसी राज्य के भीतर व्यापार और वाणिज्य तथा उनका उत्पादन, प्रदाय और वितरण;

(ख) खंड (क) में वर्णित विषयों में से किसी विषय से संबंधित विधियों के विरुद्ध अपराध, उन विषयों में से किसी के संबंध में उच्चतम न्यायालय से भिन्न सभी न्यायालयों की अधिकारिता और शक्तियाँ, तथा उन विषयों में से किसी के संबंध में फीस किंतु इसके अंतर्गत किसी न्यायालय में ली जाने वाली फीस नहीं है,

किंतु संसद द्वारा बनाई गई कोई विधि, जिसे संसद इस अनुच्छेद के उपबंधों के अभाव में बनाने के लिए सक्षम नहीं होती, उक्त अवधि की समाप्ति पर अक्षमता की मात्रा तक उन बातों के सिवाय प्रभावी नहीं रहेगी जिन्हें उस अवधि की समाप्ति के पहले किया गया है या करने का लोप किया गया है।

## [2][370. जम्मू-कश्मीर राज्य के संबंध में अस्थायी उपबंध-

(1) इस संविधान में किसी बात के होते हुए भी,-

(क) अनुच्छेद 238 के उपबंध जम्मू-कश्मीर राज्य के संबंध में लागू नहीं होंगे;

(ख) उक्त राज्य के लिए विधि बनाने की संसद की शक्ति,-

(i) संघ सूची और समवर्ती सूची के उन विषयों तक सीमित होगी जिनको राष्ट्रपति, उस राज्य की सरकार से परामर्श करके, उन विषयों के तत्स्थानी विषय घोषित कर दे जो भारत डोमिनियन में उस राज्य के अधिमिलन को शासित करने वाले अधिमिलन पत्र में ऐसे विषयों के रूप में विनिर्दिष्ट हैं जिनके संबंध में डोमिनियन विधान-मंडल उस राज्य के लिए विधि बना सकता है; और

(ii) उक्त सूचियों के उन अन्य विषयों तक सीमित होगी जो राष्ट्रपति, उस राज्य की सरकार की सहमति से, आदेश द्वारा, विनिर्दिष्ट करे।

**स्पष्टीकरण**-इस अनुच्छेद के प्रयोजनों के लिए, उस राज्य की सरकार से वह व्यक्ति अभिप्रेत है जिसे राष्ट्रपति से, जम्मू-कश्मीर के महाराजा की 5 मार्च, 1948 की उद्घोषणा के अधीन तत्समय पदस्थ मंत्रि-परिषद् की सलाह पर कार्य करने वाले जम्मू-कश्मीर के महाराजा के रूप में तत्समय मान्यता प्राप्त थी;

(ग) अनुच्छेद 1 और इस अनुच्छेद के उपबंध उस राज्य के संबंध में लागू होंगे;

(घ) इस संविधान के ऐसे अन्य उपबंध ऐसे अपवादों और उपांतरणों के अधीन रहते हुए, जो राष्ट्रपति आदेश द्वारा 3 विनिर्दिष्ट करे, उस राज्य के संबंध में लागू होंगे :

परंतु ऐसा कोई आदेश जो उपखंड (ख) के पैरा (i) में निर्दिष्ट राज्य के अधिमिलन पत्र में विनिर्दिष्ट विषयों से संबंधित है, उस राज्य की सरकार से परामर्श करके ही किया जाएगा, अन्यथा नहीं :

परंतु यह और कि ऐसा काई आदेश जो अंतिम पूर्ववर्ती परंतुक में निर्दिष्ट विषयों से भिन्न विषयों से संबंधित है, उस सरकार की सहमति से ही किया जाएगा, अन्यथा नहीं।

(2) यदि खंड (1) के उपखंड (ख) के पैरा (ii) में या उस खंड के उपखंड (घ) के दूसरे परंतुक में निर्दिष्ट उस राज्य की सरकार की सहमति, उस राज्य का संविधान बनाने के प्रयोजन के लिए

संविधान सभा के बुलाए जाने से पहले दी जाए तो उसे ऐसी संविधान सभा के समक्ष ऐसे विनिश्चय के लिए रखा जाएगा जो वह उस पर करे।

(3) इस अनुच्छेद के पूर्वगामी उपबंधों में किसी बात के होते हुए भी राष्ट्रपति लोक अधिसूचना द्वारा घोषणा कर सकेगा कि यह अनुच्छेद प्रवर्तन में नहीं रहेगा या ऐसे अपवादों और उपांतरणों सहित ही और ऐसी तारीख से, प्रवर्तन में रहेगा, जो वह विनिर्दिष्ट करे :

परंतु राष्ट्रपति द्वारा ऐसी अधिसूचना निकाले जाने से पहले खंड (2) में निर्दिष्ट उस राज्य की संविधान सभा की सिफारिश आवश्यक होगी।

## [4][371. [5]*** महाराष्ट्र और गुजरात राज्यों के संबंध में विशेष उपबंध-

[6]* * *

(2) इस संविधान में किसी बात के होते हुए भी, राष्ट्रपति, [7][महाराष्ट्र या गुजरात राज्य] के संबंध में किए गए आदेश द्वारा :-

(क) यथास्थिति, विदर्भ, मराठवाड़ा [8][और शेष महाराष्ट्र या] सौराष्ट्र, कच्छ और शेष गुजरात के लिए पृथक् विकास बोर्डों की स्थापना के लिए, इस उपबंध सहित कि इन बोर्डों में से प्रत्येक के कार्यकरण. पर एक प्रतिवेदन राज्य विधान सभा के समक्ष प्रतिवर्ष रखा जाएगा,

(ख) समस्त राज्य की आवश्यकताओं का ध्यान रखते हुए, उक्त क्षेत्रों के विकास व्यय के लिए निधियों के साम्यापूर्ण आबंटन के लिए, और

(ग) समस्त राज्य की आवश्यकताओं का ध्यान रखते हुए, उक्त सभी क्षेत्रों के संबंध में, तकनीकी शिक्षा और व्यावसायिक प्रशिक्षण के लिए पर्याप्त सुविधाओं की और राज्य सरकार के नियंत्रण के अधीन सेवाओं में नियोजन के लिए पर्याप्त अवसरों की व्यवस्था करने वाली साम्यापूर्ण व्यवस्था करने के लिए,

राज्यपाल के किसी विशेष उत्तरदायित्व के लिए उपबंध कर सकेगा।

## [9][371क. नागालैंड राज्य के संबंध में विशेष उपबंध-

(1) इस संविधान में किसी बात के होते हुए भी,-

(क) निम्नलिखित के संबंध में संसद का कोई अधिनियम नागालैंड राज्य को तब तक लागू नहीं होगा जब तक नागालैंड की विधान सभा संकल्प द्वारा ऐसा विनिश्चय नहीं करती है, अर्थात् :-

(i) नागाओं की धार्मिक या सामाजिक प्रथाएं;

(ii) नागा रुढ़िजन्य विधि और प्रक्रिया;

(iii) सिविल और दांडिक न्याय प्रशासन, जहाँ विनिश्चय नागा रुढ़िजन्य विधि के अनुसार होने हैं;

(iv) भूमि और उसके संपत्ति स्रोतों का स्वामित्व और अंतरण;

(ख) नागालैंड के राज्यपाल का नागालैंड राज्य में विधि और व्यवस्था के संबध में तब तक विशेष उत्तरदायित्व रहेगा जब तक उस राज्य के निर्माण के ठीक पहले नागा पहाड़ी त्युएनसांग क्षेत्र में विद्यमान आंतरिक अशांति, उसकी राय में, उसमें या उसके किसी भाग में बनी रहती है और राज्यपाल उस संबंध में अपने कृत्यों का निर्वहन करने में की जाने वाली कार्रवाई के बारे में अपने व्यक्तिगत निर्णय का प्रयोग मंत्रिपरिषद् से परामर्श करने के पश्चात् करेगा :

परंतु यदि यह प्रश्न उठता है कि कोई मामला ऐसा मामला है या नहीं जिसके संबंध में राज्यपाल से इस उपखंड के अधीन अपेक्षा की गई है कि वह अपने व्यक्तिगत निर्णय का प्रयोग करके कार्य करे तो राज्यपाल का अपने विवेक से किया गया विनिश्चय अंतिम होगा और राज्यपाल द्वारा की गई किसी बात की विधिमान्यता इस आधार पर प्रश्नगत नहीं की जाएगी कि उसे अपने व्यक्तिगत निर्णय का प्रयोग करके कार्य करना चाहिए था या नहीं :

परंतु यह और कि यदि राज्यपाल से प्रतिवेदन मिलने पर या अन्यथा राष्ट्रपति का यह समाधान हो जाता है कि अब यह आवश्यक नहीं है कि नागालैंड राज्य में विधि और व्यवस्था के संबंध में राज्यपाल का विशेष उत्तरदायित्व रहे तो वह, आदेश द्वारा, निदेश दे सकेगा कि राज्यपाल का ऐसा उत्तरदायित्व उस तारीख से नहीं रहेगा जो आदेश में विनिर्दिष्ट की जाए;

(ग) अनुदान की किसी माँग के संबंध में अपनी सिफारिश करने में, नागालैंड का राज्यपाल यह सुनिश्चित करेगा कि किसी विनिर्दिष्ट सेवा या प्रयोजन के लिए भारत की संचित निधि में से भारत सरकार द्वारा दिया गया कोई धन उस सेवा या प्रयोजन से संबंधित अनुदान की माँग में, न कि किसी अन्य माँग में, सम्मिलित किया जाए;

(घ) उस तारीख से जिसे नागालैंड का राज्यपाल इस निमित्त लोक अधिसूचना द्वारा विनिर्दिष्ट करे, त्युएनसांग जिले के लिए एक प्रादेशिक परिषद् स्थापित की जाएगी जो पैंतीस सदस्यों से मिलकर बनेगी और राज्यपाल निम्नलिखित बातों का उपबंध करने के लिए नियम अपने विवेक से बनाएगा, अर्थात् :-

(i) प्रादेशिक परिषद् की संरचना और वह रीति जिससे प्रादेशिक परिषद् के सदस्य चुने जाएँगे :

परंतु त्युएनसांग जिले का उपायुक्त प्रादेशिक परिषद् का पदेन अध्यक्ष होगा और प्रादेशिक परिषद् का उपाध्यक्ष उसके सदस्यों द्वारा अपने में से निर्वाचित किया जाएगा;

(ii) प्रादेशिक परिषद् के सदस्य चुने जाने के लिए और सदस्य होने के लिए अर्हताएँ;

(iii) प्रादेशिक परिषद् के सदस्यों की पदावधि और उनको दिए जाने वाले वेतन और भत्ते, यदि कोई हों;

(iv) प्रादेशिक परिषद् की प्रक्रिया और कार्य संचालन;

(v) प्रादेशिक परिषद् के अधिकारियों और कर्मचारीवृंद की नियुक्ति और उनकी सेवा की शर्तें; और

(vi) कोई अन्य विषय जिसके संबंध में प्रादेशिक परिषद् के गठन और उसके उचित कार्यकरण के लिए नियम बनाने आवश्यक हैं।

(2) इस संविधान में किसी बात के होते हुए भी, नागालैंड राज्य के निर्माण की तारीख से दस वर्ष की अवधि तक या ऐसी अतिरिक्त अवधि के लिए जिसे राज्यपाल, प्रादेशिक परिषद् की सिफारिश पर, लोक अधिसूचना द्वारा, इस निमित्त विनिर्दिष्ट करे,–

(क) त्युएनसांग जिले का प्रशासन राज्यपाल द्वारा चलाया जाएगा;

(ख) जहाँ भारत सरकार द्वारा नागालैंड सरकार को, संपूर्ण नागालैंड राज्य की आवश्यकताओं की पूर्ति के लिए कोई धन दिया जाता है वहाँ, राज्यपाल अपने विवेक से त्युएनसांग जिले और शेष राज्य के बीच उस धन के साम्यापूर्ण आबंटन के लिए प्रबंध करेगा;

(ग) नागालैंड विधान-मंडल का कोई अधिनियम त्युएनसांग जिले को तब तक लागू नहीं होगा जब तक राज्यपाल, प्रादेशिक परिषद् की सिफारिश पर, लोक अधिसूचना द्वारा, इस प्रकार निदेश नहीं देता है और ऐसे किसी अधिनियम के संबंध में ऐसा निदेश देते हुए राज्यपाल यह निदिष्ट कर सकेगा कि वह अधिनियम त्युएनसांग जिले या उसके किसी भाग को लागू होने में ऐसे अपवादों या उपांतरणों के अधीन रहते हुए, प्रभावी होगा जिन्हें राज्यपाल प्रादेशिक परिषद् की सिफारिश पर विनिर्दिष्ट करे :

परंतु इस उपखंड के अधीन दिया गया कोई निदेश इस प्रकार दिया जा सकेगा कि उसका भूतलक्षी प्रभाव हो;

(घ) राज्यपाल त्युएनसांग जिले की शांति, उन्नति और सुशासन के लिए विनियम बन सकेगा और इस प्रकार बनाए गए विनियम उस जिले को तत्समय लागू संसद के किसी अधिनियम या किसी अन्य विधि का, यदि आवश्यक हो तो भूतलक्षी प्रभाव से निरसन या संशोधन कर सकेंगे;

(ङ) (i) नागालैंड विधान सभा में त्युएनसांग जिले का प्रतिनिधित्व करने वाले सदस्यों में से एक सदस्य को राज्यपाल, मुख्यमंत्री की सलाह पर त्युएनसांग कार्य मंत्री नियुक्त करेगा और मुख्यमंत्री अपनी सलाह देने में पूर्वोक्त[10] सदस्यों की बहुसंख्या की सिफारिश पर कार्य करेगा;

(ii) त्युएनसांग कार्य मंत्री त्युएनसांग जिले से संबंधित सभी विषयों की बाबत कार्य करेगा और उनके संबंध में राज्यपाल के पास उसकी सीधी पहुंच होगी किंतु वह उनके संबंध में मुख्यमंत्री को जानकारी देता रहेगा;

(च) इस खंड के पूर्वगामी उपबंधों में किसी बात के होते हुए भी, त्युएनसांग जिले से संबंधित सभी विषयों पर अंतिम विनिश्चय राज्यपाल अपने विवेक से करेगा;

(छ) अनुच्छेद 54 और अनुच्छेद 55 में तथा अनुच्छेद 80 के खंड (4) में राज्य की विधान सभा के निर्वाचित सदस्यों के या ऐसे प्रत्येक सदस्य के प्रति निर्देशों के अंतर्गत इस अनुच्छेद के अधीन स्थापित प्रादेशिक परिषद् द्वारा निर्वाचित नागालैंड विधान सभा के सदस्यों या सदस्य के प्रति निर्देश होंगे;

(ज) अनुच्छेद 170 में–

(i) खंड (1) नागालैंड विधान सभा के संबंध में इस प्रकार प्रभावी होगा मानो "साठ" शब्द के स्थान पर "छियालीस" शब्द रख दिया गया हो;

(ii) उक्त खंड में, उस राज्य में प्रादेशिक निर्वाचन-क्षेत्रों से प्रत्यक्ष निर्वाचन के प्रति निर्देश के अंतर्गत इस अनुच्छेद के अधीन स्थापित प्रादेशिक परिषद् के सदस्यों द्वारा निर्वाचन होगा;

(iii) खंड (2) और खंड (3) में प्रादेशिक निर्वाचन-क्षेत्रों के प्रति निर्देश से कोहिमा और मोकोकचुंग जिलों में प्रादेशिक निर्वाचन क्षेत्रों के प्रति निर्देश अभिप्रेत होंगे।

(3) यदि इस अनुच्छेद के पूर्वगामी उपबंधों में से किसी उपबंध को प्रभावी करने में कोई कठिनाई उत्पन्न होती है तो राष्ट्रपति, आदेश द्वारा, कोई ऐसी बात (जिसके अंतर्गत किसी अन्य अनुच्छेद का कोई अनुकूलन या उपांतरण है) कर सकेगा जो उस कठिनाई को दूर करने के प्रयोजन के लिए उसे आवश्यक प्रतीत होती है :

परंतु ऐसा कोई आदेश नागालैंड राज्य के निर्माण की तारीख से तीन वर्ष की समाप्ति के पश्चात् नहीं किया जाएगा।

**स्पष्टीकरण**-इस अनुच्छेद में, कोहिमा, मोकोकचुंग और त्युएनसांग जिलों का वही अर्थ है जो नागालैंड राज्य अधिनियम, 1962 में है।]

## [11][371ख. असम राज्य के संबंध में विशेष उपबंध-

इस संविधान में किसी बात के होते हुए भी, राष्ट्रपति, असम राज्य के संबंध में किए गए आदेश द्वारा, उस राज्य की विधान सभा की एक समिति के गठन और कृत्यों के लिए, जो समिति छठी अनुसूची के पैरा 20 से संलग्न सारणी के [12][भाग 1] में विनिर्दिष्ट जनजाति क्षेत्रों से निर्वाचित उस विधान सभा के सदस्यों से और उस विधान सभा के उतने अन्य सदस्यों से मिलकर बनेगी जितने आदेश में विनिर्दिष्ट किए जाएँ तथा ऐसी समिति के गठन और उसके उचित कार्यकरण के लिए उस विधान सभा की प्रक्रिया के नियमों में किए जाने वाले उपांतरणों के लिए उपबंध कर सकेगा।]

## [13][371ग. मणिपुर राज्य के संबंध में विशेष उपबंध-

(1) इस संविधान में किसी बात के होते हुए भी, राष्ट्रपति, मणिपुर राज्य के संबंध में किए गए आदेश द्वारा, उस राज्य की विधान सभा की एक समिति के गठन और कृत्यों के लिए, जो समिति उस राज्य के पहाड़ी क्षेत्रों से निर्वाचित उस विधान सभा के सदस्यों से मिलकर बनेगी, राज्य की सरकार के कामकाज के नियमों में और राज्य की विधान सभा की प्रक्रिया के नियमों में किए जाने वाले उपांतरणों के लिए और ऐसी समिति का उचित कार्यकरण सुनिश्चित करने के उद्देश्य से राज्यपाल के किसी विशेष उत्तरदायित्व के लिए उपबंध कर सकेगा।

(2) राज्यपाल प्रतिवर्ष या जब कभी राष्ट्रपति ऐसी अपेक्षा करे, मणिपुर राज्य के पहाड़ी क्षेत्रों के प्रशासन के संबंध में राष्ट्रपति को प्रतिवेदन देगा और संघ की कार्यपालिका शक्ति का विस्तार उक्त क्षेत्रों के प्रशासन के बारे में राज्य को निदेश देने तक होगा।]

**स्पष्टीकरण**-इस अनुच्छेद में, "पहाड़ी क्षेत्रों" से ऐसे क्षेत्र अभिप्रेत हैं जिन्हें राष्ट्रपति, आदेश द्वारा, पहाड़ी क्षेत्र घोषित करे।

## [14][371घ. आंध्र प्रदेश राज्य के संबंध में विशेष उपबंध-

(1) राष्ट्रपति, आंध्र प्रदेश राज्य के संबंध में किए गए आदेश द्वारा, संपूर्ण आंध्र प्रदेश राज्य की आवश्यकताओं का ध्यान रखते हुए, उस राज्य के विभिन्न भागों के लोगों के लिए लोक नियोजन के विषय में और शिक्षा के विषय में साम्यापूर्ण अवसरों और सुविधाओं का उपबंध कर सकेगा और राज्य के विभिन्न भागों के लिए भिन्न-भिन्न उपबंध किए जा सकेंगे।

(2) खंड (1) के अधीन किया गया आदेश विशिष्टतया-

(क) राज्य सरकार से यह अपेक्षा कर सकेगा कि वह राज्य की सिविल सेवा में पदों के किसी वर्ग या वर्गों का अथवा राज्य के अधीन सिविल पदों के किसी वर्ग या वर्गों का राज्य के भिन्न भागों के लिए भिन्न स्थानीय काडरों में गठन करे और ऐसे सिद्धांतों और प्रक्रिया के अनुसार जो आदेश में विनिर्दिष्ट की जाए, ऐसे पदों को धारण करने वाले व्यक्तियों का इस प्रकार गठित स्थानीय काडरों में आबंटन करे;

(ख) राज्य के ऐसे भाग या भागों को विनिर्दिष्ट कर सकेगा जो-

(i) राज्य सरकार के अधीन किसी स्थानीय काडर में (चाहे उसका गठन इस अनुच्छेद के अधीन आदेश के अनुसरण में या अन्यथा किया गया है) पदों के लिए सीधी भर्ती के लिए,

(ii) राज्य के भीतर किसी स्थानीय प्राधिकारी के अधीन किसी काडर में पदों के लिए सीधी भर्ती के लिए,

(iii) राज्य के भीतर किसी विश्वविद्यालय में या राज्य सरकार के नियंत्रण के अधीन किसी अन्य शिक्षा संस्था में प्रवेश के प्रयोजन के लिए,

स्थानीय क्षेत्र समझे जाएँगे;

(ग) वह विस्तार विनिर्दिष्ट कर सकेगा जिस तक, वह रीति विनिर्दिष्ट कर सकेगा जिससे और वे शर्तें विनिर्दिष्ट कर सकेगा जिनके अधीन, यथास्थिति, ऐसे काडर, विश्वविद्यालय या अन्य शिक्षा संस्था के संबंध में ऐसे अभ्यर्थियों को, जिन्होंने आदेश में विनिर्दिष्ट किसी अवधि के लिए स्थानीय क्षेत्र में निवास या अध्ययन किया है-

(i) उपखंड (ख) में निर्दिष्ट ऐसे काडर में जो इस निमित्त आदेश में विनिर्दिष्ट किया जाए, पदों के लिए सीधी भर्ती के विषय में;

(ii) उपखंड (ख) में निर्दिष्ट ऐसे विश्वविद्यालय या अन्य शिक्षा संस्था में जो इस निमित्त आदेश में विनिर्दिष्ट की जाए, प्रवेश के विषय में, अधिमान दिया जाएगा या उनके लिए आरक्षण किया जाएगा।

(3) राष्ट्रपति, आदेश द्वारा, आंध्र प्रदेश राज्य के लिए एक प्रशासनिक अधिकरण के गठन के लिए उपबंध कर सकेगा जो आधिकरण निम्नलिखित विषयों की बाबत ऐसी अधिकारिता शक्ति और प्राधिकार का जिसके अंतर्गत वह अधिकारिता, शक्ति या प्राधिकार है जो संविधान (बत्तीसवां संशोधन) अधिनियम, 1973 के प्रारंभ से ठीक पहले (उच्चतम न्यायालय से भिन्न) किसी न्यायालय द्वारा अथवा किसी अधिकरण या अन्य प्राधिकारी द्वारा प्रयोक्तव्य था प्रयोग करेगा जो आदेश में विनिर्दिष्ट किया जाए, अर्थात्:-

(क) राज्य की सिविल सेवा में ऐसे वर्ग या वर्गों के पदों पर अथवा राज्य के अधीन ऐसे वर्ग या वर्गों के सिविल पदों पर अथवा राज्य के भीतर किसी स्थानीय प्राधिकारी के नियंत्रण के अधीन ऐसे वर्ग या वर्गों के पदों पर जो आदेश में विनिर्दिष्ट किए जाएँ, नियुक्ति, आबंटन या प्रोन्नति;

(ख) राज्य की सिविल सेवा में ऐसे वर्ग या वर्गों के पदों पर अथवा राज्य के अधीन ऐसे वर्ग या वर्गों के सिविल पदों पर अथवा राज्य के भीतर किसी स्थानीय प्राधिकारी के

नियंत्रण के अधीन ऐसे वर्ग या वर्गों के पदों पर जो आदेश में विनिर्दिष्ट किए जाएँ, नियुक्त, आबंटित या प्रोन्नत व्यक्तियों की ज्येष्ठता;

(ग) राज्य की सिविल सेवा में ऐसे वर्ग या वर्गों के पदों पर अथवा राज्य के अधीन ऐसे वर्ग या वर्गों के सिविल पदों पर अथवा राज्य के भीतर किसी स्थानीय प्राधिकारी के नियंत्रण के अधीन ऐसे वर्ग या वर्गों के पदों पर नियुक्त, आबंटित या प्रोन्नत व्यक्तियों की सेवा की ऐसी अन्य शर्तें जो आदेश में विनिर्दिष्ट की जाएँ।

(4) खंड (3) के अधीन किया गया आदेश-

(क) प्रशासनिक अधिकरण को उसकी अधिकारिता के भीतर किसी विषय से संबंधित व्यथाओं के निवारण के लिए ऐसे अभ्यावेदन प्राप्त करने के लिए, जो राष्ट्रपति आदेश में विनिर्दिष्ट करे और उस पर ऐसे आदेश करने के लिए जो वह प्रशासनिक अधिकरण ठीक समझता है, प्राधिकृत कर सकेगा;

(ख) प्रशासनिक अधिकरण की शक्तियों और प्राधिकारों और प्रक्रिया के संबंध में ऐसे उपबंध (जिनके अंतर्गत प्रशासनिक अधिकरण की अपने अवमान के लिए दंड देने की शक्ति के संबंध में उपबंध है) अंतर्विष्ट कर सकेगा जो राष्ट्रपति आवश्यक समझे;

(ग) प्रशासनिक अधिकरण को उसकी अधिकारिता के भीतर आने वाले विषयों से संबंधित और उस आदेश के प्रारंभ से ठीक पहले (उच्चतम न्यायालय से भिन्न) किसी न्यायालय अथवा किसी अधिकरण या अन्य प्राधिकारी के समक्ष लंबित कार्यवाहियों के ऐसे वर्गों के, जो आदेश में विनिर्दिष्ट किए जाएँ, अंतरण के लिए उपबंध कर सकेगा;

(घ) ऐसे अनुपूरक, आनुषंगिक और पारिणामिक उपबंध (जिनके अंतर्गत फीस के बारे में और परिसीमा, साक्ष्य के बारे में या तत्समय प्रवृत्त किसी विधि को किन्हीं अपवादों या उपांतरणों के अधीन रहते हुए लागू करने के लिए उपबंध हैं, अंतर्विष्ट कर सकेगा जो राष्ट्रपति आवश्यक समझे।

*(5) प्रशासनिक अधिकरण का किसी मामले को अंतिम रूप से निपटाने वाला आदेश, राज्य सरकार द्वारा उसकी पुष्टि किए जाने पर या आदेश किए जाने की तारीख से तीन मास की समाप्ति पर, इनमें से जो भी पहले हो, प्रभावी हो जाएगा :

परंतु राज्य सरकार, विशेष आदेश द्वारा, जो लिखित रूप में किया जाएगा और जिसमें उसके कारण विनिर्दिष्ट किए जाएँगे। प्रशासनिक अधिकरण के किसी आदेश को उसके प्रभावी होने के पहले उपांतरित या रद्द कर सकेगी और ऐसे मामले में प्रशासनिक अधिकरण का आदेश, यथास्थिति, ऐसे उपांतरित रूप में ही प्रभावी होगा या वह निष्प्रभाव हो जाएगा।

(6) राज्य सरकार द्वारा खंड (5) के परंतुक के अधीन किया गया प्रत्येक विशेष आदेश, किए जाने के पश्चात् यथाशक्य शीघ्र, राज्य विधान-मंडल के दोनों सदनों के समक्ष रखा जाएगा।

(7) राज्य के उच्च न्यायालय को प्रशासनिक अधिकरण पर अधीक्षण की शक्ति नहीं होगी और (उच्चतम न्यायालय से भिन्न) कोई न्यायालय अथवा कोई अधिकरण, प्रशासनिक अधिकरण की या उसके संबंध में अधिकारिता शक्ति या प्राधिकार के अधीन किसी विषय की बाबत किसी अधिकारिता, शक्ति या प्राधिकार का प्रयोग नहीं करेगा।

(8) यदि राष्ट्रपति का यह समाधान हो जाता है कि प्रशासनिक अधिकरण का निरंतर बने रहना आवश्यक नहीं है तो राष्ट्रपति आदेश द्वारा प्रशासनिक अधिकरण का उत्सादन कर सकेगा और ऐसे उत्सादन से ठीक पहले अधिकरण के समक्ष लंबित मामलों के अंतरण और निपटारे के लिए ऐसे आदेश में ऐसे उपबंध कर सकेगा जो वह ठीक समझे।

(9) किसी न्यायालय, अधिकरण या अन्य प्राधिकारी के किसी निर्णय, डिक्री या आदेश के होते हुए भी-

(क) किसी व्यक्ति की कोई नियुक्ति, पदस्थापना, प्रोन्नति या अंतरण की बाबत जो-

(i) 1 नवंबर 1956 से पहले यथाविद्यमान हैदराबाद राज्य की सरकार के या उसके भीतर किसी स्थानीय प्राधिकारी के अधीन उस तारीख से पहले किसी पद पर किया गया था, या

(ii) संविधान (बत्तीसवां संशोधन) अधिनियम, 1973 के प्रारंभ से पहले आंध्र प्रदेश राज्य की सरकार के अधीन या उस राज्य के भीतर किसी स्थानीय या अन्य प्राधिकारी के अधीन किसी पद पर किया गया था, और

(ख) उपखंड (क) में निर्दिष्ट किसी व्यक्ति द्वारा या उसके समक्ष की गई किसी कार्रवाई या बात की बाबत, केवल इस आधार पर कि ऐसे व्यक्ति की नियुक्ति, पदस्थापना, प्रोन्नति या अंतरण, ऐसी नियुक्ति, पदस्थापना, प्रोन्नति या अंतरण की बाबत, यथास्थिति, हैदराबाद राज्य के भीतर या आंध्र प्रदेश राज्य के किसी भाग के भीतर निवास के बारे में किसी अपेक्षा का उपबंध करने वाली तत्समय प्रवृत्त विधि के अनुसार नहीं किया गया था, यह नहीं समझा जाएगा कि वह अवैध या शून्य है या कभी भी अवैध या शून्य रहा था।

(10) इस अनुच्छेद के और राष्ट्रपति द्वारा इसके अधीन किए गए किसी आदेश के उपबंध इस संविधान के किसी अन्य उपबंध में या तत्समय प्रवृत्त किसी अन्य विधि में किसी बात के होते हुए भी प्रभावी होंगे।

### 371ङ. आंध्र प्रदेश में केंद्रीय विश्वविद्यालय की स्थापना-

संसद विधि द्वारा, आंध्र प्रदेश राज्य में एक विश्वविद्यालय की स्थापना के लिए उपबंध कर सकेगी।]

### [15][371च. सिक्किम राज्य के संबंध में विशेष उपबंध-

इस संविधान में किसी बात के होते हुए भी,-

(क) सिक्किम राज्य की विधान सभा कम-से-कम तीस सदस्यों से मिलकर बनेगी;

(ख) संविधान (छत्तीसवां संशोधन) अधिनियम, 1975 के प्रारंभ की तारीख से (जिसे इस अनुच्छेद में इसके पश्चात् नियत दिन कहा गया है)-

(i) सिक्किम की विधान सभा, जो अप्रैल, 1974 में सिक्किम में हुए निर्वाचनों के परिणामस्वरूप उक्त निर्वाचनों में निर्वाचित बत्तीस सदस्यों से (जिन्हें इसमें इसके पश्चात् आसीन सदस्य कहा गया है) मिलकर बनी है, इस संविधान के अधीन सम्यक् रूप से गठित सिक्किम राज्य की विधान सभा समझी जाएगी;

(ii) आसीन सदस्य इस संविधान के अधीन सम्यक् रूप से निर्वाचित सिक्किम राज्य की विधान सभा के सदस्य समझे जाएँगे; और

(iii) सिक्किम राज्य की उक्त विधान सभा इस संविधान के अधीन राज्य की विधान सभा की शक्तियों का प्रयोग और कृत्यों का पालन करेगी;

(ग) खंड (ख) के अधीन सिक्किम राज्य की विधान सभा समझी गई विधान सभा की दशा में, अनुच्छेद 172 के खंड (1) में [16][पांच वर्ष] की अवधि के प्रति निर्देशों का यह अर्थ लगाया जाएगा कि वे [17][चार वर्ष] की अवधि के प्रति निर्देश हैं और [2][चार वर्ष] की उक्त अवधि नियत दिन से प्रारंभ हुई समझी जाएगी;

(घ) जब तक संसद विधि द्वारा अन्य उपबंध नहीं करती है तब तक सिक्किम राज्य को लोक सभा में एक स्थान आबंटित किया जाएगा और सिक्किम राज्य एक संसदीय निर्वाचन-क्षेत्र होगा जिसका नाम सिक्किम संसदीय निर्वाचन क्षेत्र होगा;

(ङ) नियत दिन को विद्यमान लोक सभा में सिक्किम राज्य का प्रतिनिधि सिक्किम राज्य की विधान सभा के सदस्यों द्वारा निर्वाचित किया जाएगा;

(च) संसद, सिक्किम की जनता के विभिन्न अनुभागों के अधिकारों और हितों की संरक्षा करने के प्रयोजन के लिए सिक्किम राज्य की विधान सभा में उन स्थानों की संख्या के लिए जो ऐसे अनुभागों के अभ्यर्थियों द्वारा भरे जा सकेंगे और ऐसे सभा निर्वाचन क्षेत्रों के परिसीमन के लिए, जिनसे केवल ऐसे अनुभागों के अभ्यर्थी ही सिक्किम राज्य की विधान सभा के निर्वाचन के लिए खड़े हो सकेंगे, उपबंध कर सकेगी;

(छ) सिक्किम के राज्यपाल का, शांति के लिए और सिक्किम की जनता के विभिन्न अनुभागों की सामाजिक और आर्थिक उन्नति सुनिश्चित करने के लिए साम्यापूर्ण व्यवस्था करने के लिए विशेष उत्तरदायित्व होगा और इस खंड के अधीन अपने विशेष उत्तरदायित्व का निर्वहन करने में सिक्किम का राज्यपाल ऐसे निदेशों के अधीन रहते हुए जो राष्ट्रपति समय-समय पर देना ठीक समझे, अपने विवेक से कार्य करेगा;

(ज) सभी संपत्ति और आस्तियां (चाहे वे सिक्किम राज्य में समाविष्ट राज्यक्षेत्रों के भीतर हों या बाहर) जो नियत दिन से ठीक पहले सिक्किम सरकार में या सिक्किम सरकार के प्रयोजनों के लिए किसी अन्य प्राधिकारी या व्यक्ति में निहित थीं, नियत दिन से सिक्किम राज्य की सरकार में निहित हो जाएँगी;

(झ) सिक्किम राज्य में समाविष्ट राज्यक्षेत्रों में नियत दिन से ठीक पहले उच्च न्यायालय के रूप में कार्यरत उच्च न्यायालय नियत दिन को और से सिक्किम राज्य का उच्च न्यायालय समझा जाएगा;

(ञ) सिक्किम राज्य के राज्यक्षेत्र में सर्वत्र सिविल, दांडिक और राजस्व अधिकारिता वाले सभी न्यायालय तथा सभी न्यायिक, कार्यपालक और अनुसचिवीय प्राधिकारी और अधिकारी नियत दिन को और से अपने-अपने कृत्यों को इस संविधान के उपबंधों के अधीन रहते हुए, करते रहेंगे;

(ट) सिक्किम राज्य में समाविष्ट राज्यक्षेत्र में या उसके किसी भाग में नियत दिन से ठीक पहले प्रवृत्त सभी विधियाँ वहाँ तब तक प्रवृत्त बनी रहेंगी जब तक किसी सक्षम विधान-मंडल या अन्य सक्षम प्राधिकारी द्वारा उनका संशोधन या निरसन नहीं कर दिया जाता है;

(ठ) सिक्किम राज्य के प्रशासन के संबंध में किसी ऐसी विधि को, जो खंड (ट) में निर्दिष्ट है, लागू किए जाने को सुकर बनाने के प्रयोजन के लिए और किसी ऐसी विधि के उपबंधों को इस संविधान के उपबंधों के अनुरूप बनाने के प्रयोजन के लिए राष्ट्रपति, नियत दिन से दो वर्ष के भीतर, आदेश द्वारा, ऐसी विधि में निरसन के रूप में या संशोधन के रूप में ऐसे अनुकूलन और उपांतरण कर सकेगा जो आवश्यक या समीचीन हों और तब प्रत्येक ऐसी विधि इस प्रकार किए गए अनुकूलनों और उपांतरणों के अधीन रहते हुए प्रभावी होगी और किसी ऐसे अनुकूलन या उपांतरण को किसी न्यायालय में प्रश्नगत नहीं किया जाएगा;

(ड) उच्चतम न्यायालय या किसी अन्य न्यायालय को, सिक्किम के संबंध में किसी ऐसी संधि करार, वचनबंध या वैसी ही अन्य लिखत से, जो नियत दिन से पहले की गई थी या निष्पादित की गई थी और जिसमें भारत सरकार या उसकी पूर्ववर्ती कोई सरकार पक्षकार थी, उत्पन्न किसी विवाद या अन्य विषय के संबंध में अधिकारिता नहीं होगी, किंतु इस खंड की किसी बात का यह अर्थ नहीं लगाया जाएगा कि वह अनुच्छेद 143 के उपबंधों का अल्पीकरण करती है;

(ढ) राष्ट्रपति, लोक अधिसूचना द्वारा, किसी ऐसी अधिनियमिति का विस्तार, जो उस अधिसूचना की तारीख को भारत के किसी राज्य में प्रवृत्त है, ऐसे निर्बन्धनों या उपांतरणों सहित, जो वह ठीक समझता है, सिक्किम राज्य पर कर सकेगा;

(ण) यदि इस अनुच्छेद के पूर्वगामी उपबंधों में से किसी उपबंध को प्रभावी करने में कोई कठिनाई उत्पन्न होती है तो राष्ट्रपति, आदेश[18] द्वारा, कोई ऐसी बात (जिसके अंतर्गत किसी अन्य अनुच्छेद का कोई अनुकूलन या उपांतरण है) कर सकेगा जो उस कठिनाई को दूर करने के प्रयोजन के लिए उसे आवश्यक प्रतीत होती है :

परंतु ऐसा कोई आदेश नियत दिन से दो वर्ष की समाप्ति के पश्चात् नहीं किया जाएगा;

(त) सिक्किम राज्य या उसमें समाविष्ट राज्यक्षेत्रों में या उनके संबंध में, नियत दिन को प्रारंभ होने वाली और उस तारीख से जिसको संविधान (छत्तीसवां संशोधन) अधिनियम, 1975 राष्ट्रपति की अनुमति प्राप्त करता है, ठीक पहले समाप्त होने वाली अवधि के दौरान की गई सभी बातें और कार्रवाइयां, जहाँ तक वे संविधान (छत्तीसवां संशोधन) अधिनियम, 1975 द्वारा यथासंशोधित इस संविधान के उपबंधों के अनुरूप हैं, सभी प्रयोजनों के लिए इस प्रकार यथासंशोधित इस संविधान के अधीन विधिमान्यत: की गई समझी जाएँगी।

### [19][371छ. मिजोरम राज्य के संबंध में विशेष उपबंध–

इस संविधान में किसी बात के होते हुए भी,–

(क) निम्नलिखित के संबंध में संसद का कोई अधिनियम मिजोरम राज्य को तब तक लागू नहीं होगा जब तक मिजोरम राज्य की विधान सभा संकल्प द्वारा ऐसा विनिश्चय नहीं करती है, अर्थात् :–

(i) मिजो लोगों की धार्मिक या सामाजिक प्रथाएं;

(ii) मिजो रूढ़िजन्य विधि और प्रक्रिया;

(iii) सिविल और दांडिक न्याय प्रशासन, जहाँ विनिश्चय मिजो रूढ़िजन्य विधि के अनुसार होने हैं;

(iv) भूमि का स्वामित्व और अंतरण :

परंतु इस खंड की क़ोई बात, संविधान (तिरपनवां संशोधन) अधिनियम, 1986 के प्रारंभ से ठीक पहले मिजोरम संघ राज्यक्षेत्र में प्रवृत्त किसी केंद्रीय अधिनियम को लागू नहीं होगी;

(ख) मिजोरम राज्य की विधान सभा कम-से-कम चालीस सदस्यों से मिलकर बनेगी।]

### [20][371ज. अरुणाचल प्रदेश राज्य के संबंध में विशेष उपबंध–

इस संविधान में किसी बात के होते हुए भी,–

(क) अरुणाचल प्रदेश के राज्यपाल का अरुणाचल प्रदेश राज्य में विधि और व्यवस्था के संबंध में विशेष उत्तरदायित्व रहेगा और राज्यपाल, उस संबंध में अपने कृत्यों का निर्वहन करने में की जाने वाली कार्रवाई के बारे में अपने व्यक्तिगत निर्णय का प्रयोग मंत्रि-परिषद् से परामर्श करने के पश्चात् करेगा :

परंतु यदि यह प्रश्न उठता है कि कोई मामला ऐसा मामला है या नहीं जिसके संबंध में राज्यपाल से इस खंड के अधीन अपेक्षा की गई है कि वह अपने व्यक्तिगत निर्णय का प्रयोग करके कार्य करे तो राज्यपाल का अपने विवेक से किया गया विनिश्चय अंतिम होगा और राज्यपाल द्वारा की गई किसी बात की विधिमान्यता इस आधार पर प्रश्नगत नहीं की जाएगी कि उसे अपने व्यक्तिगत निर्णय का प्रयोग करके कार्य करना चाहिए था या नहीं :

परंतु यह और कि यदि राज्यपाल से प्रतिवेदन मिलने पर या अन्यथा राष्ट्रपति का यह समाधान हो जाता है कि अब यह आवश्यक नहीं है कि अरुणाचल प्रदेश राज्य में विधि और व्यवस्था के संबंध में राज्यपाल का विशेष उत्तरदायित्व रहे तो वह, आदेश द्वारा, निदेश दे सकेगा कि राज्यपाल का ऐसा उत्तरदायित्व उस तारीख से नहीं रहेगा जो आदेश में विनिर्दिष्ट की जाए;

(ख) अरुणाचल प्रदेश राज्य की विधान सभा कम-से-कम तीस सदस्यों से मिलकर बनेगी।]

### [21][371झ. गोवा राज्य के संबंध में विशेष उपबंध–

इस संविधान में किसी बात के होते हुए भी, गोवा राज्य की विधान सभा कम-से-कम तीस सदस्यों से मिलकर बनेगी।

### 372. विद्यमान विधियों का प्रवृत्त बने रहना और उनका अनुकूलन–

(1) अनुच्छेद 395 में निर्दिष्ट अधिनियमितियों का इस संविधान द्वारा निरसन होने पर भी, किंतु इस संविधान के अन्य उपबंधों के अधीन रहते हुए, इस संविधान के प्रारंभ से ठीक पहले भारत के राज्यक्षेत्र में सभी प्रवृत्त विधि वहाँ तब तक किसी सक्षम विधान-मंडल या अन्य सक्षम प्राधिकारी द्वारा उसे परिवर्तित या निरसित या संशोधित नहीं कर दिया जाता है।

(2) भारत के राज्यक्षेत्र में किसी प्रवत्त विधि के उपबंधों को इस संविधान के उपबंधों के अनुरूप बनाने के प्रयोजन के लिए राष्ट्रपति, आदेश[22] द्वारा, ऐसी विधि में निरसन के रूप में या संशोधन के रूप में ऐसे अनुकूलन और उपांतरण कर सकेगा जो आवश्यक या समीचीन हों और यह उपबंध कर सकेगा कि वह विधि ऐसी तारीख से जो आदेश में विनिर्दिष्ट की जाए, इस प्रकार किए गए अनुकूलनों और उपांतरणों के अधीन रहते हुए प्रभावी होगी और किसी ऐसे अनुकूलन या उपांतरण को किसी न्यायालय में प्रश्नगत नहीं किया जाएगा।

(3) खंड (2) की कोई बात-

(क) राष्ट्रपति को इस संविधान के प्रारंभ से [23][तीन वर्ष] की समाप्ति के पश्चात् किसी विधि का कोई अनुकूलन या उपांतरण करने के लिए सशक्त करने वाली, या

(ख) किसी सक्षम विधान-मंडल या अन्य सक्षम प्राधिकारी को, राष्ट्रपति द्वारा उक्त खंड के अधीन अनुकूलित या उपांतरित किसी विधि का निरसन या संशोधन करने से रोकने वाला, नहीं समझी जाएगी।

**स्पष्टीकरण 1**-इस अनुच्छेद में, "प्रवृत्त विधि" पद के अंतर्गत ऐसी विधि है जो इस संविधान के प्रारंभ से पहले भारत के राज्यक्षेत्र में किसी विधान-मंडल द्वारा या अन्य सक्षम प्राधिकारी द्वारा पारित की गई है या बनाई गई है और पहले ही निरसित नहीं कर दी गई है, भले ही वह या उसके कोई भाग तब पूर्णत: या किन्ही विशिष्ट क्षेत्रों में प्रवर्तन में न हों।

**स्पष्टीकरण 2**-भारत के राज्यक्षेत्र में किसी विधान-मंडल द्वारा या अन्य सक्षम प्राधिकारी द्वारा पारित की गई या बनाई गई ऐसी विधि का, जिसका इस संविधान के प्रारंभ से ठीक पहले राज्यक्षेत्रातीत प्रभाव था और भारत के राज्यक्षेत्र में भी प्रभाव था, यथापूर्वोक्त किन्हीं अनुकूलनों और उपांतरणों के अधीन रहते हुए, ऐसा राज्यक्षेत्रातीत प्रभाव बना रहेगा।

**स्पष्टीकरण 3**-इस अनुच्छेद की किसी बात का यह अर्थ नहीं लगाया जाएगा कि वह किसी अस्थायी प्रवृत्त विधि को, उसकी समाप्ति के लिए नियत तारीख से, या उस तारीख से जिसको, यदि वह संविधान प्रवृत्त न हुआ होता तो, वह समाप्त हो जाती, आगे प्रवृत्त बनाए रखती है।

**स्पष्टीकरण 4**-किसी प्रांत के राज्यपाल द्वारा भारत शासन अधिनियम, 1935 की धारा 88 के अधीन प्रख्यापित और इस संविधान के प्रारंभ से ठीक पहले प्रवृत्त अध्यादेश, यदि तत्स्थानी राज्य के राज्यपाल द्वारा पहले ही वापस नहीं ले लिया गया है तो, ऐसे प्रारंभ के पश्चात् अनुच्छेद 382 के खंड (1) के अधीन कार्यरत उस राज्य की विधान सभा के प्रथम अधिवेशन से छह सप्ताह की समाप्ति पर प्रवर्तन में नहीं रहेगा और इस अनुच्छेद की किसी बात का यह अर्थ नहीं लगाया जाएगा कि वह ऐसे किसी अध्यादेश को उक्त अवधि से आगे प्रवृत्त बनाए रखती है।

## [24][372क. विधियों का अनुकूलन करने की राष्ट्रपति की शक्ति-

(1) संविधान (सातवां संशोधन) अधिनियम, 1956 के प्रारंभ से ठीक पहले भारत में या उसके किसी भाग में प्रवृत्त किसी विधि को उपबंधों को उस अधिनियम द्वारा यथासंशोधित इस संविधान के उपबंधों के अनुरूप बनाने के प्रयोजनों के लिए, राष्ट्रपति, 1 नवंबर, 1957 से पहले किए गए आदेश[25] द्वारा, ऐसी विधि में निरसन के रूप में या संशोधन के रूप में ऐसे अनुकूलन और उपांतरण कर सकेगा जो आवश्यक या समीचीन हों और यह उपबंध कर सकेगा कि वह विधि ऐसी तारीख से जो आदेश में विनिर्दिष्ट की जाए, इस प्रकार किए गए अनुकूलनों और उपांतरणों के अधीन रहते हुए प्रभावी होगी और किसी ऐसे अनुकूलन या उपांतरण को किसी न्यायालय में प्रश्नगत नहीं किया जाएगा।

(2) खंड (1) की कोई बात, किसी सक्षम विधान-मंडल या अन्य सक्षम प्राधिकारी को, राष्ट्रपति द्वारा उक्त खंड के अधीन अनुकूलित या उपांतरित किसी विधि का निरसन या संशोधन करने से रोकने वाली नहीं समझी जाएगी।]

## 373. निवारक निरोध में रखे गए व्यक्तियों के संबंध में कुछ दशाओं में आदेश करने की राष्ट्रपति की शक्ति-

जब तक अनुच्छेद 22 के खंड (7) के अधीन संसद उपबंध नहीं करती है या जब तक इस संविधान के प्रारंभ से एक वर्ष समाप्त नहीं हो जाता है, इनमें से जो भी पहले हो, तब तक उक्त अनुच्छेद ऐसे प्रभावी होगा मानो उसके खंड (4) और खंड (7) में संसद के प्रति किसी निर्देश के स्थान पर राष्ट्रपति के प्रति निर्देश और उन खंडों में संसद द्वारा बनाई गई विधि के प्रति निर्देश के स्थान पर राष्ट्रपति द्वारा किए गए आदेश के प्रति निर्देश रख दिया गया हो।

## 374. फेडरल न्यायालय के न्यायाधीशों और फेडरल न्यायालय में या सपरिषद् हिज मजेस्टी के समक्ष लंबित कार्यवाहियों के बारे में उपबंध-

(1) इस संविधान के प्रारंभ से ठीक पहले फेडरल न्यायालय के पद धारण करने वाले न्यायाधीश, यदि वे अन्यथा निर्वाचन न कर चुके हों तो, ऐसे प्रारंभ पर उच्चतम न्यायालय के न्यायाधीश हो जाएँगे और तब ऐसे वेतनों और भत्तों तथा अनुपस्थिति छुटटी और पेंशन के संबंध में ऐसे अधिकारों के हकदार होंगे जो उच्चतम न्यायालय के न्यायाधीशों के संबंध में अनुच्छेद 125 के अधीन उपबंधित हैं।

(2) इस संविधान के प्रारंभ पर फेडरल न्यायालय में लंबित सभी सिविल या दांडिक वाद, अपील और कार्यवाहियां, उच्चतम

न्यायालय को अंतरित हो जाएँगी और उच्चतम न्यायालय को उनको सुनने और उनका अवधारण करने की अधिकारिता होगी और फेडरल न्यायालय द्वारा इस संविधान के प्रारंभ से पहले सुनाए गए या दिए गए निर्णयों और आदेशों का वही बल और प्रभाव होगा मानो वे उच्चतम न्यायालय द्वारा सुनाए गए हों या दिए गए हों।

(3) इस संविधान की कोई बात भारत के राज्यक्षेत्र के भीतर किसी न्यायालय के किसी निर्णय, डिक्री या आदेश की या उसके संबंध में अपीलों और याचिकाओं को निपटाने के लिए सपरिषद् हिज मजेस्टी द्वारा अधिकारिता के प्रयोग को वहाँ तक अविधिमान्य नहीं करेगी जहाँ तक ऐसी अधिकारिता का प्रयोग विधि द्वारा प्राधिकृत है और ऐसी अपील या याचिका पर इस संविधान के प्रारंभ के पश्चात् किया गया सपरिषद् हिज मजेस्टी का कोई आदेश सभी प्रयोजनों के लिए ऐसे प्रभावी होगा मानो वह उच्चतम न्यायालय द्वारा उस अधिकारिता के प्रयोग में जो ऐसे न्यायालय को इस संविधान द्वारा प्रदान की गई है, किया गया कोई आदेश या डिक्री हो।

(4) इस संविधान के प्रारंभ से ही पहली अनुसूची के भाग ख में विनिर्दिष्ट किसी राज्य में प्रिवी कौंसिल के रूप में कार्यरत प्राधिकारी की उस राज्य के भीतर किसी न्यायालय के किसी निर्णय, डिक्री या आदेश की या उसके संबंध में अपीलों और याचिकाओं को ग्रहण करने या निपटाने की अधिकारिता समाप्त हो जाएगी और उक्त प्राधिकारी के समक्ष ऐसे प्रारंभ पर लंबित सभी अपीलें और अन्य कार्यवाहियां उच्चतम न्यायालय को अंतरित कर दी जाएँगी और उसके द्वारा निपटाई जाएँगी।

(5) इस अनुच्छेद के उपबंधों को प्रभावी करने के लिए संसद विधि द्वारा और उपबंध कर सकेगी।

## 375. संविधान के उपबंधों के अधीन रहते हुए न्यायालयों, प्राधिकारियों और अधिकारियों का कृत्य करते रहना–

भारत के राज्यक्षेत्र में सर्वत्र सिविल, दांडिक और राजस्व अधिकारिता वाले सभी न्यायालय और सभी न्यायिक, कार्यपालक और अनुसचिवीय प्राधिकारी और अधिकारी अपने-अपने कृत्यों को, इस संविधान के उपबंधों के अधीन रहते हुए, करते रहेंगे।

## 376. उच्च न्यायालयों के न्यायाधीशों के बारे में उपबंध–

(1) अनुच्छेद 217 के खंड (2) में किसी बात के होते हुए भी, इस संविधान के प्रारंभ से ठीक पहले किसी प्रांत के उच्च न्यायालय के पद धारण करने वाले न्यायाधीश, यदि वे अन्यथा निर्वाचन न कर चुके हों तो, ऐसे प्रारंभ पर तत्स्थानी राज्य के उच्च न्यायालय के न्यायाधीश हो जाएँगे और तब ऐसे वेतनों और भत्तों तथा अनुपस्थिति छुट्टी और पेंशन के संबंध में ऐसे अधिकारों के हकदार होंगे जो ऐसे उच्च न्यायालय के न्यायाधीशों के संबंध में अनुच्छेद 221 के अधीन उपबंधित हैं [26][ऐसा न्यायाधीश इस बात के होते हुए भी कि वह भारत का नागररिक नहीं है, ऐसे उच्च न्यायालय का मुख्य न्यायमूर्ति अथवा किसी अन्य उच्च न्यायालय का मुख्य न्यायमूर्ति या अन्य न्यायाधीश नियुक्त होने का पात्र होगा।]

(2) इस संविधान के प्रारंभ से ठीक पहले पहली अनुसूची के भाग ख में विनिर्दिष्ट किसी राज्य के तत्स्थानी किसी देशी राज्य के उच्च न्यायालय के पद धारण करने वाले न्यायाधीश, यदि वे अन्यथा निर्वाचन न कर चुके हों तो, ऐसे प्रारंभ पर इस प्रकार विनिर्दिष्ट राज्य के उच्च न्यायालय के न्यायाधीश हो जाएँगे और अनुच्छेद 217 के खंड (1) और खंड (2) में किसी बात के होते हुए भी, ऐसी अवधि की समाप्ति तक पद धारण करते रहेंगे जो राष्ट्रपति आदेश द्वारा अवधारित करे।

(3) इस अनुच्छेद में, "न्यायाधीश" पद के अंतर्गत कार्यकारी न्यायाधीश या अपर न्यायाधीश नहीं है।

## 377. भारत के नियंत्रक-महालेखा परीक्षक के बारे में उपबंध–

इस संविधान के प्रारंभ से ठीक पहले पद धारण करनेवाला भारत का महालेखापरीक्षक, यदि वह अन्यथा निर्वाचन न कर चुका हो तो, ऐसे प्रारंभ पर भारत का नियंत्रक-महालेखापरीक्षक हो जाएगा और तब ऐसे वेतनों तथा अनुपस्थिति छुट्टी और पेंशन के संबंध में ऐसे अधिकारों का हकदार होगा जो भारत के नियंत्रक-महालेखापरीक्षक के संबंध में अनुच्छेद 148 के खंड (3) के अधीन उपबंधित हैं और अपनी उस पदावधि की समाप्ति तक पद धारण करने का हकदार होगा जो ऐसे प्रारंभ से ठीक पहले उसे लागू होने वाले उपबंधों के अधीन अवधारित की जाए।

## 378. लोक सेवा आयोगों के बारे में उपबंध–

(1) इस संविधान के प्रारंभ से ठीक पहले भारत डोमिनियन के लोक सेवा आयोग के पद धारण करने वाले सदस्य. यदि वे अन्यथा निर्वाचन न कर चुके हों तो ऐसे प्रारंभ पर संघ के लोक सेवा आयोग के सदस्य हो जाएँगे और अनुच्छेद 316 के खंड (1) और खंड (2) में किसी बात के होते हुए भी, किंतु उस अनुच्छेद के खंड (2) के परंतुक के अधीन रहते हुए, अपनी उस पदावधि की समाप्ति तक पद धारण करते रहेंगे जो ऐसे प्रारंभ से ठीक पहले ऐसे सदस्यों को लागू नियमों के अधीन अवधारित है।

(2) इस सविधान के प्रारंभ से ठीक पहले किसी प्रांत के लोक सेवा आयोग के या प्रांतों के समूह की आवश्यकताओं की पूर्ति करने वाले किसी लोक सेवा आयोग के पद धारण करने वाले सदस्य, यदि वे अन्यथा निर्वाचन न कर चुके हों तो, ऐसे प्रारंभ पर, यथास्थिति, तत्स्थानी राज्य के लोक सेवा आयोग के सदस्य या तत्स्थानी राज्यों को आवश्यकताओं की पूर्ति करने वाले संयुक्त राज्य लोक सेवा आयोग के सदस्य हो जाएँगे और अनुच्छेद 316

के खंड (1) और खंड (2) में किसी बात के होते हुए भी, किंतु उस अनुच्छेद के खंड (2) के परंतुक के अधीन रहते हुए, अपनी उस पदावधि की समाप्ति तक पद धारण करते रहेंगे जो ऐसे प्रारंभ से ठीक पहले ऐसे सदस्यों को लागू नियमों के अधीन अवधारित है।

## [27][378क. आंध्र प्रदेश विधान सभा की अवधि के बारे में विशेष उपबंध-

अनुच्छेद 172 में किसी बात के होते हुए भी राज्य पुनर्गठन अधिनियम, 1956 की धारा 28 और धारा 29 के उपबंधों के अधीन गठित आंध्र प्रदेश राज्य की विधान सभा, यदि पहले ही विघटित नहीं कर दी जाती है तो, उक्त धारा 29 में निर्दिष्ट तारीख से पांच वर्ष की अवधि तक बनी रहेगी, इससे अधिक नहीं और उक्त अवधि की समाप्ति का परिणाम उस विधान सभा का विघटन होगा।]

## 379-391. निरसित

संविधान (सातवां संशोधन) अधिनियम, 1956 की धारा 29 और अनुसूची द्वारा निरसित।

## 392. कठिनाइयों को दूर करने की राष्ट्रपति की शक्ति-

(1) राष्ट्रपति किन्हीं ऐसी कठिनाइयों को, जो विशिष्टतया भारत शासन अधिनियम, 1935 के उपबंधों से इस संविधान के उपबंधों को संक्रमण के संबंध में हों, दूर करने के प्रयोजन के लिए आदेश द्वारा निदेश दे सकेगा कि यह संविधान उस आदेश में विनिर्दिष्ट अवधि के दौरान उपांतरण, परिवर्धन या लोप के रूप में ऐसे अनुकूलनों के अधीन रहते हुए प्रभावी होगा जो वह आवश्यक या समीचीन समझे :

परंतु ऐसा कोई आदेश भाग 5 के अध्याय 2 के अधीन सम्यक् रूप से गठित संसद के प्रथम अधिवेशन के पश्चात् नहीं किया जाएगा।

(2) खंड (1) के अधीन किया गया प्रत्येक आदेश संसद के समक्ष रखा जाएगा।

(3) इस अनुच्छेद, अनुच्छेद 324, अनुच्छेद 367 के खंड (3) और अनुच्छेद 391 द्वारा राष्ट्रपति को प्रदत्त शक्तियाँ, इस संविधान के प्रारंभ से पहले, भारत डोमिनियन के गवर्नर जनरल द्वारा प्रयोक्तव्य होंगी।

## संदर्भ

1. संविधान (तेरहवां संशोधन) अधिनियम, 1962 की धारा 2 द्वारा (1-12-1963 से) "अस्थायी तथा अंत:कालीन उपबंध" के स्थान पर प्रतिस्थापित।
2. इस अनुच्छेद द्वारा प्रदत्त शक्तियों का प्रयोग करते हुए राष्ट्रपति ने जम्मू और कश्मीर राज्य की संविधान सभा की सिफारिश पर यह घोषणा की कि 17 नवंबर, 1952 से उक्त अनुच्छेद 370 इस उपांतरण के साथ प्रवर्तनीय होगा कि उसके खंड (1) में स्पष्टीकरण के स्थान पर निम्नलिखित स्पष्टीकरण रख दिया गया है, अर्थात् :-

   "**स्पष्टीकरण**-इस अनुच्छेद के प्रयोजनों के लिए राज्य की सरकार से वह व्यक्ति अभिप्रेत है जिसे राज्य की विधान सभा की सिफारिश पर राष्ट्रपति ने राज्य की तत्समय पदारूढ़ मंत्रि-परिषद् की सलाह पर कार्य करने वाले जम्मू-कश्मीर के सदरे रियासत* के रूप में मान्यता प्रदान की हो।"

   *अब "राज्यपाल" (विधि मंत्रालय आदेश सं. आ. 44, दिनांक 15 नवंबर, 1952)।
3. समय-समय पर यथासंशोधित संविधान (जम्मू और कश्मीर राज्य को लागू होना) आदेश, 1954 (सं. आ. 48) परिशिष्ट 1 में देखिए।
4. संविधान (सातवां संशोधन) अधिनियम, 1956 की धारा 22 द्वारा अनुच्छेद 371 के स्थान पर प्रतिस्थापित।
5. संविधान (बत्तीसवां संशोधन) अधिनियम, 1973 की धारा 2 द्वारा (1-7-1974 से) "आंध्र प्रदेश," शब्दों का लोप किया गया।
6. संविधान (बत्तीसवां संशोधन) अधिनियम, 1973 की धारा 2 द्वारा (1-7-1974 से) खंड (1) का लोप किया गया।
7. मुंबई पुनर्गठन अधिनियम, 1960 (1960 का 11) की धारा 85 द्वारा (1-5-1960 से) "मुंबई राज्य" के स्थान पर प्रतिस्थापित।
8. मुंबई पुनर्गठन अधिनियम, 1960 (1960 का 11) की धारा 85 द्वारा (1-5-1960 से) "शेष महाराष्ट्र" के स्थान पर प्रतिस्थापित।
9. संविधान (तेरहवां संशोधन) अधिनियम, 1962 की धारा द्वारा (1-12-1963 से) अंत:स्थापित।
10. संविधान (कठिनाइयों का निराकरण) आदेश सं. 10 के पैरा 2 में यह उपबंध है कि भारत के संविधान का अनुच्छेद 371क इस प्रकार प्रभावी होगा मानो उसके खंड (2) के उपखंड (ङ) के पैरा (i) में निम्नलिखित परंतुक (1-12-1963) से जोड़ दिया गया हो, अर्थात् :-

    "परंतु राज्यपाल, मुख्यमंत्री की सलाह पर, किसी व्यक्ति को त्युएनसांग कार्य मंत्री के रूप में ऐसे समय तक के लिए नियुक्त कर सकेगा, जब तक कि नागालैंड की विधान सभा में त्युएनसांग जिले के लिए, आबंटित स्थानों को भरने के लिए विधि के अनुसार व्यक्तियों को चुन नहीं लिया जाता है"।
11. सविधान (बाईसवां संशोधन) अधिनियम, 1969 की धारा 4 द्वारा अंत:स्थापित।
12. पूर्वोत्तर क्षेत्र (पुनर्गठन) अधिनियम, 1971 (1971 का 81) की धारा 71 द्वारा (21-1-1972 से) "भाग क" के स्थान पर प्रतिस्थापित।

13. संविधान (सत्ताईसवां संशोधन) अधिनियम, 1971 की धारा 5 द्वारा (15-2-1972 से) अंत:स्थापित।
14. संविधान (बत्तीसवां संशोधन) अधिनियम, 1973 की धारा 3 द्वारा (1-7-1974 से) अंत:स्थापित।

* उच्चतम न्यायालय ने पी. सांबमर्ति और अन्य बनाम आंध्र प्रदेश राज्य और एक अन्य 1987 (1) एस.सी.सी. पृ. 362 में अनुच्छेद 371घ के खंड (5) और उसके परंतुक को असंवैधानिक और शून्य घोषित किया।

15. संविधान (छत्तीसवां संशोधन) अधिनियम, 1975 की धारा 3 द्वारा (26-4-1975 से) अंत:स्थापित।
16. संविधान (चवालीसवां संशोधन) अधिनियम, 1978 की धारा 43 द्वारा (6-9-1979 से) "छह वर्ष" के स्थान पर प्रतिस्थापित। संविधान (बयालीसवां संशोधन) अधिनियम, 1976 की धारा 56 द्वारा (3-1-1977 से) "पांच वर्ष" मूल शब्दों के स्थान पर "छह वर्ष" शब्द प्रतिस्थापित किए गए थे।
17. संविधान (चवालीसवां संशोधन) अधिनियम, 1978 की धारा 43 द्वारा (6-9-1979 से) "पांच वर्ष" के स्थान पर प्रतिस्थापित। संविधान (बयालीसवां संशोधन) अधिनियम, 1976 की धारा 56 द्वारा (3-1-1977 से) "चार वर्ष" मूल शब्दों के स्थान पर "पांच वर्ष" शब्द प्रतिस्थापित किए गए थे।
18. संविधान (कठिनाइयों का निराकरण) आदेश सं. 11 (सं. आ. 99) देखिए।
19. संविधान (तिरपनवां संशोधन अधिनियम, 1986 की धारा 2 द्वारा (20-2-1987 से) अंत:स्थापित।
20. संविधान (पचपनवां संशोधन) अधिनियम, 1986 की धारा 2 द्वारा (20-2-1987 से) अंत:स्थापित।
21. संविधान (छप्पनवां संशोधन) अधिनियम, 1987 की धारा 2 द्वारा (30-5-1987 से) अंत:स्थापित।
22. देखिए, अधिसूचना सं. का.नि.आ. 15, तारीख 5 जून 1950, भारत का राजपत्र, असाधारण, भाग II, अनुभाग 3, पृ. 51; सं. का.नि.आ. 870, तारीख 4 नवंबर, 1950, भारत का राजपत्र, असाधारण, भाग II अनुभाग 3, पृ. 903; अधिसूचना सं. का.नि.आ. 508, तारीख 4 अप्रैल, 1951, भारत का राजपत्र, असाधारण, भाग II, अनुभाग 3, पृ. 287; अधिसूचना सं. का.नि.आ. 1140-ख, तारीख 2 जुलाई, 1952, भारत का राजपत्र, असाधारण, भाग II, अनुभाग 3, पृ. 616/I; और त्रावणकोर-कोचीन भूमि अर्जन विधि अनुकूलन आदेश, 1952, तारीख 20 नवंबर, 1952, भारत का राजपत्र, असाधारण, भाग II अनुभाग 3, पृ. 923 द्वारा यथासंशोधित विधि अनुकूलन आदेश, 1950, तारीख 26 जनवरी, 1950, भारत का राजपत्र, असाधारण, पृ. 449।
23. सविधान (पहला संशोधन) अधिनियम, 1951 की धारा 12 द्वारा "दो वर्ष" के स्थान पर प्रतिस्थापित।
24. संविधान (सातवां संशोधन) अधिनियम, 1956 की धारा 23 द्वारा अंत:स्थापित।
25. देखिए 1956 और 1957 के विधि अनुकूलन आदेश।
26. संविधान (पहला संशोधन) अधिनियम, 1951 की धारा 13 द्वारा जोडा गया।
27. संविधान (सातवां संशोधन) अधिनियम, 1956 की धारा 24 द्वारा अंत:स्थापित।

# भाग-22

# संक्षिप्त नाम, प्रारंभ, [1][ हिंदी में प्राधिकृत पाठ ] और निरसन

**393. संक्षिप्त नाम-**

इस संविधान का संक्षिप्त नाम भारत का संविधान है।

**394. प्रारंभ-**

यह अनुच्छेद और अनुच्छेद 5, 6, 7, 8, 9, 60, 324, 366, 367, 379, 380, 388, 391, 392 और 393 तुरंत प्रवृत्त होंगे और इस संविधान के शेष उपबंध 26 जनवरी, 1950 को प्रवृत्त होंगे जो दिन इस संविधान में इस संविधान के प्रारंभ के रूप में निर्दिष्ट किया गया है।

**[2][394क. हिंदी भाषा में प्राधिकृत पाठ-**

(1) राष्ट्रपति-

(क) इस संविधान के हिंदी भाषा में अनुवाद को, जिस पर संविधान सभा के सदस्यों ने हस्ताक्षर किए थे, ऐसे उपांतरणों के साथ जो उसे केंद्रीय अधिनियमों के हिंदी भाषा में प्राधिकृत पाठों में अपनाई गई भाषा, शैली और शब्दावली के अनुरूप बनाने के लिए आवश्यक हैं, और ऐसे प्रकाशन के पूर्व किए गए इस संविधान के ऐसे सभी संशोधनों को उसमें सम्मिलित करते हुए, तथा

(ख) अंग्रेजी भाषा में किए गए इस संविधान के प्रत्येक संशोधन के हिंदी भाषा में अनुवाद को, अपने प्राधिकार से प्रकाशित कराएगा।

(2) खंड (1) के अधीन प्रकाशित इस संविधान और इसके प्रत्येक संशोधन के अनुवाद का वही अर्थ लगाया जाएगा जो उसके मूल का है और यदि ऐसे अनुवाद के किसी भाग का इस प्रकार अर्थ लगाने में कोई कठिनाई उत्पन्न होती है तो राष्ट्रपति उसका उपयुक्त पुनरीक्षण कराएगा।

(3) इस संविधान का और इसके प्रत्येक संशोधन का इस अनुच्छेद के अधीन प्रकाशित अनुवाद, सभी प्रयोजनों के लिए, उसका हिंदी भाषा में प्राधिकृत पाठ समझा जाएगा।

**395. निरसन-**

भारत स्वतंत्रता अधिनियम, 1947 और भारत शासन अधिनियम, 1935 का, पश्चात्कथित अधिनियम की, संशोधक या अनुपूरक सभी अधिनियमितियों के साथ, जिनके अंतर्गत प्रिवी कौंसिल अधिकारिता उत्सादन अधिनियम, 1949 नहीं है, इसके द्वारा निरसन किया जाता है।

## संदर्भ

1. संविधान (अठावनवां संशोधन) अधिनियम, 1987 की धारा 2 द्वारा अंत:स्थापित।
2. संविधान (अठावनवां संशोधन) अधिनियम, 1987 की धारा 3 द्वारा अंत:स्थापित।

# [1][ पहली अनुसूची ]
# (अनुच्छेद 1 और अनुच्छेद 4)

## 1. राज्य

| क्र.स. | नाम | राज्यक्षेत्र |
|---|---|---|
| 1. | आंध्र प्रदेश | [2][वे राज्यक्षेत्र जो आंध्र राज्य अधिनियम, 1953 की धारा 3 की उपधारा (1) में, राज्य पुनर्गठन अधिनियम, 1956 की धारा 3 की उपधारा (1) में, आंध्र प्रदेश और मद्रास (सीमा-परिवर्तन) अधिनियम, 1959 की प्रथम अनुसूची में और आंध्र प्रदेश और मैसूर (राज्यक्षेत्र अंतरण) अधिनियम, 1968 की अनुसूची में विनिर्दिष्ट हैं, किंतु वे राज्यक्षेत्र इसके अंतर्गत नहीं हैं जो आंध्र प्रदेश और मद्रास (सीमा-परिवर्तन) अधिनियम, 1959 की द्वितीय अनुसूची में विनिर्दिष्ट हैं।] |
| 2. | असम | वे राज्यक्षेत्र जो इस संविधान के प्रारंभ से ठीक पहले असम प्रांत, खासी राज्यों और असम जनजाति क्षेत्रों में समाविष्ट थे, किंतु वे राज्यक्षेत्र इसके अंतर्गत नहीं हैं जो असम (सीमा परिवर्तन) अधिनियम, 1951 की अनुसूची में विनिर्दिष्ट हैं [3][और वे राज्यक्षेत्र भी इसके अंतर्गत नहीं हैं जो नागालैंड राज्य अधिनियम, 1962 की धारा 3 की उपधारा (1) में विनिर्दिष्ट हैं] [4][और वे राज्यक्षेत्र] भी इसके अंतर्गत नहीं हैं [4][जो पूर्वोत्तर क्षेत्र (पुनर्गठन) अधिनियम, 1971 की धारा 5, धारा 6 और धारा 7 में विनिर्दिष्ट हैं]। |
| 3. | बिहार | [5][वे राज्यक्षेत्र जो इस संविधान के प्रारंभ से ठीक पहले या तो बिहार प्रांत में समाविष्ट थे या इस प्रकार प्रशासित थे मानो वे उस प्रांत के भाग रहे हों और वे राज्यक्षेत्र जो बिहार और उत्तर प्रदेश (सीमा-परिवर्तन) अधिनियम, 1968 की धारा 3 की उपधारा (1) के खंड (क) में विनिर्दिष्ट हैं, किंतु वे राज्यक्षेत्र इसके अंतर्गत नहीं हैं जो बिहार और पश्चिमी बंगाल (राज्यक्षेत्र अंतरण) अधिनियम, 1956 की धारा 3 की उपधारा (1) में विनिर्दिष्ट हैं और वे राज्यक्षेत्र भी इसके अंतर्गत नहीं हैं जो प्रथम वर्णित अधिनियम की धारा 3 की उपधारा (1) के खंड (ख) में विनिर्दिष्ट हैं [6][और वे राज्यक्षेत्र जो बिहार पुनर्गठन अधिनियम, 2000 की धारा 3 में विनिर्दिष्ट हैं]।] |
| [7][4. | गुजरात | वे राज्यक्षेत्र जो मुंबई पुनर्गठन अधिनियम, 1960 की धारा 3 की उपधारा (1) में निर्दिष्ट हैं।] |
| 5. | केरल | वे राज्यक्षेत्र जो राज्य पुनर्गठन अधिनियम, 1956 की धारा 5 की उपधारा (1) में विनिर्दिष्ट हैं। |
| 6. | मध्य प्रदेश | वे राज्यक्षेत्र जो राज्य पुनर्गठन अधिनियम, 1956 की धारा 9 की उपधारा (1) में [8][तथा राजस्थान और मध्य प्रदेश (राज्यक्षेत्र अंतरण) अधिनियम, 1959 की प्रथम अनुसूची में विनिर्दिष्ट हैं [9][किंतु इनके अंतर्गत मध्य प्रदेश पुनर्गठन अधिनियम, 2000 की धारा 3 में विनिर्दिष्ट राज्यक्षेत्र नहीं हैं]।] |
| [10][7. | तमिलनाडु] | वे राज्यक्षेत्र जो इस संविधान के प्रारंभ से ठीक पहले या तो मद्रास प्रांत में समाविष्ट थे या इस प्रकार प्रशासित थे मानो वे उस प्रांत के भाग रहे हों और वे राज्यक्षेत्र जो राज्य पुनर्गठन अधिनियम, 1956 की धारा 4 में [11][तथा आंध्र प्रदेश और मद्रास (सीमा-परिवर्तन) अधिनियम, 1959 की द्वितीय अनुसूची में] विनिर्दिष्ट हैं, किंतु वे राज्यक्षेत्र इसके अंतर्गत नहीं हैं जो आंध्र राज्य अधिनियम, 1953 की धारा 3 की उपधारा (1) और धारा 4 की उपधारा (1) में विनिर्दिष्ट हैं और [12][वे राज्यक्षेत्र भी इसके अंतर्गत नहीं हैं जो राज्य पुनर्गठन अधिनियम, 1956 की धारा 5 की उपधारा (1) के खंड (ख), धारा 6 और धारा 7 की उपधारा (1) के खंड (घ) में विनिर्दिष्ट हैं और वे राज्यक्षेत्र भी इसके अंतर्गत नहीं हैं जो आंध्र प्रदेश और मद्रास (सीमा-परिवर्तन) अधिनियम, 1959 की प्रथम अनुसूची में विनिर्दिष्ट हैं]। |

| | | |
|---|---|---|
| [13][8. | महाराष्ट्र | वे राज्यक्षेत्र जो राज्य पुनर्गठन अधिनियम, 1956 की धारा 8 की उपधारा (1) में विनिर्दिष्ट हैं, किंतु वे राज्यक्षेत्र इसके अंतर्गत नहीं हैं जो मुंबई पुनर्गठन अधिनियम, 1960 की धारा 3 की उपधारा (1) में निर्दिष्ट है।] |
| [14][[15][9.] | कर्नाटक] | वे राज्यक्षेत्र जो राज्य पुनर्गठन अधिनियम, 1956 की धारा 7 की उपधारा (1) में विनिदिष्ट हैं, [16][किंतु वे राज्यक्षेत्र इसके अंतर्गत नहीं हैं जो आंध्र प्रदेश और मैसूर (राज्यक्षेत्र अंतरण) अधिनियम, 1968 की अनुसूची में विनिर्दिष्ट हैं]। |
| [15][10.] | उड़ीसा | वे राज्यक्षेत्र जो इस संविधान के प्रारम्भ से ठीक पहले या तो उड़ीसा प्रांत में समाविष्ट थे या इस प्रकार प्रशासित थे मानो वे उस प्रांत के भाग रहे हों। |
| [15][11.] | पंजाब | वे राज्यक्षेत्र जो राज्य पुनर्गठन अधिनियम, 1956 की धारा 11 में विनिर्दिष्ट हैं [17][और वे राज्यक्षेत्र जो अर्जित राज्यक्षेत्र (विलयन) अधिनियम, 1960 की प्रथम अनुसूची के भाग 2 में निर्दिष्ट हैं,] [18][किंतु वे राज्यक्षेत्र इसके अंतर्गत नहीं हैं जो संविधान (नवां संशोधन) अधिनियम, 1960 की पहली अनुसूची के भाग 2 में निर्दिष्ट हैं] [19][और वे राज्यक्षेत्र भी इसके अंतर्गत नहीं हैं जो पंजाब पुनर्गठन अधिनियम, 1966 की धारा 3 की उपधारा (1), धारा 4 और धारा 5 की उपधारा (1) में विनिर्दिष्ट हैं]। |
| [15][12.] | राजस्थान | वे राज्यक्षेत्र जो राज्य पुनर्गठन अधिनियम, 1956 की धारा 10 में विनिर्दिष्ट हैं, [20][किंतु वे राज्यक्षेत्र इसके अंतर्गत नहीं हैं जो राजस्थान और मध्य प्रदेश (राज्यक्षेत्र अंतरण) अधिनियम, 1959 की प्रथम अनुसूची में विनिर्दिष्ट हैं]। |
| [21][13.] | उत्तर प्रदेश | [22][वे राज्यक्षेत्र जो इस संविधान के प्रारंभ से ठीक पहले या तो संयुक्त प्रांत नाम से ज्ञात प्रांत में समाविष्ट थे या इस प्रकार प्रशासित थे मानो वे उस प्रांत के भाग रहे हों, वे राज्यक्षेत्र जो बिहार और उत्तर प्रदेश (सीमा-परिवर्तन) अधिनियम, 1968 की धारा 3 की उपधारा (1) के खंड (ख) में विनिर्दिष्ट हैं और वे राज्यक्षेत्र जो हरियाणा और उत्तर प्रदेश (सीमा-परिवर्तन) अधिनियम की धारा 4 की उपधारा (1) के खंड (ख) में विनिर्दिष्ट हैं, किंतु वे राज्यक्षेत्र इसके अंतर्गत नहीं हैं जो बिहार और उत्तर प्रदेश (सीमा-परिवर्तन) अधिनियम, 1968 की धारा 3 की उपधारा (1) खंड (क) [23][तथा उत्तर प्रदेश पुनर्गठन अधिनियम, 2000 की धारा 3] में विनिर्दिष्ट हैं और वे राज्यक्षेत्र भी इसके अंतर्गत नहीं हैं जो हरियाणा और उत्तर प्रदेश (सीमा-परिवर्तन) अधिनियम, 1979 की धारा 4 की उपधारा (1) के खंड (क) में विनिर्दिष्ट हैं।] |
| [21][14] | पश्चिमी बंगाल | वे राज्यक्षेत्र जो इस संविधान के प्रारंभ से ठीक पहले या तो पश्चिमी बंगाल प्रांत में समाविष्ट थे या इस प्रकार प्रशासित थे मानो वे उस प्रांत के भाग रहे हों और चंद्रनगर (विलयन) अधिनियम, 1954 की धारा 2 के खंड (ग) में यथा परिभाषित चंद्रनगर का राज्यक्षेत्र और वे राज्यक्षेत्र भी जो बिहार और पश्चिमी बंगाल (राज्यक्षेत्र अंतरण) अधिनियम, 1956 की धारा 3 की उपधारा (1) में विनिर्दिष्ट हैं। |
| [21][15.] | जम्मू-कश्मीर | वह राज्यक्षेत्र जो इस संविधान के प्रारंभ से ठीक पहले जम्मू-कश्मीर देशी राज्य में समाविष्ट था। |
| [24][16. | नागालैंड | वे राज्यक्षेत्र जो नांगालैंड राज्य अधिनियम, 1962 की धारा 3 की उपधारा (1) में विनिर्दिष्ट हैं।] |
| [25][17. | हरियाणा | [26][वे राज्यक्षेत्र जो पंजाब पुनर्गठन अधिनियम, 1966 की धारा 3 की उपधारा (1) में विनिर्दिष्ट हैं और वे राज्यक्षेत्र जो हरियाणा और उत्तर प्रदेश (सीमा-परिवर्तन) अधिनियम, 1979 की धारा 4 की उपधारा (1) के खंड (क) में विनिर्दिष्ट हैं, किंतु वे राज्यक्षेत्र इसके अंतर्गत नहीं हैं जो उस अधिनियम की धारा 4 की उपधारा (1) के खंड (ख) में विनिर्दिष्ट हैं।]] |
| [27][18. | हिमाचल प्रदेश | वे राज्यक्षेत्र जो इस संविधान के प्रारंभ से ठीक पहले इस प्रकार प्रशासित थे मानो वे हिमाचल प्रदेश और बिलासपुर के नाम से ज्ञात मुख्य आयुक्त वाले प्रांत रहे हों और वे राज्यक्षेत्र जो पंजाब पुनर्गठन अधिनियम, 1966 की धारा 5 की उपधारा (1) में विनिर्दिष्ट हैं।] |
| [28][19. | मणिपुर | वह राज्यक्षेत्र जो इस संविधान के प्रारंभ से ठीक पहले इस प्रकार प्रशासित था मानो वह मणिपुर के नाम से ज्ञात मुख्य आयुक्त वाला प्रांत रहा हो। |
| 20. | त्रिपुरा | वह राज्यक्षेत्र जो इस संविधान के प्रारंभ से ठीक पहले इस प्रकार प्रशासित था मानो वह त्रिपुरा के नाम से ज्ञात मुख्य आयुक्त वाला प्रांत रहा हो। |
| 21. | मेघालय | वे राज्यक्षेत्र जो पूर्वोत्तर क्षेत्र (पुनर्गठन) अधिनियम, 1971 की धारा 5 में विनिर्दिष्ट हैं।] |
| [29][22. | सिक्किम | वे राज्यक्षेत्र जो संविधान (छत्तीसवां संशोधन) अधिनियम, 1975 के प्रारंभ से ठीक पहले सिक्किम में समाविष्ट थे। |
| [30][23. | मिजोरम | वे राज्यक्षेत्र जो पूर्वोत्तर क्षेत्र (पुनर्गठन) अधिनियम, 1971 की धारा 6 में विनिर्दिष्ट हैं।] |
| [31][24. | अरुणाचल प्रदेश | वे राज्यक्षेत्र जो पूर्वोत्तर क्षेत्र (पुनर्गठन) अधिनियम, 1971 की धारा 7 में विनिर्दिष्ट हैं।] |

| | | |
|---|---|---|
| [32][25. | गोवा | वे राज्यक्षेत्र जो गोवा, दमन और दीव पुनर्गठन अधिनियम, 1987 की धारा 3 में विनिर्दिष्ट हैं। |
| [33][26. | छत्तीसगढ़ | मध्य प्रदेश पुनर्गठन अधिनियम, 2000 की धारा 3 में विनिर्दिष्ट राज्यक्षेत्र।] |
| [34][27. | उतरांचल | वे राज्यक्षेत्र जो उत्तर प्रदेश पुनर्गठन अधिनियम, 2000 की धारा 3 में विनिर्दिष्ट हैं।] |
| [35][28. | झारखंड | वे राज्यक्षेत्र जो बिहार पुनर्गठन अधिनियम, 2000 की धारा 3 में विनिर्दिष्ट हैं।] |

## संदर्भ

1. संविधान (सातवां संशोधन) अधिनियम, 1956 की धारा 2 द्वारा पहली अनुसूची के स्थान पर प्रतिस्थापित।
2. आंध्र प्रदेश और मैसूर (राज्यक्षेत्र अंतरण) अधिनियम, 1968 (1968 का 36) की धारा 4 द्वारा (1-10-1968 से) पूर्ववर्ती प्रविष्टि के स्थान पर प्रतिस्थापित।
3. नागालैंड राज्य अधिनियम, 1962 (1962 का 27) की धारा 4 द्वारा (1-12-1963 से) जोड़ा गया।
4. पूर्वोत्तर क्षेत्र (पुनर्गठन) अधिनियम, 1971 (1971 का 81) की धारा 9 द्वारा (21-1-1972 से) जोड़ा गया।
5. बिहार और उत्तर प्रदेश (सीमा-परिवर्तन) अधिनियम, 1968 (1968 का 24) की धारा 4 द्वारा (10-6-1970 से) पूर्ववर्ती प्रविष्टि के स्थान पर प्रतिस्थापित।
6. बिहार पुनर्गठन अधिनियम, 2000 (2000 का 30) की धारा 5 द्वारा जोड़ा गया।
7. मुंबई पुनर्गठन अधिनियम, 1960 (1960 का 11) की धारा 4 द्वारा (1-5-1960 से) प्रविष्टि 4 के स्थान पर प्रतिस्थापित।
8. राजस्थान और मध्य प्रदेश (राज्यक्षेत्र अंतरण) अधिनियम, 1959 (1959 का 47) की धारा 4 द्वारा (1-10-1959 से ) अंत:स्थापित।
9. मध्य प्रदेश पुनर्गठन अधिनियम, 2000 (2000 का 28) की धारा 5 द्वारा जोड़ा गया।
10. मद्रास राज्य (नाम-परिवर्तन) अधिनियम, 1968 (1968 का 53) की धारा 5 द्वारा (14-1-1969 से) "7. मद्रास" के स्थान पर प्रतिस्थापित।
11. आंध्र प्रदेश और मद्रास (सीमा-परिवर्तन) अधिनियम, 1959 (1959 का 56 ) की धारा 6 द्वारा (1-4-1960 से) अंत:स्थापित।
12. आंध्र प्रदेश और मद्रास (सीमा-परिवर्तन) अधिनियम, 1959 (1959 का 56) की धारा 6 द्वारा (1-4-1960 से) कुछ शब्दों के स्थान पर प्रतिस्थापित।
13. मुंबई पुनर्गठन अधिनियम, 1960 (1960 का 11) की धारा 4 द्वारा (1-5-1960 से) अंत:स्थापित।
14. मैसूर राज्य (नाम परिवर्तन) अधिनियम, 1973 (1973 का 31) की धारा 5 द्वारा (1-11-1973 से) "9. मैसूर" के स्थान पर प्रतिस्थापित।
15. मुंबई पुनर्गठन अधिनियम, 1960 (1960 का 11) की धारा 4 द्वारा (1-5-1960 से) प्रविष्टि 8 से 14 तक को प्रविष्टि 9 से 15 तक के रूप में पुन:संख्यांकित किया गया।
16. आंध्र प्रदेश और मैसूर (राज्यक्षेत्र अंतरण) अधिनियम, 1968 (1968 का 36) की धारा 4 द्वारा (1-10-1968 से) अंत:स्थापित।
17. अर्जित राज्यक्षेत्र (विलयन) अधिनियम, 1960 (1960 का 64) की धारा 4 द्वारा (17-1-1961 से) अंत:स्थापित।
18. संविधान (नवां संशोधन) अधिनियम, 1960 की धारा 3 द्वारा (17-1-1961 से) जोड़ा गया।
19. पंजाब पुनर्गठन अधिनियम, 1966 (1966 का 31) की धारा 7 द्वारा (1-11-1966 से) अंत:स्थापित।
20. राजस्थान और मध्य प्रदेश (राज्यक्षेत्र अंतरण) अधिनियम, 1959 (1959 का 47) की धारा 4 द्वारा (1-10-1959 से ) अंत:स्थापित।
21. मुंबई पुनर्गठन अधिनियम, 1960 (1960 का 11) की धारा 4 द्वारा (1-5-1960 से) प्रविष्टि 8 से 14 तक को प्रविष्टि 9 से 15 तक के रूप में पुन:संख्यांकित किया गया।
22. हरियाणा और उत्तर प्रदेश (सीमा-परिवर्तन) अधिनियम, 1979 (1979 का 31) की धारा 5 द्वारा (15-9-1983 से) "13. उत्तर प्रदेश" के सामने की प्रविष्टि के स्थान पर प्रतिस्थापित।
23. उत्तर प्रदेश पुनर्गठन अधिनियम, 2000 (2000 का 29) की धारा 5 द्वारा (9-11-2000 से) अंत:स्थापित।
24. नागालैंड राज्य अधिनियम, 1962 (1962 कां 27) की धारा 4 द्वारा (1-12-1963 से) अंत:स्थापित।
25. पंजाब पुनर्गठन अधिनियम, 1966 (1966 का 31) की धारा 7 द्वारा (1-11-1966 से) अंत:स्थापित।
26. हरियाणा और उत्तर प्रदेश (सीमा-परिवर्तन) अधिनियम, 1979 (1979 का 31) की धारा 5 द्वारा (15-9-1983 से) "17. हरियाणा" के सामने की प्रविष्टि के स्थान पर प्रतिस्थापित।
27. हिमाचल प्रदेश राज्य अधिनियम, 1970 (1970 का 53) की धारा 4 द्वारा (25-1-1971 से) अंत:स्थापित।
28. पूर्वोत्तर क्षेत्र (पुनर्गठन) अधिनियम, 1971 (1971 का 81) की धारा 9 द्वारा (21-1-1972 से) अंत:स्थापित।
29. संविधान (छत्तीसवां संशोधन) अधिनियम, 1975 की धारा 2 द्वारा (26-4-1975 से) अंत:स्थापित।

30. मिजोरम राज्य अधिनियम, 1986 (1986 का 34) की धारा 4 द्वारा (20-2-1987 से) अंत:स्थापित।
31. अरुणाचल प्रदेश राज्य अधिनियम, 1986 (1986 का 69) की धारा 4 द्वारा (20-2-1987 से) अंत:स्थापित।
32. गोवा, दमन और दीव पुनर्गठन अधिनियम, 1987 (1987 का 18) की धारा 5 द्वारा (30-5-1987 से) अंत:स्थापित।
33. मध्य प्रदेश पुनर्गठन अधिनियम, 2000 (2000 का 28) की धारा 5 द्वारा अंत:स्थापित।
34. उत्तर प्रदेश पुनर्गठन अधिनियम, 2000 (2000 का 29) की धारा 5 द्वारा अंत:स्थापित।
35. बिहार पुनर्गठन अधिनियम, 2000 (2000 का 30) की धारा 5 द्वारा अंत:स्थापित।

# 2. संघ राज्यक्षेत्र

| क्र.सं. | नाम | विस्तार |
|---|---|---|
| 1. | दिल्ली | वह राज्यक्षेत्र जो इस संविधान के प्रारंभ से ठीक पहले दिल्ली के मुख्य आयुक्त वाले प्रांत में समाविष्ट था। |
| [1]* | | * * * * * * |
| [2]* | | * * * * * * |
| [3][2.] | अंडमान और निकोबार द्वीप | वह राज्यक्षेत्र जो इस संविधान के प्रारंभ से ठीक पहले अंडमान और निकोबार द्वीप के मुख्य आयुक्त वाले प्रांत में समाविष्ट था। |
| [3][3] | [4][लक्षद्वीप] | वह राज्यक्षेत्र जो राज्य पुनर्गठन अधिनियम, 1956 की धारा 6 में विनिर्दिष्ट है। |
| [5][[3][4.] | दादरा और नगर हवेली | वह राज्यक्षेत्र जो 11 अगस्त, 1961 से ठीक पहले स्वतंत्र दादरा और नगर हवेली में समाविष्ट था।] |
| [6][[3][5.] | दमन और दीव | वे राज्यक्षेत्र जो गोवा, दमन और दीव पुनर्गठन अधिनियम, 1987 की धारा 4 में विनिर्दिष्ट हैं।] |
| [7][[3][6.] | पांडिचेरी | वे राज्यक्षेत्र जो 16 अगस्त, 1962 से ठीक पहले भारत में पांडिचेरी, कारिकल, माही और यनम के नाम से ज्ञात फ्रांसीसी बस्तियों में समाविष्ट थे।] |
| [8][[3][7.] | चंडीगढ़ | वे राज्यक्षेत्र जो पंजाब पुनर्गठन अधिनियम, 1966 की धारा 4 में विनिर्दिष्ट हैं।] |
| [9]* | | * * * * *] |
| [10]10.* | | * * * * *] |

## संदर्भ

1. हिमाचल प्रदेश राज्य अधिनियम, 1970 (1970 का 53) की धारा 4 द्वारा (25-1-1971 से) "हिमाचल प्रदेश" से संबंधित प्रविष्टि 2 का लोप किया गया।
2. पूर्वोत्तर क्षेत्र (पुनर्गठन) अधिनियम, 1971 (1971 का 81) की धारा 9 द्वारा (21-1-1972 से) मणिपुर और त्रिपुरा से संबंधित प्रविष्टियों का लोप किया गया।
3. पूर्वोत्तर क्षेत्र (पुनर्गठन) अधिनियम, 1971 (1971 का 81) की धारा 9 द्वारा (21-1-1972 से) प्रविष्टि 4 से 9 तक को प्रविष्टि 2 से 7 तक के रूप में पुन:संख्यांकित किया गया।
4. लक्कादीव, मिनिकोय और अमीनदीवी द्वीप (नाम-परिवर्तन) अधिनियम, 1973 (1973 का 34) की धारा 5 द्वारा (1-11-1973 से) "लक्कादीव, मिनिकोय, अमीनदीवी द्वीप" के स्थान पर प्रतिस्थापित।
5. संविधान (दसवां संशोधन) अधिनियम, 1961 की धारा 2 द्वारा अंत:स्थापित।
6. गोवा, दमन और दीव पुनर्गठन अधिनियम, 1987 (1987 का 18) की धारा 5 द्वारा प्रविष्टि 5 के स्थान पर (30-5-1987 से) प्रतिस्थापित।

7. संविधान (चौदहवां संशोधन) अधिनियम, 1962 की धारा 3 और धारा 7 द्वारा (16-8-1962 से) अंत:स्थापित।
8. पंजाब पुनर्गठन अधिनियम, 1966 (1966 का 31) की धारा 7 द्वारा (1-11-1966 से) अंत:स्थापित।
9. मिजोरम राज्य अधिनियम, 1986 (1986 का 34) की धारा 4 द्वारा (20-2-1987 से) मिजोरम संबंधी प्रविष्टि का लोप किया गया और अरूणाचल प्रदेश संबंधी प्रविष्टि 9 को प्रविष्टि 8 के रूप में पुन:संख्यांकित किया गया।
10. अरुणाचल प्रदेश राज्य अधिनियम, 1986 (1986 का 69) की धारा 4 द्वारा (20-2-1987 से) अरुणाचल प्रदेश संबंधी प्रविष्टि 8 का लोप।

# दूसरी अनुसूची

## [अनुच्छेद 59(3), 65(3), 75(6), 97, 125, 148(3), 158(3), 164(5), 186 और 221]

## भाग-क

### राष्ट्रपति और [1]*** राज्यों के राज्यपालों के बारे में उपबंध

1. राष्ट्रपति और [1]*** राज्यों के राज्यपालों को प्रति मास निम्नलिखित उपलब्धियों का संदाय किया जाएगा, अर्थात:-

| | |
|---|---|
| राष्ट्रपति | [2]10,000 रुपए। |
| राज्य का राज्यपाल | [3]5,500 रुपए। |

2. राष्ट्रपति और [4]*** राज्यों के राज्यपालों को ऐसे भत्तों का भी संदाय किया जाएगा जो इस संविधान के प्रारंभ से ठीक पहले क्रमश: भारत डोमिनियन के गवर्नर जनरल को तथा तत्स्थानी प्रांतो के गवर्नरों को संदेय थे।

3. राष्ट्रपति और [5][राज्यों] के राज्यपाल अपनी-अपनी संपूर्ण पदावधि में ऐसे विशेषाधिकारों के हकदार होंगे जिनके इस संविधान के प्रारंभ से ठीक पहले क्रमश: गवर्नर जनरल और तत्स्थानी प्रांतों के गवर्नर हकदार थे।

4. जब उपराष्ट्रपति या कोई अन्य व्यक्ति राष्ट्रपति के कृत्यों का निर्वहन कर रहा है या उसके रूप में कार्य कर रहा है या कोई व्यक्ति राज्यपाल के कृत्यों का निर्वहन कर रहा है तब वह ऐसी उपलब्धियों, भत्तों और विशेषाधिकार का हकदार होगा जिनका, यथास्थिति, वह राष्ट्रपति या राज्यपाल हकदार है जिसके कृत्यों का वह निर्वहन करता है या, यथास्थिति, जिसके रूप में वह कार्य करता है।

[6]* * * * * * *

## भाग-ग

### लोक सभा के अध्यक्ष और उपाध्यक्ष के तथा राज्य के सभापति और उप-सभापति के तथा [7]*** [8][ राज्य ] की विधान सभा के अध्यक्ष और उपाध्यक्ष के तथा विधान परिषद् के सभापति और उपसभापति के बारे में उपबंध

7. लोक सभा के अध्यक्ष और राज्य सभा के सभापति को ऐसे वेतन और भत्तों का संदाय किया जाएगा जो इस संविधान के प्रारंभ से ठीक पहले भारत डोमिनियन की संविधान सभा के अध्यक्ष को संदेय थे तथा लोक सभा के उपाध्यक्ष को और राज्यसभा के उपसभापति को ऐसे वेतन और भत्तों का संदाय किया जाएगा जो इस संविधान के प्रारंभ से ठीक पहले भारत डोमिनियन की संविधान सभा के उपाध्यक्ष को संदेय थे।

8. [9]*** राज्य की विधान सभा के अध्यक्ष और उपाध्यक्ष को तथा [10][राज्य] की विधान परिषद् के सभापति और उपसभापति को ऐसे वेतन और भत्तों का संदाय किया जाएगा जो इस संविधान के प्रारंभ से ठीक पहले क्रमश: तत्स्थानी प्रांत की विधान सभा के अध्यक्ष और उपाध्यक्ष को तथा विधान परिषद् के सभापति और उपसभापति को संदेय थे और जहाँ ऐसे प्रारंभ से ठीक पहले तत्स्थानी प्रांत की कोई विधान परिषद् नहीं थी वहाँ उस राज्य की विधान परिषद् के सभापति और उपसभापति को ऐसे वेतन और भत्तों का संदाय किया जाएगा जो उस राज्य का राज्यपाल अवधारित करे।

# भाग-घ

## उच्चतम न्यायालय और [11]*** उच्च न्यायालयों के न्यायाधीशों के बारे में उपबंध

9. (1) उच्चतम न्यायालय के न्यायाधीशों को वास्तविक सेवा में बिताए समय के लिए प्रति मास निम्नलिखित दर से वेतन का संदाय किया जाएगा, अर्थात:-

मुख्य न्यायमूर्ति [12][10,000 रुपए।]

कोई अन्य न्यायाधीश [13][9,000 रुपए :]

परंतु यदि उच्चतम न्यायालय का कोई न्यायाधीश अपनी नियुक्ति के समय भारत सरकार की या उसकी पूर्ववर्ती सरकारों में से किसी की अथवा राज्य की सरकार की या उसकी पूर्ववर्ती सरकारों में से किसी की पूर्व सेवा के संबंध में (नि:शक्तता या क्षति पेंशन से भिन्न) कोई पेंशन प्राप्त कर रहा है तो उच्चतम न्यायालय में सेवा के लिए उसके वेतन में से [14][निम्नलिखित को घटा दिया जाएगा, अर्थात् :-

(क) उस पेंशन की रकम; और

(ख) यदि उसने ऐसी नियुक्ति से पहले, ऐसी पूर्व सेवा के संबंध में अपने को देय पेंशन के एक भाग के बदले उसका संराशित मूल्य प्राप्त किया है तो पेंशन के उस भाग की रकम; और

(ग) यदि उसने ऐसी नियुक्ति से पहले, ऐसी पूर्व सेवा के संबध में निवृत्ति-उपदान प्राप्त किया है तो उस उपदान के समतुल्य पेंशन।]

(2) उच्चतम न्यायालय का प्रत्येक न्यायाधीश, बिना किराया दिए, शासकीय निवास के उपयोग का हकदार होगा।

(3) इस पैरा के उपपैरा (2) की कोई बात उस न्यायाधीश को, जो इस संविधान के प्रारंभ से ठीक पहले-

(क) फेडरल न्यायालय के मुख्य न्यायमूर्ति के रूप में पद धारण कर रहा था और जो ऐसे प्रारंभ पर अनुच्छेद 374 के खंड (1) के अधीन उच्चतम न्यायालय का मुख्य न्यायमूर्ति बन गया है, या

(ख) फेडरल न्यायालय के किसी अन्य न्यायाधीश के रूप में पद धारण कर रहा था और जो ऐसे प्रारंभ पर उक्त खंड के अधीन उच्चतम न्यायालय का (मुख्य न्यायमूर्ति से भिन्न) न्यायाधीश बन गया है,

उस अवधि में, जिसमें वह ऐसे मुख्य न्यायमूर्ति या अन्य न्यायाधीश के रूप में पद धारण करता है, लागू नहीं होगी और ऐसा प्रत्येक न्यायाधीश, जो इस प्रकार उच्चतम न्यायालय का मुख्य न्यायमूर्ति या अन्य न्यायाधीश बन जाता है, यथास्थिति, ऐसे मुख्य न्यायमूर्ति या अन्य न्यायाधीश के जो इस प्रकार उच्चतम न्यायालय का मुख्य न्यायमूर्ति या अन्य न्यायाधीश बन जाता है, यथास्थिति, ऐसे मुख्य न्यायमूर्ति या अन्य न्यायाधीश के रूप में वास्तविक सेवा में बिताए समय के लिए इस पैरा के उपपैरा (1) में विनिर्दिष्ट वेतन के अतिरिक्त विशेष वेतन के रूप में ऐसी रकम प्राप्त करने का हकदार होगा जो इस प्रकार विनिर्दिष्ट वेतन और ऐसे वेतन के अंतर के बराबर है जो वह ऐसे प्रारंभ से ठीक पहले प्राप्त कर रहा था।

(4) उच्चतम न्यायालय का प्रत्येक न्यायाधीश भारत के राज्यक्षेत्र के भीतर अपने कर्त्तव्य पालन में की गई यात्रा में उपगत व्यय की प्रतिपूर्ति के लिए ऐसे युक्तियुक्त भत्ते प्राप्त करेगा और यात्रा संबंधी उसे ऐसी युक्तियुक्त सुविधाएँ दी जाएँगी जो राष्ट्रपति समय-समय पर विहित करे।

(5) उच्चतम न्यायालय के न्यायाधीशों की अनुपस्थिति छुट्टी के (जिसके अंतर्गत छुट्टी भत्ते है) और पेंशन के संबंध में अधिकार उन उपबंधों से शासित होंगे जो इस संविधान के प्रारंभ से ठीक पहले फेडरल न्यायालय के न्यायाधीशों को लागू थे।

10. [15][(1) उच्च न्यायालय के न्यायाधीशों को वास्तविक सेवा में बिताए समय के लिए प्रति मास निम्नलिखित दर से वेतन का संदाय किया जाएगा, अर्थात् :-

मुख्य न्यायमूर्ति [16][9,000 रुपए।]

कोई अन्य न्यायाधीश [17][8,000 रुपए :]

परंतु यदि किसी उच्च न्यायालय का कोई न्यायाधीश अपनी नियुक्ति के समय भारत सरकार की या उसकी पूर्ववर्ती सरकारों में से किसी की अथवा राज्य की सरकार की या उसकी पूर्ववर्ती सरकारों में से किसी की पूर्व सेवा के संबंध में (नि:शक्तता या क्षति पेंशन से भिन्न) कोई पेंशन प्राप्त कर रहा है तो उच्च न्यायालय में सेवा के लिए उसके वेतन में से निम्नलिखित को घटा दिया जाएगा, अर्थात् :-

(क) उस पेंशन की रकम; और

(ख) यदि उसने ऐसी नियुक्ति से पहले, ऐसी पूर्व सेवा के संबंध में अपने को देय पेंशन के एक भाग के बदले में उसका

संराशित मूल्य प्राप्त किया है तो पेंशन के उस भाग की रकम; और

(ग) यदि उसने ऐसी नियुक्ति से पहले, ऐसी पूर्व सेवा के संबंध में निवृत्ति-उपदान प्राप्त किया है तो उस उपदान के समतुल्य पेंशन।]

(2) ऐसा प्रत्येक व्यक्ति, जो इस संविधान के प्रारंभ से ठीक पहले-

(क) किसी प्रांत के उच्च न्यायालय के मुख्य न्यायमर्ति के रूप में पद धारण कर रहा था और ऐसे प्रारंभ पर अनुच्छेद 376 के खंड (1) के अधीन तत्स्थानी राज्य के उच्च न्यायालय का मुख्य न्यायमूर्ति बन गया है, या

(ख) किसी प्रांत के उच्च न्यायालय के किसी अन्य न्यायाधीश के रूप में पद धारण कर रहा था और जो ऐसे प्रारंभ पर उक्त खंड के अधीन तत्स्थानी राज्य के उच्च न्यायालय का (मुख्य न्यायमूर्ति से भिन्न) न्यायाधीश बन गया है,

यदि वह ऐसे प्रारंभ से ठीक पहले इस पैरा के उपपैरा (1) में विनिर्दिष्ट दर से उच्चतर दर पर वेतन प्राप्त कर रहा था तो, यथास्थिति, ऐसे मुख्य न्यायमूर्ति या अन्य न्यायाधीश के रूप में वास्तविक सेवा में बिताए समय के लिए इस पैरा के उपपैरा (1) में विनिर्दिष्ट वेतन के अतिरिक्त विशेष वेतन के रूप में ऐसी रकम प्राप्त करने का हकदार होगा जो इस प्रकार विनिर्दिष्ट वेतन और ऐसे वेतन के अंतर के बराबर है जो वह ऐसे प्रारंभ से ठीक पहले प्राप्त कर रहा था।

[18][(3) ऐसा कोई व्यक्ति, जो संविधान (सातवां संशोधन) अधिनियम, 1956 के प्रारंभ से ठीक पहले, पहली अनुसूची के भाग ख में विनिर्दिष्ट किसी राज्य के उच्च न्यायालय के मुख्य न्यायमूर्ति के रूप में पद धारण कर रहा था और जो ऐसे प्रारंभ पर उक्त अधिनियम द्वारा यथासंशोधित उक्त अनुसूची में विनिर्दिष्ट किसी राज्य के उच्च न्यायालय का मुख्य न्यायमूर्ति बन गया है, यदि वह ऐसे प्रारंभ से ठीक पहले अपने वेतन के अतिरिक्त भत्ते के रूप में कोई रकम प्राप्त कर रहा था तो, ऐसे मुख्य न्यायमूर्ति के रूप में वास्तविक सेवा में बिताए समय के लिए इस पैरा के उपपैरा (1) में विनिर्दिष्ट वेतन के अतिरिक्त भत्ते के रूप में वही रकम प्राप्त करने का हकदार होगा।]

11. इस भाग में, जब तक कि संदर्भ से अन्यथा अपेक्षित न हो,-

(क) "मुख्य न्यायमूर्ति" पद के अंतर्गत कार्यकारी मुख्य न्यायमूर्ति है और "न्यायाधीश" पद के अंतर्गत तदर्थ न्यायाधीश है;

(ख) "वास्तविक सेवा" के अंतर्गत-

(i) न्यायाधीश द्वारा न्यायाधीश के रूप में कर्त्तव्य पालन में या ऐसे अन्य कृत्यों के पालन में, जिनका राष्ट्रपति के अनुरोध पर उसने निर्वहन करने का भार अपने ऊपर लिया है, बिताया गया समय है;

(ii) उस समय को छोड़कर जिसमें न्यायाधीश छुट्टी लेकर अनुपस्थित है, दीर्घावकाश है; और

(iii) उच्च न्यायालय से उच्चतम न्यायालय को या एक उच्च न्यायालय से दूसरे उच्च न्यायालय को अंतरण पर जाने पर पदग्रहण-काल है।

# भाग-ङ
## भारत के नियंत्रक-महालेखापरीक्षक के बारे में उपबंध

12. (1) भारत के नियंत्रक-महालेखापरीक्षक को *चार हजार रुपए प्रतिमास की दर से वेतन का संदाय किया जाएगा।

(2) ऐसा कोई व्यक्ति, जो इस संविधान के प्रारंभ से ठीक पहले भारत के महालेखापरीक्षक के रूप में पद धारण कर रहा था और जो ऐसे प्रारंभ पर अनुच्छेद 377 के अधीन भारत का नियंत्रक-महालेखापरीक्षक बन गया है, इस पैरा के उपपैरा (1) में विनिर्दिष्ट वेतन के अतिरिक्त विशेष वेतन के रूप में ऐसी रकम प्राप्त करने का हकदार होगा जो इस प्रकार विनिर्दिष्ट वेतन और ऐसे वेतन के अंतर के बराबर है जो वह ऐसे प्रारंभ से ठीक पहले भारत के महालेखापरीक्षक के रूप में प्राप्त कर रहा था।

(3) भारत के नियंत्रक-महालेखापरीक्षक की अनुपस्थिति छुट्टी और पेंशन तथा अन्य सेवा-शर्तों के संबंध में अधिकार उन उपबंधों से, यथास्थिति, शासित होंगे या शासित होते रहेंगे जो इस संविधान के प्रारंभ से ठीक पहले भारत के महालेखापरीक्षक को लागू थे और उन उपबंधों में गवर्नर जनरल के प्रति सभी निर्देशों का यह अर्थ लगाया जाएगा कि वे राष्ट्रपति के प्रति निर्देश हैं।

## संदर्भ

1. संविधान (सातवां संशोधन) अधिनियम, 1956 की धारा 29 और अनुसूची द्वारा "पहली अनुसूची के भाग क में विनिर्दिष्ट" शब्दों और अक्षर का लोप किया गया।
2. 1990 के अधिनियम सं. 16 की धारा 2 के अनुसार अब (29-6-1990 से) यह "20,000 रुपए" है।
3. 1987 के अधिनियम सं. 17 की धारा 2 के अनुसार अब (1-4-1986 से) यह "11,000 रुपए" है।
4. संविधान (सातवां संशोधन) अधिनियम, 1956 की धारा 29 और अनुसूची द्वारा "ऐसे विनिर्दिष्ट" शब्दों का लोप किया गया।
5. संविधान (सातवां संशोधन) अधिनियम, 1956 की धारा 29 और अनुसूची द्वारा "ऐसे राज्यों" के स्थान पर प्रतिस्थापित।
6. संविधान (सातवां संशोधन) अधिनियम, 1956 की धारा 29 और अनुसूची द्वारा भाग ख का लोप किया गया।
7. संविधान (सातवां सशोधन) अधिनियम, 1956 की धारा 29 और अनुसूची द्वारा "पहली अनुसूची के भाग क में के किसी राज्य का" शब्दों और अक्षर का लोप किया गया।
8. संविधान (सातवां संशोधन) अधिनियम, 1956 की धारा 29 और अनुसूची द्वारा "किसी ऐसे राज्य" के स्थान पर प्रतिस्थापित।
9. संविधान (सातवां संशोधन) अधिनियम, 1956 की धारा 29 और अनुसूची द्वारा "पहली अनुसूची के भाग क में विनिर्दिष्ट किसी राज्य का" शब्दों और अक्षर का लोप किया गया।
10. संविधान (सातवां सशोधन) अधिनियम, 1956 की धारा 29 और अनुसूची द्वारा "ऐसा राज्य" के स्थान पर प्रतिस्थापित।
11. संविधान (सातवां संशोधन) अधिनियम, 1956 की धारा 25 द्वारा "पहली अनुसूची के भाग क में के राज्यों में" शब्दों और अक्षर का लोप किया गया।
12. संविधान (चौवनवां संशोधन) अधिनियम, 1986 (1986 का 34) की धारा 4 द्वारा (1-4-1986 से) "5,000 रुपए" के स्थान पर प्रतिस्थापित।
13. संविधान (चौवनवां संशोधन) अधिनियम, 1986 (1986 का 34) की धारा 4 द्वारा (1-4-1986 से) "4,000 रुपए" के स्थान पर प्रतिस्थापित।
14. संविधान (सातवां संशोधन) अधिनियम, 1956 की धारा 25 द्वारा "उस पेंशन की राशि घटा दी जाएगी" के स्थान पर प्रतिस्थापित।
15. संविधान (सातवां संशोधन) अधिनियम, 1956 की धारा 25 द्वारा उपपैरा (1) के स्थान पर प्रतिस्थापित।
16. 1998 के अधिनियम सं. 18 की धारा 4 के अनुसार अब (1-1-1998 से) यह "30,000 रुपए" है।
17. 1998 के अधिनियम सं. 18 की धारा 4 के अनुसार अब (1-1-1996 से) यह "26,000 रुपए" है।
18. संविधान (सातवां संशोधन) अधिनियम, 1956 की धारा 25 द्वारा उपपैरा (3) और उपपैरा (4) के स्थान पर प्रतिस्थापित।

* 1971 के अधिनियम सं. 56 की धारा 3 द्वारा भारत के नियंत्रक-महालेखापरीक्षक को उच्चतम न्यायालय के न्यायाधीशों के बराबर वेतन का संदाय किया जाएगा। अब 1998 के अधिनियम सं. 18 द्वारा उच्चतम न्यायालय के न्यायाधीशों का वेतन अब "30,000 रुपए" है।

# तीसरी अनुसूची

## [अनुच्छेद 75(4), 99, 124(6), 148(2), 164(3), 188 और 219]*

## शपथ या प्रतिज्ञान के प्ररूप

### 1

**संघ के मंत्री के लिए पद की शपथ का प्ररूप :-**

"मैं, अमुक, ईश्वर की शपथ लेता हूँ / सत्यनिष्ठा से प्रतिज्ञान करता हूँ कि मैं विधि द्वारा स्थापित भारत के संविधान के प्रति सच्ची श्रद्धा और निष्ठा रखूंगा, [1][मैं भारत की प्रभुता और अखंडता अक्षुण्ण रखूंगा,] मैं संघ के मंत्री के रूप में अपने कर्त्तव्यों का श्रद्धापूर्वक और शुद्ध अंत:करण से निर्वहन करूंगा तथा मैं भय या पक्षपात, अनुराग या द्वेष के बिना, सभी प्रकार के लोगों के प्रति संविधान और विधि के अनुसार न्याय करूंगा।"

### 2

**संघ के मंत्री के लिए गोपनीयता की शपथ का प्ररूप :-**

"मैं, अमुक, ईश्वर की शपथ लेता हूँ / सत्यनिष्ठा से प्रतिज्ञान करता हूँ कि जो विषय संघ के मंत्री के रूप में मेरे विचार के लिए लाया जाएगा अथवा मुझे ज्ञात होगा उसे किसी व्यक्ति या व्यक्तियों को, तब के सिवाय जबकि ऐसे मंत्री के रूप में अपने कर्त्तव्यों के सम्यक् निर्वहन के लिए ऐसा करना अपेक्षित हो, मैं प्रत्यक्ष अथवा अप्रत्यक्ष रूप से संसूचित या प्रकट नहीं करूंगा।"

### [2][3

### क

**संसद के लिए निर्वाचन के लिए अभ्यर्थी द्वारा ली जाने वाली शपथ या किए जाने वाले प्रतिज्ञान का प्ररूप :-**

"मैं, अमुक, जो राज्य सभा (या लोक सभा) में स्थान भरने के लिए अभ्यर्थी के रूप में नामनिर्देशित हुआ हूँ ईश्वर की शपथ लेता हूँ ईश्वर की शपथ लेता हूँ / सत्यनिष्ठा से प्रतिज्ञान करता हूँ कि मैं विधि द्वारा स्थापित भारत के संविधान के प्रति सच्ची श्रद्धा और निष्ठा रखूंगा, और मैं भारत की प्रभुता और अखंडता अक्षुण्ण रखूंगा।"

### ख

**संसद के सदस्य द्वारा ली जाने वाली शपथ या किए जाने वाले प्रतिज्ञान का प्ररूप :-**

"मैं, अमुक, जो राज्य सभा (या लोक सभा) का सदस्य निर्वाचित (या नामनिर्देशित) हुआ हूँ ईश्वर की शपथ लेता हूँ / सत्यनिष्ठा से प्रतिज्ञान करता हूँ कि मैं विधि द्वारा स्थापित भारत के संविधान के प्रति सच्ची श्रद्धा और निष्ठा रखूंगा, मैं भारत की प्रभुता और अखंडता अक्षुण्ण रखूंगा तथा जिस पद को मैं ग्रहण करनेवाला हूँ उसके कर्त्तव्यों का श्रद्धापूर्वक निर्वहन करूंगा।"]

### 4

**उच्चतम न्यायालय के न्यायाधीशों और भारत के नियंत्रक-महालेखापरीक्षक द्वारा ली जाने वाली शपथ या किए जाने वाले प्रतिज्ञान का प्ररूप :-**

"मैं, अमुक, जो भारत के उच्चतम न्यायालय का मुख्य न्यायमूर्ति (या न्यायाधीश) (या भारत का नियंत्रक-महालेखापरीक्षक) नियुक्त हुआ हूँ, ईश्वर की शपथ लेता हूँ / सत्यनिष्ठा से प्रतिज्ञान करता हूँ कि मैं विधि द्वारा स्थापित भारत के संविधान के प्रति सच्ची श्रद्धा और निष्ठा रखूंगा, [3][मैं भारत की प्रभुता और अखंडता अक्षुण्ण रखूंगा] तथा मैं सम्यक् प्रकार से और श्रद्धापूर्वक तथा अपनी पूरी योग्यता, ज्ञान और विवेक से अपने पद के कर्त्तव्यों का भय या पक्षपात, अनुराग या द्वेष के बिना पालन करूंगा तथा मैं संविधान और विधियों की मर्यादा बनाए रखूंगा।"

### 5

**किसी राज्य के मंत्री के लिए पद की शपथ का प्ररूप :-**

"मैं, अमुक, ईश्वर की शपथ लेता हूँ / सत्यनिष्ठा से प्रतिज्ञान करता हूँ कि मैं विधि द्वारा स्थापित भारत के संविधान के प्रति सच्ची श्रद्धा और निष्ठा रखूंगा, [3][मैं भारत की प्रभुता और

अखंडता अक्षुण्ण रखूंगा,] मैं __________ राज्य के मंत्री के रूप में अपने कर्त्तव्यों का श्रद्धापूर्वक और शुद्ध अंत:करण से निर्वहन करूंगा तथा मैं भय या पक्षपात, अनुराग या द्वेष के बिना, सभी प्रकार के लोगों के प्रति संविधान और विधि के अनुसार न्याय करूंगा।"

### 6

**किसी राज्य के मंत्री के लिए गोपनीयता की शपथ का प्ररूप :-**

"मैं, अमुक, $\frac{\text{ईश्वर की शपथ लेता हूँ}}{\text{सत्यनिष्ठा से प्रतिज्ञान करता हूँ}}$ कि जो विषय __________ राज्य के मंत्री के रूप में मेरे विचार के लिए लाया जाएगा अथवा मुझे ज्ञात होगा उसे किसी व्यक्ति या व्यक्तियों को, तब के सिवाय जबकि ऐसे मंत्री के रूप में अपने कर्त्तव्यों के सम्यक् निर्वहन के लिए ऐसा करना अपेक्षित हो, मैं प्रत्यक्ष अथवा अप्रत्यक्ष रूप से संसूचित या प्रकट नहीं करूंगा।"

### [4][7

### क

**किसी राज्य के विधान-मंडल के लिए निर्वाचन के लिए अभ्यर्थी द्वारा ली जाने वाली शपथ या किए जाने वाले प्रतिज्ञान का प्ररूप :-**

"मैं, अमुक, __________ जो विधान सभा (या विधान परिषद) में स्थान भरने के लिए अभ्यर्थी के रूप में नामनिर्देशित हुआ हूँ, $\frac{\text{ईश्वर की शपथ लेता हूँ}}{\text{सत्यनिष्ठा से प्रतिज्ञान करता हूँ}}$ कि मैं विधि द्वारा स्थापित भारत के संविधान के प्रति सच्ची श्रद्धा और निष्ठा रखूंगा, और मैं भारत की प्रभुता और अखंडता अक्षुण्ण रखूंगा।"

### ख

**किसी राज्य के विधान-मंडल के सदस्य द्वारा ली जाने वाली शपथ या किए जाने वाले प्रतिज्ञान का प्ररूप :-**

"मैं, अमुक, __________ जो विधान सभा (या विधान परिषद्) का सदस्य निर्वाचित (या नामनिर्देशित) हुआ हूँ $\frac{\text{ईश्वर की शपथ लेता हूँ}}{\text{सत्यनिष्ठा से प्रतिज्ञान करता हूँ}}$ कि मैं विधि द्वारा स्थापित भारत के संविधान के प्रति सच्ची श्रद्धा और निष्ठा रखूंगा, मैं भारत की प्रभुता और अखंडता अक्षुण्ण रखूंगा तथा जिस पद को मैं ग्रहण करनेवाला हूँ उसके कर्त्तव्यों का श्रद्धापूर्वक निर्वहन करूंगा।"]

### 8

**उच्च न्यायालय के न्यायाधीशों द्वारा ली जाने वाली शपथ या किए जाने वाले प्रतिज्ञान का प्ररूप :-**

"मैं, अमुक, जो __________ उच्च न्यायालय का मुख्य न्यायमूर्ति (या न्यायाधीश) नियुक्त $\frac{\text{ईश्वर की शपथ लेता हूँ}}{\text{सत्यनिष्ठा से प्रतिज्ञान करता हूँ}}$ कि मैं विधि द्वारा स्थापित भारत के संविधान के प्रति सच्ची श्रद्धा और निष्ठा रखूंगा, [5][मैं भारत की प्रभुता और अखंडता अक्षुण्ण रखूंगा,] तथा मैं सम्यक् प्रकार से और श्रद्धापूर्वक तथा अपनी पूरी योग्यता, ज्ञान और विवेक से अपने पद के कर्त्तव्या का भय या पक्षपात, अनुराग या द्वेष के बिना पालन करूंगा तथा मैं संविधान और विधियों की मर्यादा बनाए रखूंगा।"

## संदर्भ

* अनुच्छेद 84 (क) और अनुच्छेद 173 (क) भी देखिए।

1. संविधान (सोलहवां संशोधन) अधिनियम, 1963 की धारा 5 द्वारा अत:स्थापित।
2. संविधान (सोलहवां संशोधन) अधिनियम, 1963 की धारा 5 द्वारा प्ररूप 3 के स्थान पर प्रतिस्थापित।
3. संविधान (सोलहवां संशोधन) अधिनियम, 1963 की धारा 5 द्वारा अंत:स्थापित।
4. संविधान (सोलहवां संशोधन) अधिनियम, 1963 की धारा 5 द्वारा प्ररूप 7 के स्थान पर प्रतिस्थापित।
5. संविधान (सोलहवां संशोधन) अधिनियम, 1963 की धारा 5 द्वारा अंत:स्थापित।

# [1][चौथी अनुसूची

## [अनुच्छेद 4(1) और अनुच्छेद 80(2)]

## राज्य सभा में स्थानों का आबंटन

निम्नलिखित सारणी के पहले स्तंभ में विनिर्दिष्ट प्रत्येक राज्य या संघ राज्यक्षेत्र को उतने स्थान आबंटित किए जाएँगे जितने उसके दूसरे स्तंभ में, यथास्थिति, उस राज्य या उस संघ राज्यक्षेत्र के सामने विनिर्दिष्ट हैं।

| **सारणी** | | |
|---|---|---|
| 1 | आंध्र प्रदेश | 18 |
| 2. | असम | 7 |
| 3. | बिहार | [2][16] |
| [3][4. | झारखंड | 6] |
| [4][[5][5. | गोवा | 1] |
| [6][[5][6.] | गुजरात | 11] |
| [7][[5][7.] | हरियाणा | 5] |
| [5][8.] | केरल | 9 |
| [5][9.] | मध्य प्रदेश | [8][11] |
| [9][[5][10.] | छत्तीसगढ़ | 5] |
| [10][[5][11.] | तमिलनाडु] | [11][18] |
| [12][[5][12.] | महाराष्ट्र | 19] |
| [13][[5][13.] | कर्नाटक] | 12 |
| [5][14.] | उड़ीसा | 10 |
| [5][15.] | पंजाब | [14][7] |
| [5][16.] | राजस्थान | 10 |
| [5][17.] | उत्तर प्रदेश | [15][31] |
| [16][[5][18. | उत्तरांचल | 3] |
| [17][19. | पश्चिमी बंगाल | 16 |
| [1][20.] | जम्मू-कश्मीर | 4 |
| [18][[1][21.] | नागालैंड | 1] |
| [19][[1][22.] | हिमाचल प्रदेश | 3] |
| [1][23.] | मणिपुर | 1 |
| [1][24.] | त्रिपुरा | 1 |
| [1][25.] | मेघालय | 1 |
| [20][[1][26.] | सिक्किम | 1] |
| [21][[1][27.] | मिजोरम | 1] |
| [22][[1][28.] | अरूणाचल प्रदेश | 1] |
| [29.] | दिल्ली | 3 |
| [1][30. | पांडिचेरी | 1 |
| | **योगः** | **[23][233]]** |

## संदर्भ

1. संविधान (सातवां संशोधन) अधिनियम, 1956 की धारा 3 द्वारा चौथी अनुसूची के स्थान पर प्रतिस्थापित।
2. बिहार पुनर्गठन अधिनियम, 2000 (2000 का 30) की धारा 7 द्वारा (15-11-2000 से) "22" के स्थान पर प्रतिस्थापित।
3. बिहार पुनर्गठन अधिनियम, 2000 (2000 का 30) की धारा 7 द्वारा (15-11-2000 से) प्रविष्टि 4 अंत:स्थापित।
4. गोवा, दमन और दीव पुनर्गठन अधिनियम, 1987 (1987 का 18) की धारा 6 द्वारा (30-5-1987 से) अंत:स्थापित।

5. बिहार पुनर्गठन अधिनियम, 2000 (2000 का 30) की धारा 7 द्वारा (15-11-2000 से) प्रविष्टि 4 से 29 को क्रमश: प्रविष्टि 5 से 30 के रूप में पुन:संख्यांकित किया गया।

6. मुंबई पुनर्गठन अधिनियम, 1960 (1960 का 11) की धारा 6 द्वारा (1-5-1960 से) प्रविष्टि 4 के स्थान पर प्रतिस्थापित।

7. पंजाब पुनर्गठन अधिनियम, 1966 (1966 का 31) की धारा 9 द्वारा (1-11-1966 से) अंत:स्थापित।

8. मध्य प्रदेश पुनर्गठन अधिनियम, 2000 (2000 का 28) की धारा 7 द्वारा (1-11-2000 से) "16" के स्थान पर प्रतिस्थापित।

9. मध्य प्रदेश पुनर्गठन अधिनियम, 2000 की धारा 7 द्वारा (1-11-2000 से) अंत:स्थापित।

10. मद्रास राज्य (नाम परिवर्तन) अधिनियम, 1968 (1968 का 53) की धारा 5 द्वारा (14-1-1969 से) "11" के स्थान पर प्रतिस्थापित।

11. आंध्र प्रदेश और मद्रास राज्य (सीमा-परिवर्तन) अधिनियम, 1959 (1959 का 56) की धारा 8 द्वारा (1-4-1960 से) "17" के स्थान पर प्रतिस्थापित।

12. मुंबई पुनर्गठन अधिनियम, 1960 (1960 का 11) की धारा 6 द्वारा (1-5-1960 से) अंत:स्थापित।

13. मैसूर राज्य (नाम परिवर्तन) अधिनियम, 1973 (1973 का 31) की धारा 5 द्वारा (1-11-1973 से) "13. मैसूर' के स्थान पर प्रतिस्थापित।

14. पंजाब पुनर्गठन अधिनियम, 1966 (1966 का 31) की धारा 9 द्वारा (1-11-1966 से) "11" के स्थान पर प्रतिस्थापित।

15. उत्तर प्रदेश पुनर्गठन अधिनियम, 2000 (2000 का 29) की धारा 7 द्वारा (9-11-2000 से) "34" के स्थान पर प्रतिस्थापित।

16. उत्तर प्रदेश पुनर्गठन अधिनियम, 2000 (2000 का 29) की धारा 7 द्वारा (9-11-2000 से) अंत:स्थापित।

17. बिहार पुनर्गठन अधिनियम, 2000 (2000 का 30) की धारा 7 द्वारा (15-11-2000 से) प्रविष्टि 4 से 29 को क्रमश: प्रविष्टि 5 से 30 के रूप में पुन:संख्यांकित किया गया।

18. नागालैंड राज्य अधिनियम, 1962 (1962 का 27) की धारा 6 द्वारा (1-12-1963 से) अंत:स्थापित।

19. हिमाचल प्रदेश राज्य अधिनियम, 1970 (1970 का 53) की धारा 5 द्वारा (25-1-1971 से) अंत:स्थापित।

20. संविधान (छत्तीसवां संशोधन) अधिनियम, 1975 की धारा 4 द्वारा (26-4-1975 से) अंत:स्थापित।

21. मिजोरम राज्य अधिनियम 1986 (1986 का 34) की धारा 5 द्वारा (20-2-1987 से) अंत:स्थापित।

22. अरुणाचल प्रदेश राज्य अधिनियम 1986 (1986 का 69) की धारा 5 द्वारा (20-2-1987) से अंत:स्थापित।

23. गोवा, दमन और दीव पुनर्गठन अधिनियम, 1987 (1987 का 18) की धारा 6 द्वारा (30-05-1987 से) "232" के स्थान पर प्रतिस्थापित।

# [पांचवीं अनुसूची

## [अनुच्छेद 244(1)]

## अनुसूचित क्षेत्रों और अनुसूचित जनजातियों के प्रशासन और नियंत्रण के बारे में उपबंध

## भाग-क

### साधारण

1. **निर्वचन**-

इस अनुसूची में, जब तक कि संदर्भ से अन्यथा अपेक्षित न हो, "राज्य" पद के अंतर्गत [1]*** [2][असम [3][[4][मेघालय, त्रिपुरा और मिजोरम]] राज्य] नहीं है।

2. **अनुसूचित क्षेत्रों में किसी राज्य की कार्यपालिका शक्ति**- इस अनुसूची के उपबंधों के अधीन रहते हुए, किसी राज्य की कार्यपालिका शक्ति का विस्तार उसके अनुसूचित क्षेत्रों पर है।

3. **अनुसूचित क्षेत्रों के प्रशासन के संबंध में राष्ट्रपति को राज्यपाल [5]*** द्वारा प्रतिवेदन**-ऐसे प्रत्येक राज्य का राज्यपाल [5]***, जिसमें अनुसूचित क्षेत्र हैं, प्रतिवर्ष या जब भी राष्ट्रपति अपेक्षा करे, उस राज्य के अनुसूचित क्षेत्रों के प्रशासन के संबंध में राष्ट्रपति को प्रतिवेदन देगा और संघ की कार्यपालिका शक्ति का विस्तार राज्य को उक्त क्षेत्रों के प्रशासन के बारे में निदेश देने तक होगा।

## भाग-ख

### अनुसूचित क्षेत्रों और अनुसूचित जनजातियों का प्रशासन और नियंत्रण

4. **जनजाति सलाहकार परिषद्**-(1) ऐसे प्रत्येक राज्य में, जिसमें अनुसूचित क्षेत्र हैं और यदि राष्ट्रपति ऐसा निदेश दे तो, किसी ऐसे राज्य में भी, जिसमें अनुसूचित जनजातियाँ हैं किंतु अनुसूचित क्षेत्र नहीं है, एक जनजाति सलाहकार परिषद् स्थापित की जाएगी जो बीस से अनधिक सदस्यों से मिलकर बनेगी जिनमें से यथाशक्य निकटतम तीन चौथाई उस राज्य की विधान सभा में अनुसूचित जनजातियों के प्रतिनिधि होंगे :

परंतु यदि उस राज्य की विधान सभा में अनुसूचित जनजातियों के प्रतिनिधियों की संख्या जनजाति सलाहकार परिषद् में ऐसे प्रतिनिधियों से भरे जाने वाले स्थानों की संख्या से कम है तो शेष स्थान उन जनजातियों के अन्य सदस्यों से भरे जाएँगे।

(2) जनजाति सलाहकार परिषद् का यह कर्त्तव्य होगा कि वह उस राज्य की अनुसूचित जनजातियों के कल्याण और उन्नति से संबंधित ऐसे विषयों पर सलाह दे जो उसको राज्यपाल[6] द्वारा निर्दिष्ट किए जाएँ।

(3) राज्यपाल [5]***

(क) परिषद् के सदस्यों की संख्या को, उनकी नियुक्ति की और परिषद् के अध्यक्ष तथा उसके अधिकारियों और सेवकों की नियुक्ति की रीति को;

(ख) उसके अधिवेशनों के संचालन तथा साधारणतया उसकी प्रक्रिया को, और

(ग) अन्य सभी आनुषंगिक विषयों को,

यथास्थिति, विहित या विनियमित करने के लिए नियम बना सकेगा।

5. **अनुसूचित क्षेत्रों को लागू विधि**-(1) इस संविधान में किसी बात के होते हुए भी, राज्यपाल[1] लोक अधिसूचना द्वारा

निदेश दे सकेगा कि संसद का या उस राज्य के विधान-मंडल का कोई विशिष्ट अधिनियम उस राज्य के अनुसूचित क्षेत्र या उसके किसी भाग को लागू नहीं होगा अथवा उस राज्य के अनुसूचित क्षेत्र या उसके किसी भाग को ऐसे अपवादों और उपांतरणों के अधीन रहते हुए लागू होगा जो वह अधिसूचना में विनिर्दिष्ट करे और इस उपपैरा के अधीन दिया गया कोई निदेश इस प्रकार दिया जा सकेगा कि उसका भूतलक्षी प्रभाव हो।

(2) राज्यपाल[7] किसी राज्य में किसी ऐसे क्षेत्र की शांति और सुशासन के लिए विनियम बना सकेगा जो तत्समय अनुसूचित क्षेत्र है।

विशिष्टतया और पूर्वगामी शक्ति की व्यापकता पर प्रतिकूल प्रभाव डाले बिना, ऐसे विनियम

(क) ऐसे क्षेत्र की अनुसूचित जनजातियों के सदस्यों द्वारा या उनमें भूमि के अंतरण का प्रतिषेध या निर्बंधन कर सकेंगे;

(ख) ऐसे क्षेत्र की जनजातियों के सदस्यों को भूमि के आबंटन का विनियमन कर सकेंगे;

(ग) ऐसे व्यक्तियों द्वारा जो ऐसे क्षेत्र की अनुसूचित जनजातियों के सदस्यों को धन उधार देते हैं, साहूकार के रूप में कारबार करने का विनियमन कर सकेंगे।

(3) ऐसे किसी विनियम को बनाने में जो इस पैरा के उपपैरा (2) में निर्दिष्ट है, राज्यपाल[8]*** संसद के या उस राज्य के विधान-मंडल के अधिनियम का या किसी विद्यमान विधि का, जो प्रश्नगत क्षेत्र में तत्समय लागू है, निरसन या संशोधन कर सकेगा।

(4) इस पैरा के अधीन बनाए गए सभी विनियम राष्ट्रपति के समक्ष तुरंत प्रस्तुत किए जाएँगे और जब तक वह उन पर अनुमति नहीं दे देता है तब तक उनका कोई प्रभाव नहीं होगा।

(5) इस पैरा के अधीन कोई विनियम तब तक नहीं बनाया जाएगा जब तक विनियम बनाने वाले राज्यपाल[8]*** ने जनजाति सलाहकार परिषद् वाले राज्य की दशा में ऐसी परिषद् से परामर्श नहीं कर लिया है।

# भाग-ग
## अनुसूचित क्षेत्र

**6. अनुसूचित क्षेत्र-**

(1) इस संविधान में, "अनुसूचित क्षेत्र" पद से ऐसे क्षेत्र अभिप्रेत हैं जिन्हें राष्ट्रपति आदेश[9] द्वारा अनुसूचित क्षेत्र घोषित करे।

(2) राष्ट्रपति, किसी भी समय आदेश[10] द्वारा

(क) निदेश दे सकेगा कि कोई संपूर्ण अनुसूचित क्षेत्र या उसका कोई विनिर्दिष्ट भाग अनुसूचित क्षेत्र या ऐसे क्षेत्र का भाग नहीं रहेगा;

[11][(कक) किसी राज्य के किसी अनुसूचित क्षेत्र के क्षेत्र को उस राज्य के राज्यपाल से परामर्श करने के पश्चात् बढ़ा सकेगा,]

(ख) किसी अनुसूचित क्षेत्र में, केवल सीमाओं का परिशोधन करके ही, परिवर्तन कर सकेगा,

(ग) किसी राज्य की सीमाओं के किसी परिवर्तन पर या संघ में किसी नए राज्य के प्रवेश पर या नए राज्य की स्थापना पर ऐसे किसी क्षेत्र को, जो पहले से किसी राज्य में सम्मिलित नहीं है, अनुसूचित क्षेत्र या उसका भाग घोषित कर सकेगा,

[5][(घ) किसी राज्य या राज्यों के संबंध में इस पैरा के अधीन किए गए आदेश या आदेशों को विखंडित कर सकेगा और संबंधित राज्य के राज्यपाल से परामर्श करके उन क्षेत्रों को, जो अनुसूचित क्षेत्र होंगे, पुनः परिनिश्चित करने के लिए नए आदेश कर सकेगा,]

और ऐसे किसी आदेश में ऐसे आनुषंगिक और पारिणामिक उपबंध हो सकेंगे जो राष्ट्रपति को आवश्यक और उचित प्रतीत हों, किंतु जैसा ऊपर कहा गया है उसके सिवाय इस पैरा के उपपैरा (1) के अधीन किए गए आदेश में किसी पश्चात्वर्ती आदेश द्वारा परिवर्तन नहीं किया जाएगा।

# भाग-घ
## अनुसूची का संशोधन

**7. अनुसूची का संशोधन-**

(1) संसद, समय-समय पर विधि द्वारा, इस अनुसूची के उपबंधों में से किसी का, परिवर्धन, परिवर्तन या निरसन के रूप में, संशोधन कर सकेगी और जब अनुसूची का इस प्रकार संशोधन किया जाता है तब इस संविधान में इस अनुसूची के प्रति किसी निर्देश का यह अर्थ लगाया जाएगा कि वह इस प्रकार संशोधित ऐसी अनुसूची के प्रति निर्देश है।

(2) ऐसी कोई विधि, जो इस पैरा के उपपैरा (1) में उल्लिखित है, इस संविधान के अनुच्छेद 368 के प्रयोजनों के लिए इस संविधान का संशोधन नहीं समझी जाएगी।

## संदर्भ

1. संविधान (सातवां संशोधन) अधिनियम, 1956 की धारा 29 और अनुसूची द्वारा "पहली अनुसूची के भाग क या भाग ख में विनिर्दिष्ट राज्य अभिप्रेत है परंतु" शब्दों और अक्षरों का लोप किया गया।
2. पूर्वोत्तर क्षेत्र (पुनर्गठन) अधिनियम, 1971 (1971 का 81) की धारा 71 द्वारा (21-1-1972 से) "असम राज्य" के स्थान पर प्रतिस्थापित।
3. संविधान (उनचासवां संशोधन) अधिनियम, 1984 की धारा 3 द्वारा (1-4-1985 से) "और मेघालय" के स्थान पर प्रतिस्थापित।
4. मिजोरम राज्य अधिनियम, 1986 (1986 का 34) की धारा 39 द्वारा (20-2-1987 से) "मेघालय और त्रिपुरा" के स्थान पर प्रतिस्थापित।
5. संविधान (सातवां संशोधन) अधिनियम, 1956 की धारा 29 और अनुसूची द्वारा "या राज्यप्रमुख" शब्दों का लोप किया गया।
6. संविधान (सातवां संशोधन) अधिनियम, 1956 की धारा 29 और अनुसूची द्वारा "यथास्थिति, राज्यपाल या राज्यप्रमुख" शब्दों के स्थान पर उपरोक्त रूप में रखा गया।
7. संविधान (सातवां संशोधन) अधिनियम, 1956 की धारा 29 और अनुसूची द्वारा "यथास्थिति राज्यपाल या राजप्रमुख" शब्दों के स्थान पर उपरोक्त रूप में रखा गया।
8. संविधान (सातवां संशोधन) अधिनियम, 1956 की धारा 29 और अनुसूची द्वारा "यथास्थिति, राज्यपाल या राज्यप्रमुख" शब्दों के स्थान पर उपरोक्त रूप में रखा गया।
9. अनुसूचित क्षेत्र (भाग क राज्य) आदेश, 1950 (सं.आ. 9), अनुसूचित क्षेत्र (भाग ख राज्य) आदेश, 1950 (सं.आ. 26), अनुसूचित क्षेत्र (हिमाचल प्रदेश) आदेश, 1975 (सं.आ. 102) और अनुसूचित क्षेत्र (बिहार गुजरात, मध्य प्रदेश और उड़ीसा राज्य) आदेश, 1977 (सं.आ. 109) देखिए।
10. मद्रास अनुसूचित क्षेत्र (समाप्ति) आदेश, 1950 (सं.आ. 30) और आंध्र अनुसूचित क्षेत्र (समाप्ति) आदेश, 1955 (सं.आ. 50) देखिए।
11. संविधान पांचवीं अनुसूची (संशोधन) अधिनियम, 1976 (1976 का 101) की धारा 2 द्वारा अंत:स्थापित।

# छठी अनुसूची

## [अनुच्छेद 244(2) और अनुच्छेद 275(1)]

## [1][असम, मेघालय, त्रिपुरा और मिजोरम राज्यों के जनजाति क्षेत्रों के प्रशासन के बारे में उपबंध

### [2]1. स्वशासी जिले और स्वशासी प्रदेश-

(1) इस पैरा के उपबंधों के अधीन रहते हुए, इस अनुसूची के पैरा 20 से संलग्न सारणी के [3][[4][ भाग 1, भाग 2 और भाग 2क] की प्रत्येक मद के और भाग 3] के जनजाति क्षेत्रों का एक स्वशासी जिला होगा।

(2) यदि किसी स्वशासी जिले में भिन्न-भिन्न अनुसूचित जनजातियाँ हैं तो राज्यपाल, लोक अधिसूचना द्वारा, ऐसे क्षेत्र या क्षेत्रों को, जिनमें वे बसे हुए हैं, स्वशासी प्रदेशों में विभाजित कर सकेगा।

(3) राज्यपाल, लोक अधिसूचना द्वारा,-

(क) उक्त सारणी के [3][किसी भाग] में किसी क्षेत्र को सम्मिलित कर सकेगा;

(ख) उक्त सारणी के किसी [3][भाग] में किसी क्षेत्र को अपवर्जित कर सकेगा;

(ग) नया स्वशासी जिला बना सकेगा;

(घ) किसी स्वशासी जिले का क्षेत्र बढ़ा सकेगा;

(ङ) किसी स्वशासी जिले का क्षेत्र घटा सकेगा;

(च) दो या अधिक स्वशासी जिलों या उनके भागों को मिला सकेगा जिससे एक स्वशासी जिला बन सके;

[5](चच) किसी स्वशासी जिले के नाम में परिवर्तन कर सकेगा;]

(छ) किसी स्वशासी जिले की सीमाएँ परिनिश्चित कर सकेगा : परंतु राज्यपाल इस उपपैरा के खंड (ग), खंड (घ), खंड (ङ) और खंड (च) के अधीन कोई आदेश इस अनुसूची के पैरा 14 के उपपैरा (1) के अधीन नियुक्त आयोग के प्रतिवेदन पर विचार करने के पश्चात् ही करेगा, अन्यथा नहीं :

[6][परंतु यह और कि राज्यपाल द्वारा इस उपपैरा के अधीन किए गए आदेश में ऐसे आनुषंगिक और पारिणामिक उपबंध (जिनके अंतर्गत पैरा 20 का और उक्त सारणी के किसी भाग की किसी मद का कोई संशोधन है) अंतर्विष्ट हो सकेंगे जो राज्यपाल को उस आदेश के उपबंधों को प्रभावी करने के लिए आवश्यक प्रतीत हों।

### [7-8]2. जिला परिषदों और प्रादेशिक परिषदों का गठन

[9][(1) प्रत्येक स्वशासी जिले के लिए एक जिला परिषद् होगी जो तीस से अनधिक सदस्यों से मिलकर बनेगी जिनमें से चार से अनधिक व्यक्ति राज्यपाल द्वारा नामनिर्देशित किए जाएँगे और शेष वयस्क मताधिकार के आधार पर निर्वाचित किए जाएँगे।

(2) इस अनुसूची के पैरा 1 के उपपैरा (2) के अधीन स्वशासी प्रदेश के रूप में गठित प्रत्येक क्षेत्र के लिए पृथक् प्रादेशिक परिषद् होगी।

(3) प्रत्येक जिला परिषद् और प्रत्येक प्रादेशिक परिषद् क्रमश: "(जिले का नाम) की जिला परिषद्" और "(प्रदेश का नाम) की प्रादेशिक परिषद्" नामक निगमित निकाय होगी, उसका शाश्वत उत्तराधिकार होगा और उसकी सामान्य मुद्रा होगी और उक्त नाम से वह वाद लाएगी और उस पर वाद लाया जाएगा।

(4) इस अनुसूची के उपबंधों के अधीन रहते हुए, स्वशासी जिले का प्रशासन ऐसे जिले की जिला परिषद् में वहाँ तक निहित होगा जहाँ तक वह इस अनूसूची के अधीन ऐसे जिले के भीतर किसी प्रादेशिक परिषद् में निहित नहीं हैं और स्वशासी प्रदेश का प्रशासन ऐसे प्रदेश की प्रादेशिक परिषद् में निहित होगा।

(5) प्रादेशिक परिषद् वाले स्वशासी जिले में प्रादेशिक परिषद् के प्राधिकारी के अधीन क्षेत्रों के संबंध में जिला परिषद् को, इस अनूसूची द्वारा ऐसे क्षेत्रों के संबंध में प्रदत्त शक्तियों के अतिरिक्त केवल ऐसी शक्तियाँ होंगी जो उसे प्रादेशिक परिषद् द्वारा प्रत्यायोजित की जाएँ।

(6) राज्यपाल, संबंधित स्वशासी जिलों या प्रदेशों के भीतर विद्यमान जनजाति परिषदों या अन्य प्रतिनिधि जनजाति संगठनों से परामर्श करके, जिला परिषदों और प्रादेशिक परिषदों के प्रथम गठन के लिए नियम बनाएगा

और ऐसे नियमों में निम्नलिखित के लिए उपबंध किए जाएँगे, अर्थात् :-

(क) जिला परिषदों और प्रादेशिक परिषदों की संरचना तथा उनमें स्थानों का आबंटन;

(ख) उन परिषदों के लिए निर्वाचनों के प्रयोजन के लिए प्रादेशिक निर्वाचन क्षेत्रों का परिसीमन;

(ग) ऐसे निर्वाचनों में मतदान के लिए अर्हताएँ और उनके लिए निर्वाचक नामावलियों की तैयारी;

(घ) ऐसे निर्वाचनों में ऐसी परिषदों के सदस्य निर्वाचित होने के लिए अर्हताएँ;

(ङ) [10][प्रादेशिक परिषदों] के सदस्यों की पदावधि;

(च) ऐसी परिषदों के लिए निर्वाचन या नामनिर्देशन से संबंधित या संसक्त कोई अन्य विषय;

(छ) जिला परिषदों और प्रादेशिक परिषदों की प्रक्रिया और उनका कार्य संचालन [11][(जिसके अंतर्गत किसी रिक्ति के होते हुए भी कार्य करने की शक्ति है)];

(ज) जिला और प्रादेशिक परिषदों के अधिकारियों और कर्मचारीवृंद की नियुक्ति।

[12][(6क) जिला परिषद् के निर्वाचित सदस्य, यदि जिला परिषद् पैरा 16 के अधीन पहले ही विघटित नहीं कर जाती है तो, परिषद् के लिए साधारण निर्वाचन के पश्चात् परिषद् के प्रथम अधिवेशन के लिए नियत तारीख से पांच की अवधि तक पद धारण करेंगे और नामनिर्देशित सदस्य राज्यपाल के प्रसादपर्यंत पद धारण करेगा :

परंतु पांच वर्ष की उक्त अवधि को, जब आपात की उद्घोषणा प्रवर्तन में है तब या यदि ऐसी परिस्थिति विद्यमान हैं जिनके कारण निर्वाचन कराना राज्यपाल की राय में असाध्य है तो, राज्यपाल ऐसी अवधि के लिए बढ़ा सकेगा जो एक बार में एक वर्ष से अधिक नहीं होगी और जब आपात की उद्घोषणा प्रवर्तन में है तब उद्घोषणा प्रवृत्त न रह जाने के पश्चात् किसी भी दशा में उसका विस्तार छह मास की अवधि से अधिक नहीं होगा :

परंतु यह और कि आकस्मिक रिक्ति को भरने के लिए निर्वाचित सदस्य उस सदस्य की, जिसका स्थान वह लेता है, शेष पदावधि के लिए पद धारण करेगा।]

(7) जिला परिषद् या प्रादेशिक परिषद् अपने प्रथम गठन के पश्चात् [12][राज्यपाल के अनुमोदन से] इस पैरा के उपपैरा (6) में विनिर्दिष्ट विषयों के लिए नियम बना सकेगी और [12][वैसे ही अनुमोदन से]

(क) अधीनस्थ स्थानीय परिषदों या बोर्डों के बनाए जाने तथा उनकी प्रक्रिया और उनके कार्य संचालन का, और

(ख) यथास्थिति, जिले या प्रदेश के प्रशासन विषयक कार्य करने से संबंधित साधारणतया सभी विषयों का, विनियमन करने वाले नियम भी, बना सकेगी :

परंतु जब तक जिला परिषद् या प्रादेशिक परिषद् द्वारा इस उपपैरा के अधीन नियम नहीं बनाए जाते हैं तब तक राज्यपाल द्वारा इस पैरा के उपपैरा (6) के अधीन बनाए गए नियम, प्रत्येक ऐसी परिषद् के लिए निर्वाचनों, उसके अधिकारियों और कर्मचारीयों तथा उसकी प्रक्रिया और उसके कार्य संचालन के संबंध में प्रभावी होंगे।

[13]* * * * * *

### [14-15]3. विधि बनाने की जिला परिषदों और प्रादेशिक परिषदों की शक्ति–

(1) स्वशासी प्रदेश की प्रादेशिक परिषद् को ऐसे प्रदेश के भीतर के सभी क्षेत्रों के संबंध में और स्वशासी जिले की जिला परिषद् को ऐसे क्षेत्रों को छोड़कर जो उस जिले के भीतर की प्रादेशिक परिषदों के, यदि कोई हों, प्राधिकार के अधीन हैं, उस जिले के भीतर के अन्य सभी क्षेत्रों के संबंध में निम्नलिखित विषयों के लिए विधि बनाने की शक्ति होगी, अर्थात् :–

(क) किसी आरक्षित वन की भूमि से भिन्न अन्य भूमि का, कृषि या चराई के प्रयोजनों के लिए अथवा निवास के या कृषि से भिन्न अन्य प्रयोजनों के लिए अथवा किसी ऐसे अन्य प्रयोजन के लिए जिससे किसी ग्राम या नगर के निवासियों के हितों की अभिवृद्धि संभाव्य है, आंबटन, अधिभोग या उपयोग अथवा अलग रखा जाना :

परंतु ऐसी विधियों की कोई बात [16][संबंधित राज्य की सरकार को अनिवार्य अर्जन प्राधिकृत करने वाली तत्समय प्रवृत्त विधि के अनुसार किसी भूमि का, चाहे वह अधिभोग में हो या नहीं, लोक प्रयोजनों के लिए अनिवार्य अर्जन करने से निवारित नहीं करेगी;

(ख) किसी ऐसे वन का प्रबंध जो आरक्षित वन नहीं है;

(ग) कृषि के प्रयोजन के लिए किसी नहर या जलसरणी का उपयोग;

(घ) झूम की पद्धति का या परिवर्ती खेती की अन्य पद्धतियों का विनियमन;

(ङ) ग्राम या नगर समितियों या परिषदों की स्थापना और उनकी शक्तियाँ;

(च) ग्राम या नगर प्रशासन से संबंधित कोई अन्य विषय जिसके अंतर्गत ग्राम या नगर पुलिस और लोक स्वास्थ्य और स्वच्छता है;

(छ) प्रमुखों या मुखियों की नियुक्ति या उत्तराधिकार;

(ज) संपत्ति की विरासत;

[17][(झ) विवाह और विवाह-विच्छेद;]

(ञ) सामाजिक रुढ़ियां।

(2) इस पैरा में, "आरक्षित वन" से ऐसा क्षेत्र अभिप्रेत है जो असम वन विनियम, 1891 के अधीन या प्रश्नगत क्षेत्र में तत्समय प्रवृत्त किसी अन्य विधि के अधीन आरक्षित वन है।

(3) इस पैरा के अधीन बनाई गई सभी विधियाँ राज्यपाल के समक्ष तुरंत प्रस्तुत की जाएँगी और जब तक वह उन पर अनुमति नहीं दे देता है तब तक प्रभावी नहीं होंगी।

### [18]4. स्वशासी जिलों और स्वशासी प्रदेशों में न्याय प्रशासन-

(1) स्वशासी प्रदेश की प्रादेशिक परिषद् ऐसे प्रदेश के भीतर के क्षेत्रों के संबंध में और स्वशासी जिले की जिला परिषद् ऐसे क्षेत्रों से भिन्न जो उस जिल के भीतर की प्रादेशिक परिषदों के, यदि कोई हों, प्राधिकार के अधीन हैं, उस जिले के भीतर के अन्य क्षेत्रों के सबंध में, ऐसे वादों और मामलों के विचारण के लिए जो ऐसे पक्षकारों के बीच हैं जिनमें से सभी पक्षकार ऐसे क्षेत्रों के भीतर की अनुसूचित जनजातियों के हैं तथा जो उन वादों और मामलों से भिन्न हैं जिनको इस अनुसूची के पैरा 5 के उपपैरा (1) के उपबंध लागू होते हैं, उस राज्य के किसी न्यायालय का अपवर्जन करके ग्राम परिषदों या न्यायालयों का गठन कर सकेगी और उपयुक्त व्यक्तियों को ऐसी ग्राम परिषद् के सदस्य या ऐसे न्यायालयों के पीठासीन अधिकारी नियुक्त कर सकेगी और ऐसे अधिकारी भी नियुक्त कर सकेगी जो इस अनुसूची के पैरा 3 के अधीन बनाई गई विधियों के प्रशासन के लिए आवश्यक हों।

(2) इस संविधान में किसी बात के होते हुए भी, स्वशासी प्रदेश की प्रादेशिक परिषद् या उस प्रादेशिक परिषद् द्वारा इस निमित्त गठित कोई न्यायालय या यदि किसी स्वशासी जिले के भीतर के किसी क्षेत्र के लिए कोई प्रादेशिक परिषद् नहीं है तो, ऐसे जिले की जिला परिषद् या उस जिला परिषद् द्वारा इस निमित्त गठित कोई न्यायालय ऐसे सभी वादों और मामलों के संबंध में जो, यथास्थिति, ऐसे प्रदेश या क्षेत्र के भीतर इस पैरा के उपपैरा (1) के अधीन गठित किसी ग्राम परिषद् या न्यायालय द्वारा विचारणीय हैं तथा जो उन वादों और मामलों से भिन्न हैं जिनको इस अनुसूची के पैरा 5 के उपपैरा (1) के उपबंध लागू होते हैं अपील न्यायालय की शक्तियों का प्रयोग करेगा तथा उच्च न्यायालय और उच्चतम न्यायालय से भिन्न किसी अन्य न्यायालय को ऐसे वादों या मामलों में अधिकारिता नहीं होगी।

(3) [19]*** उच्च न्यायालय को, उन वादों और मामलों में जिनको इस पैरा के उपपैरा (2) के उपबंध लागू होते हैं, ऐसी अधिकारिता होगी और वह उसका प्रयोग करेगा जो राज्यपाल समय-समय पर आदेश द्वारा विनिर्दिष्ट करे।

(4) यथास्थिति, प्रादेशिक परिषद् या जिला परिषद् राज्यपाल के पूर्व अनुमोदन से निम्नलिखित के विनियमन के लिए नियम बना सकेगी, अर्थात् :-

(क) ग्राम परिषदों और न्यायालयों का गठन और इस पैरा के अधीन उनके द्वारा प्रयोक्तव्य शक्तियाँ;

(ख) इस पैरा के उपपैरा (1) के अधीन वादों और मामलों के विचारण में ग्राम परिषदों या न्यायालयों द्वारा अनुसरण की जाने वाले प्रक्रिया;

(ग) इस पैरा के उपपैरा (2) के अधीन अपीलों और अन्य कार्यवाहियों में प्रादेशिक परिषद् या जिला परिषद् अथवा ऐसी परिषद् द्वारा गठित किसी न्यायालय द्वारा अनुसरण की जाने वाली प्रक्रिया;

(घ) ऐसी परिषदों और न्यायालयों के विनिश्चयों और आदेशों का प्रवर्तन;

(ङ) इस पैरा के उपपैरा (1) और उपपैरा (2) के उपबंधों को कार्यान्वित करने के लिए अन्य सभी आनुषंगिक विषय।

[20][(5) उस तारीख को और से जो राष्ट्रपति [21][संबंधित राज्य की सरकार से परामर्श करने के पश्चात्] अधिसूचना द्वारा, इस निमित्त नियत करे, यह पैरा ऐसे स्वशासी जिले या स्वशासी प्रदेश के संबंध में, जो उस अधिसूचना में विनिर्दिष्ट किया जाए, इस प्रकार प्रभावी होगा मानो-

(i) उपपैरा (1) में, "जो ऐसे पक्षकारों के बीच हैं जिनमें से सभी पक्षकार ऐसे क्षेत्रों के भीतर की अनुसूचित जनजातियों के हैं तथा जो उन वादों और मामलों से भिन्न हैं जिनको इस अनुसूची के पैरा 5 के उपपैरा (1) के उपबंध लागू होते हैं," शब्दों के स्थान पर, "जो इस अनुसूची के पैरा 5 के उपपैरा (1) में निर्दिष्ट प्रकृति के ऐसे वाद और मामले नहीं है जिन्हें राज्यपाल इस निमित्त विनिर्दिष्ट करें," शब्द रख दिए गए हों;

(ii) उपपैरा (2) और उपपैरा (3) का लोप कर दिया गया हो;

(iii) उपपैरा (4) में

(क) "यथास्थिति, प्रादेशिक परिषद् या जिला परिषद्, राज्यपाल के पूर्व अनुमोदन से, निम्नलिखित के विनियमन के लिए नियम बना सकेगी, अर्थात :-" शब्दों के स्थान पर, "राज्यपाल निम्नलिखित के विनियमन के लिए नियम बना सकेगा, अर्थात् :-" शब्द रख दिए गए हों; और

(ख) खंड (क) के स्थान पर, निम्नलिखित खंड रख दिया गया हो, अर्थात् :-

"(क) ग्राम परिषदों और न्यायालयों का गठन, इस पैरा के अधीन उनके द्वारा प्रयोक्तव्य शक्तियाँ और वे न्यायालय जिनको ग्राम परिषदों और न्यायालयों के विनिश्चयों से अपीलें हो सकेंगी;";

(ग) खंड (ग) के स्थान पर, निम्नलिखित खंड रख दिया गया हो, अर्थात् :-

"(ग) प्रादेशिक परिषद् या जिला परिषद् अथवा ऐसी परिषद् द्वारा गठित किसी न्यायालय के समक्ष उपपैरा (5) के अधीन राष्ट्रपति द्वारा नियत तारीख से ठीक पहले लंबित अपीलों और अन्य कार्यवाहियों का अंतरण,"; और

(घ) खंड (ङ) में "उपपैरा (1) और उपपैरा (2)" शब्दों, कोष्ठकों और अंकों के स्थान पर, "उपपैरा (1)" शब्द, कोष्ठक और अंक रख दिए गए हों।]

### 5. कुछ वादों, मामलों और अपराधों के विचारण के लिए प्रादेशिक परिषदों और जिला परिषदों को तथा किन्हीं न्यायालयों और अधिकारियों को सिविल प्रक्रिया संहिता, 1908 और दंड प्रक्रिया संहिता, 1898[22] के अधीन शक्तियों का प्रदान किया जाना–

(1) राज्यपाल, किसी स्वशासी जिले या स्वशासी प्रदेश में किसी ऐसी प्रवृत्त विधि से, जो ऐसी विधि है जिसे राज्यपाल इस निमित्त विनिर्दिष्ट करे, उद्भूत वादों या मामलों के विचारण के लिए अथवा भारतीय दंड संहिता के अधीन या ऐसे जिले या प्रदेश में तत्समय लागू किसी अन्य विधि के अधीन मृत्यु से, आजीवन निर्वासन से या पांच वर्ष से अन्यून अवधि के लिए कारावास से दंडनीय अपराधों के विचारण के लिए, ऐसे जिले या प्रदेश पर प्राधिकार रखने वाली जिला परिषद् या प्रादेशिक परिषद् को अथवा ऐसी जिला परिषद् द्वारा गठित न्यायालयों को अथवा राज्यपाल द्वारा इस निमित्त नियुक्त किसी अधिकारी को, यथास्थिति, सिविल प्रक्रिया संहिता, 1908 या दंड प्रक्रिया संहिता, 1898[23] के अधीन ऐसी शक्तियाँ प्रदान कर सकेगा जो वह समुचित समझे और तब उक्त परिषद्, न्यायालय या अधिकारी इस प्रकार प्रदत्त शक्तियों का प्रयोग करते हुए वादों, मामलों या अपराधों का विचारण करेगा।

(2) राज्यपाल, इस पैरा के उपपैरा (1) के अधीन किसी जिला परिषद, प्रादेशिक परिषद्, न्यायालय या अधिकारी को प्रदत्त शक्तियों में से किसी शक्ति को वापस ले सकेगा या उपांतरित कर सकेगा।

(3) इस पैरा में अभिव्यक्त रूप से यथा उपबंधित के सिवाय, सिविल प्रक्रिया संहिता, 1908 और दंड प्रक्रिया संहिता, 1898[24] किसी स्वशासी जिले में या किसी स्वशासी प्रदेश में, जिसको इस पैरा के उपबंध लागू होते हैं, किन्हीं वादों, मामलों या अपराधों के विचारण को लागू नहीं होगी।

[24][(4) राष्ट्रपति द्वारा किसी स्वशासी जिले या स्वशासी प्रदेश के संबंध में पैरा 4 के उपपैरा (5) के अधीन नियत तारीख को और से, उस जिले या प्रदेश को लागू होने में इस पैरा की किसी बात के बारे में यह नहीं समझा जाएगा कि वह किसी जिला परिषद् या प्रादेशिक परिषद् को या जिला परिषद् द्वारा गठित न्यायालयों को इस पैरा के उपपैरा (1) में निर्दिष्ट शक्तियों में से कोई शक्ति प्रदान करने के लिए राज्यपाल को प्राधिकृत करती है।]

### [25][6. प्राथमिक विद्यालय आदि स्थापित करने की जिला परिषद् की शक्ति–

(1) स्वशासी जिले की जिला परिषद् जिले में प्राथमिक विद्यालयों, औषधालयों, बाजारों, [26][कांजी हाउसों,] फेरी, मीन क्षेत्रों, सड़कों, सड़क परिवहन और जल मार्गों की स्थापना, निर्माण और प्रबंध कर सकेगी तथा राज्यपाल के पूर्व अनुमोदन से, उनके विनियमन और नियंत्रण के लिए विनियम बना सकेगी और, विशिष्टतया, वह भाषा और वह रीति विहित कर सकेगी, जिससे जिले के प्राथमिक विद्यालयों में प्राथमिक शिक्षा दी जाएगी।

(2) राज्यपाल, जिला परिषद् की सहमति से उस परिषद् को या उसके अधिकारियों को कृषि, पशुपालन सामुदायिक परियोजनाओं, सहकारी सोसाइटियों, समाज कल्याण, ग्राम योजना या किसी अन्य ऐसे विषय के संबंध में, जिस पर [27]*** राज्य की कार्यपालिका शक्ति का विस्तार है, कृत्य सशर्त या बिना शर्त सौंप सकेगा।]

### 7. जिला और प्रादेशिक निधियाँ–

(1) प्रत्येक स्वशासी जिले के लिए एक जिला निधि और प्रत्येक स्वशासी प्रदेश के लिए एक प्रादेशिक निधि गठित की जाएगी जिसमें क्रमश: उस जिले की जिला परिषद् द्वारा और उस प्रदेश की प्रादेशिक परिषद् द्वारा इस संविधान के उपबंधों के अनुसार, यथास्थिति, उस जिले या प्रदेश के प्रशासन के अनुक्रम में प्राप्त सभी धनराशियां जमा की जाएँगी।

[28][(2) राज्यपाल, यथास्थिति, जिला निधि या प्रादेशिक निधि के प्रबंध के लिए और उक्त निधि में धन जमा करने, उसमें से धनराशियां निकालने, उसके धन की अभिरक्षा और पूर्वोक्त विषयों से संबंधित या आनुषंगिक किसी अन्य विषय के संबंध में अनुसरण की जाने वाली प्रक्रिया के लिए नियम बना सकेगा।

(3) यथास्थिति, जिला परिषद् या प्रादेशिक परिषद् के लेखे ऐसे प्ररूप में रखे जाएँगे जो भारत का नियंत्रक-महालेखापरीक्षक राष्ट्रपति के अनुमोदन से, विहित करे।

(4) नियंत्रक-महालेखापरीक्षक जिला परिषदों और प्रादेशिक परिषदों के लेखाओं की संपरीक्षा ऐसी रीति से कराएगा जो वह ठीक समझे और नियंत्रक-महालेखापरीक्षक के ऐसे लेखाओं से संबंधित प्रतिवेदन राज्यपाल के समक्ष प्रस्तुत किए जाएँगे जो उन्हें परिषद् के समक्ष रखवाएगा।]

### 8. भू-राजस्व का निर्धारण और संग्रहण करने तथा कर का अधिरोपण करने की शक्तियाँ–

(1) स्वशासी प्रदेश के भीतर की सभी भूमियों के संबंध में ऐसे प्रदेश की प्रादेशिक परिषद् को और यदि जिले में कोई प्रादेशिक परिषद्

हैं तो उनके प्राधिकार के अधीन आने वाले क्षेत्रों में स्थित भूमियों को छोड़कर जिले के भीतर की सभी भूमियों के संबंध में स्वशासी जिले की जिला परिषद् को ऐसी भूमियों की बाबत, उन सिद्धांतों के अनुसार राजस्व का निर्धारण और संग्रहण करने की शक्ति जिनका [29][साधारणतया राज्य में भू-राजस्व के प्रयोजन के लिए भूमि के निर्धारण में राज्य की सरकार द्वारा तत्समय अनुसरण किया जाता है]।

(2) स्वशासी प्रदेश के भीतर के क्षेत्रों के संबंध में ऐसे प्रदेश की प्रादेशिक परिषद् को और यदि जिले में कोई प्रादेशिक परिषद् हैं तो उनके प्राधिकार के अधीन आने वाले क्षेत्रों को छोड़कर जिले के भीतर के सभी क्षेत्रों के संबंध में स्वशासी जिले की जिला परिषद् को, भूमि और भवनों पर करों का तथा ऐसे क्षेत्रों में निवासी व्यक्तियों पर पथ्कर का उद्ग्रहण और संग्रहण करने की शक्ति होगी।

(3) स्वशासी जिले की जिला परिषद् को ऐसे जिले के भीतर निम्नलिखित सभी या किन्हीं करों का उद्ग्रहण और संग्रहण करने की शक्ति होगी, अर्थात् : -

(क) वृत्ति, व्यापार, आजीविका और नियोजन पर कर;

(ख) जीवजंतुओं, यानों और नौकाओं पर कर;

(ग) किसी बाजार में विक्रय के लिए माल के प्रवेश पर कर और फेरी से ले जाए जाने वाले यात्रियों और माल पर पथकर; और

(घ) विद्यालयों, औषधालयों या सड़कों को बनाए रखने के लिए कर।

(4) इस पैरा के उपपैरा (2) और उपपैरा (3) में विनिर्दिष्ट करों में से किसी कर के उद्ग्रहण और संग्रहण का उपबंध करने के लिए, यथास्थिति, प्रादेशिक परिषद् या जिला परिषद् विनियम बना सकेगी और [30][ऐसा प्रत्येक विनियम राज्यपाल के समक्ष तुरंत प्रस्तुत किया जाएगा और जब तक वह उस पर अनुमति नहीं दे देता है तब तक उसका कोई प्रभाव नहीं होगा।]।

### [31]9. खनिजों के पूर्वेक्षण या निष्कर्षण के प्रयोजन के लिए अनुज्ञप्तियाँ या पट्टे-

(1) किसी स्वशासी जिले के भीतर के किसी क्षेत्र के संबंध में [32] [राज्य की सरकार] द्वारा खनिजों के पूर्वेक्षण या निष्कर्षण के प्रयोजन के लिए दी गई अनुज्ञप्तियों या पट्टों से प्रत्येक वर्ष प्रोद्भूत होने वाले स्वामिस्व का ऐसा अंश, जिला परिषद् को दिया जाएगा जो उस [33][राज्य की सरकार] और ऐसे जिले की जिला परिषद् के बीच करार पाया जाए।

(2) यदि जिला परिषद् को दिए जाने वाले ऐसे स्वामिस्व के अंश के बारे में कोई विवाद उत्पन्न होता है तो वह राज्यपाल को अवधारण के लिए निर्देशित किया जाएगा और राज्यपाल द्वारा अपने विवेक के अनुसार अवधारित रकम इस पैरा के उपपैरा (1) के अधीन जिला परिषद् को संदेय रकम समझी जाएगी और राज्यपाल का विनिश्चय अंतिम होगा।

### [33,34]10. जनजातियों से भिन्न व्यक्तियों की साहूकारी और व्यापार के नियंत्रण के लिए विनियम बनाने की जिला परिषद् की शक्ति-

(1) स्वशासी जिले की जिला परिषद् उस जिले में निवासी जनजातियों से भिन्न व्यक्तियों की उस जिले के भीतर साहूकारी या व्यापार के विनियमन और नियंत्रण के लिए विनियम बना सकेगी।

(2) विशिष्टतया और पूर्वगामी शक्ति की व्यापकता पर प्रतिकूल प्रभाव डाले बिना, ऐसे विनियम-

(क) विहित कर सकेंगे कि उस निमित्त दी गई अनुज्ञप्ति के धारक के अतिरिक्त और कोई साहूकारी का कारोबार नहीं करेगा;

(ख) साहूकार द्वारा प्रभारित या वसूल किए जाने वाले ब्याज की अधिकतम दर विहित कर सकेंगे;

(ग) साहूकारों द्वारा लेखे रखे जाने का और जिला परिषदों द्वारा इस निमित्त नियुक्त अधिकारियों द्वारा ऐसे लेखाओं के निरीक्षण का उपबंध कर सकेंगे;

(घ) विहित कर सकेंगे कि कोई व्यक्ति, जो जिले में निवासी अनुसूचित जनजातियों का सदस्य नहीं है, जिला परिषद् द्वारा इस निमित्त दी गई अनुज्ञप्ति के अधीन ही किसी वस्तु का थोक या फुटकर कारोबार करेगा, अन्यथा नहीं :

परंतु इस पैरा के अधीन ऐसे विनियम तब तक नहीं बनाए जा सकेंगे जब तक वे जिला परिषद् की कुल सदस्य संख्या के कम-से-कम तीन चौथाई बहुमत द्वारा पारित नहीं कर दिए जाते हैं :

परंतु यह और कि ऐसे किन्हीं विनियमों के अधीन किसी ऐसे साहूकार या व्यापारी को जो ऐसे विनियमों के बनाए जाने के पहले से उस जिले के भीतर कारोबार करता रहा है, अनुज्ञप्ति देने से इंकार करना सक्षम नहीं होगा।

(3) इस पैरा के अधीन बनाए गए सभी विनियम राज्यपाल के समक्ष तुरंत प्रस्तुत किए जाएँगे और जब तक वह उन पर अनुमति नहीं दे देता है तब तक उनका कोई प्रभाव नहीं होगा।

### 11. अनुसूची के अधीन बनाई गई विधियों, नियमों और विनियमों का प्रकाशन-

जिला परिषद् या प्रादेशिक परिषद् द्वारा इस अनुसूची के अधीन बनाई गई सभी विधियों, नियम और विनियम राज्य के राजपत्र में तुरंत प्रकाशित किए जाएँगे और ऐसे प्रकाशन पर विधि का बल रखेंगे।

### [35,36]12. [37][असम राज्य में स्वशासी जिलों और स्वशासी प्रदेशों को संसद के और असम राज्य के विधान मंडल के अधिनियमों का लागू होना]-

(1) इस संविधान में किसी बात के होते हुए भी,-

(क) [38][असम राज्य के विधान-मंडल] का कोई अधिनियम, जो ऐसे विषयों में से किसी विषय के संबंध में है जिनको इस अनुसूची के पैरा 3 में ऐसे विषयों के रूप में विनिर्दिष्ट किया गया है, जिनके संबंध में जिला परिषद् या प्रादेशिक परिषद् विधियाँ बना सकेगी और [38][असम राज्य के विधान-मंडल] का कोई अधिनियम, जो किसी अनासुत ऐल्कोहाली लिकर के उपभोग को प्रतिषिद्ध या निर्बंधित करता है, [39][उस राज्य में] किसी स्वशासी जिले या स्वशासी प्रदेश को तब तक लागू नहीं होगा जब तक दोनों दशाओं में से हर एक में ऐसे जिले की जिला परिषद् या ऐसे प्रदेश पर अधिकारिता रखने वाली जिला परिषद्, लोक अधिसूचना द्वारा, इस प्रकार निदेश नहीं दे देती है और जिला परिषद् किसी अधिनियम के संबंध में ऐसा निदेश देते समय यह निदेश दे सकेगी कि वह अधिनियम ऐसे जिले या प्रदेश या उसके किसी भाग को लागू होने में ऐसे अपवादों या उपांतरणों के अधीन रहते हुए प्रभावी होगा जो वह ठीक समझती है;

(ख) राज्यपाल, लोक अधिसूचना द्वारा, निदेश दे सकेगा कि संसद का या [40][असम राज्य के विधान मंडल] का कोई अधिनियम, जिसे इस उपपैरा के खंड(क)के उपबंध लागू नहीं होते हैं [41][उस राज्य में] किसी स्वशासी जिले या स्वशासी प्रदेश को लागू नहीं होगा अथवा ऐसे जिले या प्रदेश या उसके किसी भाग को ऐसे अपवादों या उपांतरणों के अधीन रहते हुए लागू होगा जो वह उस अधिसूचना में विनिर्दिष्ट करे।

(2) इस पैरा के उपपैरा (1) के अधीन दिया गया कोई निदेश इस प्रकार दिया जा सकेगा कि उसका भूतलक्षी प्रभाव हो।

### [42]12क. मेघालय राज्य में स्वशासी जिलों और स्वशासी प्रदेशों को संसद के और मेघालय राज्य के विधान-

**मंडल के अधिनियमों का लागू होना**-इस संविधान में किसी बात के होते हुए भी

(क) यदि इस अनुसूची के पैरा 3 के उपपैरा (1) में विनिर्दिष्ट विषयों में से किसी विषय के संबंध में मेघालय राज्य में किसी जिला परिषद् या प्रादेशिक परिषद् द्वारा बनाई गई किसी विधि का कोई उपबंध या यदि इस अनूसूची के पैरा 8 या पैरा 10 के अधीन उस राज्य में किसी जिला परिषद् या प्रादेशिक परिषद् द्वारा बनाए गए किसी विनियम का कोई उपबंध, मेघालय राज्य के विधान-मंडल द्वारा उस विषय के संबंध में बनाई गई किसी विधि के किसी उपबंध के विरुद्ध है तो, यथास्थिति, उस जिला परिषद् या प्रादेशिक परिषद् द्वारा बनाई गई विधि या बनाया गया विनियम, चाहे वे मेघालय राज्य के विधान-मंडल द्वारा बनाई गई विधि से पहले बनाया गया हो या उसके पश्चात, उस विरोध की मात्रा तक शून्य होगा और मेघालय राज्य के विधान-मंडल द्वारा बनाई गई विधि अभिभावी होगी;

(ख) राष्ट्रपति, संसद के किसी अधिनियम के संबंध में, अधिसूचना द्वारा निदेश दे सकेगा कि वह मेघालय राज्य में किसी स्वशासी जिले या स्वशासी प्रदेश को लागू नहीं होगा अथवा ऐसे जिले या प्रदेश या उसके किसी भाग को ऐसे अपवादों या उपांतरणों के अधीन रहते हुए लागू होगा जो वह अधिसूचना में विनिर्दिष्ट करे और ऐसा कोई निदेश इस प्रकार दिया जा सकेगा कि उसका भूतलक्षी प्रभाव हो।]

### [43][12कक, त्रिपुरा राज्य में स्वशासी जिलों और स्वशासी प्रदेशों को संसद के और त्रिपुरा राज्य के विधान-मंडल के अधिनियमों का लागू होना

इस संविधान में किसी बात के होते हुए भी-

(क) त्रिपुरा राज्य के विधान-मंडल को कोई अधिनियम, जो ऐसे विषयों में से किसी विषय के संबंध में है जिनको इस अनुसूची के पैरा 3 में ऐसे विषयों के रूप में विनिर्दिष्ट किया गया है जिनके संबंध में जिला परिषद् या प्रादेशिक परिषद् विधियाँ बना सकेगी, और त्रिपुरा राज्य के विधान-मंडल का कोई अधिनियम जो किसी अनासुत ऐल्कोहाली लिकर के उपभोग को प्रतिषिद्ध या निर्बंधित करता है, उस राज्य में किसी स्वशासी जिले या स्वशासी प्रदेश को तब तक लागू नहीं होगा जब तक, दोनों दशाओं में से हर एक में, उस जिले की जिला परिषद् या ऐसे प्रदेश पर अधिकारिता रखने वाली जिला परिषद् लोक अधिसूचना द्वारा, इस प्रकार निदेश नहीं दे देती है और जिला परिषद् किसी अधिनियम के संबंध में ऐसा निदेश देते समय यह निदेश दे सकेंगी कि वह अधिनियम उस जिले या प्रदेश या उसके किसी भाग को लागू होने में ऐसे अपवादों या उपांतरणों के अधीन रहते हुए प्रभावी होगा जो वह ठीक समझती है;

(ख) राज्यपाल, लोक अधिसूचना द्वारा, निदेश दे सकेगा कि त्रिपुरा राज्य के विधान-मडल को कोई अधिनियम, जिसे इस उपपैरा के खंड(क)के उपबंध लागू नहीं होते हैं, उस राज्य में किसी स्वशासी जिले या स्वशासी प्रदेश को लागू नहीं होगा अथवा ऐसे जिले या प्रदेश या उसके किसी भाग को ऐसे अपवादों या उपांतरणों के अधीन रहते हुए लागू होगा जो वह उस अधिसूचना में विनिर्दिष्ट करें;

(ग) राष्ट्रपति, संसद के किसी अधिनियम के संबंध में, अधिसूचना द्वारा निदेश दे सकेगा कि वह त्रिपुरा राज्य में किसी स्वशासी जिले या स्वशासी प्रदेश को लागू नहीं होगा अथवा ऐसे जिले या प्रदेश या किसी उसके किसी भाग को ऐसे अपवादों या उपांतरणों के अधीन रहते हुए लागू होगा जो वह अधिसूचना में विनिर्दिष्ट करे और ऐसा कोई निदेश इस प्रकार दिया जा सकेगा कि उसका भूतलक्षी प्रभाव हो।

## 12ख. मिजोरम राज्य में स्वशासी जिलों और स्वशासी प्रदेशों को संसद के और मिजोरम राज्य के विधान-मंडल के अधिनियमों को लागू होना

इस संविधान में किसी बात के होते हुए भी-

(क) मिजोरम राज्य के विधान-मंडल का कोई अधिनियम जो ऐसे विषयों में से किसी विषय के संबंध में जिनका इस अनुसूची के पैरा 3 में ऐसे विषयों के रूप में विनिर्दिष्ट किया गया है जिनके संबंध में जिला परिषद् या प्रादेशिक परिषद् विधियाँ बना सकेगा, और मिजोरम राज्य के विधान-मडल का कोई अधिनियम, जो किसी अनासत ऐल्कोहाली लिकर के उपभोग को प्रतिषिद्ध या निर्बंधित करता है, उस राज्य में किसी स्वशासी जिले या स्वशासी प्रदेश को तब तक लागू नहीं होगा, जब तक, दोनों दशाओं में से हर एक में, उस जिले की जिला परिषद् या ऐसे प्रदेश पर अधिकारिता रखने वाली जिला परिषद, लोक अधिसूचना द्वारा, इस प्रकार निदेश नहीं दे देती है और जिला परिषद् किसी अधिनियम के संबंध में ऐसे निदेश देते समय यह निदेश दे सकेगी कि वह अधिनियम उस जिले या प्रदेश या उसके किसी भाग को लागू होने में ऐसे अपवादों या उपांतरणों के अधीन रहते हुए प्रभावी होगा जो वह ठीक समझती है;

(ख) राज्यपाल, लोक अधिसूचना द्वारा, निदेश दे सकेगा कि मिजोरम राज्य के विधान-मंडल का कोई आधनियम, जिसे इस उपपैरा के खंड (क)के उपबंध लागू नहीं होते हैं, उस राज्य में किसी स्वशासी जिले या स्वशासी प्रदेश को लागू नहीं होगा अथवा ऐसे जिले या प्रदेश या उसके किसी भाग को ऐसे अपवादों या उपांतरणों के अधीन रहते हुए लागू होगा जो वह उस अधिसूचना में विनिर्दिष्ट करे;

(ग) राष्ट्रपति, संसद के किसी अधिनियम के संबंध में, अधिसूचना द्वारा निदेश दे सकेगा कि वह मिजोरम राज्य में किसी स्वशासी जिले या स्वशासी प्रदेश को लागू नहीं होगा अथवा ऐसे जिले या प्रदेश या उसके किसी भाग को ऐसे अपवादों या उपांतरणों के अधीन रहते हुए लागू होगा जो वह अधिसूचना में विनिर्दिष्ट करे और ऐसा कोई निदेश इस प्रकार दिया जा सकेगा कि उसका भूतलक्षी प्रभाव हो।]

## 13. स्वशासी जिलों से संबंधित प्राक्कलित प्राप्तियों और व्यय का वार्षिक वित्तीय विवरण में पृथक् रूप से दिखाया जाना—

किसी स्वशासी जिले से संबंधित प्राक्कलित प्राप्तियां और व्यय, जो [44]*** राज्य की संचित निधि में जमा होनी हैं या उसमें से किए जाने हैं, पहले जिला परिषद् के समक्ष विचार-विमर्श के लिए रखे जाएँगे और फिर ऐसे विचार-विमर्श के पश्चात् अनुच्छेद 202 के अधीन राज्य के विधान-मंडल के समक्ष रखे जाने वाले वार्षिक वित्तीय विवरण में पृथक् रूप से दिखाए जाएँगे।

## [45]14. स्वशासी जिलों और स्वशासी प्रदेशों के प्रशासन की जांच करने और उस पर प्रतिवेदन देने के लिए आयोग की नियुक्ति-

(1) राज्यपाल, राज्य में स्वशासी जिलों और स्वशासी प्रदेशों के प्रशासन के संबंध में अपने द्वारा विनिर्दिष्ट किसी विषय की, जिसके अंतर्गत इस अनुसूची के पैरा 1 के उपपैरा (3) के खंड (ग), खंड (घ), खंड (ङ) और खंड (च) में विनिर्दिष्ट विषय हैं, जांच करने और उस पर प्रतिवेदन देने के लिए किसी भी समय आयोग नियुक्त कर सकेगा, या राज्य में स्वशासी जिलों और स्वशासी प्रदेशों के साधारणतया प्रशासन की और विशिष्टतया-

(क) ऐसे जिलों और प्रदेशों में शिक्षा और चिकित्सा की सुविधाओं की और संचार की व्यवस्था की,

(ख) ऐसे जिलों और प्रदेशों के संबंध में किसी नए या विशेष विधान की आवश्यकता की, और

(ग) जिला परिषदों और प्रादेशिक परिषदों द्वारा बनाई गई विधियों, नियमों और विनियमों के प्रशासन की, समय-समय पर जांच करने और उस पर प्रतिवेदन देने के लिए आयोग नियुक्त कर सकेगा और ऐसे आयोग द्वारा अनुसरण की जाने वाली प्रक्रिया परिनिश्चित कर सकेगा।

(2) संबंधित मंत्री, प्रत्येक ऐसे आयोग के प्रतिवेदन को, राज्यपाल की उससे संबंधित सिफारिशों के साथ, उस पर [46][राज्य की सरकार] द्वारा की जाने के लिए प्रस्तावित कार्रवाई के संबंध में स्पष्टीकारक ज्ञापन सहित, राज्य के विधान-मंडल के समक्ष रखेगा।

(3) राज्यपाल राज्य की सरकार के कार्य का अपने मंत्रियों में आबंटन करते समय अपने मंत्रियों में से एक मंत्री को राज्य के स्वशासी जिलों और स्वशासी प्रदेशों के कल्याण का विशेषतया भारसाधक बना सकेगा।

## [47]15. जिला परिषदों और प्रादेशिक परिषदों के कार्यों और संकल्पों का निष्प्रभाव या निलंबित किया जाना—

(1) यदि राज्यपाल का किसी समय यह समाधान हो जाता है कि जिला परिषद् या प्रादेशिक परिषद् के किसी कार्य या संकल्प से भारत

की सुरक्षा का संकटापन्न होना संभाव्य है [48][या लोक व्यवस्था पर प्रतिकूल प्रभाव पड़ना संभाव्य है] तो वह ऐसे कार्य या संकल्प को निष्प्रभाव या निलंबित कर सकेगा और ऐसी कारवाई (जिसके अंतर्गत परिषद् का निलंबन और परिषद् में निहित या उसके द्वारा प्रयोक्तव्य सभी या किन्हीं शक्तियों को अपन हाथ में ले लेना है) कर सकेगा जो वह ऐसे कार्य को किए जाने या उसके चालू रखे जाने का अथवा ऐसे संकल्प को प्रभावी किए जाने का निवारण करने के लिए आवश्यक समझे।

(2) राज्यपाल द्वारा इस पैरा के उपपैरा (1) के अधीन किया गया आदेश, उसके लिए जो कारण है उनके सहित,राज्य के विधान-मंडल के समक्ष यथासंभवशीघ्र रखा जाएगा और यदि वह आदेश, राज्य के विधान-मंडल द्वारा प्रतिसंहृत नहीं कर दिया जाता है तो वह उस तारीख से, जिसको वह इस प्रकार किया गया था, बारह मास की अवधि तक प्रवृत्त बना रहेगा :

परंतु यदि और जितनी बार, ऐसे आदेश को प्रवृत्त बनाए रखने का अनुमोदन करनेवाला संकल्प राज्य के विधान-मंडल द्वारा पारित कर दिया जाता है तो और उतनी बार वह आदेश, यदि राज्यपाल द्वारा रद्द नहीं कर दिया जाता है तो, उस तारीख से, जिसको वह इस पैरा के अधीन अन्यथा प्रवर्तन में नहीं रहता, बारह मास की और अवधि तक प्रवृत्त बना रहेगा।

## [49]16. जिला परिषद् या प्रादेशिक परिषद् का विघटन-

[50][(1)] राज्यपाल, इस अनुसूची के पैरा 14 के अधीन नियुक्त आयोग की सिफारिश पर, लोक अधिसूचना द्वारा, किसी जिला परिषद् या प्रादेशिक परिषद् का विघटन कर सकेगा, और

(क) निदेश दे सकेगा कि परिषद् के पुनर्गठन के लिए नया साधारण निर्वाचन तुरंत कराया जाए।

(ख) राज्य के विधान-मंडल के पूर्व अनुमोदन से ऐसी परिषद् के प्राधिकार के अधीन आने वाले क्षेत्र का प्रशासन बारह मास से अनधिक अवधि के लिए अपने हाथ में ले सकेगा अथवा ऐसे क्षेत्र का प्रशासन ऐसे आयोग को जिसे उक्त पैरा के अधीन नियुक्त किया गया है या अन्य ऐसे किसी निकाय को जिसे वह उपयुक्त समझता है, उक्त अवधि के लिए दे सकेगा :

परंतु जब इस पैरा के खंड (क) के अधीन कोई आदेश किया गया है तब राज्यपाल प्रश्नगत क्षेत्र के प्रशासन के संबंध में, नया साधारण निर्वाचन होने पर परिषद् के पुनर्गठन के लंबित रहने तक, इस पैरा के खंड(ख) में निर्दिष्ट कार्रवाई कर सकेगा :

परंतु यह और कि, यथास्थिति, जिला परिषद् या प्रादेशिक परिषद् को राज्य के विधान-मंडल का अपने विचारों को रखने का अवसर दिए बिना उस पैरा के खंड (ख) के अधीन कोई कारवाई नहीं की जाएगी।

[51][(2) यदि राज्यपाल का किसी समय यह समाधान हो जाता है कि ऐसी स्थिति उत्पन्न हो गई है जिसमें स्वशासी जिले या स्वशासी प्रदेश का प्रशासन उस अनुसूची के उपबंधों के अनुसार नहीं चलाया जा सकता है तो वह, यथास्थिति, जिला परिषद् या प्रादेशिक परिषद् में निहित या उसके द्वारा प्रयोक्तव्य सभी या कोई कृत्य या शक्तियाँ, लोक अधिसूचना द्वारा छह मास से अनधिक अवधि के लिए अपने हाथ में ले सकेगा और यह घोषणा कर सकेगा कि ऐसे कृत्य या शक्तियाँ उक्त अवधि के दौरान ऐसे व्यक्ति या प्राधिकारी द्वारा प्रयोक्तव्य होगी जिसे वह इस निमित्त विनिर्दिष्ट करे :

परंतु राज्यपाल आरंभिक आदेश का प्रवर्तन, अतिरिक्त आदेश या आदेशों द्वारा, एक बार में छह मास से अनधिक अवधि के लिए बढ़ा सकेगा।

(3) इस पैरा के उपपैरा (2) के अधीन किया गया प्रत्येक आदेश, उसके लिए जो कारण हैं उनके सहित, राज्य के विधान-मंडल के समक्ष रखा जाएगा और वह आदेश उस तारीख से जिसको राज्य विधान-मंडल उस आदेश के किए जाने के पश्चात् प्रथम बार बैठता है, तीस दिन की समाप्ति पर प्रवर्तन में नहीं रहेगा यदि उस अवधि की समाप्ति से पहले राज्य विधान-मंडल द्वारा उसका अनुमोदन नहीं कर दिया जाता है।]

## [52]17. स्वशासी जिलों में निर्वाचन-क्षेत्रों के बनाने में ऐसे जिलों से क्षेत्रों का अपवर्जन-

राज्यपाल, [53][असम या मेघालय [54][या त्रिपुरा [55][या मिजोरम]] की विधान सभा] के निर्वाचनों के प्रयोजनों के लिए, आदेश द्वारा, यह घोषणा कर सकेगा कि, [56][यथास्थिति, असम या मेघालय [54][या त्रिपुरा [55][या मिजोरम]] राज्य में ] किसी स्वशासी जिले के भीतर का कोई क्षेत्र ऐसे किसी जिले के लिए विधान सभा में आरक्षित स्थान या स्थानों को भरने के लिए किसी निर्वाचन-क्षेत्र का भाग नहीं होगा, किंतु विधान सभा में इस प्रकार आरक्षित न किए गए ऐसे स्थान या स्थानों को भरने के लिए आदेश में विनिर्दिष्ट निर्वाचन-क्षेत्र का भाग होगा।

[57]* * * **

## [58]19. संक्रमणकालीन उपबंध-

(1) राज्यपाल, इस संविधान के प्रारंभ के पश्चात् यथासंभव शीघ्र, इस अनुसूची के अधीन राज्य में प्रत्येक स्वशासी जिले के लिए जिला परिषद् के गठन के लिए कार्रवाई करेगा और जब तक किसी स्वशासी जिले के लिए जिला परिषद् इस प्रकार गठित नहीं की जाती है तब तक ऐसे जिले का प्रशासन राज्यपाल में निहित होगा और ऐसे जिले के भीतर के क्षेत्रों के प्रशासन को इस अनुसूची के पूर्वगामी उपबंधों के स्थान पर निम्नलिखित उपबंध लागू होंगे, अर्थात् :-

(क) संसद का या उस राज्य के विधान-मंडल का कोई अधिनियम ऐसे क्षेत्र को तब तक लागू नहीं होगा जब तक राज्यपाल, लोक अधिसूचना द्वारा, इस प्रकार निदेश नहीं दे देता है और राज्यपाल किसी अधिनियम के संबंध में ऐसा निदेश देते समय यह निदेश दे सकेगा कि वह अधिनियम ऐसे क्षेत्र या उसके किसी विनिर्दिष्ट भाग को लागू होने में ऐसे अपवादों या उपांतरणों के अधीन रहते हुए प्रभावी होगा जो वह ठीक समझता है;

(ख) राज्यपाल ऐसे किसी क्षेत्र की शांति और सुशासन के लिए विनियम बना सकेगा और इस प्रकार बनाए गए विनियम संसद के या उस राज्य के विधान-मंडल के किसी अधिनियम का या किसी विद्यमान विधि का, जो ऐसे क्षेत्र को तत्समय लागू हैं, निरसन या संशोधन कर सकेंगे।

(2) राज्यपाल द्वारा इस पैरा के उपपैरा (1) के खंड (क) के अधीन दिया गया कोई निदेश इस प्रकार दिया जा सकेगा कि उसका भूतलक्षी प्रभाव हो।

(3) इस पैरा के उपपैरा (1) के खंड (ख) के अधीन बनाए गए सभी विनियम राष्ट्रपति के समक्ष तुरंत प्रस्तुत किए जाएँगे और जब तक वह उन पर अनुमति नहीं दे देता है तब तक उनका कोई प्रभाव नहीं होगा।

## [59][20. जनजाति क्षेत्र

(1) नीचे दी गई सारणी के भाग 1, भाग 2 , भाग 2 [60][,भाग 2क] और भाग 3 में विनिर्दिष्ट क्षेत्र क्रमश: असम राज्य, मेघालय राज्य [60][, त्रिपुरा राज्य] और मिजोरम [61][राज्य] के जनजाति क्षेत्र होंगे।

(2) [62][नीचे दी गई सारणी के भाग 1, भाग 2 या भाग 3 में] किसी जिले के प्रति निर्देश का यह अर्थ लगाया जाएगा कि वह पूर्वोत्तर क्षेत्र (पुनर्गठन) अधिनियम, 1971 की धारा 2 के खंड (ख) के अधीन नियत किए गए दिन से ठीक पहले विद्यमान उस नाम के स्वशासी जिले में समाविष्ट राज्यक्षेत्रों के प्रति निर्देश हैं :

परंतु इस अनुसूची के पैरा 3 के उपपैरा (1) के खंड (ङ) और खंड (च), पैरा 4, पैरा 5, पैरा 6, पैरा 8 के उपपैरा (2), उपपैरा (3) के खंड (क), खंड (ख) और खंड (घ) और उपपैरा (4) तथा पैरा 10 के उपपैरा (2) के खंड (घ) के प्रयोजनों के लिए, शिलांग नगरपालिका में समाविष्ट क्षेत्र के किसी भाग के बारे में यह नहीं समझा जाएगा कि वह [63][खासी पहाड़ी जिले ]के भीतर है।

[59][(3) नीचे दी गई सारणी के भाग 2क में "त्रिपुरा जनजाति क्षेत्र जिला" के प्रति निर्देश का यह अर्थ लगाया जाएगा कि वह त्रिपुरा जनजाति क्षेत्र स्वशासी जिला परिषद् अधिनियम, 1979 की पहली अनुसूची में विनिर्दिष्ट जनजाति क्षेत्रों में समाविष्ट राज्यक्षेत्र के प्रति निर्देश है।]

### सारणी

#### भाग 1

1. उत्तरी कछार पहाड़ी जिला।

[64]2. [65][कार्बी आंगलांग जिला।]

#### भाग 2

[66][1. खासी पहाड़ी जिला।

2. जयंतिया पहाड़ी जिला।]

3. गारो पहाड़ी जिला।

#### [67][भाग 2क

त्रिपुरा जनजाति क्षेत्र जिला।]

#### भाग 3

[68]* * * *

[69][1. चकमा जिला।

[70][2. मारा जिला।

3. लई जिला ]]

[71][**20क. मिजो जिला परिषद् का विघटन**-(1) इस अनुसूची में किसी बात के होते हुए भी, विहित तारीख से ठीक पहले विद्यमान मिजो जिले की जिला परिषद् (जिसे इसमें इसके पश्चात् मिजो जिला परिषद् कहा गया है) विघटित हो जाएगी और विद्यमान नहीं रह जाएगी।

(2) मिजोरम संघ राज्यक्षेत्र का प्रशासक, एक या अधिक आदेशों द्वारा, निम्नलिखित सभी या किन्हीं विषयों के लिए उपबंध कर सकेगा, अर्थात् :-

(क) मिजो जिला परिषद् की आस्तियों, अधिकारों और दायित्वों का (जिनके अंतर्गत उसके द्वारा की गई किसी संविदा के अधीन अधिकार और दायित्व है) पूर्णत: या भागत: संघ को या किसी अन्य प्राधिकारी को अंतरण;

(ख) किन्हीं ऐसी विधिक कार्यवाहियों में, जिनमें मिजो जिला परिषद् एक पक्षकार है, मिजो जिला परिषद् के स्थान पर संघ का या किसी अन्य प्राधिकारी का पक्षकार के रूप में रखा जाना अथवा संघ का या किसी अन्य प्राधिकारी का पक्षकार के रूप में जोड़ा जाना;

(ग) मिजो जिला परिषद् के किन्हीं कर्मचारीयों का संघ को या किसी अन्य प्राधिकारी को अथवा उसके द्वारा अंतरण या पुनर्नियोजन, ऐसे अंतरण या पुनर्नियोजन के पश्चात् उन कर्मचारीयों को लागू होने वाले सेवा के निबंधन और शर्ते;

(घ) मिजो जिला परिषद् द्वारा बनाई गई और उसके विघटन से ठीक पहले प्रवृत्त किन्हीं विधियों का, ऐसे अनुकूलनों और उपांतरणों के, चाहे वे निरसन के रूप में हों या संशोधन के

रूप में, अधीन रहते हुए जो प्रशासक द्वारा इस निमित्त किए जाएँ, तब तक प्रवृत्त बना रहना जब तक किसी सक्षम विधान-मंडल द्वारा या अन्य सक्षम प्राधिकारी द्वारा ऐसी विधियों में परिवर्तन, निरसन या संशोधन नहीं कर दिया जाता है;

(ङ) ऐसे आनुषंगिक, पारिणामिक और अनुपूरक विषय जो प्रशासक आवश्यक समझे।

**स्पष्टीकरण**-इस पैरा में और इस अनुसूची के पैरा 20ख में, "विहित तारीख" पद से वह तारीख अभिप्रेत है जिसको मिजोरम संघ राज्यक्षेत्र की विधान सभा का, संघ राज्यक्षेत्र शासन अधिनियम, 1963 के उपबंधों के अधीन और उनके अनुसार, सम्यक् रूप से गठन होता है।

### [72-73]20ख. मिजोरम संघ राज्यक्षेत्र में स्वशासी प्रदेशों का स्वशासी जिले होना और उसके पारिणामिक संक्रमणकालीन उपबंध-

(1) इस अनुसूची में किसी बात के होते हुए भी,-

(क) मिजोरम संघ राज्यक्षेत्र में विहित तारीख से ठीक पहले विद्यमान प्रत्येक स्वशासी प्रदेश उस तारीख को और से उस संघ राज्यक्षेत्र का स्वशासी जिला (जिसे इसमें इसके पश्चात्, तत्स्थानी नया जिला कहा गया है) हो जाएगा और उसका प्रशासक, एक या अधिक आदेशों द्वारा, निदेश दे सकेगा कि इस अनुसूची के पैरा 20 में (जिसके अंतर्गत उस पैरा से संलग्न सारणी का भाग 3 है) ऐसे पारिणामिक संशोधन किए जाएँगे जो इस खंड के उपबंधों को प्रभावी करने के लिए आवश्यक हैं और तब उक्त पैरा और उक्त भाग 3 के बारे में यह समझा जाएगा कि उनका तद्नुसार संशोधन कर दिया गया है;

(ख) मिजोरम संघ राज्यक्षेत्र में विहित तारीख से ठीक पहले विद्यमान स्वशासी प्रदेश की प्रत्येक प्रादेशिक परिषद् (जिसे इसमें इसके पश्चात् विद्यमान प्रादेशिक परिषद् कहा गया है) उस तारीख को और से और जब तक तत्स्थानी नए जिले के लिए परिषद् का सम्यक् रूप से गठन नहीं होता है तब तक, उस जिले की जिला परिषद् (जिसे इसमें इसके पश्चात् तत्स्थानी नई जिला परिषद् कहा गया है) समझी जाएगी।

(2) विद्यमान प्रादेशिक परिषद् का प्रत्येक निर्वाचित या नामनिर्देशित सदस्य तत्स्थानी नई जिला परिषद् के लिए, यथास्थिति, निर्वाचित या नामनिर्देशित समझा जाएगा और तब तक पद धारण करेगा जब तक इस अनुसूची के अधीन तत्स्थानी नए जिले के लिए जिला परिषद् का सम्यक् रूप से गठन नहीं होता है।

(3) जब तक तत्स्थानी नई जिला परिषद् द्वारा इस अनुसूची के पैरा 2 के उपपैरा (7) और पैरा 4 के उपपैरा (4) के अधीन नियम नहीं बनाए जाते हैं तब तक विद्यमान प्रादेशिक परिषद् द्वारा उक्त उपबंधों के अधीन बनाए गए नियम, जो विहित तारीख से ठीक पहले प्रवृत्त हैं, तत्स्थानी नई जिला परिषद् के संबंध में ऐसे अनुकूलनों और उपांतरणों के अधीन रहते हुए प्रभावी होंगे जो मिजोरम संघ राज्यक्षेत्र के प्रशासक द्वारा उनमें किए जाएँ।

(4) मिजोरम संघ राज्यक्षेत्र का प्रशासक, एक या अधिक आदेशों द्वारा, निम्नलिखित सभी या किन्हीं विषयों के लिए उपबंध कर सकेगा, अर्थात्:-

(क) विद्यमान प्रादेशिक परिषद् की आस्तियों, अधिकारों और दायित्वों का (जिनके अंतर्गत उसके द्वारा की गई किसी संविदा के अधीन अधिकार और दायित्व है) पूर्णतः या भागतः तत्स्थानी नई जिला परिषद् को अंतरण;

(ख) किन्हीं ऐसी विधिक कार्यवाहियों में, जिनमें विद्यमान प्रादेशिक परिषद् एक पक्षकार है, विद्यमान प्रादेशिक परिषद् के स्थान पर तत्स्थानी नई जिला परिषद् का पक्षकार के रूप में रखा जाना;

(ग) विद्यमान प्रादेशिक परिषद् के किन्हीं कर्मचारीयों का तत्स्थानी नई जिला परिषद् को अथवा उसके द्वारा अंतरण या पुनर्नियोजन; ऐसे अंतरण या पुनर्नियोजन के पश्चात् उन कर्मचारीयों को लागू होने वाले सेवा के निबंधन और शर्तें;

(घ) विद्यमान प्रादेशिक परिषद् द्वारा बनाई गई और विहित तारीख से ठीक पहले प्रवृत्त किन्हीं विधियों का, ऐसे अनुकूलनों और उपांतरणों के, चाहे वे निरसन के रूप में हों या संशोधन के रूप में, अधीन रहते हुए जो प्रशासक द्वारा इस निमित्त किए जाएँ, तब तक प्रवृत्त बना रहना जब तक सक्षम विधान-मंडल द्वारा या अन्य सक्षम प्राधिकारी द्वारा ऐसी विधियों में परिवर्तन, निरसन या संशोधन नहीं कर दिया जाता है;

(ङ) ऐसे आनुषंगिक, पारिणामिक और अनुपूरक विषय जो प्रशासक आवश्यक समझे।

### 20ग. निर्वचन-इस निमित्त बनाए गए किसी उपबंध के अधीन रहते हुए, इस अनुसूची के उपबंध मिजोरम संघ राज्यक्षेत्र को उनके लागू होने में इस प्रकार प्रभावी होंगे-

(1) मानो राज्य के राज्यपाल और राज्य की सरकार के प्रति निर्देश अनुच्छेद 239 के अधीन नियुक्त संघ राज्यक्षेत्र के प्रशासक के प्रति निर्देश हों; ("राज्य की सरकार" पद के सिवाय) राज्य के प्रति निर्देश मिजोरम संघ राज्यक्षेत्र के प्रति निर्देश हों और राज्य

विधान-मंडल के प्रति निर्देश मिजोरम संघ राज्यक्षेत्र की विधान सभा के प्रति निर्देश हों;

(2) मानो-

(क) पैरा 4 के उपपैरा (5) में संबंधित राज्य की सरकार से परामर्श करने के उपबंध का लोप कर दिया गया हो;

(ख) पैरा 6 के उपपैरा (2) में, "जिस पर राज्य की कार्यपालिका शक्ति का विस्तार है" शब्दों के स्थान पर "जिसके संबंध में मिजोरम संघ राज्यक्षेत्र की विधान सभा को विधियाँ बनाने की शक्ति है" शब्द रख दिए गए हों;

(ग) पैरा 13 में, "अनुच्छेद 202 के अधीन" शब्दों और अंकों का लोप कर दिया गया हो।]

## 21. अनुसूची का संशोधन-

(1) संसद, समय-समय पर विधि द्वारा, इस अनुसूची के उपबंधों में से किसी का, परिवर्धन, परिवर्तन या निरसन के रूप में संशोधन कर सकेगी और जब अनुसूची का इस प्रकार संशोधन किया जाता है तब इस संविधान में इस अनुसूची के प्रति किसी निर्देश का यह अर्थ लगाया जाएगा कि वह इस प्रकार संशोधित ऐसी अनुसूची के प्रति निर्देश है।

(2) ऐसी कोई विधि जो इस पैरा के उपपैरा (1) में उल्लिखित है, इस संविधान के अनुच्छेद 368 के प्रयोजनों के लिए इस संविधान का संशोधन नहीं समझी जाएगी।

## संदर्भ

1. मिजोरम राज्य अधिनियम, 1986 (1986 का 34) की धारा 39 द्वारा कुछ शब्दों के स्थान पर (20-2-1987 से) प्रतिस्थापित।
2. संविधान (छठी अनुसूची) संशोधन अधिनियम, 2003 (2003 का 44) की धारा 2 द्वारा असम में लागू होने के लिए पैरा 1 में उपपैरा (2) के पश्चात् निम्नलिखित परंतुक अंत:स्थापित कर संशोधित किया गया, अर्थात् :-

   "परंतु इस उपपैरा की कोई बात, बोडोलैंड प्रादेशिक क्षेत्र जिले को लागू नहीं होगी।"।
3. पूर्वोत्तर क्षेत्र (पुनर्गठन) अधिनियम, 1971 (1971 का 81) की धारा 71 (i) और आठवीं अनुसूची द्वारा (21-1-1972 से) "भाग क" के स्थान पर प्रतिस्थापित।
4. संविधान (उनचासवां संशोधन) अधिनियम, 1984 की धारा 4 द्वारा (1-4-1985 से) "भाग 1 और भाग 2" के स्थान पर प्रतिस्थापित।
5. आसाम पुनर्गठन (मेघालय) अधिनियम, 1969 (1969 का 55) की धारा 74 और चौथी अनुसूची द्वारा (2-4-1970 से) अंत:स्थापित।
6. पूर्वोत्तर क्षेत्र पुनर्गठन अधिनियम, 1971 (1971 का 81) की धारा 71 (i)और आठवीं अनुसूची द्वारा (21-1-1972 से) अंत:स्थापित।
7. संविधान छठी अनुसूची (संशोधन) अधिनियम, 2003 (2003 का 44) की धारा 2 द्वारा असम में लागू होने के लिए पैरा 2 में उपपैरा (1) के पश्चात् तथा उपपैरा (3) में परंतुक के पश्चात् क्रमशः निम्नलिखित परंतुक अंत:स्थापित कर संशोधित किया गया, अर्थात् :-

   परंतु यह कि बोडोलैंड प्रादेशिक परिषद् छियालीस से अनधिक सदस्यों से मिलकर बनेगी जिनमें से चालीस सदस्यों को व्यस्क मताधिकार के आधार पर निर्वाचित किया जाएगा, जिनमें से तीस अनुसूचित जनजातियों के लिए, पांच गैर जनजातीय समुदायों के लिए, पांच सभी समुदायों के लिए आरक्षित होंगे तथा शेष छह राज्यपाल द्वारा नामनिर्देशित किए जाएँगे जिनके अधिकार और विशेषाधिकार जिनके अंतर्गत मत देने के अधिकार भी हैं, वही होंगे जो अन्य सदस्यों के हैं, बोडोलैंड प्रादेशिक क्षेत्र जिले के उन समुदायों में से, जिनका प्रतिनिधित्व नहीं है, कम-से-कम दो महिलाएं होंगी।"।

   परंतु यह और कि बोडोलैंड प्रादेशिक क्षेत्र जिले के लिए गठित जिला परिषद् बोडोलैंड प्रादेशिक परिषद् कहलाएगी।"।
8. संविधान छठी अनुसूची (संशोधन) अधिनियम, 1995 (1995 का 42) की धारा 2 द्वारा असम में लागू होने के लिए पैरा 2 में उपपैरा (3) के पश्चात् निम्नलिखित परंतुक अंत:स्थापित किया गया, अर्थात् :-

   "परंतु उत्तरी कछार पहाड़ी जिले के लिए गठित जिला परिषद्, उत्तरी कछार पहाड़ी स्वशासी परिषद् कहलाएगी और कार्बी आलांग जिले के लिए गठित जिला परिषद्, कार्बी आलांग स्वशासी परिषद् कहलाएगी।";
9. आसाम पुनर्गठन (मेघालय) अधिनियम, 1969 (1969 का 55) की धारा 74 और चौथी अनुसूची द्वारा (2-4-1970 से) उपपैरा (1) के स्थान पर प्रतिस्थापित।
10. आसाम पुनर्गठन (मेघालय) अधिनियम, 1969 (1969 का 55) की धारा 74 और चौथी अनुसूची द्वारा (2-4-1970 से) "ऐसी परिषदों" के स्थान पर प्रतिस्थापित।
11. आसाम पुनर्गठन (मेघालय) अधिनियम, 1969 (1969 का 55) की धारा 74 और चौथी अनुसूची द्वारा (2-4-1970 से) अंत:स्थापित।
12. आसाम पुनर्गठन (मेघालय) अधिनियम, 1969 (1969 का 55) की धारा 74 और चौथी अनुसूची द्वारा (2-4-1970 से) अंत:स्थापित।

13. आसाम पुनर्गठन (मेघालय) अधिनियम, 1969 (1969 का 55) की धारा 74 और चौथी अनुसूची द्वारा (2-4-1970 से) द्वितीय परंतुक का लोप किया गया।

14. संविधान छठी अनुसूची (संशोधन) अधिनियम, 2003 (2003 का 44) की धारा 2 द्वारा पैरा 3 असम राज्य को लागू करने में निम्नलिखित रूप से संशोधित किया गया जिससे उपपैरा (3) निम्नलिखित रूप से प्रतिस्थापित हो सके, अर्थात् :-

"(3) पैरा 3क के उपपैरा (2) या पैरा 3ख के उपपैरा (2) में जैसा अन्यथा उपबंधित है, उसके सिवाय इस पैरा या पैरा 3क के उपपैरा (1) या पैरा 3ख के उपपैरा (1) के अधीन बनाई गई सभी विधियाँ राज्यपाल के समक्ष तुरंत प्रस्तुत की जाएँगी और जब तक वह उन पर अनुमति नहीं दे देता है तब तक प्रभावी नहीं होंगी।"।

15. संविधान (छठी अनुसूची) संशोधन अधिनियम, 1995 (1995 का 42) की धारा 2 द्वारा असम में लागू होने के लिए पैरा 3 के पश्चात् तथा संविधान छठी अनुसूची (संशोधन) अधिनियम, 2003 की धारा 2 द्वारा पैरा 3क के पश्चात् क्रमशः निम्नलिखित अंत:स्थापित किया गया, अर्थात् :-

**"3क. उत्तरी कछार पहाड़ी स्वशासी परिषद् और कार्बी आलांग स्वशासी परिषद् की विधि बनाने की अतिरिक्त शक्तियाँ**-(1) पैरा 3 के उपबंधों पर प्रतिकूल प्रभाव डाले बिना, उत्तरी कछार पहाड़ी/स्वशासी परिषद् और कार्बी आलांग स्वशासी परिषद् को, संबंधित जिलों के भीतर निम्नलिखित की बाबत विधियाँ बनाने की शक्ति होगी, अर्थात् :-

(क) सातवीं अनुसूची की सूची 1 की प्रविष्टि 7 और प्रविष्टि 52 के उपबंधों के अधीन रहते हए, उद्योग;

(ख) संचार, अर्थात्, सड़कें, पुल, फेरी और अन्य संचार साधन, जो सातवीं अनुसूची की सूची 1 में विनिर्दिष्ट नहीं हैं, नगरपालिका ट्राम, राज्जुमार्ग, अंतर्देशीय जलमार्गों के संबंध में सातवीं अनुसूची की सूची 1 और सूची 3 के उपबंधों के अधीन रहते हुए, अंतर्देशीय जलमार्ग और उन पर यातायात, यंत्र नोदित यानों से भिन्न यान;

(ग) पशुधन का परिरक्षण, संरक्षण और सुधार तथा जीवजंतुओं के रोगों का निवारण, पशु चिकित्सा प्रशिक्षण और व्यवसाय; कांजी हाउस;

(घ) प्राथमिक और माध्यमिक शिक्षा;

(ङ) कृषि जिसके अंतर्गत कृषि शिक्षा और अनुसंधान, नाशक जीवों से संरक्षण और पादप रोगों का निवारण है;

(च) मत्स्य उद्योग;

(छ) सातवीं अनुसूची की सूची 1 की प्रविष्टि 56 के उपबंधों के अधीन रहते हुए, जल, अर्थात, जल प्रदाय, सिंचाई और नहरें, जल निकासी और तटबंध, जल भंडारण और जल शक्ति;

(ज) सामाजिक सुरक्षा और सामाजिक बीमा; नियोजन और बेकारी;

(झ) ग्रामों, धान के खेतों, बाजारों, शहरों आदि के संरक्षण के लिए बाढ़ नियंत्रण स्कीमें (जो तकनीकी प्रकृति की न हों);

(ञ) नाट्यशाला और नाट्य प्रदर्शन; सातवीं अनुसूची की सूची 1 की प्रविष्टि 60 के उपबंधों के अधीन रहते हुए, सिनेमा, खेल-कूद, मनोरंजन और आमोद;

(ट) लोक स्वास्थ्य और स्वच्छता, अस्पताल और औषधालय;

(ठ) लघु सिंचाई;

(ड) खाद्य पदार्थ, पशुओं के चारे, कच्ची कपास और कच्चे जूट का व्यापार और वाणिज्य तथा उनका उत्पादन, प्रदाय और वितरण;

(ढ) राज्य, द्वारा नियंत्रित या वित्तपोषित पुस्तकालय, संग्रहालय और वैसी ही अन्य संस्थाएं संसद द्वारा बनाई गई विधि द्वारा या उसके अधीन राष्ट्रीय महत्त्व के घोषित किए गए प्राचीन और ऐतिहासिक संस्मारकों और अभिलेखों से भिन्न प्राचीन और ऐतिहासिक संस्मारक और अभिलेख : और

(ण) भूमि का अन्य संक्रामण।

(2) पैरा 3 के अधीन या इस पैरा के अधीन उत्तरी कछार पहाड़ी स्वशासी परिषद् और कार्बी आलांग स्वशासी परिषद् द्वारा बनाई गई सभी विधियाँ, जहाँ तक उनका संबंध सातवीं अनुसूची की सूची 3 में विनिर्दिष्ट विषयों से है, राज्यपाल के समक्ष तुरंत प्रस्तुत की जाएँगी, जो उन्हें राष्ट्रपति के विचार के लिए आरक्षित रखेगा।

(3) जब कोई विधि राष्ट्रपति के विचार के लिए आरक्षित रख ली जाती है तब राष्ट्रपति घोषित करेगा कि वह उक्त विधि पर अनुमति देता है या अनुमति रोक लेता है :

परंतु राष्ट्रपति राज्यपाल को यह निदेश दे सकेगा कि वह विधि को, यथास्थिति, उत्तरी कछार पहाड़ी स्वशासी परिषद् या कार्बी आलांग स्वशासी परिषद् को ऐसे संदेश के साथ यह अनुरोध करते हुए लौटा दे कि उक्त परिषद् विधि या उसके किन्हीं विनिर्दिष्ट उपबंधों पर पुनर्विचार करे और विशिष्टतया, किन्हीं ऐसे संशोधनों के पुर:स्थापन की वांछनीयता पर विचार करे जिनकी उसने अपने संदेश में सिफारिश की है और जब विधि इस प्रकार लौटा दी जाती है तब ऐसा संदेश मिलने की तारीख से छह मास

की अवधि के भीतर परिषद् ऐसी विधि पर तद्नुसार विचार करेगी और यदि विधि उक्त परिषद् द्वारा संशोधन सहित या उसके बिना फिर से पारित कर दी जाती है तो उसे राष्ट्रपति के समक्ष उसके विचार के लिए फिर से प्रस्तुत किया जाएगा।"।

"**3ख-बोडोलैंड प्रादेशिक परिषद् की विधियाँ बनाने की अतिरिक्त शक्तियाँ** - (1) पैरा 3 के उपबंधों पर प्रतिकूल प्रभाव डाले बिना, बोडोलैंड प्रादेशिक परिषद् को, अपने क्षेत्रों में, निम्नलिखित के संबंध में विधियाँ बनाने की शक्ति होगी, अर्थात् :-

(i) कृषि, जिसके अंतर्गत कृषि शिक्षा और अनुसंधान, नाशक जीवों से संरक्षण और पादप रोगों का निवारण है;

(ii) पशुपालन और पशु चिकित्सा अर्थात् पशुधन का परिरक्षण, सरंक्षण और सुधार तथा जीव जंतुओं के रोगों का निवारण, पशु चिकित्सा प्रशिक्षण और व्यवसाय, कांजी हाऊस;

(iii) सहकारिता;

(iv) सांस्कृतिक कार्य;

(v) शिक्षा अर्थात् प्राइमरी शिक्षा, उच्चतर माध्यमिक शिक्षा जिसमें वृत्तिक प्रशिक्षण, प्रौढ़ शिक्षा, महाविद्यालय शिक्षा (साधारण) भी है;

(vi) मत्स्य उद्योग;

(vii) ग्राम, धान के खेतों, बाजारों और शहरों के संरक्षण के लिए बाढ़ नियंत्रण (जो तकनीकी प्रकृति का न हो);

(viii) खाद्य और सिविल आपूर्ति;

(ix) वन (आरक्षित वनों को छोड़कर);

(x) हथकरघा और वस्त्र;

(xi) स्वास्थ्य और परिवार कल्याण;

(xii) सातवीं अनुसूची की सूची 1 की प्रविष्टि 84 के उपबंधों के अधीन रहते हुए मादक लिकर अफीम और युत्पन्न;

(xiii) सिंचाई;

(xiv) श्रम और रोजगार;

(xv) भूमि और राजस्व;

(xvi) पुस्तकालय सेवाएँ (राज्य सरकार द्वारा वित्तपोषित और नियंत्रित);

(xvii) लाटरी (सातवीं अनुसूची की सूची 1 की प्रविष्टि 40 के उपबंधों के अधीन रहते हुए). नाट्यशाला, नाट्य प्रदर्शन और सिनेमा (सातवीं अनुसूची की सूची 1 की प्रविष्टि 60 के उपबंधों के अधीन रहते हुए);

(xviii) बाजार और मेले;

(xix) नगर निगम, सुधार न्यास, जिला बोर्ड और अन्य स्थानीय प्राधिकारी;

(xx) राज्य द्वारा नियंत्रित या वित्तपोषित संग्रहालय और पुरातत्व विज्ञान संस्थान, संसद द्वारा बनाई गई किसी विधि द्वारा या उसके राष्ट्रीय महत्त्व के घोषित किए गए प्राचीन और ऐतिहासिक संस्मारकों और अभिलेखों से भिन्न, प्राचीन और ऐतिहासिक संस्मारक और अभिलेख;

(xxi) पंचायत और ग्रामीण विकास;

(xxii) योजना और विकास;

(xxiii) मुद्रण और लेखन सामग्री;

(xxiv) लोक स्वास्थ्य इंजीनियरी;

(xxv) लोक निर्माण विभाग;

(xxvi) प्रचार और लोक संपर्क;

(xxvii) जन्म और मृत्यु का रजिस्ट्रीकरण;

(xxviii) सहायता और पुनर्वास;

(xxix) रेशम उत्पादन;

(xxx) सातवीं अनुसूची की सूची 1 की प्रविष्टि 7 और प्रविष्टि 52 के उपबंधों के अधीन रहते हुए, लघु, कुटीर और ग्रामीण उद्योग;

(xxxi) समाज कल्याण;

(xxxii) मृदा संरक्षण;

(xxxiii) खेलकूद और युवा कल्याण;

(xxxiv) सांख्यिकी;

(xxxv) पर्यटन;

(xxxvi) परिवहन (सड़कें, पुल, फेरी और अन्य संचार साधन, जो सातवीं अनुसूची की सूची 1 में विनिर्दिष्ट नहीं हैं, नगरपालिका ट्राम, रज्जुमार्ग, अंतरदेशीय जलमार्गों के संबंध में सातवीं अनुसूची की सूची 1 और सूची 3 के उपबंधों के अधीन रहते हुए, अंतरदेशीय जलमार्ग और उन पर यातायात, यंत्र नोदित यानों से भिन्न यान;

(xxxvii) राज्य सरकार द्वारा नियंत्रित और वित्त पोषित जनजाति अनुसंधान संस्थान;

xxxviii) शहरी विकास-नगर और ग्रामीण योजना;

(xxxix) सातवीं अनुसूची की सूची 1 की प्रविष्टि 50 के उपबंधों के अधीन रहते हुए बाट और माप; और

(xl) मैदानी जनजातियों और पिछड़े वर्गों का कल्याण :

परंतु ऐसी विधियों की कोई बात,

(क) इस अधिनियम के प्रारंभ की तारीख पर किसी नागरिक के उसकी भूमि के संबंध में विद्यमान अधिकारों और विशेषाधिकारों को समाप्त या उपांतरित नहीं करेगी; और

(ख) किसी नागरिकों को विरासत, आबंटन, व्यवस्थापन के रूप में या अंतरण की किसी अन्य रीति से भूमि अर्जित करने से अनुज्ञात करने से अनुज्ञात नहीं करेगी यदि ऐसा नागरिक बोडोलैंड प्रादेशिक क्षेत्र जिले के भीतर भूमि के ऐसे अर्जन के लिए अन्यथा पात्र है।

(2) पैरा 3 के अधीन या इस पैरा के अधीन बनाई गई सभी विधियाँ, जहाँ तक उनका संबंध सातवीं अनुसूची की सूची 3 में विनिर्दिष्ट विषयों से है, राज्यपाल के समक्ष तुरंत प्रस्तुत की जाएँगी जो उन्हें राष्ट्रपति के विचार के लिए आरक्षित रखेगा।

(3) जब कोई विधि राष्ट्रपति के विचार के लिए आरक्षित रख ली जाती है, तब राष्ट्रपति घोषित करेगा कि वह उक्त विधि पर अनुमति देता है या अनुमति रोक लेता है :

परंतु राष्ट्रपति राज्यपाल को यह संदेश दे सकेगा कि वह विधि को, बोडोलैंड प्रादेशिक परिषद् को ऐसे संदेश के साथ यह अनुरोध करते हुए लौटा दे कि उक्त परिषद् विधि या उसके किन्हीं विनिर्दिष्ट उपबंधों पर पुनर्विचार करे और विशिष्टियां, किन्हीं ऐसे संशोधनों को पुर:स्थापित करने की वांछनीयता पर विचार करे जिनकी उसने अपने संदेश में सिफारिश की है और जब विधि इस प्रकार लौटा दी जाती है तब उक्त परिषद्, ऐसे संदेश की प्राप्ति की तारीख से छह मास की अवधि के भीतर ऐसी विधि पर तद्नुसार विचार करेगी और यदि विधि उक्त परिषद् द्वारा, संशोधन सहित या उसके बिना, फिर से पारित कर दी जाती है तो उसे राष्ट्रपति के समक्ष उसके विचार के लिए फिर से प्रस्तुत किया जाएगा ।"।

16. पूर्वोत्तर क्षेत्र (पुनर्गठन) अधिनियम, 1971 (1971 का 81) की धारा 71(6) और आठवीं अनुसूची द्वारा (21-1-1972 से) कुछ शब्दों के स्थान पर प्रतिस्थापित।

17. आसाम पुनर्गठन (मेघालय) अधिनियम, 1969 (1969 का 55) की धारा 74 और चौथी अनुसूची द्वारा (2-4-1970 से) खंड (झ) के स्थान पर प्रतिस्थापित।

18. संविधान छठी अनुसूची (संशोधन) अधिनियम, 2003 (2003 का 44) की धारा 2 द्वारा पैरा 4 असम राज्य को लागू करने में निम्नलिखित रूप से संशोधित किया गया जिससे उपपैरा (5) के पश्चात् निम्नलिखित अंत:स्थापित किया जा सके, अर्थात् :-

"(6) इस पैरा की कोई बात, इस अनुसूची के पैरा 2 के उपपैरा (3) के परंतुक के अधीन गठित बोडोलैंड प्रादेशिक परिषद् को लागू नहीं होगी।

19. पूर्वोत्तर क्षेत्र (पुनर्गठन) अधिनियम, 1971 (1971 का 81) की धारा 71 (i) और आठवीं अनुसूची द्वारा (21-1-1972 से) "आसाम के" शब्दों का लोप किया गया।

20. आसाम पुनर्गठन(मेघालय) अधिनियम, 1969 (1969 का 55) की धारा 74 और चौथी अनुसूची द्वारा (2-4-1970 से) अंत:स्थापित।

21. पूर्वोत्तर क्षेत्र (पुनर्गठन) अधिनियम, 1971 (1971 का 81) की धारा 71 (i) और आठवीं अनुसूची द्वारा (21-1-1972 से) कुछ शब्दों के स्थान पर प्रतिस्थापित।

22. अब दंड प्रक्रिया संहिता, 1973 (1974 का 2) देखें।

23. अब दंड प्रक्रिया संहिता, 1973 (1974 का 2) देखें।

24. आसाम पुनर्गठन (मेघालय) अधिनियम, 1969 (1969 का 55) की धारा 74 और चौथी अनुसूची द्वारा (2-4-1970 से) अंत:स्थापित।

25. आसाम पुनर्गठन (मेघालय) अधिनियम, 1969 (1969 का 55) की धारा 74 और चौथी अनुसूची द्वारा (2-4-1970 से) पैरा 6 के स्थान पर प्रतिस्थापित।

26. निरसन और संशोधन अधिनियम, 1974 (1974 का 56) की धारा 4 द्वारा "कांजी हाउस" के स्थान पर प्रतिस्थापित।

27. पूर्वोत्तर क्षेत्र (पुनर्गठन) अधिनियम, 1971 (1971 का 81) की धारा 71 (i) और आठवीं अनुसूची द्वारा (21-1-1972 से) "यथास्थिति, आसाम या मेघालय" शब्दों का लोप किया गया।

28. आसाम पुनर्गठन (मेघालय) अधिनियम, 1969 (1969 का 55) की धारा 74 और चौथी अनुसूची द्वारा (2-4-1970 से) उपपैरा (2) के स्थान पर प्रतिस्थापित।

29. पूर्वोत्तर क्षेत्र (पुनर्गठन) अधिनियम, 1971 (1971 का 81) की धारा 71 (i) और आठवीं अनुसूची द्वारा (21-1-1972 से) कुछ शब्दों के स्थान पर प्रतिस्थापित।

30. आसाम पुनर्गठन (मेघालय) अधिनियम, 1969 (1969 का 55) की धारा 74 और चौथी अनुसूची द्वारा (2-4-1970 से) अंत:स्थापित।

31. संविधान (छठी अनुसूची) संशोधन अधिनियम, 1988 (1988 का 67) की धारा 2 द्वारा पैरा 9 त्रिपुरा और मिजोरम राज्यों को लागू करने में निम्नलिखित रूप से संशोधित किया गया जिससे उपपैरा (2) के पश्चात् निम्नलिखित उपपैरा अंत:स्थापित किया जा सके, अर्थात :-

"(3) राज्यपाल, आदेश द्वारा, यह निदेश दे सकेगा कि इस पैरा के अधीन जिला परिषद् को दिया जाने वाला स्वामिस्व का अंश उस परिषद् को, यथास्थिति, उपपैरा (1) के अधीन किसी करार या उपपैरा (2) के अधीन किसी अवधारण की तारीख से एक वर्ष की अवधि के भीतर किया जाएगा।"।

32. पूर्वोत्तर क्षेत्र (पुनर्गठन) अधिनियम, 1971 (1971 का 81) की धारा 71(i) और आठवीं अनुसूची द्वारा (21-1-1972 से) "असम सरकार" के स्थान पर प्रतिस्थापित।

33. संविधान (छठी अनुसूची) संशोधन अधिनियम, 1988 (1988 का 67) की धारा 2 द्वारा पैरा 10 त्रिपुरा और मिजोरम राज्यों को लागू करने में निम्नलिखित रूप से संशोधित किया गया :-

'(क) शीर्षक में से "जनजातियों से भिन्न व्यक्तियों की" शब्दों का लोप किया जाएगा;

(ख) उपपैरा (1) में से "जनजातियों से भिन्न" शब्दों का लोप किया जाएगा।

(ग) उपपैरा (2) में, खंड

(घ) के स्थान पर निम्नलिखित खंड रखा जाएगा, अर्थात् :-

"(घ) विहित कर सकेंगे कि कोई व्यक्ति, जो जिले में निवासी है जिला परिषद् द्वारा इस निमित्त दी गई अनुज्ञप्ति के अधीन कोई थोक या फुटकर व्यापार करेगा अन्यथा नहीं :"'।

34. संविधान छठी अनुसूची (संशोधन) अधिनियम, 2003 (2003 का 44) की धारा 2 द्वारा पैरा 10 असम राज्य को लागू करने में निम्नलिखित रूप से संशोधित किया गया जिससे उपपैरा (3) के पश्चात् निम्नलिखित अंत:स्थापित किया जा सके, अर्थात् :-

"(4) इस पैरा की कोई बात, इस अनुसूची के पैरा 2 के उपपैरा (3) के परंतुक के अधीन गठित बोडोलैंड प्रादेशिक परिषद् को लागू नहीं होगी।"।

35. 1 संविधान (छठी अनुसूची) संशोधन अधिनियम, 1995 (1995 का 42) की धारा 2 द्वारा पैरा 12 असम राज्य को लागू होने के लिए निम्नलिखित रूप से संशोधित किया गया, अर्थात् :-

'पैरा 12 के उपपैरा (1) में "इस अनुसूची के पैरा 3 में ऐसे विषयों" शब्दों और अंक के स्थान पर, "इस अनुसूची के पैरा 3 या पैरा 3क में ऐसे विषयों" शब्द, अंक और अक्षर रखे जाएँगे।'।

36. संविधान छठी अनुसूची (संशोधन) अधिनियम, 2003 (2003 का 44) की धारा 2 द्वारा पैरा 12 असम राज्य को लागू करने में निम्नलिखित रूप से संशोधित किया गया, अर्थात् :-

'पैरा 12 के उपपैरा (1) के खंड (क) में, "इस अनुसूची के पैरा 3 या पैरा 3क में ऐसे विषयों के रूप में विनिर्दिष्ट किया गया है" शब्दों, अंकों और अक्षर के स्थान पर "इस अनुसूची के पैरा 3 या पैरा 3क या पैरा 3ख में ऐसे विषयों के रूप में विनिर्दिष्ट किया गया है" शब्द, अंक और अक्षर रखे जाएँगे;'।

37. पूर्वोत्तर क्षेत्र (पुनर्गठन) अधिनियम, 1971 (1971 का 81) की धारा 71 और आठवीं अनुसूची द्वारा (21-1-1972 से) शीर्षक के स्थान पर प्रतिस्थापित।

38. पूर्वोत्तर क्षेत्र (पुनर्गठन) अधिनियम, 1971 (1971 का 81) की धारा 71 और आठवीं अनुसूची द्वारा (21-1-1972 से) "राज्य का विधान-मंडल" के स्थान पर प्रतिस्थापित।।

39. पूर्वोत्तर क्षेत्र (पुनर्गठन) अधिनियम, 1971 (1971 का 81) की धारा 71 और आठवीं अनुसूची द्वारा (21-1-1972 से) अंत:स्थापित।

40. पूर्वोत्तर क्षेत्र (पुनर्गठन) अधिनियम, 1971 (1971 का 81) की धारा 71 और आठवीं अनुसूची द्वारा (21-1-1972 से) "राज्य का विधान-मंडल" के स्थान पर प्रतिस्थापित।

41. पूर्वोत्तर क्षेत्र (पुनर्गठन) अधिनियम, 1971 (1971 का 81) की धारा 71 और आठवीं अनुसूची द्वारा (21-1-1972 से) अंत:स्थापित।

42. पूर्वोत्तर क्षेत्र (पुनर्गठन) अधिनियम, 1971 (1971 का 81) की धारा 71 और आठवीं अनुसूची द्वारा (21-1-1972 से) पैरा 12क के स्थान पर प्रतिस्थापित।

43. संविधान छठी अनुसूची (संशोधन) अधिनियम, 1988 (1988 का 76) की धारा 2 द्वारा पैरा 12कक और 12ख के स्थान पर प्रतिस्थापित। पैरा 12कक संविधान(उनचासवां संशोधन) अधिनियम, 1984 की धारा 4 द्वारा (1-4-1985 से) अंत:स्थापित किया गया था।

44. पूर्वोत्तर क्षेत्र (पुनर्गठन) अधिनियम, 1971 (1971 का 81) की धारा 71 और आठवीं अनुसूची द्वारा (21-1-1972 से) "असम" शब्द का लोप किया गया।

45. संविधान छठी अनुसूची (संशोधन) अधिनियम, 1995 (1995 का 42) की धारा 2 द्वारा पैरा 14 "असम" राज्य में लागू होने के लिए निम्नलिखित रूप से संशोधित किया गया, अर्थात्:-

'पैरा 14 के उपपैरा (2) में, "राज्यपाल की उससे संबंधित सिफारिशों के साथ" शब्दों का लोप किया जाएगा।'।

46. पूर्वोत्तर क्षेत्र (पुनर्गठन) अधिनियम, 1971 (1971 का 81) की धारा 71 और आठवीं अनुसूची द्वारा (21-1-1972 से) "असम सरकार" के स्थान पर प्रतिस्थापित।

47. संविधान छठी अनुसूची (संशोधन) अधिनियम, 1988 (1988 का 67) की धारा 2 द्वारा पैरा 15 त्रिपुरा और मिजोरम राज्यों को लागू करने में निम्नलिखित रूप से संशोधित किया गया है :-

'(क) आरंभिक भाग में, "राज्य के विधान-मंडल द्वारा" शब्दों के स्थान पर "राज्यपाल द्वारा" शब्द रखे जाएँगे;

(ख) परंतुक का लोप किया जाएगा।'।

48. आसाम पुनर्गठन (मेघालय) अधिनियम, 1969 (1969 का 55) की धारा 74 और चौथी अनुसूची द्वारा (2-4-1970 से) अंत:स्थापित।

49. संविधान छठी अनुसूची (संशोधन) अधिनियम, 1988 (1988 का 67) की धारा 2 द्वारा पैरा 16 त्रिपुरा और मिजोरम राज्यों को लागू करने में निम्नलिखित रूप से संशोधित किया गया है :-

'(क) उपपैरा (1) के खंड (ख) में आने वाले "राज्य के विधान-मंडल के पूर्व अनुमोदन से" शब्दों और दूसरे परंतुक का लोप किया जाएगा;

(ख) उपपैरा (3) के स्थान पर निम्नलिखित उपपैरा रखा जाएगा, अर्थात् : -

"(3) इस पैरा के उपपैरा (1) या उपपैरा (2) के अधीन किया गया प्रत्येक आदेश, उसके लिए जो कारण है उनके सहित, राज्य के विधान-मंडल के समक्ष रखा जाएगा।"।

50. आसाम पुनर्गठन (मेघालय) अधिनियम, 1969 (1969 का 55) की धारा 74 और चौथी अनुसूची द्वारा (2-4-1970 से) पैरा 16 को उपपैरा (1) के रूप में पुनर्संख्यांकित किया गया।

51. आसाम पुनर्गठन (मेघालय) अधिनियम, 1969 (1969 का 55) की धारा 74 और चौथी अनुसूची द्वारा (2-4-1970 से ) अंत:स्थापित।

52. संविधान छठी अनुसूची (संशोधन) अधिनियम, 2003 (2003 का 44) की धारा 2 द्वारा पैरा 17 असम राज्य को लागू करने में निम्नलिखित अंत:स्थापित किया गया, अर्थात् :-

"परंतु इस पैरा की कोई बात बोडोलैंड प्रादेशिक क्षेत्र जिला को लागू नहीं होगी।"।

53. पूर्वोत्तर क्षेत्र (पुनर्गठन) अधिनियम, 1971 (1971 का 81) की धारा 71 और आठवीं अनुसूची द्वारा (21-1-1972 से ) "असम की विधान सभा" के स्थान पर प्रतिस्थापित।

54. संविधान (उनचासवां संशोधन) अधिनियम, 1984 की धारा 4 द्वारा (1-4-1985 से) अंत:स्थापित।

55. मिजोरम राज्य अधिनियम, 1986 (1986 का 34) की धारा 39 द्वारा (20-2-1987 से ) अंत:स्थापित।

56. पूर्वोत्तर क्षेत्र (पुनर्गठन) अधिनियम, 1971 (1971 का 81) की धारा 71 और आठवीं अनुसूची द्वारा (21-1-1972 से ) अंत:स्थापित।

57. पूर्वोत्तर क्षेत्र (पुनर्गठन) अधिनियम, 1971 (1971 का 81) की धारा 71 और आठवीं अनुसूची द्वारा (21-1-1972 से ) पैरा 18 का लोप किया गया।

58. संविधान छठी अनुसूची (संशोधन) अधिनियम, 2003 (2003 का 44) की धारा 2 द्वारा पैरा 19 असम राज्य को लागू करने में निम्नलिखित रूप से संशोधित किया गया जिससे उपपैरा (3) के पश्चात् निम्नलिखित अंत:स्थापित किया गया अर्थात् :-

'(4) इस अधिनियम के प्रारंभ के पश्चात, यथाशीघ्र असम में बोडोलैंड प्रादेशिक क्षेत्र जिले के लिए एक अंतरिम कार्यपालक परिषद, राज्यपाल द्वारा बोडो आन्दोलन के नेताओं में से, जिनके अंतर्गत समझौते के ज्ञापन के हस्ताक्षरकर्ता भी हैं, बनाई जाएगी और उसमें उस क्षेत्र के गैर जनजातीय समुदायों को भी पर्याप्त प्रतिनिधित्व दिया जाएगा :

परंतु अंतरिम परिषद् छह मास की अवधि के लिए होगी जिसके दौरान परिषद् का निर्वाचन कराने का प्रयास किया जाएगा।

स्पष्टीकरण-इस उपपैरा के प्रयोजनों के लिए, "समझौते का ज्ञापन" पद से भारत सरकार असम सरकार और बोडो लिबरेशन टाइगर्स के बीच 10 फरवरी, 2003 को हस्ताक्षरित ज्ञापन अभिप्रेत है।'।

59. पूर्वोत्तर क्षेत्र (पुनर्गठन) अधिनियम, 1971 (1971 का 81) की धारा 71 और आठवीं अनुसूची द्वारा (21-1-1972 से ) "पैरा 20 और 20क के" के स्थान पर प्रतिस्थापित।

60. संविधान (उनचासवां संशोधन) अधिनियम, 1984 की धारा 4 द्वारा (1-4-1985 से) अंत:स्थापित।

61. मिजोरम राज्य अधिनियम, 1986 (1986 का 34) की धारा 39 द्वारा (20-2-1987 से) "संघ राज्यक्षेत्र के स्थान पर प्रतिस्थापित।।

62. संविधान (उनचासवां संशोधन) अधिनियम, 1984 की धारा 4 द्वारा (1-4-1985 से) "नीचे दी गई सारणी में" के स्थान पर प्रतिस्थापित।

63. मेघालय सरकार के अधिसूचना सं० डी.सी.ए. 31/72/11, तारीख 14 जून, 1973, मेघालय का राजपत्र, भाग V क, तारीख 23-6-1973 पृ. 200 द्वारा प्रतिस्थापित।

64. संविधान छठी अनुसूची (संशोधन) अधिनियम, 2003 (2003 का 44) की धारा 2 द्वारा असम राज्य को लागू करने में पैरा 20 की सारणी के भाग 1 में प्रविष्टि 2 के पश्चात् निम्नलिखित प्रविष्टि अंत:स्थापित की गई, अर्थात् :-

"3. बोडोलैंड प्रादेशिक क्षेत्र जिला।"।

65. असम सरकार द्वारा तारीख 14-10-1976 की अधिसूचना सं टी.ए.डी/आर 115/74/47 द्वारा "मिकीर पहाड़ी जिला" के स्थान पर प्रतिस्थापित।

66. मेघालय सरकार की अधिसूचना सं डी.सी.ए. 31/72/11 तारीख 14 जून, 1973 मेघालय का राजपत्र, भाग v क, तारीख 23-6 1973 पृष्ठ 200 द्वारा प्रतिस्थापित।

67. संविधान उनचासवां सशोधन अधिनियम 1984 की धारा 4 द्वारा (1-4-1985 से) अंत:स्थापित।

68. संघ राज्यक्षेत्र शासन (संशोधन) अधिनियम, 1971 (1971 का 83) की धारा 13 द्वारा (29-4-1972 से) "मिजो जिला" शब्दों का लोप किया गया।

69. मिजोरम का राजपत्र 1972, तारीख 5 मई, 1972, जिल्द 1, भाग II, पृ. 17 में प्रकाशित मिजोरम जिला परिषद् (प्रकीर्ण उपबंध) आदेश, 1972 द्वारा (29-4-1972 से) अंत:स्थापित।

70. संविधान छठी अनुसूची (संशोधन) अधिनियम, 1988 (1988 का 67) की धारा 2 द्वारा क्रम सं. 2 और 3 तथा उनसे संबंधित प्रविष्टियों के स्थान पर प्रतिस्थापित।

71. संघ राज्यक्षेत्र सासन (संशोधन) अधिनियम, 1971 (1971 का 83) की धारा 13 द्वारा (29-4-1972 से), पैरा 20क के स्थान पर प्रतिस्थापित।

72. संविधान छठी अनुसूची (संशोधन) अधिनियम, 1995 (1995 का 42) की धारा 2 द्वारा असम में लागू होने के लिए पैरा 20ख के पश्चात् निम्नलिखित पैरा अंत:स्थापित किया गया, अर्थात् :

"**20खक. राज्यपाल द्वारा अपने कृत्यों के निर्वहन में वैवेकिक शक्तियों का प्रयोग**-राज्यपाल, इस अनुसूची के पैरा 1 के उपपैरा (2) और उपपैरा (3), पैरा 2 के उपपैरा (1), उपपैरा (6), उपपैरा (6क) के पहले परंतुक को छोड़कर और उपपैरा (7), पैरा 3 के उपपैरा (3), पैरा 4 के उपपैरा (4), पैरा 5, पैरा 6 के उपपैरा (1), पैरा 7 के उपपैरा (2), पैरा 8 के उपपैरा (4), पैरा 9 के उपपैरा (3), पैरा 10 के उपपैरा (3), पैरा 14 के उपपैरा (1), पैरा 15 के उपपैरा (1) और पैरा 16 के उपपैरा (1) और उपपैरा (2) के अधीन अपने कृत्यों के निर्वहन में, मंत्रिपरिषद् और, यथास्थिति, उत्तरी कछार पहाड़ी स्वशासी परिषद् या कार्बी आंगलांग पहाड़ी स्वशासी परिषद् से परामर्श करने के पश्चात् ऐसी कार्रवाई करेगा, जो वह स्वविवेकानुसार आवश्यक मानता है।"।

73. संविधान छठी अनुसूची (संशोधन) अधिनियम, 1988 (1988 का 67) की धारा 2 द्वारा त्रिपुरा और मिजोरम राज्यों को लागू करने में, पैरा 20ख के पश्चात् निम्नलिखित पैरा अंत:स्थापित किया गया है, अर्थात् :-

"**20खख. राज्यपाल द्वारा अपने कृत्यों के निर्वहन में वैवेकिक शक्तियों का प्रयोग**-राज्यपाल, इस अनुसूची के पैरा 1 के उपपैरा (2) और उपपैरा (3), पैरा 2 के उपपैरा (1) और उपपैरा (7), पैरा 3 का उपपैरा (3), पैरा 4 का उपपैरा (4), पैरा 5, पैरा 6 का उपपैरा (1), पैरा 7 का उपपैरा (2), पैरा 9 का उपपैरा (3), पैरा 14 का उपपैरा (1) और पैरा 16 का उपपैरा (1) और उपपैरा (2) के अधीन अपने कृत्यों के निर्वहन में, मंत्रिपरिषद् से और यदि वह आवश्यक समझे तो संबंधित जिला परिषद् या प्रादेशिक परिषद् से परामर्श करने के पश्चात्, ऐसी कार्रवाई करेगा, जो वह स्वविवेकानुसार आवश्यक समझे।"।

# सातवीं अनुसूची

## (अनुच्छेद 246)

### सूची 1 – संघ सूची

1. भारत की और उसके प्रत्येक भाग की रक्षा, जिसके अंतर्गत रक्षा के लिए तैयारी और ऐसे सभी कार्य हैं, जो युद्ध के समय युद्ध के संचालन और उसकी समाप्ति के पश्चात् प्रभावी सैन्यवियोजन में सहायक हों।

2. नौसेना, सेना और वायुसेना; संघ के अन्य सशस्त्र बल।

[1][2क. संघ के किसी सशस्त्र बल या संघ के नियंत्रण के अधीन किसी अन्य बल का या उसकी किसी टुकड़ी या यूनिट का किसी राज्य में सिविल शक्ति की सहायता में अभिनियोजन; ऐसे अभिनियोजन के समय ऐसे बलों के सदस्यों की शक्तियाँ, अधिकारिता, विशेषाधिकार और दायित्व।]

3. छावनी क्षेत्रों का परिसीमन, ऐसे क्षेत्रों में स्थानीय स्वशासन, ऐसे क्षेत्रों के भीतर छावनी प्राधिकारियों का गठन और उनकी शक्तियाँ तथा ऐसे क्षेत्रों में गृह वास-सुविधा का विनियमन (जिसके अंतर्गत भाटक का नियंत्रण है)।

4. नौसेना, सेना और वायुसेना संकर्म।

5. आयुध, अग्न्यायुध, गोलाबारूद और विस्फोटक।

6. परमाणु ऊर्जा और उसके उत्पादन के लिए आवश्यक खनिज संपत्ति स्रोत।

7. संसद द्वारा विधि द्वारा रक्षा के प्रयोजन के लिए या युद्ध के संचालन के लिए आवश्यक घोषित किए गए उद्योग।

8. केन्द्रीय आसूचना और अन्वेषण ब्यूरो।

9. रक्षा, विदेश कार्य या भारत की सुरक्षा संबंधी कारणों से निवारक निरोध; इस प्रकार निरोध में रखे गए व्यक्ति।

10. विदेश कार्य, सभी विषय जिनके द्वारा संघ का किसी विदेश से संबंध होता है।

11. राजनयिक, कौंसलीय और व्यापारिक प्रतिनिधित्व।

12. संयुक्त राष्ट्र संघ।

13. अंतर्राष्ट्रीय सम्मेलनों, संगमों और अन्य निकायों में भाग लेना और उनमें किए गए विनिश्चयों का कार्यान्वयन।

14. विदेशों से संधि और करार करना और विदेशों से की गई संधियों, करारों और अभिसमयों का कार्यान्वयन।

15. युद्ध और शांति।

16. वैदेशिक अधिकारिता।

17. नागरिकता, देशीयकरण और अन्यदेशीय।

18. प्रत्यर्पण।

19. भारत में प्रवेश और उसमें से उत्प्रवास और निष्कासन, पासपोर्ट और वीजा।

20. भारत से बाहर के स्थानों की तीर्थयात्राएं।

21. खुले समुद्र या आकाश में की गई दस्युता और अपराध; स्थल या खुले समुद्र या आकाश में राष्ट्रों की विधि के विरुद्ध किए गए अपराध।

22. रेल।

23. ऐसे राजमार्ग जिन्हें संसद द्वारा बनाई गई विधि द्वारा या उसके अधीन राष्ट्रीय राजमार्ग घोषित किया गया है।

24. यंत्र नोदित जलयानों के संबंध में ऐसे अंतर्देशीय जलमार्गों पर पोतपरिवहन और नौपरिवहन जो संसद द्वारा विधि द्वारा राष्ट्रीय जलमार्ग घोषित किए गए हैं; ऐसे जलमार्गों पर मार्ग का नियम।

25. समुद्री पोतपरिवहन और नौपरिवहन, जिसके अतंर्गत ज्वारीय जल में पोत परिवहन और नौपरिवहन है; वाणिज्यिक समुद्री बेड़े के लिए शिक्षा और प्रशिक्षण की व्यवस्था तथा राज्यों और अन्य अभिकरणों द्वारा दी जाने वाली ऐसी शिक्षा और प्रशिक्षण का विनियमन।

26. प्रकाशस्तंभ, जिनके अंतर्गत प्रकाशपोत, बीकन तथा पोतपरिवहन और वायुयानों की सुरक्षा के लिए अन्य व्यवस्था है।

27. ऐसे पत्तन जिन्हें संसद द्वारा बनाई गई विधि या विद्यमान विधि द्वारा या उसके अधीन महापत्तन घोषित किया जाता है, जिसके अंतर्गत उनका परिसीमन और उनमें पत्तन प्राधिकारियों का गठन और उनका शक्तियाँ है।

28. पत्तन कंरतीन, जिसके अंतर्गत उससे संबद्ध अस्पताल हैं; नाविक और समुद्रीय अस्पताल।

29. वायुमार्ग, वायुयान और विमान चालन; विमानक्षेत्रों की व्यवस्था; विमान यातायात और विमानक्षेत्रों का विनियमन और संगठन; वैमानिक शिक्षा और प्रशिक्षण के लिए व्यवस्था तथा राज्यों और अन्य अभिकरणों द्वारा दी जाने वाली ऐसी शिक्षा और प्रशिक्षण का विनियमन।
30. रेल, समुद्र या वायु मार्ग द्वारा अथवा यंत्र नोदित जलयानों में राष्ट्रीय जलमार्गों द्वारा यात्रियों और माल का वहन।
31. डाक-तार; टेलीफोन, बेतार प्रसारण और वैसे ही अन्य संचार साधन।
32. संघ की संपत्ति और उससे राजस्व, किंतु किसी [2]* * * राज्य में स्थित संपत्ति के संबंध में, वहाँ तक के सिवाय जहाँ तक संसद विधि द्वारा अन्यथा उपबंध करे, उस राज्य के विधान के अधीन रहते हुए।

[3]*****

34. देशी राज्यों के शासकों की संपदा के लिए प्रतिपाल्य अधिकरण।
35. संघ का लोक ऋण।
36. करेंसी, सिक्का निर्माण और वैध निविदा, विदेशी मुद्रा।
37. विदेशी ऋण।
38. भारतीय रिजर्व बैंक।
39. डाकघर बचत बैंक।
40. भारत सरकार या किसी राज्य की सरकार द्वारा संचालित लाटरी।
41. विदेशों के साथ व्यापार और वाणिज्य; सीमाशुल्क सीमांतों के आर-पार आयात; और निर्यात : सीमाशुल्क सीमांतों का परिनिश्चय।
42. अंतरराज्यिक व्यापार और वाणिज्य।
43. व्यापार निगमों का, जिनके अंतर्गत बैंककारी, बीमा और वित्तीय निगम हैं किंतु सहकारी सोसाइटी नहीं हैं, निगमन, विनियमन और परिसमापन।
44. विश्वविद्यालयों को छोड़कर ऐसे निगमों का, चाहे वे व्यापार निगम हों या नहीं, जिनके उद्देश्य एक राज्य तक सीमित नहीं हैं, निगमन, विनियम्न और परिसमापन।
45. बैंककारी।
46. विनिमय-पत्र, चेक, बचत पत्र और वैसी ही अन्य लिखतें।
47. बीमा।
48. स्टाक एक्सचेंज और वायदा बाजार।
49. पेटेंट, आविष्कार और डिजाइन; प्रतिलिप्यधिकार; व्यापार चिह्न और पण्य वस्तु चिह्न।
50. बाटों और मापों के मानक नियत करना।
51. भारत से बाहर निर्यात किए जाने वाले या एक राज्य से दूसरे राज्य को परिवहन किए जाने वाले माल की क्वालिटी के मानक नियत करना।
52. वे उद्योग जिनके संबंध में संसद ने विधि द्वारा घोषणा की है कि उन पर संघ का नियंत्रण लोकहित में समीचीन है।
53. तेलक्षेत्रों और खनिज तेल संपत्ति स्रोतों का विनियमन और विकास; पेट्रोलियम और पेट्रोलियम उत्पाद; अन्य द्रव और पदार्थ जिनके विषय में संसद ने विधि द्वारा घोषणा की है कि वे खतरनाक रूप से ज्वलनशील हैं।
54. उस सीमा तक खानों का विनियमन और खनिजों का विकास जिस तक संघ के नियंत्रण के अधीन ऐसे विनियमन और विकास को संसद, विधि द्वारा, लोकहित में समीचीन घोषित करे।
55. खानों और तेलक्षेत्रों में श्रम और सुरक्षा का विनियमन।
56. उस सीमा तक अंतरराज्यिक नदियों और नदी दूनों का विनियमन और विकास जिस तक संघ के नियंत्रण के अधीन ऐसे विनियमन और विकास को संसद, विधि द्वारा, लोकहित में समीचीन घोषित करे।
57. राज्यक्षेत्रीय सागरखंड से परे मछली पकड़ना और मीन क्षेत्र।
58. संघ के अभिकरणों द्वारा नमक का विनिर्माण, प्रदाय और वितरण; अन्य अभिकरणों द्वारा किए गए नमक के विनिर्माण, प्रदाय और वितरण का विनिमयन और नियंत्रण।
59. अफीम की खेती, उसका विनिर्माण और निर्यात के लिए विक्रय।
60. प्रदर्शन के लिए चलचित्र फिल्मों की मंजूरी।
61. संघ के कर्मचारीयों से संबंधित औद्योगिक विवाद।
62. इस संविधान के प्रारंभ पर राष्ट्रीय पुस्तकालय, भारतीय संग्रहालय, इंपीरियल युद्ध संग्रहालय, विक्टोरिया स्मारक और भारतीय युद्ध स्मारक नामों से ज्ञात संस्थाएं और भारत सरकार द्वारा पूर्णत: या भागत: वित्तपोषित और संसद द्वारा, विधि द्वारा, राष्ट्रीय महत्त्व की घोषित वैसी ही कोई अन्य संस्था।
63. इस संविधान के प्रारंभ पर काशी हिन्दू विश्वविद्यालय, अलीगढ़ मुस्लिम विश्वविद्यालय और [4][दिल्ली विश्वविद्यालय] नामों से ज्ञात संस्थाएं; [4][अनुच्छेद 371ङ के अनुसरण में स्थापित विश्वविद्यालय;] संसद द्वारा, विधि द्वारा राष्ट्रीय महत्त्व की घोषित कोई अन्य संस्था।
64. भारत सरकार द्वारा पूर्णत: या भागत: वित्तपोषित और संसद द्वारा, विधि द्वारा, राष्ट्रीय महत्त्व की घोषित वैज्ञानिक या तकनीकी शिक्षा संस्थाएं।
65. संघ के अभिकरण और संस्थाएं जो-
    (क) वृत्तिक, व्यावसायिक या तकनीकी प्रशिक्षण के लिए हैं जिसके अंतर्गत पुलिस अधिकारियों का प्रशिक्षण है; या
    (ख) विशेष अध्ययन या अनुसंधान की अभिवृद्धि के लिए हैं; या
    (ग) अपराध के अन्वेषण या पता चलाने में वैज्ञानिक या तकनीकी सहायता के लिए हैं।
66. उच्चतर शिक्षा या अनुसंधान संस्थाओं में तथा वैज्ञानिक और तकनीकी संस्थाओं में मानकों का समन्वय और अवधारण।

67. [5][संसद द्वारा बनाई गई विधि द्वारा या उसके अधीन] राष्ट्रीय महत्त्व के [5][घोषित] प्राचीन और ऐतिहासिक संस्मारक और अभिलेख तथा पुरातत्वीय स्थल और अवशेष।

68. भारतीय सर्वेक्षण, भारतीय भूवैज्ञानिक, वनस्पति विज्ञान, प्राणी विज्ञान और मानव शास्त्र सर्वेक्षण: मौसम विज्ञान संगठन।

69. जनगणना।

70. संघ लोक सेवाएँ; अखिल भारतीय सेवाएँ, संघ लोक सेवा आयोग।

71. संघ की पेंशनें, अर्थात् भारत सरकार द्वारा या भारत की संचित निधि में से संदेय पेंशनें।

72. संसद के लिए, राज्यों के विधान-मंडलों के लिए तथा राष्ट्रपति और उपराष्ट्रपति के पदों के लिए निर्वाचन; निर्वाचन आयोग।

73. संसद सदस्यों के, राज्य सभा के सभापति और उपसभापति के तथा लोक सभा के अध्यक्ष और उपाध्यक्ष के वेतन और भत्ते।

74. संसद के प्रत्येक सदन की और प्रत्येक सदन के सदस्यों और समितियों की शक्तियाँ, विशेषाधिकार और उन्मुक्तियां; संसद की समितियों या संसद द्वारा नियुक्त आयोगों के समक्ष साक्ष्य देने या दस्तावेज पेश करने के लिए व्यक्तियों को हाजिर कराना।

75. राष्ट्रपति और राज्यपालों की उपलब्धियां, भत्ते, विशेषाधिकार और अनुपस्थिति छुट्टी के संबंध में अधिकार; संघ के मंत्रियों के वेतन और भत्ते; नियंत्रक-महालेखापरीक्षक के वेतन, भत्ते और अनुपस्थिति छुट्टी के संबंध में अधिकार और सेवा की अन्य शर्तें।

76. संघ के और राज्यों के लेखाओं की संपरीक्षा।

77. उच्चतम न्यायालय का गठन, संगठन, अधिकारिता और शक्तियाँ (जिनके अंतर्गत उस न्यायालय का अवमान है) और उसमें ली जाने वाली फीस; उच्चतम न्यायालय के समक्ष विधि-व्यवसाय करने के हकदार व्यक्ति।

78. उच्च न्यायालयों के अधिकारियों और सेवकों के बारे में उपबंधों को छोड़कर उच्च न्यायालयों का गठन और संगठन [6][(जिसके अंतर्गत दीर्घावकाश है)]; उच्च न्यायालयों के समक्ष विधि-व्यवसाय करने के हकदार व्यक्ति।

[7][79. किसी उच्च न्यायालय की अधिकारिता का किसी संघ राज्यक्षेत्र पर विस्तारण और उससे अपवर्जन।]

80. किसी राज्य के पुलिस बल के सदस्यों की शक्तियों और अधिकारिता का उस राज्य से बाहर किसी क्षेत्र पर विस्तारण, किंतु इस प्रकार नहीं कि एक राज्य की पुलिस उस राज्य से बाहर किसी क्षेत्र में उस राज्य की सरकार की सहमति के बिना जिसमें ऐसा क्षेत्र स्थित है, शक्तियों और अधिकारिता का प्रयोग करने में समर्थ हो सके; किसी राज्य के पुलिस बल के सदस्यों की शक्तियों और अधिकारिता का उस राज्य से बाहर रेल क्षेत्रों पर विस्तारण।

81. अंतरराज्यिक प्रव्रजन; अंतरराज्यिक करंतीन।

82. कृषि-आय से भिन्न आय पर कर।

83. सीमाशुल्क जिसके अंतर्गत निर्यात शुल्क है।

84. भारत में विनिर्मित या उत्पादित तंबाकू और अन्य माल पर उत्पाद शुल्क जिसके अंतर्गत-

(क) मानवीय उपभोग के लिए ऐल्कोहाली लिकर,

(ख) अफीम, इंडियन हेंप और अन्य स्वापक औषधियां तथा स्वापक पदार्थ, नहीं हैं; किंतु ऐसी औषधीय और प्रसाधन निर्मितियां हैं जिसमें ऐल्कोहाल या इस प्रविष्टि के उपपैरा (ख) का कोई पदार्थ 'अंतर्विष्ट है।

85. निगम कर।

86. व्यष्टियों और कंपनियों की आस्तियों के, जिनके अंतर्गत कृषि भूमि नहीं है, पूंजी मूल्य पर कर कंपनियों की पूंजी पर कर।

87. कृषि भूमि से भिन्न संपत्ति के संबंध में संपदा शुल्क।

88. कृषि भूमि से भिन्न संपत्ति के उत्तराधिकार के संबंध में शुल्क।

89. रेल, समुद्र या वायुमार्ग द्वारा ले जाए जाने वाले माल या यात्रियों पर सीमा कर; रेल भाड़ों और माल भाड़ों पर कर।

90. स्टाक एक्सचेंजों और वायदा बाजारों के संव्यवहारों पर स्टांप-शुल्क से भिन्न कर।

91. विनिमय-पत्रों, चेकों, वचनपत्रों, वहनपत्रों, प्रत्ययपत्रों, बीमा पालिसियों, शेयरों के अंतरण, डिबेंचरों, परोक्षियों और प्राप्तियों के संबंध में स्टांप-शुल्क की दर।

92. समाचारपत्रों के क्रय या विक्रय और उनमें प्रकाशित विज्ञापनों पर कर।

[8][92क. समाचारपत्रों से भिन्न माल के क्रय या विक्रय पर उस दशा में कर जिसमें ऐसा क्रय या विक्रय अंतरराज्यिक व्यापार या वाणिज्य के दौरान होता है।]

[9][92ख. माल के परेषण पर (चाहे परेषण उसके करने वाले व्यक्ति को या किसी अन्य व्यक्ति को किया गया है), उस दशा में कर जिसमें ऐसा परेषण अंतरराज्यिक व्यपार या वाणिज्य के दौरान होता है।]

[10][92ग. सेवाओं पर कर ]

93. इस सूची के विषयों में से किसी विषय से संबंधित विधियों के विरूद्ध अपराध।

94. इस सूची के विषयों में से किसी विषय के प्रयोजनों के लिए जांच, सर्वेक्षण और आंकड़े।

95. उच्चतम न्यायालय से भिन्न सभी न्यायालयों की इस सूची के विषयों में से किसी विषय के संबंध में अधिकारिता और शक्तियाँ; नावधिकरण विषयक अधिकारिता।

96. इस सूची के विषयों में से किसी विषय के संबंध में फीस, किंतु इसके अंतर्गत किसी न्यायालय में ली जाने वाली फीस नहीं है।

97. कोई अन्य विषय जो सूची 2 या सूची 3 में प्रगणित नहीं है और जिसके अंतर्गत कोई ऐसा कर है जो उन सूचियों में से किसी सूची में उल्लिखित नहीं है।

## सूची 2-राज्य सूची

1. लोक व्यवस्था (किंतु इसके अंतर्गत सिविल शक्ति की सहायता के लिए [11][नौसेना, सेना या वायु सेना या संघ के किसी अन्य सशस्त्र बल का या संघ के नियंत्रण के अधीन किसी अन्य बल का या उसकी किसी टुकड़ी का या यूनिट का प्रयोग] नहीं है)।

[12][2. सूची 1 की प्रविष्टि 2क के उपबंधों के अधीन रहते हुए पुलिस (जिसके अंतर्गत रेल और ग्राम पुलिस है।]

3. [11]* * * उच्च न्यायालय के अधिकारी और सेवक; भाटक और राजस्व न्यायालयों की प्रक्रिया; उच्चतम न्यायालय से भिन्न सभी न्यायालयों में ली जाने वाली फीस।

4. कारागार सुधारालय, बौर्स्टल संस्थाएं और उसी प्रकार की अन्य संस्थाएं और उनमें निरुद्ध व्यक्ति, कारागारों और अन्य संस्थाओं के उपयोग के लिए अन्य राज्यों से ठहराव।

5. स्थानीय शासन, अर्थात् नगर निगमों, सुधार न्यासों, जिला बोर्डों, खनन-बस्ती प्राधिकारियों और स्थानीय स्वशासन या ग्राम प्रशासन के प्रयोजनों के लिए अन्य स्थानीय प्राधिकारियों का गठन और शक्तियाँ।

6. लोक स्वास्थ्य और स्वच्छता; अस्पताल और औषधालय।

7. भारत से बाहर के स्थानों की तीर्थयात्राओं से भिन्न तीर्थयात्राएं।

8. मादक लिकर, अर्थात मादक लिकर का उत्पादन, विनिर्माण, कब्जा, परिवहन, क्रय और विक्रय।

9. नि:शक्त और नियोजन के लिए अयोग्य व्यक्तियों की सहायता।

10. शव गाड़ना और कब्रिस्तान; शव-दाह और श्मशान।

[12]* ** * *

12. राज्य द्वारा नियंत्रित या वित्तपोषित पुस्तकालय, संग्रहालय या वैसी ही अन्य संस्थाएं; [5][संसद द्वारा बनाइ गई विधि द्वारा या उसके अधीन] राष्ट्रीय महत्त्व के [घोषित किए गए] प्राचीन और ऐतिहासिक संस्मारकों और अभिलेखों से भिन्न प्राचीन और ऐतिहासिक संस्मारक और अभिलेख।

13. संचार, अर्थात् सड़कें, पुल, फेरी और अन्य संचार साधन जो सूची 1 में विनिर्दिष्ट नहीं हैं; नगरपालिका ट्राम; रज्जुमाग; अंतर्देशीय जलमार्गों के संबंध में सूची 1 और सूची 3 के उपबंधों के अधीन रहते हुए, अंतर्देशीय जलमार्ग और उन पर यातायात; यंत्र नोदित यानों से भिन्न यान।

14. कृषि जिसके अंतर्गत कृषि शिक्षा और अनुसंधान, नाशक जीवों से संरक्षण और पादप रोगों का निवारण है।

15. पशुधन का परिरक्षण, संरक्षण और सुधार तथा जीवजंतुओं के रोगों का निवारण; पशुचिकित्सा प्रशिक्षण और व्यवसाय।

16. कांजी हाउस और पशु अतिचार का निवारण।

17. सूची 1 की प्रविष्टि 56 के उपबंधों के अधीन रहते हुए, जल अर्थात् जल प्रदाय, सिंचाई और नहरें जल निकास और तटबंध, जल भंडारकरण और जल शक्ति।

18. भूमि, अर्थात् भूमि में या उस पर अधिकार, भूधृति जिसके अंतर्गत भूस्वामी और अभिधारी का संबंध है और भाटक का संग्रहण : कृषि भूमि का अंतरण और अन्य संक्रामण; भूमि विकास और कृषि उधार; उपनिवेशन।

[13]* * * * *

21. मत्स्यिकी।

22. सूची 1 की प्रविष्टि 34 के उपबंधों के अधीन रहते हुए, प्रतिपाल्य-अधिकरण; विल्लंगमित और कुर्क की गई संपदा।

23. संघ के नियंत्रण के अधीन विनियमन और विकास के संबंध में सूची 1 के उपबंधों के अधीन रहते हुए, खानों का विनियमन और खनिज विकास।

24. सूची 1 की [14][प्रविष्टि 7 और प्रविष्टि 52] के उपबंधों के अधीन रहते हुए, उद्योग।

25. गैस और गैस संकर्म।।

26. सूची 3 की प्रविष्टि 33 के उपबंधों के अधीन रहते हुए, राज्य के भीतर व्यापार और वाणिज्य।

27. सूची 3 की प्रविष्टि 33 के उपबंधों के अधीन रहते हुए, माल का उत्पादन, प्रदाय और वितरण।

28. बाजार और मेले।

[15]* * * * *

30. साहूकारी और साहूकार; कृषि ऋणिता से मुक्ति।

31. पांथशाला और पांथशालापाल।

32. ऐसे निगमों का, जो सूची 1 में विनिर्दिष्ट निगमों से भिन्न हैं और विश्वविद्यालयों का निगमन, विनियमन और परिसमापन; अनिगमित व्यापारिक, साहित्यिक, वैज्ञानिक, धार्मिक और अन्य सोसाइटियां और संगम; सहकारी सोसाइटियां।

33. नाट्यशाला और नाट्यप्रदर्शन; सूची 1 की प्रविष्टि 60 के उपबंधों के अधीन रहते हुए, सिनेमा; खेलकूद, मनोरंजन और आमोद।

34. दांव और द्यूत।

35. राज्य में निहित या उसके कब्जे के संकर्म, भूमि और भवन।

[16]* * * * *

* 37. संसद द्वारा बनाई गई किसी विधि के उपबंधों के अधीन रहते हुए, राज्य के विधान-मंडल के लिए निर्वाचन।

38. राज्य के विधान-मंडल के सदस्यों के, विधान सभा के अध्यक्ष और उपाध्यक्ष के और, यदि विधान परिषद् है तो, उसके सभापति और उपसभापति के वेतन और भत्ते।

39. विधान सभा की और उसके सदस्यों और समितियों की तथा, यदि विधान परिषद् है तो, उस विधान परिषद् की और उसके सदस्यों और समितियों की शक्तियाँ, विशेषाधिकार और उन्मुक्तियां; राज्य के विधान-मंडल की समितियों के समक्ष साक्ष्य देने या दस्तावेज पेश करने के लिए व्यक्तियों को हाजिर कराना।

40. राज्य के मंत्रियों के वेतन और भत्ते।
41. राज्य लोक सेवाएँ; राज्य लोक सेवा आयोग।
42. राज्य की पेंशनें, अर्थात् राज्य द्वारा या राज्य की संचित निधि में से संदेय पेंशन।
43. राज्य का लोक ऋण।
44. निखात निधि।
45. भू-राजस्व जिसके अंतर्गत राजस्व का निर्धारण और संग्रहण, भू-अभिलेख रखना, राजस्व के प्रयोजन के लिए और अधिकारों के अभिलेखों के लिए सर्वेक्षण और राजस्व का अन्यसंक्रामण है।
46. कृषि आय पर कर।
47. कृषि भूमि के उत्तराधिकार के संबंध में शुल्क।
48. कृषि भूमि के संबंध में संपदा-शुल्क।
49. भूमि और भवनों पर कर।
50. संसद द्वारा, विधि द्वारा, खनिज विकास के संबंध में अधिरोपित निर्बन्धनों के अधीन रहते हुए, खनिज संबंधी अधिकारों पर कर।
51. राज्य में विनिर्मित या उत्पादित निम्नलिखित माल पर उत्पाद शुल्क और भारत में अन्यत्र विमान उत्पादित वैसे ही माल पर उसी दर या निम्नतर दर से प्रतिशुल्क

 (क) मानवीय उपभोग के लिए ऐल्कोहाली लिकर;

 (ख) अफीम, इंडियन हेप और अन्य स्वापक औषधियां तथा स्वापक पदार्थ, किंतु जिसके अंतर्गत ऐसी ओषधियां और प्रसाधन निर्मितियां नहीं हैं जिनमें ऐल्कोहाल या इस प्रविष्टि के उपपैरा

 (ख) का कोई पदार्थ अंतर्विष्ट है।

52. किसी स्थानीय क्षेत्र में उपभोग, प्रयोग या विक्रय के लिए माल के प्रवेश पर कर।
53. विद्युत के उपभोग या विक्रय पर कर।

[17][54. सूची 1 की प्रविष्टि 92क के उपबंधों के अधीन रहते हुए, समाचारपत्रों से भिन्न माल के क्रय या विक्रय पर कर।]

55. समाचार पत्रों में [18][प्रकाशित और रेडियो या दूरदर्शन द्वारा प्रसारित विज्ञापनों] से भिन्न विज्ञापनों पर कर।
56. सड़कों या अंतर्देशीय जलमार्गों द्वारा ले जाए जाने वाले माल और यात्रियों पर कर।
57. सूची 3 की प्रविष्टि 35 के उपबंधों के अधीन रहते हुए, सड़कों पर उपयोग के योग्य यानों पर कर चाहे वे यंत्र नोदित हों या नहीं, जिनके अंतर्गत ट्रामकार हैं।
58. जीवजंतुओं और नौकाओं पर कर।
59. पथकर।
60. वृत्तियों, व्यापारों, आजीविकाओं और नियोजन पर कर।
61. प्रतिव्यक्ति कर।
62. विलास वस्तुओं पर कर जिसके अंतर्गत मनोरंजन, आमोद, दांव और द्यूत पर कर है।
63. स्टांप-शुल्क की दरों के संबंध में सूची 1 के उपबंधों में विनिर्दिष्ट दस्तावेजों से भिन्न दस्तावेजों के संबंध में स्टांप-शुल्क की दर।
64. इस सूची के विषयों में से किसी विषय से संबंधित विधियों के विरुद्ध अपराध।
65. उच्चतम न्यायालय से भिन्न सभी न्यायालयों की इस सूची के विषयों में से किसी विषय के संबंध में अधिकारिता और शक्तियाँ।
66. इस सूची के विषयों में से किसी विषय के संबंध में फीस, किंतु इसके अंतर्गत किसी न्यायालय में ली जाने वाली फीस नहीं है।

## सूची 3-समवर्ती सूची

1. दंड विधि जिसके अंतर्गत ऐसे सभी विषय हैं जो इस संविधान के प्रारंभ पर भारतीय दंड संहिता के अंतर्गत आते हैं, किंतु इसके अंतर्गत सूची 1 या सूची 2 में विनिर्दिष्ट विषयों में से किसी विषय से संबंधित विधियों के विरुद्ध अपराध और सिविल शक्ति की सहायता के लिए नौसेना, सेना या वायुसेना अथवा संघ के किसी अन्य सशस्त्र बल का प्रयोग नहीं है।
2. दंड प्रक्रिया जिसके अंतर्गत ऐसे सभी विषय हैं जो इस संविधान के प्रारंभ पर दंड प्रक्रिया संहिता के अंतर्गत हैं।
3. किसी राज्य की सुरक्षा, लोक व्यवस्था बनाए रखने या समुदाय के लिए आवश्यक प्रदायों और सेवाओं को बनाए रखने संबंधी कारणों से निवारक निरोध, इस प्रकार निरोध में रखे गए व्यक्ति।
4. बंदियों, अभियुक्त व्यक्तियों और इस सूची की प्रविष्टि 3 में विनिर्दिष्ट कारणों से निवारक निरोध में रखे गए व्यक्तियों का एक राज्य से दूसरे राज्य को हटाया जाना।
5. विवाह और विवाह-विच्छेद; शिशु और अवयस्क; दत्तक-ग्रहण; विल, निर्वसीयतता और उत्तराधिकार; अविभक्त कुटुम्ब और विभाजन; वे सभी विषय जिनके संबंध में न्यायिक कार्यवाहियों में पक्षकार इस संविधान के प्रारंभ से ठीक पहले अपनी स्वीय विधि के अधीन थे।
6. कृषि भूमि से भिन्न संपत्ति का अंतरण; विलेखों और दस्तावेजों का रजिस्ट्रीकरण।
7. संविदाएं जिनके अंतर्गत भागीदारी, अभिकरण, वहन की संविदाएं और अन्य विशेष प्रकार की संविदाएं हैं, किंतु कृषि भूमि संबंधी संविदाएं नहीं हैं।
8. अनुयोज्य दोष।
9. शोधन अक्षमता और दिवाला।
10. न्यास और न्यासी।
11. महाप्रशासक और शासकीय न्यासी।

[19][11क. न्याय प्रशासन; उच्चतम न्यायालय और उच्च न्यायालयों से भिन्न सभी न्यायालयों का गठन और संगठन ]

12. साक्ष्य और शपथ; विधियों, लोक कार्यों और अभिलेखों और न्यायिक कार्यवाहियों को मान्यता।

13. सिविल प्रक्रिया जिसके अंतर्गत ऐसे सभी विषय हैं जो इस संविधान के प्रारंभ पर सिविल प्रक्रिया संहिता के अंतर्गत आते हैं, परिसीमा और माध्यस्थम्।

14. न्यायालय का अवमान, किंतु इसके अंतर्गत उच्चतम न्यायालय का अवमान नहीं है।

15. आहिंडन; यायावरी और प्रव्राजी जनजातियाँ।

16. पागलपन और मनोवैकल्य, जिसके अंतर्गत पागलों और मनोविकल व्यक्तियों को ग्रहण करने या उनका उपचार करने के स्थान हैं।

17. पशुओं के प्रति क्रूरता का निवारण।

[19][17क. वन।

17ख. वन्य जीवजंतुओं और पक्षियों का संरक्षण]

18. खाद्य पदार्थों और अन्य माल का अपमिश्रण।

19. अफीम के संबंध में सूची 1 की प्रविष्टि 59 के उपबंधों के अधीन रहते हुए मादक द्रव्य और विष।

20. आर्थिक और सामाजिक योजना।

[20][20क. जनसंख्या नियंत्रण और परिवार नियोजन।]

21. वाणिज्यिक और औद्योगिक एकाधिकार गुट और न्यास।

22. व्यापार संघ; औद्योगिक और श्रम विवाद।

23. सामाजिक सुरक्षा और सामाजिक बीमा; नियोजन और बेकारी।

24. श्रमिकों का कल्याण जिसके अंतर्गत कार्य की दशाएं भविष्य निधि, नियोजक का दायित्व, कर्मकार प्रतिकर, अशक्तता और वार्धक्य पेंशन तथा प्रसूति सुविधाएँ हैं।

[21][25. सूची 1 की प्रविष्टि 63, 64, 65 और 66 के उपबंधों के अधीन रहते हुए शिक्षा जिसके अंतर्गत तकनीकी शिक्षा, आयुर्विज्ञान शिक्षा और विश्वविद्यालय हैं : श्रमिकों का व्यावसायिक और तकनीकी प्रशिक्षण।

26. विधि वृत्ति, चिकित्सा वृत्ति और अन्य वृत्तियां।

27. भारत और पाकिस्तान डोमिनियनों के स्थापित होने के कारण अपने मूल निवास-स्थान से विस्थापित व्यक्तियों की सहायता और पुनर्वास।

28. पूर्त कार्य और पूर्त संस्थाएं, पूर्त और धार्मिक विन्यास और धार्मिक संस्थाएं।

29. मानवों, जीवजंतुओं या पौधों पर प्रभाव डालने वाले संक्रामक या सांसर्गिक रोगों अथवा नाशकजीवों के एक राज्य से दूसरे राज्य में फैलने का निवारण।

30. जन्म-मरण सांख्यिकी, जिसके अंतर्गत जन्म और मृत्यु रजिस्ट्रीकरण है।

31. संसद द्वारा बनाई गई विधि या विद्यमान विधि द्वारा या उसके अधीन महापत्तन घोषित पत्तनों से भिन्न पत्तन।

32. राष्ट्रीय जलमार्गों के संबंध में सूची 1 के उपबंधों के अधीन रहते हुए, अंतर्देशीय जलमार्गों पर यंत्र नोदित जलयानों के संबंध में पोतपरिवहन और नौपरिवहन तथा ऐसे जलमार्गों पर मार्ग का नियम और अंतर्देशीय जलमार्गों द्वारा यात्रियों और माल का वहन।

[22][33. (क) जहाँ संसद द्वारा विधि द्वारा किसी उद्योग का संघ द्वारा नियंत्रण लोकहित में समीचीन घोषित किया जाता है वहाँ उस उद्योग के उत्पादों का और उसी प्रकार के आयात किए गए माल का ऐसे उत्पादों के रूप में,

(ख) खाद्य पदार्थों का जिनके अंतर्गत खाद्य तिलहन और तेल हैं,

(ग) पशुओं के चारे का जिसके अंतर्गत खली और अन्य सारकृत चारे हैं,

(घ) कच्ची कपास का, चाहे वह ओटी हुई हो या बिना ओटी हो, और बिनौले का, और

(ङ) कच्चे जूट का, व्यापार और वाणिज्य तथा उनका उत्पादन, प्रदाय और वितरण।]

[20][33क. बाट और माप, जिनके अंतर्गत मानकों का नियत किया जाना नहीं है।

34. कीमत नियंत्रण।

35. यंत्र नोदित यान जिसके अंतर्गत वे सिद्धान्त हैं जिनके अनुसार ऐसे यानों पर कर उद्गृहीत किया जाना

36. कारखाने।

37. बायलर।

38. विद्युत।

39. समाचार-पत्र, पुस्तकें और मुद्रणालय।

40. [23][संसद द्वारा बनाई गई विधि द्वारा या उसके अधीन] राष्ट्रीय महत्त्व के [23][घोषित]पुरातत्वीय स्थलों और अवशेषों से भिन्न पुरातत्वीय स्थल और अवशेष।

41. ऐसी संपत्ति की (जिसके अंतर्गत कृषि भूमि है) अभिरक्षा, प्रबंध और व्ययन जो विधि द्वारा निष्क्रांत संपत्ति घोषित की जाए।

[24][42. संपत्ति का अर्जन और अधिग्रहण।]

43. किसी राज्य में, उस राज्य से बाहर उद्भूत कर से संबंधित दावों और अन्य लोक माँगों की वसूली जिनके अंतर्गत भू-राजस्व की बकाया और ऐसी बकाया के रूप में वसूल की जा सकने वाली राशियां हैं।

44. न्यायिक स्टांपों के द्वारा संगृहीत शुल्कों या फीसों से भिन्न स्टांप-शुल्क, किंतु इसके अंतर्गत स्टॉप-शुल्क की दरें नहीं हैं।

45. सूची 2 या सूची 3 में विनिर्दिष्ट विषयों में से किसी विषय के प्रयोजनों के लिए जांच और आंकड़े।

46. उच्चतम न्यायालय से भिन्न सभी न्यायालयों की इस सूची के विषयों में से किसी विषय के संबंध में अधिकारिता और शक्तियाँ।

47. इस सूची के विषयों में से किसी विषय के संबंध में फीस, किंतु इसके अंतर्गत किसी न्यायालय में ली जाने वाली फीस नहीं है।

# संदर्भ

1. संविधान (बयालीसवां संशोधन) अधिनियम, 1976 की धारा 57 द्वारा (3-1-1977) से अंत:स्थापित।
2. संविधान (सातवां संशोधन) अधिनियम, 1956 की धारा 29 और अनुसूची द्वारा "पहली अनुसूची के भाग क या भाग ख में विनिर्दिष्ट' शब्दों और अक्षरों का लोप किया गया।
3. संविधान (सातवां संशोधन) अधिनियम, 1956 की धारा 26 द्वारा प्रविष्टि 33 को लोप किया गया।
4. संविधान (बत्तीसवां संशोधन) अधिनियम, 1973 की धारा 4 द्वारा (1-4-1974 से) "दिल्ली विश्वविद्यालय और" के स्थान पर प्रतिस्थापित।
5. संविधान (सातवां संशोधन) अधिनियम, 1956 की धारा 27 द्वारा "संसद द्वारा विधि द्वारा घोषित" के स्थान पर प्रतिस्थापित।
6. संविधान (पंद्रहवां संशोधन) अधिनियम, 1963 की धारा 12 द्वारा (भूतलक्षी प्रभाव से) अंत:स्थापित।
7. संविधान (सातवां संशोधन) अधिनियम, 1956 की धारा 29 और अनुसूची द्वारा प्रविष्टि 79 के स्थान पर प्रतिस्थापित।
8. संविधान (छठा संशोधन) अधिनियम, 1956 की धारा 2 द्वारा अंत:स्थापित।
9. संविधान (छियालीसवां संशोधन) अधिनियम, 1982 की धारा 5 द्वारा (2-2-1983 से) अंत:स्थापित।
10. संविधान (अठासीवां संशोधन) अधिनियम, 2003 की धारा 4 द्वारा प्रवर्तन की तारीख से अंत:स्थापित।
11. संविधान (बयालीसवां संशोधन) अधिनियम, 1976 की धारा 57 द्वारा (3-1-1977 से) कुछ शब्दों के स्थान पर प्रतिस्थापित।
12. संविधान (बयालीसवां संशोधन) अधिनियम, 1976 की धारा 57 द्वारा (3-1-1977 से) प्रविष्टि 2 के स्थान पर प्रतिस्थापित।
13. संविधान (बयालीसवां संशोधन) अधिनियम, 1976 की धारा 57 द्वारा (3-1-1977 से) प्रविष्टि 11, 19 और 20 को लोप किया गया।
14. संविधान (सातवां संशोधन) अधिनियम, 1956 की धारा 28 द्वारा "प्रविष्टि 52" के स्थान पर प्रतिस्थापित।
15. संविधान (बयालीसवां संशोधन) अधिनियम, 1976 की धारा 57 द्वारा (3-1-1977 से) "प्रविष्टि 52" का लोप किया गया।
16. संविधान (सातवां संशोधन) अधिनियम, 1956 की धारा 27 द्वारा "संसद द्वारा विधि द्वारा घोषित" के स्थान पर प्रतिस्थापित।
17. संविधान (छठा संशोधन) अधिनियम, 1956 की धारा 2 द्वारा प्रविष्टि 54 के स्थान पर प्रतिस्थापित।
18. संविधान (बयालीसवां संशोधन) अधिनियम, 1976 की धारा 57 द्वारा (3-1-1977 से) अंत:स्थापित।
19. संविधान (बयालीसवां संशोधन) अधिनियम, 1976 की धारा 57 द्वारा (3-1-1977 से) अंत:स्थापित।
20. संविधान (बयालीसवां संशोधन) अधिनियम, 1976 की धारा 57 द्वारा (3-1-1977 से) अंत:स्थापित।
21. संविधान (बयालीसवां संशोधन) अधिनियम, 1976 की धारा 57 द्वारा (3-1-1977 से) प्रविष्टि 25 के स्थान पर प्रतिस्थापित।
22. संविधान (बयालीसवां संशोधन) अधिनियम, 1976 की धारा 2 द्वारा प्रविष्टि 33 के स्थान पर प्रतिस्थापित।
23. संविधान (सातवां संशोधन) अधिनियम, 1956 की धारा 27 द्वारा "संसद द्वारा विधि द्वारा घोषित" के स्थान पर प्रतिस्थापित।
24. संविधान (सातवां संशोधन) अधिनियम, 1956 की धारा 26 द्वारा प्रविष्टि 42 के स्थान पर प्रतिस्थापित।

# आठवीं अनुसूची
## [अनुच्छेद 344(1) और अनुच्छेद 351]
### भाषाएँ

1. असमिया।
2. बंगला।

[1][3. बोडो।

4. डोगरी ॥

[2][5.] गुजराती।

[2][6.] हिन्दी।

[2] [7.] कन्नड़।

[2][8.] कश्मीरी।

[3][[2][9.] कोंकणी ]

[2][10. मैथिली]

[4][[2][11.] मलयालम।]

[3][[2] [12.] मणिपुरी ]

[5][[2]13.] मराठी।

[3][[2][14.] नेपाली।

[6][[2][15.] उड़िया।

[6][[2][16.] पंजाबी।

[6][[2][17.] संस्कृत।

[2][18.] संथाली।

[7][[6][[2][19.] सिंधी।

[6][[2][20.] तमिल।

[6][[2][21.] तेलुगू।

[6][[2][22.] उर्दू।

## संदर्भ

1. संविधान (बानवेवां संशोधन) अधिनियम, 2003 की धारा 2 द्वारा अंत:स्थापित।
2. संविधान (बानवेवां संशोधन) अधिनियम, 2003 की धारा 2 द्वारा पुन:संख्यांकित किया गया।
3. संविधान (इकहत्तरवां संशोधन) अधिनियम, 1992 की धारा 2 द्वारा अंत:स्थापित।
4. संविधान (इकहत्तरवां संशोधन) अधिनियम, 1992 की धारा 2 द्वारा प्रविष्टि 7 को प्रविष्टि 8 के रूप में पुन:संख्यांकित किया।
5. संविधान (इकहत्तरवां संशोधन) अधिनियम, 1992 की धारा 2 द्वारा प्रविष्टि 8 को प्रविष्टि 10 के रूप में पुन:संख्यांकित किया।
6. संविधान (इकहत्तरवां संशोधन) अधिनियम, 1992 की धारा 2 द्वारा प्रविष्टि 9 से 15 तक को प्रविष्टि 12 से 18 तक के रूप में पुन:संख्यांकित किया गया।
7. संविधान (इक्कीसवां संशोधन) अधिनियम, 1967 की धारा 2 द्वारा जोड़ा गया।

# [1][नवीं अनुसूची
## [अनुच्छेद 31ख]

1. बिहार भूमि सुधार अधिनियम, 1950 (1950 का बिहार अधिनियम 30)।
2. मुंबई अभिधृति और कृषि भूमि अधिनियम, 1948 (1948 का मुंबई अधिनियम 67)।
3. मुंबई मालिकी भूधृति उत्सादन अधिनियम, 1949 (1949 का मुंबई अधिनियम 61)।
4. मुंबई तालुकदारी भूधृति उत्सादन अधिनियम, 1949 (1949 का अधिनियम 62)।
5. पंच महल मेहवासी भूधृति उत्सादन अधिनियम, 1949 (1949 का मुंबई अधिनियम 63)।
6. मुंबई खोती उत्सादन अधिनियम, 1950 (1950 का मुंबई अधिनियम 60)।
7. मुंबई परगना और कुलकर्णी वंतन उत्सादन अधिनियम, 1950 (1950 का मुंबई अधिनियम 60)।
8. मध्य प्रदेश सांपत्तिक अधिकार (संपदा, महल, अन्यसंक्रांत भूमि) उत्सादन अधिनियम, 1950 (मध्य प्रदेश अधिनियम क्रमांक 1 सन् 1951)।
9. मद्रास संपदा (उत्सादन और रैय्यतवाड़ी में संपरिवर्तन) अधिनियम, 1948 (1948 का मद्रास अधिनियम 26)।
10. मद्रास संपदा (उत्सादन और रैय्यतवाड़ी में संपरिवर्तन संशोधन) अधिनियम, 1950 (1950 का मद्रास अधिनियम 1)।
11. 1950 ई. का उत्तर प्रदेश जमींदारी विनाश और भूमि-व्यवस्था अधिनियम (उत्तर प्रदेश अधिनियम संख्या 1, 1951)।
12. हैदराबाद (जागीर उत्सादन) विनियम, 1358 फ(1359 फसली का सं. 69)।
13. हैदराबाद जागीर (परिवर्तन) विनियम, 1359फ (1359 फसली का सं. 25)।

[2][14. बिहार विस्थापित व्यक्ति पुनर्वास (भूमि अर्जन) अधिनियम, 1950 (1950 का बिहार अधिनियम, 38)।

15. संयुक्त प्रांत के शरणार्थियों को बसाने के लिए भूमि प्राप्त करने का ऐक्ट, 1948 ई. (संयुक्त प्रांतीय ऐक्ट संख्या 26, 1948)।
16. विस्थापित व्यक्ति पुनर्वास (भूमि अर्जन) अधिनियम, 1948 (1948 का अधिनियम 60)।
17. बीमा (संशोधन) अधिनियम, 1950 (1950 का अधिनियम 47) की धारा 42 द्वारा यथा अंत:स्थापित बीमा अधिनियम, 1938 (1938 का अधिनियम 4) की धारा 52क से धारा 52छ।
18. रेल कंपनी (आपात उपबंध) अधिनियम, 1951 (1951 का अधिनियम 51)।
19. उद्योग (विकास और विनियमन) संशोधन अधिनियम, 1953 (1953 का अधिनियम 26) की धारा 13 द्वारा यथा अंत:स्थापित उद्योग (विकास और विनियमन) अधिनियम, 1951 (1951 का अधिनियम 63) का अध्याय 3क।
20. 1951 के पश्चिमी बंगाल अधिनियम 29 द्वारा यथा संशोधित पश्चिमी बंगाल भूमि विकास और योजना अधिनियम, 1948 (1948 का पश्चिमी बंगाल अधिनियम 21)]।

[3][21. आंध्र प्रदेश अधिकतम कृषि जोत सीमा अधिनियम, 1961 (1961 का आंध्र प्रदेश अधिनियम 10)।

22. आंध्र प्रदेश (तेलंगाना क्षेत्र) अभिधृति और कृषि भूमि (विधिमान्यकरण) अधिनियम, 1961 (1961 का आंध्र प्रदेश अधिनियम 21)।
23. आंध्र प्रदेश (तेलंगाना क्षेत्र) इजारा और कौली भूमि अनियमित पट्टा रद्दकरण और रियायती निर्धारण उत्सादन अधिनियम, 1961 (1961 का आंध्र प्रदेश अधिनियम 36)।
24. असम राज्य लोक प्रकृति की धार्मिक या पूर्त संस्था भूमि अर्जन अधिनियम, 1959 (1961 का असम अधिनियम 9)
25. बिहार भूमि सुधार (संशोधन) अधिनियम, 1953 (1954 का बिहार अधिनियम 20)।
26. बिहार भूमि सुधार (अधिकतम सीमा निर्धारण और अधिशेष भूमि अर्जन) अधिनियम, 1961 (1962 का बिहार अधिनियम सं. 12) जिसके अंतर्गत इस अधिनियम की धारा 28 नहीं है।
27. मुंबई तालुकदारी भूधृति उत्सादन (संशोधन) अधिनियम, 1954 (1955 का मुंबई अधिनियम 1)।

28. मुंबई तालुकदारी भूधृति उत्सादन (संशोधन) अधिनियम, 1957 (1958 का मुंबई अधिनियम 18)।
29. मुंबई इनाम (कच्छ क्षेत्र) उत्सादन अधिनियम, 1958 (1958 का मुंबई अधिनियम 98)।
30. मुंबई अभिधृति और कृषि भूमि (गुजरात संशोधन) अधिनियम, 1960 (1960 का गुजरात अधिनियम 16)।
31. गुजरात कृषि भूमि अधिकतम सीमा अधिनियम, 1960 (1961 का गुजरात अधिनियम 6)।
32. सगबारा और म्हेवासी संपदा (सांपत्तिक अधिकार उत्सादन, आदि) विनियम, 1962 (1962 का गुजरात विनियम 1)।
33. गुजरात शेष अन्यसंक्रामण अधिनियम, 1963 (1963 का गुजरात अधिनियम 33), वहाँ तक के सिवाय जहाँ तक यह अधिनियम इसकी धारा 2 के खंड (3) के उपखंड (घ) में निर्दिष्ट अन्यसंक्रामण के संबंध में है।
34. महाराष्ट्र कृषि भूमि (अधिकतम जोत सीमा) अधिनियम, 1961 (1961 का महाराष्ट्र अधिनियम 27)।
35. हैदराबाद अभिधृति और कृषि भूमि (पुन:अधिनियमन, विधिमान्यकरण और अतिरिक्त संशोधन) अधिनियम, 1961 (1961 का महाराष्ट्र अधिनियम 45)।
36. हैदराबाद अभिधृति और कृषि भूमि अधिनियम, 1950 (1950 का हैदराबाद अधिनियम 21)।
37. जन्मीकरम संदाय (उत्सादन) अधिनियम, 1960 (1961 का केरल अधिनियम 3)।
38. केरल भूमि-कर अधिनियम, 1961 (1961 का केरल अधिनियम 13)।
39. केरल भूमि सुधार अधिनियम, 1963 (1964 का केरल अधिनियम 1)।
40. मध्य प्रदेश भू-राजस्व संहिता, 1959 (मध्य प्रदेश अधिनियम, क्रमांक 20 सन् 1959)।
41. मध्य प्रदेश कृषिक जोत उच्चतम सीमा अधिनियम, 1960 (मध्य प्रदेश अधिनियम क्रमांक 20 सन् 1960)।
42. मद्रास खेतिहर अभिधारी संरक्षण अधिनियम, 1955 (1955 का मद्रास अधिनियम 25)।
43. मद्रास खेतिहर अभिधारी (उचित लगान संदाय) अधिनियम, 1956 (1956 का मद्रास अधिनियम 24)।
44. मद्रास कुडीइरूपु अधिभोगी (बेदखली से संरक्षण) अधिनियम, 1961 (1961 का मद्रास अधिनियम 38)।
45. मद्रास लोक न्यास (कृषि भूमि प्रशासन विनियमन) अधिनियम, 1961 (1961 का मद्रास अधिनियम 57)।
46. मद्रास भूमि सुधार (अधिकतम भूमि सीमा नियतन) अधिनियम, 1961 (1961 का मद्रास अधिनियम 58)।
47. मैसूर अभिधृति अधिनियम, 1952 (1952 का मैसूर अधिनियम 13)।
48. कोड़गू अभिधारी अधिनियम, 1957 (1957 का मैसूर अधिनियम 14)।
49. मैसूर ग्राम-पद उत्सादन अधिनियम, 1961 (1961 का मैसूर अधिनियम 14)।
50. हैदराबाद अभिधृति और कृषि भूमि (विधिमान्यकरण) अधिनियम, 1961 (1961 का मैसूर अधिनियम 36)।
51. मैसूर भूमि सुधार अधिनियम, 1961 (1962 का मैसूर अधिनियम 10)।
52. उड़ीसा भूमि सुधार अधिनियम, 1960 (1960 का उड़ीसा अधिनियम 16)।
53. उड़ीसा विलीन राज्यक्षेत्र (ग्राम-पद उत्सादन) अधिनियम, 1963 (1963 का उड़ीसा अधिनियम 10)
54. पंजाब भू-धृति सुरक्षा अधिनियम, 1953 (1953 का पंजाब अधिनियम 10)।
55. राजस्थान अभिधृति अधिनियम, 1955 (1955 का राजस्थान अधिनियम 3)।
56. राजस्थान जमींदारी और बिस्वेदारी उत्सादन अधिनियम, 1959 (1959 का राजस्थान अधिनियम 8)।
57. कुमाऊँ तथा उत्तराखंड जमींदारी विनाश तथा भूमि-व्यवस्था अधिनियम, 1960 (उत्तर प्रदेश अधिनियम 17, 1960)।
58. उत्तर प्रदेश अधिकतम जोत-सीमा आरोपण अधिनियम, 1960 (उत्तर प्रदेश अधिनियम संख्या 1, 1961)।
59. पश्चिमी बंगाल संपदा अर्जन अधिनियम, 1953 (1954 का पश्चिमी बंगाल अधिनियम 1)।
60. पश्चिमी बंगाल भूमि सुधार अधिनियम, 1955 (1956 का पश्चिमी बंगाल अधिनियम 10)।
61. दिल्ली भूमि सुधार अधिनियम, 1954 (1954 का दिल्ली अधिनियम 8)।
62. दिल्ली भूमि जोत (अधिकतम सीमा) अधिनियम, 1960 (1960 का केन्द्रीय अधिनियम 24)।
63. मणिपुर भू-राजस्व और भूमि सुधार अधिनियम, 1960 (1960 का केन्द्रीय अधिनियम 33)।
64. त्रिपुरा भू-राजस्व और भूमि सुधार अधिनियम, 1960 (1960 का केन्द्रीय अधिनियम 43)।
[4][65. केरल भूमि सुधार (संशोधन) अधिनियम, 1969 (1969 का केरल अधिनियम 35)।]
66. केरल भूमि सुधार (संशोधन) अधिनियम, 1971 (1971 का केरल अधिनियम 25)।

[5][67. आंध्र प्रदेश भूमि सुधार (अधिकतम कृषि जोत सीमा) अधिनियम, 1973 (1973 का आंध्र प्रदेश अधिनियम 1)।

68. बिहार भूमि सुधार (अधिकतम सीमा निर्धारण और अधिशेष भूमि अर्जन) (संशोधन) अधिनियम, 1972 (1972 का बिहार अधिनियम 1)।

69. बिहार भूमि सुधार (अधिकतम सीमा निर्धारण और अधिशेष भूमि अर्जन) (संशोधन) अधिनियम, 1973 (1973 का बिहार अधिनियम 9)।

70. बिहार भूमि सुधार (संशोधन) अधिनियम, 1972 (1972 का बिहार अधिनियम सं. 5)।

71. गुजरात अधिकतम कृषि भूमि सीमा (संशोधन) अधिनियम, 1972 (1974 का गुजरात अधिनियम 2)।

72. हरियाणा भूमि जोत की अधिकतम सीमा अधिनियम, 1972 (1972 का हरियाणा अधिनियम 26)।

73. हिमाचल प्रदेश अधिकतम भूमि जोत सीमा अधिनियम, 1972 (1973 का हिमाचल प्रदेश अधिनियम 19)।

74. केरल भूमि सुधार (संशोधन) अधिनियम, 1972 (1972 का केरल अधिनियम 17)।

75. मध्य प्रदेश कृषिक जोत उच्चतम सीमा (संशोधन) अधिनियम, 1972 (मध्य प्रदेश अधिनियम क्रमांक 12 सन् 1974)।

76. मध्य प्रदेश कृषिक जोत उच्चतम सीमा (द्वितीय संशोधन) अधिनियम, 1972 (मध्य प्रदेश अधिनियम क्रमांक 13 सन् 1974)।

77. मैसूर भूमि सुधार (संशोधन) अधिनियम, 1973 (1974 का कर्नाटक अधिनियम 1)।

78. पंजाब भूमि सुधार अधिनियम, 1972 (1973 का पंजाब अधिनियम 10)।

79. राजस्थान कृषि जोतों पर अधिकतम सीमा अधिरोपण अधिनियम, 1973 (1973 का राजस्थान अधिनियम 11)।

80. गुडलूर जन्मम् संपदा (उत्सादन और रैय्यतवाड़ी में संपरिवर्तन) अधिनियम, 1969 (1969 का तमिलनाडु अधिनियम 24)।

81. पश्चिमी बंगाल भूमि सुधार (संशोधन) अधिनियम, 1972 (1972 का पश्चिमी बंगाल अधिनियम 12)।

82. पश्चिमी बंगाल संपदा अर्जन (संशोधन) अधिनियम, 1964 (1964 का पश्चिमी बंगाल अधिनियम 22)।

83. पश्चिमी बंगाल संपदा अर्जन (दूसरा संशोधन) अधिनियम, 1973 (1973 का पश्चिमी बंगाल अधिनियम 33)।

84. मुंबई अभिधृति और कृषि भूमि (गुजरात संशोधन) अधिनियम, 1972 (1973 का गुजरात अधिनियम 5 )।

85. उड़ीसा भूमि सुधार (संशोधन) अधिनियम, 1974 (1974 का उड़ीसा अधिनियम 9)।

86. त्रिपुरा भू-राजस्व और भूमि सुधार (दूसरा संशोधन) अधिनियम, 1974 (1974 का त्रिपुरा अधिनियम 7)।

[6][[7] * * * * *]

88. उद्योग (विकास और विनियमन) अधिनियम, 1951 (1951 का केन्द्रीय अधिनियम 65)।

89. स्थावर संपत्ति अधिग्रहण और अर्जन अधिनियम, 1952 (1952 का केन्द्रीय अधिनियम 30)।

90. खान और खनिज (विनियमन और विकास) अधिनियम, 1957 (1957 का केन्द्रीय अधिनियम 67)।

91. एकाधिकार तथा अवरोधक व्यापारिक व्यवहार अधिनियम, 1969 (1969 का केन्द्रीय अधिनियम 54)।

[8]* * * * *

93. कोककारी कोयला खान (आपात उपबंध) अधिनियम, 1971 (1971 का केन्द्रीय अधिनियम 64)।

94. कोककारी कोयला खान (राष्ट्रीयकरण) अधिनियम, 1972 (1972 का केन्द्रीय अधिनियम 36)।

95. साधारण बीमा कारोबार (राष्ट्रीयकरण) अधिनियम, 1972 (1972 का केन्द्रीय अधिनियम 57)।

96. इंडियन कॉपर कारपोरेशन (उपक्रम का अर्जन) अधिनियम, 1972 (1972 का केन्द्रीय अधिनियम 58)।

97. रुग्ण कपड़ा उपक्रम (प्रबंध ग्रहण) अधिनियम, 1972 (1972 का केन्द्रीय अधिनियम 72)।

98. कोयला खान (प्रबंध ग्रहण) अधिनियम, 1973 (1973 का केन्द्रीय अधिनियम 15)।

99. कोयला खान (राष्ट्रीयकरण) अधिनियम, 1973 (1973 का केन्द्रीय अधिनियम 26)।

100. विदेशी मुद्रा विनियमन अधिनियम, 1973 (1973 का केन्द्रीय अधिनियम 46)।

101. एलकाक एशडाउन कंपनी लिमिटेड (उपक्रमों का अर्जन) अधिनियम, 1973 (1973 का केन्द्रीय अधिनियम 56)।

102. कोयला खान (संरक्षण और विकास) अधिनियम, 1974 (1974 का केन्द्रीय अधिनियम 28)।

103. अतिरिक्त उपलब्धियां (अनिवार्य निक्षेप) अधिनियम, 1974 (1974 का केन्द्रीय अधिनियम 37)।

104. विदेशी मुद्रा संरक्षण और तस्करी निवारण अधिनियम, 1974 (1974 का केन्द्रीय अधिनियम 52)।

105. रुग्ण कपड़ा उपक्रम (राष्ट्रीयकरण) अधिनियम, 1974 (1974 का केन्द्रीय अधिनियम 57)।

106. महाराष्ट्र कृषि भूमि (अधिकतम जोत सीमा) (संशोधन) अधिनियम, 1964 (1965 का महाराष्ट्र अधिनियम 16)।

107. महाराष्ट्र कृषि भूमि (अधिकतम जोत सीमा) (संशोधन) अधिनियम, 1965 (1965 का महाराष्ट्र अधिनियम 32)।

108. महाराष्ट्र कृषि भूमि (अधिकतम जोत सीमा) (संशोधन) अधिनियम, 1968 (1968 का महाराष्ट्र अधिनियम 16)।

109. महाराष्ट्र कृषि भूमि (अधिकतम जोत सीमा) (दूसरा संशोधन) अधिनियम, 1968 (1968 का महाराष्ट्र अधिनियम 33)।

110. महाराष्ट्र कृषि भूमि (अधिकतम जोत सीमा) (संशोधन) अधिनियम, 1969 (1969 का महाराष्ट्र आधनियम 37)।

111. महाराष्ट्र कृषि भूमि (अधिकतम जोत सीमा) (दूसरा संशोधन) अधिनियम, 1969 (1969 का महाराष्ट्र अधिनियम 38)।

112. महाराष्ट्र कृषि भूमि (अधिकतम जोत सीमा) (संशोधन) अधिनियम, 1970 (1970 का महाराष्ट्र अधिनियम 27)।

113. महाराष्ट्र कृषि भूमि (अधिकतम जोत सीमा) (संशोधन) अधिनियम, 1972 (1972 का महाराष्ट्र अधिनियम 13)।

114. महाराष्ट्र कृषि भूमि (अधिकतम जोत सीमा) (संशोधन) अधिनियम, 1973 (1973 का महाराष्ट्र अधिनियम 50)।

115. उड़ीसा भूमि सुधार (संशोधन) अधिनियम, 1965 (1965 का उड़ीसा अधिनियम 13)।

116. उड़ीसा भूमि सुधार (संशोधन) अधिनियम, 1966 (1967 का उड़ीसा अधिनियम 8)।

117. उड़ीसा भूमि सुधार (संशोधन) अधिनियम, 1967 (1967 का उड़ीसा अधिनियम 13)।

118. उड़ीसा भूमि सुधार (संशोधन) अधिनियम, 1969 (1969 का उड़ीसा अधिनियम 13)।

119. उड़ीसा भूमि सुधार (संशोधन) अधिनियम, 1970 (1970 का उड़ीसा अधिनियम 18)।

120. उत्तर प्रदेश अधिकतम जोत सीमा आरोपण (संशोधन) अधिनियम, 1972 (उत्तर प्रदेश अधिनियम 18, 1973)।

121. उत्तर प्रदेश अधिकतम जोत सीमा आरोपण (संशोधन) अधिनियम, 1974 (उत्तर प्रदेश अधिनियम 2, 1975)।

122. त्रिपुरा भू-राजस्व और भूमि सुधार (तीसरा संशोधन) अधिनियम, 1975 (1975 का त्रिपुरा अधिनियम 3)।

123. दादरा और नगर हवेली भूमि सुधार विनियम, 1971 (1971 का 3)।

124. दादरा और नगर हवेली भूमि सुधार (संशोधन) विनियम, 1973 (1973 का 5) ।]

[9][125. मोटर यान अधिनियम, 1939 (1939 का केन्द्रीय अधिनियम 4) की धारा 66क और अध्याय 4क[10]।

126. आवश्यक वस्तु अधिनियम, 1955 (1955 का केन्द्रीय अधिनियम 10)।

127. तस्कर और विदेशी मुद्रा छलसाधक (संपत्ति समपहरण) अधिनियम, 1976 (1976 का केन्द्रीय अधिनियम 13)।

128. बंधित श्रम पद्धति (उत्सादन) अधिनियम, 1976 (1976 का केन्द्रीय अधिनियम 19)।

129. विदेशी मुद्रा संरक्षण और तस्करी निवारण (संशोधन) अधिनियम, 1976 (1976 का केन्द्रीय अधिनियम 20)।

[3]* * * * * * *

131. लेवी चीनी समान कीमत निधि अधिनियम, 1976 (1976 का केन्द्रीय अधिनियम 31)।

132. नगर-भूमि (अधिकतम सीमा और विनियमन) अधिनियम, 1976 (1976 का केन्द्रीय अधिनियम 33)।

133. संघ लेखा विभागीकरण (कार्मिक अंतरण) अधिनियम, 1976 (1976 का केन्द्रीय अधिनियम 59)।

134. असम अधिकतम भूमि जोत सीमा नियतन अधिनियम, 1956 (1957 का असम अधिनियम 1)।

135. मुंबई अभिधृति और कृषि भूमि (विदर्भ क्षेत्र) अधिनियम, 1958 (1958 का मुंबई अधिनियम 99)।

136. गुजरात प्राइवेट वन (अर्जन) अधिनियम, 1972 (1973 का गुजरात अधिनियम 14)।

137. हरियाणा भूमि-जोत की अधिकतम सीमा (संशोधन) अधिनियम, 1976 (1976 का हरियाणा अधिनियम 17)।

138. हिमाचल प्रदेश अभिधृति और भूमि सुधार अधिनियम, 1972 (1974 का हिमाचल प्रदेश अधिनियम 8)।

139. हिमाचल प्रदेश ग्राम शामिलाती भूमि निधान और उपयोजन अधिनियम, 1974 (1974 का हिमाचल प्रदेश अधिनियम 18)।

140. कर्नाटक भूमि सुधार (दूसरा संशोधन और प्रकीर्ण उपबंध) अधिनियम, 1974 (1974 का कर्नाटक अधिनियम 31)

141. कर्नाटक भूमि सुधार (दूसरा संशोधन) अधिनियम, 1976 (1976 का कर्नाटक अधिनियम 27)।

142. केरल बेदखली निवारण अधिनियम, 1966 (1966 का केरल अधिनियम 12)।

143. तिरुप्पुवारम् संदाय (उत्सादन) अधिनियम, 1969 (1969 का केरल अधिनियम 19)।

144. श्री पादम् भूमि विमुक्ति अधिनियम, 1969 (1969 का केरल अधिनियम 20)।

145. श्रीपणडारवका भूमि (निधान और विमुक्ति) अधिनियम, 1971 (1971 का केरल अधिनियम 20)।

146. केरल प्राइवेट वन (निधान और समनुदेशन) अधिनियम, 1971 (1971 का केरल अधिनियम 26)।

147. केरल कृषि कर्मकार अधिनियम, 1974 (1974 का केरल अधिनियम 18)।

148. केरल काजू कारखाना (अर्जन) अधिनियम, 1974 (1974 का केरल अधिनियम 29)।

149. केरल चिट्टी अधिनियम, 1975 (1975 का केरल अधिनियम 23)।

150. केरल अनुसूचित जनजाति (भूमि के अंतरण पर निर्बंधन और अन्य-संक्रांत भूमि का प्रत्यावर्तन) अधिनियम, 1975 (1975 का केरल अधिनियम 31)।

151. केरल भूमि सुधार (संशोधन) अधिनियम, 1976 (1976 का केरल अधिनियम 15)।
152. काणम् अभिधृति उत्सादन अधिनियम, 1976 (1976 का केरल अधिनियम 16)।
153. मध्य प्रदेश कृषिक जोत उच्चतम सीमा (संशोधन) अधिनियम, 1974 (मध्य प्रदेश अधिनियम क्रमांक 20 सन् 1974)।
154. मध्य प्रदेश कृषिक जोत उच्चतम सीमा (संशोधन) अधिनियम, 1975 (मध्य प्रदेश अधिनियम क्रमांक 2 सन् 1976)।
155. पश्चिमी खानदेश मेहवासी संपदा (सांपत्तिक अधिकार उत्सादन, आदि) विनियम, 1961 (1962 का महाराष्ट्र विनियम 1)।
156. महाराष्ट्र अनुसूचित जनजातियों को भूमि का प्रत्यावर्तन अधिनियम, 1974 (1975 का महाराष्ट्र अधिनियम 14)।
157. महाराष्ट्र कृषि भूमि (अधिकतम जोत सीमा घटाना) और (संशोधन) अधिनियम, 1972 (1975 का महाराष्ट्र अधिनियम 21)।
158. महाराष्ट्र प्राइवेट वन (अर्जन) अधिनियम, 1975 (1975 का महाराष्ट्र अधिनियम 29)।
159. महाराष्ट्र कृषि भूमि (अधिकतम जोत सीमा घटाना) और (संशोधन) संशोधन अधिनियम, 1975 (1975 का महाराष्ट्र अधिनियम 47)।
160. महाराष्ट्र कृषि भूमि (अधिकतम जोत सीमा) (संशोधन) अधिनियम, 1975 (1976 का महाराष्ट्र अधिनियम 2)।
161. उड़ीसा संपदा उत्सादन अधिनियम, 1951 (1952 का उड़ीसा अधिनियम 1)।
162. राजस्थान उपनिवेशन अधिनियम, 1954 (1954 का राजस्थान अधिनियम 27)।
163. राजस्थान भूमि सुधार तथा भू-स्वामियों की संपदा का अर्जन अधिनियम, 1963 (1964 का राजस्थान अधिनियम 11)।
164. राजस्थान कृषि जोतों पर अधिकतम सीमा अधिरोपण (संशोधन) अधिनियम, 1976 (1976 का राजस्थान अधिनियम सं.8)।
165. राजस्थान अभिधृति (संशोधन) अधिनियम, 1976 (1976 का राजस्थान अधिनियम सं. 12)।
166. तमिलनाडु भूमि सुधार (अधिकतम भूमि सीमा घटाना) अधिनियम, 1970 (1970 का तमिलनाडु अधिनियम 17)।
167. तमिलनाडु भूमि सुधार (अधिकतम भूमि सीमा नियतन) संशोधन अधिनियम, 1971 (1971 का तमिलनाडु अधिनियम 41)।
168. तमिलनाडु भूमि सुधार (अधिकतम भूमि सीमा नियतन) संशोधन अधिनियम,1972 (1972 का तमिलनाडु अधिनियम 10)।
169. तमिलनाडु भूमि सुधार (अधिकतम भूमि सीमा नियतन) दूसरा संशोधन अधिनियम, 1972 (1972 का तमिलनाडु अधिनियम 20)।
170. तमिलनाडु भूमि सुधार (अधिकतम भूमि सीमा नियतन) तीसरा संशोधन अधिनियम, 1972 (1972 का तमिलनाडु अधिनियम 37)।
171. तमिलनाडु भूमि सुधार (अधिकतम भूमि सीमा नियतन) चौथा संशोधन अधिनियम, 1972 (1972 का तमिलनाडु अधिनियम 39)।
172. तमिलनाडु भूमि सुधार (अधिकतम भूमि सीमा नियतन) छठा संशोधन अधिनियम, 1972 (1974 का तमिलनाडु अधिनियम 7)।
173. तमिलनाडु भूमि सुधार (अधिकतम भूमि सीमा नियतन) पांचवां संशोधन अधिनियम, 1972 - (1974 का तमिलनाडु अधिनियम 10)।
174. तमिलनाडु भूमि सुधार (अधिकतम भूमि सीमा नियतन) संशोधन अधिनियम, 1974 (1974 का तमिलनाडु अधिनियम 15)।
175. तमिलनाडु भूमि सुधार (अधिकतम भूमि सीमा नियतन) तीसरा संशोधन अधिनियम, 1974 (1974 का तमिलनाडु अधिनियम 30)।
176. तमिलनाडु भूमि सुधार (अधिकतम भूमि सीमा नियतन) दूसरा संशोधन अधिनियम, 1974 (1974 का तमिलनाडु अधिनियम 32)।
177. तमिलनाडु भूमि सुधार (अधिकतम भूमि सीमा नियतन) संशोधन अधिनियम, 1975 (1975 का तमिलनाडु अधिनियम 11)।
178. तमिलनाडु भूमि सुधार (अधिकतम भूमि सीमा नियतन) दूसरा संशोधन अधिनियम, 1975 (1975 का तमिलनाडु अधिनियम 21)।
179. उत्तर प्रदेश भूमि-विधि (संशोधन) अधिनियम,1971(उत्तर प्रदेश अधिनियम संख्या 21,1971) तथा उत्तर प्रदेश भूमि-विधि (संशोधन) अधिनियम, 1974 (उत्तर प्रदेश अधिनियम संख्या 34,1974) द्वारा 1950 ई० का उत्तर प्रदेश जमींदारी विनाश और भूमि-व्यवस्था अधिनियम (उत्तर प्रदेश अधिनियम संख्या 1,1951) में किए गए संशोधन।
180. उत्तर प्रदेश अधिकतम जोत-सीमा आरोपण (संशोधन) अधिनियम, 1976 (उत्तर प्रदेश अधिनियम संख्या 20,1976)।
181. पश्चिमी बंगाल भूमि सुधार (दूसरा संशोधन) अधिनियम, 1972 (1972 का पश्चिमी बंगाल अधिनियम 28)।
182. पश्चिमी बंगाल अन्यसंक्रांत भूमि का प्रत्यावर्तन अधिनियम, 1973 (1973 का पश्चिमी बंगाल अधिनियम, 23)।
183. पश्चिमी बंगाल भूमि सुधार (संशोधन) अधिनियम, 1974 (1974 का पश्चिमी बंगाल अधिनियम 33)।
184. पश्चिमी बंगाल भूमि सुधार (संशोधन) अधिनियम, 1975 (1975 का पश्चिमी बंगाल अधिनियम 23)।
185. पश्चिमी बंगाल भूमि सुधार (संशोधन) अधिनियम, 1976 (1976 का पश्चिम बंगाल अधिनियम 12)

186. दिल्ली भूमि जोत (अधिकतम सीमा) संशोधन अधिनियम, 1976 (1976 का केन्द्रीय अधिनियम 15)

187. गोवा, दमन और दीव मुंडकार (बेदखली से संरक्षण) अधिनियम, 1975 (1976 का गोवा, दमन और दीव अधिनियम 1)।

188. पांडिचेरी भूमि सुधार (अधिकतम भूमि सीमा नियतन) अधिनियम, 1973 (1974 का पांडिचेरी अधिनियम 9)।

[11][189. असम (अस्थायी रूप से व्यवस्थापित क्षेत्र) अभिधृति अधिनियम, 1971 (1971 का असम अधिनियम 23)।

190. असम (अस्थायी रूप से व्यवस्थापित क्षेत्र) अभिधृति (संशोधन) अधिनियम, 1974 (1974 का असम अधिनियम 18)।

191. बिहार भूमि सुधार (अधिकतम सीमा निर्धारण और अधिशेष भूमि अर्जन) (संशोधन) (संशोधी) अधिनियम, 1974 (1975 का बिहार अधिनियम 13)।

192. बिहार भूमि सुधा (अधिकतम सीमा निर्धारण और अधिशेष भूमि अर्जन) (संशोधन) अधिनियम, 1976 (1976 का बिहार अधिनियम 22)।

193. बिहार भूमि सुधार (अधिकतम सीमा निर्धारण और अधिशेष भूमि अर्जन) (संशोधन) अधिनियम, 1978 (1978 का बिहार अधिनियम 7)।

194. भूमि अर्जन (बिहार संशोधन) अधिनियम, 1979 (1980 का बिहार अधिनियम 2)।

195. हरियाणा (भूमि-जोत की अधिकतम सीमा) (संशोधन) अधिनियम, 1977 (1977 का हरियाणा अधिनियम 14)।

196. तमिलनाडु भूमि सुधार (अधिकतम भूमि सीमा नियतन) संशोधन अधिनियम, 1978 (1978 का तमिलनाडु अधिनियम 25)।

197. तमिलनाडु भूमि सुधार (अधिकतम भूमि सीमा नियतन) संशोधन अधिनियम, 1979 (1979 का तमिलनाडु अधिनियम 11)।

198. उत्तर प्रदेश जमींदारी विनाश विधि (संशोधन) अधिनियम, 1978 (1978 का उत्तर प्रदेश अधिनियम 15)।

199. पश्चिमी बंगाल अन्यसंक्रांत भूमि का प्रत्यावर्तन (संशोधन) अधिनियम, 1978 (1978 का पश्चिमी बंगाल अधिनियम 24)।

200. पश्चिमी बंगाल अन्यसंक्रांत भूमि का प्रत्यावर्तन (संशोधन) अधिनियम, 1980 (1980 का पश्चिमी बंगाल अधिनियम 56)।

201. गोवा, दमन और दीव कृषि अभिधृति अधिनियम, 1964 (1964 का गोवा, दमन और दीव अधिनियम 7)।

202. गोवा, दमन और दीव कृषि अभिधृति (पांचवां संशोधन) अधिनियम, 1976 (1976 का गोवा, दमन और दीव अधिनियम 17)।]

[2][203. आंध्र प्रदेश अनुसूचित क्षेत्र भूमि अंतरण विनियम, 1959 (1959 का आंध्र प्रदेश विनियम 1)।

204. आंध्र प्रदेश अनुसूचित क्षेत्र विधि (विस्तारण और संशोधन) विनियम, 1963 (1963 का आंध्र प्रदेश विनियम 2)।

205. आंध्र प्रदेश अनुसूचित क्षेत्र भूमि अंतरण (संशोधन) विनियम, 1970 (1970 का आंध्र प्रदेश विनियम 1)।

206. आंध्र प्रदेश अनुसूचित क्षेत्र भूमि अंतरण (संशोधन) विनियम, 1971 (1971 का आंध्र प्रदेश विनियम 1)।

207. आंध्र प्रदेश अनुसूचित क्षेत्र भूमि अंतरण (संशोधन) विनियम, 1978 (1978 का आंध्र प्रदेश विनियम 1)।

208. बिहार काश्तकारी अधिनियम, 1885 (1885 का बिहार अधिनियम 8)।

209. छोटा नागपुर काश्तकारी अधिनियम, 1908 (1908 का बंगाल अधिनियम 6) (अध्याय 8 - धारा 46, धारा 47 धारा 48, धारा 48क और धारा 49, अध्याय 10 - धारा 71, धारा 71क और धारा 71ख और अध्याय 18 - धारा 240 धारा 241, धारा 242)।

210. संथाल परगना काश्तकारी (पूरक प्रावधान) अधिनियम, 1949 (1949 का बिहार अधिनियम 14) धारा 53 को छोड़कर।

211. बिहार अनुसूचित क्षेत्र विनियम, 1969 (1969 का बिहार विनियम 1)

212. बिहार भूमि सुधार (अधिकतम सीमा निर्धारण और अधिशेष भूमि अर्जन) (संशोधन) अधिनियम, 1982 (1982 का बिहार अधिनियम 55)।

213. गुजरात देवस्थान इनाम उत्सादन अधिनियम, 1969 (1969 का गुजरात अधिनियम 16)।

214. गुजरात अभिधृति विधि (संशोधन) अधिनियम, 1976 (1976 का गुजरात अधिनियम 37)।

215. गुजरात अधिकतम कृषि भूमि सीमा (संशोधन) अधिनियम, 1976 (1976 का राष्ट्रपति अधिनियम 43)।

216. गुजरात देवस्थान इनाम उत्सादन (संशोधन) अधिनियम, 1977 (1977 का गुजरात अधिनियम 27)।

217. गुजरात अभिधृति विधि (संशोधन) अधिनियम, 1977 (1977 का गुजरात अधिनियम 30)।

218. मुम्बई भू-राजस्व (गुजरात दूसरा संशोधन) अधिनियम, 1980 (1980 का गुजरात अधिनियम 37)।

219. मुम्बई भू-राजस्व संहिता और भू-धृति उत्सादन विधि (गुजरात संशोधन) अधिनियम, 1982 (1982 का गुजरात अधिनियम 8)।

220. हिमाचल प्रदेश भूमि अंतरण (विनियमन) अधिनियम, 1968 (1969 का हिमाचल प्रदेश अधिनियम 15)।

221. हिमाचल प्रदेश भूमि अंतरण (विनियमन) (संशोधन) अधिनियम, 1986 (1986 का हिमाचल प्रदेश अधिनियम 16)।

222. कर्नाटक अनुसचित जाति और अनुसूचित जनजाति (कतिपय भूमि अंतरण प्रतिषेध) अधिनियम, 1978 (1979 का कर्नाटक अधिनियम 2)।

223. केरल भूमि सुधार (संशोधन) अधिनियम, 1978 (1978 का केरल अधिनियम 13)।

224. केरल भूमि सुधार (संशोधन) अधिनियम, 1981 (1981 का केरल अधिनियम 19)।

225. मध्य प्रदेश भू-राजस्व संहिता (तृतीय संशोधन) अधिनियम, 1976 (1976 का मध्य प्रदेश अधिनियम 61)।

226. मध्य प्रदेश भू-राजस्व संहिता (संशोधन) अधिनियम, 1980 (1980 का मध्य प्रदेश अधिनियम 15)।

227. मध्य प्रदेश अकृषिक जोत उच्चतम सीमा अधिनियम, 1981 (1981 का मध्य प्रदेश अधिनियम 11)।

228. मध्य प्रदेश कृषिक जोत उच्चतम सीमा (द्वितीय संशोधन) अधिनियम, 1976 (1984 का मध्य प्रदेश अधिनियम 1)

229. मध्य प्रदेश कृषिक जोत उच्चतम सीमा (संशोधन) अधिनियम, 1984 (1984 का मध्य प्रदेश अधिनियम 14)।

230. मध्य प्रदेश कृषिक जोत उच्चतम सीमा (संशोधन) अधिनियम, 1989 (1989 का मध्य प्रदेश अधिनियम 8)।

231. महाराष्ट्र भू-राजस्व संहिता, 1966 (1966 का महाराष्ट्र अधिनियम 41) धारा 36, धारा 36क और धारा 36ख

232. महाराष्ट्र भू-राजस्व संहिता और महाराष्ट्र अनुसूचित जनजाति भूमि प्रत्यावर्तन (दूसरा संशोधन) अधिनियम, 1976 (1977 का महाराष्ट्र अधिनियम 30)।

233. महाराष्ट्र कतिपय भूमि में खानों और खनिजों के विद्यमान सांपत्तिक अधिकारों का उत्सादन का अधिनियम, 1985 (1985 का महाराष्ट्र अधिनियम 16)।

234. उड़ीसा अनुसूचित क्षेत्र (अनुसूचित जनजातियों द्वारा) स्थावर संपत्ति अंतरण विनियम, 1956 (1956 का उड़ीसा विनियम 2)।

235. उड़ीसा भूमि सुधार (दूसरा संशोधन) अधिनियम, 1975 (1976 का उड़ीसा अधिनियम 29)।

236. उड़ीसा भूमि सुधार (संशोधन) अधिनियम, 1976 (1976 का उड़ीसा अधिनियम 30)।

237. उड़ीसा भूमि सुधार (दूसरा संशोधन) अधिनियम, 1976 (1976 का उड़ीसा अधिनियम 44)।

238. राजस्थान उपनिवेशन (संशोधन) अधिनियम, 1984 (1984 का राजस्थान अधिनियम 12)।

239. राजस्थान अभिधृति (संशोधन) अधिनियम, 1984 (1984 का राजस्थान अधिनियम 13)।

240. राजस्थान अभिधृति (संशोधन) अधिनियम, 1987 (1987 का राजस्थान अधिनियम 21)।

241. तमिलनाडु भूमि सुधार (अधिकतम भूमि सीमा नियतन) दूसरा संशोधन अधिनियम, दूसरा संशोधन अधिनियम, 1979 (1980 का तमिलनाडु अधिनियम 8)।

242. तमिलनाडु भूमि सुधार (अधिकतम भूमि सीमा नियतन) संशोधन अधिनियम, 1980 (1980 का तमिलनाडु अधिनियम 21)।

243. तमिलनाडु भूमि सुधार (अधिकतम भूमि सीमा नियतन) संशोधन अधिनियम, 1981 (1981 का तमिलनाडु 59)।

244. तमिलनाडु भूमि सुधार (अधिकतम भूमि सीमा नियतन) दूसरा संशोधन अधिनियम, 1983 (1984 का तमिलनाडु अधिनियम 2)।

245. उत्तर प्रदेश भूमि विधि (संशोधन) अधिनियम, 1982 (1982 का उत्तर प्रदेश अधिनियम 20)।

246. पश्चिमी बंगाल भूमि सुधार (संशोधन) अधिनियम, 1965 (1965 का पश्चिमी बंगाल अधिनियम 18)।

247. पश्चिमी बंगाल भूमि सुधार (संशोधन) अधिनियम, 1966 (1966 का पश्चिमी बंगाल अधिनियम 11)।

248. पश्चिमी बंगाल भूमि सुधार (दूसरा संशोधन) अधिनियम, 1969 (1969 का पश्चिमी बंगाल अधिनियम 23)।

249. पश्चिमी बंगाल संपदा अर्जन (संशोधन) अधिनियम, 1977 (1977 का पश्चिमी बंगाल अधिनियम 36)।

250. पश्चिमी बंगाल भूमि जोत राजस्व अधिनियम, 1979 (1979 का पश्चिमी बंगाल अधिनियम 44)।

251. पश्चिमी बंगाल भूमि सुधार (संशोधन) अधिनियम, 1980 (1980 का पश्चिमी बंगाल अधिनियम 41)।

252. पश्चिमी बंगाल भूमि जोत राजस्व (संशोधन) अधिनियम, 1981 (1981 का पश्चिमी बंगाल अधिनियम 33)।

253. कलकत्ता ठेका अभिधृति (अर्जन और विनियमन) अधिनियम, 1981 (1981 पश्चिमी बंगाल अधिनियम 37)।

254. पश्चिमी बंगाल भूमि जोत राजस्व (संशोधन) अधिनियम, 1982 (1982 का पश्चिमी बंगाल अधिनियम 23)।

255. कलकत्ता ठेका अभिधृति (अर्जन और विनियमन) (संशोधन) अधिनियम, 1984 (1984 पश्चिमी बंगाल अधिनियम 41)।

256. माहे भूमि सुधार अधिनियम, 1968 (1968 का पांडिचेरी अधिनियम 1)।

257. माहे भूमि सुधार (संशोधन) अधिनियम, 1980 (1981 का पांडिचेरी अधिनियम 1)।

[12][257क, तमिलनाडु पिछड़ा वर्ग, अनुसूचित जाति और अनुसूचित जनजाति (राज्य के अधीन शिक्षा संस्थाओं में स्थानों और सेवाओं में नियुक्तियों या पदों का आरक्षण) अधिनियम, 1993 (1994 का तमिलनाडु अधिनियम 45)।

[13][258. बिहार विशेषाधिकार प्राप्त व्यक्ति वासभूमि अभिधृति अधिनियम, 1947 (1948 का बिहार अधिनियम 4)।

259. बिहार चकबंदी और खंडकरण निवारण अधिनियम, 1956 (1956 का बिहार अधिनियम 22)।

260. बिहार चकबंदी और खंडकरण निवारण अधिनियम, 1970 (1970 का बिहार अधिनियम 7)।

261. बिहार विशेषाधिकार प्राप्त व्यक्ति वासभूमि अभिधृति (संशोधन) अधिनियम, 1970 (1970 का बिहार अधिनियम 9)।

262. बिहार चकबंदी और खंडकरण निवारण (संशोधन) अधिनियम, 1973 (1975 का बिहार अधिनियम 27)।

263. बिहार चकबंदी और खंडकरण निवारण (संशोधन) अधिनियम, 1981 (1982 का बिहार अधिनियम 35)।

264. बिहार भूमि सुधार (अधिकतम सीमा निर्धारण और अधिशेष भूमि अर्जन) (संशोधन) अधिनियम, 1987 (1987 का बिहार अधिनियम 21)।

265. बिहार विशेषाधिकार प्राप्त व्यक्ति वासभूमि अभिधृति (संशोधन) अधिनियम, 1989 (1989 का बिहार अधिनियम 11)।

266. बिहार भूमि सुधार (संशोधन) अधिनियम, 1989 (1990 का बिहार अधिनियम 11)।

267. कर्नाटक अनुसूचित जाति और अनुसचित जनजाति (कतिपय भूमि अंतरण प्रतिषेध) (संशोधन) अधिनियम, 1984 (1984 का कर्नाटक अधिनियम 3)।

268. केरल भूमि सुधार (संशोधन) अधिनियम, 1989 (1989 का केरल अधिनियम 16)।

269. केरल भूमि सुधार (दूसरा संशोधन) अधिनियम, 1989 (1990 का केरल अधिनियम 2)।

270. उड़ीसा भूमि सुधार (संशोधन) अधिनियम, 1989 (1990 का उड़ीसा अधिनियम 9)।

271. राजस्थान अभिधृति (संशोधन) अधिनियम, 1979 (1979 का राजस्थान अधिनियम 16)।

272. राजस्थान उपनिवेशन (संशोधन) अधिनियम, 1987 (1987 का राजस्थान अधिनियम 2)।

273. राजस्थान उपनिवेशन (संशोधन) अधिनियम, 1989 (1989 का राजस्थान अधिनियम 12)।

274. तमिलनाडु भूमि सुधार (अधिकतम भूमि सीमा नियतन) संशोधन अधिनियम, 1983 (1984 का तमिलनाडु अधिनियम 3)।

275. तमिलनाडु भूमि सुधार (अधिकतम भूमि सीमा नियतन) संशोधन अधिनियम, 1986 (1986 का तमिलनाडु अधिनियम 57)।

276. तमिलनाडु भूमि सुधार (अधिकतम भूमि सीमा नियतन) दूसरा संशोधन अधिनियम, 1987 (1988 का तमिलनाडु अधिनियम 4)।

277. तमिलनाडु भूमि सुधार (अधिकतम भूमि सीमा नियतन) (संशोधन) अधिनियम, 1989 (1989 का तमिलनाडु अधिनियम 30)।

278. पश्चिमी बंगाल भूमि सुधार (संशोधन) अधिनियम, 1981 (1981 का पश्चिमी बंगाल अधिनियम 50)।

279. पश्चिमी बंगाल भूमि सुधार (संशोधन) अधिनियम, 1986 (1986 का पश्चिमी बंगाल अधिनियम 5)।

280. पश्चिमी बंगाल भूमि सुधार (दूसरा संशोधन) अधिनियम, 1986 (1986 का पश्चिमी बंगाल अधिनियम 19)।

281. पश्चिमी बंगाल भूमि सुधार (तीसरा संशोधन) अधिनियम, 1986 (1986 का पश्चिमी बंगाल अधिनियम 35)।

282. पश्चिमी बंगाल भूमि सुधार (संशोधन) अधिनियम, 1989 (1989 का पश्चिमी बंगाल अधिनियम 23)।

283. पश्चिमी बंगाल भूमि सुधार (संशोधन) अधिनियम, 1990 (1990 का पश्चिमी बंगाल अधिनियम 24)।

284. पश्चिमी बगाल भूमि सुधार अधिकरण अधिनियम, 1991 (1991 का पश्चिमी बंगाल अधिनियम 12)।]

**स्पष्टीकरण**–राजस्थान अभिधृति अधिनियम, 1955 (1955 का राजस्थान अधिनियम सं. 3) के अधीन, अनुच्छेद 31क के खंड (1) के दूसरे परंतुक के उल्लंघन में किया गया अर्जन उस उल्लंघन की मात्रा तक शून्य होगा।]

## संदर्भ

1. संविधान (पहला संशोधन) अधिनियम, 1951 की धारा 14 द्वारा जोड़ा गया।
2. संविधान (चौथा संशोधन) अधिनियम, 1955 की धारा 5 द्वारा जोड़ा गया।
3. संविधान (सत्रहवां संशोधन) अधिनियम, 1964 की धारा 3 द्वारा जोड़ा गया।
4. संविधान (उनतीसवां संशोधन) अधिनियम, 1972 की धारा 2 द्वारा अंत:स्थापित।
5. संविधान (चौंतीसवां संशोधन) अधिनियम, 1974 की धारा 2 द्वारा अंत:स्थापित।
6. संविधान (उनतालीसवां संशोधन) अधिनियम, 1975 की धारा 5 द्वारा अंत:स्थापित।
7. संविधान (चवालीसवां संशोधन) अधिनियम, 1978 की धारा 44 द्वारा (20-6-1979 से) प्रविष्टि 87 का लोप किया गया।
8. संविधान (चवालीसवां संशोधन) अधिनियम, 1978 की धारा 44 द्वारा (20-6-1979 से) प्रविष्टि 92 का लोप किया गया।
9. संविधान (चालीसवां संशोधन) अधिनियम, 1976 की धारा 3 द्वारा अंत:स्थापित।
10. अब मोटर यान अधिनियम, 1988 (1988 का 59) के सुसंगत उपबंध देखें।
11. संविधान (सैंतालीसवां संशोधन) अधिनियम, 1984 की धारा 2 द्वारा (26-8-1984 से) अंत:स्थापित।
12. संविधान (छिहत्तरवां संशोधन) अधिनियम, 1994 की धारा 2 द्वारा अंत:स्थापित।
13. संविधान (अठहत्तरवां संशोधन) अधिनियम, 1995 की धारा 2 द्वारा प्रविष्टि 258 से 284 तक अंत:स्थापित।

# [1][दसवीं अनुसूची

## अनुच्छेद 102(2) और अनुच्छेद 191(2)

## दल परिवर्तन के आधार पर निरर्हता के बारे में उपबंध

**1. निर्वचन - इस अनुसूची में, जब तक कि संदर्भ से अन्यथा अपेक्षित न हो,-**

(क) "सदन" से, संसद का कोई सदन या किसी राज्य की, यथास्थिति, विधान सभा या, विधान-मंडल का कोई सदन अभिप्रेत है;

(ख) सदन के किसी ऐसे सदस्य के संबंध में जो, यथास्थिति, पैरा 2 [2]*** या पैरा 4 के उपबंधों के अनुसार किसी राजनीतिक दल का सदस्य है, "विधान-दल" से, उस सदन के ऐसे सभी सदस्यों का समूह अभिप्रेत है जो उक्त उपबंधों के अनुसार तत्समय उस राजनीतिक दल के सदस्य हैं;

(ग) सदन के किसी सदस्य के संबंध में, "मूल राजनीतिक दल" से ऐसा राजनीतिक दल अभिप्रेत है जिसका वह पैरा 2 के उपपैरा (1) के प्रयोजनों के लिए सदस्य है;

(घ) "पैरा" से इस अनुसूची का पैरा अभिप्रेत है।

**2. दल परिवर्तन के आधार पर निरर्हता-**

(1)[2][ पैरा 4 और पैरा 5] के उपबंधों के अधीन रहते हुए, सदन का कोई सदस्य, जो किसी राजनीतिक दल का सदस्य है, सदन का सदस्य होने के लिए उस दशा में निरर्हित होगा जिसमें--

(क) उसने ऐसे राजनीतिक दल की अपनी सदस्यता स्वेच्छा से छोड़ दी है; या

(ख) वह ऐसे राजनीतिक दल द्वारा जिसका वह सदस्य है अथवा उसके द्वारा इस निमित्त प्राधिकृत किसी व्यक्ति या प्राधिकारी द्वारा दिए गए किसी निदेश के विरूद्ध, ऐसे राजनीतिक दल, व्यक्ति या प्राधिकारी की पूर्व अनुज्ञा के बिना, ऐसे सदन में मतदान करता है या मतदान करने से विरत रहता है और ऐसे मतदान या मतदान करने से विरत रहने को ऐसे राजनीतिक दल, व्यक्ति या प्राधिकारी ने ऐसे मतदान या मतदान करने से विरत रहने की तारीख से पंद्रह दिन के भीतर माफ नहीं किया है।

**स्पष्टीकरण**-इस उपपैरा के प्रयोजनों के लिए, -

(क) सदन के किसी निर्वाचित सदस्य के बारे में यह समझा जाएगा कि वह ऐसे राजनीतिक दल का, यदि कोई हो, सदस्य है जिसने उसे ऐसे सदस्य के रूप में निर्वाचन के लिए अभ्यर्थी के रूप में खड़ा किया था;

(ख) सदन के किसी नामनिर्देशित सदस्य के बारे में,

(i) उस दशा में, जिसमें वह ऐसे सदस्य के रूप में अपने नामनिर्देशन की तारीख को किसी राजनीतिक दल का सदस्य है, यह समझा जाएगा कि वह ऐसे राजनीतिक दल का सदस्य है;

(ii) किसी अन्य दशा में, यह समझा जाएगा कि वह उस राजनीतिक दल का सदस्य है जिसका, यथास्थिति, अनुच्छेद 99 या अनुच्छेद 188 की अपेक्षाओं का अनुपालन करने के पश्चात् अपना स्थान ग्रहण करने की तारीख से छह मास की समाप्ति के पूर्व वह, यथास्थिति, सदस्य बनता है या पहली बार बनता है।

(2) सदन का कोई निर्वाचित सदस्य, जो किसी राजनीतिक दल द्वारा खड़े किए गए अभ्यर्थी से भिन्न रूप में सदस्य निर्वाचित हुआ है, सदन का सदस्य होने के लिए निरर्हित होगा यदि वह ऐसे निर्वाचन के पश्चात् किसी राजनीतिक दल में सम्मिलित हो जाता है।

(3) सदन का कोई नामनिर्देशित सदस्य, सदन का सदस्य होने के लिए निरर्हित होगा यदि वह, यथास्थिति, अनुच्छेद 99 या अनच्छेद 188 की अपेक्षाओं का अनुपालन करने के पश्चात् अपना स्थान ग्रहण करने की तारीख से छह मास की समाप्ति के पश्चात् किसी राजनीतिक दल में सम्मिलित हो जाता है।

(4) इस पैरा के पूर्वगामी उपबंधों में किसी बात के होते हुए भी, किसी ऐसे व्यक्ति के बारे में जो, संविधान (बावनवां संशोधन) अधिनियम,1985 के प्रारंभ पर, सदन का सदस्य है (चाहे वह निर्वाचित सदस्य हो या नामनिर्देशित)-

(i) उस दशा में, जिसमें वह ऐसे प्रारंभ से ठीक पहले किसी राजनीतिक दल का सदस्य था वहाँ, इस पैरा के उपपैरा (1) के प्रयोजनों के लिए यह समझा जाएगा कि वह ऐसे राजनीतिक दल द्वारा खड़े किए गए अभ्यर्थी के रूप में ऐसे सदन का सदस्य निर्वाचित हुआ है;

(ii) किसी अन्य दशा में, यथास्थिति, इस पैरा के उपपैरा (2) के प्रयोजनों के लिए, यह समझा जाएगा कि वह सदन का ऐसा निर्वाचित सदस्य है जो किसी राजनीतिक दल द्वारा खड़े किए गए अभ्यर्थी से भिन्न रूप में सदस्य निर्वाचित हुआ है या, इस पैरा के उपपैरा (3) के प्रयोजनों के लिए, यह समझा जाएगा कि वह सदन का नामनिर्देशित सदस्य है।

[3]* * * * *

4. **दल परिवर्तन के आधार पर निरर्हता का विलय की दशा में लागू न होना**- (1) सदन का कोई सदस्य पैरा 2 के उपपैरा (1) के अधीन निरर्हित नहीं होगा यदि उसके मूल राजनीतिक दल का किसी अन्य राजनीतिक दल में विलय हो जाता है और वह यह दावा करता है कि वह और उसके मूल राजनीतिक दल के अन्य सदस्य-

(क) यथास्थिति ऐसे अन्य राजनीतिक दल के या ऐसे विलय से बने नए राजनीतिक दल के सदस्य बन गए हैं; या

(ख) उन्होंने विलय स्वीकार नहीं किया है और एक पृथक् समूह के रूप में कार्य करने का विनिश्चय किया है,

और ऐसे विलय के समय से, यथास्थिति, ऐसे अन्य राजनीतिक या नए राजनीतिक दल या समूह के बारे में यह समझा जाएगा कि वह, पैरा 2 के उपपरा (1) के प्रयोजनों के लिए, ऐसा राजनीतिक दल है जिसका वह सदस्य है और वह, इस उपपैरा (1) के प्रयोजनों के लिए, ऐसा राजनीतिक दल है जिसका वह सदस्य है और वह इस उपपैरा के प्रयोजनों के लिए उसका मूल राजनीतिक दल है।

(2) इस पैरा के उपपैरा (1) के प्रयोजनों के लिए. सदन के किसी सदस्य के मूल राजनीतिक, दल का विलय हुआ तभी समझा जाएगा जब संबंधित विधान-दल के कम-से-कम दो तिहाई सदस्य ऐसे विलय के लिए सहमत हो गए हैं।

5. **छूट**-इस अनुसूची में किसी बात के होते हुए भी, कोई व्यक्ति, जो लोक सभा के अध्यक्ष या उपाध्यक्ष अथवा राज्य सभा के उपसभापति अथवा किसी राज्य की विधान परिषद् के सभापति या उपसभापति अथवा किसी राज्य की विधान सभा के अध्यक्ष या उपाध्यक्ष के पद पर निर्वाचित हुआ है, इस अनुसूची के अधीन निरर्हित नहीं होगा,-

(क) यदि वह, ऐसे पद पर अपने निर्वाचन के कारण ऐसे राजनीतिक दल की जिसका वह ऐसे निर्वाचन से ठीक पहले सदस्य था, अपनी सदस्यता स्वेच्छा से छोड़ देता है और उसके पश्चात् जब तक वह पद धारण किए रहता है तब तक, उस राजनीतिक दल में पुन: सम्मिलित नहीं होता है या किसी दूसरे राजनीतिक दल का सदस्य नहीं बनता है; या

(ख) यदि वह, ऐसे पद पर अपने निर्वाचन के कारण, ऐसे राजनीतिक दल की जिसका वह ऐसे निर्वाचन से ठीक पहले सदस्य था, अपनी सदस्यता छोड़ देता है और ऐसे पद पर न रह जाने के पश्चात् ऐसे राजनीतिक दल में पुन: सम्मिलित हो जाता है।

6. **दल परिवर्तन के आधार पर निरर्हता के बारे में प्रश्नों का विनिश्चय**-(1) यदि यह प्रश्न उठता है कि सदन का कोई सदस्य इस अनुसूची के अधीन निरर्हता से ग्रस्त हो गया है या नहीं तो वह प्रश्न, ऐसे सदन के, यथास्थिति, सभापति या अध्यक्ष के विनिश्चय के लिए निर्देशित किया जाएगा और उसका विनिश्चय अंतिम होगा :

परंतु जहाँ यह प्रश्न उठता है कि सदन का सभापति या अध्यक्ष निरर्हता से ग्रस्त हो गया है या नहीं वहाँ वह प्रश्न सदन के ऐसे सदस्य के विनिश्चय के लिए निर्देशित किया जाएगा जिसे वह सदन इस निमित्त निर्वाचित करे और उसका विनिश्चय अंतिम होगा।

(2) इस अनुसूची के अधीन सदन के किसी सदस्य की निरर्हता के बारे में किसी प्रश्न के संबंध में इस पैरा के उपपैरा (1) के अधीन सभी कार्यवाहियों के बारे में यह समझा जाएगा कि वे, यथास्थिति, अनुच्छेद 122 के अर्थ में संसद की कार्यवाहियां हैं या अनुच्छेद 212 के अर्थ में राज्य के विधान-मंडल की कार्यवाहियां हैं।

[4]7. **न्यायालयों की अधिकारिता का वर्जन**-इस संविधान में किसी बात के होते हुए भी, किसी न्यायालय को इस अनुसूची के अधीन सदन के किसी सदस्य की निरर्हता से संबधित किसी विषय के बारे में कोई अधिकारिता नहीं होगी।

8. **नियम**-(1) इस पैरा के उपपैरा (2) के उपबंधों के अधीन रहते हुए, सदन का सभापति या अध्यक्ष, इस अनुसूची के उपबंधों को कार्यान्वित करने के लिए नियम बना सकेगा तथा विशिष्टतया और पूर्वगामी शक्ति की व्यापकता पर प्रतिकूल प्रभाव डाले बिना, ऐसे नियमों में निम्नलिखित के लिए उपबंध किया जा सकेगा, अर्थात् :-

(क) सदन के विभिन्न सदस्य जिन राजनीतिक दलों के सदस्य हैं, उनके बारे में रजिस्टर या अन्य अभिलेख रखना;

(ख) ऐसा प्रतिवेदन जो सदन के किसी सदस्य के संबंध में विधान-दल का नेता, उस सदस्य की बाबत परा 2 के उपपैरा (1) के खंड (ख) में निर्दिष्ट प्रकृति की माफी के संबंध में देगा, वह समय जिसके भीतर और वह प्राधिकारी जिसको ऐसा प्रतिवेदन दिया जाएगा;

(ग) ऐसे प्रतिवेदन जिन्हें कोई राजनीतिक दल सदन के किसी सदस्य को ऐसे राजनीतिक दल में प्रविष्ट करने के संबंध में देगा और सदन का ऐसा अधिकारी जिसको ऐसे प्रतिवेदन दिए जाएँगे; और

(घ) पैरा 6 के उपपैरा (1) में निर्दिष्ट किसी प्रश्न का विनिश्चय करने की प्रक्रिया जिसके अंतर्गत ऐसी जांच की प्रक्रिया है, जो ऐसे प्रश्न का विनिश्चय करने के प्रयोजन के लिए की जाए।

(2) सदन के सभापति या अध्यक्ष द्वारा इस पैरा के उपपैरा (1) के अधीन बनाए गए नियम, बनाए जाने के पश्चात् यथाशीघ्र, सदन के समक्ष, कुल तीस दिन की अवधि के लिए रखे जाएँगे। यह अवधि एक सत्र में अथवा दो या अधिक आनुक्रमिक सत्रों में पूरी हो सकेगी। वे नियम तीस दिन की उक्त अवधि की समाप्ति पर प्रभावी होंगे जब तक कि उनका सदन द्वारा परिवर्तनों सहित या उनके बिना पहले ही अनुमोदन या अननुमोदन नहीं कर दिया जाता है। यदि वे नियम इस प्रकार अनुमोदित कर दिए जाते हैं तो वे, यथास्थिति, ऐसे रूप में जिसमें वे रखे गए थे या ऐसे परिवर्तित रूप में ही प्रभावी होंगे। यदि नियम इस प्रकार अननुमोदित कर दिए जाते हैं तो वे निष्प्रभाव हो जाएँगे।

(3) सदन का सभापति या अध्यक्ष, यथास्थिति, अनुच्छेद 105 या अनुच्छेद 194 के उपबंधों पर और किसी ऐसी अन्य शक्ति पर जो उसे इस संविधान के अधीन प्राप्त है, प्रतिकूल प्रभाव डाले बिना, यह निदेश दे सकेगा कि इस पैरा के अधीन बनाए गए नियमों के किसी व्यक्ति द्वारा जानबूझकर किए गए किसी उल्लंघन के बारे में उसी रीति से कार्रवाई की जाए जिस रीति से सदन के विशेषाधिकार के भंग के बारे में की जाती है।]

## संदर्भ

1. संविधान (बावनवां संशोधन) अधिनियम, 1985 की धारा 6 द्वारा (1.3.1985 से) जोड़ा गया।
2. संविधान (इक्यानवेवां संशोधन) अधिनियम, 2003 की धारा 5 द्वारा "या पैरा 3" शब्दों का लोप किया गया।
3. संविधान (इक्यानवेवां संशोधन) अधिनियम, 2003 की धारा 5 द्वारा लोप किया गया।
4. पैरा 7 को किहोतो होलोहन बनाम जेचिल्हु और अन्य (1992) 1 एस.सी.सी. 309 में बहुमत की राय के अनुसार अनुच्छेद 368 के खंड (2) के परंतुक के अनुसार अधिसूचना के अभाव में अविधिमान्य घोषित किया गया।

# [1] [ग्यारहवीं अनुसूची

## (अनुच्छेद 243छ)

1. कृषि, जिसके अंतर्गत कृषि-विस्तार है।
2. भूमि विकास, भूमि सुधार का कार्यान्वयन, चकबंदी और भूमि संरक्षण।
3. लघु सिंचाई, जल प्रबंध और जलविभाजक क्षेत्र का विकास।
4. पशुपालन, डेरी उद्योग और कुक्कुट पालन।
5. मत्स्य उद्योग।
6. सामाजिक वानिकी और फार्म वानिकी।
7. लघु वन उपज।
8. लघु उद्योग, जिनके अंतर्गत खाद्य प्रसंस्करण उद्योग भी हैं।
9. खादी, ग्रामोद्योग और कुटीर उद्योग।
10. ग्रामीण आवासन।
11. पेय जल।
12. ईंधन और चारा।
13. सड़कें, पुलिया, पुल, फेरी, जलमार्ग और अन्य संचार साधन।
14. ग्रामीण विद्युतीकरण, जिसके अंतर्गत विद्युत का वितरण है।
15. अपारंपरिक ऊर्जा स्रोत।
16. गरीबी उन्मूलन कार्यक्रम।
17. शिक्षा, जिसके अंतर्गत प्राथमिक और माध्यमिक विद्यालय भी हैं।
18. तकनीकी प्रशिक्षण और व्यावसायिक शिक्षा।
19. प्रौढ़ और अनौपचारिक शिक्षा।
20. पुस्तकालय।
21. सांस्कृतिक क्रियाकलाप।
22. बाजार और मेले।
23. स्वास्थ्य और स्वच्छता, जिनके अंतर्गत अस्पताल, प्राथमिक स्वास्थ्य केन्द्र और औषधालय भी हैं।
24. परिवार कल्याण।
25. महिला और बाल विकास।
26. समाज कल्याण, जिसके अंतर्गत विकलांगों और मानसिक रूप से मंद व्यक्तियों का कल्याण भी है।
27. दुर्बल वर्गों का और विशिष्टतया, अनुसूचित जातियों और अनुसूचित जनजातियों का कल्याण।
28. सार्वजनिक वितरण प्रणाली।
29. सामुदायिक आस्तियों का अनुरक्षण।]

## संदर्भ

1. संविधान (तिहत्तरवां संशोधन) अधिनियम, 1992 की धारा 4 द्वारा (24-4-1993 से) अंत:स्थापित।

# [1][बारहवीं अनुसूची
## (अनुच्छेद 243ब)

1. नगरीय योजना जिसके अंतर्गत नगर योजना भी है।
2. भूमि उपयोग का विनियमन और भवनों का निर्माण।
3. आर्थिक और सामाजिक विकास योजना।
4. सडकें और पुल।
5. घरेलू, औद्योगिक और वाणिज्यिक प्रयोजनों के लिए जल प्रदाय।
6. लोक स्वास्थ्य, स्वच्छता, सफाई और कूड़ा-करकट प्रबंध।
7. अग्निशमन सेवाएँ।
8. नगरीय वानिकी, पर्यावरण का संरक्षण और पारिस्थतिकी आयामों की अभिवृद्धि।
9. समाज के दुर्बल वर्गों के, जिनके अंतर्गत विकलांग और मानसिक रूप से मंद व्यक्ति भी हैं, हितों की रक्षा।
10. गंदी-बस्ती सुधार और प्रोन्नयन।
11. नगरीय निर्धनता उन्मूलन।
12. नगरीय सुख-सुविधाओं और सुविधाओं, जैसे पार्क, उद्यान, खेल के मैदानों की व्यवस्था।
13. सांस्कृतिक, शैक्षणिक और सौंदर्यपरक आयामों की अभिवृद्धि।
14. शव गाड़ना और कब्रिस्तान; शवदाह और श्मशान और विद्युत शवदाह गृह।
15. कांजी हाउस; पशुओं के प्रति क्रूरता का निवारण।
16. जन्म-मरण सांख्यिकी, जिसके अंतर्गत जन्म और मृत्यु रजिस्ट्रीकरण भी है।
17. सार्वजनिक सुख-सुविधाएँ, जिनके अंतर्गत सड़कों पर प्रकाश, पार्किंग स्थल, बस स्टाप और जन सुविधाएँ भी हैं।
18. वधशालाओं और चर्मशोधनशालाओं का विनियमन।]

### संदर्भ

1. संविधान (चौहत्तरवां संशोधन) अधिनियम, 1992 की धारा 4 द्वारा (1-6-1993 से) अंत:स्थापित।

# परिशिष्ट 1

## [1]संविधान (जम्मू-कश्मीर को लागू होना) आदेश 1954, सं.आ. 48

राष्ट्रपति, संविधान के अनुच्छेद 370 के खंड (1) द्वारा प्रदत्त शक्तियों का प्रयोग करते हुए, जम्मू-कश्मीर राज्य की सरकार की सहमति से, निम्नलिखित आदेश करते हैं :-

1. (1) इस आदेश का संक्षिप्त नाम संविधान (जम्मू-कश्मीर को लागू होना) आदेश, 1954 है ।

(2) यह 14 मई, 1954 को प्रवृत्त होगा, और ऐसा होने पर संविधान (जम्मू-कश्मीर को लागू होना) आदेश, 1950 को अधिक्रांत कर देगा।

2. [2][संविधान के अनुच्छेद 1 तथा अनुच्छेद 370 के अतिरिक्त उसके 20 जून, 1964 को यथा प्रवृत्त और संविधान (उन्नीसवां संशोधन) अधिनियम, 1966, संविधान (इक्कीसवां संशोधन) अधिनियम, 1967, संविधान (तेईसवा संशोधन) अधिनियम, 1969 की धारा 5, संविधान (चौबीसवां संशोधन) अधिनियम, 1971, संविधान (पच्चीसवां संशोधन) अधिनियम, 1971 की धारा 2, संविधान (छब्बीसवां संशोधन) अधिनियम, 1971, संविधान (तीसवां संशोधन) अधिनियम, 1972, संविधान (इकतीसवां संशोधन) अधिनियम, 1973 की धारा 2, संविधान (तैंतीसवां संशोधन) अधिनियम, 1974 की धारा 2, संविधान (अड़तीसवां संशोधन) अधिनियम, 1975 की धारा 2, 5, 6 और 7, संविधान (उनतालीसवां संशोधन) अधिनियम, 1975, संविधान (चालीसवां संशोधन) अधिनियम, 1976, संविधान (बावनवा संशोधन) अधिनियम, 1985 की धारा 2, 3 और 6 और संविधान (इकसठवां संशोधन) अधिनियम, 1988 द्वारा यथासंशोधित, जो उपबंध जम्मू-कश्मीर राज्य के संबंध में लागू होंगे और वे अपवाद और उपांतरण जिनके अधीन वे इस प्रकार लागू होंगे, निम्नलिखित होंगे :-

### (1) उद्देशिका

### (2) भाग 1

अनुच्छेद 3 में निम्नलिखित और परंतुक जोड़ा जाएगा, अर्थात् :-

"परंतु यह और कि जम्मू-कश्मीर राज्य के क्षेत्र को बढ़ाने या घटाने या उस राज्य के नाम या उसकी सीमा में परिवर्तन करने का उपबंध करनेवाला कोई विधेयक उस राज्य के विधान-मंडल की सहमति के बिना संसद में पुर:स्थापित नहीं किया जाएगा।"।

### (3) भाग 2

(क) यह भाग जम्मू-कश्मीर राज्य के संबंध में 26 जनवरी, 1950 से लागू समझा जाएगा ।

(ख) अनुच्छेद 7 में निम्नलिखित और परंतुक जोड़ा जाएगा, अर्थात् :-

"परंतु यह और कि इस अनुच्छेद की कोई बात जम्मू-कश्मीर राज्य के ऐसे स्थायी निवासी को लागू नहीं होगी जो ऐसे राज्यक्षेत्र को जो इस समय पाकिस्तान के अंतर्गत है, प्रव्रजन करने के पश्चात् उस राज्य के क्षेत्र को ऐसी अनुज्ञा के अधीन लौट आया है जो उस राज्य में पुनर्वास के लिए या स्थायी रूप से लौटने के लिए उस राज्य के विधान-मंडल द्वारा बनाई गई किसी विधि के प्राधिकार द्वारा या उसके अधीन दी गई है, तथा ऐसा प्रत्येक व्यक्ति भारत का नागरिक समझा जाएगा।"

### (4) भाग 3

(क) अनुच्छेद 13 में, संविधान के प्रारंभ के प्रति निर्देशों का यह अर्थ लगाया जाएगा कि वे इस आदेश के प्रारंभ के प्रति निर्देश है।

[3]* * * * * *

(ग) अनुच्छेद 16 के खंड (3) में, राज्य के प्रति निर्देश का यह अर्थ लगाया जाएगा कि उसके अंतर्गत जम्मू-कश्मीर राज्य के प्रति निर्देश नहीं है।

(घ) अनुच्छेद 19 में, इस आदेश के प्रारंभ से [4][[5][पच्चीस वर्ष] की अवधि के लिए,-

(i) खंड (3) और (4) में, "अधिकार के प्रयोग पर" शब्दों के पश्चात् "राज्य की सुरक्षा या" शब्द अंत:स्थापित किए जाएँगे;

(ii) खंड (5) में, "या किसी अनुसूचित जनजाति के हितों के संरक्षण के लिए" शब्दों के स्थान पर "अथवा राज्य की सुरक्षा के हितों के लिए" शब्द रखे जाएँगे; और

(iii) निम्नलिखित नया खंड जोड़ा जाएगा, अर्थात् :-

'(7) खंड (2), (3), (4) और (5) में आने वाले "युक्तियुक्त निर्बंधन" शब्दों का यह अर्थ लगाया जाएगा कि वे निबंधन ऐसे हैं जिन्हें समुचित विधान-मंडल युक्तियुक्त समझता है।'

(ङ) अनुच्छेद 22 के खंड (4) में "संसद" शब्द के स्थान पर "राज्य विधान-मंडल" शब्द रखे जाएँगे और खंड (7) में "संसद विधि द्वारा विहित कर सकेगी" शब्दों के स्थान पर "राज्य विधान-मंडल विधि द्वारा विहित कर सकेगा" शब्द रखे जाएँगे।

(च) अनुच्छेद 31 में, खंड (3), (4) और (6) का लोप किया जाएगा, और खंड (5) के स्थान पर निम्नलिखित खंड रखा जाएगा, अर्थात् :-

"(5) खंड (2) की कोई बात-

(क) किसी वर्तमान विधि के उपबंधों पर, अथवा

(ख) किसी ऐसी विधि के उपबंधों पर, जिसे राज्य इसके पश्चात्-

(i) किसी कर या शास्ति के अधिरोपण या उद्ग्रहण के प्रयोजन के लिए; अथवा

(ii) सार्वजनिक स्वास्थ्य की अभिवृद्धि या प्राण या संपत्ति के संकट-निवारण के लिए; अथवा

(iii) ऐसी संपत्ति की बाबत, जो विधि द्वारा निष्क्रांत संपत्ति घोषित की गई है, बनाए,

कोई प्रभाव नहीं डालेगी।'।

(छ) अनुच्छेद 31क में खंड (1) के परंतुक का लोप किया जाएगा; और खंड (2) के उपखंड (क) के स्थान पर निम्नलिखित उपखंड रखा जाएगा, अर्थात् :-

'(क) "संपदा" से ऐसी भूमि अभिप्रेत होगी जो कृषि के प्रयोजनों के लिए या कृषि के सहायक प्रयोजनों के लिए या चरागाह के लिए अधिभोग में है या पट्टे पर दी गई है और इसके अंतर्गत निम्नलिखित भी हैं, अर्थात्:-

(i) ऐसी भूमि पर भवनों के स्थल और अन्य संरचनाएँ;

(ii) ऐसी भूमि पर खड़े वृक्ष;

(iii) वन भूमि और वन्य बंजर भूमि;

(iv) जल से ढके क्षेत्र और जल पर तैरते हुए खेत;

(v) जंदर और घराट स्थल;

(vi) कोई जागीर, इनाम, मुआफी या मुकर्ररी या इसी प्रकार का अन्य अनुदान,

किंतु इसके अंतर्गत निम्नलिखित नहीं हैं :-

(i) किसी नगर, या नगरक्षेत्र या ग्राम आबादी में कोई भवन-स्थल या किसी ऐसे भवन या स्थल से अनुलग्न कोई भूमि;

(ii) कोई भूमि जो किसी नगर या ग्राम के स्थल के रूप में अधिभोग में है; या

(iii) किसी नगरपालिका या अधिसूचित क्षेत्र या छावनी या नगरक्षेत्र में या किसी क्षेत्र में, जिसके लिए कोई नगर योजना स्कीम मंजूर की गई है, भवन निर्माण के प्रयोजना के लिए आरक्षित कोई भूमि।'।

[6][(ज) अनुच्छेद 32 में, खंड (3) का लोप किया जाएगा।]

(झ) अनुच्छेद 35 में,-

(i) संविधान के प्रारंभ के प्रति निर्देशों का यह अर्थ लगाया जाएगा कि वे इस आदेश के प्रारंभ के प्रति निर्देश हैं;

(ii) खंड (क) (i) में, "अनुच्छेद 16 के खंड (3), अनुच्छेद 32 के खंड (3)" शब्दों, केष्ठकों और अंकों का लोप किया जाएगा; और

(iii) खंड (ख) के पश्चात् निम्नलिखित खंड जोड़ा जाएगा, अर्थात् :-

"(ग) संविधान (जम्मू-कश्मीर को लागू होना) आदेश, 1954 के प्रारंभ के पूर्व या पश्चात्, निवारक निरोध की बाबत जम्मू-कश्मीर राज्य के विधान-मंडल द्वारा बनाई गई कोई विधि इस आधार पर शून्य नहीं होगी कि वह इस भाग के उपबंधों में से किसी से असंगत है, किंतु ऐसी कोई विधि उक्त आदेश के प्रारंभ से [7][[8] पच्चीस वर्ष] के अवसान पर, ऐसी असंगति की मात्रा तक, उन बातों के सिवाय प्रभावहीन हो जाएगी जिन्हें उनके अवसान के पूर्व किया गया है या करने का लोप किया गया है।"।

(ञ) अनुच्छेद 35 के पश्चात् निम्नलिखित नया अनुच्छेद जोड़ा जाएगा, अर्थात् :-

"**35क. स्थायी निवासियों और उनके अधिकारों की बाबत विधियों की व्यावृत्ति**-इस संविधान में अंतर्विष्ट किसी बात के होते हुए भी, जम्मू-कश्मीर राज्य में प्रवृत्त ऐसी कोई विद्यमान विधि और इसके पश्चात् राज्य के विधान-मंडल द्वारा अधिनियमित ऐसी कोई विधि—

(क) जो उन व्यक्तियों के वर्गों को परिभाषित करती है जो जम्मू-कश्मीर राज्य के स्थायी निवासी हैं या होंगे, या

(ख) जो-

(i) राज्य सरकार के अधीन नियोजन;

(ii) राज्य में स्थावर संपत्ति के अर्जन :

(iii) राज्य में बस जाने; या

(iv) छात्रवत्तियों के या ऐसी अन्य प्रकार की सहायता के जो राज्य सरकार प्रदान करे, अधिकार,

की बाबत ऐसे स्थायी निवासियों को कोई विशेष अधिकार और विशेषाधिकार प्रदत करती है या अन्य व्यक्तियों पर कोई निर्बंधन अधिरोपित करती है, इस आधार पर शून्य

नहीं होगी कि वह इस भाग के किसी उपबंध द्वारा भारत के अन्य नागरिकों को प्रदत्त किन्हीं अधिकारों से असंगत है या उनको छीनती या न्यून करती है।"।

## (5) भाग 5

[9][(क) अनुच्छेद 55 के प्रयोजनों के लिए जम्मू-कश्मीर राज्य की जनसंख्या तिरसठ लाख समझी जाएगी;

"(ख) अनुच्छेद 81 में, खंड (2) और (3) के स्थान पर निम्नलिखित खंड रखे जाएँगे, अर्थात् :--

"(2) खंड (1) के उपखंड (क) के प्रयोजनों के लिए --

(क) लोक सभा में राज्य को छह स्थान आबंटित किए जाएँगे;

(ख) परिसीमन अधिनियम, 1972 के अधीन गठित परिसीमन आयोग द्वारा राज्य को ऐसी प्रक्रिया के अनुसार, जो आयोग उचित समझे, एक सदस्यीय प्रादेशिक निर्वाचन-क्षेत्रों में विभाजित किया जाएगा;

(ग) निर्वाचन-क्षेत्र में, यथासाध्य, भौगोलिक रूप से संहत क्षेत्र होंगे और उनका परिसीमन करते समय प्राकृतिक विशेषताओं, प्रशासनिक इकाइयों की विद्यमान सीमाओं, संचार की सुविधाओं और लोक सुविधा को ध्यान में रखा जाएगा;

(घ) उन निर्वाचन क्षेत्रों में, जिनमें राज्य विभाजित किया जाए, पाकिस्तान अधिकृत क्षेत्र समाविष्ट नहीं होंगे।

(3) खंड (2) की कोई बात लोक सभा में राज्य के प्रतिनिधित्व पर तब तक प्रभाव नहीं डालेगी जब तक परिसीमन अधिनियम, 1972 के अधीन संसदीय निर्वाचन क्षेत्रों के परिसीमन से संबंधित परिसीमन आयोग के अंतिम आदेश या आदेशों के भारत के राजपत्र में प्रकाशन की तारीख को विद्यमान सदन का विघटन न हो जाए।

(4) (क) परिसीमन आयोग राज्य की बाबत अपने कर्त्तव्यों में अपनी सहायता करने के प्रयोजन के लिए अपने साथ पांच व्यक्तियों को सहयोजित करेगा जो राज्य का प्रतिनिधित्व करने वाले लोक सभा के सदस्य होंगे।

(ख) राज्य से इस प्रकार सहयोजित किए जाने वाले व्यक्ति सदन की संरचना का सम्यक् ध्यान रखते हुए लोक सभा के अध्यक्ष द्वारा नामनिर्दिष्ट किए जाएँगे।

(ग) उपखंड (ख) के अधीन किए जाने वाले प्रथम नामनिर्देशन लोक सभा के अध्यक्ष द्वारा संविधान (जम्मू-कश्मीर को लागू होना) दूसरा संशोधन आदेश, 1974 के प्रारंभ से दो मास के भीतर किए जाएँगे।

(घ) किसी भी सहयोजित सदस्य को परिसीमन आयोग के किसी विनिश्चय पर मत देने या हस्ताक्षर करने का अधिकार नहीं होगा।

(ङ) यदि मृत्यु या पदत्याग के कारण किसी सहयोजित सदस्य का पद रिक्त हो जाता है तो उसे लोक सभा के अध्यक्ष द्वारा और उपखंड (क) और (ख) के उपबंधों के अनुसार यथाशक्य शीघ्र भरा जाएगा।"।

[10][(ग) अनुच्छेद 133 में खंड (1) के पश्चात् निम्नलिखित खंड (1) के पश्चात् निम्नलिखित अंत:स्थापित किया जाएगा, अर्थात् :—

'(1क) संविधान (तीसवां संशोधन) अधिनियम, 1972 की धारा 3 के उपबंध जम्मू-कश्मीर राज्य के संबंध में इस उपांतरण के अधीन लागू होंगे कि उसमें "इस अधिनियम", "यह अधिनियम पारित नहीं किया गया हो" और "इस अधिनियम द्वारा यथा संशोधित उस खंड के उपबंधों की" के प्रति निर्देशों का यह अर्थ लगाया जाएगा कि वे क्रमश: "संविधान (जम्मू-कश्मीर को लागू होना) दूसरा संशोधन आदेश, 1974", "उक्त आदेश के प्रारंभ", "उक्त आदेश पारित नहीं किया गया हो" और "उक्त खंड के उपबंधों, जैसे कि वे उक्त आदेश के प्रारंभ के पश्चात् हों" के प्रति निर्देश हैं"]।

[11][(घ)] अनुच्छेद 134 के खंड (2) में "संसद" शब्द के पश्चात् "राज्य के विधान-मंडल के अनुरोध पर" शब्द अंत:स्थापित किए जाएँगे।

[11][(ङ)] अनुच्छेद 135 [12]**** और 139 का लोप किया जाएगा।

[13]* * * * *

## [14][(5क) भाग 6

[15][(क) अनुच्छेद 153 से 217 तक, अनुच्छेद 219, अनुच्छेद 221, अनुच्छेद 223, 224, 224क और 225 तथा अनुच्छेद 227 से 237 तक का लोप किया जाएगा।]

(ख) अनुच्छेद 220 में, संविधान के प्रारंभ के प्रति निर्देशों का यह अर्थ लगाया जाएगा कि वे संविधान (जम्मू-कश्मीर को लागू होना) संशोधन आदेश, 1960 के प्रति निर्देश हैं।

[16][(ग) अनुच्छेद 222 में, खंड (1) के पश्चात् निम्नलिखित नया खंड अंत:स्थापित किया जाएगा, अर्थात् :—

"(1क) प्रत्येक ऐसा अंतरण जो जम्मू-कश्मीर के उच्च न्यायालय से अथवा उस उच्च न्यायालय को हो, राज्यपाल के परामर्श के पश्चात् किया जाएगा ।"]]

## (6) भाग 11

[17][(क) अनुच्छेद 246 के खंड (1) में आने वाले "खंड (2) और खंड (3)" शब्दों, कोष्ठकों और अंकों के स्थान पर "खंड (2)" शब्द, कोष्ठक और अंक रखे जाएँगे और खंड (2) में आने वाले "खंड (3) में किसी बात के होते हुए भी" शब्दों, कोष्ठकों

और अंक का तथा संपूर्ण खंड (3) और खंड (4) का लोप किया जाएगा ।]

[18][[19](ख) अनुच्छेद 248 के स्थान पर निम्नलिखित अनुच्छेद रखा जाएगा, अर्थात् : —

"248. **अवशिष्ट विधायी शक्तियाँ**-संसद को,-

[20][(क) विधि द्वारा स्थापित सरकार को आतंकित करने या जनता या जनता के किसी अनुभाग में आतंक उत्पन्न करने या जनता के किसी अनुभाग को पृथक् करने या जनता के विभिन्न अनुभागों के बीच समरसता पर प्रतिकूल प्रभाव डालने वाले आतंकवादी कार्यों को अंतर्वलित करने वाले क्रियाकलाप को रोकने के संबंध में;]

[21](कक) भारत की प्रभुता तथा प्रादेशिक अखंडता को अनअंगीकृत, प्रश्नगत या विच्छिन्न करने अथवा भारत राज्यक्षेत्र के किसी भाग का अध्यर्पण कराने अथवा भारत राज्यक्षेत्र के किसी भाग को संघ से विलग कराने वाले अथवा भारत के राष्ट्रीय ध्वज, भारतीय राष्ट्रगान और इस संविधान का अपमान करने वाले [22][अन्य क्रियाकलाप को रोकने ] के संबंध में; और

(ख) (i) समुद्र या वायु द्वारा विदेश यात्रा पर;

(ii) अंतर्देशीय विमान यात्रा पर;

(iii) मनीआर्डर, फोनतार और तार को सम्मिलित करते हुए, डाक वस्तुओं पर,

कर लगाने के संबंध में, विधि बनाने की अनन्य शक्ति है।" ]

[23][**स्पष्टीकरण**-इस अनुच्छेद में, "आतंकवादी कार्य" से बमों, डायनामाइट या अन्य विस्फोटक पदार्थों या ज्वलनशील पदार्थों या अग्न्यायुधों या अन्य प्राणहर आयुधों या विषों का या अपायकर गैसों या अन्य रसायनों या परिसंकटमय प्रकृति के किन्हीं अन्य पदार्थों का (चाहे वे जैव हों या अन्य) उपयोग करके किया गया कोई कार्य या बात अभिप्रेत है।]

[24][(खख) अनुच्छेद 249 के खंड (1) में, "राज्य सूची में प्रगणित ऐसे विषय के संबंध में, जो उस संकल्प में विनिर्दिष्ट है," शब्दों के स्थान पर "उस संकल्प में विनिर्दिष्ट ऐसे विषय के संबंध में, जो संघ सूची या समवर्ती सूची में प्रगणित विषय नहीं है," शब्द रखे जाएँगे।]

(ग) अनुच्छेद 250 में, "राज्य-सूची में प्रगणित किसी भी विषय के संबंध में" शब्दों के स्थान पर "संघ सूची में प्रगणित न किए गए विषयों के संबंध में भी" शब्द रखे जाएँगे।

[25]* * * * *

(ङ) अनुच्छेद 253 में निम्नलिखित परंतुक जोड़ा जाएगा, अर्थात् :—
"परंतु संविधान (जम्मू-कश्मीर को लागू होना) आदेश, 1954 के प्रारंभ के पश्चात्, जम्मू-कश्मीर राज्य के संबंध में व्यवस्था के प्रभावित करनेवाला कोई विनिश्चय भारत सरकार द्वारा उस राज्य की सरकार की सहमति से ही किया जाएगा ।"।

[26]* * * * * *

[27][(च)] अनुच्छेद 255 का लोप किया जाएगा।

[28][(छ)] अनुच्छेद 256 को उसके खंड (1) के रूप में पुन:संख्यांकित किया जाएगा और उसमें निम्नलिखित नया खंड जोड़ा जाएगा, अर्थात्:—

"(2) जम्मू-कश्मीर राज्य अपनी कार्यपालिका शक्ति का इस प्रकार प्रयोग करेगा जिससे उस राज्य के संबंध में संविधान के अधीन संघ के कर्त्तव्यों और उत्तरदायित्वों का संघ द्वारा निर्वहन सुगम हो, और विशिष्टतया उक्त राज्य यदि संघ वैसी अपेक्षा करे, संघ की ओर से और उसके व्यय पर संपत्ति का अर्जन या अधिग्रहण करेगा अथवा यदि संपत्ति उस राज्य की हो तो ऐसे निबंधनों पर जो करार पाए जाएँ या करार के अभाव में जो भारत के मुख्य न्यायमूर्ति द्वारा नियुक्त मध्यस्थ द्वारा अवधारित किए जाएँ, उसे संघ को अंतरित करेगा।"।

[28]* * * * * *

[29](ज) अनुच्छेद 261 के खंड (2) में "संसद द्वारा बनाई गई" शब्दों का लोप किया जाएगा। ]

## (7) भाग 12

[30]* * * * * *

[31][(क)] अनुच्छेद 267 के खंड (2), अनुच्छेद 273, अनुच्छेद 283 के खंड (2) [32][और अनुच्छेद 290] का लोप किया गया।

[31][(ख)] अनुच्छेद 266, 282, 284, 298, 299 और 300 में राज्य या राज्यों के प्रति निर्देशों का यह अर्थ लगाया जाएगा कि उनके अंतर्गत जम्मू-कश्मीर राज्य के प्रति निर्देश नहीं हैं।

[31](ग)] अनुच्छेद 277 और 295 में, संविधान के प्रारंभ के प्रति निर्देशों का यह अर्थ लगाया जाएगा कि वे इस आदेश के प्रारंभ के प्रति निर्देश हैं।

## (8) भाग 13

[33]** *अनुच्छेद 303 के खंड (1) में, "सातवीं अनुसूची की सूचियों में से किसी में व्यापार और वाणिज्य संबंधी किसी प्रविष्टि के आधार पर," शब्दों का लोप किया जाएगा।

[33] * * * * * *

## (9) भाग 14

[34][अनुच्छेद 312 में, "राज्यों के" शब्दों के पश्चात् "(जिसके अंतर्गत जम्मू-कश्मीर राज्य भी है)" कोष्ठक और शब्द अंत:स्थापित किए जाएँगे ।]

### [35]( 10 ) भाग 15

(क) अनुच्छेद 324 के खंड (1) में, जम्मू-कश्मीर के विधान-मंडल के दोनों सदनों में से किसी सदन के निर्वाचनों के बारे में संविधान के प्रति निर्देश का यह अर्थ लगाया जाएगा कि वह जम्मू-कश्मीर के संविधान के प्रति निर्देश है।

[36][(ख) अनुच्छेद 325, 326, 327 और 329 में राज्य के प्रति निर्देश का यह अर्थ लगाया जाएगा कि उसके अंतर्गत जम्मू-कश्मीर के प्रति निर्देश नहीं है।

(ग) अनुच्छेद 328 का लोप किया जाएगा।

(घ) अनुच्छेद 329 में, "या अनुच्छेद 328" शब्दों और अंकों का लोप किया जाएगा।]]

[37][(ङ) अनुच्छेद 329क में, खंड (4) और (5) का लोप किया जाएगा।]

### ( 11 ) भाग 16

[38]* * * * * *

[39][(क)] अनुच्छेद 331, 332, 333, [40][336 और 337] का लोप किया जाएगा।

[41](ख)] अनुच्छेद 334 और 335 में राज्य या राज्यों के प्रति निर्देशों का यह अर्थ लगाया जाएगा कि उनके अंतर्गत जम्मू-कश्मीर राज्य के प्रति निर्देश नहीं है।

[42](ग) अनुच्छेद 339 के खंड (1) में "राज्यों के अनुसूचित क्षेत्रों के प्रशासन और अनुसूचित जनजातियों" शब्दों के स्थान पर "राज्यों की अनुसूचित जनजातियों" शब्द रखे जाएँगे।]

### ( 12 ) भाग 17

इस भाग के उपबंध केवल वहीं तक लागू होंगे जहाँ तक वे —

(i) संघ की राजभाषा,

(ii) एक राज्य और दूसरे राज्य के बीच, अथवा किसी राज्य और संघ के बीच पत्रादि की राजभाषा, और

(iii) उच्चतम न्यायालय में कार्यवाहियों की भाषा, से संबंधित है।

### ( 13 ) भाग 18

(क) अनुच्छेद 352 में निम्नलिखित नया खंड जोड़ा जाएगा, अर्थात् :—

"[43](6)] केवल आंतरिक अशांति या उसका संकट सन्निकट होने के आधार पर की गई आपात की उद्घोषणा (अनुच्छेद 354 की बाबत लागू होने के सिवाय) जम्मू-कश्मीर राज्य के संबंध में तभी लागू होगी [44][जब वह-

(क) उस राज्य की सरकार के अनुरोध पर या उसकी सहमति से की गई है; या

(ख) जहाँ वह इस प्रकार नहीं की गई है वहाँ वह उस राज्य की सरकार के अनुरोध पर या उसकी सहमति से राष्ट्रपति द्वारा बाद में लागू की गई है।]"।

[45][(ख) अनुच्छेद 356 के खंड (1) में, इस संविधान के उपबंधों या उपबंध के प्रति निर्देशों का जम्मू-कश्मीर राज्य के संबंध में यह अर्थ लगाया जाएगा कि उनके अंतर्गत जम्मू-कश्मीर के संविधान के उपबंधों या उपबंध के प्रति निर्देश है :

[46][(खख) अनुच्छेद 356 के खंड (4) में दूसरे परंतुक के पश्चात् निम्नलिखित परंतुक अंत:स्थापित किया जाएगा, अर्थात्:—

'परंतु यह भी कि जम्मू-कश्मीर राज्य के बारे में 18 जुलाई, 1990 को खंड (1) के अधीन जारी की गई उदघोषणा के मामले में इस खंड के पहले परन्तुक में "तीन वर्ष" के प्रति निर्देश का यह अर्थ लगाया जाएगा कि वह [47]["सात वर्ष"] के प्रति निर्देश है।']।

(ग) अनुच्छेद 360 का लोप किया जाएगा ।]

### ( 14 ) भाग 19

[48]* * * * * *

[49][(क)] [50][अनुच्छेद 365] का लोप किया जाएगा।

[51]* * * * * *

[49][(ख)] अनुच्छेद 367 में निम्नलिखित खंड जोड़ा जाएगा, अर्थात् :—

"(4) इस संविधान के, जैसा कि वह जम्मू-कश्मीर राज्य के संबंध में लागू होता है, प्रयोजनों के लिए—

(क) इस संविधान या उसके उपबंधों के प्रति निर्देशों का यह अर्थ लगाया जाएगा कि वे उक्त राज्य के संबंध में लागू संविधान के या उसके उपबंधों के प्रति निर्देश भी हैं।

[52][(कक) राज्य की विधान सभा की सिफारिश पर राष्ट्रपति द्वारा, जम्मू-कश्मीर के सदरे रियासत के रूप में तत्समय मान्यता प्राप्त तथा तत्समय पदस्थ राज्य मंत्रि-परिषद् की सलाह पर कार्य करने वाले व्यक्ति के प्रति निर्देशों का यह अर्थ लगाया जाएगा कि वे जम्मू-कश्मीर के राज्यपाल के प्रति निर्देश हैं।

(ख) उस राज्य की सरकार के प्रति निर्देशों का यह अर्थ लगाया जाएगा कि उनके अंतर्गत अपनी मंत्रि-परिषद् की सलाह पर कार्य कर रहे जम्मू-कश्मीर के राज्यपाल के प्रति निर्देश है :

परंतु 10 अप्रैल, 1965 से पूर्व की किसी अवधि की बाबत, ऐसे निर्देशों का यह अर्थ लगाया जाएगा कि उनके अंतर्गत अपनी मंत्रि-परिषद् की सलाह से कार्य कर रहे सदरे-रियासत के प्रति निर्देश हैं;]

(ग) उच्च न्यायालय के प्रति निर्देशों के अंतर्गत जम्मू-कश्मीर राज्य के उच्च न्यायालय के प्रति निर्देश हैं;

[53]* * * * * *

[54](घ)]उक्त राज्य के स्थायी निवासियों के प्रति निर्देशों का यह अर्थ लगाया जाएगा कि उनसे ऐसे व्यक्ति अभिप्रेत हैं जिन्हें राज्य में प्रवृत्त विधियों के अधीन राज्य की प्रजा के रूप में,

संविधान (जम्मू-कश्मीर को लागू होना) आदेश, 1954 के प्रारंभ से पूर्व, मान्यताप्राप्त थी या जिन्हें राज्य के विधान-मडंल द्वारा बनाई गई किसी विधि द्वारा राज्य के स्थायी निवासियों के रूप में मान्यता प्राप्त है; और

[55][(ङ) राज्यपाल के प्रति निर्देशों के अंतर्गत जम्मू-कश्मीर के राज्यपाल के प्रति निर्देश हैं :

परंतु 10 अप्रैल, 1965 से पूर्व की किसी अवधि की बाबत, ऐसे निर्देशों का यह अर्थ लगाया जाएगा कि वे राष्ट्रपति द्वारा जम्मू-कश्मीर के सदरे-रियासत के रूप में मान्यता प्राप्त व्यक्ति के प्रति निर्देश हैं और उनके अंतर्गत राष्ट्रपति द्वारा सदरे-रियासत की शक्तियों का प्रयोग करने के लिए सक्षम व्यक्ति के रूप में मान्यता प्राप्त किसी व्यक्ति के प्रति निर्देश भी हैं।] "]

## ( 15 ) भाग 20

[56][(क) [57][अनुच्छेद 368 के खंड (2) में] निम्नलिखित परंतुक जोड़ा जाएगा, अर्थात् :—

"परंतु यह और कि कोई संशोधन जम्मू-कश्मीर राज्य के संबंध में तभी प्रभावी होगा जब वह अनुच्छेद 370 के खंड (1) के अधीन राष्ट्रपति के आदेश द्वारा लागू किया गया हो।";

[58][(ख)] अनुच्छेद 368 के खंड (3) के पश्चात् निम्नलिखित खंड जोड़ा जाएगा, अर्थात् :—

"(4) जम्मू-कश्मीर संविधान के

(क) राज्यपाल की नियुक्ति, शक्तियों, कृत्यों, कर्त्तव्यों, उपलब्धियों, भत्तों, विशेषाधिकारों या उन्मुक्तियों; या

(ख) भारत के निर्वाचन आयोग द्वारा निर्वाचनों के अधीक्षण, निदेशन और नियंत्रण, विभेद के बिना निर्वाचन नामावलि में सम्मिलित किए जाने की पात्रता, वयस्क मताधिकार और विधान परिषद् के गठन, जो जम्मू-कश्मीर संविधान की धारा 138, 139, 140 और 50 में विनिर्दिष्ट विषय हैं, से संबंधित किसी उपबंध में या उसके प्रभाव में कोई परिवर्तन करने के लिए जम्मू-कश्मीर राज्य के विधान-मंडल द्वारा बनाई गई किसी विधि का कोई प्रभाव तभी होगा जब ऐसी विधि राष्ट्रपति के विचार के लिए आरक्षित रखने के पश्चात्, उनकी अनुमति प्राप्त कर लेती है।"]।

## ( 16 ) भाग 21

(क) अनुच्छेद 369, 371, [59][371क,] [60][372क,] 373, अनुच्छेद 374 के खंड (1), (2), (3) और (5) और [61][अनुच्छेद 376 से 378क तक का और अनुच्छेद 392] का लोप किया जाएगा।

(ख) अनुच्छेद 372 में—

(i) खंड (2) और (3) का लोप किया जाएगा;

(ii) भारत के राज्यक्षेत्र में प्रवृत्त विधि के प्रति निर्देशों के अंतर्गत जम्मू-कश्मीर राज्य के राज्यक्षेत्र में विधि का बल रखने वाली हिदायतों, ऐलानों, इश्तिहारों, परिपत्रों, रोबकारों, इरशादों, याददाश्तों, राज्य परिषद् के संकल्पों, संविधान सभा के संकल्पों और अन्य लिखतों के प्रति निर्देश भी होंगे; और

(iii) संविधान के प्रारंभ के प्रति निर्देश का यह अर्थ लगाया जाएगा कि वे इस आदेश के प्रारंभ के प्रति निर्देश है।

(ग) अनुच्छेद 374 के खंड (4) में राज्य में प्रिवी कौंसिल के रूप में कार्यरत प्राधिकारी के प्रति निर्देश का यह अर्थ लगाया जाएगा कि वह जम्मू-कश्मीर संविधान अधिनियम, संवत् 1996 के अधीन गठित सलाहकार बोर्ड के प्रति निर्देश है, और संविधान के प्रारंभ के प्रति निर्देशों का यह अर्थ लगाया जाएगा कि वे इस आदेश के प्रारंभ के प्रति निर्देश हैं।

## ( 17 ) भाग 22

अनुच्छेद 394 और 395 का लोप किया जाएगा।

## ( 18 ) पहली अनुसूची

## ( 19 ) दूसरी अनुसूची

[62]* * * * * *

## ( 20 ) तीसरी अनुसूची

प्ररूप 5, 6, 7 और 8 का लोप किया जाएगा।

## ( 21 ) चौथी अनुसूची

## [63][( 22 ) सातवीं अनुसूची

(क) संघ-सूची में,—

(i) प्रविष्टि 3 के स्थान पर "3. छावनियों का प्रशासन" प्रविष्टि रखी जाएगी;

[64](ii) प्रविष्टि 8, 9, [65][और 34], [66]*** प्रविष्टि 79 और प्रविष्टि 81 में, "अंतरराज्यीय प्रव्रजन" शब्दों का लोप किया जाएगा;]

[67]* * * * * *

[68][(iii) प्रविष्टि 72 में, —

(क) किसी ऐसी निर्वाचन याचिका में जिसके द्वारा उस राज्य के विधान-मंडल के दोनों सदनों में से किसी सदन के लिए निर्वाचन प्रश्नगत है, जम्मू-कश्मीर राज्य के उच्च न्यायालय द्वारा किए गए किसी विनिश्चय या आदेश के विरुद्ध उच्चतम न्यायालय को अपीलों के संबंध में राज्यों के प्रति निर्देशों का यह अर्थ लगाया जाएगा कि उसके अंतर्गत जम्मू-कश्मीर राज्य के प्रति निर्देश हैं;

(ख) अन्य मामलों के संबंध में राज्यों के प्रति निर्देशों का यह अर्थ लगाया जाएगा कि उसके अंतर्गत उस राज्य के प्रति निर्देश नहीं है; [69][और]]

[70](iv) प्रविष्टि 97 के स्थान पर निम्नलिखित प्रविष्टि रखी जाएगी, अर्थात् :—

[71][97.(क) विधि द्वारा स्थापित सरकार को आतंकित करने या लोगों या लोगों के किसी अनुभाग में आतंक उत्पन्न करने या लोगों के किसी अनुभाग को पृथक् करने या लोगों के विभिन्न अनुभागों के बीच समरसता पर प्रतिकूल प्रभाव डालने वाले आतंकवादी कार्यों को अंतर्वलित करने वाले,

(ख) भारत की प्रभुता तथा प्रादेशिक अखंडता को अनअंगीकृत, प्रश्नगत या विच्छिन्न करने, अथवा भारत राज्यक्षेत्र के किसी भाग का अध्यर्पण कराने अथवा भारत राज्यक्षेत्र के भाग को संघ से विलग कराने अथवा भारत के राष्ट्रीय ध्वज, भारतीय राष्ट्र-गान और इस संविधान का अपमान करने वाले, क्रियाकलाप को रोकना, समुद्र या वायु द्वारा विदेश यात्रा, अंतर्देशीय विमान यात्रा और डाक वस्तुओं पर जिनके अंतर्गत मनीआर्डर, फोनतार और तार हैं, कर।

**स्पष्टीकरण**-इस प्रविष्टि में, "आतंकवादी कार्य" का वही अर्थ है जो अनुच्छेद 248 के स्पष्टीकरण में है।]] (ख) राज्य सूची का लोप किया जाएगा।

[72][(ग) समवर्ती सूची में,

[73][(i) प्रविष्टि 1 के स्थान पर निम्नलिखित प्रविष्टि रखी जाएगी, अर्थात् :—

"1. दंड विधि, (जिसके अंतर्गत सूची 1 में विनिर्दिष्ट विषयों में से किसी विषय से संबंधित विधियों के विरुद्ध अपराध और सिविल शक्ति की सहायता के लिए नौ सेना, वायु सेना या संघ के किन्हीं अन्य सशस्त्र बलों के प्रयोग नहीं है) जहाँ तक ऐसी दंड विधि इस अनुसूची में विनिर्दिष्ट विषयों में से किसी विषय में से किसी विषय से संबंधित विधि के विरुद्ध अपराधों से संबंधित है।"]

[74][[75][(iक) प्रविष्टि 2 के स्थान पर निम्नलिखित प्रविष्टि रखी जाएगी, अर्थात्:—

"2. दंड प्रक्रिया (जिसके अंतर्गत अपराधों को रोकना तथा दंड न्यायालयों का, जिनके अंतर्गत उच्चतम न्यायालय और उच्च न्यायालय नहीं हैं, गठन और संगठन है) जहाँ तक उसका संबंध—

(i) किन्हीं ऐसे विषयों से, जो ऐसे विषय हैं, जिनके संबंध में संसद को विधियाँ बनाने की शक्ति है, संबंधित विधियों के विरुद्ध अपराधों से है; और

(ii) किसी विदेश में राजनयिक और कौंसलीय अधिकारियों द्वारा शपथ दिलाए जाने तथा शपथपत्र लिए जाने से है ।",

(iख) प्रविष्टि 12 के स्थान पर, निम्नलिखित प्रविष्टि रखी जाएगी, अर्थात् :—

"12. साक्ष्य तथा शपथ, जहाँ तक उनका संबंध—

(i) किसी विदेश में राजनयिक और कौंसलीय अधिकारियों द्वारा शपथ दिलाए जाने तथा शपथपत्र लिए जाने से है; और

(ii) किन्हीं ऐसे अन्य विषयों से है, जो ऐसे विषय हैं, जिनके संबंध में संसद को विधियाँ बनाने की शक्ति है "]

(iग) प्रविष्टि 13 के स्थान पर "13. सिविल प्रक्रिया, जहाँ तक उसका संबंध किसी विदेश में राजनयिक तथा कौंसलीय अधिकारियों द्वारा शपथ दिलाए जाने तथा शपथपत्र लिए जाने से है" प्रविष्टि रखी जाएगी;]

[76]* * * * * *

[77][[78](ii) प्रविष्टि 30 के स्थान पर "30. जन्म-मरण सांख्यिकी, जहाँ तक उसका संबंध जन्म तथा मृत्यु से है, जिसके अंतर्गत जन्म और मृत्यु रजिस्ट्रीकरण हैं" प्रविष्टि रखी जाएगी;]

[79]* * * * *

[80][(iii) प्रविष्टि 3, प्रविष्टि 5 से 10 तक (जिसमें ये दोनों सम्मिलित हैं), प्रविष्टि 14,15, 17, 20, 21, 27, 28, 29, 31, 32, 37, 38, 41 तथा 44 का लोप किया जाएगा;

(iiiक) प्रविष्टि 42 के स्थान पर "42. संपत्ति का अर्जन और अधिग्रहण, जहाँ तक उसका संबंध सूची 1 की प्रविष्टि 67 या सूची 3 की प्रविष्टि 40 के अंतर्गत आने वाली संपत्ति के या किसी ऐसी मानवीय कलाकृति के, जिसका कलात्मक या सौंदर्यात्मक मूल्य है, अर्जन से है" प्रविष्टि रखा जाएगा, और]

[81][(iv) प्रविष्टि 45 में, "सूची 2 या सूची 3" के स्थान पर "इस सूची" शब्द रखे जाएँगे।]

## ( 23 ) आठवीं अनुसूची

## [82][( 24 ) नवीं अनुसूची

[83][(क)] प्रविष्टि 64 के पश्चात्, निम्नलिखित प्रविष्टियां जोड़ी जाएँगी, अर्थात्:—

[84][64क] जम्मू-कश्मीर राज्य कुठ अधिनियम (संवत् 1978 का सं. 1);

[84][64ख] जम्मू-कश्मीर अभिधृति अधिनियम (संवत् 1980 का सं. 2);

[85][64ग] जम्मू-कश्मीर भूमि अन्य संक्रमण अधिनियम (संवत् 1995 का सं. 5);

[86]* * * * *

[87]"[64घ] जम्मू-कश्मीर बृहद् भू-संपदा उत्सादन अधिनियम (संवत् 2007 का सं. 17);

[88][64ङ] जागीरों और भू-राजस्व के अन्य समनुदेशनों आदि के पुनर्ग्रहण के बारे में 1951 का आदेश स. 6-एच, तारीख 10 मार्च, 1951;

[89][64च] जम्मू-कश्मीर बंधक संपत्ति की वापसी अधिनियम, 1976 (1976 का अधिनियम 14);

64छ. जम्मू-कश्मीर ऋणी राहत अधिनियम, 1976 (1976 का अधिनियम 15)।]

[2][(ख) संविधान (उनतालीसवां संशोधन) अधिनियम, 1975 द्वारा अंत:स्थापित प्रविष्टि 87 से 124 तक को क्रमश: प्रविष्टि 65 से 102 के रूप में पुन:संख्यांकित किया जाएगा ।]

[89][(ग) प्रविष्टि 125 से 188 तक को क्रमश: प्रविष्टि 103 से 166 के रूप में पुन:संख्यांकित किया जाएगा।]

## 4[( 25 ) दसवीं अनुसूची

(क) "[अनुच्छेद 102(2) और अनुच्छेद 191(2)]" शब्दों, कोष्ठकों और अंकों के स्थान पर, "[अनुच्छेद 102(2)]" कोष्ठक, शब्द और अंक रखे जाएँगे;

(ख) पैरा 1 के खंड (क) में, "या किसी राज्य की, यथास्थिति, विधान सभा या विधान-मंडल का कोई सदन" शब्दों का लोप किया जाएगा;

(ग) पैरा 2 में-

(i) उपपैरा 1 में, स्पष्टीकरण के खंड (ख) के उपखंड (ii) में, "यथास्थिति, अनुच्छेद 99 या अनुच्छेद 188" शब्दों और अंकों के स्थान पर, "अनुच्छेद 99" शब्द और अंक रखे जाएँगे;

(ii) उपपैरा (3) में, "यथास्थिति, अनुच्छेद 99 या अनुच्छेद 188" शब्दों और अंकों के स्थान पर, "अनुच्छेद 99" शब्द और अंक रखे जाएँगे;

(iii) उपपैरा (4) में, संविधान (बावनवां संशोधन) अधिनियम, 1985 के प्रारंभ के प्रति निर्देश का यह अर्थ लगाया जाएगा कि वह संविधान (जम्मू-कश्मीर को लागू होना) संशोधन आदेश, 1989 के प्रारंभ के प्रति निर्देश है;

(घ) पैरा 5 में, "अथवा किसी राज्य की विधान परिषद् के सभापति या उप सभापति अथवा किसी राज्य की विधान सभा के अध्यक्ष या उपाध्यक्ष" शब्दों का लोप किया जाएगा;

(ङ) पैरा 6 के उपपैरा (2) में, "यथास्थिति, अनुच्छेद 122 के अर्थ में संसद की कार्यवाहियां हैं या अनुच्छेद 212. के अर्थ में राज्य के विधान-मंडल की कार्यवाहियां हैं" शब्दों और अंकों के स्थान पर "अनुच्छेद 122 के अर्थ में संसद की कार्यवाहियां हैं" शब्द और अंक रखे जाएँगे;

(च) पैरा 8 के उपपैरा (3) में, "यथास्थिति, अनुच्छेद 105 या अनुच्छेद 194" शब्दों और अंकों के स्थान पर "अनुच्छेद 105" शब्द और अंक रखे जाएँगे ]

## संदर्भ

1. विधि मंत्रालय की अधिसूचना सं.का.नि.आ. 1610, तारीख 14 मई, 1954 भारत का राजपत्र, असाधारण, भाग 2, धारा 3, पृष्ठ 821 में प्रकाशित।
2. प्रारंभ में आने वाले शब्द संविधान आदेश 56, संविधान आदेश 74, संविधान आदेश 76, संविधान आदेश 79, संविधान आदेश 89, संविधान आदेश 91, संविधान आदेश 94, संविधान आदेश 98, संविधान आदेश 103, संविधान आदेश 104, संविधान आदेश 105, संविधान आदेश 108, संविधान आदेश 136 और तत्पश्चात् संविधान आदेश 141 द्वारा संशोधित होकर उपरोक्त रूप में आए।
3. संविधान आदेश 124 द्वारा (4-2-1985 से) खंड (ख) का लोप किया गया।
4. संविधान आदेश 69 द्वारा "दस वर्ष" के स्थान पर प्रतिस्थापित ।
5. संविधान आदेश 97 द्वारा "बीस" के स्थान पर प्रतिस्थापित।
6. संविधान आदेश 89 द्वारा खंड (ज) के स्थान पर प्रतिस्थापित ।
7. संविधान आदेश 69 द्वारा "दस वर्ष" के स्थान पर प्रतिस्थापित।
8. संविधान आदेश 97 द्वारा "बीस" के स्थान पर प्रतिस्थापित।
9. संविधान आदेश 98 द्वारा खंड (क) और खंड (ख) के स्थान पर प्रतिस्थापित।
10. संविधान आदेश 98 द्वारा अंत:स्थापित ।
11. संविधान आदेश 98 द्वारा खंड (ग) और खंड (घ) को खंड (घ) और खंड (ङ) के रूप में पुन:अक्षरांकित किया गया।
12. संविधान आदेश 60 द्वारा अंक "136" का लोप किया गया।
13. संविधान आदेश 56 द्वारा खंड (च) और खंड (छ) का लोप किया गया।
14. संविधान आदेश 60 द्वारा (26-1-1960 से) अंत:स्थापित।
15. 'संविधान आदेश 98 द्वारा खंड (क) के स्थान पर प्रतिस्थापित।
16. संविधान आदेश 74 द्वारा (24-11-1965 से) खंड (ग) के स्थान पर प्रतिस्थापित।
17. संविधान आदेश 66 द्वारा खंड (क) के स्थान पर प्रतिस्थापित।
18. संविधान आदेश 85 द्वारा खंड (ख) और खंड (खख), मूल खंड (ख) के स्थान पर प्रतिस्थापित।
19. संविधान आदेश 93 द्वारा खंड (ख) के स्थान पर प्रतिस्थापित।
20. संविधान आदेश 122 द्वारा अत:स्थापित।
21. संविधान आदेश 122 द्वारा खंड (क) को खंड (कक) के रूप में पुन:अक्षरांकित किया गया।

22. संविधान आदेश 122 द्वारा "क्रियाकलापों को रोकने" के स्थान पर प्रतिस्थापित।
23. संविधान आदेश 122 द्वारा अंत:स्थापित।
24. संविधान आदेश 129 द्वारा खंड (खख) के स्थान पर प्रतिस्थापित ।
25. संविधान आदेश 129 द्वारा खंड (घ) का लोप किया गया।
26. 'संविधान आदेश 66 द्वारा खंड (च) का लोप किया गया।
27. संविधान आदेश 66 द्वारा खंड (छ) और खंड (ज) को खंड (च) और खंड (छ) के रूप में पुन:अक्षरांकित किया गया।
28. संविधान आदेश 56 द्वारा खंड (झ) का लोप किया गया।
29. संविधान आदेश 56 द्वारा खंड (ञ) को खंड (झ) के रूप में पुन:अक्षरांकित किया गया और तत्पश्चात् संविधान आदेश 66 द्वारा उसे खंड (ज) के रूप में पुन:अक्षरांकित किया गया।
30. संविधान आदेश 55 द्वारा अंत:स्थापित खंड (क) और खंड (ख) का संविधान आदेश 56 द्वारा लोप किया गया।
31. संविधान आदेश 55 द्वारा खंड (क), खंड (ख) और खंड (ग), को क्रमश: खंड (ग), खंड (घ) और खंड (ङ) के रूप में पुन:अक्षरांकित किया गया और तत्पश्चात् संविधान आदेश 56 द्वारा उन्हें क्रमश: खंड (क), खंड (ख) और खंड (ग) के रूप में पुन:अक्षरांकित किया गया।
32. संविधान आदेश 94 द्वारा "अनुच्छेद 290 और अनुच्छेद 291" के स्थान पर प्रतिस्थापित।
33. संविधान आदेश 56 द्वारा कोष्ठक और अक्षर "(क)" तथा "(ख)" का लोप किया गया।
34. संविधान आदेश 56 द्वारा पूर्ववर्ती उपांतरण के स्थान पर प्रतिस्थापित।
35. संविधान आदेश 60 द्वारा (26-1-1960 से) उपपैरा (10) के स्थान पर प्रतिस्थापित।
36. संविधान आदेश 75 द्वारा खंड (ख) और खंड (ग) के स्थान पर प्रतिस्थापित।
37. संविधान आदेश 105 द्वारा अंत:स्थापित।
38. संविधान आदेश 124 द्वारा खंड (क) का लोप किया गया।
39. संविधान आदेश 124 द्वारा खंड (ख) और खंड (ग) को खंड (क) और खंड (ख) के रूप में पुन:अक्षरांकित किया गया।
40. संविधान आदेश 124 द्वारा खंड "336, 337, 339 और 342" के स्थान पर प्रतिस्थापित।
41. संविधान आदेश 124 द्वारा अंत:स्थापित।
42. संविधान आदेश 104 द्वारा "(4)" के स्थान पर प्रतिस्थापित।
43. संविधान आदेश 100 द्वारा कुछ शब्दों के स्थान पर प्रतिस्थापित।
44. संविधान आदेश 71 द्वारा खंड (ख) के स्थान पर प्रतिस्थापित।
45. संविधान आदेश 151 द्वारा जोड़ा गया।
46. संविधान आदेश 154 द्वारा "चार वर्ष" के स्थान पर और पुन:संविधान आदेश 160 द्वारा "पांच वर्ष" के स्थान पर और पुन:संविधान आदेश 162 द्वारा (6-7-1996 से) "छह वर्ष" के स्थान पर प्रतिस्थापित।
47. संविधान आदेश 74 द्वारा खंड (क) का लोप किया गया।
48. संविधान आदेश 74 द्वारा खंड (ख) और खंड (ग) को खंड (क) और खंड (ख) के रूप में पुन:अक्षरांकित किया गया।
49. संविधान आदेश 94 द्वारा "अनुच्छेद 362 और अनुच्छेद 365" के स्थान पर प्रतिस्थापित।
50. संविधान आदेश 56 द्वारा मूल खंड (ग) का लोप किया गया।
51. संविधान आदेश 74 द्वारा खंड (ख) के स्थान पर प्रतिस्थापित।
52. संविधान आदेश 56 द्वारा खंड (घ) का लोप किया गया।
53. संविधान आदेश 74 द्वारा खंड (ङ) को खंड (घ) के रूप में पुन:अक्षरांकित किया गया।
54. संविधान आदेश 74 द्वारा खंड (ङ) के स्थान पर प्रतिस्थापित।
55. संविधान आदेश 101 द्वारा खंड (क) के रूप में संख्यांकित।
56. संविधान आदेश 91 द्वारा "अनुच्छेद 368 में" के स्थान पर प्रतिस्थापित।
57. संविधान आदेश 101 द्वारा अंत:स्थापित।
58. संविधान आदेश 74 द्वारा अंत:स्थापित।
59. संविधान आदेश 56 द्वारा अंत:स्थापित।
60. संविधान आदेश 56 द्वारा "अनुच्छेद 376 से अनुच्छेद 392 तक" के स्थान पर प्रतिस्थापित।
61. संविधान आदेश 56 द्वारा पैरा 6 से संबंधित उपांतरण का लोप किया गया।
62. संविधान आदेश 66 द्वारा उपपैरा (22) के स्थान पर प्रतिस्थापित।
63. संविधान आदेश 85 द्वारा मद (ii) के स्थान पर प्रतिस्थापित।
64. संविधान आदेश 92 द्वारा "34 और 60" के स्थान पर प्रतिस्थापित।
65. संविधान आदेश 95 द्वारा 'प्रविष्टि 67 में "और अभिलेख" शब्दों' शब्दों और अंकों का लोप किया गया।
66. संविधान आदेश 74 द्वारा मूल मद (ii) का लोप किया गया।
67. संविधान आदेश 83 द्वारा मद (iii) के स्थान पर प्रतिस्थापित।
68. संविधान आदेश 85 द्वारा अंत:स्थापित।
69. संविधान आदेश 93 द्वारा मद (iv) के स्थान पर प्रतिस्थापित।
70. संविधान आदेश 122 द्वारा (4-6-1985 से) प्रविष्टि 97 के स्थान पर प्रतिस्थापित।
71. संविधान आदेश 69 द्वारा खंड (ग) के स्थान पर प्रतिस्थापित।
72. संविधान आदेश 70 द्वारा मद (i) के स्थान पर प्रतिस्थापित।
73. संविधान आदेश 94 द्वारा अंत:स्थापित।
74. संविधान आदेश 122 द्वारा द्वारा उपखंड (क) और उपखंड (ख) के स्थान पर प्रतिस्थापित।
75. संविधान आदेश 74 द्वारा मद (ii) और (ii) का लोप किया गया।

76. संविधान आदेश 70 द्वारा अंत:स्थापित।
77. संविधान आदेश 74 द्वारा मद (iv) को मद (ii) के रूप में पुन:संख्यांकित किया गया।
78. संविधान आदेश 72 द्वारा मद (v) और (vi) का लोप किया गया।
79. संविधान आदेश 95 द्वारा मद (ii) के स्थान पर प्रतिस्थापित।
80. संविधान आदेश 74 द्वारा मद (vii) को मद (iv) के रूप में पुन:संख्यांकित किया गया।
81. संविधान आदेश 74 द्वारा उपपैरा (24) के स्थान पर प्रतिस्थापित।
82. संविधान आदेश 105 द्वारा संख्यांकित।
83. संविधान आदेश 98 द्वारा पुन:संख्यांकित।
84. संविधान आदेश 106 द्वारा लोप किया गया।
85. संविधान आदेश 106 द्वारा पुन:संख्यांकित।
86. संविधान आदेश 106 द्वारा अंत:स्थापित।
87. संविधान आदेश 105 द्वारा अंत:स्थापित।
88. संविधान आदेश 108 द्वारा (31-12-1977 से) अंत:स्थापित।
89. संविधान आदेश 136 द्वारा अंत:स्थापित।

# परिशिष्ट 2

## संविधान के, उन अपवादों और उपांतरणों के जिनके अधीन संविधान जम्मू-कश्मीर राज्य को लागू होता है, वर्तमान पाठ के प्रति निर्देश से, पुनर्कथन

[**टिप्पणी** - वे अपवाद और उपांतरण जिनके अधीन संविधान जम्मू-कश्मीर राज्य को लागू होता है या तो वे हैं जिनका उपबंध संविधान (जम्मू-कश्मीर को लागू होना) आदेश, 1954 में किया गया है या वे हैं जो संविधान के कुछ संशोधनों के जम्मू-कश्मीर राज्य को न लागू होने के परिणामस्वरूप हैं। ऐसे सभी अपवाद और उपांतरण जिनका व्यावहारिक महत्त्व है, उस पुनर्कथन में सम्मिलित हैं जो शीघ्र निर्देश को मात्र सुकर बनाने के लिए हैं। सही स्थिति को सुनिश्चित करने के लिए संविधान (जम्मू-कश्मीर को लागू होना) आदेश, 1954 को और उक्त आदेश के खंड 2 में वर्णित संविधान के पश्चात्वर्ती संशोधनों द्वारा यथा संशोधित संविधान के 20 जून, 1964 के पाठ के प्रति निर्देश करना होगा।]

### (1) उद्देशिका

(क) पहले पैरा में "समाजवादी पंथ निरपेक्ष" का लोप करें।

(ख) पूर्वान्तिम पैरा में "और अखंडता" का लोप करें।

### (2) भाग 1

अनुच्छेद 3-

**(क) निम्नलिखित और परंतुक जोड़ें, अर्थात् :-**

"परंतु यह और कि जम्मू-कश्मीर राज्य के क्षेत्र को बढ़ाने या घटाने या उस राज्य के नाम या उसकी सीमा में परिवर्तन करने का उपबंध करनेवाला कोई विधेयक उस राज्य के विधान-मंडल की सहमति के बिना संसद में पुर:स्थापित नहीं किया जाएगा।";

(ख) स्पष्टीकरण 1 और स्पष्टीकरण 2 का लोप करें।

### (3) भाग 2

(क) यह भाग जम्मू-कश्मीर राज्य के संबंध में 26 जनवरी, 1950 से लागू समझा जाएगा;

(ख) अनुच्छेद 7 -निम्नलिखित और परंतुक जोड़ें, अर्थात् :-

"परंतु यह और कि इस अनुच्छेद की कोई बात जम्मू-कश्मीर राज्य के ऐसे स्थायी निवासी को लागू नहीं होगी जो ऐसे राज्यक्षेत्र को जो इस समय पाकिस्तान के अंतर्गत है, प्रव्रजन करने के पश्चात् उस राज्य के क्षेत्र को ऐसी अनुज्ञा के अधीन लौट आया है जो उस राज्य में पुनर्वास के लिए या स्थायी रूप से लौटने के लिए उस राज्य के विधान-मंडल द्वारा या उसके अधीन दी गई है, तथा ऐसा प्रत्येक व्यक्ति भारत का नागरिक समझा जाएगा।"

### (4) भाग 3

(क) अनुच्छेद 13-संविधान के प्रारंभ के प्रति निर्देशों का यह अर्थ लगाया जाएगा कि वे संविधान (जम्मू-कश्मीर को लागू होना) आदेश, 1954 (सं. आ. 48) के प्रारंभ, अर्थात् 14 मई, 1954 के प्रति निर्देश हैं,

* * * * *

(ग) अनुच्छेद 16-खंड (3) में, राज्य के प्रति निर्देश का यह अर्थ लगाया जाएगा कि उसके अंतर्गत जम्मू-कश्मीर राज्य के प्रति निर्देश नहीं है।

(घ) अनुच्छेद 19-

(अ) खंड (1) में

(i) उपखंड (ङ) के अंत में, "और" का लोप करें;

(ii) उपखंड (ङ) के पश्चात् निम्नलिखित खंड अंत:स्थापित करें, अर्थात् :-

"(च) संपत्ति के अर्जन, धारण और व्ययन का; और "; (आ) खंड (5) में, "उपखंड (घ) और उपखंड (ङ)" के स्थान पर "उपखंड (घ), उपखंड (ङ) और उपखंड (च)" रखें।

(ङ) अनुच्छेद 22-खंड (4) में "संसद" शब्द के स्थान पर "राज्य विधान-मंडल" शब्द रखे जाएँगे और खंड (7) में "संसद विधि द्वारा विहित कर सकेगी" शब्दों के स्थान पर "राज्य विधान-मंडल विधि द्वारा विहित कर सकेगा" शब्द रखे जाएँगे।

(च) अनुच्छेद 30-खंड (1क) का लोप करें।

(छ) अनुच्छेद 30 के पश्चात् निम्नलिखित अंत:स्थापित करें, अर्थात्:-

## ''संपत्ति का अधिकार

### 31. संपत्ति का अनिवार्य अर्जन-

(1) कोई व्यक्ति विधि के प्राधिकार के बिना अपनी संपत्ति से वंचित नहीं किया जाएगा।

(2) कोई संपत्ति, सार्वजनिक प्रयोजन के लिए ही और केवल ऐसी विधि के प्राधिकार से अनिवार्यत: अर्जित या अधिगृहीत की जाएगी, अन्यथा नहीं, जो संपत्ति के अर्जन या अधिग्रहण का, ऐसी राशि के बदले जो उस विधि द्वारा नियत की जाए या जो ऐसे सिद्धांतों के अनुसार अवधारित की जाए और ऐसी रीति से दी जाए जो उस विधि में विनिर्दिष्ट हों, उपबंध करती है; और ऐसी किसी विधि किसी न्यायालय में इस आधार पर प्रश्नगत नहीं की जाएगी कि इस प्रकार नियत या अवधारित राशि पर्याप्त नहीं है अथवा ऐसी पूरी राशि या उसका कोई भाग नकद न दिया जा कर अन्यथा दिया जाना है :

परंतु अनुच्छेद 30 के खंड (1) में निर्दिष्ट किसी अल्पसंख्यक-वर्ग द्वारा स्थापित और प्रशासित किसी शिक्षा-संस्था की संपत्ति के अनिवार्य अर्जन के लिए उपबंध करने से संबद्ध विधि बनाते समय, राज्य यह सुनिश्चित करेगा कि ऐसी संपत्ति के अर्जन के लिए ऐसी विधि के अधीन जो राशि नियत या अवधारित की जाए वह ऐसी हो जो उस खंड के अधीन प्रत्याभूत अधिकार को निर्बन्धित या निराकृत न करे।

(2क) जहाँ विधि किसी संपत्ति के स्वामित्व का या कब्जा रखने के अधिकार का अंतरण राज्य या किसी ऐसे निगम को, जो कि राज्य के स्वामित्व या नियंत्रण के अधीन है, करने के लिए उपबंध नहीं करती है वहाँ, इस बात के होते हुए भी कि वह किसी व्यक्ति को उसकी संपत्ति से वंचित करती है, उसकी बाबत यह नहीं समझा जाएगा कि वह संपत्ति के अनिवार्य अर्जन या अधिग्रहण के लिए उपबंध करती है।

(2ख) अनुच्छेद 19 के खंड (1) के उपखंड (च) की कोई बात किसी ऐसी विधि पर प्रभाव नहीं डालेगी जो खंड (2) में निर्दिष्ट है।

* * * * *

(5) खंड (2) की कोई बात -

(क) किसी वर्तमान विधि के उपबंधों पर, अथवा

(ख) किसी ऐसी विधि के उपबंधों पर, जिसे राज्य इसके पश्चात्

(i) किसी कर या शास्ति के अधिरोपण या उद्ग्रहण के प्रयोजन के लिए, अथवा

(ii) लोक स्वास्थ्य की अभिवृद्धि या प्राण या संपत्ति के संकट-निवारण के लिए,

अथवा

(iii) ऐसी संपत्ति की बाबत जो विधि द्वारा निष्क्रांत संपत्ति घोषित की गई है,

बनाए, कोई प्रभाव नहीं डालेगी।"।

* * * * *

(ज) अनुच्छेद 31 के पश्चात् निम्नलिखित उपशीर्ष का लोप करें, अर्थात् :-

## ''कुछ विधियों की व्यावृत्ति''

(झ) अनुच्छेद 31क-

(अ) खंड (1) में-

(i) "अनुच्छेद 14 या अनुच्छेद 19" के स्थान पर "अनुच्छेद 14, अनुच्छेद 19 और अनुच्छेद 31" रखें;

(ii) खंड (1) के पहले परंतुक का लोप करें;

(iii) दूसरे परंतुक में "यह और कि" के स्थान पर "यह कि" रखें।

(आ) खड (2) में उपखंड (क) के स्थान पर निम्नलिखित उपखंड रखें, अर्थात् :-

(क) "संपदा" से ऐसी भूमि अभिप्रेत होगी जो कृषि के प्रयोजनों के लिए या कृषि के सहायक प्रयाजनों के लिए या चरागाह के लिए अधिभोग में है या पट्टे पर दी गई है और इसके अंतर्गत निम्नलिखित भी हैं, अर्थात् :—

(i) ऐसी भूमि पर भवनों के स्थल और अन्य संरचनाएँ;

(ii) ऐसी भूमि पर खड़े वृक्ष;

(iii) वन भूमि और वन्य बंजर भूमि;

(iv) जल से ढके क्षेत्र और जल पर तैरते हुए खेत;

(v) जंदर और घराट स्थल;

(vi) कोई जागीर इनाम, मुआफी या मुकर्री या इसी प्रकार का अन्य अनुदान, किंतु इसके अंतर्गत निम्नलिखित नहीं है :-

(i) किसी नगर या नगरक्षेत्र या ग्राम आबादी में कोई भवन-स्थल या किसी ऐसे भवन या स्थल से अनुलग्न कोई भूमि;

(ii) कोई भूमि जो किसी नगर या ग्राम के स्थल के रूप में है, या

(iii) किसी नगरपालिका या अधिसूचित क्षेत्र या छावनी या नगरक्षेत्र में या किसी क्षेत्र में जिसके लिए कोई नगर योजना स्कीम मंजूर की गई है, भवन निर्माण के प्रयोजनों के लिए आरक्षित कोई भूमि ।'।

(ञ) अनुच्छेद 31ग-यह अनुच्छेद जम्मू-कश्मीर राज्य को लागू नहीं है।

(ट) अनुच्छेद 32-खंड (3) का लोप करें।

(ठ) अनुच्छेद 35—

(अ) संविधान के प्रारंभ के प्रति निर्देशों का यह अर्थ लगाया जाएगा कि वे संविधान (जम्मू-कश्मीर को लागू होना) आदेश, 1954 (सं.आ. 48) के प्रारंभ अर्थात् 14 मई, 1954 के प्रति निर्देश हैं;

(आ) खंड (क) (i) में, "अनुच्छेद 16 के खंड (3), अनुच्छेद 32 के खंड (3) का लोप करें; और

(इ) खंड (ख) के पश्चात् निम्नलिखित खंड जोड़ें, अर्थात् :-

"(ग) संविधान (जम्मू-कश्मीर को लागू होना) आदेश, 1954 के प्रारंभ के पूर्व या पश्चात्, निवारक निरोध की बाबत जम्मू-कश्मीर राज्य के विधान-मंडल द्वारा बनाई गई कोई विधि इसे आधार पर शून्य नहीं होगी कि वह इस भाग के उपबंधों में से किसी से असंगत हैं, किंतु ऐसी कोई विधि उक्त आदेश के प्रारंभ से पच्चीस वर्ष के अवसान पर, ऐसी असंगति की मात्रा तक, उन बातों के सिवाय प्रभावहीन हो जाएगी जिन्हें उनके अवसान के पूर्व किया गया या करने का लोप किया गया है।"।

(ड) अनुच्छेद 35 के पश्चात् निम्नलिखित अनुच्छेद जोड़ें, अर्थात् :-

"**35क. स्थायी निवासियों और उनके अधिकारों की बाबत विधियों की व्यावृत्ति**-इस संविधान में अंतर्विष्ट किसी बात के होते हुए भी, जम्मू-कश्मीर राज्य में प्रवृत्त ऐसी कोई विद्यमान विधि और इसके पश्चात् राज्य के विधान-मंडल द्वारा अधिनियमित ऐसी कोई विधि—

(क) जो उन व्यक्तियों के वर्गों को परिभाषित करती है जो जम्मू-कश्मीर राज्य के स्थायी निवासी हैं या होंगे, या

(ख) जो—

(i) राज्य सरकार के अधीन नियोजन;

(ii) राज्य में स्थावर संपत्ति के अर्जन;

(iii) राज्य में बस जाने; या

(iv) छात्रवृत्तियों के या ऐसी अन्य प्रकार की सहायता के जो राज्य सरकार प्रदान करे, अधिकार,

की बाबत ऐसे स्थायी निवासियों को कोई विशेष अधिकार और विशेषाधिकार प्रदत्त करती है या अन्य व्यक्तियों पर कोई निर्बन्धन अधिरोपित करती है, इस आधार पर शून्य नहीं होगी कि वह इस भाग के किसी उपबंध द्वारा भारत के अन्य नागरिकों को प्रदत्त किन्हीं अधिकारों से असंगत है या उनको छीनती या न्यून करती है।"।

## (5) भाग 4 -

यह भाग जम्मू-कश्मीर राज्य को लागू नहीं है।

## (6) भाग 4क -

यह भाग जम्मू-कश्मीर राज्य को लागू नहीं है।

## (7) भाग 5 -

(क) अनुच्छेद 55—

(अ) इस अनुच्छेद के प्रयोजनों के लिए जम्मू-कश्मीर राज्य की जनसंख्या तिरसठ लाख समझी जाएगी;

(आ) स्पष्टीकरण में परंतुक का लोप करें।

(ख) अनुच्छेद 81-खंड (2) और (3) के स्थान पर निम्नलिखित खंड रखें, अर्थात् : -"(2) खंड (1) के उपखंड (क) के प्रयोजनों के लिए—

(क) लोक सभा में राज्य को छह स्थान आवंटित किए जाएँगे;

(ख) परिसीमन अधिनियम, 1972 के अधीन गठित परिसीमन आयोग द्वारा प्रक्रिया के अनुसार जो आयोग उचित समझे, एक सदस्यीय प्रादेशिक निर्वाचन-क्षेत्रों में विभाजित किया जाएगा;

(ग) निर्वाचन-क्षेत्र, यथासाध्य भौगोलिक रूप से संहत क्षेत्र होंगे और उनका परिसीमन करते समय प्राकृतिक विशेषताओं, प्रशासनिक इकाइयों की विद्यमान सीमाओं, संचार सुविधाओं और लोक सुविधा को ध्यान में रखा जाएगा;

(घ) उन निर्वाचन क्षेत्रों में, जिनमें राज्य विभाजित किया जाए, पाकिस्तान अधिकृत क्षेत्र समाविष्ट नहीं होगा।

(3) खंड (2) की कोई बात लोक सभा में राज्य के प्रतिनिधित्व पर तब तक प्रभाव नहीं डालेगी जब तक परिसीमन अधिनियम, 1972 के अधीन संसदीय निर्वाचन-क्षेत्र के परिसीमन से संबंधित परिसीमन आयोग के अंतिम आदेश या आदेशों के भारत के राजपत्र में प्रकाशन की तारीख को विद्यमान सदन का विघटन न हो जाए।

(4) (क) परिसीमन आयोग राज्य की बाबत अपने कर्त्तव्यों में अपनी सहायता करने के प्रयोजन के लिए अपने साथ पांच व्यक्तियों को सहयोजित करेगा जो राज्य का प्रतिनिधित्व करने वाले, लोक सभा के सदस्य होंगे।

(ख) राज्य से इस प्रकार सहयोजित किए जाने वाले व्यक्ति सदन की संरचना का सम्यक् ध्यान रखते हुए लोक सभा के अध्यक्ष द्वारा नामनिर्दिष्ट किए जाएँगे।

(ग) उपखंड (ख) के अधीन किए जाने वाले प्रथम नामनिर्देशन लोक सभा के अध्यक्ष द्वारा संविधान (जम्मू-कश्मीर को लागू होना) दूसरा संशोधन आदेश, 1974 के प्रारंभ से दो मास के भीतर किए जाएँगे।

(घ) किसी भी सहयोजित सदस्य को परिसीमन आयोग के किसी विनिश्चय पर मत देने या हस्ताक्षर करने का अधिकार नहीं होगा।

(ङ) यदि मृत्यु या पदत्याग के कारण किसी सहयोजित सदस्य का पद रिक्त हो जाता है तो उसे लोक सभा के अध्यक्ष द्वारा और उपखंड (क) और (ख) के उपबंधों के अनुसार यथाशक्यशीघ्र भरा जाएगा।"।

(ग) अनुच्छेद 82–दूसरे और तीसरे परंतुक का लोप करें।

(घ) अनुच्छेद 105–खंड (3) में "वही होंगी जो संविधान (चवालीसवां संशोधन) अधिनियम, 1978 की धारा 15 के प्रवत्त होने के ठीक पहले उस सदन की और उसके सदस्यों और समितियों की थीं" के स्थान पर "वही होंगी जो इस संविधान के प्रारंभ पर यूनाइटेड किंगडेम की पार्लियामेंट के हाउस ऑफ कामन्स की और उसके सदस्यों और समितियों की थी" रखें।"

(ङ) अनुच्छेद 132 के स्थान पर निम्नलिखित अनुच्छेद रखें, अर्थात् :—

'**132 कुछ मामलों में उच्च न्यायालयों से अपीलों में उच्चतम न्यायालय की अपीली अधिकारिता** - (1) भारत के राज्यक्षेत्र में किसी उच्च न्यायालय की सिविल, दांडिक या अन्य कार्यवाही में दिए गए किसी निर्णय डिक्री या अंतिम आदेश की अपील उच्चतम न्यायालय में होगी यदि वह उच्च न्यायालय प्रमाणित कर देता है कि उस मामले में इस संविधान के निर्वचन के बारे में विधि का कोई सारवान् प्रश्न अंतर्वलित है।

(2) जहाँ उच्च न्यायालय ने ऐसे प्रमाणपत्र देने से इंकार कर दिया है वहाँ, यदि उच्चतम न्यायालय का समाधान हो जाता है कि उस मामले में इस संविधान के निर्वचन के बारे में विधि का कोई सारवान् प्रश्न अंतर्वलित है तो, वह ऐसे निर्णय, डिक्री या अंतिम आदेश की अपील के लिए निजी इजाजत दे सकेगा।

(3) जहाँ ऐसा प्रमाणपत्र या ऐसी इजाजत दे दी गई है वहाँ उस मामले में कोई पक्षकार इस आधार पर कि पूर्वोक्त किसी प्रश्न का विनिश्चय गलत किया गया है तथा उच्चतम न्यायालय की इजाजत से अन्य किसी आधार पर, उच्चतम न्यायालय में अपील कर सकेगा।

**स्पष्टीकरण**-इस अनुच्छेद के प्रयोजनों के लिए "अंतिम आदेश" पद के अतंर्गत ऐसे विवाद्यक का विनिश्चय करनेवाला आदेश है जो, यदि अपीलार्थी के पक्ष में विनिश्चित किया जाता है तो, उस मामले के अंतिम निपटारे के लिए पर्याप्त होगा।'।

(च) अनुच्छेद 133—

(अ) खंड (1) में "अनुच्छेद 134क के अधीन" का लोप करें।

(आ) खंड (1) के पश्चात् निम्नलिखित खंड अंत:स्थापित करें, अर्थात् :—

'(1क) संविधान (तीसवां संशोधन) अधिनियम, 1972 की धारा 3 के उपबंध जम्मू-कश्मीर राज्य के संबंध में इस उपांतरण के अधीन लागू होंगे कि उसमें " इस अधिनियम", "इस अधिनियम के प्रारंभ", "यह अधिनियम पारित नहीं किया गया हो" और "इस अधिनियम द्वारा यथासंशोधित उस खंड के उपबंधों को" के प्रति निर्देशों का यह अर्थ लगाया जाएगा कि वे क्रमश: "संविधान (जम्मू-कश्मीर को लागू होना) दूसरा संशोधन आदेश, 1974", "उक्त आदेश के प्रारंभ", "उक्त आदेश पारित नहीं किया गया हो" और "उक्त उपबंधों, जैसे कि वे उक्त आदेश के प्रारंभ के पश्चात् हो" प्रति निर्देश है।'।

(छ) अनुच्छेद 134—

(अ) खंड (1) के उपखंड (ग) में "अनुच्छेद 134क के अधीन" का लोप करें;

(आ) खंड (2) में "संसद" के पश्चात् "राज्य के विधान-मंडल के अनुरोध पर" अंत:स्थापित करें।

(ज) अनुच्छेद 134क, 135, 139 और 139क -ये अनुच्छेद जम्मू-कश्मीर राज्य को लागू नहीं हैं।

(झ) अनुच्छेद 145-खंड (1) में उपखंड (गग) का लोप करें।

(ञ) अनुच्छेद 150-"जो राष्ट्रपति, भारत के नियंत्रक-महालेखापरीक्षक की सलाह पर, विहित करें" के स्थान पर "जो भारत का नियंत्रक-महालेखापरीक्षक राष्ट्रपति के अनुमोदन से, विहित करे" रखें।

## (8) भाग 6

(क) अनुच्छेद 153 से 217 तक, अनुच्छेद 219, अनुच्छेद 221, अनुच्छेद 223, 224, 224क और 225 तथा अनुच्छेद 227 से 233, अनुच्छेद 233क और अनुच्छेद 234 से 237 तक का लोप करें।

(ख) अनुच्छेद 220-संविधान के प्रारंभ के प्रति निर्देशों का यह अर्थ लगाया जाएगा कि वे संविधान (जम्मू-कश्मीर को लागू होना) आदेश, 1960 के प्रारंभ, अर्थात् 26 जनवरी, 1960 के प्रति निर्देश हैं।

(ग) अनुच्छेद 222-खंड (1) के पश्चात् निम्नलिखित खंड अंत:स्थापित करें, अर्थात् :-

"(1क) प्रत्येक ऐसा अंतरण जो जम्मू-कश्मीर के उच्च न्यायालय से या उस उच्च न्यायालय को हो, राज्यपाल के परामर्श के पश्चात् किया जाएगा।"।

(घ) अनुच्छेद 226—

(अ) खंड (2) को खंड (1क) के रूप में पुन:संख्यांकित करें;

(आ) खंड (3) का लोप करें;

(इ) खंड (4) को खंड (2) के रूप में पुन:संख्यांकित करें और इस प्रकार पुन:सख्यांकित खंड (2) में "इस

अनुच्छेद" के स्थान पर " खंड (1) या खंड (1क)" रखें।

(9) **भाग 8**-यह भाग जम्मू-कश्मीर को लागू नहीं है।

(10) **भाग 10**-यह भाग जम्मू-कश्मीर राज्य को लागू नहीं है।

## (11) भाग 11-

(क) अनुच्छेद 246-

(अ) खंड (1) में, "खंड (2) और खंड (3)" के स्थान पर " खंड (2)" रखें।

(आ) खंड (2) में, 'खंड (3) में किसी बात के होते हुए भी" का लोप करें।

(इ) खंड (3) और खंड (4) का लोप करें।

(ख) अनुच्छेद 248 के स्थान पर निम्नलिखित अनुच्छेद रखें, अर्थात् :-

"**248. अवशिष्ट विधायी शक्तियाँ**-संसद को-

(क) विधि द्वारा स्थापित सरकार को आतंकित करने या लोगों या लोगों के किसी अनुभाग में उत्पन्न करने या लोगों के किसी अनुभाग को पृथक् करने या लोगों के विभिन्न अनुभागों के बीच समरसता पर प्रतिकूल प्रभाव डालने वाले आतंकवादी कार्यों को अंतर्वलित करने वाले क्रियाकलापों को रोकने के संबंध में;

(कक) भारत की प्रभुता तथा प्रादेशिक अखंडता को अनअंगीकृत, प्रश्नगत या विछिन्न करने अथवा भारत राज्यक्षेत्र के किसी भाग का अध्यर्पण कराने अथवा भारत राज्यक्षेत्र के किसी भाग को संघ से विलग कराने अथवा भारत के राष्ट्रीय ध्वज, भारतीय राष्ट्रगान और इस संविधान का अपमान करने वाले अन्य क्रियाकलाप को रोकने के संबंध में, और

(ख) (i) समुद्र या वायु द्वारा विदेश यात्रा पर;

(ii) अंतर्देशीय विमान यात्रा पर;

(ii) मनीआर्डर, फोनतार, और तार को सम्मिलित करते हुए, डाक वस्तुओं पर,

कर लगाने के संबंध में विधि बनाने की अनन्य शक्ति है।

**स्पष्टीकरण**-इस अनुच्छेद में, "आतंकवादी कार्य" से बमों, डायनामाइट या अन्य विस्फोटक पदार्थों या ज्वलनशील पदार्थों या अग्न्यायुधों या अन्य प्राणहर आयुधों या विषों का या अपयाकर गैसों या अन्य रसायनों या परिसंकटमय प्रकृति के किन्हीं अन्य पदार्थों का (चाहे वे जैव हों या अन्य) उपयोग करके किया गया कोई कार्य या बात अभिप्रेत हैं।"।

(खख) अनुच्छेद 249, खंड (1) में, "राज्य-सूची में प्रगणित ऐसे विषय के संबंध में, जो उस संकल्प में विनिर्दिष्ट है" के स्थान पर "उस संकल्प में विनिर्दिष्ट ऐसे विषय के संबंध में, जो संघ-सूची या समवर्ती सूची में प्रगणित विषय नहीं हैं," रखें।

(ग) अनुच्छेद 250 "राज्य-सूची में प्रगणित किसी भी विषय के संबंध में" के स्थान पर " संघ सूची में प्रगणित न किए गए विषयों के संबंध में भी" रखें।

(घ) खंड (घ) का लोप करें।

(ङ) अनुच्छेद 253 में निम्नलिखित परंतुक जोड़ें, अर्थात् :-

"परंतु संविधान (जम्मू-कश्मीर को लागू होना) आदेश, 1954 के प्रारंभ के पश्चात, जम्मू-कश्मीर राज्य के संबंध में व्यवस्था को प्रभावित करनेवाला कोई विनिश्चय भारत सरकार द्वारा उस राज्य की सरकार की सहमति से ही किया जाएगा।"।

(च) अनुच्छेद 255 का लोप करें।

(छ) अनुच्छेद 256 को उसके खंड (1) के रूप में पुन:संख्यांकित करें और उसमें निम्नलिखित नया खंड जोडें, अर्थात :-

"(2) जम्मू-कश्मीर राज्य अपनी कार्यपालिका शक्ति का इस प्रकार प्रयोग करेगा जिससे उस राज्य के संबंध में संविधान के अधीन संघ के कर्त्तव्यों और उत्तरदायित्वों का संघ द्वारा निर्वहन सुगम हो; और विशेष्टतया उक्त राज्य, यदि संघ वैसी अपेक्षा करे, संघ की ओर से और उसके व्यय पर संपत्ति का अर्जन या अधिग्रहण करेगा अथवा यदि संपत्ति उस राज्य की हो तो ऐसे निबंधनों पर, जो करार पाए जाएँ या करार के अभाव में जो भारत के मुख्य न्यायमूर्ति द्वारा नियुक्त मध्यस्थ द्वारा अवधारित किए जाएँ, उसे संघ को अंतरित करेगा।"।

(ज) अनुच्छेद 261-खंड (2) में "संसद द्वारा बनाई गई" का लोप करें।

## (12) भाग 12-

(क) अनुच्छेद 266, 282, 284, 298 और 300-इन अनुच्छेदों में राज्य या राज्यों के प्रति निर्देशों का यह अर्थ लगाया जाएगा कि उनके अंतर्गत जम्मू-कश्मीर राज्य के प्रति निर्देश नहीं है।

(ख) अनुच्छेद 267 के खंड (2), अनुच्छेद 273, अनुच्छेद 283 के खंड (2) और अनुच्छेद 290 का लोप करें।

(ग) अनुच्छेद 277 और 295-इन अनुच्छेदों में संविधान के प्रारंभ के प्रति निर्देशों का यह अर्थ लगाया जाएगा कि वे संविधान (जम्मू-कश्मीर को लागू होना) आदेश, 1954 के प्रारंभ, अर्थात् 14 मई, 1954 के प्रति निर्देश हैं।

(घ) उपशीर्ष "अध्याय 4-संपत्ति का अधिकार" और अनुच्छेद 300क का लोप करें।

## (13) भाग 13-

अनुच्छेद 303 के खंड (1) में, "सातवीं अनुसूची की सूचियों में से किसी में व्यापार और वाणिज्य संबंधी किसी प्रविष्टि के आधार पर" का लोप करें।

## ( 14 ) भाग 14-

अनुच्छेद 312 के सिवाय इस भाग में, "राज्य" के प्रति निर्देश के अंतर्गत जम्मू-कश्मीर राज्य नहीं है।

## ( 15 ) भाग 14क-

यह भाग जम्मू-कश्मीर राज्य को लागू नहीं होता है।

## ( 16 ) भाग 15-

अनुच्छेद 324-

(क) खंड (1) में, जम्मू-कश्मीर के विधान-मंडल के दोनों सदनों में से किसी सदन के लिए निर्वाचनों के बारे में संविधान के प्रति निर्देश का यह अर्थ लगाया जाएगा कि वह जम्मू-कश्मीर के संविधान के प्रति निर्देश है।

(ख) अनुच्छेद 325, 326 और 327-इन अनुच्छेदों में राज्य के प्रति निर्देश का यह अर्थ लगाया जाएगा कि उनके अंतर्गत जम्मू-कश्मीर राज्य के प्रति निर्देश नहीं है।

(ग) अनुच्छेद 328 का लोप करें।

(घ) अनुच्छेद 329-

(अ) राज्य के प्रति निर्देश का यह अर्थ लगाया जाएगा कि उसके अंतर्गत जम्मू-कश्मीर राज्य के प्रति निर्देश नहीं है;

(आ) "या अनुच्छेद 328" का लोप करें।

## ( 17 ) भाग 16-

मूल खंड (क) का लोप किया गया और खंड (ख) और खंड (ग) को, खंड (क) और खंड(ख) के रूप में पुन:अक्षरांकित किया गया।

(क) अनुच्छेद 331, 332, 333, 336 और 337 का लोप करें।

(ख) अनुच्छेद 334 और 335-राज्य या राज्यों के प्रति निर्देशों का यह अर्थ लगाया जाएगा कि उनके अंतर्गत जम्मू-कश्मीर राज्य के प्रति निर्देश नहीं है।

(ग) अनुच्छेद 339 खंड (1) में "राज्यों के अनुसचित क्षेत्रों के प्रशासन और अनुसूचित जनजातियों" शब्दों के स्थान पर" राज्यों की अनुसूचित जनजातियों" शब्द रखें।

## ( 18 ) भाग 17-

इस भाग के उपबंध जम्मू-कश्मीर राज्य को केवल वहीं तक लागू होंगे जहाँ तक वे—

(i) संघ की राजभाषा,

(ii) एक राज्य और दसरे राज्य के बीच अथवा किसी राज्य और संघ के बीज पत्रादि की राजभाषा, और

(iii) उच्चतम न्यायालय में कार्यवाहियों की भाषा से संबंधित हैं।

## ( 19 ) भाग 18-

(क) अनुच्छेद 352 के स्थान पर निम्नलिखित अनुच्छेद रखें, अर्थात् :—

"**352 आपात की उद्घोषणा**-(1) यदि राष्ट्रपति का यह समाधान हो जाता है कि गंभीर आपात विद्यमान है जिससे युद्ध या बाह्य आक्रमण या आंतरिक अशांति के कारण भारत या उसके राज्यक्षेत्र के किसी भाग की सुरक्षा संकट में है, तो वह उद्घोषणा द्वारा उस आशय की घोषणा कर सकेगा।

(2) खंड (1) के अधीन की गई उद्घोषणा—

(क) पश्चात्वर्ती उद्घोषणा द्वारा वापस ली जा सकेगी;

(ख) संसद के प्रत्येक सदन के समक्ष रखी जाएगी;

(ग) दो मास की समाप्ति पर प्रवर्तन में नहीं रहेगी यदि उस अवधि की समाप्ति से पहले संसद के दोनों सदनों के संकल्पों द्वारा उसका अनुमोदन नहीं कर दिया जाता है :

परंतु यदि ऐसी कोई उद्घोषणा उस समय की जाती है जब लोक सभा का विघटन हो गया है या लोक सभा का विघटन उपखंड (ग) में निर्दिष्ट दो मास की अवधि के दौरान हो जाता है, और यदि उद्घोषणा का अनुमोदन करनेवाला संकल्प राज्य सभा द्वारा पारित कर दिया गया है किंतु ऐसी उद्घोषणा के संबंध में कोई संकल्प लोक सभा द्वारा उस अवधि की समाप्ति से पहले पारित नहीं किया गया है तो उद्घोषणा उस तारीख से, जिसको लोक सभा अपने पुनर्गठन के पश्चात् प्रथम बार बैठती है, तीस दिन की समाप्ति पर प्रवर्तन में नहीं रहेगी यदि उक्त तीस दिन की अवधि की समाप्ति से पहले उद्घोषणा का अनुमोदन करनेवाला संकल्प लोक सभा द्वारा भी पारित नहीं कर दिया जाता है।

(3) यदि राष्ट्रपति का यह समाधान हो जाता है कि युद्ध या बाह्य आक्रमण या आंतरिक अशांति का संकट सन्निकट है तो यह घोषित करने वाली आपात की उद्घोषणा कि युद्ध या बाह्य आक्रमण अशांति के कारण भारत या उसके राज्यक्षेत्र के किसी भाग की सुरक्षा संकट में है, युद्ध या ऐसा कोई आक्रमण या अशांति के वास्तव में होने से पहले भी की जा सकेगी।

(4) इस अनुच्छेद द्वारा राष्ट्रपति को प्रदत्त शक्ति के अंतर्गत युद्ध या बाह्य आक्रमण या आंतरिक अशांति अथवा युद्ध, बाह्य आक्रमण या आंतरिक अशांति के सन्निकट संकट के भिन्न-भिन्न आधारों पर भिन्न-भिन्न घोषणाएं करने की शक्ति होगी चाहे खंड (1) के अधीन राष्ट्रपति द्वारा पहले से की गई उद्घोषणा हो या न हो और ऐसी उद्घोषणा प्रवर्तन में हो या नहीं।

(5) इस संविधान में किसी बात के होते हुए भी—

(क) खंड (1) और खंड (3) में वर्णित राष्ट्रपति का समाधान अंतिम और निश्चायक होगा और उसे किसी भी आधार पर किसी न्यायालय में प्रश्नगत नहीं किया जाएगा;

(ख) उपखंड (2) के उपबंधों के अधीन रहते हुए न तो उच्चतम न्यायालय को न किसी अन्य न्यायालय को-

(i) राष्ट्रपति द्वारा की गई उद्घोषणा द्वारा खंड (1) में वर्णित आशय की घोषणा; या

(ii) ऐसी उद्घोषणा के प्रवृत्त बने रहने,

की विधिमान्यता के बारे में किसी भी आधार पर कोई प्रश्न ग्रहण करने की अधिकारिता होगी।

(6) केवल आंतरिक अशांति या उसका संकट सन्निकट होने के आधार पर की गई आपात की उद्घोषणा (अनुच्छेद 354 की बाबत के सिवाय) जम्मू-कश्मीर राज्य के संबंध में तभी लागू होगी जब वह—

(क) उस राज्य की सरकार के अनुरोध पर या उसकी सहमति से की गई है; या

(ख) जहाँ वह इस प्रकार नहीं की गई है वहाँ वह उस राज्य की सरकार के अनुरोध पर या उसकी सहमति से राष्ट्रपति द्वारा बाद में लागू की गई है ।"।

(ख) अनुच्छेद 353-परंतुक का लोप करें।

(ग) अनुच्छेद 356—

(अ) खंड (1) में, इस संविधान के उपबंधों या उपबंध के प्रति निर्देशों का जम्मू-कश्मीर राज्य के संबंध में यह अर्थ लगाया जाएगा कि उनके अतंर्गत जम्मू-कश्मीर के संविधान के उपबंधों या उपबंध के प्रति निर्देश है;

(आ) खंड (4) में :-

(i) प्रारंभिक भाग के स्थान पर निम्नलिखित रखें, अर्थात्:-

"इस प्रकार अनुमोदित उद्घोषणा, यदि वापस नहीं ली जाती है तो, खंड (3) के अधीन उद्घोषणा का अनुमोदन करने वाले संकल्पों में से दूसरे संकल्प के पारित किए जाने की तारीख से छह मास की अवधि के अवसान पर प्रवृत्त नहीं रहेगी।";

(ii) दूसरे परंतुक के पश्चात् निम्नलिखित परंतुक अंत:स्थापित किया जाएगा, अर्थात् :—

'परंतु यह भी कि जम्मू-कश्मीर राज्य के बारे में 18 जुलाई, 1990 को खंड (1) के अधीन जारी की गई उद्घोषणा के मामले में इस खंड के पहले परंतुक में "तीन वर्ष" के प्रति निर्देश का यह अर्थ लगाया जाएगा कि वह "छह वर्ष" के प्रति निर्देश है।'।

(इ) खंड (5) के स्थान पर निम्नलिखित खंड रखें, अर्थात् :-

"(5) इस संविधान में किसी बात के होते हुए भी, खंड (1) में वर्णित राष्ट्रपति का समाधान अंतिम और निश्चायक होगा और किसी भी आधार पर किसी न्यायालय में प्रश्नगत नहीं किया जाएगा।"।

(घ) अनुच्छेद 357-खंड (2) के स्थान पर निम्नलिखित खंड रखें, अर्थात्: -

"(2)राज्य के विधान-मंडल की शक्ति का प्रयोग करते हुए संसद द्वारा अथवा राष्ट्रपति या खंड (1) के उपखंड (क) में निर्दिष्ट अन्य प्राधिकारी द्वारा बनाई गई ऐसी विधि जिसे संसद अथवा राष्ट्रपति या ऐसा अन्य प्राधिकारी अनुच्छेद 356 के अधीन की गई उद्घोषणा के अभाव में बनाने के लिए सक्षम नहीं होता, उद्घोषणा के प्रवर्तन में न रहने के पश्चात् एक वर्ष की अवधि के अवसान पर, अक्षमता का मात्रा तक, उन बातों के सिवाय जिन्हें उक्त अवधि के अवसान के पहले किया गया है या करने का लोप किया गया है प्रभावहीन हो जाएगी यदि वे उपबंध जो प्रभावहीन हो जाएँगे, सक्षम विधान-मंडल के अधिनियम द्वारा पहले ही निरसित या उपांतरणों के सहित या उनके बिना पुन: अधिनियमित नहीं कर दिए जाते हैं।"।

(ङ) अनुच्छेद 358 के स्थान पर निम्नलिखित अनुच्छेद रखें, अर्थात् :-

**"358. आपात के दौरान अनुच्छेद 19 के उपबंधों का निलंबन**-जब आपात की उद्घोषणा प्रवर्तन में है तब अनुच्छेद 19 की कोई बात भाग 3 में यथापरिभाषित राज्य की कोई ऐसी विधि बनाने का या कोई ऐसी कार्यपालिका कार्रवाई करने की शक्ति को, जिसे वह राज्य उस भाग में अंतर्विष्ट उपबंधों के अभाव में बनाने या करने के लिए सक्षम होता, निर्बन्धित नहीं करेगी किंतु इस प्रकार बनाई गई कोई विधि उद्घोषणा के प्रवर्तन में न रहने पर अक्षमता की मात्रा तक उन बातों के सिवाय तुरंत प्रभावहीन हो जाएगी, जिन्हें विधि के इस प्रकार प्रभावहीन होने के पहले किया गया है या करने का लोप किया गया है।"।

(च) अनुच्छेद 359-

(अ) खड (1) में "(अनुच्छेद 20 और अनुच्छेद 21 को छोड़कर)" का लोप करें;

(आ) खंड (1क) में,

(i) "(अनुच्छेद 20 और अनुच्छेद 21 को छोड़कर)" का लोप करें;

(ii) परंतुक का लोप करें;

(इ) खंड (1ख) का लोप करें;

(ई) खंड (2) में परंतुक का लोप करें।

(छ) अनुच्छेद 360 का लोप करें।

## (20) भाग 19

(क) अनुच्छेद 361क-यह अनुच्छेद जम्मू-कश्मीर राज्य को लागू नहीं है।

(ख) अनुच्छेद 365 का लोप करें।

(ग) अनुच्छेद 367-खंड (3) के पश्चात् निम्नलिखित खंड जोड़ें, अर्थात् :-

"(4) इस संविधान के, जैसा कि वह जम्मू-कश्मीर राज्य के संबंध में लागू होता है, प्रयोजनों के लिए-

(क) इस संविधान या उसके उपबंधों के प्रति निर्देशों का यह अर्थ लगाया जाएगा कि वे उक्त राज्य के संबंध में लागू संविधान के या उसके उपबंधों के प्रति निर्देश भी हैं;

(कक) राज्य की विधान-सभा की सिफारिश पर राष्ट्रपति द्वारा, जम्मू-कश्मीर के सदरे रियासत के रूप में तत्समय मान्यताप्राप्त तथा तत्समय पदस्थ राज्य मंत्रि-परिषद् की सलाह पर कार्य करने वाले व्यक्ति के प्रति निर्देशों का यह अर्थ लगाया जाएगा कि वे जम्मू-कश्मीर के राज्यपाल के प्रति निर्देश हैं:

(ख) उक्त राज्य की सरकार के प्रति निर्देशों का यह अर्थ लगाया जाएगा कि उनके अंतर्गत अपनी मंत्रि-परिषद् की सलाह पर कार्य कर रहे जम्मू-कश्मीर के राज्यपाल के प्रति निर्देश है:

परंतु 10 अप्रैल, 1965 से पहले की किसी अवधि की बाबत, ऐसे निर्देशों का यह अर्थ लगाया जाएगा कि उनके अंतर्गत अपनी मंत्रि-परिषद् की सलाह से कार्य कर रहे सदर-रियासत के प्रति निर्देश है;

(ग) उच्च न्यायालय के प्रति निर्देशों के अंतर्गत जम्मू-कश्मीर राज्य के उच्च न्यायालय के प्रति निर्देश हैं;

(घ) उक्त राज्य के स्थायी निवासियों के प्रति निर्देशों का यह अर्थ लगाया जाएगा कि उनसे ऐसे व्यक्ति अभिप्रेत हैं जिन्हें राज्य में प्रवृत्त विधियों के अधीन राज्य की प्रजा के रूप में, संविधान (जम्मू-कश्मीर को लागू होना) आदेश, 1954 के प्रारंभ से पूर्व, मान्यताप्राप्त थी या जिन्हें राज्य के विधान-मंडल द्वारा बनाई गई किसी विधि द्वारा राज्य के स्थायी निवासियों के रूप में मान्यताप्राप्त हैं; और

(ङ) राज्यपाल के प्रति निर्देशों के अंतर्गत जम्मू-कश्मीर के राज्यपाल के प्रति निर्देश हैं:

परंतु 10 अप्रैल, 1965 से पहले की किसी अवधि की बाबत, ऐसे निर्देशों का यह अर्थ लगाया जाएगा कि वे राष्ट्रपति द्वारा जम्मू-कश्मीर के सदरे-रियासत के रूप में मान्यताप्राप्त व्यक्ति के प्रति निर्देश हैं और उनके अंतर्गत राष्ट्रपति द्वारा सदरे-रियासत की शक्तियों का प्रयोग करने के लिए सक्षम व्यक्ति के रूप में मान्यताप्राप्त किसी व्यक्ति के प्रति निर्देश भी है।"।

## (21) भाग 20

अनुच्छेद 368-

(क) खंड (3) में निम्नलिखित और परंतुक जोड़ें, अर्थात् :-

"परंतु यह और कि कोई संशोधन जम्मू-कश्मीर राज्य के संबंध में तभी प्रभावी होगा जब वह अनुच्छेद 370 के खंड (1) के अधीन राष्ट्रपति के आदेश द्वारा लागू किया गया हो।"।

(ख) खंड (4) और खंड (5) का लोप करें, और खंड (3) के पश्चात् निम्नलिखित खंड जोड़ें, अर्थात् :-

"(4) जम्मू-कश्मीर के संविधान के-

(क) राज्यपाल की नियुक्ति, शक्तियों, कृत्यों, कर्त्तव्यों, उपलब्धियों, भत्तों, विशेषाधिकारों या उन्मुक्तियों, या

(ख) भारत के निर्वाचन आयोग द्वारा निर्वाचनों के अधीक्षण, निदेशन और नियंत्रण, विभेद के बिना निर्वाचन नामावली में सम्मिलित किए जाने की पात्रता, वयस्क मताधिकार और विधान परिषद् के गठन, जो जम्मू-कश्मीर संविधान की धारा 138, 139, 140 और 150 में विनिर्दिष्ट विषय हैं,

से संबंधित किसी उपबंध में या उसके प्रभाव में कोई परिवर्तन करने के लिए जम्मू-कश्मीर राज्य के विधान-मंडल द्वारा बनाई गई किसी विधि का कोई प्रभाव तभी होगा जब ऐसी विधि राष्ट्रपति के विचार के लिए आरक्षित रखने के पश्चात्, उसकी अनुमति प्राप्त कर लेती है।"।

## (22) भाग 21

(क) अनुच्छेद 369, 371, 371क, 372क, 373 और अनुच्छेद 376 से 378क तक का और अनुच्छेद 392 का लोप करें।

(ख) अनुच्छेद 372 में,—

(अ) खंड (2) और (3) का लोप करें;

(आ) भारत के राज्यक्षेत्र में प्रवृत्त विधि के प्रति निर्देशों के अंतर्गत जम्मू-कश्मीर राज्य के राज्यक्षेत्र में विधि का बल रखने वाली हिदायतों ऐलानों, इश्तिहारों, परिपत्रों, रोबकारों, इरशादों, याददाश्तों, राज्य परिषद् के संकल्पों, संविधान सभा में संकल्पों और अन्य लिखतों के प्रति निर्देश होंगे;

(इ) संविधान के प्रारंभ के प्रति निर्देशों का यह अर्थ लगाया जाएगा कि वे संविधान (जम्मू-कश्मीर को लागू होना) आदेश, 1954 (सं.आ.48) के प्रारंभ, अर्थात् 14 मई, 1954 के प्रति निर्देश हैं।

(ग) अनुच्छेद 374-

(अ) खंड (1), (2), (3) और (5) का लोप करें;

(आ) खंड (4) में, राज्य में प्रिवी कौंसिल के रूप में कार्य करने वाले प्राधिकारी के प्रति निर्देश का यह अर्थ लगाया जाएगा कि वह जम्मू-कश्मीर संविधान अधिनियम संवत्, 1996 के अधीन गठित सलाहकार बोर्ड के प्रति निर्देश हैं; और संविधान के प्रारंभ के प्रति निर्देशों का यह अर्थ लगाया जाएगा कि वे संविधान (जम्मू-कश्मीर को लागू होना) आदेश, 1954 के प्रारंभ, अर्थात् 14 मई, 1954 के प्रति निर्देश हैं।

## (23) भाग 22-

अनुच्छेद 394 तथा 395 का लोप करें।

## (24) तीसरी अनुसूची-

प्ररूप 5, 6, 7 और 8 का लोप करें।

## (25) पांचवीं अनुसूची-

यह अनुसूची जम्मू-कश्मीर राज्य को लागू नहीं है।

## (26) छठी अनुसूची-

यह अनुसूची जम्मू-कश्मीर राज्य को लागू नहीं है।

## (27) सातवीं अनुसूची-

(क) सूची 1-संघ सूची-

(अ) प्रविष्टि 2क का लोप करें;

(आ) प्रविष्टि 3 के स्थान पर निम्नलिखित प्रविष्टि रखें, अर्थात्:- "3. छावनियों का प्रशासन।";

(इ) प्रविष्टि 8, 9, 34 और 79 का लोप करें;

(ई) प्रविष्टि 72 में,-

(i) किसी ऐसी निर्वाचन याचिका में जिसके द्वारा उस राज्य के विधान-मंडल के दोनों सदनों में से किसी सदन के लिए निर्वाचन प्रश्नगत है, जम्मू-कश्मीर राज्य के उच्च न्यायालय द्वारा किए गए किसी विनिश्चय या आदेश के विरुद्ध उच्चतम न्यायालय को अपीलों के संबंध में राज्यों के प्रति निर्देशों का यह अर्थ लगाया जाएगा कि उसके अंतर्गत जम्मू-कश्मीर राज्य के प्रति निर्देश है;

(ii) अन्य मामलों के संबंध में राज्यों के प्रति निर्देशों का यह अर्थ लगाया जाएगा कि उसके अंतर्गत उस राज्य के प्रति निर्देश नहीं है;

(उ) प्रविष्टि 81 में "अंतरराज्यिक प्रव्रजन" का लोप करें;

(ऊ) प्रविष्टि 97 के स्थान पर निम्नलिखित प्रविष्टि रखें, अर्थात् :—

'97.(क) विधि द्वारा स्थापित सरकार को आतंकित करने या लोगों या लोगों के किसी अनुभाग में आतंक उत्पन्न करने या लोगों के किसी अनुभाग को पृथक् करने या लोगों के विभिन्न अनुभागों के बीच समरसता पर प्रतिकूल प्रभाव डालने वाले आंतकवादी कार्यों को अंतर्वलित करने वाले;

(ख) भारत की प्रभुता तथा प्रादेशिक अखंडता को अनअंगीकृत, प्रश्नगत या विछिन्न करने, अथवा भारत राज्यक्षेत्र के किसी भाग का अध्यर्पण कराने अथवा भारत राज्यक्षेत्र के भाग को संघ से विलग कराने अथवा भारत के राष्ट्रीय ध्वज, भारतीय राष्ट्रगान और इस संविधान का अपमान करने वाले,

क्रियाकलाप को रोकना,

समुद्र या वायु द्वारा विदेश यात्रा, अंतरदेशीय विमान यात्रा और डाक वस्तुओं पर, जिनके अंतर्गत मनीआर्डर फोनतार और तार हैं, कर।

**स्पष्टीकरण**-इस प्रविष्टि में, "आतंकवादी कार्य" का वही अर्थ है जो अनुच्छेद 248 के स्पष्टीकरण में है।'।

(ख) सूची 2-राज्य सूची का लोप करें।

(ग) सूची 3-समवर्ती सूची-

(अ) प्रविष्टि 1 के स्थान पर निम्नलिखित प्रविष्टि रखें, अर्थात् :-

"1. दंड विधि (जिसके अंतर्गत सूची 1 के विनिर्दिष्ट विषयों में से किसी विषय से संबंधित विधियों के विरुद्ध अपराध और सिविल शक्ति की सहायता के लिए नौ-सेना, वायुसेना या संघ के किन्हीं अन्य सशस्त्र बलों के प्रयोग नहीं हैं,) जहाँ तक ऐसी दंड विधि इस अनुसूची में विनिर्दिष्ट विषयों में से किसी विषय से संबंधित विधि के विरुद्ध अपराधों से संबंधित है।

(आ) प्रविष्टि 2 के स्थान पर निम्नलिखित प्रविष्टि रखें, अर्थात् :-

"2. दंड प्रक्रिया, (जिसके अंतर्गत अपराधों को रोकना तथा दंड न्यायालयों का, जिनके अतंर्गत उच्चतम न्यायालय और उच्च न्यायालय नहीं है, गठन और संगठन है) जहाँ तक उसका संबंध-

(i) किन्हीं ऐसे विषयों से, जो ऐसे विषय हैं, जिनके संबंध में संसद को विधियाँ बनाने की शक्ति है, संबंधित विधियों के विरुद्ध अपराधों से है, और

(ii) किसी विदेश में राजनयिक और कौंसलीय अधिकारियों द्वारा शपथ दिलाए जाने तथा शपथ-पत्र लिए जाने से है";

(इ) प्रविष्टि 3, प्रविष्टि 5 से 10 तक, (जिसमें ये दोनों सम्मिलित हैं,) प्रविष्टि 14, 15, 17, 20, 21, 27, 28, 29, 31, 32, 37, 38, 41 तथा 44 का लोप करें;

(ई) प्रविष्टि 11क, 17क,17ख, 20क और 33क जम्मू-कश्मीर राज्य को लागू नहीं हैं;

(उ) प्रविष्टि 12 के स्थान पर निम्नलिखित प्रविष्टि रखें, अर्थात् :-

"12. साक्ष्य तथा शपथ, जहाँ तक उनका संबंध-

(i) किसी विदेश में राजनयिक और कौंसलीय अधिकारियों द्वारा शपथ दिलाए जाने तथा शपथ-पत्र लिए जाने से हैं; और

(ii) किन्हीं ऐसे अन्य विषयों से हैं, जो ऐसे विषय हैं, जिनके संबंध में संसद को विधियाँ बनाने की शक्ति है।"।

(ऊ) प्रविष्टि 13 के स्थान पर निम्नलिखित प्रविष्टि रखें, अर्थात्:-

"13. सिविल प्रक्रिया, जहाँ तक उसका संबंध किसी विदेश में राजनयिक तथा कौंसलीय अधिकारियों द्वारा शपथ दिलाए जाने से तथा शपथ-पत्र लिए जाने से है।";

(ए) प्रविष्टि 25 के स्थान पर निम्नलिखित प्रविष्टि रखें, अर्थात् :-

"25. श्रमिकों को व्यावसायिक और तकनीकी प्रशिक्षण ";

(ऐ) प्रविष्टि 30 के स्थान पर निम्नलिखित प्रविष्टि रखें, अर्थात् :-

"30. जन्म-मरण सांख्यिकी, जहाँ तक उसका संबंध जन्म तथा मृत्यु से है, जिसके अंतर्गत जन्म और मृत्यु रजिस्ट्रीकरण है।";

(ओ) प्रविष्टि 42 के स्थान पर निम्नलिखित प्रविष्टि रखें, अर्थात् :-

42. संपत्ति का अर्जन और अधिग्रहण, जहाँ तक उसका संबंध सूची 1 की प्रविष्टि 67 या सूची 3 की प्रविष्टि 40 के अंतर्गत आने वाली संपत्ति के या किसी ऐसी मानवीय कलाकृति के, जिसका कलात्मक या सौंदर्यात्मक मूल्य है, अर्जन से है।";

(औ) प्रविष्टि 45 में, "सूची 2 या सूची 3" के स्थान पर "इस सूची" शब्द रखें।

## (28) नौवीं अनुसूची—

(क) प्रविष्टि 64 के पश्चात, निम्नलिखित प्रविष्टियां जोड़ें, अर्थात् :-

"64क. जम्मू-कश्मीर राज्य कुठ अधिनियम (संवत् 1978 का सं. 1)।

64ख. जम्मू-कश्मीर अभिधृति अधिनियम (संवत् 1980 का सं. 2)।

64ग. जम्मू-कश्मीर भूमि अन्यसंक्रामण अधिनियम (संवत 1995 का सं. 5)।

64घ. जम्मू-कश्मीर बृहद् भू-संपदा उत्सादन अधिनियम (संवत् 2007 का सं. 17।

64.ङ. जागीरों और भू-राजस्व के अन्य समनुदेशनों आदि के पुनर्ग्रहण के बारे में 1951 का आदेश सं. 6-एच, तारीख 10 मार्च, 1951।

64च. जम्मू-कश्मीर बंधक संपत्ति की वापसी अधिनियम, 1976 (1976 का अधिनियम 14)।

64छ. जम्मू-कश्मीर ऋणी राहत अधिनियम, 1976 (1976 का अधिनियम 15)";

(ख) प्रविष्टि 65 से 86 तक जम्मू-कश्मीर राज्य को लागू नहीं होती हैं;

(ग) प्रविष्टि 86 के पश्चात् निम्नलिखित प्रविष्टि अंत:स्थापित करें, अर्थात् :-

"87. लोक प्रतिनिधित्व अधिनियम, 1951 (1951 का केन्द्रीय अधिनियम 43), लोक प्रतिनिधित्व (संशोधन) अधिनियम, 1974 (1974 का केन्द्रीय अधिनियम 58), निर्वाचन विधि (संशोधन) अधिनियम, 1975 (1975 का केन्द्रीय अधिनियम 40)।";

(घ) प्रविष्टि 91 के पश्चात् निम्नलिखित प्रविष्टि अंत:स्थापित करें, अर्थात् :-

"92. आंतरिक सुरक्षा अधिनियम, 1971 (1971 का केन्द्रीय अधिनियम 26)।";

(ङ) प्रविष्टि 129 के पश्चात् निम्नलिखित प्रविष्टि अंत:स्थापित करें, अर्थात् :-

"130. आक्षेपणीय सामग्री प्रकाशन निवारण अधिनियम, 1976 (1976 का केन्द्रीय अधिनियम 27)।";

(च) ऊपर उपदर्शित रूप में, प्रविष्टि 87, प्रविष्टि 92 और प्रविष्टि 130 के अंत:स्थापन के पश्चात् प्रविष्टि 87 से प्रविष्टि 188 तक को क्रमश: प्रविष्टि 65 से प्रविष्टि 166 के रूप में पुन:संख्यांकित करें।

## 29. दसवीं अनुसूची—

(क) "[अनुच्छेद 102(2) और अनुच्छेद 191(2)]" शब्दों, कोष्ठकों और अंकों के स्थान पर, "[अनुच्छेद 102(2)]" कोष्ठक, शब्द और अंक रखे जाएँगे;

(ख) पैरा 1 के खंड (क) में, "या किसी राज्य की, यथास्थिति, विधान सभा या विधान-मंडल का कोई सदन" शब्दों का लोप किया जाएगा;

(ग) पैरा 2 में,

(i) उपपैरा 1 में, स्पष्टीकरण के खंड (ख) के उपखंड (ii) में, "यथास्थिति, अनुच्छेद 99 या अनुच्छेद 188" शब्दों और अंकों के स्थान पर "अनुच्छेद 99" शब्द और अंक रखे जाएँगे;

(ii) उपपैरा (3) में, "यथास्थिति, अनुच्छेद 99 या अनुच्छेद 188" शब्दों और अंकों के स्थान पर, "अनुच्छेद 99" शब्द और अंक रखे जाएँगे;

(iii) उपपैरा (4) में, संविधान (बावनवां संशोधन) अधिनियम, 1985 के प्रारंभ के प्रति निर्देश का यह अर्थ लगाया जाएगा

कि वह संविधान (जम्मू-कश्मीर को लागू होना) संशोधन आदेश, 1989 के प्रारंभ के प्रति निर्देश है;

(घ) पैरा 5 में, "अथवा किसी राज्य की विधान परिषद् के सभापति या उप सभापति अथवा किसी राज्य की विधान सभा के अध्यक्ष या उपाध्यक्ष" शब्दों का लोप किया जाएगा;

(ङ) पैरा 6 के उपपैरा (2) में, "यथास्थिति, अनुच्छेद 122 के अर्थ में संसद की कार्यवाहियां हैं या अनुच्छेद 212 के अर्थ में राज्य के विधान-मंडल की कार्यवाहियां हैं" शब्दों और अंकों के स्थान पर "अनुच्छेद 122 के अर्थ में संसद की कार्यवाहियां है" शब्द और अंक रखे जाएँगे;

(च) पैरा 8 के उपपैरा (3) में, "यथास्थिति, अनुच्छेद 105 या अनुच्छेद 194" शब्दों और अंकों के स्थान पर "अनुच्छेद 105" शब्द और अंक रखे जाएँगे।

# परिशिष्ट 3
## संविधान (चवालीसवां संशोधन) अधिनियम, 1978 के उद्धरण

1. **संक्षिप्त नाम और प्रारंभ**-(1) * * * *

(2) यह उस तारीख को प्रवृत्त होगा जो केन्द्रीय सरकार, राजपत्र में अधिसूचना द्वारा, नियत करे और इस अधिनियम के विभिन्न उपबंधों के लिए विभिन्न तारीखें नियत की जा सकेंगी।

** * * * * *

3. **अनुच्छेद 22 का संशोधन**-संविधान के अनुच्छेद 22 में,-

(क) खंड (4) के स्थान पर निम्नलिखित खंड रखा जाएगा, अर्थात् :-

'(4) निवारक निरोध का उपबंध करने वाली कोई विधि किसी व्यक्ति का दो मास से अधिक की अवधि के लिए निरुद्ध किया जाना प्राधिकृत नहीं करेगी जब तक कि समुचित उच्च न्यायालय के मुख्य न्यायमूर्ति की सिफारिश के अनुसार गठित सलाहकार बोर्ड ने उक्त दो मास की अवधि की समाप्ति से पहले यह प्रतिवेदन नहीं दिया है कि उसकी राय में ऐसे निरोध के लिए पर्याप्त कारण हैं:

परंतु सलाहकार बोर्ड एक अध्यक्ष और कम-से-कम दो अन्य सदस्यों से मिलकर बनेगा और अध्यक्ष समुचित उच्च न्यायालय का सेवारत न्यायाधीश होगा और अन्य सदस्य किसी उच्च न्यायालय के सेवारत या सेवानिवृत्त न्यायाधीश होंगे:

परंतु यह और कि इस खंड की कोई बात किसी व्यक्ति का उस अधिकतम अवधि के लिए निरुद्ध किया जाना प्राधिकृत नहीं करेगी (7) के उपखंड (क) के अधीन संसद द्वारा बनाई गई विधि द्वारा विहित की जाए।

**स्पष्टीकरण**-इस खंड में, "समुचित उच्च न्यायालय" से अभिप्रेत है-

(i) भारत सरकार या उस सरकार के अधीनस्थ किसी अधिकारी या प्राधिकारी द्वारा किए गए निरोध आदेश के अनुसरण में निरुद्ध व्यक्ति की दशा में, दिल्ली संघ राज्यक्षेत्र के लिए उच्च न्यायालय;

(ii) (संघ राज्यक्षेत्र से भिन्न) किसी राज्य सरकार द्वारा किए गए निरोध आदेश के अनुसरण में निरुद्ध व्यक्ति की दशा में, उस राज्य के लिए उच्च न्यायालय; और

(iii) किसी संघ राज्यक्षेत्र के प्रशासक या ऐसे प्रशासक के अधीनस्थ किसी अधिकारी या प्राधिकारी द्वारा किए गए निरोध आदेश के अनुसरण में निरुद्ध व्यक्ति की दशा में वह उच्च न्यायालय जो संसद द्वारा इस निमित्त बनाई गई विधि द्वारा या उसके अधीन विनिर्दिष्ट किया जाए।';

(ख) खंड (7) में,-

(i) उपखंड (क) का लोप किया जाएगा;

(ii) उपखंड (ख) को उपखंड (क) के रूप में पुन: अक्षरांकित किया जाएगा; और

(iii) उपखंड (ग) को उपखंड (ख) के रूप में पुन:अक्षरांकित किया जाएगा और इस प्रकार पुन: अक्षरांकित उपखंड में "खंड (4) के उपखंड(क)" शब्दों, कोष्ठकों, अंक और अक्षर के स्थान पर "खंड (4)" शब्द, कोष्ठक और अंक रखे जाएँगे।

** * * * *

# परिशिष्ट 4

## संविधान ( छियासीवां संशोधन ) अधिनियम, 2002

[12 दिसम्बर, 2002]

**भारत के संविधान का और संशोधन करने के लिए अधिनियम**

भारत गणराज्य के तिरपनवें वर्ष में संसद द्वारा निम्नलिखित रूप में यह अधिनियमित हो :-

1. **संक्षिप्त नाम और प्रारंभ—**

   (1) इस अधिनियम का संक्षिप्त नाम संविधान (छियासीवां संशोधन) अधिनियम, 2002 है।

   (2) यह उस तारीख* को प्रवृत्त होगा जो केंद्रीय सरकार, राजपत्र में अधिसूचना द्वारा, नियत करे।

2. **नए अनुच्छेद 21क का अंत:स्थापन—**संविधान के अनुच्छेद 21 के पश्चात, निम्नलिखित अनुच्छेद अंत:स्थापित किया जाएगा, अर्थात् :-

   "**21क. शिक्षा का अधिकार—**राज्य, छह वर्ष से चौदह वर्ष तक की आयु वाले सभी बालकों के लिए नि:शुल्क और अनिवार्य शिक्षा देने का ऐसी रीति में, जो राज्य विधि द्वारा, अवधारित करे, उपबंध करेगा।"।

3. **अनुच्छेद 45 के स्थान पर नए अनुच्छेद का प्रतिस्थापन-** संविधान के अनुच्छेद 45 के स्थान पर निम्नलिखित अनुच्छेद रखा जाएगा, अर्थात् :-

   "**45. छह वर्ष से कम आयु के बालकों के लिए प्रारंभिक बाल्यावस्था देखरेख और शिक्षा का उपबंध—**राज्य, सभी बालकों के लिए छह वर्ष की आयु पूरी करने तक, प्रारंभिक बाल्यावस्था देख-रेख और शिक्षा देने के लिए उपबंध करने का प्रयास करेगा।"।

4. **अनुच्छेद 51क का संशोधन—**संविधान के अनुच्छेद 51क में, खंड (ज) के पश्चात्, निम्नलिखित खंड जोड़ा जाएगा, अर्थात् :-

   "(ट) यदि माता-पिता या संरक्षक है, छह वर्ष से चौदह वर्ष तक की आयु वाले अपने, यथास्थिति, बालक या प्रतिपाल्य के लिए शिक्षा के अवसर प्रदान करे।"।

**संदर्भ**

* तारीख अधिसूचित की जानी है।

# परिशिष्ट 5

## संविधान (अठासीवां संशोधन) अधिनियम, 2003

[15 जनवरी, 2004]

### भारत के संविधान का और संशोधन करने के लिए अधिनियम

भारत गणराज्य के चौवनवें वर्ष में संसद द्वारा निम्नलिखित रूप में यह अधिनियमित हो -

1. **संक्षिप्त नाम और प्रारंभ**-

   (1) इस अधिनियम का संक्षिप्त नाम संविधान (अठासीवां संशोधन) अधिनियम, 2003 है।

   (2) यह उस तारीख* को प्रवृत्त होगा, जिसे केंद्रीय सरकार, राजपत्र में अधिसूचना द्वारा, नियत करे।

2. **नए अनुच्छेद 268क का अंत:स्थापन**-संविधान के अनुच्छेद 268 के पश्चात् निम्नलिखित अनुच्छेद अंत:स्थापित किया जाएगा, अर्थात् :-

   **"268क. संघ द्वारा उद्गृहीत किए जाने वाला और संघ तथा राज्यों द्वारा संगृहीत और विनियोजित किया जाने वाला सेवा कर**-(1) सेवाओं पर कर भारत सरकार द्वारा उद्गृहीत किए जाएँगे और ऐसा कर खंड (2) में उपबंधित रीति से भारत सरकार तथा राज्यों द्वारा संगृहीत और विनियोजित किया जाएगा।

   (2) किसी वित्तीय वर्ष में, खंड (1) के उपबंध के अनुसार उद्गृहीत ऐसे किसी कर के आगमों का-

   (क) भारत सरकार और राज्यों द्वारा संग्रहण;

   (ख) भारत सरकार और राज्यों द्वारा विनियोजन,

   संग्रहण और विनियोजन के ऐसे सिद्धान्तों के अनुसार किया जाएगा, जिन्हें संसद विधि द्वारा बनाए।"।

3. **अनुच्छेद 270 का संशोधन**-संविधान के अनुच्छेद 270 के खंड (1) में, "अनुच्छेद 268 और अनुच्छेद 269" शब्दों और अंकों के स्थान पर, "अनुच्छेद 268, अनुच्छेद 268क और अनुच्छेद 269" शब्द, अंक और अक्षर रखे जाएँगे।

4. **सातवीं अनुसूची का संशोधन**-संविधान की सातवीं अनुसूची में, सूची 1-संघ सूची में, प्रविष्टि 92ख के पश्चात् निम्नलिखित प्रविष्टि अंत:स्थापित की जाएगी, अर्थात् :-

### संदर्भ

"92ग. सेवाओं पर कर।"।

## संविधान ( एक सौ तीन वाँ संशोधन ) अधिनियम, 2019 ( 14 जनवरी, 2019 )

रजिस्ट्री सं० डी० एल०-33004/99 REGD. NO. D. L.-33004/99

भारत का राजपत्र
The Gazette of India

असाधारण
EXTRAORDINARY
भाग II—खण्ड 3—उप-खण्ड (ii)
PART II—Section 3—Sub-section (ii)
प्राधिकार से प्रकाशित
PUBLISHED BY AUTHORITY

सं. 194] नई दिल्ली, सोमवार, जनवरी 14, 2019/पौष 24, 1940
No. 194] NEW DELHI, MONDAY, JANUARY 14, 2019/PAUSA 24, 1940

**सामाजिक न्याय और अधिकारिता मंत्रालय**

**(सामाजिक न्याय और अधिकारिता विभाग)**

**अधिसूचना**

नई दिल्ली, 14 जनवरी, 2019

**का.आ.292(अ).**—केन्द्रीय सरकार, संविधान (एक सौ तीन संशोधन) अधिनियम, 2019, की धारा 1 की उप-धारा (2) द्वारा प्रदत्त शक्तियों का प्रयोग करते हुए, 14 जनवरी, 2019 जिस तारीख को उक्त अधिनियम के उपबंध प्रवृत्त होंगे, एतद्द्वारा नियत करती है।

[फा.सं. 20013/01/2018-बीसी-II (ii)]

बी.एल. मीना, संयुक्त सचिव

**MINISTRY OF SOCIAL JUSTICE AND EMPOWERMENT**

**(Department of Social Justice and Empowerment)**

**NOTIFICATION**

New Delhi, the 14th January, 2019

**S.O. 292(E).**—In exercise of the powers conferred by sub-section (2) of section 1 of the Constitution (One Hundred and Third Amendment) Act, 2019, the Central Government hereby appoints the 14th January, 2019 as the date on which the provisions of the said Act shall come into force.

[F.No.20013/01/2018-BC-II (ii)]

B.L. MEENA, Jt. Secy.

रजिस्ट्री सं० डी० एल०-33004/99 REGD. NO. D. L.-33004/99

# भारत का राजपत्र
# The Gazette of India

असाधारण

EXTRAORDINARY

भाग II—खण्ड 3—उप-खण्ड (i)

PART II—Section 3—Sub-section (i)

प्राधिकार से प्रकाशित

PUBLISHED BY AUTHORITY

सं. 444] नई दिल्ली, सोमवार, अगस्त 5, 2019/श्रावण 14, 1941

No. 444] NEW DELHI, MONDAY, AUGUST 5, 2019/SHRAVANA 14, 1941

**विधि एवं न्याय मंत्रालय**

**(विधायी विभाग)**

**अधिसूचना**

नई दिल्ली, 5 अगस्त, 2019

**सा. का. नि. 551(अ).**—राष्ट्रपति द्वारा किया गया निम्नलिखित आदेश सर्वसाधारण की सूचनार्थ प्रकाशित किया जाता है:—

## संविधान (जम्मू और कश्मीर में लागू) आदेश, 2019

**सी. ओ. 272**

संविधान के अनुच्छेद 370 के खंड (1) द्वारा प्रदत्त शक्तियों का प्रयोग करते हुए, राष्ट्रपति, जम्मू और कश्मीर राज्य सरकार की सहमति से निम्नलिखित आदेश करते हैं:—

1. (*1*) इस आदेश का नाम संविधान (जम्मू और कश्मीर पर लागू) आदेश, 2019 है।

(*2*) यह तुरन्त प्रवृत्त होगा और इसके बाद यह समय-समय पर यथा संशोधित संविधान (जम्मू और कश्मीर पर लागू) आदेश, 1954 का अधिक्रमण करेगा।

2. समय-समय पर यथा संशोधित संविधान के सभी उपबंध जम्मू और कश्मीर राज्य के संबंध में लागू होंगे और जिन अपवादों और आशोधनों के अधीन ये लागू होंगे वे निम्न प्रकार होंगे:—

अनुच्छेद 367 में निम्नलिखित खंड जोड़ा जाएगा, अर्थात्:—

"(*4*) संविधान, जहां तक यह जम्मू और कश्मीर के संबंध में लागू है, के प्रयोजनों के लिए—

(क) इस संविधान या इसके उपबंधों के निर्देशों को, उक्त राज्य के संबंध में यथा लागू संविधान और उसके उपबंधों का निर्देश माना जाएगा;

(ख) जिस व्यक्ति को राज्य की विधान सभा की सिफारिश पर राष्ट्रपति द्वारा जम्मू एवं कश्मीर के सदर-ए-रियासत, जो तत्स्थानिक रूप से पदासीन राज्य की मंत्रि परिषद की सलाह पर कार्य कर रहे हैं, के रूप में तत्स्थानिक रूप से मान्यता दी गई है, उनके लिए निर्देशों को जम्मू एवं कश्मीर के राज्यपाल के लिए निर्देश माना जाएगा।

(ग) उक्त राज्य की सरकार के निर्देशों को, उनकी मंत्रिपरिषद की सलाह पर कार्य कर रहे जम्मू एवं कश्मीर के राज्यपाल के लिए निर्देशों को शामिल करता हुआ माना जाएगा; तथा

(घ) इस संविधान के अनुच्छेद 370 के परंतुक में "खंड (2) में उल्लिखित राज्य की संविधान सभा" अभिव्यक्ति को "राज्य की विधान सभा" पढ़ा जाएगा।"

राम नाथ कोविंद,

राष्ट्रपति।

# भारतीय संविधान सम्पन्न होने के पश्चात संसद सदस्यों द्वारा किये गए हस्ताक्षर 26 नवंबर, 1949

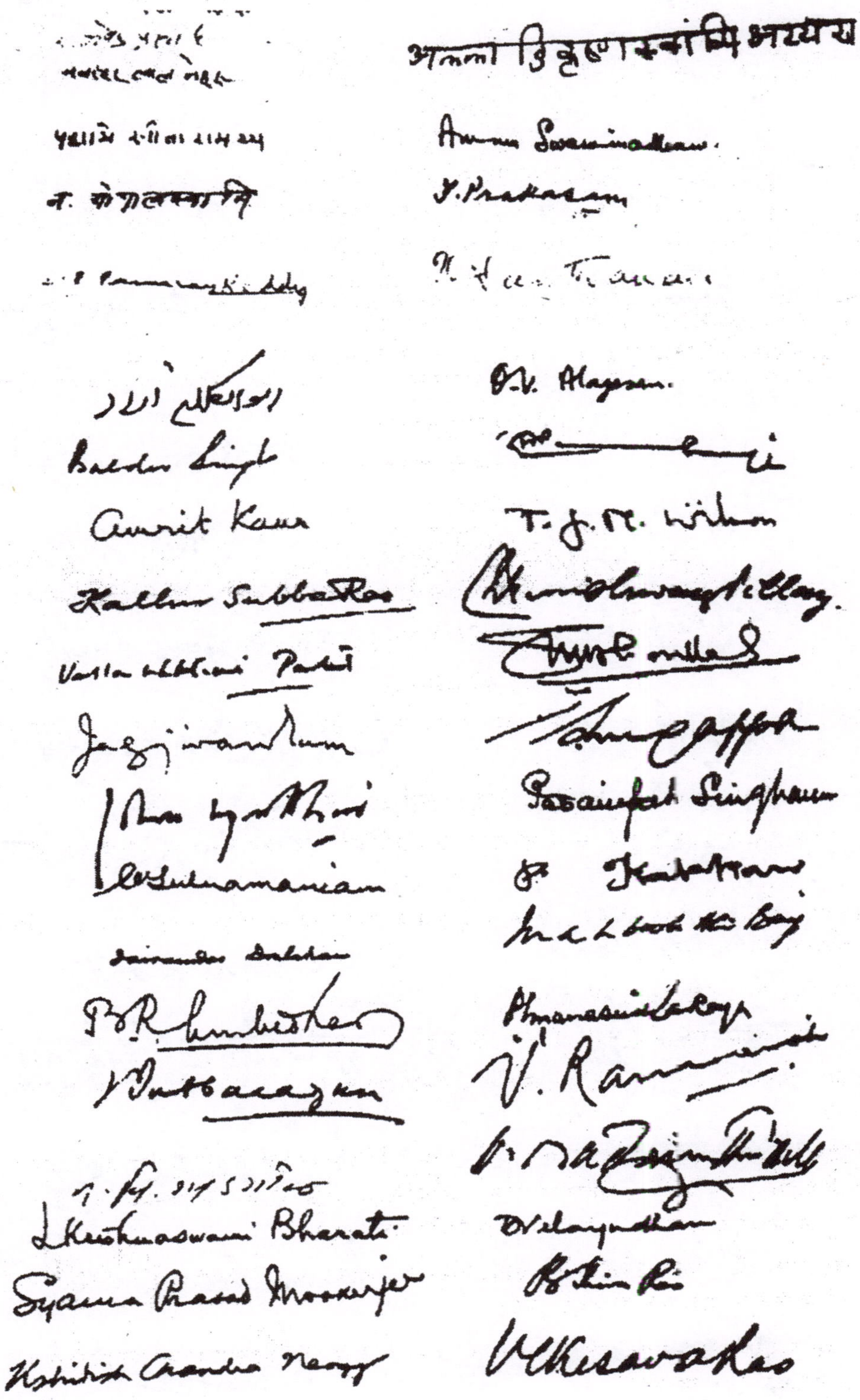

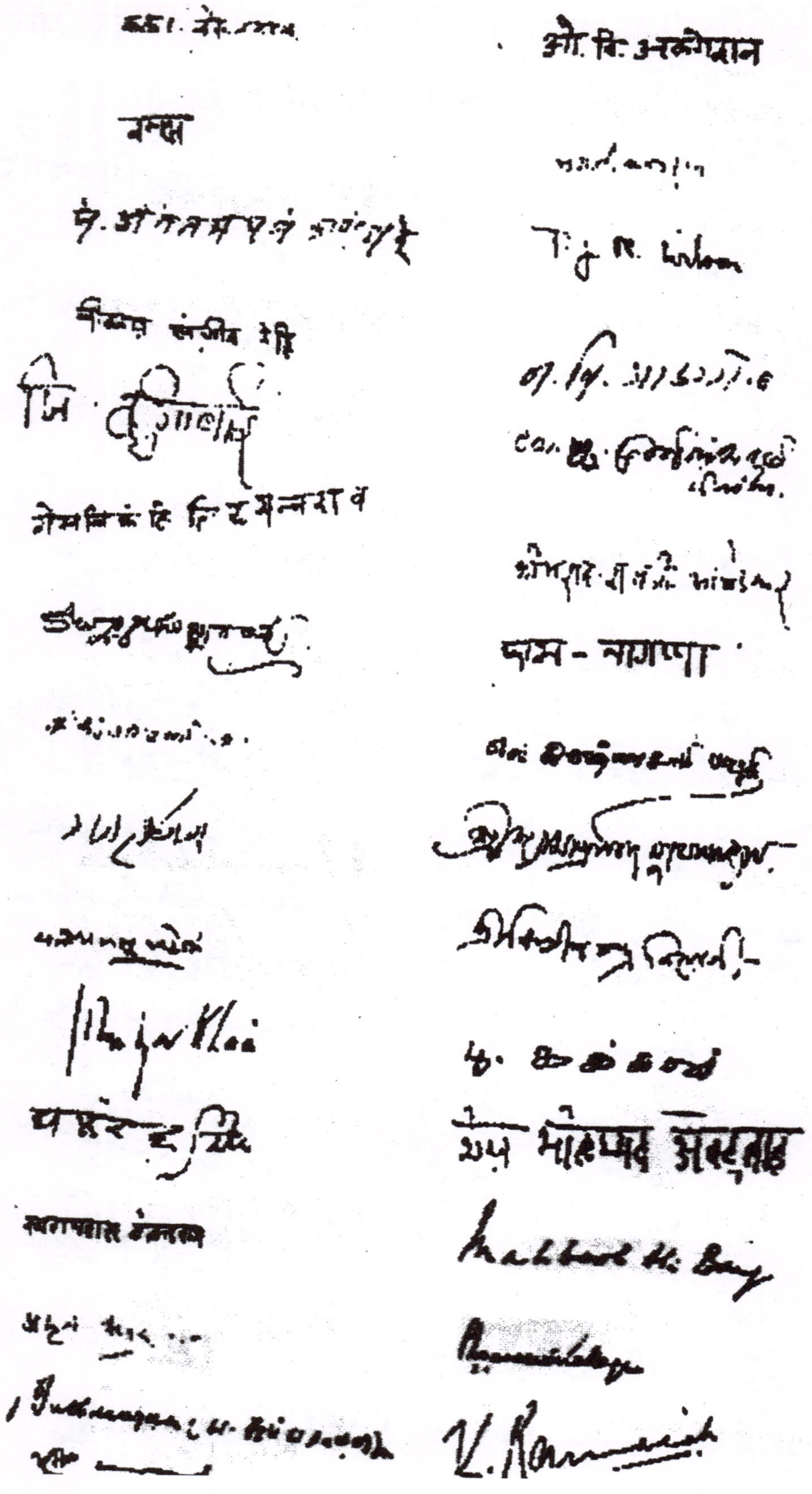

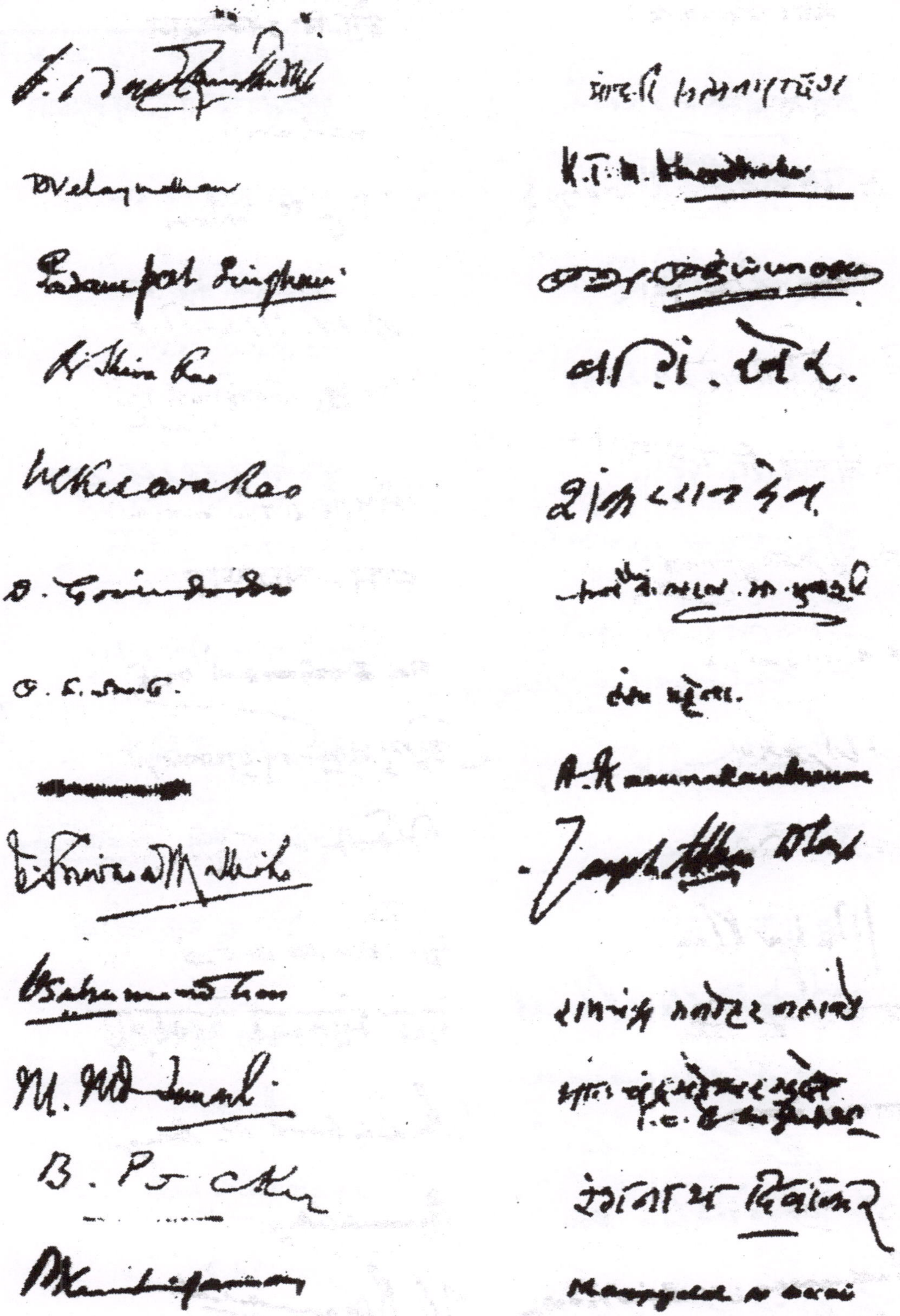

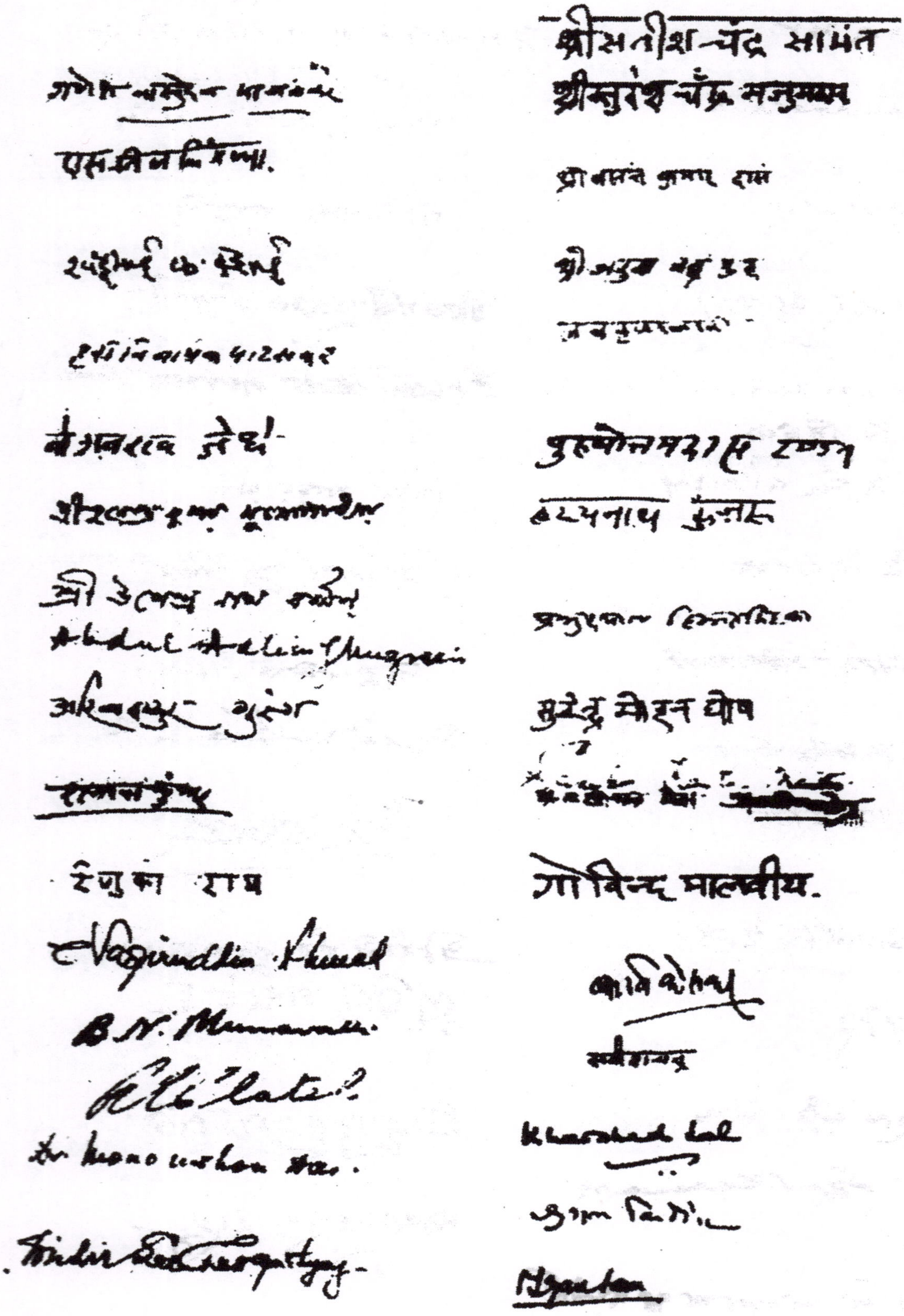
श्रीसतीश चंद्र सामंत
सुरेन्द्र मोहन घोष
गोविन्द मालवीय.

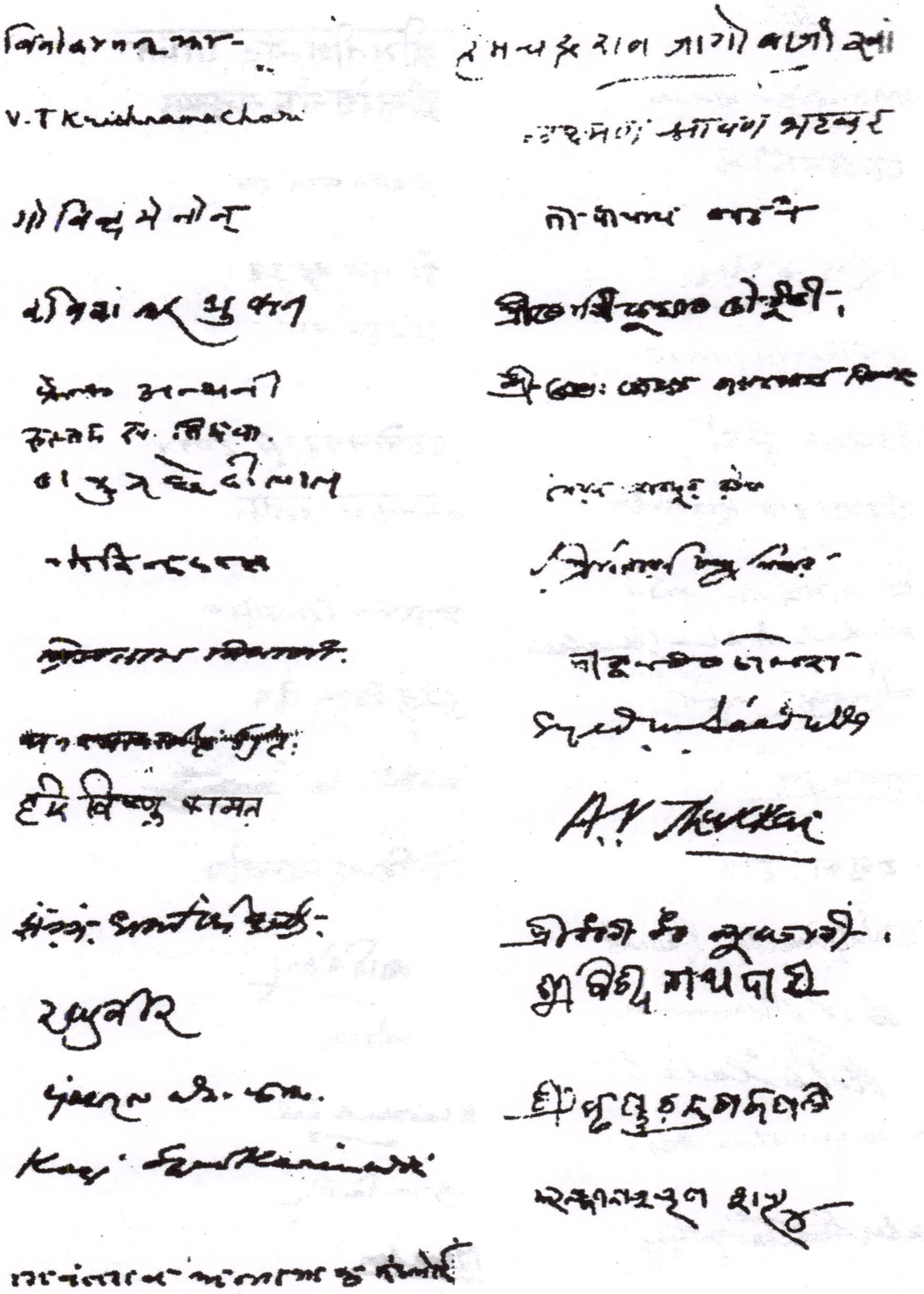
V.T Krishnamachari
Syed Muhammad Saadulla
हरि विष्णु कामत
A.V. Thakkar
रघुवीर
Kazi Syed Karimuddin

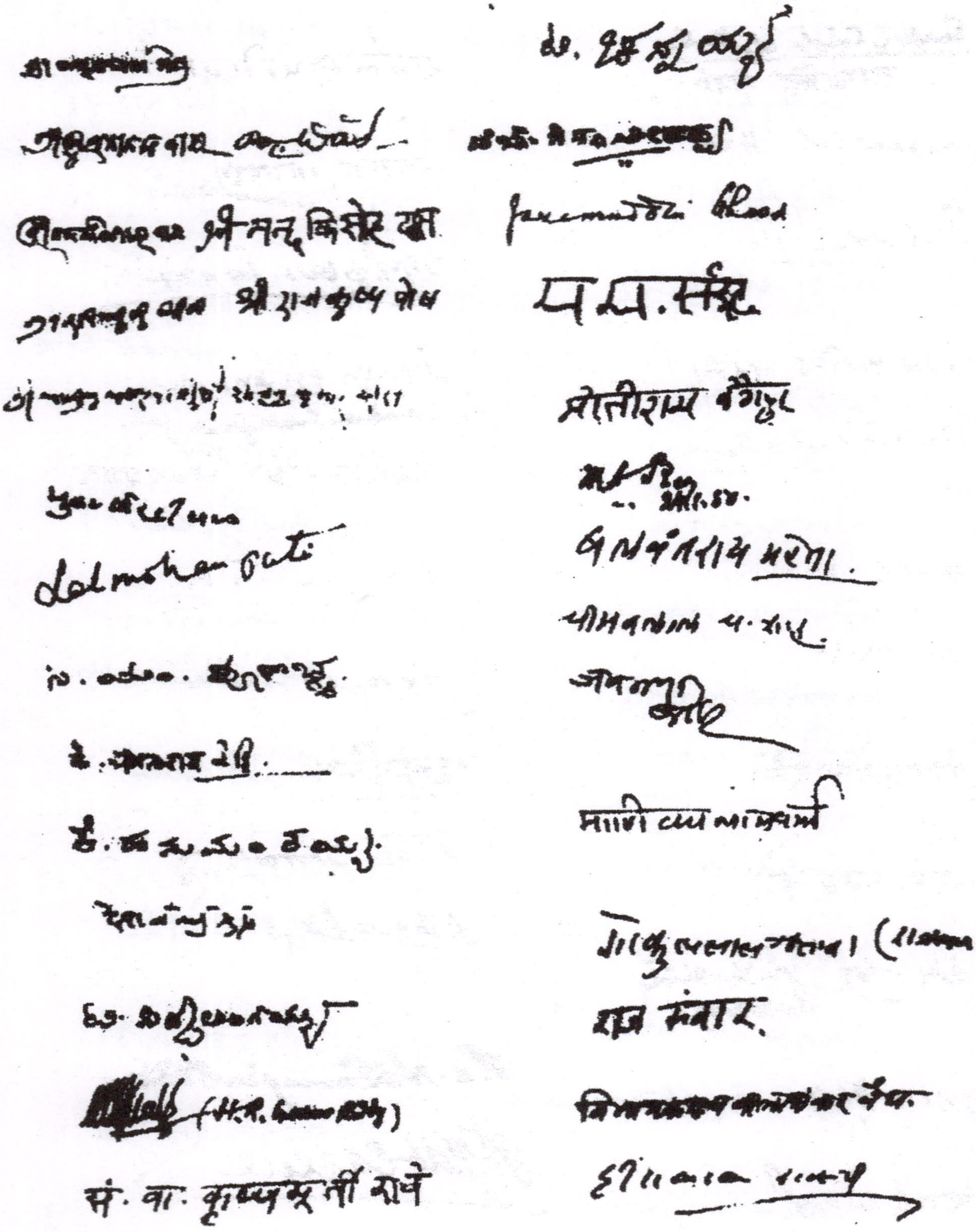

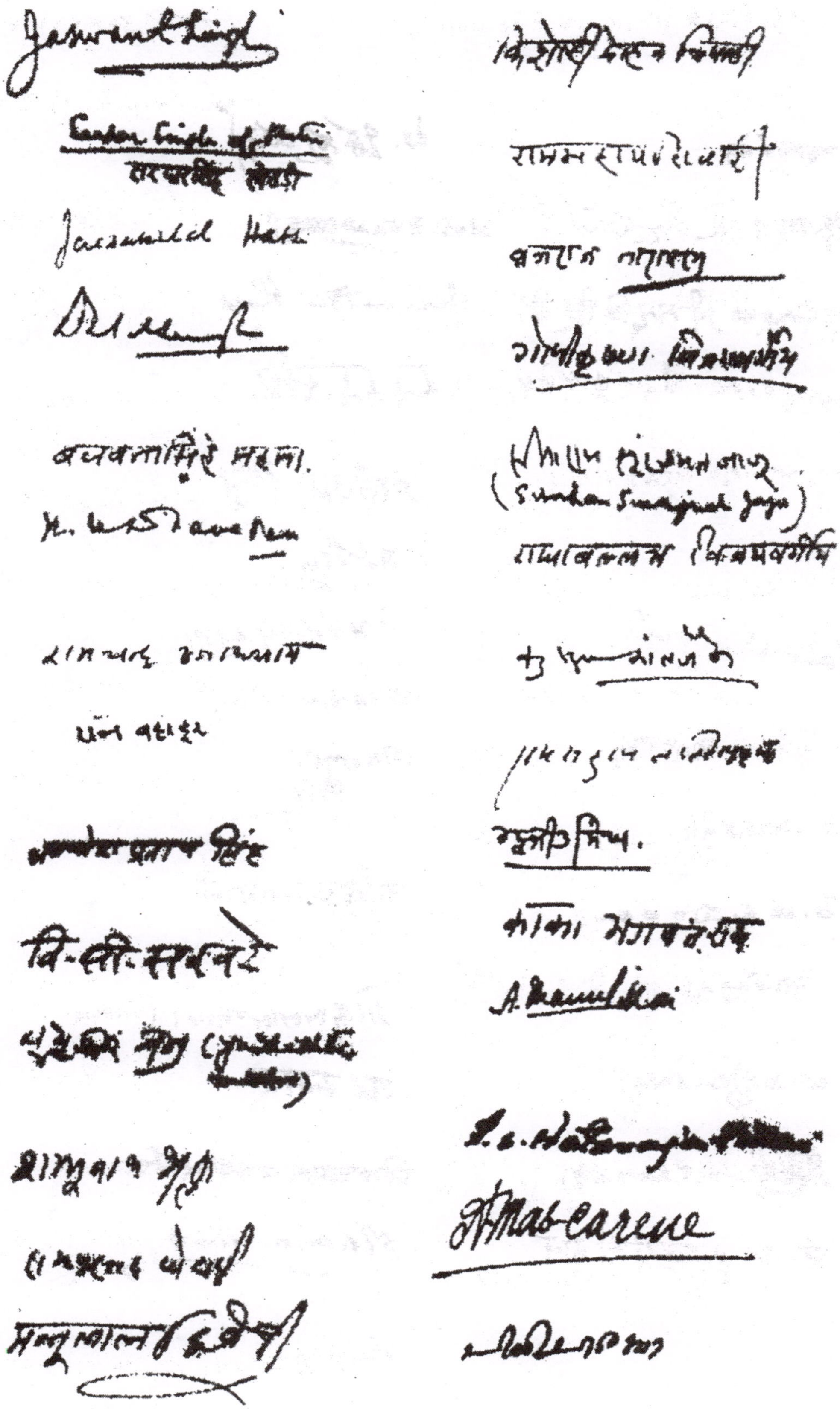

# भारत का संविधान

भारत का संविधान

THE CONSTITUTION OF INDIA

WE, THE PEOPLE OF INDIA, having solemnly resolved to constitute India into a SOVEREIGN DEMOCRATIC REPUBLIC and to secure to all its citizens:

JUSTICE, social, economic and political;

LIBERTY of thought, expression, belief, faith and worship;

EQUALITY of status and of opportunity;

... promote among them all

...TERNITY assuring the dignity of the

... of the Nation;

...NSTITUENT AS...

...r, 1949, d...

भारत का संविधान

भारत का संविधान

भारत का संविधान